教育部人文社会科学重点研究基地基金资助

古 代 文 明

（第15卷）

北京大学中国考古学研究中心
北京大学震旦古代文明研究中心　编

上海古籍出版社
上海·2021

图书在版编目(CIP)数据

古代文明：第15卷／北京大学中国考古学研究中心，北京大学震旦古代文明研究中心编. —上海：上海古籍出版社，2021.7
 ISBN 978-7-5732-0008-2

Ⅰ.①古… Ⅱ.①北… ②北… Ⅲ.①文化史—研究—中国—古代—丛刊 Ⅳ.①K220.3-55

中国版本图书馆CIP数据核字(2021)第139472号

古代文明（第15卷）

北京大学中国考古学研究中心
北京大学震旦古代文明研究中心 编

上海古籍出版社出版发行

（上海瑞金二路272号　邮政编码200020）

(1) 网址：www.guji.com.cn
(2) E-mail：guji1@guji.com.cn
(3) 易文网网址：www.ewen.co

上海惠敦印务科技有限公司印刷

开本787×1092　1/16　印张23.5　插页5　字数501,000
2021年7月第1版　2021年7月第1次印刷

ISBN 978-7-5732-0008-2

K·3016　定价：118.00元

如有质量问题，请与承印公司联系

目　　录

克拉玛依市乌尔禾区石器调查简报 ………… 马　宁　于建军　王幼平　何嘉宁（ 1 ）

夏商时期荆南寺聚落历时性演变的考察 ………………………………… 杜　杨（ 17 ）

商代前期墓地研究 ………………………………………………………… 张亚莉（ 30 ）

规范与设计——晋侯墓地出土玉器的风格特征 ………………………… 蔡庆良（ 46 ）

从墓葬等级看浙北两周社会及其变迁
　　——浙北平原中小型土墩墓的统计研究 ………………… 吴　桐　邹冠男（100）

论沂水纪王崮 M1 的年代和墓主 …………………………………………… 冯　峰（113）

战国遣策与楚地墓葬所见的赗赙现象新探 ……………………………… 谢雅妍（122）

西汉杜陵建筑遗址的尺度、等级和空间初探 …………………………… 王书林（160）

汉代"横葬制墓"的起源与发展 ………………………………………… 赵化成（175）

唐代墓志纹饰中的十二生肖 ……………………………………………… 卢亚辉（209）

唐代宫廷用瓷源流考 ……………………………………………………… 项坤鹏（251）

《营造法式》卷第十一"小木作制度六转轮经藏"原文释读 ………… 俞莉娜（258）

南宋至元代中国青白瓷外销情况管窥 …………………………………… 丁　雨（299）

赵居信《族葬图》考 ……………………………………………………… 刘　未（320）

《金字塔铭文》与古埃及人的"洁净"观和"洁净"仪式 …………… 马智博（337）

阿拜多斯的朝圣 …………………………………………………………… 郝仁娜（353）

克拉玛依市乌尔禾区石器调查简报

马 宁[1] 于建军[2] 王幼平[3] 何嘉宁[4]

(1、3、4. 北京大学中国考古学研究中心 北京大学考古文博学院；
2. 新疆文物考古研究所)

克拉玛依位于新疆准噶尔盆地西缘，欧亚大陆草原带的南侧，自早更新世以来，就是联结旧大陆东西两侧的重要通道。2016－2018年，新疆维吾尔自治区文物考古研究所与北京大学联合发掘了北疆阿勒泰地区吉木乃县通天洞遗址，这是新疆境内首次发现有明确地层的旧石器时代洞穴遗址。① 为了解通天洞遗址周边石制品分布情况，寻找其他旧石器遗址，2017－2018年夏，新疆文物考古研究所与北京大学在阿勒泰地区吉木乃、哈巴河和富蕴三县境内开展了石器调查工作，发现和复查了6处石器地点，采集到了丰富的石制品，调查报告业已发表。②

为进一步扩大调查范围，从阿勒泰向南寻找更多的人类活动信息，落实新疆考古五年规划与北京大学丝路重大考古发掘与丝路文明传承研究项目计划，2019年8月，新疆文物考古研究所与北京大学在新疆克拉玛依市乌尔禾区进行了考古调查。现将主要发现介绍如下。

一、地理背景与遗址分布

克拉玛依市地处准噶尔盆地西部，西北傍加依尔山，南依天山北麓，东濒古尔班通古特沙漠。乌尔禾区隶属克拉玛依市，境内大部分为沙漠，地势基本由西北向东南倾斜。植被稀少，昼夜温差大，物理风化作用强烈，风力强，荒漠发育。其地貌以风成和暂时性流水地貌为主，如沙丘、戈壁、干冲沟和洪积扇等。本次调查区域基本为戈壁或雅丹地貌，地表遍布砾石，石制品风化磨蚀较为严重，可能经历了长时间搬运和暴露。调查区域地貌见图一。

本次调查共发现7处石器地点，采集51件石制品。调查地点分布见图二。各石器地点常伴有石堆或石圈结构分布，应为时代较晚的遗存，性质不明。各地点位置信息和主要发现见表一。

---

① 新疆文物考古研究所、北京大学考古文博学院:《新疆吉木乃县通天洞遗址》,《考古》2018年第7期。
② 新疆文物考古研究所、北京大学中国考古学研究中心、北京大学考古文博学院:《新疆阿勒泰地区2017－2018年石器调查报告》,《古代文明(第14卷)》,上海古籍出版社,2020年。

图一 调查区戈壁风蚀地貌

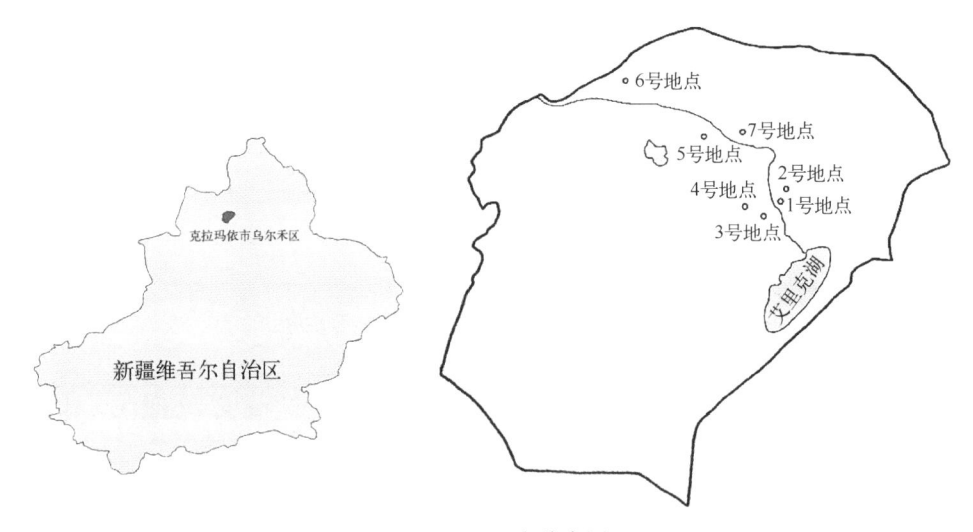

图二 调查地点分布图

表一 调查地点位置信息及主要发现

地 点 名 称	地点编号	经纬度	海 拔	石制品情况
乌尔禾区1号地点	19KW1	46.022 658°N 85.765 35°E	247米	石核4、石片2、工具8
乌尔禾区2号地点	19KW2	46.036 181°N 85.773 7°E	256米	石核4、石片1、工具8

续表

地点名称	地点编号	经纬度	海拔	石制品情况
乌尔禾区3号地点	19KW3	46.007 123°N 85.737 432°E	257米	石核3、工具3
乌尔禾区4号地点	19KW4	46.017 436°N 85.709 479°E	243米	石核1、工具9
乌尔禾区5号地点	19KW5	46.093 07°N 85.644 32°E	308米	石核2、工具3
乌尔禾区6号地点	19KW6	46.153 751°N 85.519 891°E	356米	工具1
乌尔禾区7号地点	19KW7	46.097 517°N 85.706 593°E	255米	工具2

二、石制品概况

1. 乌尔禾区1号地点

位于乌尔禾区东南约9公里处,白杨河以东,五连周边。1号地点周围被雅丹地貌环绕,戈壁滩地表遍布砾石,风蚀磨圆程度较重。

乌尔禾区1号地点共采集石制品14件,包括石核4件(石叶石核2件、普通石核2件)、石片2件(包括1件石叶石核更新台面打片)、工具8件。工具包括刮削器3件、砍砸器3件、石锤2件。

石制品原料以优质燧石为主,还包括石英砂岩和石英。

19KW1:1,石叶石核。原料为粉红色燧石,原型为扁薄砾石,保留约1/2的石皮,受风化磨蚀较弱。长65.60毫米,宽29.98毫米,厚52.50毫米,重120.34克。共2个台面,2个剥片面。主台面长50.83毫米,宽23.48毫米,为修理台面,从右向左锤击修理而成,可见4个修理片疤。台面角88°,可以继续剥片。剥片面可见1个石叶疤,剥片之后又纵向修理台面,故石叶疤近端不可见打击点。另一台面为横向修理的台面,另一剥片面可见1个石叶疤(图三,1;图四,1)。

19KW1:3,单台面石核。原料为灰色燧石,原型为砾石,大部分保留石皮。有一定程度风化,磨蚀较严重。长66.66毫米,宽95.30毫米,厚61.34毫米,重337.18克。形似三棱尖状器。台面为节理面,长72.29毫米,宽46.87毫米。剥片面长51.63毫米,宽63.50毫米。有6个石片疤,片疤基本平行且长大于宽,方向为单向,台面角85°～90°,可以继续剥片(图五,1;图六,1)。

19KW1:4,砍砸器。原料为红褐色石英砂岩,颗粒较粗。毛坯为砾石,一半以上为石皮,磨蚀较重。长148.05毫米,宽136.41毫米,厚76.95毫米,重1 670.50克。复向锤击修

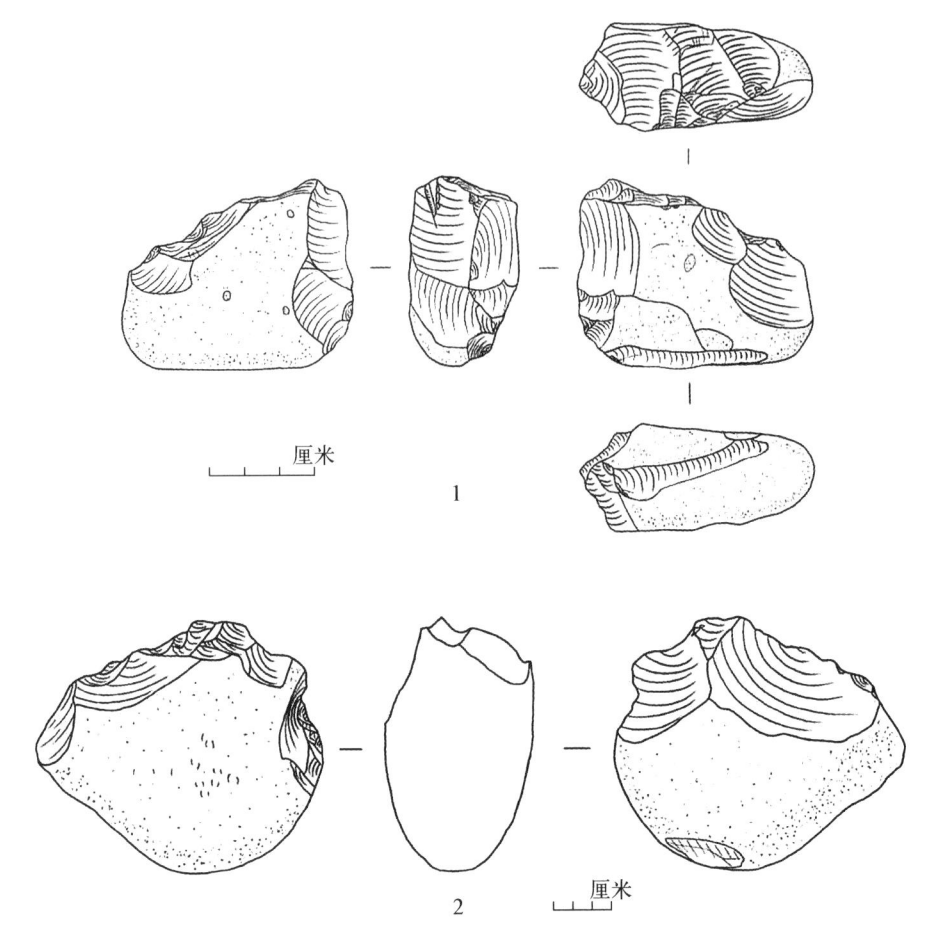

图三　乌尔禾区1号地点石制品线图（一）
1. 石叶石核（19KW1∶1）　2. 砍砸器（19KW1∶4）

理成刃,刃长137.35毫米。修疤较大,可见10个片疤。最大片疤长58.93毫米,宽93.81毫米。形体较大,需双手持握使用(图三,2;图四,2)。

19KW1∶8,石叶石核更新台面石片。原料为细腻均质的黑色燧石,受风化磨蚀较弱。长19.12毫米,宽41.58毫米,厚35.85毫米,重35.14克。台面为石叶石核的剥片面,长14.27毫米,宽8.17毫米,石片角112°,台面角87°。腹面半锥体清晰,放射线明显,打击泡略发育。背面为原石核的台面,有一组同向的片疤,修理程度高。石核周身约4/5的部分可见石叶剥片面,共有5条石叶疤,为对向剥片,原石核应为棱柱状石叶石核(图五,2;图六,2)。

19KW1∶9,石锤断块。原料为石英砂岩,质地较粗。有一定程度风化,磨蚀较严重。长90.02毫米,宽59.02毫米,厚38.80毫米,重287.64克。毛坯为一扁平状截断砾石,保留约1/2的石皮。沿砾石周边均有锤击使用产生的片疤,由于连续敲击变得较圆钝(图六,3)。

19KW1∶14,石锤。原料为黄色石英砂岩。毛坯为扁薄砾石,除使用部位均为石皮。长58.03毫米,宽96.25毫米,厚16.06毫米,重28.97克。沿边缘一圈均有敲击使用痕迹,磨蚀较重(图六,4)。

图四　乌尔禾区1号地点石制品照片（一）
1. 石叶石核（19KW1：1）　2. 砍砸器（19KW1：4）

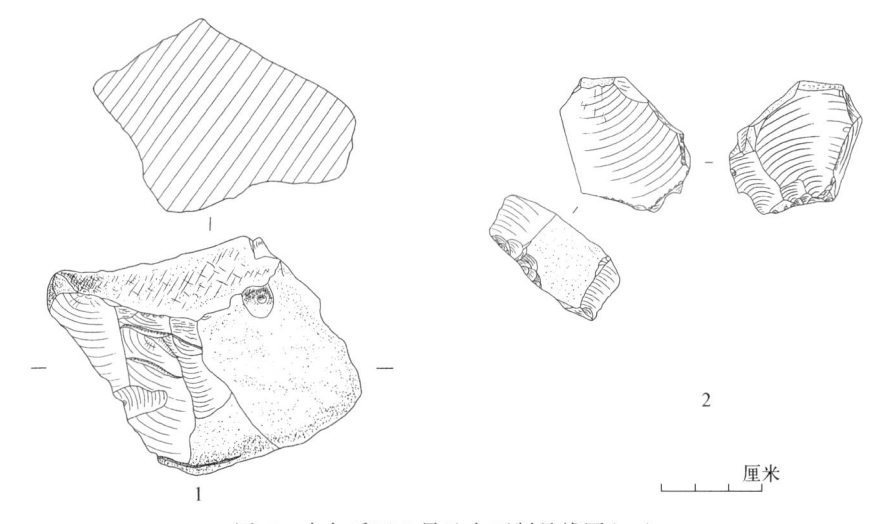

图五　乌尔禾区 1 号地点石制品线图（二）
1. 单台面石核（19KW1∶3）　2. 更新台面石片（19KW1∶8）

图六　乌尔禾区 1 号地点石制品照片（二）
1. 单台面石核（19KW1∶3）　2. 更新台面石片（19KW1∶8）
3. 石锤断块（19KW1∶9）　4. 石锤（19KW1∶14）

2. 乌尔禾区2号地点

位于乌尔禾区东南方向,白杨河以东,1号地点东北方向约2公里处,地表砾石分布密集,应经过长时间暴露和搬运。

乌尔禾区2号地点共采集石制品13件,包括石核4件、石片1件、工具8件。工具包括砍砸器4件、刮削器2件、尖状器1件、手镐1件。

石制品原料以优质燧石为主,还包括石英岩、片岩、角砾岩和玄武岩。

19KW2:2,砍砸器。原料为黄绿色燧石。长111.34毫米,宽80.21毫米,厚35.45毫米,重350.81克。毛坯为砾石,天然面比大于1/2,磨蚀程度中等。反向锤击修理,形成一个凸刃,加工距离较远。左侧修理疤长大于宽,基本平行。刃缘较锋利,呈波浪状,可用刃缘总长88.32毫米,刃角55°–70°。远端左侧手握位置有两个向右的修理疤,应是为便于手握的修钝处理(图七,1;图八,1)。

19KW2:4,石片。原料为黄色燧石。形体较大,为砾石打制而成。长91.83毫米,宽78.33毫米,厚48.35毫米,重325.25克。台面为石皮,长26.81毫米,宽10.20毫米,台面角123°,石片角120°。腹面可见清晰的半锥体和打击泡,背面大部为石皮。背面石片疤和天然面形成Y形背脊。两侧边近平行,均有使用痕迹。羽状远端(图七,2;图八,2)。

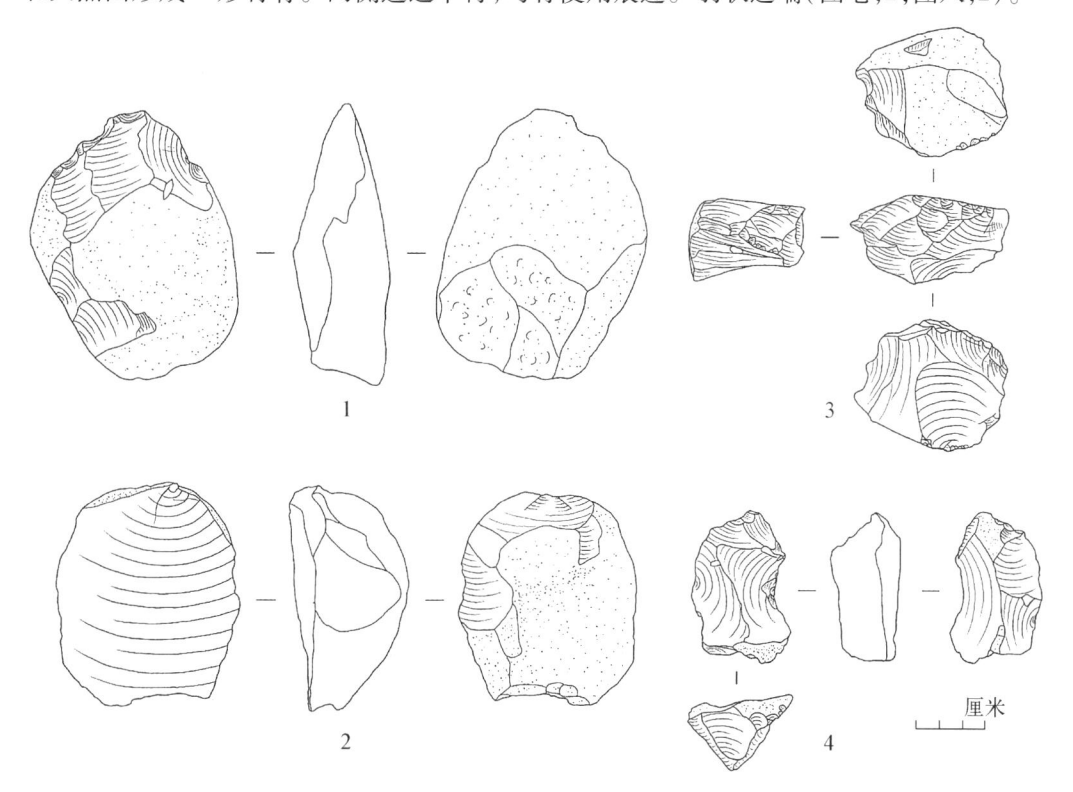

图七 乌尔禾区2号地点石制品线图(一)
1. 砍砸器(19KW2:2) 2. 石片(19KW2:4) 3、4. 多台面石核(19KW2:6、19KW2:7)

图八 乌尔禾区 2 号地点石制品照片（一）
1. 砍砸器(19KW2：2) 2. 石片(19KW2：4) 3、4. 多台面石核(19KW2：6、19KW2：7)

19KW2：6，多台面石核。原料为黑色燧石，质地细腻均质。原型为砾石。天然面比约 1/2。长 63.61 毫米，宽 52.27 毫米，厚 33.73 毫米，重 91.66 毫米。有 3 个台面，3 个剥片面。形状近似盘状石核。台面角分别为 61°、63°和 68°，均可继续剥片。其中两个剥片面的片疤基本平行，且长大于宽，为对向剥片。最大片疤长 36.18 毫米，宽 37.19 毫米（图七，3；图八，3）。

19KW2：7，多台面石核。原料为黑灰色燧石，质地细腻均质。原型为砾石，仅两端约 1/10 的面积保留石皮。长 63.13 毫米，宽 41.93 毫米，厚 28.05 毫米，重 61.76 克。有 3 个台面，3 个剥片面，可见 8 个较清晰的片疤，石核利用率较高。台面角分别为 65°、72°和 75°，可以继续剥片。其中 1 个剥片面片疤为对向，2 个剥片面片疤为单向。最大片疤长 28.55 毫米，宽 42.30 毫米（图七，4；图八，4）。

19KW2：8，尖状器。原料为黑褐色片岩，风化弱，磨蚀较重。毛坯为砾石断块，整体呈三角形，一面为较平坦的节理面，一面凸起，凸起面保留部分石皮。长 53.40 毫米，宽 39.20 毫米，厚 16.06 毫米，重 28.97 克。左侧正向连续修理出一个边刃，刃角 62°–88°。尖刃角 59°。右侧下部可见同向的两个修疤。左侧刃和右侧上部的自然边汇聚成一个尖，尖部有使用痕迹，磨蚀较重不易辨认（图九，1；图十，1）。

19KW2：10，单台面石核。原料为黑色燧石，质地细腻。长 36.62 毫米，宽 34.53 毫米，

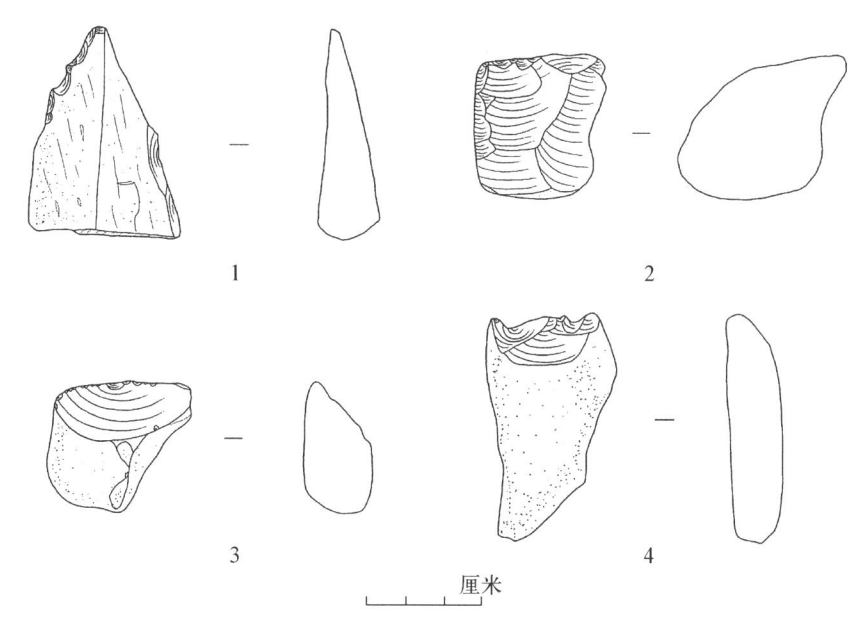

图九　乌尔禾区 2 号地点石制品线图(二)

1. 尖状器(19KW2∶8)　2. 单台面石核(19KW2∶10)　3. 边刮器(19KW2∶11)　4. 砍砸器(19KW2∶13)

图十　乌尔禾区 2 号地点石制品照片(二)

1. 尖状器(19KW2∶8)　2. 单台面石核(19KW2∶10)　3. 边刮器(19KW2∶11)　4. 砍砸器(19KW2∶13)

厚43.74毫米,重60.57克。原型为砾石,除剥片面外均为石皮。该石核以一较平坦面为台面,向下剥片,台面前缘有几处修理悬突的小疤。剥片面疤相互叠压,多数长大于宽,方向为单向。台面角55°—98°,可以继续剥片(图九,2;图十,2)。

19KW2:11,边刮器。原料为棕黑色燧石,质地细腻。长33.26毫米,宽37.60毫米,厚18.49毫米,重21.72克。毛坯为砾石,在之前打片形成的贝壳状断口边缘权宜修理成一个横刃,刃长35.92毫米,刃角42°—50°。整体造型适合右手三指执握使用,刃缘处似有因使用产生的崩疤(图九,3;图十,3)。

19KW2:13,砍砸器。原料为绿色燧石,质地细腻。长57.01毫米,宽33.79毫米,厚14.75毫米,重36.70克。毛坯为长条形扁薄砾石,形体较小,除修理疤外均为石皮。从平坦面向另一面锤击修理,刃口呈波浪状,可见5个修疤,边缘有使用痕迹(图九,4;图十,4)。

3. 乌尔禾区3号地点

位于乌尔禾区东南方向,白杨河西,1号地点西南方向约3公里处。

乌尔禾区3号地点共采集石制品6件,包括石核3件、工具3件。工具包括砍砸器2件、手镐1件。

石制品原料包括石英岩、凝灰岩、燧石和砂岩。

19KW3:1,砍砸器。器形类似洛南盆地的大型石刀,[①]但此件标本修理刃部而不是修理把手。原料为砂岩,受风化磨蚀较重。长177.44毫米,宽65.34毫米,厚28.14毫米,重401.22克。毛坯为扁薄长条状砾石,约2/3为石皮,一面较平整,另一面有许多因热胀冷缩形成的坑疤。近端截断,左侧上部反向锤击修理,可见4个较大的连续鳞片状修理疤,加工距离较远。有效刃长109.84毫米,刃角60°—92°(图十一,1)。

19KW3:2,砍砸器。原料为黄褐色燧石,质地细腻,磨蚀程度中等。长74.46毫米,宽54.11毫米,厚24.07毫米,重123.13克。毛坯为扁薄砾石,沿一边交互加工成刃,有8个较大的修理疤,疤间相互叠压、基本平行,加工距离较近。刃缘平视为波浪状,侧视为S形。刃缘长58.79毫米,刃角70°—92°(图十一,2)。

19KW3:4,双面盘状石核。原料为灰绿色凝灰岩,磨蚀风化程度中等。原型为砾石,天然面比约1/3。长60.55毫米,宽59.63毫米,厚34.60毫米,重122.14克。两个面均凸起,互为台面和剥片面,从四周向中心剥片,片疤连续叠压,最大片疤长46.85毫米,宽35.25毫米。此类石核一般见于旧石器时代中期的遗址中,为一种从简单剥片到预制剥片的过渡类型(图十一,3)。[②]

19KW3:5,手镐。原料为黄色石英岩(金丝玉)。毛坯为砾石,磨蚀较重,天然面比大于1/2。长103.57毫米,宽70.67毫米,厚46.86毫米,重318.66克。简单锤击修理,利用砾石天然面形成三棱形尖部,可见2个较大的修疤,尖刃角约52°。远端有一个修疤,形

---

① 王社江:《洛南盆地的大型石刀》,《人类学学报》2007年第1期。
② 王幼平:《石器研究——旧石器时代考古方法初探》,北京大学出版社,2006年。

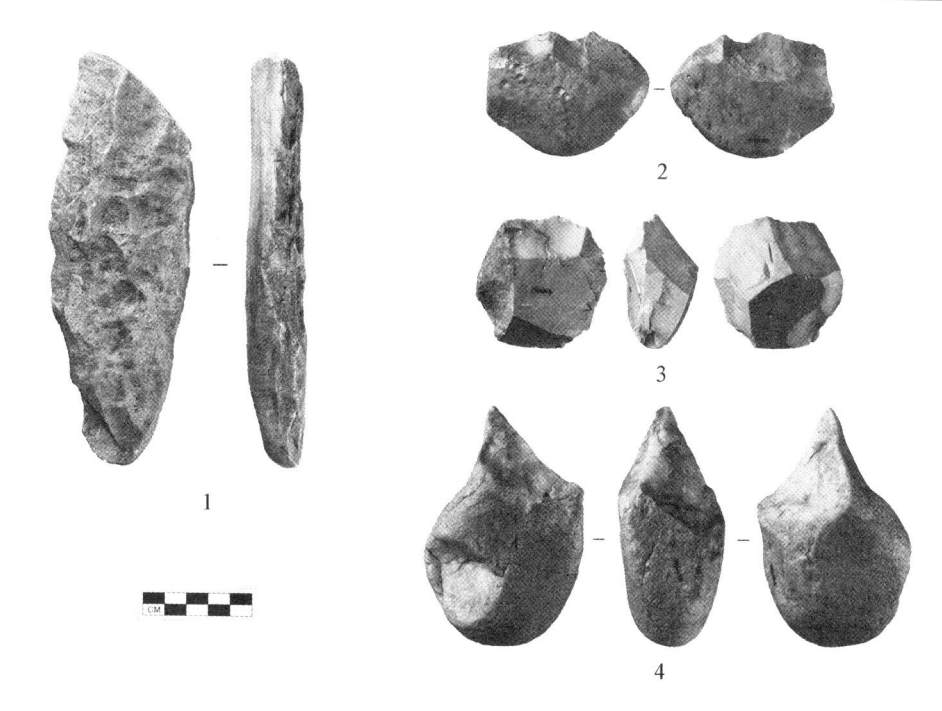

图十一　乌尔禾区3号地点石制品照片

1. 砍砸器(19KW3：1)　2. 砍砸器(19KW3：2)　3. 双面盘状石核(19KW3：4)　4. 手镐(19KW3：5)

成凹坑,方便手握(图十一,4)。

4. 乌尔禾区4号地点

位于乌尔禾区东南方向,白杨河以西,五连以南,地表遍布砾石。

乌尔禾区4号地点共采集石制品10件,包括石核1件、工具9件。工具包括砍砸器3件、刮削器5件、砍砸—刮削器1件。石制品原料以优质燧石为主,还包括凝灰岩、石英岩。

19KW4：1,砍砸器。原料为黄色燧石,磨蚀轻微。长90.36毫米,宽82.43毫米,厚37.48毫米,重343.19克。以砾石为毛坯,除修理疤外均保留石皮。单向锤击修理,修疤基本平行。加工距离较远,可见最大片疤长37.44毫米,宽30.66毫米。刃缘近平直,有效刃缘长58.08毫米,刃角55°-75°(图十二,1)。

19KW4：2,复刃边刮器。原料为黄色石英岩(金丝玉),磨蚀程度中等。长125.79毫米,宽78.93毫米,厚30.02毫米,重397.21克。毛坯为扁薄长条形砾石,沿边缘锤击复向修理成三个刃,加工距离中等,修疤大小均匀且连续,其中两个刃相互连接。刃长分别为111.96毫米、38.66毫米、53.49毫米,刃角分别为58°-90°、85°-88°、57°-75°(图十二,2)。

19KW4：6,边刮器。原料为黄褐色燧石,磨蚀较轻。长111.68毫米,宽66.75毫米,厚28.47毫米,重178.87克。毛坯似为砾石,仅保留约1/5石皮。两侧边向近端汇聚,近端

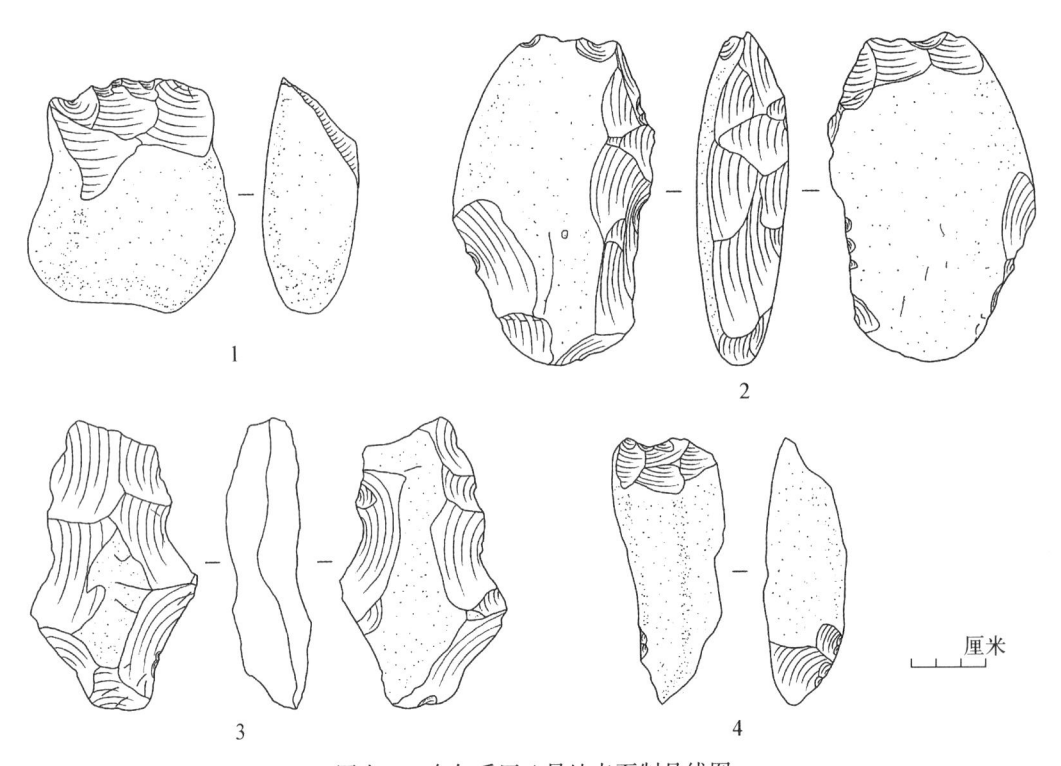

图十二 乌尔禾区4号地点石制品线图
1. 砍砸器（19KW4：1） 2. 复刃边刮器（19KW4：2） 3. 边刮器（19KW4：6） 4. 砍砸—刮削器（19KW4：8）

折断，断裂前可能有尖部，似手斧。两侧边均为两面加工，修疤较大且连续，加工程度高。两侧刃缘长度分别为84.07毫米、100.76毫米，刃角分别为65°-75°、53°-60°（图十二，3）。

19KW4：8，砍砸—刮削器。原料为黑色凝灰岩。长102.83毫米，宽44.76毫米，厚31.51毫米，重154.64克。毛坯为长条形砾石，除修疤外5/6均为石皮。在砾石两端分别单向锤击修理出一个可用刃缘，刃长分别为34.05毫米、34.41毫米，刃角分别为65°-70°、55°-58°。一端刃缘适合砍砸，另一端刃缘适合刮削，应是多功能工具（图十二，4）。

5. 乌尔禾区5号地点

位于乌尔禾区以西，白杨河以南，地表遍布砾石。

乌尔禾区5号地点共采集石制品5件，包括石核2件、工具3件。工具包括砍砸器2件（其中圆形砍砸器1件）、手镐1件。石制品原料包括石英岩和燧石。

19KW5：1，圆形砍砸器。原料为黄色石英岩（金丝玉）。长107.70毫米，宽98.60毫米，厚26.78毫米，重424.80克。毛坯为扁薄砾石，磨蚀较严重。沿砾石边缘一周复向锤击修理成一个凸刃，有效刃缘长度为155.56毫米。手握处亦有两处修理疤，形成凹坑便于手握（图十三，1）。

19KW5：2，手镐。原料为黄色石英岩（金丝玉）。长79.60毫米，宽48.72毫米，厚

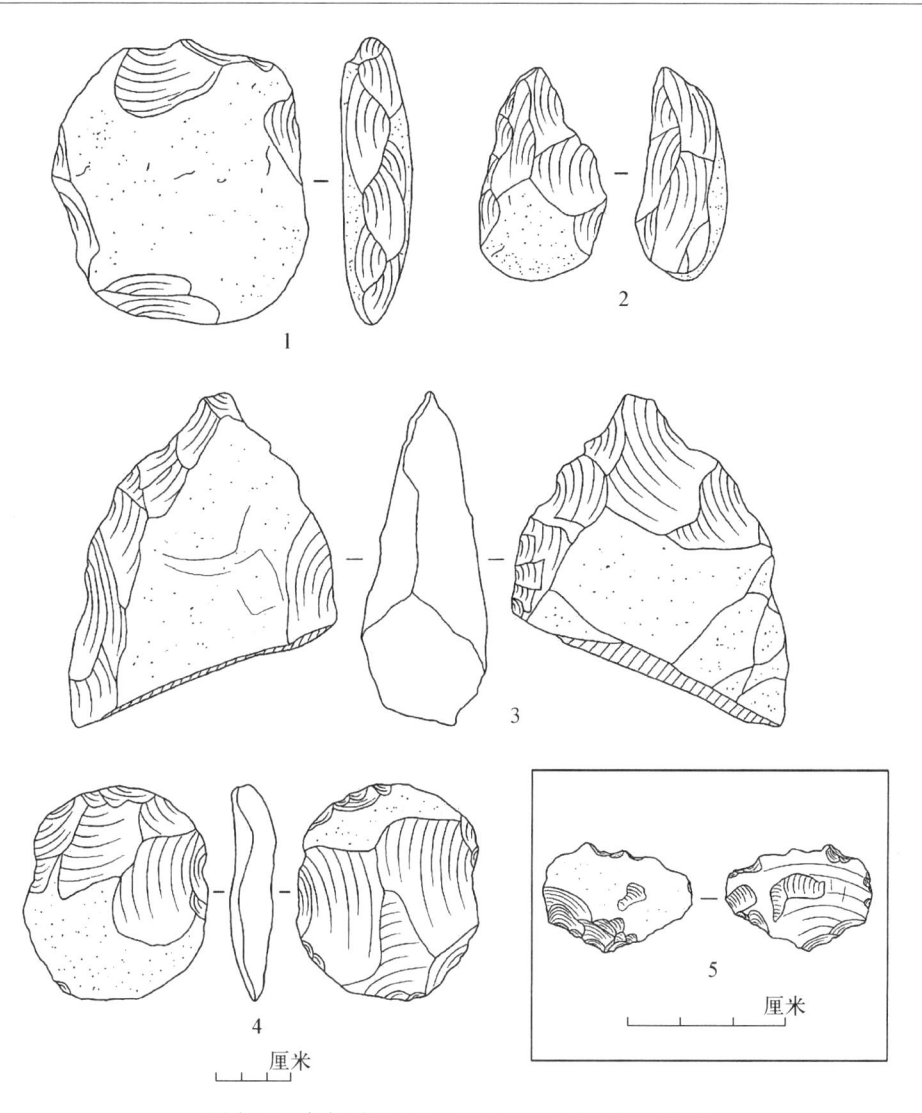

图十三 乌尔禾区 5 号、6 号、7 号地点石制品线图
1. 圆形砍砸器（19KW5：1） 2. 手镐（19KW5：2）
3. 手斧断块（19KW6：1） 4. 圆形刮削器（19KW7：1） 5. 锯齿刃器（19KW7：2）

33.11 毫米，重 137.68 克。毛坯为砾石，一端简单锤击修理成三棱尖，可见 8 个清晰的修理疤。形体较小，磨蚀程度较重（图十三，2）。

6. 乌尔禾区 6 号地点

位于乌尔禾区西北方向，大秦帝国影视城以西。此处地表遍布黑色火山岩，多为风化形成的断块，应为一处石料产地，偶见石制品。6 号地点地貌见图十四。

乌尔禾区 6 号地点仅采集 1 件手斧断块，原料为凝灰岩。

19KW6：1，毛坯似为砾石，天然面比约 1/2，磨蚀风化程度较重。两面加工，修疤连续叠压，修理程度较高，有去薄技术的片疤。仅保留尖部，远端断裂。长边刃角为 58°—

图十四　6号地点石料产地

100°,短边刃角为58°–90°。尖刃角约84°。此件标本应属克拉克5种技术模式中的模式2类型(图十三,3)。

7. 乌尔禾区7号地点

位于乌尔禾市区边缘,东北方向的一处高台上。此处有石堆墓葬群,石堆直径约十几米。采集石制品2件,其中刮削器1件、锯齿刃器1件。石料包括石英岩和燧石。

19KW7：1,圆形刮削器。原料为黄色石英岩(金丝玉)。长82.79毫米,宽72.13毫米,厚16.17毫米,重113.66克。毛坯为扁薄砾石,磨蚀程度较重。沿边缘一周转向锤击修理,加工距离远,修疤较大(图十三,4)。

19KW7：2,锯齿刃器。原料为绿色燧石,质地细腻。长19.43毫米,宽28.43毫米,厚8.21毫米,重3.97克。毛坯为石片,形体较小,背面有同向剥片的片疤,保留部分石皮。在石片的远端复向修理成锯齿刃,共有4个齿凹,3个齿凸。有效刃缘长度为25.63毫米。两侧边亦有零星压制修理疤,刃部似有使用痕迹(图十三,5)。

三、讨　　论

1. 石器工业特征

本次调查发现的石制品类型多样,包括石核(普通石核、盘状石核和石叶石核)、石片(包括石叶石核更新台面打片)、石锤、砍砸器、手镐、刮削器、尖状器、锯齿刃器、手斧。按照克拉克(Grahame Clark)概括的石器技术演化的5种技术模式说,①本次调查发现的石制品至少包括了模式1(砍砸器和石片)、模式2(两面加工的手斧)和模式4(石叶技术)的产品。

采集到的51件石制品中,原料包括燧石、石英岩、凝灰岩、片岩、石英砂岩、角砾岩、玄武岩、砂岩、石英。原料以细腻均质的各色燧石为主,表明古人类在加工石器时对原料的有意选择和策略性(图十五)。乌尔禾区出产的一种石英岩,当地称之为"金丝玉",调查发现一些石制品是用此类原料打制而成,也反映出工具制作者对某种石料的偏爱。大部分石制品均可见石皮,表明石制品原型或毛坯主要为砾石。

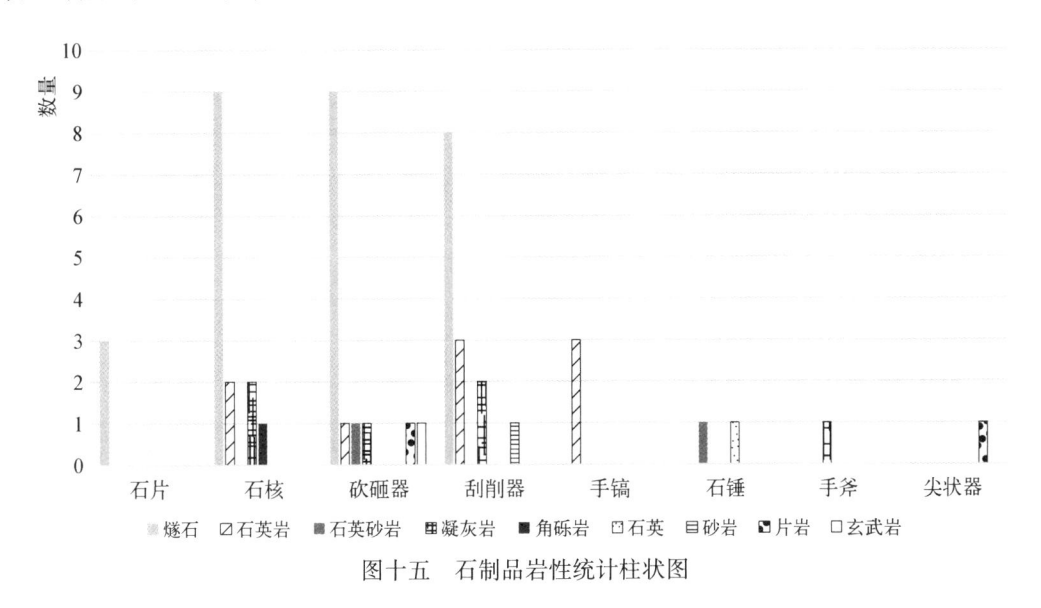

图十五 石制品岩性统计柱状图

石制品尺寸以大中型为主,同时存在少量小石片和轻型工具,体现了本区石制品类型的多样性。从石核的几种类型来看,石核剥片技术包括普通剥片、定向剥片、预制剥片几类。盘状石核的发现,表明剥片有一定的规范性和策略性。② 几种石核的原型均为砾石,应是古人类因地制宜利用当地石料加工处理的结果。

石制品中工具的比例较高,工具中砍砸器和刮削器占比较高,大型工具较多,同时存在中小型工具。圆形砍砸器和刮削器在新疆此前的调查中也有发现,应属本地特色的代表性石器。工具的修理技术主要是锤击法,加工普遍较为简单,偶见压制技术。工具的毛坯主要为砾石,少量以石片为毛坯。工具的加工方式以反向加工为主。

2. 石制品年代

本次调查没有发现明确的地层和可测年样品,石制品皆采集于地表。关于石制品年代,可从石制品类型进行初步的推测。从石核和工具的组合来看,包含了砾石砍砸器、盘状石核、石叶石核等文化因素,说明本区域地表石制品并非同一时代的产物,年代可能跨

---

① Clark G., *World Prehistory in New Perspective* (an Illustrated Third Edition). Cambridge: Cambridge University Press, 1977.
② 陈宥成、曲彤丽:《盘状石核相关问题探讨》,《考古》2016年第2期,第88-94页。

越了旧石器时代早期至晚期,甚至更晚的阶段。参考吉木萨尔县小西沟遗址调查材料,新发现的石制品也包含了大型砍砸器和手镐等重型工具,该遗址阶地堆积的光释光测年结果(待发表)显示其年代应早于距今10万年。由此看来,在克拉玛依乃至北疆地区,也应该会有更多类似本次发现的旧石器时代早期模式1类型的石制品。

3. 调查收获

克拉玛依辖区历史上曾是北疆草原游牧民族放牧之地,新中国成立后,克拉玛依油田进入大规模开发和建设时期,克拉玛依成为一个新兴的石油工业城市。本次调查是克拉玛依市首次正式开展的旧石器考古调查,首次在本区域发现的砾石石器,将克拉玛依地区的人类活动史向前推进至距今1万年前的更早时段,同时为新疆地区的旧石器时代考古增加了新的材料和证据。

本次在克拉玛依市乌尔禾区进行的旧石器考古调查,发现了新的石器地点,采集到技术类型丰富的石制品,揭示出本区旧石器时代文化的多样性。从石制品类型来看,至少包括模式1、模式2、模式4的产品。本次调查扩大了新疆旧石器时代古人类踏足的空间区域,拓宽了其可能存续的时代范围。新发现的石制品类型对认识远古时期东西方古人类与旧石器文化的关系意义重大。

四、小　　结

本次调查采集的石制品的类型表明,本区域从旧石器早期到晚期一直有古人类活动。新疆是东西方交流的重要通道。有学者认为,在MIS5和MIS3阶段,新疆地区可能存在古人类迁徙扩散的多条路线。① 目前新疆有确切地层且年代最早的旧石器时代遗址是通天洞遗址,年代距今约4.5万年,石制品属于模式3的勒瓦娄哇—莫斯特文化,显示出较明显的旧大陆西侧旧石器时代中期的文化特征。② 更多的遗址以细石器为主,年代可能为更新世末到全新世。③ 本次在克拉玛依市乌尔禾区发现的石制品类型组合,在新疆地区属首次发现,代表了多种新的石器工业类型,是本区域史前考古的新突破,为研究新疆旧石器时代人类活动以及欧亚大陆东西两侧旧石器文化交流提供了新的证据。

附记:本文为北京大学丝路重大考古发掘与丝路文明传承研究项目成果,调查期间得到了克拉玛依市政府、乌尔禾区文物局的大力支持以及乌尔禾牛春旺先生的帮助,谨致谢忱。

---

① Li F., Vanwezer N., Boivin N., et al., "Heading north: Late Pleistocene environments and human dispersals in central and eastern Asia", *PloS one*, 2019, 14(5).
② 新疆文物考古研究所、北京大学考古文博学院:《新疆吉木乃县通天洞遗址》,《考古》2018年第7期。
③ 伊第利斯·阿不都热苏勒:《新疆地区细石器遗存》,《新疆文物》1993年第4期,第18-29页。

夏商时期荆南寺聚落历时性演变的考察*

杜 杨

(北京大学中国考古学研究中心 北京大学考古文博学院)

一、荆南寺夏商遗存的分期与年代

湖北荆州荆南寺遗址，是一处位于长江北岸的岗地型遗址，经过20世纪60年代以来的系列工作，尤其是1984至1992年持续的大规模发掘，发现了上自大溪文化时期，下迄西汉时期的丰富文化遗存，从而比较全面地揭露了该遗址的古代文化面貌。

在田野工作基础上，多位学者对荆南寺夏商时期的遗存进行过分期研究。最早的试掘报告将该遗址夏商时期遗存的年代定为商代二里岗上层期。[①] 大规模发掘工作开展过程中，王宏曾披露过发掘所见的商代材料，并将荆南寺商代陶器分为四期，其中第一、二期至少是早于二里岗上层，而第四期偏早阶段大致与藁城台西早期相当，偏晚阶段大致同殷墟一期相当。[②] 经过初期的两次发掘后，荆南寺遗址发现了大量夏商时期遗存，其时代范围亦明显拓展。此时的发掘简报将荆南寺夏商遗存分为七期，依次是二里头二期、二里头四期(即二里岗下层早期)、二里岗下层晚期、二里岗上层偏早、二里岗上层偏晚、二里岗上层至殷墟一期之间和殷墟一期。[③] 张万高在对荆南寺夏商遗存进行文化因素分析时也对其进行了分期，他的期别划分较少，分别为二里头文化二期和三期、二里头文化晚期和二里岗下层、二里岗上层早段、二里岗上层晚段、藁城台西早期到殷墟一期这五个时期，这与简报最大的不同在于提出了荆南寺遗址存在二里头三期的认识。[④] 何驽在荆南寺遗址发掘结束后，对其夏商文化遗存进行过较为系统的总结，他略过了资料过少的二里头文化早期阶段，分期始于二里头文化第四期，共分为六期，包括二里头四期(即二里岗下层偏

---

* 本研究受教育部人文社会科学重点研究基地重大项目"长江中下游青铜文化带的形成与发展"(项目编号18JJD780001)的资助。

① 陈贤一：《江陵张家山遗址的试掘与探索》，《江汉考古》1980年第2期。
② 王宏：《荆南寺商代陶器试析》，湖北省考古学会选编：《湖北省考古学会论文选集(一)》，武汉大学出版社，1987年。
③ 荆州地区博物馆、北京大学考古学系：《湖北江陵荆南寺遗址第一、二次发掘简报》，《考古》1989年第8期。
④ 张万高：《江陵荆南寺夏商遗存文化因素简析》，湖北省考古学会选编：《湖北省考古学会论文选集(二)》(《江汉考古》增刊)，1991年。

早)、二里岗下层偏晚、二里岗上层偏早、二里岗上层、二里岗上层晚段、殷墟一期六个阶段。① 而王立新在对荆南寺商代遗存进行分析时，认为该遗址不存在早商文化第一期第一段的遗存，因此将该遗址商代部分划分为四期，即早商文化第一期第二段、早商文化第二期第三段、早商文化第二期第四段、早商文化第三期第六段，其时间大致相当于二里岗下层晚段至殷墟文化一期之际。②（表一）

表一　荆南寺代表性分期意见在商文化分期体系中的位置

商文化主要分期意见			荆南寺商代遗存的主要分期意见				
社科院	邹衡	安金槐	发掘报告	何驽	王立新	豆海锋	孙卓
早商一期	先商一段Ⅱ组	二里岗文化一期	第二期	第一期		第一期	
早商二期	早商二段Ⅲ组	二里岗文化二期	第三期	第二期	第一期	第二期	
早商三期	早商二段Ⅳ组	二里岗文化三期	第四期	第三期	第二期	第三期	第一期
	早商三段Ⅴ组						
中商一期	早商三段Ⅵ组	二里岗文化四期	第五期	第四期	第三期	第四期	
			第六期	第五期			
中商二期	早商四段Ⅶ组					第五期	第二期
中商三期	早商四段Ⅷ组		第七期	第六期	第四期	第六期	第三期
晚商一期	殷墟二期						
晚商二期							
晚商三期	殷墟三期						
晚商四期	殷墟四期						

2009年正式出版的遗址发掘报告《荆州荆南寺》一书发表了该遗址的绝大部分发掘成果，但在分期与年代部分仍沿用了早期简报中所使用的结论，不过该发掘报告提出少量晚期地层出土的遗物年代可能早至殷墟文化晚期，③这种意见后来得到多数学者的认同。④ 虽然也有学者使用不同表达方式，如孙卓在对荆南寺商文化的分期中将下限限定在洹北花园庄晚期，但这种差异源于其使用了不同的商文化分期体系，实际上所用的对比材料是相同的，因此对荆南寺夏商遗存年代下限的认识也是一致的。

综上，目前对荆南寺夏商遗存年代的认识是比较一致的。尤其是关于其年代下限，均认为应在以往所认定的殷墟一期，也就是目前通用的洹北花园庄晚期阶段，所对比的材料主要是安阳大司空村早期和藁城台西晚期的材料，我们认为这种推断是比较恰当的（图一）。而

---

① 何驽：《荆南寺遗址夏商时期遗存分析》，《考古学研究（二）》，北京大学出版社，1994年。
② 王立新：《早商文化研究》，高等教育出版社，1998年，第224－228页。
③ 荆州博物馆：《荆州荆南寺》，文物出版社，第2009年，第145、146页。
④ 豆海锋：《长江中游地区商代文化研究》，吉林大学博士学位论文，2011年，第62－65页。

针对其年代上限,各位学者均认为存在二里头文化的相关遗存,不过具体而言则有始于二里头文化二期(见简报、报告)、三期(何驽先生)两种说法,其关键就在对荆南寺H23的年代判断,发掘报告没有对H23的详细描述,发表器物中亦仅有1鼎1罐两件器物出自该单位,从其形态特征,尤其是鼎足与器身连接位置和罐口沿翻折的程度来看,更接近二里头文化第二期同类器物(图二),因此我们认同原报告的意见,即荆南寺夏商时期最早一期遗存属于二里头文化二期。

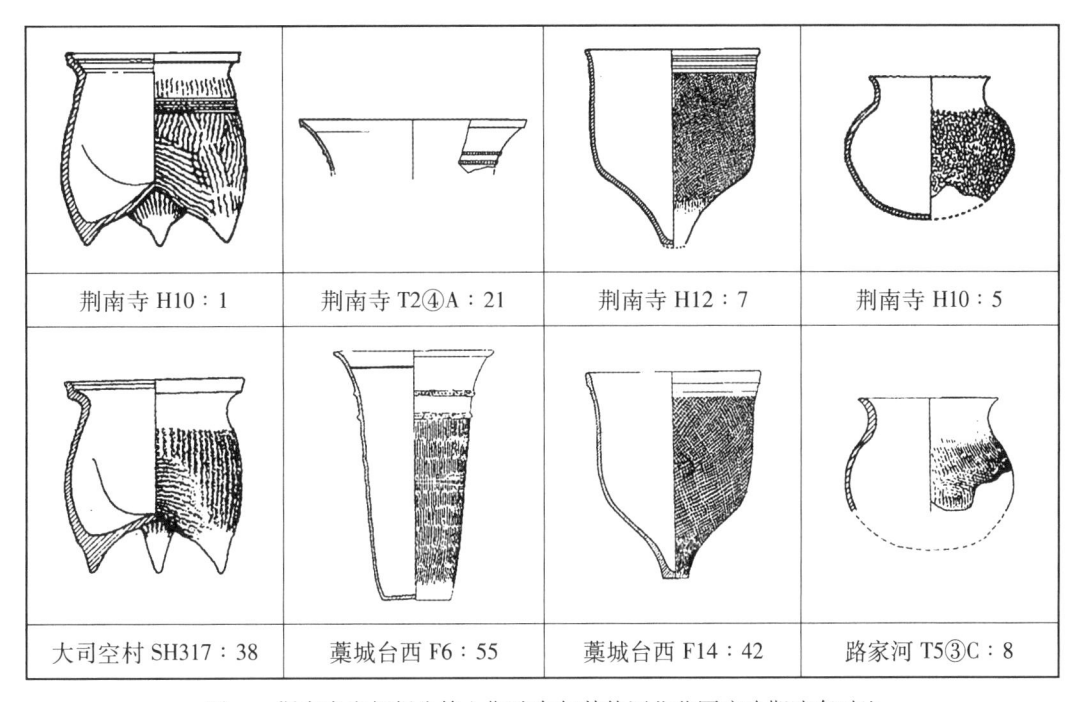

荆南寺 H10:1	荆南寺 T2④A:21	荆南寺 H12:7	荆南寺 H10:5
大司空村 SH317:38	藁城台西 F6:55	藁城台西 F14:42	路家河 T5③C:8

图一　荆南寺发掘报告第七期遗存与其他洹北花园庄晚期遗存对比

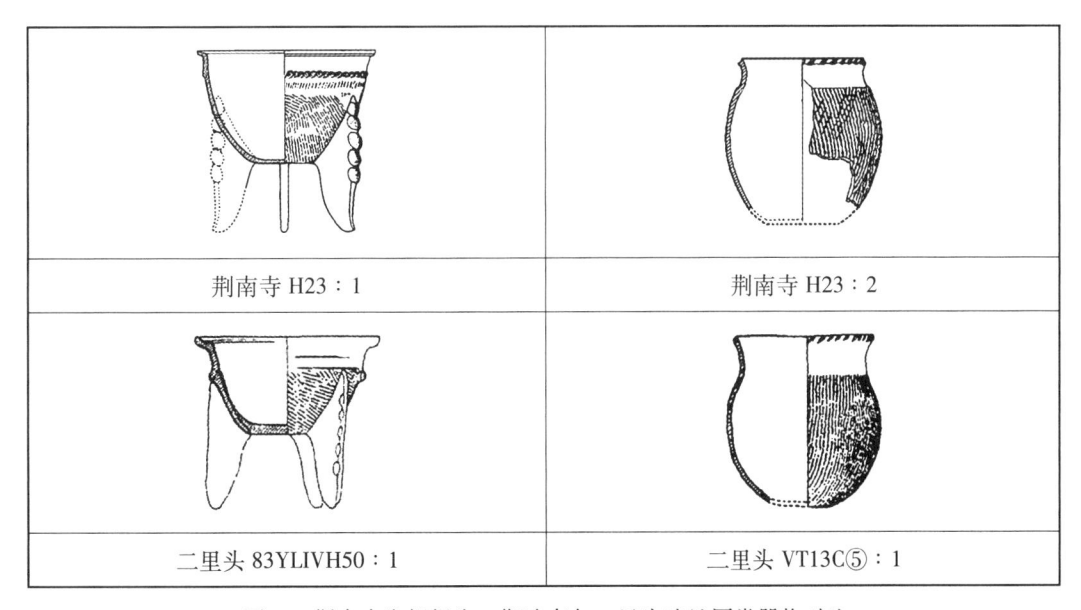

荆南寺 H23:1	荆南寺 H23:2
二里头 83YLIVH50:1	二里头 VT13C⑤:1

图二　荆南寺发掘报告一期遗存与二里头遗址同类器物对比

除去年代上、下限的认识外,关于荆南寺夏商遗存的分期认识还有两处需要辨明的地方:其一是二里头文化三期的文化遗存存在与否;其二是中商二期,也就是洹北花园庄早期的文化遗存存在与否。

针对第一个问题,我们可将荆南寺遗址出土的二里头文化因素遗存与中原地区类似器物进行全面对比,如此可发现荆南寺二里头文化遗存中,除上文所述的属二里头文化二期的陶鼎和陶花边罐外,其余代表性器物的特征都明显属于二里头文化四期的文化因素,如陶鬲的袋足和足尖特征、大口尊的口径与肩径对比特征、深腹罐的口沿和颈部特征等,在二里头遗址和二里岗遗址也可找到形制相同的对比标本(图三)。因此我们认为荆南寺遗址二里头文化遗存确属二期和四期,而报道材料中并无三期遗存。

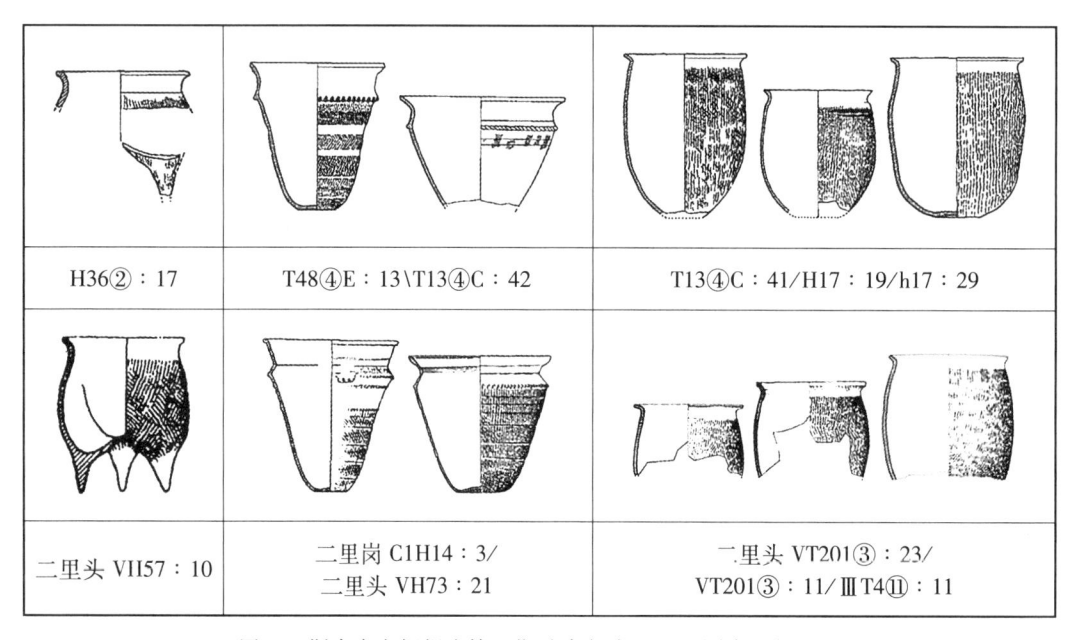

H36②:17	T48④E:13\T13④C:42	T13④C:41/H17:19/h17:29
二里头 VII57:10	二里岗 C1H14:3/ 二里头 VH73:21	二里头 VT201③:23/ VT201③:11/ⅢT4⑪:11

图三 荆南寺发掘报告第二期遗存与中原地区同类器物对比

关于第二个问题,我们在上文已将荆南寺发掘报告中第七期遗存与中原地区类似器物进行了对比,可以发现本期遗存很少,从遗存的文化特征分析,其年代应当与洹北花园庄晚期相当。那么只能对遗存较多的第六期遗存进一步分析,可以看到虽然其中大部分器物的形制特征与中原地区中商二期,也就是所谓白家庄期的同类器物非常相似(图四),但也有少量器物表现出更晚的特征,尤其是假腹豆的平沿、圈足折棱等特点都常见于洹北花园庄早期,虽然目前此期可供对比的材料不太多,但仍能找到一些相似的标本进行参照(图五)。由此可见,荆南寺商代遗存的年代始于二里岗下层一期,终于洹北花园庄晚期,在整个早商、中商阶段连续发展,中间并无明显缺环。

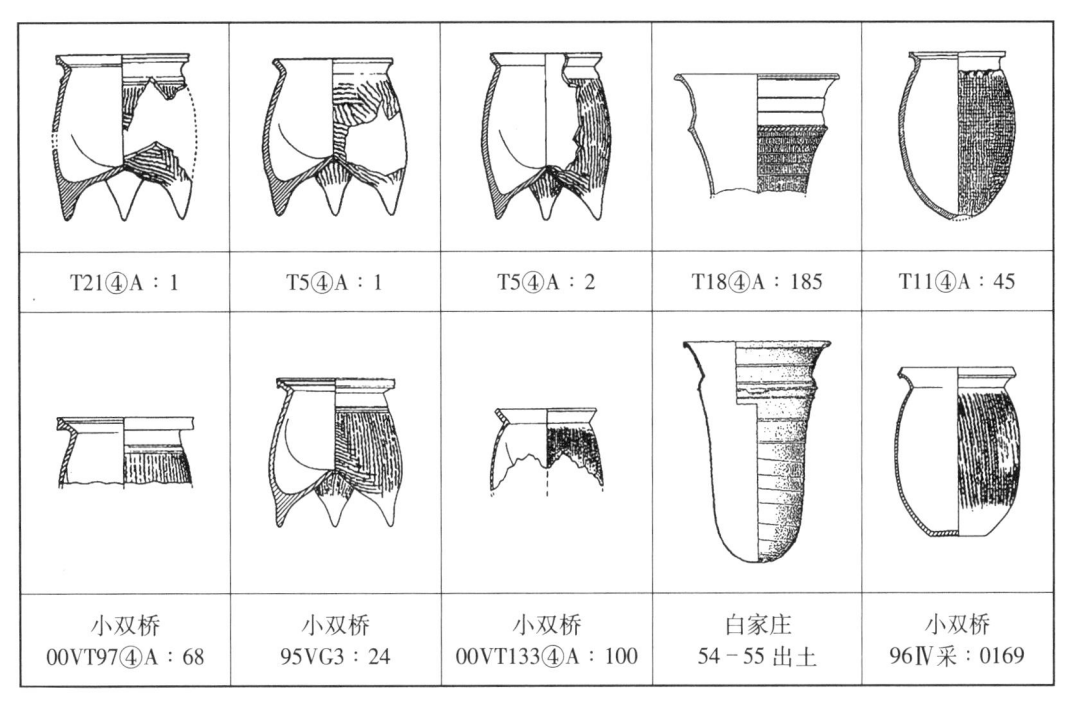

T21④A∶1	T5④A∶1	T5④A∶2	T18④A∶185	T11④A∶45
小双桥 00VT97④A∶68	小双桥 95VG3∶24	小双桥 00VT133④A∶100	白家庄 54-55出土	小双桥 96Ⅳ采∶0169

图四 荆南寺发掘报告第六期遗存与中原地区同类器物对比

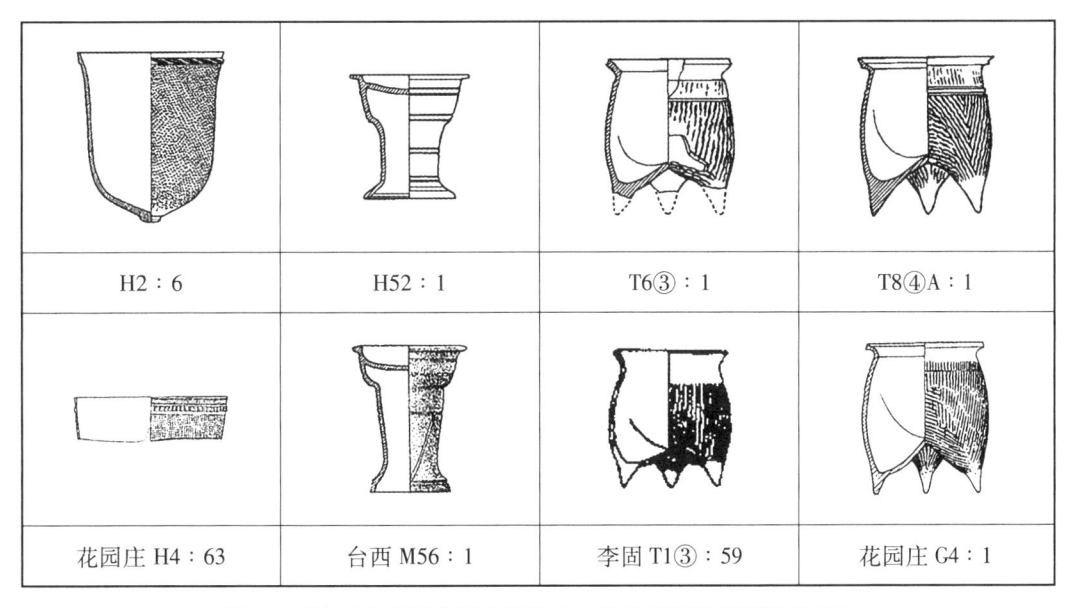

H2∶6	H52∶1	T6③∶1	T8④A∶1
花园庄 H4∶63	台西 M56∶1	李固 T1③∶59	花园庄 G4∶1

图五 荆南寺发掘报告第六期遗存与洹北花园庄早期遗存对比

综上,通过对荆南寺遗址夏商时期遗存的分期与年代特征进行重新考虑,我们基本认同发掘报告的分期意见。唯洹北花园庄早期文化遗存的存在是发掘报告所未说明的,不过鉴于目前能够明确辨别为此期的遗存较少,因此在遗址分期中暂不单独列出,而仍将其归入第六期遗存中,并据此将第六期的年代范围进行相应扩充。

二、夏商时期荆南寺聚落变迁的历时性观察

根据发掘报告的描述,80年代正式展开大规模发掘工作时,遗址的保存范围为东西100多米、南北50多米。此后经过十次发掘,共计开设探方116个、面积2 905平方米(图六),对遗址保存范围进行了比较全面的揭露。其中夏商时期遗存的发现是最为丰富的,发现的遗迹包括墓葬、灰坑和房址,墓葬数量极少,仅发现1座,灰坑和房址发现较多,分别达到125和24处,但限于遗迹的保存情况和报告编写体例,发掘报告在遗迹部分仅对1处墓葬、7处房址和20处灰坑进行了详细描述,而遗物部分所报道的遗物虽然所属单位较多,包括58处灰坑、1处墓葬和1处房址的材料,但这两部分所报道的单位并不完全重合(表二)。

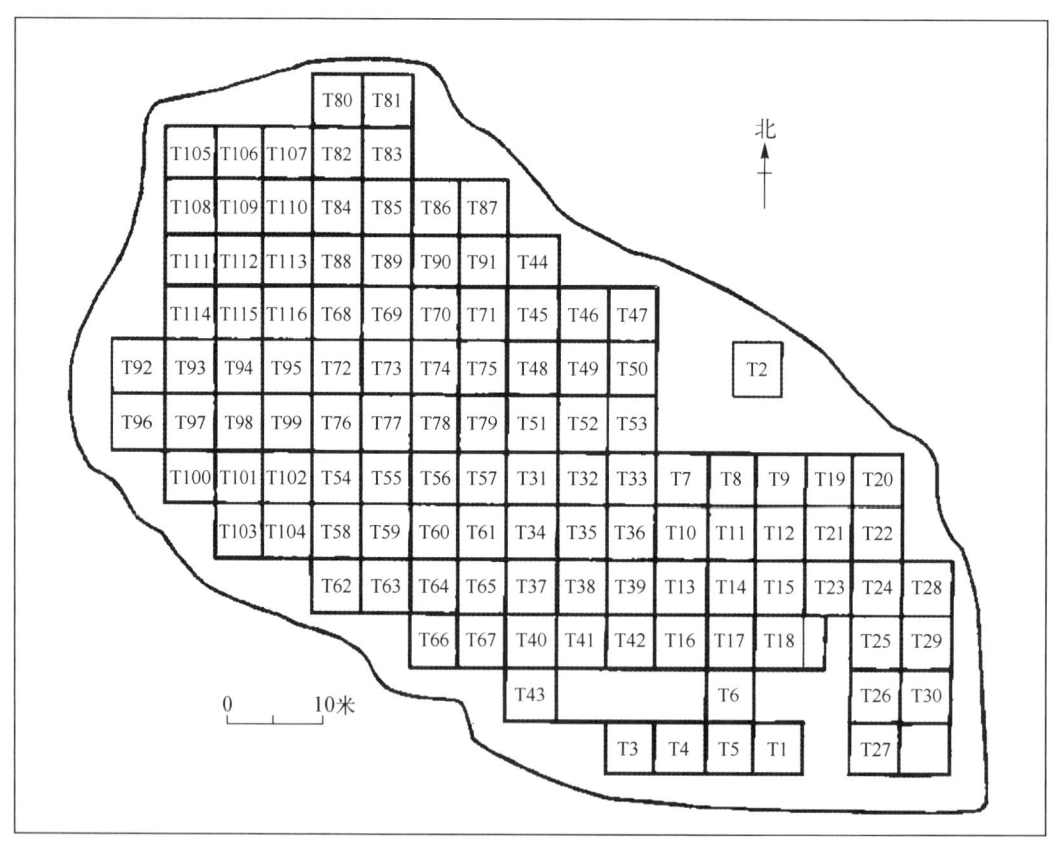

图六　荆南寺遗址范围和发掘布方图

可以发现,发掘报告中遗迹部分所报道的单位数量非常有限,且其中超过半数都无包含物见于遗物部分,这意味着很难对这部分遗迹的分期与年代进行准确判断。而遗物部分报道的单位数量虽比较多,但其中大多数都无法了解其具体位置与形制特征,这些都给

表二　荆南寺发掘报告中报道单位情况统计

仅遗迹部分报道单位	二者重合报道单位	仅遗物部分报道单位
H16、H24、H28、H31、H44、H50、H116、H133、F9、F13、F14、F15、F16、F25、F26	H12、H17、H30、H32、H36、H51、H52、H57、H70、H105、H216、H221、M26	H2、H3、H4、H8、H10、H13、H14、H15、H21、H23、H25、H26、H29、H33、H34、H35、H37、H40、H42、H43、H55、H62、H68、H89、H90、H93、H98、H130、H136、H165、H167、H169、H174、H176、H180、H196、H207、H210、H211、H212、H214、H217、H218、H223、H232、H233、F37

复原荆南寺夏商聚落的面貌造成了困难。为了尽可能地将所有材料加以利用,我们通过遗物分析,将遗物部分单独报道的单位进行了大致的分期判断,从而对各期段的遗迹发现情况进行了统计(表三)。

表三　荆南寺夏商时期出土遗物部分遗迹分期统计①

	二者重合报道单位	仅遗物部分所属单位
1期		H23
2期	H36②	
3期	H17、H36①、H51、H70③、④、⑤	H3、H13、H33、H211
4期	H32、H70①、②、M26	H4、H15、H21、H26、H35、H37、H42、H55、H89、H90、H130、H167、H180、H232、H233
5期	H30、H57、H105、H216、H221	H8、H14、H25、H29、H34、H40、H43、H68、H93、H98、H136、H165、H169、H174、H176、H196、H207、H210、H214、H217、H218、H223
6期	H52	H2、H62、H212
7期	H12	H10

同时根据地层中出土遗物可以判断,发掘区内夏商时期文化层主要是第四层,而各探方第四层又多分为A、B、C、D四层,其中A层基本均属5到7期,B层均属4到5期,C层均属3到4期,D层均属1到3期,由此可以通过发掘报告中遗迹部分对单位开口地层的介绍,对仅见于遗迹部分的单位进行大致年代的判断(表四)。

---

① H10、H14、H15、H23、H62四个单位虽在发掘报告中未对其遗迹形制特点进行描述,但在简报和何驽先生的文章中对其层位和所属探方进行过描述,为遗址内涵分析提供了部分所需材料。何驽:《荆南寺遗址夏商时期遗存分析》,《考古学研究(二)》,北京大学出版社,1994年,第81页;荆州地区博物馆、北京大学考古系:《湖北江陵荆南寺遗址第一、二次发掘简报》,《考古》1989年第8期,第680页。

表四　荆南寺夏商时期缺少遗物部分遗迹分期统计①

	开口单位年代清楚	开口层位年代模糊
1期		
2期		F16、F25
3期	H16、H28	
		H44
4期	F9、F15、H31	
		H50、H116
5期	H24	
6期	F13	
7期		

通过上述分析和统计，我们可以对荆南寺夏商聚落的历时性演变进行大致的梳理。该聚落的早期使用可以上溯至新石器时代，其文化发展序列始于大溪文化，并延续至后石

---

① 由于F14、F26、H133未说明开口层位，因此无法根据地层判断其大致分期。

家河文化,①夏商时期聚落可能是在其基础上继续发展的,遗存文化面貌自新石器时代晚期到夏商时期具有连续性也证实了这一点。②

荆南寺夏商时期遗存最早出现于二里头文化二期阶段,此时发现的遗存极少,遗迹方面仅发现有H23,且其中包含物极少。此后一阶段的遗存未见于任何报道中,极可能在发掘过程中并无发现,即便存在这一时期的遗存也应当非常少见,这种遗存稀少的情况一直持续到二里头文化四期和二里岗下层早段,此时发现的遗存仍很少,可确认者仅H36,此外还有2个灰坑和2处房址的年代可能处于这一时期。不过从这一阶段开始,该遗址的使用明显进入连续发展的阶段,以H36、H70等灰坑为代表,其内部不同层位包含物的年代差别代表了长时期的连续使用。自二里岗下层晚段开始,本遗址涌现出数量众多的文化遗存,目前所见大部分的灰坑、房址、墓葬都属于这一时期,这种繁盛的状态一直持续到二里岗上层时期。自二里岗上层晚段开始,荆南寺的遗存规模骤降,在白家庄期到洹北花园庄晚期的漫长时间中,仅发现了5个灰坑的遗存,而房址则只有F13的年代可能进入这一时期的早段。

综合来看,荆南寺夏商聚落的第一、二期遗存属于初始阶段,时间大约自二里头二期到二里岗下层早段,此时聚落内的人类活动非常有限,且中间似乎存在间隔,代表着小规模和间歇式的使用。而自遗址第三期到第五期则属于聚落的繁盛阶段,时间大约是二里岗下层晚段到二里岗上层晚段,此时聚落内出现数量较多、规模较大的地面建筑遗存,同时此阶段灰坑内不同层位的分析表明聚落的连续使用,此外聚落内发现唯一出土铜礼器、兵器和漆木器等高等级遗存的墓葬亦属于这一阶段,并且在该阶段内还明显存在遗存逐渐增多的趋势,可见此时荆南寺聚落进入稳定的持续发展阶段,得到了大规模的开发和利用。到遗址第六期后,聚落的发展进入衰落阶段,前阶段的建筑大多遭到废弃,人类活动的强度明显下降,所发现的遗存亦逐渐减少,至洹北花园庄晚期阶段,该聚落最终被废弃,而在其范围内人类活动再次出现可能要晚至商末周初的周梁玉桥文化阶段。

根据荆南寺发掘简报、报告和何驽文章中对发现遗迹情况的描述,还可以重新复原出部分遗迹单位的出土位置(图七)。由图可知,荆南寺聚落内遗迹大致可分为两群,即西北群和东南群,其中大部分的建筑均位于西北群内,此群内的灰坑大多与建筑相邻,而东南群内基本为灰坑,仅发现1座建筑和1座墓葬。

为更详细了解荆南寺夏商聚落的历时性演变情况,此处根据前文所划分的聚落发展的三个阶段,将不同阶段内的遗迹单位分别进行统计,并对其位置进行复原(图八)。通过

---

① 荆南寺发掘简报和报告中仅见有大溪、石家河、后石家河的文化遗存,但早年与荆南寺属同一遗址的张家山曾发掘出土较多的屈家岭文化遗物,然而这部分遗存在大规模发掘前已遭破坏,导致无法了解该遗址屈家岭文化时期的面貌。陈贤一:《江陵张家山遗址的试掘与探索》,《江汉考古》1980年第2期。

② 荆南寺发掘报告中已经注意到夏商时期部分出土遗物明显是在该遗址新石器时代文化遗物的基础上演变和发展而来的,且二者出土地层直接连续。荆州博物馆:《荆州荆南寺》,文物出版社,2009年,第148页。

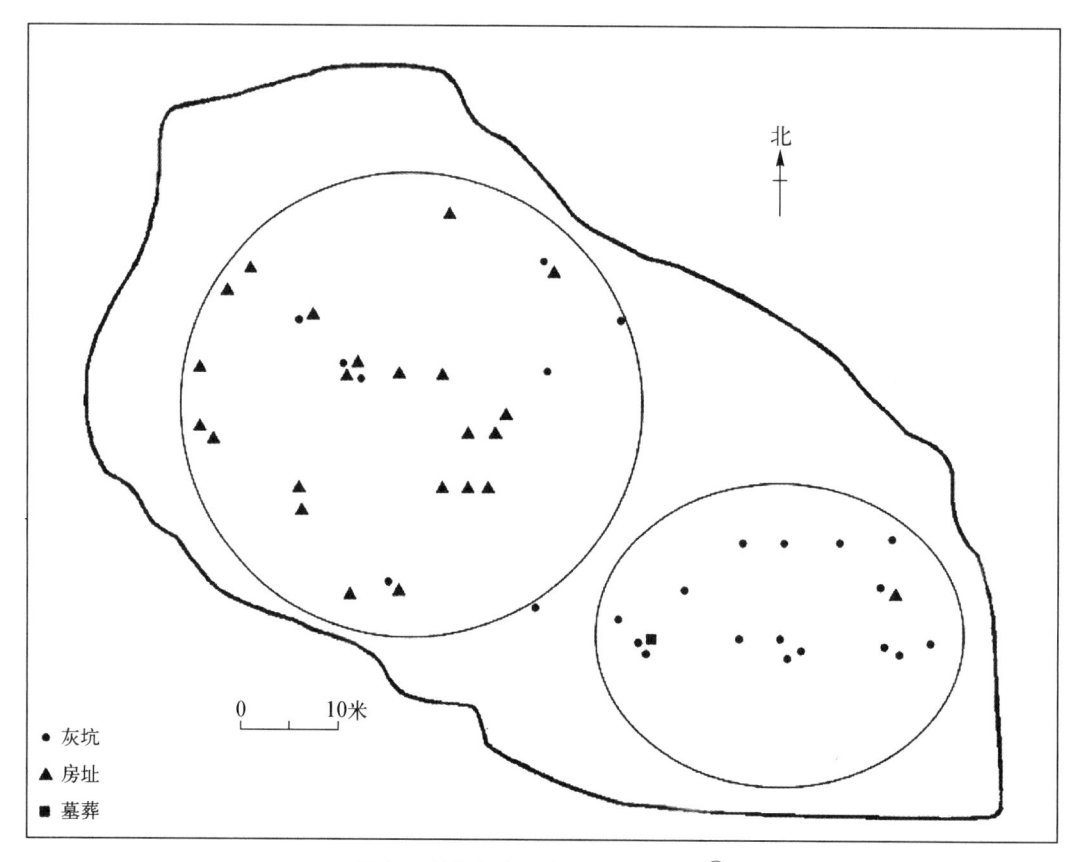

图七　荆南寺遗址发现遗迹示意图①

分析可知聚落最初的发展始于东南部,在第一阶段较晚阶段,聚落西北部开始出现建筑遗存;第二阶段,即聚落发展的鼎盛时期,形成了西北和东南两片遗迹分布区,并形成西北部以建筑为主,东南部以墓葬、灰坑为主的布局特点;第三阶段,也是聚落的迅速衰落阶段,在本阶段的早期,西北部仍有个别建筑,同时东南部仍有灰坑类遗存,但建筑很快遭到废弃,此后仅有极少量的文化遗迹。

三、荆南寺聚落的演变与文化大势

针对荆南寺遗址内文化遗存的文化因素及其演变情况,有多位学者进行过分析和总结,各方的观点基本一致,以报告中统计最为全面(表五)。通过将文化因素分析与聚落演变和文化发展情况结合,可将该遗址的遗存发现还原到更广阔的社会背景中进行考虑。

---

① 根据发掘报告总平面图改制,报告中描述H216发现于T117内,但荆南寺历次发掘共布方116个,总布方图中亦无T117,疑笔误。

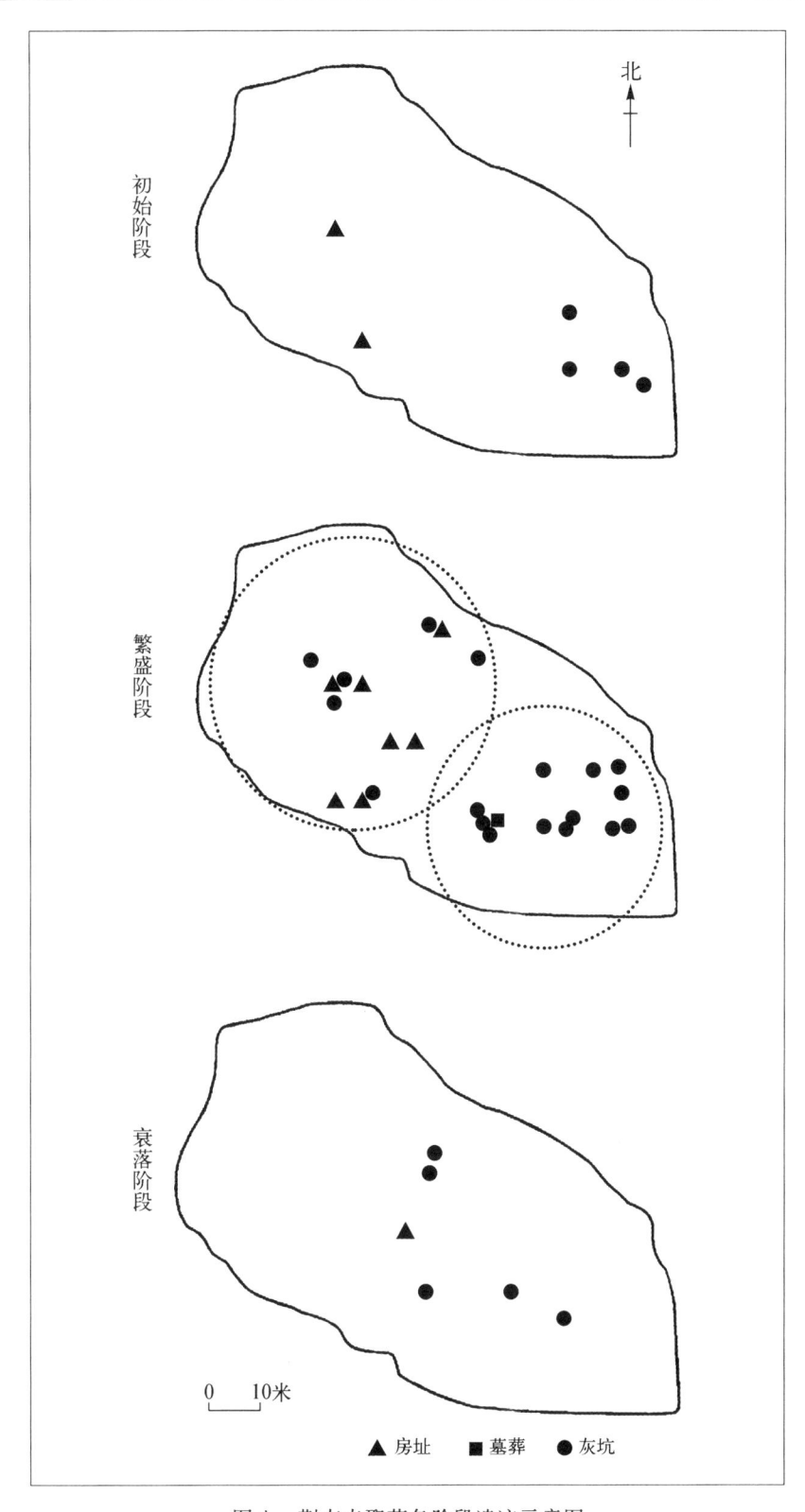

图八　荆南寺聚落各阶段遗迹示意图

表五　荆南寺夏商遗存文化因素分析观点统计

	王　宏	发掘简报	张万高
荆南寺夏商时期遗存文化因素分析的不同观点	1. 商文化 2. 澧水流域和西陵峡区文化 3. 汉江流域文化 4. 长江下游文化	1. 二里头文化 2. 商文化 3. 西陵峡区文化 4. 澧水流域文化	1. 北方文化系统 2. 南方文化系统 　2.1 三峡和澧水流域文化 　2.3 江汉地区土著文化
	何　驽	王立新	发掘报告
	1. 二里头文化 2. 二里岗早商文化 3. 土著文化 4. 成都平原早期蜀文化 5. 澧水上游早期青铜文化 6. 江西吴城印纹硬陶文化	1. 典型商文化 2. 本地土著文化 3. 商文化与土著文化融合 4. 成都平原和峡江地区文化 5. 澧水流域早商文化 6. 几何印纹硬陶文化	1. 二里头文化 2. 二里岗商文化 3. 土著文化 4. 峡江和成都平原文化 5. 澧水上游文化 6. 印纹硬陶和原始瓷文化

前文已经提到,荆南寺遗址自新石器时代晚期到夏商时期的文化遗存发展具有较好的连续性,其夏商聚落应当是在新石器时代聚落基础上的延续和发展。但值得注意的是,夏商时期的荆南寺聚落自初始阶段,便带有较多的二里头文化因素,并且这种中原文化因素的比例有逐渐增长的趋势,这暗示该聚落的出现与中原地区文化南下有直接的联系,不过荆南寺遗址中的二里头文化因素始终未占据主导地位,这与同一时期处于其下游地区的黄陂盘龙城遗址形成了鲜明的对比。①

自二里岗文化下层早期阶段起,中原商文化因素也出现在荆南寺聚落中,随着商文化因素的逐步增多,荆南寺聚落也同步进入了繁盛阶段,此阶段遗存中商文化典型因素非常丰富,几乎可与江汉土著文化因素相匹敌,与之相伴的是大规模建筑和大型墓葬,以及铜器、漆器、卜骨、龟甲等高等级遗物的涌现。但商文化因素在短暂的爆发式增长后也走向衰减,这种趋势与长江中游地区的文化大势非常一致,同时荆南寺聚落本身也走向了衰落。

其余文化因素均远少于上述三类,其中早期巴蜀文化的因素主要存在于二、三期,澧水流域青铜文化的因素主要存在于三期以后,而印纹硬陶和原始瓷文化因素则极少。这些文化因素均来自历史上与江汉地区文化联系比较密切的地区,并且表现形式同各地文化的盛衰趋势相符,应属于常规的文化交流现象,并未对聚落的发展有决定性影响。

四、中原文化南下的个体案例

荆南寺夏商时期聚落的发展情况是分析夏商时期中原文化南下非常好的案例。江汉平原西部优越的自然条件和丰富的物产资源使得该地点在新石器时代便存在频繁的人类

---

① 张昌平:《夏商时期中原与长江中游地区的文化联系》,《华夏考古》2006年第3期。

活动,奠定了夏商时期聚落形成的基础。但夏商时期聚落的出现并非单纯环境选择的结果,通过分析可以发现该聚落的出现、兴起、鼎盛、衰落都与中原文化南下的形势密切相关。二里头文化的南下促使荆南寺聚落出现,而随着中原地区夏商更替,荆南寺聚落的发展同样进入低谷,随后商文化的到来使其重获新生,并伴随着商文化影响力的增长而迅速走向鼎盛,在晚商阶段商文化自南方大规模退却,该聚落也随之走向衰落,最终被废弃。

由此可见,夏商时期的荆南寺聚落必然与中原王朝存在非常密切且直接的联系,这种联系也由该遗址本阶段遗存的文化面貌所证明,相较于周边其他遗址,该遗址的文化面貌与中原地区相似度明显更高。① 而荆南寺遗址处在关键的地理位置,应是产生这种现象的重要原因,该遗址处于荆州古城西部,南有长江干流横贯两湖平原,西有沮漳河联通鄂西山区,东有汉江联通南襄盆地,既是长江中游的腹心地带,也是控制两湖地区的关键,同时还是四方辐辏之地,该遗址中发现夏商时期大量不同来源的文化因素即为明证。正因如此,二里头文化和二里岗文化在其向南扩展的初始阶段,就迅速占据了该地点,目前通常认为获取资源是早期王朝向南方扩张的重要目的,以往的研究多集中在以盘龙城为代表的聚落群对鄂东南铜矿带的利用上,而较少关注江汉平原西部地区,实际上这一带也有丰富的自然资源,在紧邻的湘西北和鄂西地区有丰富的盐、朱砂、铜、铁等资源,均属早期文明中具有非常重要地位的资源类型。

虽然目前针对荆南寺夏商聚落的性质,仍存在军事据点②和贸易港口③的认识分歧,但实际上二者并非绝对矛盾,更值得注意的地方在于该聚落发展过程与中原文化南下形势表现出的一致性,这种一致性在江汉地区同样见于鄂东北的盘龙城聚落,且二者的兴废情况非常相似,暗示其产生背景应当是相同的。但夏商时期的鄂东以盘龙城为代表的聚落群表现出典型的中原文化面貌,其外来文化因素处于弱势地位,因此作为中原文化据点的性质得到普遍认可;而荆南寺聚落则表现出以江汉土著为主体的混合文化面貌,与鄂东以盘龙城为代表的一系列商文化聚落形成鲜明差异,也因此在文化归属和聚落性质上难以辨明。通过前文对该聚落变迁与文化局势的分析,可见二者虽在文化面貌上有相当差别,但其出现原因应当是相同的,内在属性也应是相似的,应均是中原文化南下过程中所推动建立、以获取江汉地区及更广阔的南方地区资源为重要目的的聚落类型,而通过对同时期类似聚落的细致观察,似乎可以更为清晰地还原当时不同族群文化交流的直观场景。

---

① 豆海锋:《长江中游商代文化研究》,吉林大学博士学位论文,2011年,第71、72页。
② 何驽:《荆南寺遗址夏商时期遗存分析》,《考古学研究(二)》,北京大学出版社,1994年;向桃初:《湘江流域商周青铜文化研究》,线装书局,2008年,第50-52页。
③ 张昌平:《夏商时期中原与长江中游地区的文化联系》,《华夏考古》2006年第3期。

商代前期墓地研究

张亚莉

(上海古籍出版社)

目前学术界普遍认为商代前期的墓葬多散落在居住区内,没有经过有意识的规划,[①]而现有的材料足以让我们重新思考这个问题。本文将首先确认商代前期已经存在有意识规划的墓地,在此基础上分析墓地与居址的关系以及墓地的等级构成。

一

为了方便行文,我们先对一些概念作一界定。本文所指的"商代前期",包括《中国考古学·夏商卷》中的早商时期和中商时期。[②] 为了对商代前期的墓地作一个历时性的观察,我们将商代前期分成三个阶段:第一阶段相当于早商一期和早商二期;第二阶段相当于早商三期和中商一期;第三阶段相当于中商二、三期。"墓地"一词经常为我们所用,但目前学术界却缺乏对墓地清晰的定义,这也是对商代前期墓地认识不清的一个重要原因。本文尝试对墓地进行定义:在一定时间阶段内,一定数量的墓葬集中埋葬之处为墓地,墓地往往经过有意识的规划,这种有意识的规划主要体现在墓葬排列相对有序、墓葬之间少有打破关系、墓葬方向较为一致。

商代前期的遗址根据性质、内涵的不同,可分为都城类遗址、区域中心类遗址以及村落类遗址三类,我们分别来看其墓地情况。

1. 都城类遗址

属于商代前期的都城类遗址有郑州商城、偃师商城、郑州小双桥以及洹北商城,郑州小双桥只发现人牲祭祀坑和丛葬坑,缺乏讨论的条件。以下我们分阶段对都城类遗址内可以从墓地角度进行探讨的墓葬进行分析。

从第一阶段开始,郑州商城和偃师商城就有墓葬密集分布在城墙处,到了第二阶段,这种现象更加普遍,故将从第一阶段延续至第二阶段的此类情况一并阐述。

[①] 邵向平:《商系墓葬研究》,科学出版社,2011年,第56页;中国社会科学院考古研究所:《中国考古学·夏商卷》,中国社会科学出版社,2003年,第237-240、279页。

[②] 中国社会科学院考古研究所:《中国考古学·夏商卷》,中国社会科学出版社,2003年,第170-283页。

郑州商城城墙处发掘了23条探沟,在其中11条探沟内发现了相当于第一阶段和第二阶段的共30座墓葬分布在城墙内侧,打破了商代城墙,包括二里岗下层5座、二里岗上层25座。例如在一条南北长11米、东西宽10米的探沟C8T27内集中分布着7座墓葬;长10-20米,宽2-3米的探沟CWT3内集中分布了6座墓葬;东西长10米、南北宽6米的探沟C8T24内集中分布了5座墓葬。① 从墓葬统计表中可以看出,即使是分布在同一条探沟内的墓葬,相互之间也没有打破关系。城墙处的墓葬分布集中且无打破关系,自然是有意识规划的体现。不难推测,城墙内侧未发掘的区域应该有更多的墓葬分布。

密集分布在偃师商城城墙处的墓葬更具代表性。偃师商城目前共发现墓葬近160座,112座集中分布在城墙内侧附近的8个发掘地点(大城西城墙2处、北城墙1处、东城墙4处和小城北城墙1处),墓葬年代分别相当于本文的第一阶段和第二阶段。② 这些密集分布在偃师商城大城东、西、北城墙附近的墓葬,主要位于城墙内侧,距城墙约13米的范围之内,平均密度约每平方米0.09座墓。因历次发掘都不是专门针对墓葬遗迹,所以,如果以上述密度计算,那么仅在偃师商城大城东、西、北三面城墙内侧13米的范围内,就有墓葬5 000多座。③

故我们认为城墙内侧已经成为集中埋葬墓葬的场所,可以视为一个大的墓地。之前也有学者将在城墙使用期间、分布在城墙内侧的墓葬称为"环城墓",并提出可以将早商时期的"环城墓"视为早商时期的"墓地"。④

第二阶段,除了城墙处的墓葬外,郑州商城铭功路制陶遗址内发现了分布更为规律的墓葬。在铭功路商代制陶遗址内,二里岗下层二期的一座房子C11F121废弃之后,在其最晚层的白灰面地坪之上,东西并列埋葬了八座商代二里岗上层一期的墓葬,属于本文的第二阶段。⑤ 这八座墓葬排列紧密,间距基本上在2米以下,有些墓葬的间距不超过1米,例如M152和M153、M149和M151、M146和M150。相互之间无打破关系,均为南北走向,分布非常有规律,应为一处墓地无疑(图一)。

发展到第三阶段,郑州商城和偃师商城走向衰落,洹北商城逐渐兴盛起来,在花园庄东地发现了围绕大型建筑基址密集分布的墓葬。1998-1999年在花园庄东地发掘的20座竖穴土坑墓属于本文的第三阶段,⑥主要围绕大型建筑基址F1、F2进行分布。由于墓葬和其他遗迹存在叠压打破关系,从花园庄东地发掘点总平面图中,我们很难看出墓地布局的特征;但如果我们将墓葬单独放在一个平面上(图二),不难发现这些竖穴土坑墓之

---

① 河南省文物考古研究所:《郑州商城——1953-1985年考古发掘报告》,文物出版社,2001年,第179、200、216页。
② 中国社会科学院考古研究所:《中国考古学·夏商卷》,中国社会科学出版社,2003年,第217页。
③ 中国社会科学院考古研究所:《偃师商城》,科学出版社,2013年,第35、365页。
④ 冉宏林:《早商"环城墓"研究》,中国社会科学院考古研究所:《夏商都邑与文化(一)》,中国社会科学出版社,2014年,第198-208页。
⑤ 河南省文物考古研究所:《郑州商城——1953-1985年考古发掘报告》,文物出版社,2001年,第396页。
⑥ 中国社会科学院考古研究所安阳工作队:《1998年-1999年安阳洹北商城花园庄东地发掘报告》,《考古学集刊(第15集)》,文物出版社,2004年,第296-358页。

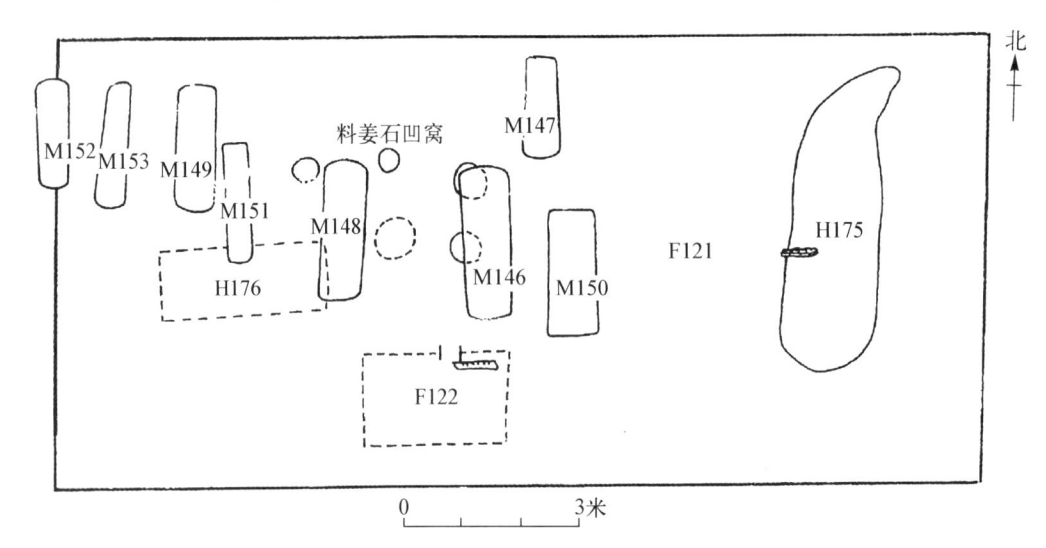

图一　郑州商城铭功路商代制陶遗址二里岗下层二期C11F121平面图

间不存在叠压打破关系,多数为西北—东南走向,少数略呈南北走向,且很多墓葬距离较近,M16、M17之间相距不足1米,M18、M20、M21、M22、M23、M25从南向北排列,依次间距不超过3米。墓葬排列如此紧密,应为有意识的规划,所以我们认为这应是一处墓地。

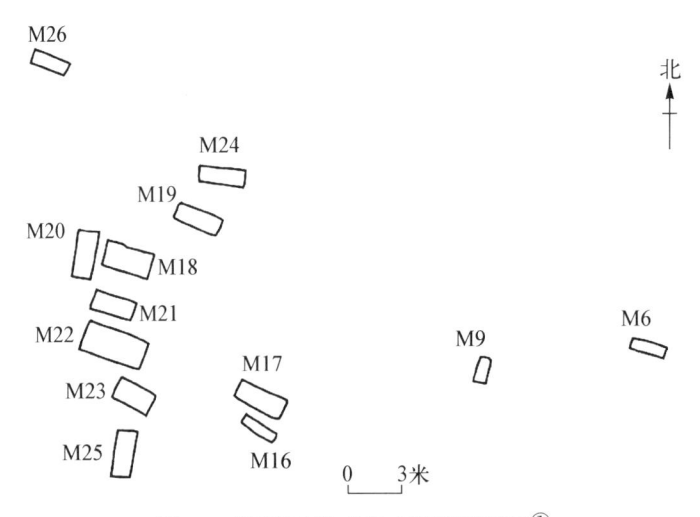

图二　花园庄东地发掘点墓葬平面图①

洹北商城作坊区内最新发现的铸铜工匠墓数量更多、墓地特征更为明显。2017年秋季到2018年一共发掘了42座墓葬,按照分布区域和排列方式,大体可以分为五排。除北部两排个别墓葬有早晚打破外,其余墓葬排列有序,特别是最南排9座墓葬,东西向排列整齐,有一定的规划性,显现出家族墓地的特征。②

---

① 虽然《1998年-1999年安阳洹北商城花园庄东地发掘报告》的墓葬登记表中有20座竖穴土坑墓,但是在花园庄东地发掘点总平面图上只找到了13座竖穴土坑墓的具体位置。
② 何毓灵:《洹北商城作坊区内发现铸铜工匠墓》,《中国文物报》2019年6月21日第5版。

2. 区域中心类遗址

属于商代前期的区域中心类遗址有黄陂盘龙城、垣曲商城、东下冯商城、望京楼商城、阜南台家寺、府城商城、辉县孟庄、辉县琉璃阁、济南大辛庄、藁城台西等。由于府城商城暂时没有发现墓葬，东下冯商城墓葬数量较少且分散，均无法从墓地角度进行讨论，故在下文中对这两处遗址不再涉及，我们分阶段对其他区域中心类遗址进行论述。

第一阶段至第二阶段，和都城类遗址类似，我们在区域中心类遗址内也发现了墓葬密集分布在城墙处的现象。

望京楼商城目前发现的11座商墓从二里岗下层二期延续至二里岗上层二期，[①]属于第一阶段至第二阶段，其中10座分布在东一城门处，打破了城墙、道路、护坡、护城河。从发掘平面图上，我们不难看出这些墓葬多为南北走向，分布相对集中且相互之间没有叠压打破关系，特别是M26、M27、M32三座墓的间距不超过1米（图三），同样，也可以推测，随

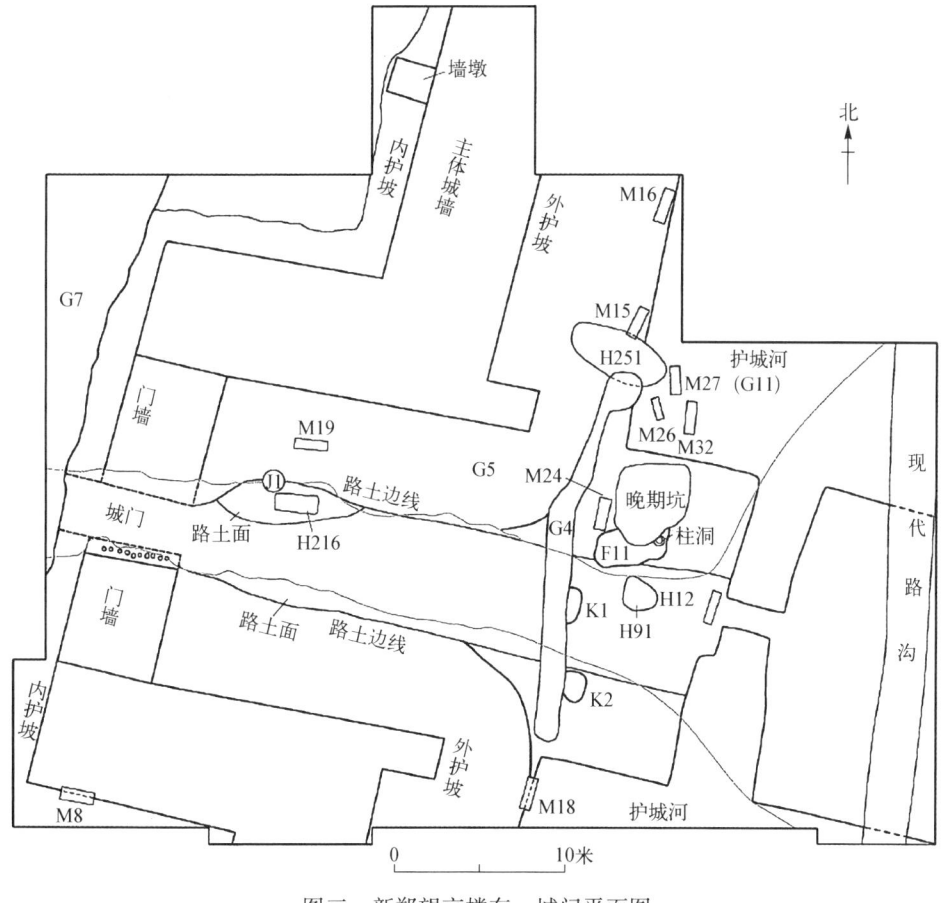

图三　新郑望京楼东一城门平面图

[①] 郑州市文物考古研究院：《河南新郑望京楼二里岗文化城址东一城门发掘简报》，《文物》2012年第9期；郑州市文物考古研究院：《望京楼二里岗文化城址初步勘探和发掘简报》，《中国国家博物馆刊》2011年第10期。

着望京楼商城发掘面积的扩大,应该可以在城墙处发现更多的墓葬。

该阶段我们也在辉县孟庄发现了排列整齐的墓葬。辉县孟庄遗址××区发掘的 8 座墓葬时代从二里岗下层延续至二里岗上层,相当于本文的第一阶段至第二阶段。① 由于××区的探方遗迹平面图是将不同时期的遗迹放在同一个平面上,不易观察墓葬的布局,如果将这 8 座墓葬单独放在一个平面上,墓地的特征就会体现得比较明显(图四)。

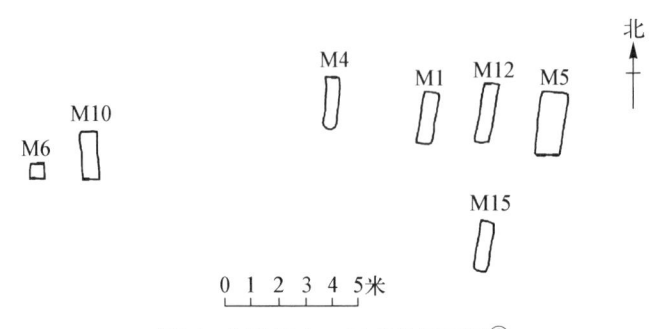

图四　辉县孟庄××区墓地平面图②

第二阶段,我们在垣曲商城、黄陂盘龙城发现了可供讨论的墓葬。垣曲商城有属于第二阶段的墓葬密集分布在城墙处,③其和望京楼商城均可为上文所述城墙处是一个大墓地的观点提供支撑。

黄陂盘龙城遗址以其墓葬等级高、发现的墓葬数量多成为该阶段我们讨论的重点。盘龙城城址位于遗址群的东南部,城外四周分布的商代遗址有西面的楼子湾,北面的杨家湾、杨家嘴,东面的李家嘴,南面的王家嘴等,近年来也在遗址外缘的童家嘴以及小王家嘴发现文化遗存。第二阶段中的李家嘴、杨家嘴以及楼子湾等地的墓葬可以从墓地的角度进行探讨。

李家嘴地区的 4 座墓葬属于盘龙城四、五期,相当于二里岗上层一期偏晚,④为本文的第二阶段。墓葬位于遗址岗地顶端偏南侧,岗地北侧则分布着灰坑。墓葬东西排列,墓向较为一致,依次间距在 10 米之内,相互之间不存在叠压打破关系,和其他遗存之间也少有叠压打破关系(图五),应为一处有意识安排的墓地。

楼子湾地区以及杨家嘴地区的墓葬多属于盘龙城四、五期,属于本文的第二阶段;少数墓葬为盘龙城六、七期,有学者认为,盘龙城七期已经进入中商二期或中商三期,⑤属于本文的第三阶段。已有学者指出,楼子湾发现的第二阶段的 5 座墓葬,成排安葬,间距都不超过 5 米(图六);杨家嘴 M6 等 4 座墓葬分布密集,其中 3 座墓葬间距在 1 米以内,墓

---

① 河南省文物考古研究所:《辉县孟庄》,中州古籍出版社,2003 年,第 387－388 页。
② 在××区探方遗迹平面图中没有发现位于 T69 中的 M21 的位置,故墓地平面图上只有 7 座墓葬。
③ 中国国家博物馆田野考古研究中心、山西省考古研究所、垣曲县博物馆:《垣曲商城(二)——1988－2003 年度考古发掘报告》,科学出版社,2014 年,第 630 页。
④ 湖北省文物考古研究所:《盘龙城——一九六三年——一九九四年考古发掘报告》,文物出版社,2001 年,第 444 页。
⑤ 中国社会科学院考古研究所:《中国考古学·夏商卷》,中国社会科学出版社,2003 年,第 267 页;盛伟:《盘龙城遗址废弃的年代下限及相关问题》,《江汉考古》2011 年第 3 期。

葬如此紧密排列,显然是有意识的安排。不过小型墓的分布又表现出松散的特征,楼子湾和杨家湾除了密集型墓葬之外还有相当数量的墓葬彼此间距数十米,位置相当分散。①

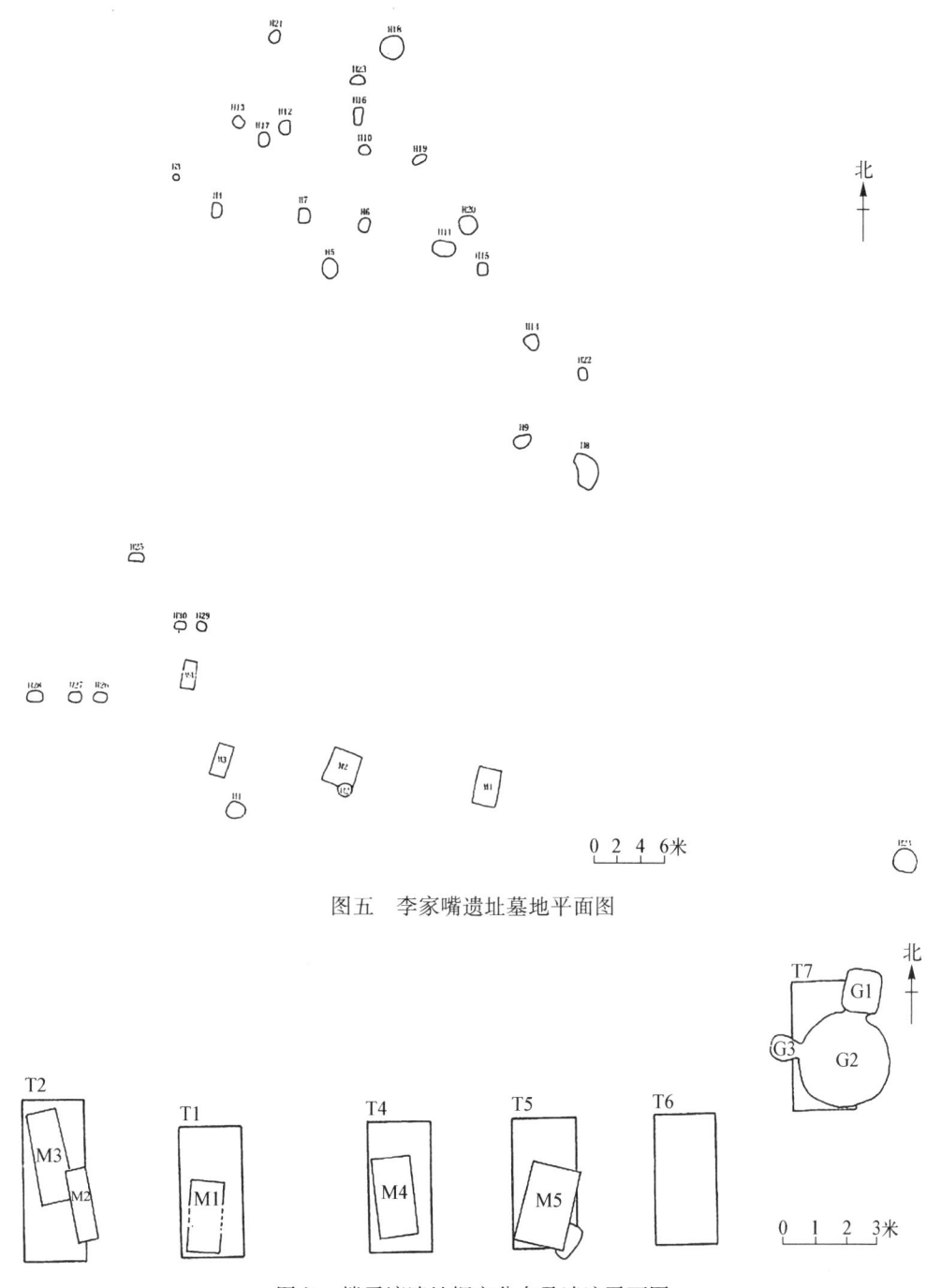

图五　李家嘴遗址墓地平面图

图六　楼子湾遗址探方分布及遗迹平面图

---

① 张昌平、孙卓:《盘龙城聚落布局研究》,《考古学报》2017年第4期。

第二阶段至第三阶段，辉县琉璃阁遗址的墓葬可供讨论。辉县琉璃阁遗址北区发现28座、中区发现9座集中分布的墓葬，参考学者已有的研究成果，这些墓葬的年代应该属于本文的第二、三阶段，部分墓葬的年代可能属于晚商时期。① 从墓葬登记表中可知这些墓葬头向基本一致，少有打破关系，②符合我们对墓地的定义。

发展到第三阶段，墓地的特征体现得更为明显。可供讨论的墓地有阜南台家寺、济南大辛庄、盘龙城小王家嘴、藁城台西等。

先来看阜南台家寺的情况。2014-2016年发掘的7座墓葬属于第三阶段，虽然没有公布墓葬分布图，从发掘资料可知，商代墓葬全部埋葬在一处台墩上，西距贵族居住区的台墩200米（图七）。商代墓葬M1、M2、M3、M4、M6、M7均为头向280°的土坑竖穴墓，葬具均为圜底独木棺，均有椭圆形腰坑，除M3外腰坑均埋有一狗，狗头向与墓主头向相同，③其应为一处小型的墓地。

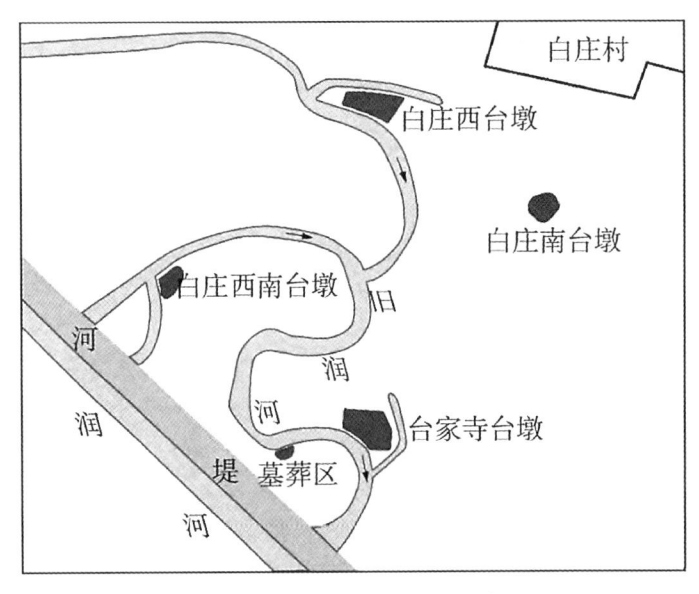

图七 台家寺遗址台墩分布示意图

2003年发掘的大辛庄蝎子沟以东发掘区西部的17座墓葬提供了很好的参考资料。④这17座墓葬均为竖穴土坑墓，墓主头向西南，方向在230°左右，墓葬排列整齐，相互之间没有打破关系。墓葬自东至西、自南至北，年代越来越晚，跨越中商文化晚期，下限或可到殷墟早期，大致属于第三阶段。目前虽然没有看到墓葬分布平面图，但根据描述可知其为有规划的墓地。

---

① 中国科学院考古研究所：《辉县发掘报告》，科学出版社，1956年，第16页。
② 中国科学院考古研究所：《辉县发掘报告》，科学出版社，1956年，第17-18页。
③ 武汉大学历史学院考古系、安徽省文物考古研究所：《安徽阜南县台家寺遗址发掘简报》，《考古》2018年第6期；陈冰白、何晓琳：《安徽阜南台家寺遗址发现商代高等级聚落》，《中国文物报》2017年4月28日第8版。
④ 山东大学东方考古研究中心、山东省文物考古研究所、济南市考古研究所：《济南市大辛庄商代居址与墓葬》，《考古》2004年第7期。

盘龙城遗址第二阶段的李家嘴、杨家嘴以及楼子湾等地均为不超过10座墓葬的小型墓地,发展到第三阶段,出现了墓葬数量更多、更加成规模的墓地。小王家嘴2015年发掘的21座商代墓葬,年代范围为第二阶段到第三阶段,墓葬主体集中在第三阶段。① 这些墓葬基本为西北—东南走向,排列有序,多数墓葬的间距在4米以内,分布相对密集,而且彼此之间不存在叠压打破关系,和其他商代遗存之间也很少存在叠压打破关系,这应为一处规划明确的墓地(图八)。

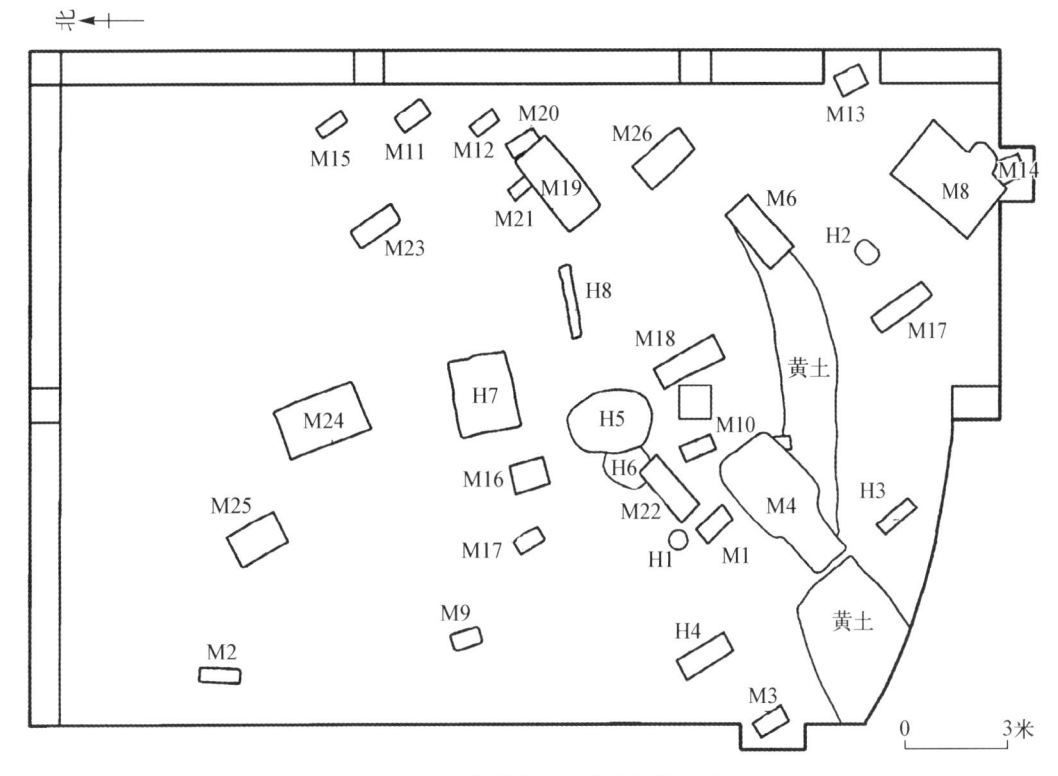

图八 小王家嘴墓地遗迹平面分布图
(其中 M4、M6、M8、M19、M22 为晚清墓葬)

该阶段另一处可供讨论的藁城台西遗址与上述区域中心类遗址多是小型墓地的情况不同,墓葬数量已大大增多,显示出大型墓地的规模。藁城台西遗址有112座墓葬,属于中商二期和中商三期,②相当于本文的第三阶段。墓葬基本是西北—东南走向或者东北—西南走向,集中分布在13个探方内(图九),有的探方内墓葬分布高度密集。以T8为例,在面积仅100平方米的范围内就有19座墓之多,平均每5平方米左右1座,墓与墓之间相距不过1.75米。③ 如此高度密集分布的墓葬,毫无疑问已经具有墓地的性质。与偃

---

① 武汉大学历史学院、湖北省文物考古研究所、盘龙城遗址博物院:《武汉市盘龙城遗址小王家嘴墓地发掘简报》,《江汉考古》2018年第5期。
② 中国社会科学院考古研究所:《中国考古学·夏商卷》,中国社会科学出版社,2003年,第263页。
③ 河北省文物研究所:《藁城台西商代遗址》,文物出版社,1985年,第158页。

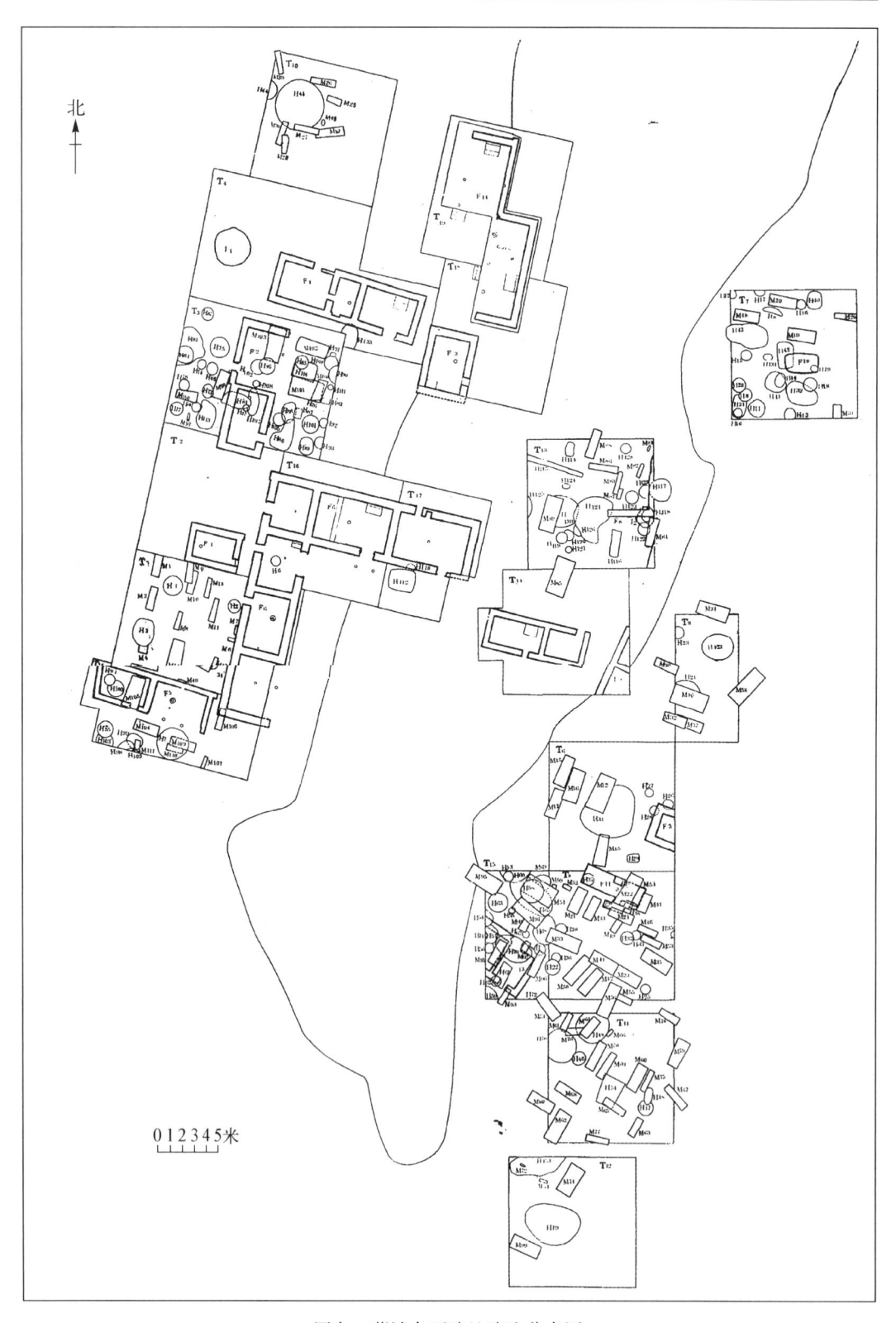

图九　藁城台西遗址遗迹分布图

师商城一些发掘地点类似,由于墓葬分布过于密集,存在多组打破关系。这112座墓一共有16组打破关系,①且多存在于不同墓向的墓葬之间。

3. 村落类遗址

一定数量的墓葬是形成墓地的前提条件,而大多数村落类遗址目前属于没有发现墓葬以及墓葬数量较少这种情况,墓葬数量特别少的村落类遗址缺乏形成墓地的基本条件。墓葬数量稍多的遗址,例如郑州上街、②陕县七里铺、③陕西耀县北村、④泗水尹家城、⑤泗水天齐庙⑥等,也只有泗水天齐庙遗址根据简报的叙述其墓葬的分布已经显示出墓地布局的特征:遗址的西北部发现了一批成人墓葬,属于本文的第三阶段,这批墓葬均为长方形竖穴土坑墓,分布比较集中,排列似有一定顺序,方向多是北偏东,规模一般在1.8×0.7平方米左右,葬俗也较为一致。⑦

综合以上分析,我们可以知道,都城类遗址和区域中心类遗址在商代前期这个时间范围内普遍存在有意识规划的墓地,且从第一阶段到第三阶段,随着时间的发展,可以看到墓地特征逐渐明显、规模逐渐扩大这一趋势。而遗址内墓地的有无与聚落的等级息息相关,都城类遗址和区域中心类遗址在商代前期这个时间范围内普遍存在墓葬集中分布,显示出墓地特征的现象,而且不乏规划明确的墓地;而村落类遗址则普遍墓葬数量较少,难以形成墓地。

二

研究商代前期墓地,居葬关系是我们必须要考虑的方面。唯一一个位于村落类遗址内的泗水天齐庙墓地由于简报过于简单,从中我们无法得知其居葬关系,在此不作探讨。以下分别对都城类遗址、区域中心类遗址内的居葬关系进行分析。

都城类遗址和区域中心类遗址的居葬关系大致可以分成两种,一种是居住区和墓葬区之间并无明显的界限,墓葬附近往往发现同时期的居住遗存,并且墓葬和居住遗存之间经常性地存在叠压打破关系。这种情况在都城类遗址和区域中心类遗址内普遍存在。

第一阶段,郑州商城遗址内,叠压商代夯土城墙的两座房基在探沟(C8T25、CNT1)内被发现。在CNT1内发现的房基南北残长约2.7米、东西残宽约1.5米;C8T25内发现的房基东西残长约2.5米、宽约1.4米。这两座修筑在夯土城墙内侧近底根处的房基,就其规

---

① 河北省文物研究所:《藁城台西商代遗址》,文物出版社,1985年,第101页。
② 河南省文化局文物工作队:《河南郑州上街商代遗址发掘报告》,《考古》1966年第1期。
③ 黄河水库考古工作队河南分队:《河南陕县七里铺商代遗址的发掘》,《考古学报》1960年第1期。
④ 北京大学考古系商周组、陕西省考古研究所:《陕西耀县北村遗址1984年发掘报告》,《考古学研究(二)》,北京大学出版社,1994年,第283—342页。
⑤ 山东大学历史系考古专业教研室:《泗水尹家城》,文物出版社,1990年,第258页。
⑥ 国家文物局田野考古领队培训班:《泗水天齐庙遗址发掘的主要收获》,《文物》1994年第12期。
⑦ 国家文物局田野考古领队培训班:《泗水天齐庙遗址发掘的主要收获》,《文物》1994年第12期。

模都不大,可能与守卫城垣者的居住有关。① 在探沟内,我们也发现了墓葬的存在。第二阶段分布在城墙内侧的房基数量增加,目前已经发现了9座:探沟C8T27内有5座,CNT5内有2座,CWT3内有1座,CET2内有1座。② 同属于第二阶段的墓葬在C8T27内发现7座,在CNT5内发现3座,在CWT3内发现2座,有些墓葬还和房基存在叠压打破关系。③ 由是可知,城墙内侧既是居住地,又为埋葬之所。偃师商城、望京楼商城以及垣曲商城的情况亦然,在城墙内侧,我们总是可以发现同时期的墓葬和居址分布在一起。

即使不是分布在城墙内侧的墓地,我们同样可以看到很多"居葬一体"的例证。郑州商城铭功路制陶作坊内的墓地埋葬着制陶者,④洹北商城铸铜作坊内分布着铸铜工匠墓,⑤这两处作坊遗址都是居于此、葬于此的表现。前已叙及,洹北商城花园庄早期的灰坑、墓葬被大型房基F1、F2所叠压,说明在房基兴建之前,这里既是生活区,又是墓葬区;后来房基又被花园庄晚期的墓葬和灰坑所叠压,说明在房基废弃之后,这里又回到了既是居住区,又是墓葬区的局面。黄陂盘龙城杨家嘴地区和楼子湾地区均发现和墓葬同时期的建筑、灰坑等居住遗存,墓葬的分布不出其居住范围。⑥ 辉县孟庄位于××区的墓地近处均发现与墓葬同时期的房基、陶窑、灰坑等居住遗存。⑦

另外一种情况则为一些遗址内的墓地开始呈现出独立于居住区的趋势,墓地往往和相对应的居址存在相对明显的界限亦或是功能分区。如黄陂盘龙城李家嘴墓地、小王家嘴墓地,阜南台家寺墓地,辉县琉璃阁北、中区墓地,济南大辛庄沟东区墓地以及藁城台西墓地。

盘龙城李家嘴墓地M2仍是目前已知二里岗时期最大的墓葬,其他三座墓为残墓,但从它们的随葬品及墓室规模来看,应为高等级贵族墓葬,这些墓葬的主人生前应居住在宫殿区,而位于城内的宫殿区和位于城外的墓地已有一定的距离;小王家嘴墓地距离核心地区杨家湾南坡600米,通过勘探、发掘,小王家嘴附近并不见丰富的文化层,遗迹现象单纯,已经和居址分离。⑧ 从图七可以看出,阜南台家寺墓地和贵族居住区台家寺台墩、三个一般居住区台墩有着较为明显的界限,居葬分离。辉县琉璃阁遗址南区密集分布着与北、中区墓地同时的灰坑,应为生活区所在,北、中区虽也有灰坑,但是不若南区稠密,和墓葬也没有打破关系,年代可能早于这些墓葬,⑨墓地和居址在空间上已经形成了不同的分

---

① 河南省文物考古研究所:《郑州商城——1953-1985年考古发掘报告》,文物出版社,2001年,第195页。
② 河南省文物考古研究所:《郑州商城——1953-1985年考古发掘报告》,文物出版社,2001年,第215页。
③ 河南省文物考古研究所:《郑州商城——1953-1985年考古发掘报告》,文物出版社,2001年,第216-217页。
④ 郜向平:《郑州铭功路商代制陶作坊浅探》,中国社会科学院考古研究所:《夏商都邑与文化(一)》,中国社会科学出版社,2014年,第191-198页。
⑤ 何毓灵:《洹北商城作坊区内发现铸铜工匠墓》《中国文物报》2019年6月21日第5版。
⑥ 湖北省文物考古研究所:《盘龙城——一九六三年—一九九四年考古发掘报告》,文物出版社,2001年,第300-367、361-393页。
⑦ 河南省文物考古研究所:《辉县孟庄》,中州古籍出版社,2003年,第27页。
⑧ 武汉大学历史学院、湖北省文物考古研究所、盘龙遗址博物院:《武汉市盘龙城遗址小王家嘴墓地发掘简报》,《江汉考古》2018年第5期。
⑨ 中国科学院考古研究所:《辉县发掘报告》,科学出版社,1956年,第31页。

区。通过大辛庄历年的发掘可知,沟西区商文化堆积丰厚,年代涵盖了自二里岗上层至殷墟四期的商文化发展全过程,发现的遗迹包括房址、灰坑和水井等,似为当时的生活区;沟东区则主要是墓葬,上文所述济南大辛庄的墓地正是位于蝎子沟以东;蝎子沟宽约30米,[①]墓地和居住区被蝎子沟分隔成两个不同的功能区。藁城台西的商代遗存可分为四期,即早期居址—早期墓葬—晚期墓葬—晚期居址,[②]早期居住遗存废弃后,这里曾一度沦为墓地,第一期墓葬之后,这里继续作为葬地使用,第二期墓葬之后,河水一度淹没了墓地,人们在第三层淤土上又建立了台西商代文化晚期遗存,也就是说,当112座墓葬集中分布在此时,这里并不是居址所在地。

综上可知,商代前期的墓地多位于居住区范围内,只有盘龙城李家嘴及小王家嘴、阜南台家寺、辉县琉璃阁、济南大辛庄以及藁城台西等遗址的墓地显示出了独立于居住区的趋势。除了盘龙城李家嘴墓地属于第二阶段外,另外几处墓地均属于本文的第三阶段。

三

墓地的等级是该墓地中不同等级墓葬所占的比重决定的,[③]为了便于分析商代前期墓地的等级,我们根据随葬品和墓室面积将墓葬分成三类:第一类墓葬的墓圹面积在10平方米以上,有棺椁、腰坑和殉人,随葬品丰富,青铜器较多,一般在10件以上;第二类墓葬的墓圹面积在2平方米以上,10平方米以下,有棺或无棺,有的存在腰坑和殉人,随葬品中有少量青铜器,一般在10件以下,还有陶器、玉器、工具等;第三类墓葬的墓圹面积在2平方米以下,一般稍大于人骨,多无木棺,随葬品中无青铜器,多是陶器、石器、骨器或者无随葬品。

我们以一个墓地中各等级的墓葬所占的比例将商代前期的墓地分为三类。

以第一类墓葬为主体的墓地只有黄陂盘龙城李家嘴墓地。李家嘴墓地共有4座墓葬,[④]M1、M2墓室面积在10平方米左右,墓内有棺有椁,有熟土二层台,设有腰坑,内有殉狗及玉戈,随葬青铜器数十件,其中觚、爵、斝可达3-5件;M3由于破坏严重,墓内仅存青铜斝1件,以及陶甗、残鬲、残瓮和原始瓷尊等少量器物,另在腰坑里发现一件被打成三截的玉戈,该墓的规模应同M1、M2相当,这三座应为第一类墓葬。M4也为残墓,发现3件青铜兵器以及少量陶器。故李家嘴墓地是以第一类墓葬为主体。

以第一类墓葬为主体的墓地,就其居葬关系而言,属于第二阶段的李家嘴墓地已经和居址分离。

---

① 方辉:《大辛庄遗址研究》,科学出版社,2013年,第41页。
② 河北省文物研究所:《藁城台西商代遗址》,文物出版社,1985年,第8页。
③ 部向平:《商系墓葬研究》,科学出版社,2011年,第56页。
④ 湖北省文物考古研究所:《盘龙城——一九六三年——一九九四年考古发掘报告》,文物出版社,2001年,第505-510页。

以第二类墓葬为主体的墓地也只存在于黄陂盘龙城遗址。楼子湾墓地共有墓葬10座,①其中 M3、M4、M5、M6、M9 墓室面积在 2 平方米以上,均随葬觚、爵、斝这三种青铜礼器;M1、M10 面积在 2 平方米以上,均随葬爵、斝这两种青铜礼器;M7、M2、M8 形制不明,但也随葬 1-2 件爵、斝等青铜礼器,这 10 座都应属于第二类墓葬,故楼子湾墓地以第二类墓葬为主体。杨家嘴墓地共有 8 座墓葬,②其中 M1、M2 墓室面积在 2 平方米以上,随葬鼎、觚、爵、斝等青铜礼器;M9 虽残,但随葬觚、爵、镦等青铜器;M7、M3 则随葬青铜兵器,这些都应属于第二类墓葬。其余 3 座则为墓室面积较小的陶器墓,属于第三类墓葬,故杨家嘴墓地应以第二类墓葬为主体。小王家嘴墓地有 21 座墓葬,发掘简报将其分为两组:一组长度在 2 米左右,共有 4 座;另一组长度在 1 米左右,共有 17 座。这 21 座墓的随葬品从器类上讲,包括青铜器、玉石器、陶器三类,其中青铜器数量最多,多达四十余件;从器物组合上讲,特别是青铜容器,是以爵、斝、觚为基本组合,规模小、等级较低的墓葬中只出现 1 件爵等,规模较大、等级稍高的单位里则出现 1-2 套组合。③ 小王家嘴的墓葬规模不大,很多墓不排除为小孩墓的可能,鉴于随葬青铜容器的墓葬数量较多,整体而言,还应属于以第二类墓葬为主体的墓地。

以第二类墓葬为主体的墓地,就其居葬关系而言,属于第二阶段的楼子湾墓地和杨家嘴墓地还是居葬合一,而属于第三阶段的小王家嘴墓地已经居葬分离。

以第三类墓葬为主体的墓地则普遍存在于都城类遗址、区域中心类遗址以及村落类遗址中。

首先看分布在城墙处的墓地,它们存在相似性:铜器墓所占比例较小,墓葬等级普遍较低。郑州商城城墙内侧墓地的 30 座墓葬中,④CNM6 的墓圹面积为 2.6×1.24 平方米,随葬一件铜器,可将其归入第二类墓葬;其余 29 座墓葬普遍墓圹稍大于人骨,随葬少量的陶器,属于第三类墓葬。偃师商城的情况和郑州商城基本类似,在位于城墙内侧 8 个发掘点的 112 座墓葬中,⑤110 座墓葬皆为随葬陶器或无随葬品的小型竖穴土坑墓。垣曲商城、望京楼商城位于城墙内侧墓地的等级情况大致相同。辉县琉璃阁遗址北、中区墓地和上述几处位于城墙内侧墓地的等级情况也类似。⑥

从已经发表的材料可知洹北商城铸铜作坊区内墓地的墓葬规模普遍较小,随葬品较少,多数只在墓主头前放置一件陶鬲,⑦可以推知应以第三等级墓葬为主体。郑州商城铭

---

① 湖北省文物考古研究所:《盘龙城——一九六三年—一九九四年考古发掘报告》,文物出版社,2001 年,第 505-510 页。
② 湖北省文物考古研究所:《盘龙城——一九六三年—一九九四年考古发掘报告》,文物出版社,2001 年,第 505-510 页。
③ 武汉大学历史学院、湖北省文物考古研究所、盘龙城遗址博物院:《武汉市盘龙城遗址小王家嘴墓地发掘简报》,《江汉考古》2018 年第 5 期。
④ 河南省文物考古研究所:《郑州商城——1953-1985 年考古发掘报告》,文物出版社,2001 年,第 200、216 页。
⑤ 中国社会科学院考古研究所:《偃师商城》,科学出版社,2013 年,第 760-766 页。
⑥ 中国科学院考古研究所:《辉县发掘报告》,科学出版社,1956 年,第 17-18 页。
⑦ 何毓灵:《洹北商城作坊区内发现铸铜工匠墓》,《中国文物报》2019 年 6 月 21 日第 5 版。

功路制陶作坊遗址内的墓地、洹北商城花园庄东地墓地、藁城台西墓地这三处情况稍好，铜器墓数量稍多。铭功路制陶遗址内墓地的 8 座墓葬中，C11M146、C11M148、C11M150 这 3 座墓葬墓长均在 2 米以上，随葬有铜鼎 1、铜爵 1、铜斝 1，应属于第二类墓葬。① 洹北商城花园庄东地墓地的 20 座墓葬中，M10、M11、M14、M15、M18、M23 这 6 座墓葬的墓室面积均在 2 平方米及以上，随葬 1-3 件青铜器不等，属于第二类墓葬。藁城台西 112 座墓葬中，有以 M112 为代表的 18 座铜器墓。② 但总体而言，陶器墓的比例依旧非常高，仍以第三等级墓葬为主体。

较为值得一提的是辉县孟庄遗址位于××区的墓地，可以让我们对墓地与等级的关系有更多的思考。××区墓地共有 8 座墓葬，③M5、M11 为两座铜器墓；而分布在另外三个区、没有形成墓地的墓葬，④从随葬品和墓室规模来看，均是随葬陶器的小型竖穴土坑墓，较之××区存在 M5 和 M11 这两个随葬青铜礼器的墓葬而言，另外三个区的墓葬等级更低。这也许暗示着高等级的墓葬更容易排列整齐，形成墓地。

另外，还有一些遗址因未见详细的墓葬发掘材料而暂时无法确定其墓地等级，如济南大辛庄和阜南台家寺。

济南大辛庄遗址 2003 年发掘的中商时期墓地的详细资料至今未有发表，目前只知道 M107 和 M106 这两座墓葬的情况。M107 是该墓地时代最早的一座墓葬，墓圹长 2.12 米，宽 0.75 米，随葬有铜觚、铜爵各一件。M106 是时代较早、规格最高的一座墓葬，墓圹长 3.2 米，宽 2.2 米，葬具为一棺一椁，随葬品十分丰富，共发现包括青铜器和玉器在内的各类随葬品 40 余件，其中铜器 11 件，组合为觚、爵、斝、尊和卣等，玉器有 19 件且十分精美，该墓葬规格之高、随葬器物之齐全，在我国东部地区中商时代的墓葬中实属罕见。从这两座墓葬的情况来看，这处墓地以第二类墓葬为主体的可能性较大。

阜南台家寺遗址发掘简报笼统地提到了清理商代墓葬 7 座，出土铜器、玉器等随葬品 15 件。⑤ 从随葬品数量来看，似乎为第三等级墓地的可能性更大，但是墓地所在的台墩与 1957 年发现龙虎尊的润河河道相邻，墓地发掘证明其北部部分墓葬是被润河冲毁的，因此龙虎尊很可能属于被润河改道破坏的商代墓葬。⑥ 这样的话，墓葬的等级就需要重作考量，但就现在的材料而言，难以论断。

唯一属于村落类遗址的泗水天齐庙遗址，其西北部的墓地，从简报中可知多数墓葬的随葬品以陶器为主，一般 1-4 件不等，这应是一处以第三等级墓葬为主体的墓地。

以第三类墓葬为主体的墓地，就其居葬关系而言，从第一阶段延续到第二阶段的郑州

---

① 河南省文物考古研究所：《郑州商城——1953-1985 年考古发掘报告》，文物出版社，2001 年，第 439 页。
② 河北省文物研究所：《藁城台西商代遗址》，文物出版社，1985 年，第 161-166 页。
③ 河南省文物考古研究所：《辉县孟庄》，中州古籍出版社，2003 年，第 259-261 页。
④ 河南省文物考古研究所：《辉县孟庄》，中州古籍出版社，2003 年，第 254-259 页。
⑤ 武汉大学历史学院考古系、安徽省文物考古研究所：《安徽阜南县台家寺遗址发掘简报》，《考古》2018 年第 6 期。
⑥ 陈冰白、何晓琳：《安徽阜南台家寺遗址发现商代高等级聚落》，《中国文物报》2017 年 4 月 28 日第 8 版。

商城、偃师商城、望京楼商城这三处遗址的城墙处墓地以及辉县孟庄遗址位于××区的墓地均为居葬合一；第二阶段的郑州商城铭功路制陶作坊墓地、垣曲商城城墙处墓地也都为居葬合一；从第二阶段延续到第三阶段的辉县琉璃阁遗址北、中区墓地居葬分离；第三阶段的洹北商城花园庄东地墓地以及铸铜作坊墓地居葬合一，藁城台西墓地居葬分离。

基于目前的发掘材料，我们可以知道除了盘龙城遗址明确存在以第一等级和第二等级墓葬为主体的墓地外，商代前期墓地的等级普遍较低，即使是郑州商城、偃师商城、洹北商城这样的都城类遗址也都是以第三等级墓葬为主体的墓地，墓地的等级难以与遗址的重要地位相匹配。将墓地的等级和上文分析的居葬关系、墓葬所属的阶段结合起来进行分析，可以看到两个现象：一是等级高的墓葬规划性更强，也较早地实现了居葬分离，例如商代前期已知的等级最高的李家嘴墓地在第二阶段就已经居葬分离，同时期等级稍低的楼子湾墓地和杨家嘴墓地还处于居葬合一的状态；而且明显可以看出，李家嘴墓地较之楼子湾墓地、杨家嘴墓地规划性更强。二是随着时间的推移，越来越多的墓地实现了居葬分离，例如盘龙城楼子湾、杨家嘴和小王家嘴三个墓地的情况对比：同是以第二类墓葬为主体，第二阶段的楼子湾墓地、杨家嘴墓地居葬合一，第三阶段的小王家嘴墓地居葬分离。又例如同是以第三类墓葬为主体，从第一阶段延续到第二阶段的辉县孟庄遗址位于××区的墓地居葬合一；从第二阶段延续到第三阶段的辉县琉璃阁遗址北、中区墓地已经居葬分离。从历时性上来看，晚商中心地区殷墟西北冈王陵区、后冈墓地，以及晚商文化边缘地区的罗山天湖、灵石旌介、青州苏埠屯等高等级墓地基本不见其他相关遗存的介绍，应为单纯的墓地，①亦可佐证我们对商代前期墓地这两个现象的分析。

结　　语

虽然有些墓地的规模较小，但可以确定的是，在商代前期这个时间范围内，有意识规划的墓地已经普遍存在。不同于以往的认识，我们认为位于居住区范围内的墓葬同样可以分布密集，经过有意识的规划。例如郑州商城、偃师商城、垣曲商城、望京楼商城等遗址普遍存在墓葬密集分布在城墙处的现象，城墙处可以视为一个大的墓地。再如分布在居住区范围内的郑州商城铭功路制陶作坊内墓地、洹北商城花园庄东地墓地及铸铜作坊内墓地、盘龙城杨家嘴墓地及楼子湾墓地、辉县孟庄位于××区的墓地，墓葬同样分布集中，规划意识明显。

还应该注意到，在商代前期这个时间范围内，第二阶段，以第一类墓葬为主体的李家嘴墓地已经出现了独立于居住区的趋势，这暗示着未来可能在该阶段都城类遗址中发现的高等级墓地也应在与居住区有一定距离的区域内集中分布。第三阶段，独立于居住区的墓地增多，如盘龙城小王家嘴墓地，阜南台家寺墓地，辉县琉璃阁北、中区墓地，大辛庄

---

① 邰向平：《商系墓葬研究》，科学出版社，2011年，第53、54页。

蝎子沟以东墓地,藁城台西墓地,这些墓地往往和居住区有明显的分离趋向,与居址存在相对明显的界限或功能分区,构成墓地的墓葬数量相对较多,而且大辛庄蝎子沟以东墓地较分布在居住区范围内的墓地显示出更强的规划性,这些为晚商时期出现大规模的集中墓地提供了合理的解释。

从目前的材料来看,除了盘龙城遗址明确存在以第一等级和第二等级墓葬为主体的墓地外,商代前期墓地的等级普遍较低。墓葬的等级与墓地的有无存在关联性:从辉县孟庄的材料可知,在同一个遗址内,等级高的墓葬更容易排列整齐,形成墓地;将不同的遗址进行比较,盘龙城的墓葬等级普遍较高,盘龙城遗址的墓地数量也较多。墓地的等级与墓地的规划性也息息相关,盘龙城李家嘴墓地的等级最高,较同阶段的盘龙城楼子湾墓地以及杨家嘴墓地也显示出更强的规划性。商代前期都城类遗址缺少高等级的墓葬,自然也难寻高等级的墓地,我们对这个问题更进一步的理解有待于商代前期墓葬资料的完善。

附记:该文是在硕士论文的基础上修订而成,感谢恩师张昌平教授的悉心指导,刘绪、郜向平两位老师亦为本文提供了很多宝贵的建议,特此致谢!

规范与设计
——晋侯墓地出土玉器的风格特征

蔡庆良

(台北故宫博物院)

一、前　言

2003年至2007年，笔者在山西侯马考古工作站及山西博物院断续工作了很长时间，①期间仔细观察并记录北赵晋侯墓地自西周早期晚段昭王前后至两周之际幽王、平王之世，②共十余座夫妇合葬墓（包括数座陪葬墓）出土的千余件玉器，③同时拍摄众多玉器细节以比对研究。在此过程中，发现不同阶段的佩饰玉器各具有规范化的风格特征，加上晋侯墓地出土玉器尚未有相关的研究，从而引起了笔者的研究兴趣，希望通过研究得知各阶段的风格特征以及各阶段风格之间的关系，并以此作为西周玉器分期的依据。

---

① 此项工作内容主要是协助李伯谦教授整理晋侯墓地出土玉器。
② 有关晋侯墓地墓葬顺序、年代和墓主各为谁，本文以李伯谦教授的意见为主要依据，认为M114、M113为晋侯燮父及其夫人墓，年代属西周早期晚段，约在昭王前后；M9、M13为晋武侯宁族及其夫人墓，M6、M7为晋成侯服人及其夫人墓，两组年代属西周中期早段，约在穆、恭、懿三王之世；M33、M32为晋厉侯福及其夫人墓，年代属西周中期晚段，约在孝、夷至厉王早期；M91、M92为晋靖侯宜臼及其夫人墓，M1、M2为晋釐侯司徒及其夫人墓，两组年代属西周晚期早段，约在厉王、共和时期，下限或至宣王初年；M8、M31为晋献侯及其夫人墓，M64、M62、M63为晋穆侯费王及其夫人墓，两组年代属西周晚期晚段，约在宣土时期；M93、M102为晋文侯仇及其夫人墓，下限至春秋，约在幽王、平王之世。详见李伯谦：《晋侯墓地墓主之再研究》，北京大学中国传统文化研究中心编：《文化的馈赠——汉学研究国际会议论文集·考古学卷》，北京大学出版社，2000年，第40-84页；李伯谦：《晋侯墓地发掘与研究》，上海博物馆编：《晋侯墓地出土青铜器国际学术研讨会论文集》，上海书画出版社，2002年；李伯谦：《眉县杨家村出土青铜器与晋侯墓地若干问题的研究》，《古代文明》第三卷，文物出版社，1999年。但其中有关M63的年代，随着2005年至今陕西韩城芮国墓地持续发掘，笔者参与整理芮国M27、M26、M19、M502、M586、M28的出土玉器之后，赞同孙庆伟的看法，应为春秋早期晋昭侯时期，也就是周平王之世。详见孙庆伟：《晋侯墓地M63墓主初探》，《中原文物》2006年第3期。其他学者的重要研究，笔者虽未采用，但仍有重要参考价值，故罗列于下。详见彭林：《北赵晋侯墓群与昭穆制度》，《陕西历史博物馆馆刊》第六辑，陕西人民教育出版社，1999年；倪德卫、夏含夷：《晋侯的世系及其对中国古代纪年的意义》，《中国史研究》2001年第1期；张长寿：《晋侯墓地的墓葬序列和晋侯铜器》，《晋侯墓地出土青铜器国际学术研讨会论文集》，上海书画出版社，2002年；许杰：《晋侯墓地中南排晋侯墓的早晚序列及其相关问题》，《晋侯墓地出土青铜器国际学术研讨会论文集》，上海书画出版社，2002年；朱凤瀚：《中国青铜器综论》，上海古籍出版社，2005年，第1451页；贾洪波：《再论天马——曲村晋侯墓地的墓主年代序列——兼论晋国早期的都城变迁问题》，《南开学报（哲学社会科学版）》，南开大学，2012年第5期。
③ 有关晋侯墓地的基本资料，可参考北京大学考古系、山西省考古研究所：《1992年春天马——曲村遗址墓葬发掘报告》，《文物》1993年第3期；北京大学考古学系、山西省考古研究所：《天马——曲村遗址北赵晋侯墓地第二次发掘》，《文物》1994年第1期；山西省考古研究所、北京大学考古学系：《天马——曲村遗址北赵晋侯墓地第三次发掘》，《文物》1994年第8期；山西省考古研究所、北京大学考古学系：《天马——曲村遗址北赵晋侯墓地第四次发掘》，《文物》1994年第8期；北京大学考古学系、山西省考古研究所：《天马——曲村遗址北赵晋侯墓地第五次发掘》，《文物》1995年第7期；北京大学考古文博院、山西省考古研究所：《天马——曲村遗址北赵晋侯墓地第六次发掘》，《文物》2001年第8期。

然而研究初始即遇到一项难以克服的困难,因为玉器珍贵且坚韧易存,累代传承相当常见,所以墓葬出土玉器的制作年代未必等同于墓葬年代,无法直接依据墓葬的年代序列作为出土玉器的分期序列。例如制作年代为新石器时代晚期、埋藏年代却为春秋初期平王之世的晋侯M93∶8(图一,1),①若未能细察制作和埋藏之间的时代差距,依墓葬年代排列而成的玉器序列显然不足以作为风格研究的基础。②

1. 新石器时代晚期,环璧形玉器(晋侯M93∶8),山西省考古研究院藏,笔者摄

2. 殷墟三期,玉龙一对(晋侯M63∶55、56),山西省考古研究院藏,笔者摄

图一

此外,母题或制作技巧的异同,虽常被视为风格是否相同的主要依据,但由后文诸多玉器例证可知,此并不足以作为判断玉器风格异同的依据。因此本文希望能借由研究晋侯墓地出土玉器,寻找出合乎玉器特性的风格理论,讨论玉器的风格特征可分为哪些方面进行分析,并由此分析出晋侯出土玉器乃至西周玉器的风格特征;并讨论风格分析和考古类型学在玉器研究中的不同观点,尝试相互调整使之在玉器研究中更具成效。

为了尽量减少上述困难并符合风格研究的基本要求,本文讨论的范畴主要聚焦于晋侯墓地西周晚期的佩饰玉器,充分讨论之余,再将年代前后延伸,进一步研究晋侯墓地西周早中之际、西周中期和两周之际的佩饰玉器,比较相互之间的风格关系。

首要之因,在于晋侯墓地出土玉器以西周晚期所占的比例最高,数量也多,足为研究所需。其次,众多西周晚期佩饰玉器之中,有颇多形制、纹饰皆相同的成对或成组例子,而且这些成对或成组的玉器,有许多组件彼此之间的完工程度恰成先后,或已抛光完成,或则琢磨泰半,甚至仅拟初稿,从而具备了本文研究所需的要项,亦即有了明确制作年代的玉器。因为这些成组或成对的玉器既然形制、纹饰相同,可知是同时制作之器;而组件中

---

① 由其形制和穿孔特征可知为新石器时代晚期的玉器。本文大部分的附图为笔者整理玉器时拍摄所得,但若简报或图录也有同件玉器的照片或线绘图,也将罗列于注释中以助研究。本件玉器可见于北京大学考古学系、山西省考古研究所:《天马——曲村遗址北赵晋侯墓地第五次发掘》,《文物》1995年第7期,第32页,图四九:4。

② 例如,误将陕西沣西M17出土的新石器时代晚期石家河玉人头像的制作年代等同于墓葬年代西周中期偏早,并以此推测各博物馆所收藏传世玉人头像的年代,加以综合研究,研究结论自然有待商榷。详见周南泉:《论西周玉器上的人神图像——古玉研究之五》,《故宫博物院院刊》1995年第3期。

不但有已完工者也有未完工者，说明这些玉器尚未全部完成即埋藏墓中，虽然未及完成的原因在后文第三节中才会讨论，但现在已足以知悉这些成组玉器的制作年代应和埋藏这些玉器的墓葬年代相同或极为接近。再加上这些成组玉器完成度不同，自成先后工序，足以作为研究程序化工序以及风格化技巧的依据，其重要性不言而喻。

而此中最具有研究意义的玉器，莫过于墓葬年代约为宣王前段的晋献侯夫人墓M31所出土的两对人龙佩，器号分别为晋侯M31∶24（图二，1）、晋侯M31∶20（图二，11）以及晋侯M31∶49（图三，1）、晋侯M31∶60（图三，8），其中晋侯M31∶24和晋侯M31∶49基本已完成，而晋侯M31∶20和晋侯M31∶60则制作泰半，仍未完成；以及墓葬年代约为宣王后段的晋穆侯墓M64所出土的，由四件长方形龙纹玉片饰串接而成的晋侯M64∶48项饰（图四，1），这四件玉片饰的完工程度也各自不同，若以逆时针方向观察，左上方晋侯M64∶48－x1考古出土前即因未明原因断裂；第二件晋侯M64∶48－6（图四，2）业已完成；第三件晋侯M64∶48－4基本完成，但尚未抛光完全；右上方最后一件晋侯M64∶48－x2（图四，6）则仅具初始草稿形态。①

1. 西周晚期宣王前段，完工人龙佩（晋侯M31:24），山西省考古研究院藏，笔者摄

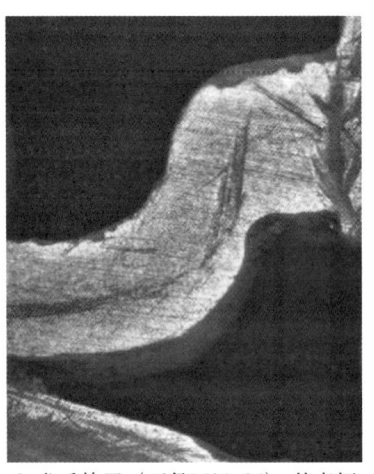

2. 龙舌特写（晋侯M31:24），笔者摄 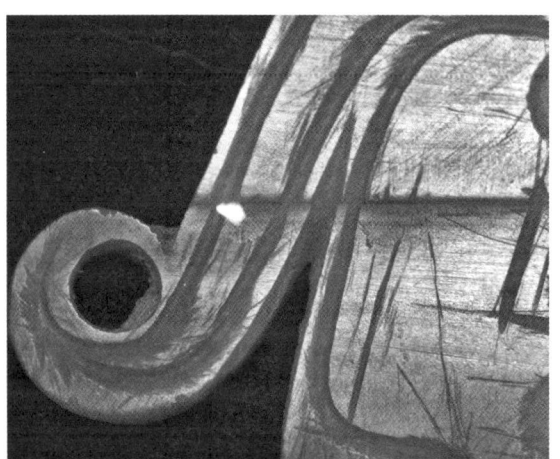　　3. 龙尾正面特写（晋侯M31:24），笔者摄 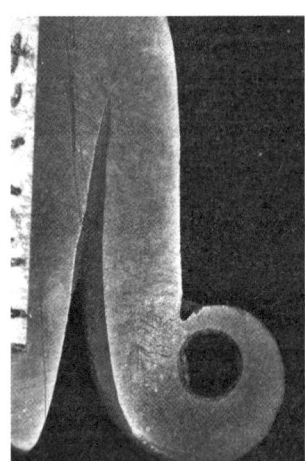　　4. 龙尾背面特写（晋侯M31:24），笔者摄

---

① 笔者整理此组项饰M64∶48时，漏记了逆时针数来左上方的第一件和右上方第四件的考古器号中的小分号，故本文暂时分别记以x1、x2，待日后再改正此小分号。另外因M64∶48－x1出土时本已断裂，基于安全并未单独拍照及记录细节。

5. 神人发冠正面特写（晋侯M31∶24），笔者摄

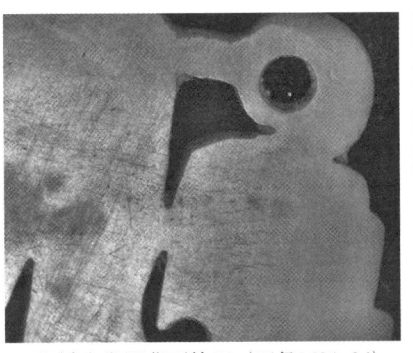

6. 神人发冠背面特写（晋侯M31∶24），笔者摄

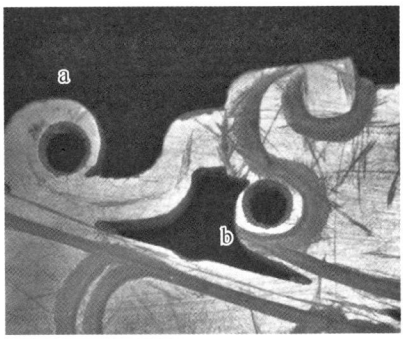

7. 龙舌和龙嘴正面特写（晋侯M31∶24），笔者摄

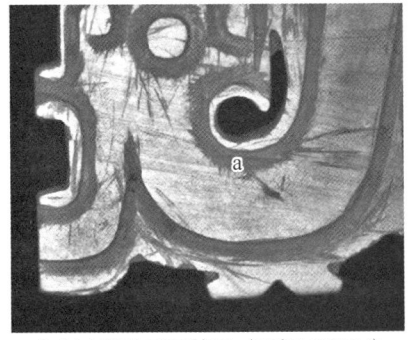

8. 神人嘴吻正面特写（晋侯M31∶24），笔者摄

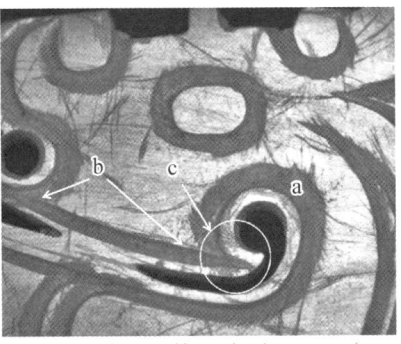

9. 龙下颌正面特写（晋侯M31∶24），笔者摄

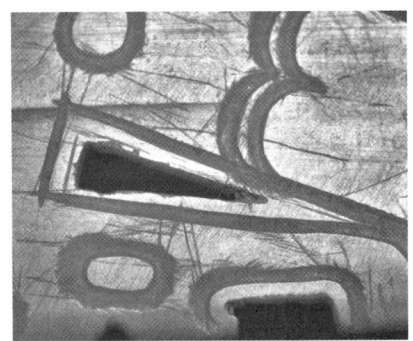

10. 龙后足和身躯之间镂空特写（晋侯M31∶24），笔者摄

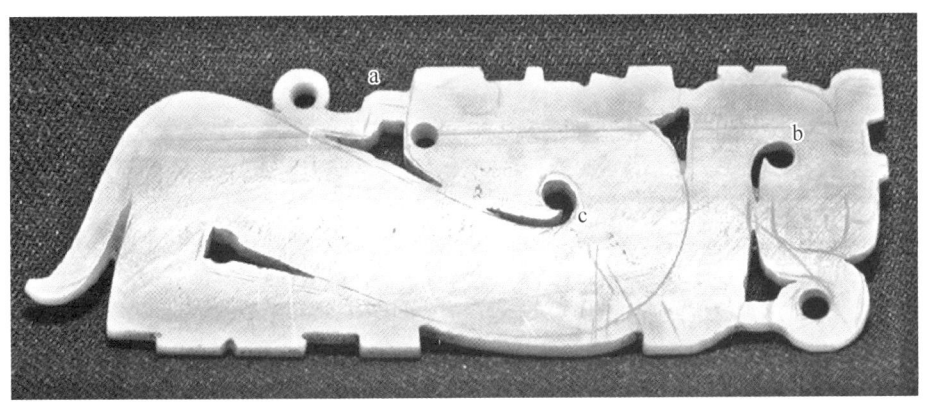

11. 西周晚期宣王前段，未完工人龙佩（晋侯M31∶20），山西省考古研究院藏，笔者摄

12. 龙舌特写（晋侯M31∶20），笔者摄

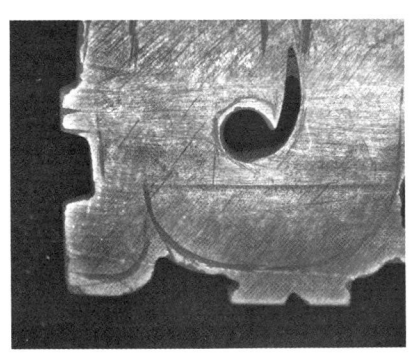

13. 神人下颌镂空特写（晋侯M31∶20），笔者摄

14. 龙下颌和身颈之间的镂空特写（晋侯M31∶20），笔者摄

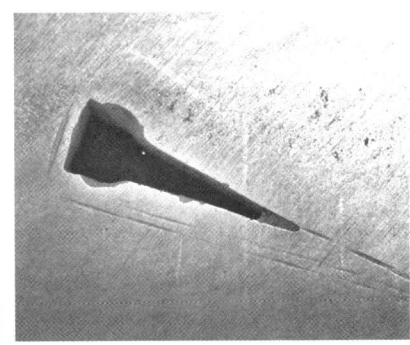

15. 龙后足和身躯之间镂空特写（晋侯M31∶20），笔者摄

图二

1. 西周晚期宣王前段，完工人龙佩（晋侯M31:49），山西省考古研究院藏，笔者摄

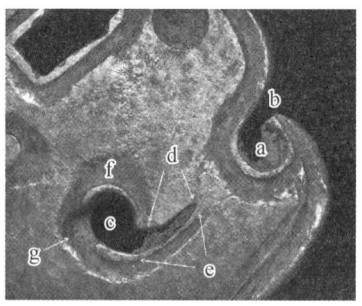

2. 龙首正面特写（晋侯M31:49），笔者摄

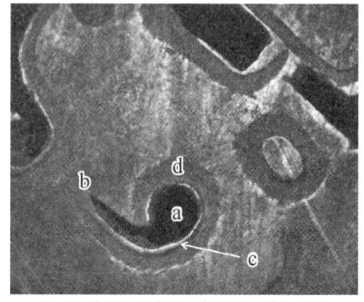

3. 龙首背面特写（晋侯M31:49），笔者摄

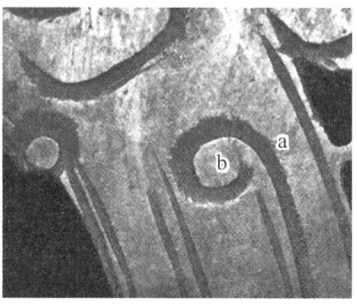

4. 龙身上段背面特写（晋侯M31:49），笔者摄

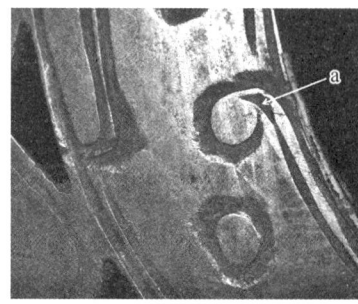

5. 龙身中段正面特写（晋侯M31:49），笔者摄

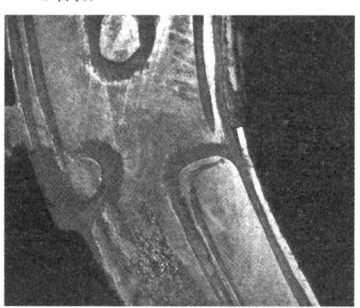

6. 龙身下段正面特写（晋侯M31:49），笔者摄

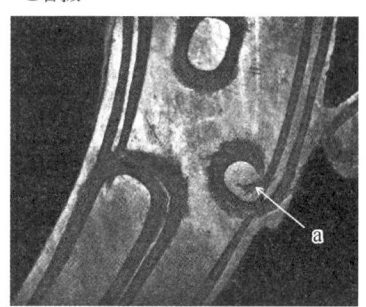

7. 龙身下段背面特写（晋侯M31:49），笔者摄

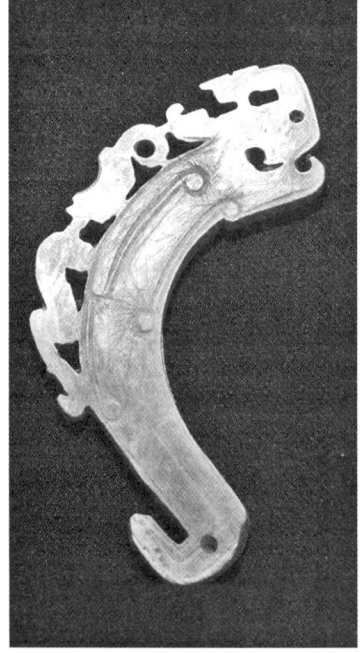

8. 西周晚期宣王前段，未完工人龙佩（晋侯M31:60），山西省考古研究院藏，笔者摄

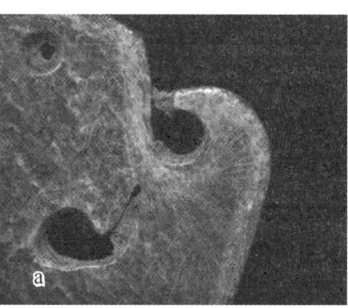

9. 龙首正面特写（晋侯M31:60），笔者摄

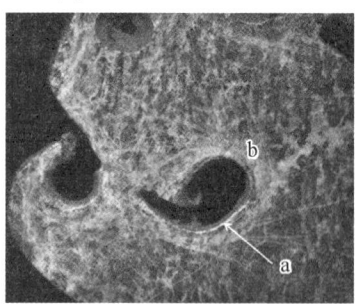

10. 龙首背面特写（晋侯M31:60），笔者摄

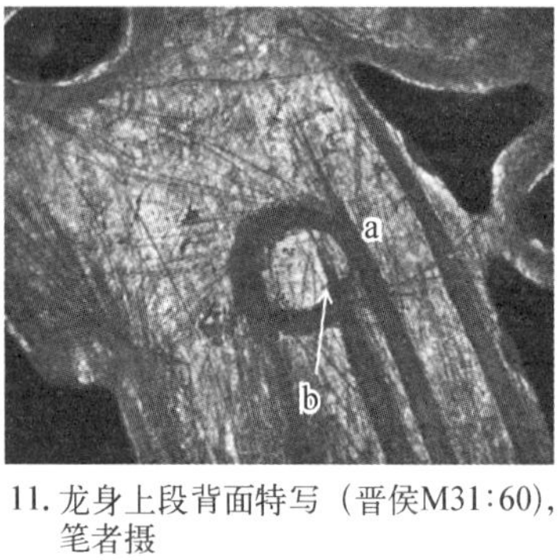

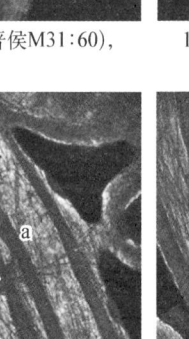

11. 龙身上段背面特写（晋侯M31:60），笔者摄

12. 龙身中段正面特写（晋侯M31:60），笔者摄

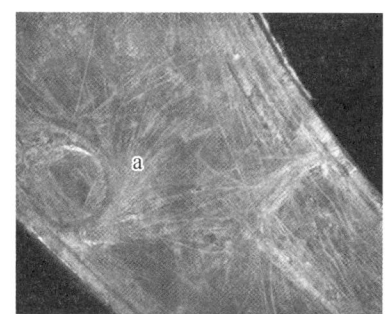

13. 龙身下段正面特写（晋侯 M31：60），笔者摄

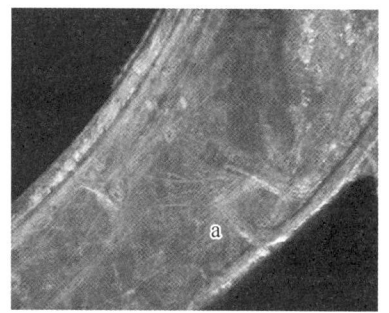

14. 龙身下段背面特写（晋侯M31：60），笔者摄

图三

仔细观察以上处于不同工序且成组成对的佩饰玉器，确实可以分析出风格化的琢磨技巧和程序化工序。因此，本文将以上述三组玉器作为研究起点，先分析其中已完工的组件，进而分析同组中未完工的组件，借此得出宣王时期玉器各方面的风格特征，过程主要可分为两个步骤。

第一步骤：分析出已完工玉器的风格特征，包括纹饰单元、造型单元等，样本则为宣王前段的晋侯 M31：24（图二，1）、晋侯 M31：49（图三，1），以及宣王后段的晋侯 M64：48－6（图四，2）；并比较宣王前、后段玉器彼此之间的风格关系。接下来再结合同时期其他出土玉器，以验证上述风格关系正确与否。

其次，以上述宣王时期完工玉器的风格结论为基础，向宣王前后时期推进，分析此时期和两周之际、西周中期以及西周早中之际玉器之间的风格关系。

第二步骤：讨论前述玉器之中尚未完工的组件，以此分析出宣王时期其他方面的风格特征，包括纹饰琢磨手法以及工序等，样本则为宣王前段的晋侯 M31：20（图二，11）、晋侯 M31：60（图三，8）以及宣王后段的晋侯 M64：48－x2（图四，6）。下一步结合同为宣王时期的其他晋侯墓葬所出土的未完工玉器，建构此时期若干规范化的基本工序。

但在推导上述步骤之中，将会渐次面临诸多问题。例如何谓风格？风格该如何分析？哪些风格分析是有效的，哪些是无效的？何以风格理论可以应用在晋侯墓地出土玉器之中？何以只是分析晋侯墓地出土的少数几组宣王时期的佩饰玉器，其风格特征却可代表全体晋侯宣王时期佩饰玉器的风格特征？为何晋侯墓地玉器的风格序列可以扩大成西周玉器的风格序列？

分析晋侯墓地出土玉器的风格特征，并讨论以上诸多问题，就是本文主要的内容。

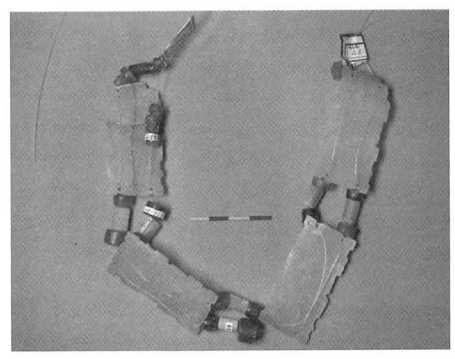

·52· 　　　　　　　　　　　　　　　古代文明（第15卷）

1. 西周晚期宣王后段，项饰一组（晋侯M64:48），山西省考古研究院藏，笔者摄
2. 项饰组件之一（晋侯M64:48-6），笔者摄 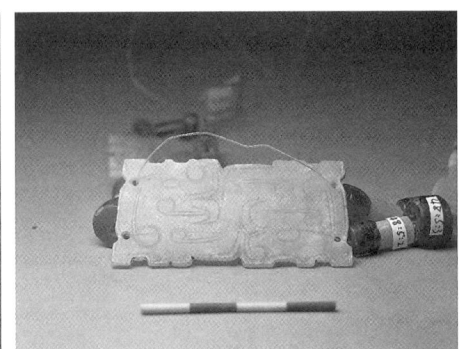
3. 晋侯M64:48-6特写之一，笔者摄 
4. 晋侯M64:48-6特写之二，笔者摄 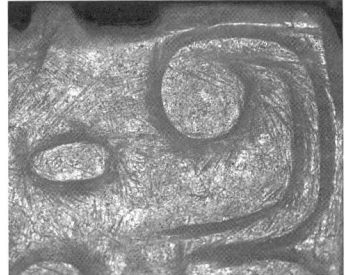
5. 晋侯M64:48-6特写之三，笔者摄 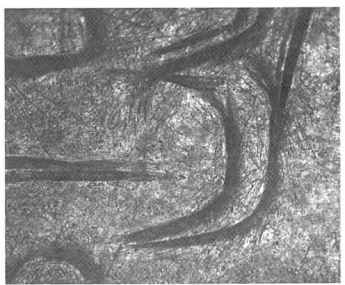
6. 项饰组件之一（晋侯M64:48-x2），笔者摄 
7. 晋侯M64:48-x2特写之一，笔者摄 
8. 晋侯M64:48-x2特写之二，笔者摄 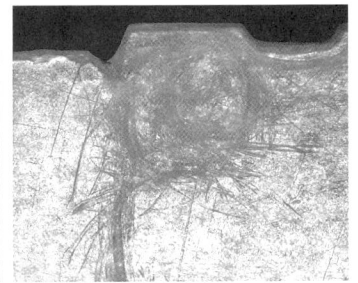
9. 晋侯M64:48-x2特写之三，笔者摄 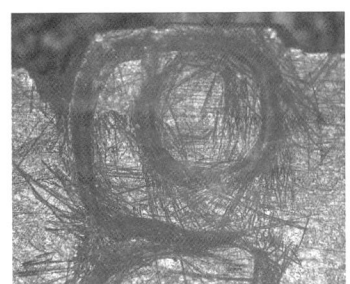
10. 晋侯M64:48-x2特写之四，笔者摄 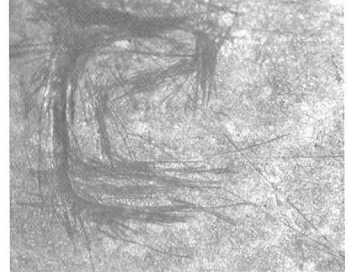
11. 晋侯M64:48-4特写，笔者摄 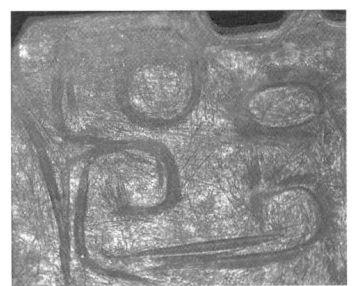

图四

二、研究方法和晋侯墓地玉器研究现状的讨论

分析出晋侯墓地佩饰玉器不同阶段的风格特征是本文主要的目的,因此有必要先讨论本文所依据的风格理论,以及玉器的风格特征会出现在哪些方面(aspect)。

本文依据贡布里希教授(E.H.Gombrich)的风格理论,亦即以"制作和匹配(making and matching)"、"图式和矫正(schema and correction)"的原理为研究基础。① 由观察玉器制作过程以及制作者所需的训练,可知为了创造出特定的艺术形式和艺术美感,制作者必须按部就班、循序渐进学习基本技巧,以掌握和艺术形式以及美感相对应的程序化图式,并于创作时适当调整图式以符合不同形制或设计变化,这些特性显然符合贡布里希教授对于风格的论述。②

由此也可知,诸如制作的基本技巧、图式、艺术形式以及艺术美感等,皆可作为探究风格特征的研究范畴。③ 在此基础上,本文再根据夏皮罗教授(Meyer Schapiro)对风格的论述,④并参酌玉器制作的特性,分析后认为玉器的风格特征可显现在七个方面(aspects),分别是纹饰的图式化琢制手法和工序、造型的图式化制作技巧和工序、图式化纹饰单元、图式化造型单元、母题、构图,以及整体艺术美感(或是特质)。

本文即以上述七个方面作为风格分析的途径,但受限于晋侯出土玉器样本,讨论范围更多集中在前四个方面。虽说如此,此处有必要略而讨论"整体艺术美感"的重要性,如同夏皮罗教授所认为,在风格的表述的各个方面之中,"特质"(qualities)相当重要;而在玉器风格中,"整体艺术美感"也最为重要,对风格各方面特征的影响最为明显,因为这是

---

① 贡布里希教授在其著作(E.H.Gombrich 著,杨凯成、李本正、范景中译:《艺术与错觉——图画再现的心理学研究》,广西美术出版社,2018 年)中对风格理论有深入的讨论。在导论《心理学和风格之谜》中,贡布里希教授对风格一词的来源,以及自文艺复兴乃至现代不同学者的著作多有论述,尤其是对于 19 世纪末以来的重要学者,例如阿道夫·冯·希尔德布兰德(Adolf von Hildebrand)、海因里希·沃尔夫林(Heinrich Wolffin)、阿洛伊·李格尔(Laois Riegl)、尤里乌斯·冯·施洛塞尔(Julius von Schlosser)、阿比·瓦尔堡(Aby Warburg)、鲁道夫·阿恩海姆(Rudolf Arnheim)以及 K.R.波普尔(K.R. Popper)这些学者的理论皆有精辟的分析,从而认为风格来自"制作和匹配"、"图式和矫正"基本原理,并在书中的前四章(第 63 – 65、77 – 78、126 – 129 页)以及第五章"公式和经验"详加论证。本文对风格的定义即来自上述基本原理,再因玉器制作的特性加以调整而得。
② 此种培养人才的方式和过程在诸多领域和行业中皆可见到。详见 E.H.Gombrich 著,杨凯成、李本正、范景中译:《艺术与错觉——图画再现的心理学研究》,广西美术出版社,2018 年,第 126 – 157 页;雷德侯著,张总等译:《万物——中国艺术中的模件化和规模化生产》,生活·读书·新知三联书店,2005 年。
③ 即使制作质地较软的石器,不同文化或时代也各有风格化的技巧和制作痕迹,何况制作硬度极高、技巧更为复杂的玉器。有关石器制作及其特征的讨论,详见乔治·奥德尔著,关莹、陈虹译:《破译史前人类的技术与行为——石制品分析》,生活·读书·新知三联书店,2015 年,第 65 – 121 页。
④ 迈耶尔·夏皮罗教授(Meyer Schapiro)在其论文《风格》之中(Meyer Schapiro, "Style", in Alfred L. Kroeber, Ed., *Anthropology Today*, Chicago: University of Chicago Press, 1953, pp.287 – 312;摘要可见于 James S. Ackerman, "On Rereading 'Style'",摘要的中译可见于张戈译,杨思梁校:《论风格》,《美术译丛》1989 年第 2 期),认为风格的表述一般和艺术的三个方面(aspects)有关,分别是形式要素或主题(form elements or motives)、形式关系(relationships),以及特质(qualities),包括一种我们不妨称作"表现"的整体质量(including an all-over quality which we may call the 'expression'),同时也认为技法(technique)、题材(subject matter)和材料(material)虽然不若上述三个方面重要而明显,但有时也可包括在其中。由于夏皮罗教授讨论的对象主要是绘画而非玉器,所以本文依文中的观点以及玉器制作的特性,加以调整分为七个方面,这七个方面对玉器风格变化的重要度或强弱影响也各自不同,以"整体艺术美感"的影响最为显著,原因将于下文中讨论。

制作者最终完成作品时所欲达到的视觉效果,制作者何以选择了某些图式化的琢磨手法和工序,以及图式化的单元,根本原因都是为了最终创造出特定的艺术美感。①

而若再进一步讨论,艺术美感和功能、制作目的以及使用场合息息相关,贡布里希教授对此关系也多有论述。② 易言之,知悉不同时代玉器各自的功能或使用目的之后,即可明了为何各自选择了特定的艺术美感和风格品味,而为了创造出特定的艺术美感和风格品味,自然相应形成可与之相配合的图式化琢磨手法和工序,如此依次理解,自可分析出玉器不同方面的风格特征。

例如晋侯M93:5玉项饰之中的西周中期玉兽面(图五,1),③制作目的是为了衬托佩戴者的身份;至于前掌大M213:58商代晚期玉戈(图五,3),④则是为了彰显权威。由于目的不同,与之适切得体的艺术美感自然不同,玉项饰必须显现出雍容贵气,玉戈则需营造出威吓之势,所以项饰中的玉兽面以"巨细靡遗、一丝不苟"的图式化琢磨手法(图五,2),营造出流畅的华丽美感;玉戈的兽面则选择"参差断续、深浅不一"的图式化琢磨手法(图五,4),用以创造出刚直方折的肃穆感受。⑤ 由此可知,功能、目的以及整体艺术美感在玉器风格研究中确实极为重要,是不同时期选择不同图式化单元或是琢磨工序的主因。虽然后文并未就不同时期的功能、目的以及艺术美感专节讨论,而是从旁补述说明,但这却是讨论不同时期玉器各方面的风格特征时,真正组织起风格框架的主轴。

除如上所述,本文以风格分析方法来讨论佩饰玉器的主因,缘于晋侯玉器研究较少触及风格此一范畴,⑥而多集中在用玉制度、⑦器类考释、⑧或是特定母题的讨论。⑨ 即使将研究范围扩大为西周玉器,也少有针对风格的专门论述,研究范围除了已论及者外,还探

---

① 贡布里希教授论述埃及浮雕以及木刻、希腊古典时期雕刻、公元前6世纪陶瓶上的图案、公元前100年庞贝镶嵌画以及公元3世纪犹太教壁画等例子,皆在说明此间的关系。详见E.H. Gombrich著,杨凯成、李本正、范景中译:《艺术与错觉——图画再现的心理学研究》,广西美术出版社,2018年,第99、114-116、118-119页。
② 贡布里希教授对于功能和艺术形式、艺术美感之间的关系,列举埃及、希腊、西亚、拜占庭等艺术,进行鞭辟入里的论述,详见E.H.Gombrich,杨凯成、李本正、范景中译:《艺术与错觉——图画再现的心理学研究》,广西美术出版社,2018年,第87、105-107、109-110、124、128-129、133页。
③ 晋侯M93的墓葬年代虽然在春秋平王之世,但借由今日玉器的研究成果,可知道本件玉兽面的制作年代应为西周中期。本文所讨论的是玉器的真正制作年代,若非论述需要,将直接说明其年代,不再一一说明。
④ 中国社会科学院考古研究所:《滕州前掌大墓地》,文物出版社,2005年,彩版五四:6。
⑤ 关于风格的分类和描述,贡布里希教授认为虽然有其缺点,却是必不可少的工具,但一如语言,需通过共相才能起作用,风格分类也需有其共相才有意义,参见E.H. Gombrich著,杨思梁、范景中等译:《规范与形式:艺术史风格范畴及其在文艺复兴理想中的起源》,《规范与形式——贡布里希文集》,广西美术出版社,2018年。此处针对晚商、西周中期玉器的图式化琢磨手法、整体艺术美感所使用的描述文字,是两时期玉器各自的风格共相,为笔者通过多年来整理或观察各地出土玉器所得的结论,这些玉器来自妇好墓M5、安阳花园庄M54、安阳殷墟三期和四期墓葬、滕州前掌大墓地、鹿邑太清宫M1等商代墓葬;以及随州叶家山墓地、周原出土玉器、强国墓地、济阳刘台子墓地、倗国墓地、霸国墓地、应国墓地、晋侯墓地、张家坡墓地、虢国墓地、芮国墓地等西周墓地。
⑥ 蔡庆良:《方寸鬼斧化神功——古器物学浅谈(三)》,《历史文物月刊》2005年第10期;蔡庆良:《纹饰为纲,百目自张——古器物学浅谈(五)》,《历史文物月刊》2006年第2期。
⑦ 乔倩:《西周——春秋时期晋国用玉制度研究——晋侯墓与赵卿墓的比较》,山西大学硕士学位论文,2010年;曹楠:《试论晋侯墓地出土的葬玉》,《考古》2001年第4期。
⑧ 孙庆伟:《晋侯墓地出土玉器研究札记》,《华夏考古》1999年第1期。
⑨ 宋玲平:《晋侯墓地玉器的动物造型和动物纹饰艺术》,《三晋文化学术研讨会论文专集》,山西古籍出版社,1998年。

1. 西周中期，玉兽面（晋侯M93∶5），山西省考古研究院藏，笔者摄
2. 兽角特写（晋侯M93∶5），笔者摄 
3. 商代晚期，玉戈（前掌大M213∶58），中国社会科学院考古研究所藏，笔者摄 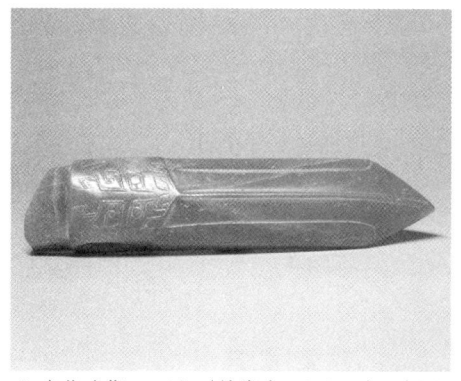
4. 兽角特写（前掌大M213∶58），笔者摄 

图五

究西周玉器文化的来源、①西周的用玉制度、②西周玉器的纹饰类型学、③西周玉器的地质考古学、工艺特征与制作痕迹研究，④成果可谓大观。但风格分析实乃上述研究的基础内容，有必要深入研究，以下试论之。

前述研究多以考古学类型学和地层学为基础，故而受到陶器类型分类方法的影响，面对考古出土玉器，大多先以定义明确的类型标准进行分类，例如依形制功能区分出不同的器类，⑤或是以不同的母题进行纹饰分类；接下来在同一类之下依细节差异区分出诸多亚型；下一步再辅以出土玉器的层位先后关系为其排序定式，并结合文献详加考证其后的意义。

虽然步骤明确、逻辑清晰，但陶器类型学方法是否完全适用于研究佩饰玉器则仍需思考。两类器物最明显的差别在于西周佩饰玉器和实用陶器的制作目的和功能显然不同，陶

---

① 邓淑苹：《解析西周玉器文化的多源性》，《赫赫宗周——西周文化特展》，台北故宫博物院，2012年。
② 孙庆伟：《周代用玉制度研究》，上海古籍出版社，2008年。
③ 蒋莉：《先秦玉器纹饰艺术研究》，山西大学博士学位论文，2017年。
④ 陈启贤：《张家坡西周墓地出土玉器工艺特征与微痕探索》，《张家坡西周玉器》，文物出版社，2007年。
⑤ 虽然近三十年来考古成果丰硕，玉器研究也日渐深入，但邓淑苹老师认为玉器分类的标准多年来似乎没有太大改变，为此撰文呼吁要跳脱过去的框架，并在论文中实际说明"玉礼器"的分类标准，并由此探讨玉礼制史。详见邓淑苹：《玉礼器与玉礼制初探》，《南方文物》2017年第1期。

西周晚期，玉璜（晋侯M91：30），山西省考古研究院藏，笔者摄

图六

器既为日常器皿，造型必须符合实际功能和生活习惯，若同一时期的生活方式和器用不变，器型自然毋须变化，因而些微的形制变化就可能具有特殊的类型学意义；但鉴于玉料珍稀，在宝而贵之的心理下，佩饰玉器常不时迁就玉料天然本具的形制，同一时期、同一器类中形制的些微变化有时仅肇因于此，并未具有类型学的分型意义。[①] 例如晋侯M91：30玉璜（图六），左右两端延伸的比例较大，有别于同期玉璜常见的形制，但这仅是因为此玉璜是以早期素面玉璧改制而成，若据以分型实无意义。而且本文讨论的西周佩饰玉器，其功能为衬托佩戴者身份地位，无可避免会讲究设计变化以求别具美感，故容许发挥巧思，适时调整造型和母题之间的设计方案，所以纹饰细节的变化有时也未必真具有分类或分型的意义。例如晋侯M8：46和晋侯M63：167两件西周晚期的玉饰，同为人、龙母题（图七，1；图七，2），并皆以三角形玉料设计，但因玉料的形制略有差别，人、龙母题的设计细节，以及人、龙之间的构图形式，也就依形制略作调整变化，就母题和纹饰而言，实无可资分型之因。

1. 西周晚期，人龙佩（晋侯M8：46），山西省考古研究院藏，笔者摄

2. 西周晚期，人龙佩（晋侯M63：167），山西省考古研究院藏，笔者摄

图七

以类型学方法研究同一时期晋侯墓地佩饰玉器的形制或纹饰，都不免有以上的困难，何况要向上追溯或向下推演不同时代之间的类型学关系，可想而知其中的主观与不确定

---

① 此种原始玉料形制和造型之间的关系，在战国玉龙形制之中特别明显。详见蔡庆良：《浩海寻踪——找寻台北故宫藏战国中期玉龙》，《有凤来仪——湖北出土曾楚玉器》，香港中文大学文物馆，2018年。

因素。然而不论是考古学或艺术史研究，却常不经意忽略此一问题，例如当观察晋侯M63：159西周早期玉鸟之后（图八，1），常习于据此向上追溯或向下推演其他相似的玉鸟，可能由此上溯反山M14：259良渚文化玉鸟（图八，2），①下推台北故宫博物院所藏故玉4137西汉玉鸟（图八，3），由于三者母题相同、形制相似，自然就依照时代先后排比研究。但当如此排比时，其实已代表研究者认为三者之间有着特殊的关联，可能是类型学的式别关系或是风格的传承关系，亦即暗示了西周早期玉鸟的制作者曾经受过良渚玉鸟的影响，其后西汉的制作者也受到西周玉鸟的影响，然而果真有此关联吗？② 试想，若非考古出土，今日研究者尚且无由见到动辄差距千年以上的玉器，更不用提不同时代的制作者未必曾见到之前的作品并对自身创作产生影响。此种研究思考是否可靠不言而喻，何况进一步结合文献详加考证相互之间的意义，衍生之意就更难言说了。

1. 西周早期，玉鸟（晋侯M63：159），山西省考古研究院藏，笔者摄 　　2. 良渚文化，玉鸟（反山M14：259），良渚博物院藏 　　3. 西汉，玉鸟（故玉4137），台北故宫博物院藏

图八

而从制作者角度出发来看同一个案，则会认为与其说是后期制作者见到了过去玉鸟并受其影响才有相似的创作，毋宁说鸟类乃是日常所惯见的动物，本就是创作联想的常见题材，制作者毋须借助过去作品就能得到灵感。至于三件玉鸟的形制特征各有细微不同，并非有类型学前后变化的意义，实缘于功能各自不同所致。良渚玉鸟是神的驱驶工具，③西周玉鸟作为佩饰之用，至于西汉玉鸟则是用以彰显帝王庇佑之恩的杖首。④ 功能和目的不同，与之匹配的艺术美感自然不同，制作者使用的图式化技巧当然也就随之改变，三者形制特征的差别实自于此，无关式别变化或是风格演变。

进一步讨论条件更趋严谨的案例：时代不同而母题相同的玉器，同时也有相同的制

---

① 杭州良渚遗址管理区管理委员会、浙江省文物考古研究所：《良渚玉器》，科学出版社，2018年，第136页。
② 例如林巳奈夫教授在论证殷代铜器饕餮纹时，认为可溯源至河姆渡文化骨匙上所刻划的"双鸟背负日和月"图像，而其中依时代先后连结的文物，则有河姆渡文化木制和石制蝶形器、良渚文化玉制倒梯形器、玉璜、玉锥形器、玉琮等，暂且不论文中所举例的器物可能并非良渚文化玉器（文中图四-44、四-58），论述这些文物之间的形制或纹饰有所关联的标准仍有讨论的空间。详见林巳奈夫、杨美莉译：《中国古代遗物上所表示的"气"之图像性表现》，《中国古玉研究》，台北艺术图书公司，1997年，第182-200页。
③ 刘斌：《神巫的世界——良渚文化综论》，浙江摄影出版社，2007年，第85页。
④ 邓淑苹、张丽端、蔡庆良：《敬天格物——中国历代玉器导读》，台北故宫博物院，2016年，第75页。

作目的和使用功能。例如晋侯M31∶62、79西周晚期玉蝉（图九，1）、①前掌大BM4∶1商代晚期玉蝉（图九，2）、②台北故宫博物院所藏故玉2226西汉玉蝉（图九，3），由穿孔可知三者功能相同皆为佩饰之用，也可能都具有羽化蜕变的寓意。但即使母题、功能和观念皆相同，三者之间也毋须有切实的关联，亦即未必有类型学或风格演变的关系，若以心理学的观点来看，三者如此雷同之因，可能是根源于人类与生俱来、祈求来生的心理共性，是各自观察自然生物之后自主独立发展而成，实和文化交流或是时代接续传承没有关系。③

1. 西周晚期，玉蝉（左为晋侯M31∶62，山西博物院藏；右为晋侯M31∶79，山西省考古研究院藏），笔者摄
2. 商代晚期，玉蝉（前掌大BM4∶1)，中国社会科学院考古研究所藏，笔者摄
3. 西汉，玉蝉（故玉2226），台北故宫博物院藏

图九

由此可知，跨时代的玉器类型学研究有时不甚可靠，而同一时代的玉器，例如本文所讨论的晋侯墓地佩饰玉器，因为功能相同，与之配合的艺术美感也相同，故而形成相同的风格特征，研究变因较小，研究成果自然较为可信。

但即使研究范围缩小至晋侯墓地出土玉器，也须谨慎思考，因为墓葬出土玉器的制作年代未必等同于墓葬年代，稍有不慎即会误判早期玉器的制作年代，前言中晋侯M93∶8（图一，1）即为显例，又例如墓葬年代约为春秋早期平王之世的晋侯M63所出土的一对玉龙M63∶55、56（图一，2），更是明确的例证。本对玉龙若不细察即可能认定是与墓葬年代相同的作品，但由于玉龙内弧器表琢刻了非常细小的"自明保入王姜"六字，④可知此对玉龙曾是周公旦之子明保献给成王后的礼物，据此，制作年代至少须提早至西周早期成王时。而若进一步分析玉龙风格特征，则此对玉龙实为殷墟三期的作品。⑤ 所以此对玉龙

---

① 上海博物馆：《晋国奇珍——山西晋侯墓群出土文物精品》，上海人民美术出版社，2002年，第139页；山西省考古研究所、北京大学考古学系：《天马——曲村遗址北赵晋侯墓地第三次发掘》，《文物》1994年第8期，图一七。
② 中国社会科学院考古研究所：《滕州前掌大墓地》，文物出版社，2005年，彩版六三∶3。
③ 贡布里希教授为文列举两组功能和题材皆极为接近的例子，一组为在伦敦发现的14世纪壶罐和出自新几内亚的壶罐，另一组则为西周早期的青铜方彝和约公元500年的墨西哥香炉。可想而知相互之间没有关联，会如此相像的原因是人类倾向于使器皿"生命化"的心理共性，因而设计出相类的作品。详见E.H.Gombrich著，范景中、杨思梁、徐一维译：《秩序感——装饰艺术的心理学研究》，湖南科学技术出版社，2000年，第286-287页。
④ 这些文字相当细小，难以察觉，是2003年整理时发现。
⑤ 参考前掌大玉器的分期结果，此对玉龙应为殷墟三期的作品。详见蔡庆良：《山东前掌大墓地出土玉器分期试析》，《夏商时期玉文化国际学术研讨会论文集》，科学出版社，2018年。

本为晚商作器,而且至少经过明保、成王后和晋穆侯夫人三人收藏,埋藏在晋侯 M63 之前已流传超过了四百年。虽说目前仅能知其流传历史的片段,但显然有一事实毋庸置疑,就是此对玉龙的制作年代绝对远早于埋藏墓葬的年代。

其实学者早已发现晋侯墓地留存有早期玉器,或以专文探讨,[①]或在文章中附带提及。[②] 本文即以这些研究为基础继续研究,而为了避免误判制作年代,故先选择前言提及具有明确制作年代的玉器为研究起点。

综合上述研究现况及面临的难题,即可知本文为何以风格分析作为研究方法,因为在风格理论下,同一时代或同一文化的佩饰玉器即使造型不同、简繁不一,乃至完工程度不同,只要功能和使用场合雷同,追求的艺术美感自也相仿。因此,制作者必须遵循特定的图式化技巧和创作规范才能创造出与之匹配的艺术美感,因而研究者可在各式玉器之中分析出相同的风格特征。[③]

故若在此种研究观点下,要为玉器进行类型学分期研究,则传统的器类和母题并不必然是首先关注的分类标准,图式化造型单元和图式化纹饰单元反而会成为主要的研究范畴,因为各式玉器的器类、形制、母题或可不同,却仍须使用相同的图式化造型单元和图式化纹饰单元,故得以比较研究;而且这些规范化的单元常常因不同时期玉器各异的艺术品味,或渐生变化的使用目的,会在代代制作者的培养及传承之间渐次调整改变,以符合新的设计需要,从而具有分期定式的意义。

例如晋侯 M62∶63 玉石残件(图十,1),可见边缘有两个鱼尾一般的图式化造型单元,笔者称之为"鱼尾形造型单元"。同样的造型单元也应用在晋侯 M63∶136 西周早期玉鸟的鸟尾上方(图十,2),或于晋侯 M31∶105 西周中期柄型器的轮廓上依次出现(图十,3),[④]或依附在晋侯 M31∶52 西周晚期人龙佩的最上端以及神人的臀背、小腿上(图十,4)。若以传统惯用的器类或母题作为分类标准,则这些玉器永远不会置于一处讨论;但以图式化造型单元的角度视之,则三者自会成为西周玉器类型学研究的对象。由此,也不会局限于以材质作为研究的分类标准,例如晋侯 M64∶42 西周晚期龙纹金饰(图十,5),上下龙鼻的前端皆以相同的鱼尾形造型单元设计而成,借此打破了相异材质的研究限制,而同具类型学和风格研究的意义。

又例如西周最重要的图式化纹饰单元"气纹单元",观察晋侯 M113∶66 西周中期玉璜(图十一,1),[⑤]在中段龙身交缠之处可见带有"π"的典型气纹(图十一,1,a);此外因应

---

① 李伯谦教授在研究晋侯 M63 出土玉器时,即发现墓中的商代玉器多集中在一盒之中,推测应为生前的收藏。详见李伯谦:《晋穆侯夫人随葬玉器反应的西周后期用玉观念的变化》,《刘敦愿先生纪念文集》,山东大学出版社,1998 年。又如多位学者发现晋侯 M8∶235 是良渚玉琮。详见邓淑苹:《良渚晚末期玉器变化及纹饰流传初探》,《古玉新诠——史前玉器小品文集》,台北故宫博物院,2012 年;蒋闰蕾:《夏商西周遗址中所见良渚风格玉器研究》,南京师范大学硕士学位论文,2014 年,第 59 页。
② Jessica Rawson, *Chinese Jade from the Neolithic to the Quing*, London: British Museum Press, 1995, pp. 52 - 53.
③ 就如众多相同师承的画家的作品,因画派的艺术目标明确,所以不论作品优劣,皆会显现出相类的笔触、构图、配色等。
④ 深圳博物馆、山西博物院、山西省考古研究所:《晋国霸业——山西出土两周时期文物精华展图录》,文物出版社,2008 年,第 39 页。
⑤ 北京大学考古文博院、山西省考古研究所:《天马——曲村遗址北赵晋侯墓地第六次发掘》,《文物》2001 年第 8 期,图三四:2。

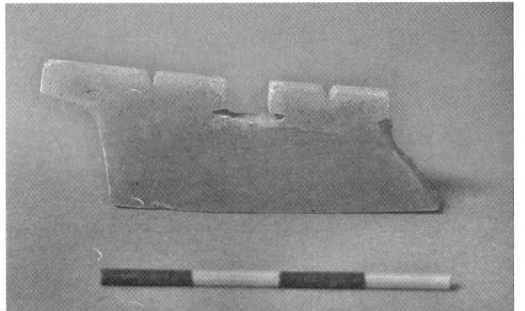

1. 西周中期，玉石残件（晋侯M62:63），山西省考古研究院藏，笔者摄

2. 西周早期，玉鸟（晋侯M63:136），山西省考古研究院藏，笔者摄

3. 西周中期，柄形器（晋侯M31:105），山西博物院藏，笔者摄

4. 西周晚期，人龙佩（晋侯M31:52），山西省考古研究院藏，笔者摄

5. 西周晚期，龙纹金腰带饰（晋侯M64:42），山西省考古研究院藏，笔者摄

图十

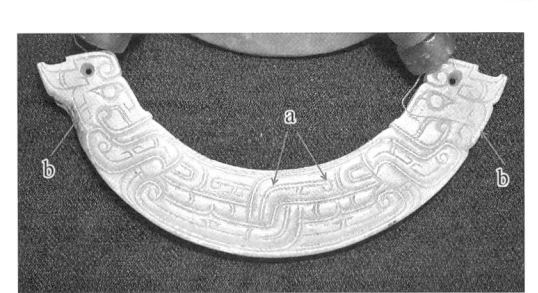

1. 西周中期，玉璜（晋侯M113:66），山西省考古研究院藏，笔者摄

2. 西周中晚期之际，玉璜（晋侯M63:41-82），山西博物院藏，笔者摄

3. 西周晚期，玉璜（晋侯M63:41-64），山西博物院藏，笔者摄

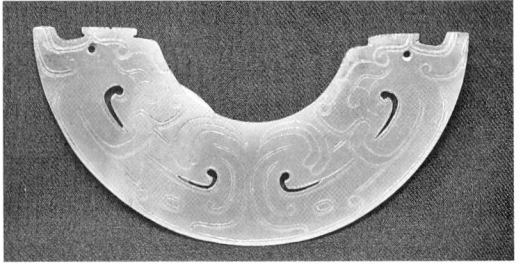

4. 西周晚期，玉璜（晋侯M63:90-32），山西省考古研究院藏，笔者摄

图十一

设计需要,气纹或变形或解体,"π"也可独立填饰在左右龙脸颊的后侧(图十一,1,b)。相同设计概念也出现在晋侯 M63∶41-82 西周中晚期之际的玉璜之中(图十一,2),因玉璜中段上下面积各自不同,所以下方气纹仍为完整单元(图十一,2,a),上方则为省去"π"的气纹(图十一,2,b);同样的设计概念延续至晋侯 M63∶41-64 西周晚期玉璜(图十一,3),中央的两气纹单元已调整成为左右对称的图式化逗点(图十一,3,a)。

透过以上三件玉璜分析出西周气纹单元在不同时期的式别变化之后,即可借此扩大判断其他不同器类但填饰相同的气纹单元的制作年代,例如晋侯 M8∶104(图十二,1)、晋侯 M8∶76、77(图十二,2)、晋侯 M8∶208(图十二,3)、[1]晋侯 M64∶27、28(图十二,4),虽然器型皆不甚常见,但纹饰都以约为同一时期的气纹单元调整设计而成,同具风格分析的意义。

1. 西周中晚期,覆面组件(晋侯M8:104),山西省考古研究院藏,笔者摄

2. 西周晚期,覆面组件(晋侯M8:76、77),山西省考古研究院藏,笔者摄

3. 西周中晚期,玉鸟(晋侯M8:208),山西省考古研究院藏,笔者摄

4. 西周晚期,项饰组件二件(晋侯M64:27、28),山西省考古研究院藏,笔者摄

图十二

借此图式化单元研究,显然扩大了玉器分期研究的范畴,可知其重要性,而且以纹饰单元和造型单元作为分类标准,常常比母题或形制作为分类标准更具有分型定式的意义。

---

[1] 北京大学考古学系、山西省考古研究所:《天马——曲村遗址北赵晋侯墓地第二次发掘》,《文物》1994 年第 1 期,图四〇∶2。

制作痕迹研究也难以避免相同的问题,因为此研究必须以年代明确的考古单位或地层为基础,故也常误将墓葬中早期流传玉器的制作年代视同为墓葬年代。① 何况玉器常经后代改制,例如晋侯M31∶114原为殷墟二期具有方折羽冠的神人(图十三,1),在西周晚期时截留了上半部并钻磨中孔改为佩饰,且将背面原有的神人纹饰磨除后再加琢四只西周晚期常见的龙纹(图十三,3);若不慎未察,只观察正面制作痕迹(图十三,2),必然不同于背面制作痕迹(图十三,4);倘若是以此随机观察结果推测为墓葬年代的痕迹特征,结论自属无效。即使玉器琢制年代确实和墓葬年代相同,若欲以某件样本的某个细节在显微仪器下观察所见特征来代表某时期的琢磨技巧,实际上需考虑更多因素。②

1. 殷墟二期,玉神人残件(晋侯M31∶114正面),山西省考古研究院藏,笔者摄

2. 神人特写(晋侯M31∶114正面),笔者摄

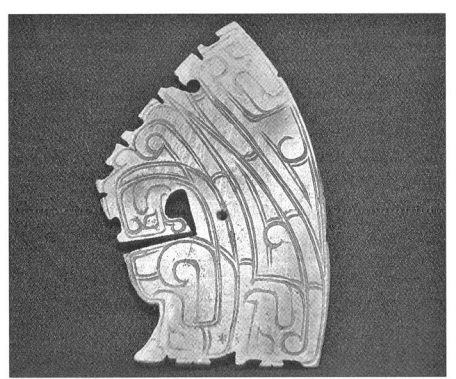

3. 西周晚期,龙纹玉饰(晋侯M31∶114背面),山西省考古研究院藏,笔者摄

4. 龙纹特写(晋侯M31∶114背面),笔者摄

图十三

---

① 制作痕迹研究的目的是要分析出不同时期玉器的痕迹特征,样本则为年代确切的墓葬所出土的玉器,并以此结果作为其他传世玉器的分期依据,然而若未发现所选样本是早期流传而来的玉器,则痕迹观察结果不但难达预期,更有误导的风险,例如将本为西周中期的玉龙(张家坡M304∶15)等同于墓葬年代宣幽时期。详见陈启贤:《张家坡西周墓地出土玉器工艺特征与微痕探索》,《张家坡西周玉器》,文物出版社,2007年,第268页。

② 例如陕西韩城芮桓公M27∶247玉剑和夫人M19∶236-238项饰,两墓年代相仿,但因为M27∶247玉剑应是重要仪典才使用的礼仪重器,器身较少接触所以琢磨痕迹清晰如新;而M19∶236-238项饰则因经常穿藏所以痕迹多已模糊不清,若不知是同时代墓葬出土玉器,仅就痕迹实难判断是同时期的玉器。详见蔡庆良:《古器物学研究——陕西韩城芮国大墓出土玉器概论》,《芮国金玉选粹——陕西韩城春秋宝藏》,三秦出版社,2007年,第282页。

已有学者以更精密的仪器观察具有明确年代的出土玉器,①研究成果极有借鉴之处,但因目前研究样本仍未包括晋侯玉器或其他西周玉器,难以直接参考,待日后玉器样本能扩及西周时期,方可作为研究此时期玉器的参考。

而若以风格分析的角度来讨论上述制作痕迹,则若干制作痕迹其实本就不具有分期的意义。例如晋侯M64∶48－x2(图四,6)西周宣王时期仍在琢磨中的龙嘴或是下颌的痕迹(图四,7),和妇好墓M5∶987殷墟二期未完工玉神人仍在琢磨中的手臂痕迹(图十四,1),虽然年代差距久远,制作痕迹却没有明显差异;又如晋侯M8∶205西周晚期龙纹玉饰(图十四,2),也可在龙嘴细节中见到相似的琢磨痕迹(图十四,3)。

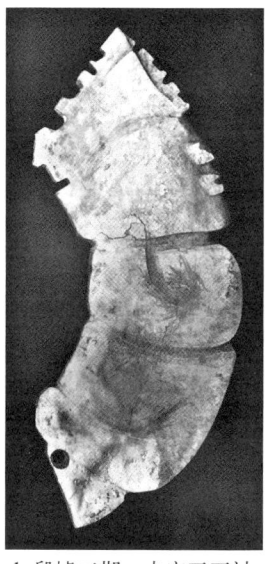

2. 西周晚期,龙纹玉饰(晋侯M8∶205),山西省考古研究院藏,笔者摄

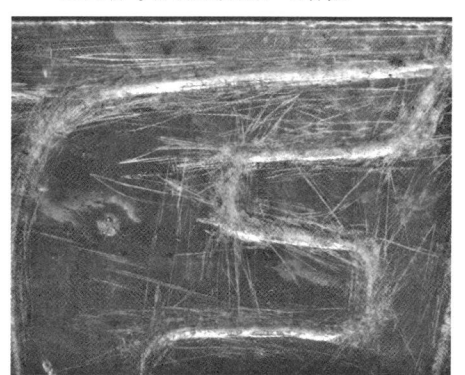

1. 殷墟二期,未完工玉神人(妇好墓M5∶987),中国社会科学院考古研究所藏

3. 龙纹特写(晋侯M8∶205),笔者摄

图十四

依一般研究制作痕迹的观点,不同时代玉器应有不同的痕迹特征用以分期断代,但显然前述晚商和西周晚期的局部琢磨痕迹并没有足以分期的差异,如何解释此现象呢? 依风格观点,这些制作痕迹并非图式化的琢磨手法,只是完整纹饰制作流程中的某个过渡阶段工序,若不是被下一阶段的工序打破消磨,就会消失在最终的抛光阶段之中。既然这些过渡痕迹最终将消失无踪,两时代的制作者自然会以平时受训所得、简练易行或是最纯熟最基本的技巧进行琢磨,因而若恰巧呈现相同的痕迹特征也不足为奇。但当进入完工阶段时,为了创造出两时代特有的艺术美感,与之相契合的图式化琢磨手法和由此所留下的

---

① 叶晓红、刘新、蒋宏杰、乔保同:《河南省南阳市桐柏县月河一号春秋墓出土玉器阴刻技术的微痕分析》,《南方文物》2015年第4期;叶晓红、唐际根、何毓灵:《殷墟晚商玉器阴刻技术试析》,《夏商时期玉文化国际学术研讨会论文集》,科学出版社,2018年;叶晓红:《殷墟晚商玉器切割技术及相关问题》,《夏商玉器及玉文化学术研讨会论文集》,岭南美术出版社,2018年。

痕迹才具有分期断代或是风格变化的意义。一如前述图五,2、图五,4所言,因不同艺术美感而各自选择了"巨细靡遗、一丝不苟"以及"参差断续、深浅不一"的图式化手法完成最终纹样。由此再次说明,何以艺术美感在各方面的风格特征中影响力最强。

如前文图四,7、图十四,1、图十四,3所述,由于琢磨过程中若干痕迹终将不复存在,无关乎最终艺术美感,所以虽然玉器有众多琢磨技巧,不同时代的制作者有时却不约而同选择了相同的基本技巧。令人略感惊讶的是,也恰恰因为某些非图式化工序无关最终艺术美感,让制作者拥有随机选择技巧的弹性,因此,即使同时期的成对作品之中有时也会看到不同的琢磨手法。例如成对作品晋侯M31:24(图二,1)以及晋侯M31:20(图二,11),可见龙鼻嘴前方有一向左延伸方折并上卷收尖成圆,类似长舌的狭长面积(图二,2、图二,12),在面积的中分处皆有一条定位线。其中晋侯M31:24尚未磨除的定位线显得模糊不清,似以针状工具徒手研磨成线(图二,2);晋侯M31:20则段段清晰分明,应是以小砣具琢磨段接而成(图二,12);虽是成对作品,但定位线所用的工具和技巧却各行其是,不论此对玉器的定位框线是否同一人所为(显然同一人的可能性最高),皆说明若和最终艺术美感无关时,非图式化的琢磨手法是有选择弹性的。因此,为了避免差之毫厘,谬以千里,制作痕迹研究所选取的样本必须相当谨慎。

原因在于若不知其他条件,仅是单独观察本对作品各自不同的定位线、制作痕迹的研究者一般不会认为两者是同一时期的作品,遑论判断两者为同时制作的成对作品。即使真能判断出同为西周晚期的玉器,其实也缺乏真正的断代意义,因为非西周时期的玉器也可看到此种相同的制作痕迹,例如战国早期曾侯乙墓出土的擂鼓墩M1:83未完工玉璧的右半局部(图十五,1),以及擂鼓墩M1:129玉珩背面的定位线(图十五,2)。

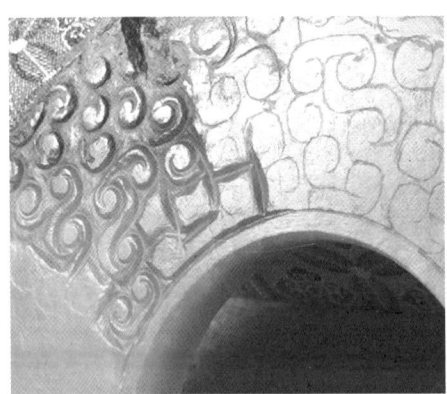

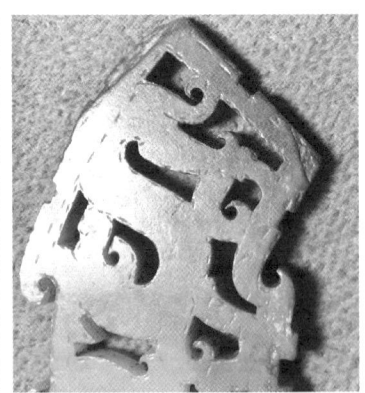

| 1. 战国早期,未完工玉璧局部特写(擂鼓墩M1:83),湖北省博物馆藏,笔者摄 | 2. 战国早期,玉珩局部特写(擂鼓墩M1:129),湖北省博物馆藏,笔者摄 |

图十五

由上可知,制作痕迹若真要有分期意义,就必须先区分出何者为各时代共有、不具分期意义的基本技巧;何者是为了创造出特定风格特征、为了勾勒出特定母题、特定的造型单元和纹饰单元,才由此形成具有时代意义的图式化制作技巧,以及因此而生的图式化制作痕迹和工序，如此才不至于混淆莫辨。

但区分的标准为何呢？笔者曾希望借由实验模拟出土玉器的制作方式，推测西周玉器的制作工具并重建流程，以此区分出具有分期意义的图式化制作痕迹和工序。但由于缺乏不同工序的玉器样本比对模仿，研究难以为继。[①] 虽说周原发现了西周石玦作坊，[②] 但此作坊出土的石器和石质工具都相当有限，尚且不足以还原石玦的完整制程，[③] 何况据此推测难度更高的玉玦制程，甚或其他种类的玉器制程，显然力难逮及。

加上笔者未曾受过玉作训练，为了避免因空想而沦为纸上谈兵，笔者请教现今的玉作师傅，[④] 他们认为众多治玉技术，例如片具和线具切割、桯具和管具钻孔等，皆是各时代玉工在培养训练时自会慢慢摸索出的基本技术，无须观察前代作品才能知悉习得；而熟悉基本技术后，自然也会发展出相似的基本应用技巧，例如桯具去料勾勒造型、打孔套线再镂空等技巧。所以不同时代的玉器制作者，虽然彼此没有交流，却会使用相同的基本应用技巧并不令人意外；当掌握这些基本技术和技巧后，不同时代的制作者再各自由母题、构图以及艺术美感进行变化调整，形成真正具有风格意义的图式化手法和技巧。

有了以上了解，重新观察前述琢磨痕迹，以及接下将观察的桯具钻孔痕迹，也就了然于心了，因为两者皆属于治玉基本技术，难以区分出历代制作痕迹有何明显差别，以下举桯具为例说明。

由于桯具无法轻易在质地坚韧的玉料中钻磨成孔，所以历代系带穿孔常常留下相同的跳动错位痕迹。例如强国BRM1甲：13西周中期玉鹿的系带穿孔即有此跳动错位特征（图十六，1），[⑤] 而且向上追溯，不论是前掌大M120：65新石器时代晚期玉鹰插件的穿孔（图十六，2）、[⑥] 花园庄M54：377商代晚期玉兽面的穿孔（图十六，3），[⑦] 还是台北故宫博物院所藏故玉4341元代玉犬的穿孔（图十六，4），乃至台北故宫博物院所藏故玉83明代玉龙的嘴部（图十六，5），皆留下此种基本技术所特有的错位跳动痕迹，实无特殊的时代差别得以分期。[⑧]

[①] 现今玉石制作工艺的模拟实验研究，针对西周玉器者相当有限，而多集中于新石器时代晚期的玉石器，且一般只依照完整流程中的某些工序，对本文关于西周玉器的借鉴较为有限。详见刘凌云：《西周玉器的斜刀技法实验考古研究》，《南方文物》2015年第4期；孙力：《史前琢玉工艺的模拟实验研究》，《辽宁省博物馆馆刊（第2辑）》，辽海出版社，2007年；刘卫东、陆文宝、戚水根：《良渚文化玉璧制作工艺初探》，《东南文物》2009年第6期；方向明：《史前琢玉的切割工艺》，《南方文物》2013年第4期；王闯、李海波：《史前玉器工艺的实验考古研究之一：不同线切割方式的痕迹特征》，《辽宁师范大学学报（社会科学版）》2017年第3期；徐飞、邓聪、叶晓红：《史前玉器大型钻孔技术实验研究》，《中原文物》2018年第2期。
[②] 陕西省考古研究院周原考古队、北京大学考古文博学院周原考古队、中国社会科学院考古研究所周原考古队：《周原：2002年度齐家制玦作坊和礼村遗址考古发掘报告》，科学出版社，2010年。
[③] 孙周勇：《西周石玦的生产形态：关于原料、技术与生产组织的探讨——周原遗址齐家制玦作坊个案研究之二》，《考古与文物》2009年第3期。
[④] 笔者在一年之间，共分数次访问萧协泰和萧文钦两位玉器工艺师，请教诸多有关玉器制作的问题。
[⑤] 北京大学震旦古代文明研究中心等：《强国玉器》，文物出版社，第38页。
[⑥] 中国社会科学院考古研究所：《滕州前掌大墓地》，文物出版社，2005年，图版一六五：6。
[⑦] 中国社会科学院考古研究所：《安阳殷墟花园庄东地商代墓葬》，科学出版社，2007年，彩版37：4。
[⑧] 笔者曾认为这些技巧传承有序，是继承而得，这个观点以本文来看似乎有待商榷，需要修正。详见蔡庆良：《规范与传移——晚商玉器的风格化特征及其对西周玉器的影响》，《夏商玉器及玉文化学术研讨会论文集》，岭南美术出版社，2018年。

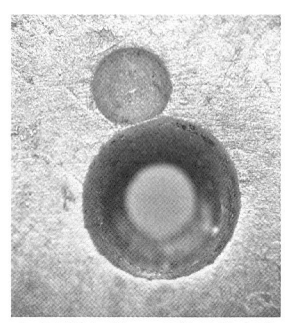

1. 西周中期，玉鹿系带穿孔（BRM1甲:13），宝鸡青铜器博物院藏，笔者摄
2. 新石器时代晚期，玉鹰插件的穿孔（前掌大M120:65），中国社会科学院考古研究所藏，笔者摄 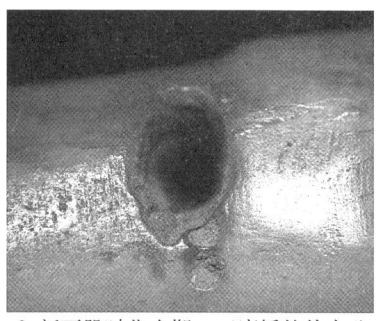
3. 商代晚期，玉兽面穿孔（花园庄M54:377），中国社会科学院考古研究所藏，笔者摄 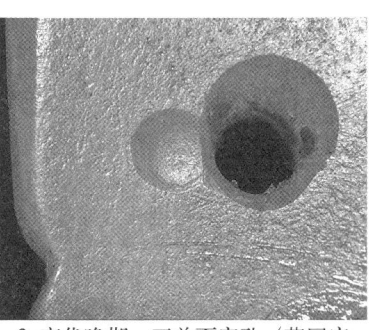
4. 元代，玉犬穿孔（故玉4341），台北故宫博物院藏，笔者摄 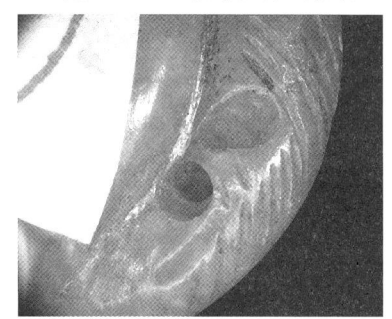
5. 明代，玉龙嘴部（故玉83），台北故宫博物院藏，笔者摄 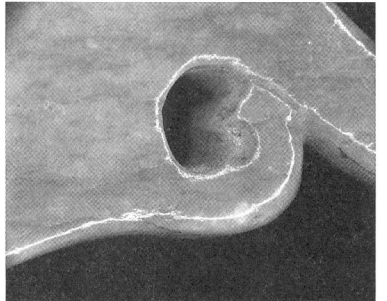

图十六

又因为桯具钻磨会形成圜底圆凹的痕迹，历代玉器制作者在掌握此种琢磨特性后，不约而同会应用在适合的造型制作之中，最典型的例子即为动物内凹的耳廓。例如晋侯M9:159西周中期玉鹿的双耳（图十七，1），以及強国BRM1乙:182西周中期玉鹿左耳（图十七，2）。依今日治玉师傅的观点，此为基本应用技巧，是基本技术成熟掌握之后自然得致的技巧，西周中期设计者毋须见到时代稍早的花园庄M54:327商代晚期玉龙头角的桯具技巧（图十七，3），①才会受其影响启发，晚商治玉者也不需要见到新石器时代晚期石家河玉虎耳部的桯具痕迹（图十七，4），②才会拥有此种应用技巧；同理可知，台北故宫博物院所藏故玉3010西汉玉熊的双耳（图十七，5），以及台北故宫博物院所藏故玉3475乾隆玉玺之中神鸟的双耳和羽冠（图十七，6），两玉器的制作者在培养成师的过程中，自然具备使用桯具基本应用技巧来琢磨造型轮廓，彼此之间不需要时代继承关系。

此类基本技巧其实甚多，例如桯具钻孔后再套线拉切的镂空技巧和程序，自新石器时代晚期至明清也没有特别变化，至多只是工具精准度有所不同。例如台北故宫博物院所藏购玉100良渚文化玉器的镂空（图十八，1）、花园庄M54:351商代晚期玉戈鸟首内部的镂空（图十八，2）、晋侯M102:27西周晚期人龙佩的镂空（图十八，3），以及台北故宫博

---

① 中国社会科学院考古研究所：《安阳殷墟花园庄东地商代墓葬》，科学出版社，2007年，彩版35:2。
② 荆州博物馆：《石家河文化玉器》，文物出版社，2008年，第82页。

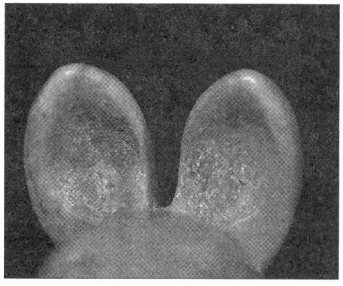

1. 西周中期，玉鹿双耳（晋侯M9:159），山西省考古研究院藏，笔者摄

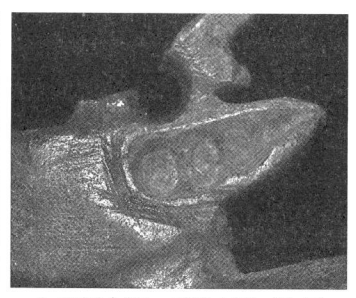

2. 西周中期，玉鹿左耳（弶国BRM1乙:182），宝鸡青铜器博物院藏，笔者摄

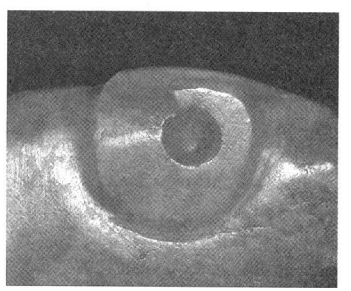

3. 商代晚期，玉龙头角（花园庄M54:327），中国社会科学院考古研究所藏，笔者摄

4. 石家河文化玉虎头（肖家屋脊AT13①:1），湖北省博物馆藏，笔者摄

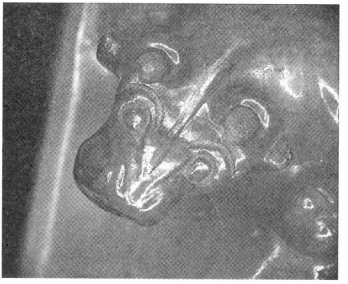

5. 西汉，玉熊（故玉3010），台北故宫博物院藏，笔者摄

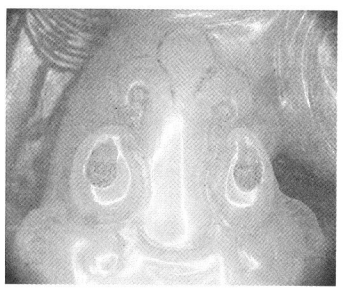

6. 乾隆玉玺，神鸟头部特写（故玉3475），台北故宫博物院藏，笔者摄

图十七

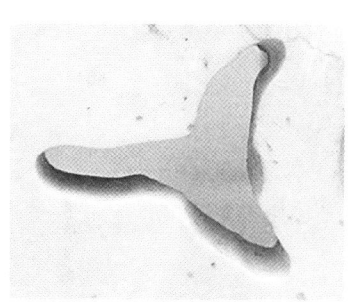

1. 良渚文化，镂空特写（购玉100），台北故宫博物院藏

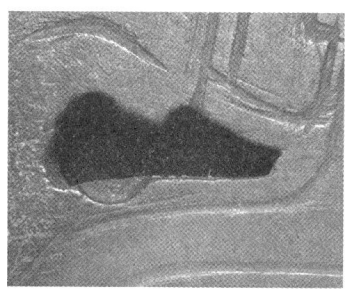

2. 商代晚期，镂空特写（花园庄M54:351），中国社会科学院考古研究所藏，笔者摄

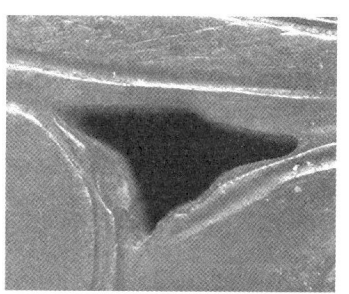

3. 西周晚期，镂空特写（晋侯M102:27），山西省考古研究院藏，笔者摄

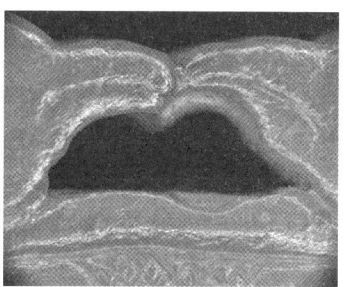

4. 战国中期，镂空特写（故玉3259），台北故宫博物院藏，笔者摄

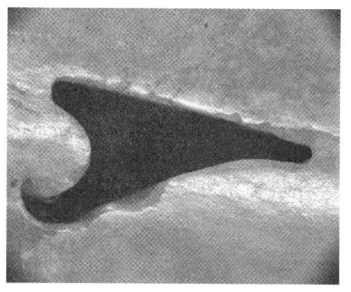

5. 元代，镂空特写（故玉4068），台北故宫博物院藏，笔者摄

图十八

物院所藏故玉 3259 战国中期玉珩的镂空（图十八，4）、台北故宫博物院所藏故玉 4068 元代玉龙首嵌件的镂空（图十八，5），皆说明此现象。

若套线拉切成如同逗点一般的长条形收尖镂空，即成为后文将重点讨论的"逗点镂空单元"，①由制作角度来看，这也是前种技巧的变化应用，是应不同设计所作的调整，所以历代玉器也多有使用。例如晋侯 M113：72 新石器时代晚期玉片饰的长镂空（图十九，1）、晋侯陪葬墓 M40：38 西周晚期石片饰的逗点镂空（图十九，2）、台北故宫博物院所藏故玉 3318 西汉早中期猴兽纹玉璧的镂空（图十九，3），以及台北故宫博物院所藏故玉 4068 元代玉龙首嵌件的镂空（图十九，4）皆为如此。

1. 新石器时代晚期，镂空特写（晋侯M113:72），山西省考古研究院藏，笔者摄

2. 西周晚期，镂空特写（晋侯M8之陪葬墓M40:38），山西省考古研究院藏，笔者摄

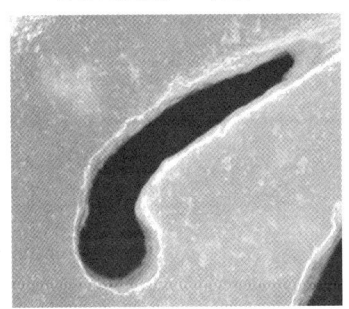

3. 西汉早中期，镂空特写（故玉3318），台北故宫博物院藏，笔者摄

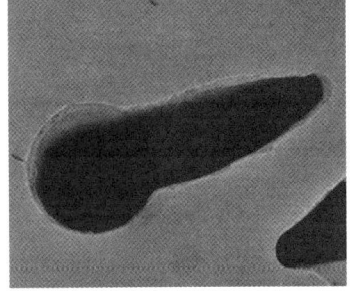

4. 元代，镂空特写（故玉4068），台北故宫博物院藏，笔者摄

图十九

虽说以上诸多技巧和单元并没有时代之间的类型学关系，但若是为了创造出某一时期的特定风格或是特定母题而使用，两相配合之下就具有了风格分期的意义。例如同样是逗点镂空，南港中研院史语所收藏的 R001737 新石器时代晚期玉头冠饰将图十九，1 的单元调整成左右对称的纹样（图二十，1）；②商代晚期则多是为了拉切出气纹的外形，例如花园庄 M54：354 龙母题的角、身、尾即以巧思和气纹设计合一（图二十，2）；③西周晚期

---

① 因形似逗点而名之。
② 李永迪：《殷墟出土器物选粹》，中研院史语所，2009 年，第 207 页。
③ 蔡庆良：《规范与传移——晚商玉器的风格化特征及其对西周玉器的影响》，《夏商玉器及玉文化学术研讨会论文集》，岭南美术出版社，2018 年，第 191 页。

时,因为人龙母题是以融合互用的构图原则进行设计,彼此之间因互相借用,母题轮廓消融模糊,①此时的逗点镂空多是为了勾勒出人龙母题的下颌,或是作为母题轮廓之间似有若无的间隙,例如晋侯 M31∶48 西周晚期人龙佩(图二十,3);西汉早期有时则作为身躯和后腿之间的区隔,例如大云山汉墓 M1 出土的西汉早期玉嵌件中的龙母题的设计即为如此(图二十,4);②宋至元有时则是为了勾勒出茂盛蜿蜒的花卉枝叶,例如台北故宫博物院所藏故玉 3572 松下弈棋图玉版之中的花卉设计(图二十,5)。

1. 新石器时代晚期,玉头冠饰(R001737),台北南港中研院历史语言研究所藏

2. 商代晚期,玉龙(花园庄M54∶354),中国社会科学院考古研究所藏,笔者摄

3. 西周晚期,人龙佩(晋侯M31∶48),山西省考古研究院藏,笔者摄

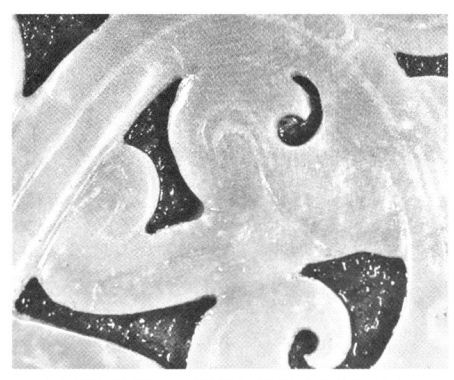

4. 西汉早期,玉嵌件局部特写(大云山汉墓M1出土),南京博物院藏

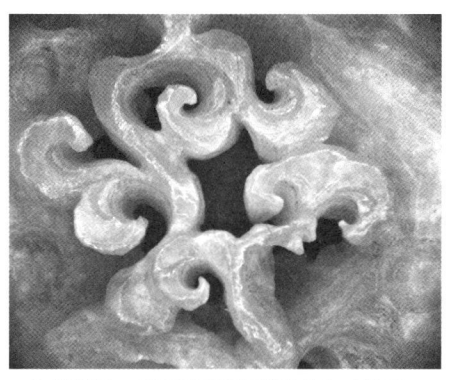

5. 宋至元,松下弈棋图玉版特写(故玉3572),台北故宫博物院藏,笔者摄

图二十

---

① 蔡庆良:《古器物学研究——陕西韩城芮国大墓出土玉器概论》,《芮国金玉选粹——陕西韩城春秋宝藏》,三秦出版社,2007 年,第 294 页。
② Jay Xu, *Tomb Treasures*, San Francisco: Asian Art Museum, 2017, p.155.

由以上讨论可知,在风格理论之下,研究者将会知悉何种图式化琢磨痕迹才具有风格分期意义,若能妥善结合,分期研究将趋于准确,类型学研究也将更为周密,后文将以此继续讨论晋侯出土玉器。

三、风格分析得以研究西周玉器的讨论

在真正分析晋侯墓地出土佩饰玉器乃至西周玉器的风格特征之前,仍需厘清一事,那就是西周玉器延续了二百余年,从事玉器制作者众多,经数代人之力各自制作而成的诸多玉器确实符合风格理论吗?也就是风格分析若要在晋侯玉器以及西周玉器之中适切研究,有个重要研究前提必须成立,即西周众多各式玉器或是显现出了相同的风格特征,或是存在明确相依循的风格关系,然而确实如此吗?

如前言所述,笔者完整研究晋侯墓地玉器之后,发现前后各期众多佩饰玉器确实显现出自有的风格,且各期之间也有可依循的风格承续关系,例如在西周各期广为流行的"逗点纹样单元"即为具有上述特点的典型图式化纹饰单元。

观察晋侯 M13∶178 西周中期龙纹玉璜(图二十一,1),左右端龙鼻即是以此种单元设计而成(图二十一,2)。为了勾勒出细致的阳纹逗点,设计者在逗点的外缘以细密手法琢磨出宽弧斜面(图二十一,2,a),内缘则以阴线细刻(图二十一,2,b),内外夹衬之下,遂突显成为精细的阳纹逗点单元。

此种图式化的纹样单元不仅设计于左右端龙鼻处,在同件玉璜的中段也可发现(图二十一,3),虽然此处单元更显繁复,但风格特征完全相同,仅是将逗点纹样进一步变化为双螺旋逗点。设计方案是在原逗点纹样的基础上(图二十一,3,a),再琢磨出另一条共享圆形中心的圆弧阳纹(图二十一,3,b),借由彼此相缠的双螺旋逗点以产生更强烈的旋转效果。若观看整体纹饰设计,可知玉璜中段为左右双龙的尾部相互叠绕之处,此双螺旋逗点设计可谓适其所需。

逗点纹样单元如果真为图式化基本单元,依风格理论应该会应用在不同作品或不同母题之中。观察晋侯 M63∶61 西周中期龙纹玉璧(图二十一,4),[1]龙尾末端即以此纹饰单元收尾(图二十一,5)。至于同墓出土的晋侯 M63∶60 西周中期神人纹玉戈(图二十一,6),[2]神人的口吻也是以如图二十一,3 双螺旋逗点设计而成(图二十一,7)。

此件神人纹玉戈异常讲究,和图二十一,3,a 相比,逗点内缘的细刻阴线精细磨成宽

---

[1] 宝鸡青铜器博物院、山西博物院、山西省考古研究所:《秦晋之好——晋陕出土周代文物精萃》,陕西师范大学出版社总社,2015 年,第 59 页;上海博物馆:《晋国奇珍——山西晋侯墓群出土文物精品》,上海人民美术出版社,2002 年,第 177 页;山西省考古研究所、北京大学考古学系:《天马——曲村遗址北赵晋侯墓地第三次发掘》,《文物》1994 年第 8 期,图二五∶1。

[2] 上海博物馆:《晋国奇珍——山西晋侯墓群出土文物精品》,上海人民美术出版社,2002 年,第 174 – 175 页;山西省考古研究所、北京大学考古学系:《天马——曲村遗址北赵晋侯墓地第三次发掘》,《文物》1994 年第 8 期,图二五∶2、图三三。

1. 西周中期，龙纹玉璜（晋侯M13:178），山西省考古研究院藏，笔者摄
2. 玉璜左侧特写（晋侯M13:178），笔者摄 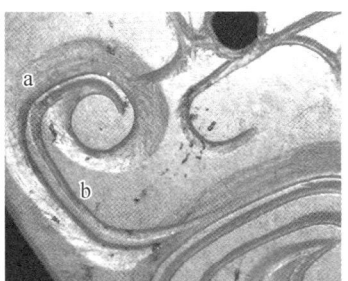
3. 玉璜中段特写（晋侯M13:178），笔者摄 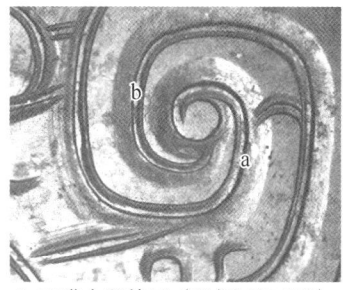
4. 西周中期，龙纹玉璧（晋侯M63:61），山西博物院藏，笔者摄 
5. 龙纹玉璧特写（晋侯M63:61），笔者摄 
6. 西周中期，神人纹玉戈（晋侯M63:60），山西博物院藏，笔者摄 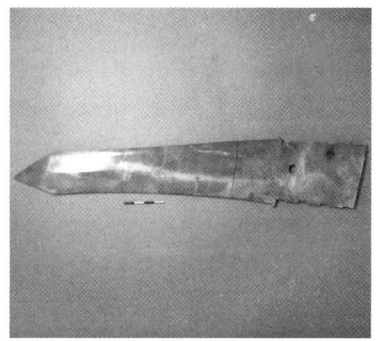
7. 神人纹玉戈特写（晋侯M63:60），笔者摄 
8. 西周晚期，龙纹玉璜（晋侯M31:46），山西省考古研究院藏，笔者摄 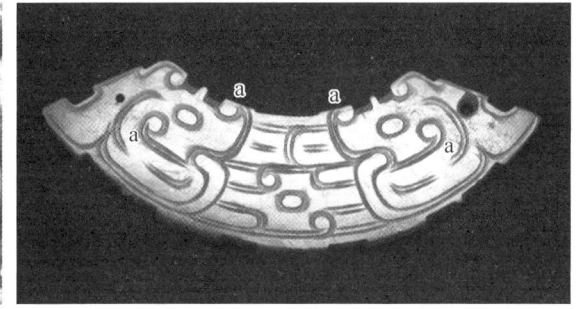

图二十一

弧斜面（图二十一，7，a），当逗点内外缘皆为宽弧斜面时，旋转效果自然更为炫目。虽说两者精致有别，装饰部位各异，但都依循了相同的制作规范，因而呈现出相同的风格特征。

逗点纹样单元不仅应用在西周中期各式玉器中，西周晚期玉器也继续使用；而且晚期制作者在继承此单元之余，渐次调整单元细部，显现出晚期自有的风格特征（原因将于后文说明）。例如晋侯 M31：46 西周晚期宣王前段的龙纹玉璜（图二十一，8），[1]左右龙鼻

---

[1] 山西省考古研究所、北京大学考古学系：《天马——曲村遗址北赵晋侯墓地第三次发掘》，《文物》1994 年第 8 期，图二〇。

和下颌也是以相同的逗点单元勾勒轮廓(图二十一,8,a),相较于图二十一,2 和图二十一,5,逗点之中的圆形主体内卷的程度已较不明显,圆弧延长的尾线则渐趋直长。

此外,因为艺术美感的渐次变化,西周晚期开始使用特定式样的逗点单元,即镂空去料的"逗点镂空单元"来设计母题的细节。比较晋侯 M63∶41－64 玉璜(图十一,3)以及晋侯 M63∶90－32 玉璜(图十一,4),可知逗点纹样单元和逗点镂空单元实为同一式样的两种变化。逗点镂空单元被大量设计于此时期的玉器中,例如晋侯 M31∶68 西周晚期人龙佩(图二十二,1),①龙鼻虽仍为逗点纹样单元(图二十二,1,a),龙下颌和颈身之间的镂空则改为逗点镂空单元(图二十二,1,b);此外晋侯 M31∶47 西周晚期人龙佩中也可看到三个调整设计的逗点镂空单元(图二十二,2,a);②更不用说还有晋侯 M31∶36 西周晚期人龙佩之中长短变化的优美逗点镂空单元了(图二十二,3)。

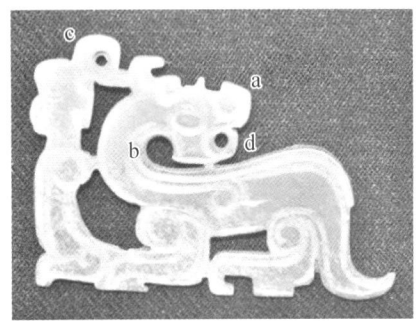

1. 西周晚期,人龙佩(晋侯M31∶68),山西博物院藏,笔者摄
2. 西周晚期,人龙佩(晋侯M31∶47),山西博物院藏,笔者摄 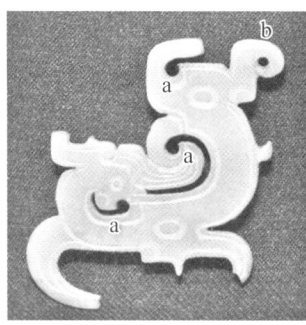
3. 西周晚期,人龙佩(晋侯M31∶36),山西省考古研究院藏,笔者摄 
4. 西周中期,玉鹿(晋侯M9∶113),山西博物院藏,笔者摄 
5. 西周晚期,人龙佩(晋侯M8∶202),山西省考古研究院藏,笔者摄

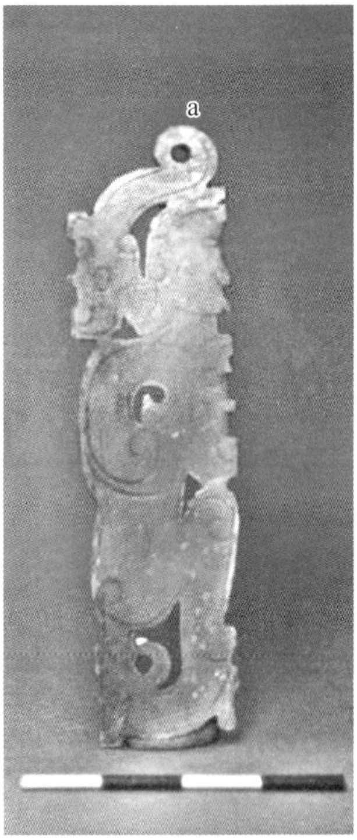

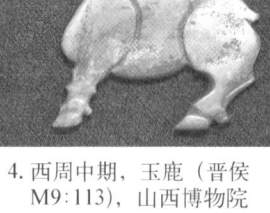

图二十二

此外,"圆转内旋收尖单元"也是西周典型的造型单元,此种单元是利用桯具在玉料边缘适切的位置上钻孔来创造的勾尖形制,故以此名之。

---

① 上海博物馆:《晋国奇珍——山西晋侯墓群出土文物精品》,上海人民美术出版社,2002 年,第 140 页;山西省考古研究所、北京大学考古学系:《天马——曲村遗址北赵晋侯墓地第三次发掘》,《文物》1994 年第 8 期,图二二。
② 上海博物馆:《晋国奇珍——山西晋侯墓群出土文物精品》,上海人民美术出版社,2002 年,第 142 页;山西省考古研究所、北京大学考古学系:《天马——曲村遗址北赵晋侯墓地第三次发掘》,《文物》1994 年第 8 期,图二三。

再次观察晋侯M31:68左上方的神人发冠即为此单元(图二十二,1,c)。为了创造出发冠顺时针内旋收尖的形制特征,在钻磨圆孔时,将孔心略向右偏,如此圆孔周围的玉料会形成自宽而窄的面积变化,从而产生沿循圆孔内旋收尖的方向感和力量感。相同技巧和单元在同件玉器的龙嘴处也可见到(图二十二,1,d),略偏的圆孔创造出自龙下颌向龙下唇旋转收尖的视觉效果。

综观晋侯墓地玉器,可知此单元自西周中期以来相当常见,是应用极广的基本单元,例如晋侯M9:113西周中期玉鹿的鹿角(图二十二,4),以及晋侯M31:47西周晚期的右上方顺时针圆转收尖的龙角(图二十二,2,b),晋侯M8:202西周晚期人龙佩最上端,龙尾和神人发冠合一的逆时针收卷单元(图二十二,5,a)。①

由上可知,晋侯墓地西周中期和晚期的各式玉器虽然形制各殊、精粗互异、母题细节有别,然而就设计原则、纹饰和造型的构成单元而言,或是在同一时期依循相同的风格规范,或是在前后时期之间有风格继承关系,显然符合风格研究的前提,这正是本文得以成文的依据。

然而上述所论玉器皆出土自晋侯墓地,充其量仅能代表晋国玉器于西周早中之际至两周之际的风格特征,如何能代表同时期西周玉器的整体风格呢?何况即使是晋侯墓地出土的玉器,显然也不能全然代表晋国自有的玉器,例如前文已提及的晋侯M93:8新石器时代晚期玉器(图一,1)、晋侯M63:55、56一对殷墟三期玉龙(图一,2),以及晋侯M31:114西周晚期的龙纹玉饰(图十三,3)其实原为殷墟二期玉神人(图十三,1),同为明确的例证。

即使有方法可以事先排除晋侯玉器之中不属于西周的玉器,也不代表这些经筛选后的西周玉器即是晋国自身制作所得。例如晋侯M63因未曾盗扰,墓中玉器不曾流散,但比较晋侯M63:199玉鱼(图二十三,1),以及张家坡M163:022玉鱼(图二十三,2),两者尺寸相近,玉质和造型相同,显然本为一对两件,制作年代应为西周早期偏早;②另外晋侯M63:41-93龙凤纹长条形片饰(图二十四,1),以及台北故宫博物院所藏的购玉249龙凤纹长条形片饰(图二十四,2),③两者形制吻合,尺寸相仿,玉质相同,纹饰呈镜像对称,同样本为成对玉器,制作年代为西周中晚之际。至于墓葬年代,张家坡M163为西周

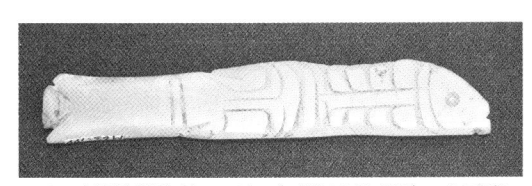

1. 西周早期偏早,玉鱼(晋侯M63:199),山西省考古研究院藏,笔者摄

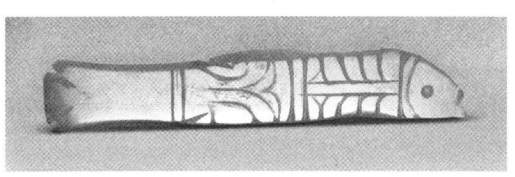

2. 西周早期偏早,玉鱼(张家坡M163:022),中国社会科学院考古研究所藏

图二十三

---

① 北京大学考古学系、山西省考古研究所:《天马——曲村遗址北赵晋侯墓地第二次发掘》,《文物》1994年第1期,图四〇:3。
② 照片中玉料颜色不同是因为照片失真之故,笔者曾分别细察两件,知道两件玉料色泽相同。
③ 如同前组,本对玉器照片中的颜色不同是因为印刷失真之故,笔者曾细察过两件,知道玉料色泽相同,而且背面皆可看到上下错位如同阶梯的形制特征,显然是以同一玉料同时制作而成的一对作品。

1. 西周中晚期之际，龙凤纹长条形片饰（晋侯 M63∶41—93），山西博物院藏，笔者摄
2. 西周中晚期之际，龙凤纹长条形片饰（购玉249），台北故宫博物院藏

图二十四

恭、孝时期，①晋侯 M63 则为两周之际，而台北故宫所藏之器则已难确知出处为何地。这些本为成对的作品却散落在不同时代的各处，说明玉器流传相当复杂，无法简单将晋侯墓地出土玉器归为晋国自作之器。

虽说出土玉器的变因如此复杂，但也恰恰因为如此，只要谨慎观察，晋侯墓地出土的西周各阶段佩饰玉器不但能代表晋国佩饰玉器的风格演变，同时也能代表西周佩饰玉器的风格演变，这是为什么呢？

笔者过去曾在不同考古工地或库房观察研究了叶家山、强国、倗国、霸国、应国、虢国，以及济阳刘台子等不同时期的西周玉器，发现各处出土的佩饰玉器与时代相对应的晋侯佩饰玉器确实显现出相同的风格特征。除此之外，更重要的是谢尧亭教授早已针对此问题进行深入的研究，认为"在西周宗法社会中，玉器是财富、身份和地位的象征，而矿源、矿工和玉器工艺师皆由周王室垄断。在此情况下，诸侯得以拥有玉器只有三个途径：一为分封赐器；二为册命赐器、军功赐器、往来朝聘巡狩赐器以及赗赙、赠送、媵器等礼仪交流；第三为各诸侯国根据需要订做。"②由此可知，既然西周玉器多为礼仪佩饰用器，制作和配戴自有必须遵循的礼制规范；加上玉器制作为周王室掌控，王室制订的礼仪制度及其艺术品味必然深深影响玉器的形制和由此而生的图式化琢磨技巧及制作工序。若王室礼仪和品味长期未变，设计和制作将在封闭的体系中代代相传，由此形成特定且变化缓慢的玉器风格。由此可知，西周同时期的各诸侯墓出土的玉器会显现出共有的时代风格，实肇因于此。

借由以上讨论，可知悉为何晋侯墓地会出土虽为成组但组件工序各自不同的串饰或项饰，这是因为诸多佩饰玉器乃为晋侯及夫人专门订制，但未及生前完成，只能匆匆埋藏墓中。既然如此，晋侯 M31∶24（图二，1）、晋侯 M31∶20（图二，11），以及晋侯 M31∶49（图三，1）、晋侯 M31∶60（图三，8）的制作年代必然和晋侯 M31 墓葬年代相当，为宣王前段；晋侯 M64∶48（图四，1）的制作年代则和晋侯 M64 墓葬年代相当，为宣王后段。

当有了上述理论依据，接下来即可明确讨论已确知为西周晚期宣王时期所制作玉器的风格特征。

---

① 中国社会科学院考古研究所：《张家坡西周墓地》，中国大百科全书出版社，1999年，第368页。
② 谢尧亭：《解读霸国》，《呦呦鹿鸣——燕国公主眼里的霸国》，科学出版社，2014年，第11页。

四、已完工玉器晋侯 M31∶24、晋侯 M31∶49、晋侯 M64∶48－6 所见的宣王时期风格特征

借由已完工玉器,晋侯 M31∶24(图二,1)、晋侯 M31∶49(图三,1)两件人龙佩,可以分析出宣王前段玉器的若干风格特征。

首先,两件玉器的母题皆为龙和神人,晋侯 M31∶24 完整可辨的母题为回顾貌的龙,其右侧为经过变形简化的神人,神人头部朝下依附在龙颈的前端;晋侯 M31∶49 的龙母题则昂首朝向右上,身躯向左曲弧,曲弧龙背的左侧则依附较小而完整的屈肢神人,龙身躯中还装饰数只隐晦不明的龙母题纹样。由上可知,这两件人龙佩一如前述图二十,3 人龙佩,皆是以融合互用的构图原则进行设计。其次,两件玉器主要的图式化设计单元即为上节讨论的圆转内旋收尖单元、逗点镂空单元,以及逗点纹样单元。以下将分别讨论。

(1) 圆转内旋收尖单元

如前所述,圆转内旋收尖单元是利用桯具在玉料边缘适切的位置上钻孔来创造圆转收尖的形制,所以常常设计于造型的末端弯转处。例如晋侯 M31∶24 平素的背面,可清楚看到龙尾上卷的末端(图二,4)、神人发冠上卷的末梢(图二,6),两者皆为圆转内旋收尖单元。

制作此种风格化单元所需的基本技巧和程序,历代制作者在训练过程中自会完备,所以不论是前掌大 M119∶2 商代晚期玉兽面的下颌(图二十五,1)、前掌大 M128∶9 商周之际的兽尾末端和下颌(图二十五,2)、台北故宫博物院所藏故玉 1843 战国中期玉珩的龙嘴下颌(图二十五,3)皆可见此种单元。因此若仅是素面没有纹饰的圆转内旋收尖单元,虽已具制式化风格特征,但因历代皆广为使用,并不具备分期的意义。

而今已知,基本技巧一旦为了营造特定艺术美感或制作特定母题,即会调整变化或加上其他附加设计以符合需要,从而具备图式化的特性,具有风格分期的意义。观看晋侯 M31∶24 有纹饰正面的相同位置处,可知为了营造圆转流畅的艺术美感,制作者以"巨细靡遗、一丝不苟"的手法琢磨出清晰的线纹,线纹再以曲弧形式依沿造型勾勒龙尾(图二,3),神人发冠也以相同线纹勾勒(图二,5),由此加强了上卷的动势。此种加上特有纹饰的圆转内旋收尖单元未见于其他时期,可作为此时期的图式化单元。

若同时观察母题,此种风格化单元多出现在以融合互用为构图原则的神人母题之中,例如神人发冠、龙母题的尾部末端、龙母题的嘴部等处;由后文的统计分析可知,这种以特定的人龙母题、融合互用构图形式,以及圆转内旋收尖单元共同组合而成的设计模式,确实只大量出现在此时期,从而也具有风格分期的意义。

有此了解后,再次观察晋侯 M31∶24 正面,即可发现其他相同的图式化单元。例如自龙鼻前端延伸而出类似长舌的上卷末端(图二,7,a)、龙嘴(图二,7,b),皆以相同单元设计,而且图二,7,b 的龙嘴外廓也以圆弧宽阴线加强下巴上卷的力量感。

1. 商代晚期，玉兽面（前掌大M119:2），中国社会科学院考古研究所藏，笔者摄

2. 商周之际，玉兽（前掌大M128:9），中国社会科学院考古研究所藏，笔者摄

3. 战国中期，玉珩的龙嘴下颌（故玉1843），台北故宫博物院藏，笔者摄

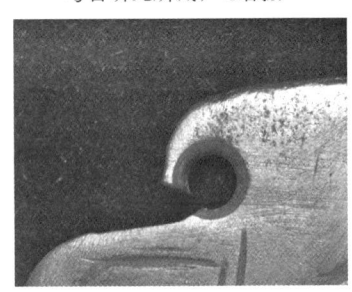

4. 商代晚期，玉鸟羽冠收尖特写（花园庄M54:351），中国社会科学院考古研究所藏，笔者摄

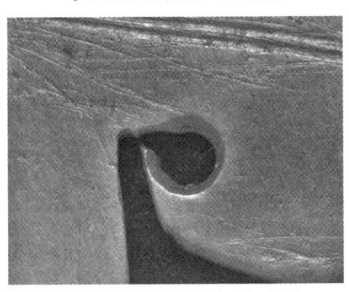

5. 商代晚期，玉鹅尾部收尖特写（花园庄M54:353），中国社会科学院考古研究所藏，笔者摄

6. 战国早期，曾侯乙墓出土玉腰带的组件中龙嘴及龙尾的收尖特写，湖北省博物馆藏，笔者摄

图二十五

由风格理论可知，上述圆转内旋收尖单元、加饰线纹的技巧和形式，以及由单元、人龙母题组合、融合互用构图形式三者所组成的图式化设计模式，既然是此时期的风格特征，那么也会出现在同时期其他玉器之中。观察同时期图三,1 晋侯M31:49人龙佩，左侧神人上卷发冠为加饰线纹的圆转内旋收尖单元（图三,1,a）、人龙母题的细节，以及龙身躯之中融合互用的纹样，果然显现出相同的风格特征，由此验证了此观点。

此外，进一步观察龙嘴（图三,2,a），可知此处本就是圆转内旋收尖单元，只是多加了一道工序，于龙嘴圆孔处套线向龙鼻方向拉切（图三,2,b），借此开口形式突显了龙嘴下巴向上收尖之势。但不论开口与否，两者的风格特征并无不同，只是视不同设计需要微调而已。

一如之前举例所述，圆转内旋收尖单元是历代玉器共有的基本技巧，多了一道工序的开口形式圆转内旋收尖单元当然也是基本技巧。例如花园庄M54:351商代晚期玉鸟羽冠收尖（图二十五,4），花园庄M54:353商代晚期玉鹅尾部收尖（图二十五,5），以及曾侯乙墓出土玉腰带组件之中的龙嘴及龙尾的收尖单元（图二十五,6），皆是以相同技巧及工序制作而成。

而且此种开口形式的单元，不论设计概念还是制作技巧，其实和龙嘴后方脸颊之中的逗点镂空单元也别无二致（图三,2,c），两者因造型各自需要而各作调整。不难明白，由于这些单元和技巧皆同源所出，自然具有相同的风格特征。

（2）逗点镂空单元

如前所言，逗点镂空单元和圆转内旋收尖单元的差别，只在于逗点镂空又加了一道线具拉切而成的镂空弧线。因而如同前节图十九，1至图十九，4的讨论可知，逗点镂空单元也是历代皆有使用的基本单元，并不具有特殊的分期意义。

同理也可知悉，一旦是为了特定母题设计需要而使用，例如图二十，1至图二十，5即具有了时代风格的分期意义。所以在风格观点下，研究者不会因为花园庄M54：370商代晚期鹿形玉珥（图二十六，1）、前掌大M13：39商周之际玉鸟（图二十六，2），两者也是以此种镂空单元拉切出下颌形制，一如晋侯M31：49龙母题的下颌（图三，2，c），就贸然认为晚商至西周晚期之间也有此单元的类型学序列，反而会认为此种单元本就是基本技巧，应用在下颌是不同时代玉器制作者本应有的基本能力，不需要观看过去作品才会得到相同的启发。而西周晚期具有时代风格意义的图式化逗点镂空会大量出现，是因为以融合互用构图形式所设计的人龙母题广为流行，而此种特定构图必须巧妙借助于逗点镂空才能设计妥当，从而形成特殊的图式化风格特征。

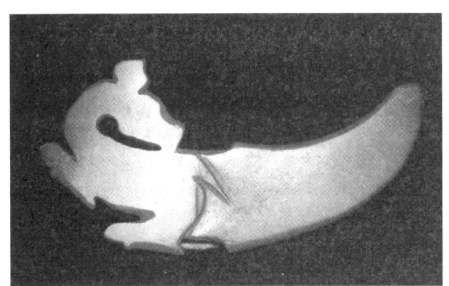

1. 商代晚期，鹿形玉珥（花园庄M54：370），中国社会科学院考古研究所藏，笔者摄

2. 商周之际，玉鸟（前掌大M13：39），中国社会科学院考古研究所藏，笔者摄

3. 西周晚期，人龙佩（晋侯M8：193），山西省考古研究院藏，笔者摄

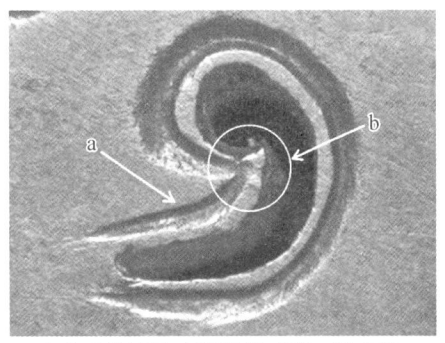

4. 人龙佩特写（晋侯M8：193），笔者摄

图二十六

此外，图式化特征也表现在逗点镂空中的镂空弧线，其形制必须遵循一条明确的规范：镂空弧线的内弧短边必须打破圆孔以形成尖角（图三，2，d），借此勾勒出更明确的内旋收尖效果；外弧长边则和圆周相切以接续成为一个长圆弧（图三，2，e），从而加强逗点的饱满张力。

此种图式化单元应用广泛。例如晋侯M31：24之中的神人嘴吻（图二，8），以及龙下颌和身颈之间（图二，9），皆以逗点镂空单元勾勒造型轮廓，而且为了加强收转张力，沿着镂空轮廓边缘加琢圆弧宽阴线(图二,8,a;图二,9,a),此宽阴线在晋侯 M31∶49 中也可看到(图三,2,f)。

此外,仔细观察图三,2,d,可知镂空弧线的内弧短边的边缘仍为光素,并未加琢阴刻线,比较同时期晋侯 M8∶193 西周晚期人龙佩(图二十六,3),①龙脸颊内的逗点镂空(图二十六,4),则琢磨了内弧短边的阴刻线(图二十六,4,a),镂空外围因而完全被阴刻线包围。笔者发现这两种形式的镂空在晋侯玉器中皆大量出现,因此,是否琢磨此内弧短边阴刻线,是设计者为了应各种玉器细节变化所需,所留有的自主调整空间,亦即此种细微差别并无类型学上分为两型或亚型的意义,两者仍应视为一体。

而当因设计需要加琢此阴刻线时,也必须遵循明确的图式规范。首先,此内弧阴刻线的工序必定在完成外弧长边的圆弧宽阴线之后;其次,阴刻线的一末端必须延伸至镂空的圆转收尖处,在打破包围收尖处的圆弧宽阴线之后浅收而止(图二十六,4,b)。和图三,2,d 相比,即可知此种技巧和程序是为了利用阴刻线末端浅收成尖的特征来强调镂空的内旋收尖效果,符合此时期的美感追求。

又例如晋侯 M31∶24 龙下颌逗点镂空的内弧短边边缘也以相同的图式规范横向琢磨此阴刻线(图二,9,b),此阴刻横线明显较长而且略向左上偏斜,这是因为此阴刻线同时要勾勒出下颌的轮廓,因而延伸至龙嘴下方而形成此特征。但即使因为形制变化而作出调整,制作者仍需遵循制式规范,也就是阴刻横线向右同样打破了圆转收尖处的圆弧宽阴线并浅收而止(图二,9,c)。此种为了加强圆转收尖效果而形成的图式化琢磨技巧和工序,是此时期明确的风格化特征。

(3)逗点纹样单元

若填平图二十六,4 被阴刻线完全包围的逗点镂空单元,将会留下外围的阴刻线,也就变成了逗点纹样单元,此种一体两面的关系在前文晋侯 M63∶41－64(图十一,3)和晋侯 M63∶90－32(图十一,4)的比较中业已知晓。

此单元自然也大量使用于此时期的纹饰设计中,并会依不同造型或部位而调整,例如晋侯 M31∶24(图二,1)、晋侯 M31∶49(图三,1),即可在龙身躯之中见到完整的逗点纹样单元,而在身躯边缘、头角、鼻部、耳部、尾部等处,则可见到应不同部位而调整的逗点纹样单元。

既然逗点镂空是历代制作玉器的基本单元,同理逗点纹样单元自然也是基本单元,例如花园庄 M54∶363 商代晚期龙纹玉珥(图二十七,1),以及台北故宫博物院所藏故玉 55 明代龙凤佩(图二十七,2),皆装饰有逗点纹样单元。

但如研究方法一节所讨论,为了创造出西周中期和商代晚期各自不同的艺术美感,琢磨图五,2 以及图五,4 两不同时代的逗点纹样的图式化技巧自有不同,由此具有了可用以分期的不同风格特征。

---

① 北京大学考古学系、山西省考古研究所:《天马——曲村遗址北赵晋侯墓地第二次发掘》,《文物》1994 年第 1 期,图三七。

1. 商代晚期，龙纹玉珥特写（花园庄M54:36），中国社会科学院考古研究所藏
2. 明代，龙凤玉佩特写（故玉55），台北故宫博物院藏，笔者摄

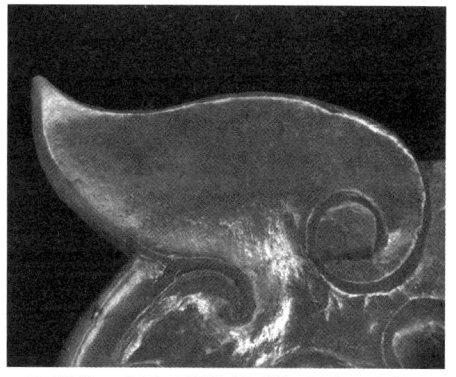

图二十七

既然此时期的逗点纹样与逗点镂空系出同源，逗点纹样的琢磨规范应当和前述逗点镂空外围的阴刻纹相同，在此先举一未完工玉器晋侯 M31∶60 的细节以利讨论（图三，11）。观察可知，在完成圆形纹样之后，其后的工序是以砣具琢磨出两道平行而略弧的长线，这两道弧线和圆形纹样相接触的末端皆可见明显的浅尖特征，其中右侧长弧线和圆周相切（图三，11，a），左侧长弧线则打破圆周（图三，11，b）。当抛光修整后，右侧长弧线自然和圆周接续合一，形成优美的单一曲线（图三，4，a）；而左侧短弧线原本明显的打破关系虽因抛光之故隐约若现，但线纹浅尖末端所形成的勾转效果仍明显可见（图三，4，b），可知设计原则和制作技巧确实和逗点镂空单元外围的阴刻线一致。

借由上述讨论，可知宣王前段已完工玉器的若干风格特征。接下来分析宣王后段已完工玉器晋侯 M64∶48-6（图四，2）的特征，观察其内逗点纹样单元的细节（图四，3），可发现不论形制特征、琢磨手法和工序，以及单元和母题的关系，皆和宣王前段没有差别，同一风格显然延续至后期。

虽然图四，1 这组项饰并未使用逗点镂空单元和圆转内旋收尖单元，但由前文论述可知，此三个单元的设计概念和原则相同，风格特征一脉相承，只因此项饰仅需逗点纹样单元即可符合设计所需，所以未曾应用其他单元。而在下节将讨论的宣王前后时期的其他玉器之中，可看到三个单元"图式与矫正"的变化应用，可知宣王前段的玉器风格确实延续至宣王后段。

五、图式化单元在宣王时期其他玉器中的使用

扩大玉器讨论样本，可以验证上述风格理论。宣王早段的晋侯墓葬计有晋献侯夫妇合葬墓 M8、M31，及其陪葬墓 M40，风格化单元的统计结果如表一、表二、表三。[①] 由表可

---

① 根据诸多学者的研究，目前已可知西周早期和中期玉器的风格，所以统计各墓玉器时，明确可知是西周早期或中期的玉器，不列于此表中。

知大量不同佩饰玉器确实使用相同的单元设计,并以相同的图式化手法技巧进行制作,从而显现出相同的风格特征。①

表一 晋侯M8出土玉器所使用的风格化单元统计

器　　号	母题或器类	逗点镂空单元	逗点纹样单元	内旋圆转收尖单元	注
M8：46	人龙佩	·	·	·	
M8：82	人龙佩残件(残余神人头部)	·	·		覆面组件
M8：100	人龙佩残件(残余神人头部)		·	·	覆面组件
M8：101	人龙佩				覆面组件
M8：180、181	人龙佩一对	·	·	·	
M8：182	人龙佩		·		
M8：183	人龙佩		·		可能尚未完成
M8：184	人龙佩	·		·	
M8：185、186	人龙佩一对		·		
M8：193	人龙佩	·	·	·	
M8：202	人龙佩	·	·	·	
M8：203	人龙佩	·	·	·	
M8：214	人龙佩				串饰组件
M8：219-223	方形人龙纹佩				项饰组件
M8：224	人龙佩				串饰组件
M8：83、84	长弧形玉饰一对		·		覆面组件
M8：88	龙形饰		·		覆面组件
M8：85	龙纹长形玉饰		·	·	覆面组件,改制而成
M8：86	椭圆形人龙纹玉饰		·		覆面组件
M8：128、230	简化人龙纹玉玦一对		·		
M8：229、231	人龙纹玉玦一对		·		
M8：117、119、121	人龙纹玉璜三件		·		串饰组件
M8：142、144、150、152	人龙纹玉璜四件		·		串饰组件
M8：44	方柱形玉管		·		
M8：62、63	椭圆形玉饰一对		·		覆面组件

① 出土玉器数目多于统计表格,但很多是早期玉器,或是非本文讨论的佩饰玉器,所以并未进行统计。

续表

器　　号	母题或器类	逗点镂空单元	逗点纹样单元	内旋圆转收尖单元	注
M8：76、77	长尖形玉饰一对		·		覆面组件
M8：98、99	玦形玉环一对		·		覆面组件
M8：107、108	玉虎一对			·	覆面组件
M8：109、110	玉虎一对			·	覆面组件
M8：178、179	素面玉龙一对			·	可能尚未完成
M8：194	玉虎				
M8：205	龙纹玉饰		·	·	依料调整设计
M8：208、209	玉鸟一对		·	·	依料调整设计

表二　晋侯 M31 出土玉器所使用的风格化单元统计

器　　号	母题或器类	逗点镂空单元	逗点纹样单元	内旋圆转收尖单元	注
M31：20	素面人龙佩	·		·	初步施工，和 M31：24 为一对
M31：24	人龙佩	·	·	·	已完成，和 M31：20 为一对
M31：35	人龙佩四件		·	·	外形可能经过修改
M31：36	方椭形人龙纹佩	·	·	·	
M31：39	人龙佩		·	·	
M31：40	方形人龙佩	·	·	·	
M31：47	人龙佩		·	·	
M31：48	人龙佩		·	·	
M31：49、60	人龙佩一对	·	·	·	M31：60 尚未完成
M31：52	人龙佩		·	·	
M31：56、58	人龙佩一对		·	·	
M31：59、83	人龙佩一对		·	·	
M31：68	人龙佩		·	·	
M31：84	人龙佩		·	·	
M31：85、102	人龙佩一对		·	·	
M31：86	人龙佩		·	·	
M31：89	人龙佩一对		·	·	串饰组件
M31：99	素面龙佩			·	尚未完成

续表

器　　号	母题或器类	逗点镂空单元	逗点纹样单元	内旋圆转收尖单元	注
M31：25	被改制的人龙纹佩		·		原为人龙纹佩,背面和外形重新修改
M31：19	素面玉龙			·	初步施工,和M31：21为一对,也可能是玉虎
M31：21	素面玉龙	·		·	初步施工,正进行逗点镂空工序,和M31：19为一对,也可能是玉虎
M31：63	人龙纹玉玦		·		
M31：66	人龙纹玉璧		·		
M31：70	人龙纹梯形牌饰		·		
M31：100、104、107、103、106	矩形人龙纹玉片饰五件		·		串饰组件,可能是芯料改制而成
M31：43	玉龙		·	·	
M31：46	人龙纹玉璜		·		
M31：51	长形龙纹佩		·		
M31：65	玉璧		·		
M31：110	龙纹玉璜		·		
M31：111	长形龙纹玉佩		·		

表三　M40(晋侯M8陪葬墓)出土玉器所使用的风格化单元统计

器　　号	母题或器类	逗点镂空单元	逗点纹样单元	内旋圆转收尖单元	注
M40：23	方形人龙佩	·	·		项饰组件,和M40：38同组
M40：38	方形人龙佩	·	·		项饰组件,和M40：23同组
M40：5	龙纹玉璜		·		外形可能经过修改

　　进一步观察,可知使用逗点镂空的母题几乎皆为人龙佩,而且母题之间皆以融合互用的形式构成,说明此种具有特定风格特征的图式化逗点镂空会在此时大量出现,确实也和艺术美感以及特定的母题紧密相关;至于若干人龙纹玉玦及人龙纹玉饰等虽然未使用逗点镂空单元,却也都使用同源的逗点纹样单元,以及相同的融合互用构图原则,因而仍然显现出相同的风格特征。

　　至于宣王晚段的晋侯墓葬计有晋穆侯夫妇合葬墓M64、M62,出土玉器风格单元统计如表四、表五。虽然晋侯M64、M62埋藏玉器的数量不比上一代晋侯M8、M31,但设计玉器所使用的单元,以及单元和母题之间的对应设计原则皆相同。由此可知,周宣王在位虽长达46年，①但玉器风格趋于一致，推测终宣王一朝，玉器的礼仪规范和艺术品味并没有改变。

表四　晋侯M64出土玉器所使用的风格化单元统计

器　号	母题或器类	逗点镂空单元	逗点纹样单元	内旋圆转收尖单元	注
M64∶37	人龙佩	·	·		初步施工
M64∶36、39	人龙纹玉玦一对		·		
M64∶48	矩形龙纹玉片饰四件		·		项饰组件
M64∶27、28	盾形玉片饰二件		·		项饰组件
M64∶150	盾形玉片饰五件		·		项饰组件

表五　晋侯M62出土玉器所使用的风格化单元统计

器　号	母题或器类	逗点镂空单元	逗点纹样单元	内旋圆转收尖单元	注
M62∶10	人龙纹方形玉饰	·	·		初步施工
M62∶31-1、31-2	人龙佩	·	·	·	略残断
M62∶(34+36)、(35+40)	素面人龙佩一对	·		·	初步施工，出土时已断裂为四件，分别组成两件人龙佩
M62∶38-1、38-2	人龙佩一对	·	·		
M62∶39	人龙佩	·	·		上端断残
M62∶13、15	龙纹玉玦一对		·		上端断残
M62∶20-1、20-2	龙纹玉玦一对		·		初步施工
M62∶93	素面玉龙				初步施工

六、图式化单元在两周之际玉器中的使用

由上可知，终宣王一世玉器的风格特征并无不同，至于时代稍后的两周之际的玉器又如何呢？晋侯墓地两周之际的墓葬计有晋侯M63（表六）、晋侯M93以及晋侯M102（表七、表八），以及羊舌晋侯M1、M2（表九，由于羊舌晋侯M2出土玉器有限，而且皆为早期玉器，所以并不统计），②图式化单元与母题的关系如表所示，和宣王之世并无太大差异，

---

① 夏商周断代工程专家组：《夏商周断代工程1996-2000年阶段成果报告》，世界图书出版公司，2001年，第88页。
② 羊舌晋侯墓M1的墓主人究竟是谁，有晋文侯、晋昭侯、文侯之弟成师，或是晋国强宗曲沃一支等不同观点，但不论是谁，墓葬年代皆在春秋早期平王之世，所以并不影响本文玉器风格的讨论。有关墓主人的讨论，详见吉琨璋等：《曲沃羊舌晋侯墓地1号墓墓主初探——兼论北赵晋侯墓地93号墓主》，《中国文物报》2006年9月29日第7版；马冰：《也谈羊舌墓地M1和北赵晋侯墓地M93的墓主》，《中国文物报》2007年2月2日第7版；田建文：《也论曲沃羊舌墓地1号墓的墓主》，《中国文物报》2007年3月30日第7版；李建生：《曲沃羊舌墓地几个问题的思考》，《文物世界》2008年第3期；孙庆伟：《试论曲沃羊舌墓地的归属问题》，《南方文物》2012年第2期。

可知相同的风格特征仍延续至此时期。

表六 晋侯 M63 出土玉器所使用的风格化单元统计

器 号	母题或器类	逗点镂空单元	逗点纹样单元	内旋圆转收尖单元	注
M63：1	素面人龙佩残件	·			初步施工，头部残断
M63：20	人龙佩	·	·	·	
M63：21	人龙佩	·	·		
M63：41(94)、117	人龙佩一对		·		组玉佩的组件
M63：41(105)、106	玉龙一对(饰人龙纹)	·		·	同件玉料侧剖而成，组玉佩的组件
M63：129	人龙佩	·	·		
M63：132	人龙佩	·	·	·	
M63：167	人龙佩	·	·		直角玉料设计而成
M63：168	人龙佩	·			初步施工，可见纹饰初稿
M63：171	人龙佩		·		
M63：174	人龙佩	·		·	
M63：181	素面玉龙	·			初步施工
M63：185	人龙佩	·			
M63：187	人龙佩	·			
M63：182	玉龙	·			残断，一面尚未完成
M63：192、193	素面玉龙一对	·			初步施工，可见纹饰初稿
M63：214	人龙佩残件		·	·	仅余神人头部
M63：41(晋17)	人龙纹玉璜	·	·		器号未确定，晋17为原始标签所记，组玉佩的组件
M63：41(64)	人龙纹玉璜		·		组玉佩的组件
M63：41(88)	人龙纹玉璜		·		背面未完成，组玉佩的组件
M63：41(93)	龙凤纹长条形片饰		·		年代应为西周中晚之际
M63：41(98)	人龙纹玉璜		·		组玉佩的组件
M63：49	人龙纹玉璜		·		
M63：90(32)	人龙纹玉璜	·	·		
M63：166	人龙纹玉璜		·		残断，由西周中期玉环改制而成

续表

器号	母题或器类	逗点镂空单元	逗点纹样单元	内旋圆转收尖单元	注
M63:169	逗点镂空玉璜	•			残断,西周中期龙纹玉璧改制而成
M63:179(1、2)	人龙纹长方形片饰		•		
M63:188	人龙纹长方形片饰		•		
M63:8(14、15)	龙纹片饰残件		•		覆面组件,可能因覆面需要而修改
M63:9、10	人龙纹玦形玉环一对		•		
M63:40	人龙玉饰		•		玉琮改制
M63:45	人龙佩(圆形)		•		

表七　晋侯M93出土西周晚期玉器所使用的风格化单元统计

器号	母题或器类	逗点镂空单元	逗点纹样单元	内旋圆转收尖单元	注
M93:2、3	玉玦一对		•		
M93:5	龙纹长方形片饰六件		•		项饰组件
M93:147	龙纹佩残件	•	•		残断
M93:1-22、1-23	龙纹佩残件一对		•		修改,覆面组件
M93:1-26、1-27	人龙佩残件一对		•		石质,修改,覆面组件
M93:18	龙纹佩残件		•		修改,覆面组件
M93:19	龙纹佩残件		•		修改,覆面组件

表八　晋侯M102出土玉器所使用的风格化单元统计

器号	母题或器类	逗点镂空单元	逗点纹样单元	内旋圆转收尖单元	注
M102:27、28	人龙佩一对		•		
M102:29-1	人龙纹梯形牌饰		•		
M102:31	龙纹玉玦		•		
M102:34	方形人龙纹佩		•	•	
M102:36	长方形人龙纹片饰三件、长方形龙纹片饰三件		•	•	项饰组件
M102:38、39	龙纹玉玦一对		•		项饰组件

表九　羊舌晋侯 M1 出土玉器所使用的风格化单元统计

器　号	母题或器类	逗点镂空单元	逗点纹样单元	内旋圆转收尖单元	注
M1∶2-1、2-2	扇形片饰两件	·	·		可能为覆面组件
M1∶3	玉龙（饰人龙纹）		·		
M1∶4	龙纹玉玦		·		
M1∶5	方形人龙纹玉饰		·		
M1∶6	人龙佩	·	·		头部残断
M1∶8	方形人龙纹玉饰		·		
M1∶12、15、16	长条形人龙纹片饰三件		·		有可能是西周中晚之际的玉器
M1∶22	长方形人龙纹片饰		·		早期柄形器改制
器号不明项饰	龙纹玉璜之一		·		笔者过去统计时失误未知器号
器号不明项饰	人龙纹玉璜之二	·	·		笔者过去统计时失误未知器号
器号不明项饰	玉虎一对		·		笔者过去统计时失误未知器号

除了晋侯墓地外，陕西韩城芮国墓地之中属于两周之际的墓葬也出土了很多使用相同图式化单元的玉器。其中墓葬年代约为春秋早期早段的芮桓公夫人墓 M26 出土了一对工序先后有别的芮国 M26∶713、714 项饰方形玉组件（图二十八，1、图二十八，2），依本文观点，此种玉组件的制作年代应和墓葬年代相当，可知逗点镂空单元在春秋早期早段仍继续使用。仔细观察可发现这些镂空的目的是为了勾勒出龙的下颔，可见不只单元继续使用，单元和母题之间的构成关系也相同；此外左右龙母题虽未完成，但应该也遵循了融合互用的构图形式，可知宣王时期的玉器风格仍持续至此时。

但在同时，旧有的图式化特征已渐渐消失。观察墓葬年代相近的湖北郭家庙曹门湾 M1∶133 春秋早期玉兽面（图二十八，3），①可知也使用了圆转内旋收尖单元、逗点镂空单元、逗点纹样单元，虽然再次佐证这些单元在春秋早期早段时仍持续使用，也仍是融合互用的构图原则，但本件玉器中的逗点镂空已和西周晚期特有的人龙母题无关，而是配合春秋早期常见的以龙、鸟母题所组成的兽面设计的单元，此外包围镂空轮廓的线纹的细节特征也稍有不同，皆说明逗点镂空在此时已不再扮演西周晚期玉器中的角色，慢慢又变回历代制作者本即具有的基本技巧，并应此时新的设计需要而作出新的调整，从而呈现另种图式化特征。

至于包围镂空轮廓的线纹特征也略有不同，只要观察此时期变化更明显的逗点纹样单元就能了解。例如晋侯 M93∶5 两周之际的项饰组件（图二十九，1）、芮国 M26∶587 春秋早期早段的玉梯形牌饰（图二十九，2），因为此时偏好的艺术美感已渐渐变为"舒朗平直"

---

① 湖北省博物馆等：《穆穆曾侯——枣阳郭家庙曾国墓地》，文物出版社，2015 年，第 169 页。

1. 春秋早期早段，未完工方形玉片饰（芮国 M26:713），陕西省考古研究院藏，笔者摄

2. 春秋早期早段，未完工方形玉片饰（芮国 M26:714），陕西省考古研究院藏，笔者摄

3. 春秋早期，玉兽面（曹门湾M1:133），湖北省博物馆藏

图二十八

1. 两周之际，方形玉片饰（晋侯M93:5），山西省考古研究院藏，笔者摄

2. 春秋早期早段，玉梯形牌饰（芮国M26:587），梁带村芮国遗址博物馆藏，笔者摄

图二十九

的艺术特色,所以构图改成"几何解体"为设计原则,①因此勾勒逗点纹样单元的图式化线纹形式也发生些微变化,弧线和圆形主体两者渐渐各自独立,形成新的图式化特征,因而图三,2,e之中,弧线外侧和圆形主体相切并融为一体的特征在此时期也慢慢消失,两者如同各自独立的个体;②此外,弧线渐渐趋于长直,并以明显的角度弯折,近似规整的矩形。

综上可知,逗点纹样单元在两周之际虽仍大量使用,但因人龙母题渐失流行,所以常与之配合的逗点镂空的比例也减少;其次,西周晚期和两周之际,所追求的艺术美感已然不同,构图原则因此改变,风格化单元自然也略作调整,因而形成不同的风格特征。

七、图式化单元在宣王之前玉器中的使用

由上述讨论可知,宣王时期佩饰玉器的风格特征在两周之际已渐渐改变,那宣王之前的情形又如何呢?

晋侯墓地自宣王早段晋献侯夫妇墓M8、M31往前追溯,前一代为共和时期的晋釐侯夫妇墓M1、M2,虽然被盗无法讨论,但其陪葬墓M131仍出土若干可参考的玉石器,统计如表十;再往前一代为厉王晚期的晋靖侯夫妇墓M91、M92,统计如表十一、表十二。由统计表可知,逗点纹样单元在此时同样广泛使用,但逗点镂空单元较少,远不如其后宣王时期的流行程度,而且少数玉器中的逗点镂空并未和母题轮廓完全相合,且有相互扦格之虞,例如串饰的组件晋侯M92:90-3(图三十,1),右方的逗点镂空即未和纹饰上方的神人耳部或下方龙颌颈身的轮廓相契合,母题之间留下了不甚协调的空白背景(图三十,2);相较同墓出土的组玉佩组件M92:83-1(图三十,3),③以及前述宣王时期(图二,1、图三,1)逗点镂空和母题轮廓丝丝合度、毫无留白的设计,晋侯M92:90-3(图三十,1)的程序化特征明显不如。

表十　M131(晋侯M1陪葬墓)出土器所使用的风格化单元统计

器　号	母题或器类	逗点镂空单元	逗点纹样单元	内旋圆转收尖单元	注
M131:20	凤鸟纹石玦一对		·		两件的小分号整理时未见
M131:21-1、22-2	龙纹石玦一对		·		
M131:22-1、21-2	石龙一对				
M131:23-1、23-2、23-3	人龙纹石璜三件		·		为三璜组佩的三件组件
M131:28-6、28-7	盾形石饰		·		可能为项饰组件

---

① 蔡庆良:《古器物学研究——陕西韩城芮国大墓出土玉器概论》,《芮国金玉选粹——陕西韩城春秋宝藏》,三秦出版社,2007年,第295页。
② 蔡庆良:《古器物学研究——陕西韩城芮国大墓出土玉器概论》,《芮国金玉选粹——陕西韩城春秋宝藏》,三秦出版社,2007年,第300-301页。
③ 上海博物馆:《晋国奇珍——山西晋侯墓群出土文物精品》,上海人民美术出版社,2002年,第72页;北京大学考古学系、山西省考古研究所:《天马——曲村遗址北赵晋侯墓地第五次发掘》,《文物》1995年第7期,图一八。

表十一　晋侯 M91 出土所使用的风格化单元统计

器　　号	母题或器类	逗点镂空单元	逗点纹样单元	内旋圆转收尖单元	注
M91：20	人龙佩		·		
M91：21	人龙佩		·		
M91：22	人龙佩		·		
M91：30	未完成神人纹玉璜		·		组玉佩的组件，一面素面，另一面只完成三分之一纹饰，为早期玉环裁截改制而成

1. 西周晚期，串饰组件（晋侯M92:90-3），山西省考古研究院藏，笔者摄

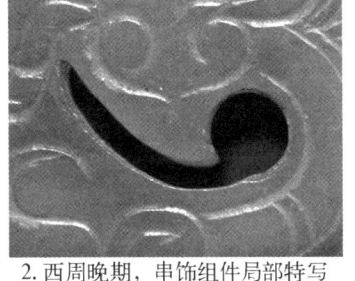

2. 西周晚期，串饰组件局部特写（晋侯M92:90-3），笔者摄

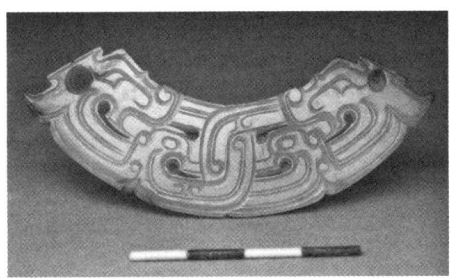

3. 西周晚期，玉璜（晋侯M92:83-1），山西博物院藏，笔者摄

4. 西周晚期，人龙佩拓片（张家坡M163:043），中国社会科学院考古研究所藏

图三十

此种不甚契合的设计未见于宣王时期玉器，在此时期厉王晚期也只是零星出现，是否应视为孤例，仅是本件玉器制作者经验不足所致？抑或为此时代的特有现象，缘于制作者们仍在摸索调整，尚未形成趋于成熟的风格化设计？要回答此问题，需要观察更多例子以扩大比较基础。

然而再向前追溯晋侯墓地玉器将面临困难，因为往前两代的晋厉侯夫妇墓 M33、M32 及晋成侯夫妇墓 M6、M7 皆被盗，而再往前已是约为穆王时期的晋武侯夫妇墓 M9、M13，统计如表十三；以及昭穆之际的晋侯燮父夫妇墓 M114、M113，其中晋侯 M114 被盗，晋侯

M113统计如表十四。虽然逗点纹样单元在晋侯 M113 以及晋侯 M9、M13 两代晋侯玉器中也是主要的风格单元，但却未见逗点镂空单元。此中原因并不复杂，主因在于此时是以"分明叠置"的构图原则来设计组合各母题之间的关系，①逗点纹样单元符合设计需要因而大量出现；但以融合互用的构图形式所设计的人龙母题于此时尚未出现，且将迟至西周晚期才广为流行，所以与晚期艺术风格相配套的逗点镂空单元当然不会在此时的玉器中出现。

表十二　晋侯 M92 出土玉器所使用的风格化单元统计

器　号	母题或器类	逗点镂空单元	逗点纹样单元	内旋圆转收尖单元	注
M92：48	人龙纹矩形片饰		·		
M92：60	人龙纹矩形片饰		·		
M92：75、76	玉龙一对		·	·	
M92：90-1	人龙纹三角形片饰		·		M92：90 的串饰组件
M92：90-2	人龙纹半圆形片饰		·		M92：90 的串饰组件，背面纹饰处于起草阶段
M92：90-3	人龙纹弧形片饰		·		M92：90 的串饰组件
M92：83-1	人龙纹玉璜	·	·		M92：90 的串饰组件
M92：83-2	人龙纹长方形片饰		·		M92：83 组玉佩的组件
M92：83-3？	人龙纹玉璜	·	·		M92：83 组玉佩的组件，器号的小分号并不确定
M92：83-4？	人龙纹长方形片饰		·		M92：83 组玉佩的组件，器号的小分号并不确定
M92：83-5？	龙纹玉璜		·		M92：83 组玉佩的组件，器号的小分号并不确定
M92：61-？、62-？	玉龙一对		·		两件皆为 M92：61、62 的组件，器号的小分号并不确定

表十三　晋侯 M9、M13 出土玉器所使用的风格化单元统计

器　号	母题或器类	逗点镂空单元	逗点纹样单元	内旋圆转收尖单元	注
M9：122	鸟纹圆形玉饰		·		
M9：114	鸟纹柄形器		·		
M9：115、126	龙纹玉管一对		·		
M13：170：5	鸟纹石梯形牌		·		石制

---

① 蔡庆良：《古器物学研究——陕西韩城芮国大墓出土玉器概论》，《芮国金玉选粹——陕西韩城春秋宝藏》，三秦出版社，2007 年，第 293 页。

续表

器　号	母题或器类	逗点镂空单元	逗点纹样单元	内旋圆转收尖单元	注
M13：176	龙纹小璧形器		·		
M13：177	龙纹玉璜		·		
M13：178	龙纹玉璜		·		
M13：179	龙纹玉璜		·		
M13：180a	龙纹玉璜		·		
M13：182	龙纹小玉管		·		
M13：183：28c	鸟纹圆形玉饰		·		

表十四　晋侯 M113 出土西周早中期之际玉器所使用的风格化单元统计

器　号	母题或器类	逗点镂空单元	逗点纹样单元	内旋圆转收尖单元	注
M113：66：8	龙纹玉璜		·		
M113：66：12	龙纹玉璜		·		
M113：60	龙纹圆形玉饰		·		为整组项饰中的组件。器号为整组项饰，本件小器号不明
M113：65	龟形玉饰数件		·		为整组项饰中的组件。器号为整组项饰，龟形玉饰的小器号不明

如此，虽可知悉晋侯墓地玉器开始应用逗点镂空单元的时间不会早至穆王，但因晋侯 M9、M13 到晋侯 M91、M92 中间隔了恭王、懿王、孝王、夷王和厉王早期，时代跨度颇大，不早至穆王的结论显得空泛模糊且不具有特别意义，应该参考恭王至厉王早期的其他墓葬所出土的玉器，研究成果才更加妥切。

张家坡西周墓地延续时间相当长，共分五期，第一期相当于武、成、康时期，第二期相当于昭、穆时期，第三期相当于恭、懿、孝时期，第四期相当于夷、厉、共和时期，第五期相当于宣、幽时期。① 其中第三期和第四期出土玉器恰可补足晋侯墓地玉器的缺环。查看报告中所发表的玉器，以及其他类型学专文，② 可知在第二期昭、穆时期的玉器也同样只有逗点纹样单元，而无逗点镂空单元；至第三期恭、懿、孝时期才出现逗点镂空单元，而且此时期的逗点镂空也未和母题轮廓全然呼应配合，尚未形成后期的图式化技巧，例如张家坡 M163：043 即为显例（图三十，4）；③当至第五期宣、幽时期时，图式化技巧已成熟，逗点镂

---

① 中国社会科学院考古研究所：《张家坡西周墓地》，中国大百科全书出版社，1999年，第368页。
② 中国社会科学院考古研究所：《张家坡西周玉器》，文物出版社，2007年，第88－95页。
③ 中国社会科学院考古研究所：《张家坡西周墓地》，中国大百科全书出版社，1999年，第278页。

空一如同时期的晋侯墓地玉器,例如张家坡 M303∶01∶1 以及张家坡 M303∶11。

由上讨论可知,逗点镂空单元应于西周中期晚段恭、懿、孝时期开始出现,在厉王时期尚未完全和造型配合,至宣王时期和造型完美结合,由此完成了图式化的设计规范。此一演变和以"分明叠置"的构图形式所设计的人龙母题渐渐消失,改以"融合互用"构图形式设计的人龙母题渐渐取代的消长过程完全吻合。如此正可以解释何以西周早期未见此种镂空,并非设计者不具备此种基本技巧,而是此时的艺术美感并不需要此种技巧即可呈现;而当使用融合互用构图形式的人龙母题开始流行之始,并不是所有的制作者皆能真正掌握母题和镂空之间的图式化设计方案,所以两者有时略显扞格;直至宣王时期,所有设计者通过学习皆已熟悉此一设计方案,由此成为图式化的设计原则。因此,完美结合两者的人龙佩也于此时大为流行;时至春秋早期,当新的器类和艺术美感出现后,与之相呼应的母题和构图形式也渐渐改变,原本作为勾勒人龙下颌或身颈轮廓的逗点镂空自然少有用武之地,最终不再使用,自然无法在春秋玉器中看到了。

至此,自完工的晋侯玉器为起点,结合其他出土玉器,讨论了若干风格特征及其变化。接下来将继续观察未完工的晋侯玉器,分析其他方面的风格特征,但因为未完工玉器较为少见,本文只能探讨宣王时期玉器的制作手法和工序等图式化特征。

八、晋侯 M31∶60 等未完工玉器所见的宣王时期风格特征

在此主要讨论逗点镂空,因为此为宣王时期广为应用的图式化单元,而且逗点镂空完整的制程包括定位、钻孔、去料镂空、琢纹以及修整抛光等,实已包含了大部分玉器可见的基本技巧和风格化技巧,足以作为讨论的代表。因此本节将结合未完工和已完工的逗点镂空,以探究各方面的图式化特征,所以在讨论晋侯 M31∶60 未完工玉龙(图三,8)之前,首先重新细察晋侯 M31∶49 完工玉龙的右脸颊(图三,2),以及左脸颊已经完工的逗点镂空(图三,3),以作为对照探究的基础。

此一完工镂空自内而外的主要特征如下:镂空去料的轮廓工整分明(图三,3,a),延伸的镂空弧线末端锐利收尖(图三,3,b);紧邻镂空边缘包围一圈窄细且微凸的阳纹轮廓线(图三,3,c);阳纹轮廓线的外围再琢磨了一圈向内微倾斜的圆弧宽阴线(图三,3,d),宽阴线是以"巨细靡遗、一丝不苟"的细密手法,以向外放射、略呈圆弧的方向细细琢磨而成。此外,在右脸颊镂空的左侧边缘有一浅凹的圜底圆洼(图三,2,g),应是桯具钻孔时跳动错位而留下的痕迹;且此圆洼虽然工整,但因右侧轮廓局部残缺而不圆整,推测是被其后的工序打破再修整所致。

接下来对照 M31∶60 未完工玉龙的相同部位(图三,9;图三,10),可分析出更多逗点镂空的图式化工序。其中右脸颊中的轮廓边缘略显参差、不甚工整,镂空的圆孔主体轮廓可见因多次钻孔而成的交叠打破痕迹(图三,9,a),应是玉质坚韧光滑,以致桯具跳动错

位所致;左脸颊镂空的周围则以放射状的层叠细纹研磨出阳纹轮廓线窄细微凸的雏形(图三,10,a),以及环绕其外长短不一的圆弧宽阴线初始纹样(图三,10,b)。细察此层叠细纹,可见歧出交叠的特征,这是因为要在极小的面积中施作,纵然训练有素也难保始终一致的力度和角度,然而手法细腻精微,显出驾轻就熟的风格化技巧。

经由上述比对分析,已可知悉部分逗点镂空的图式化手法特征和制程,但仍难借此探求出完整的技巧和工序,以及可能使用的工具,例如是以何种工具勾勒阳纹轮廓线的初始细纹?修整出清晰阳纹轮廓线的工具和技巧又是什么?

然而目前未出土其他可用于研究的未完工玉器和制作工具,若欲想象推估或实验摹拟显然力难逮及,故特别拜访今日的雕刻艺术家,①求其看法。艺术家们认为可能是以尖锥状工具和舌形工具(图三十一,1;图三十一,3),配合特有技巧研磨出初始细纹和阳纹轮廓线(图三十一,2;图三十一,4)。②

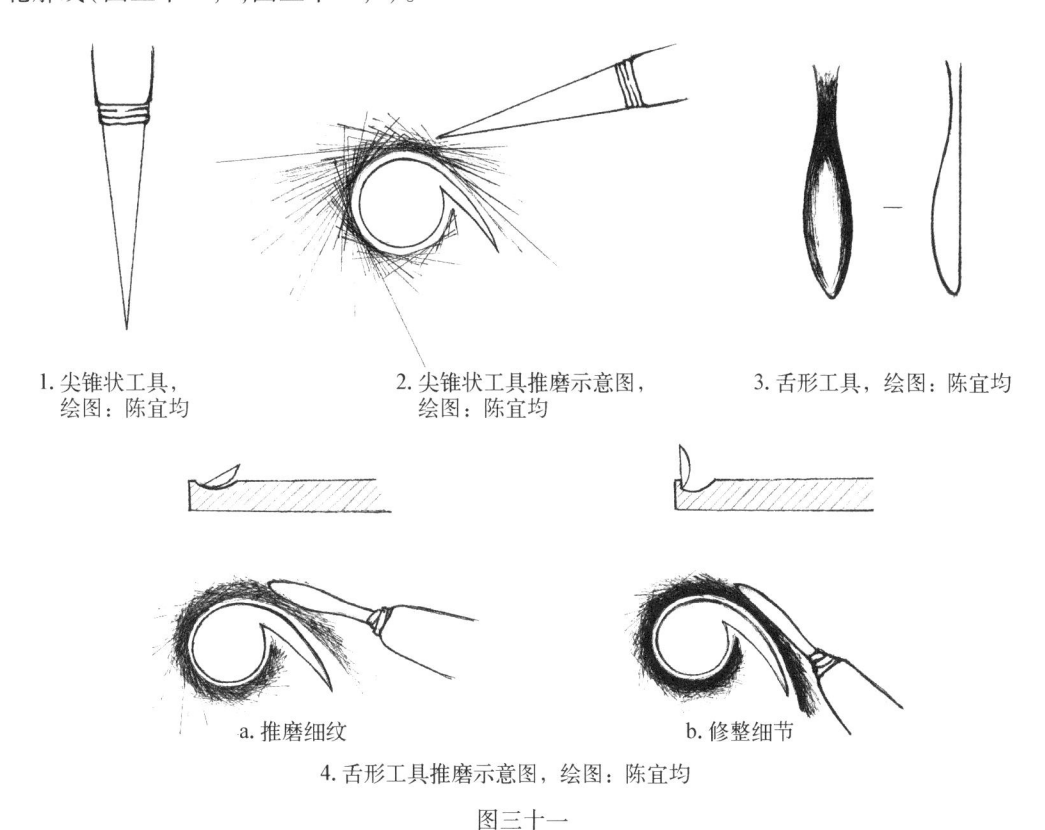

1. 尖锥状工具,绘图:陈宜均

2. 尖锥状工具推磨示意图,绘图:陈宜均

3. 舌形工具,绘图:陈宜均

a. 推磨细纹

b. 修整细节

4. 舌形工具推磨示意图,绘图:陈宜均

图三十一

---

① 刘淑美女士以及陈宜均女士。
② 经就教于玉器工艺师和雕刻艺术家,皆认为鉴于西周晚期玉器规范明确、技术娴熟;当技艺已达此程度时,众多治玉者应有能力驾驭式样简单、种类少样的工具而制作出各式线条和造型。因此,推测勾勒出图二,13;图二,14 阳纹轮廓线宽度的初始细纹,以及图三,10 之中左脸颊的放射细纹初稿,是以图三十一,1 尖锥状工具推磨而成。至于使用何种工具和技巧来研磨出圆弧宽阴线的层叠细纹以及修整出阳纹轮廓线的清晰边缘,考虑两者和后文将讨论的直线、曲线等各式线条并无明显差异,因此若有一工具能修整出诸多线纹,则此工具的形制应狭长如舌,一面平、一面弧拱,如同图三十一,3,类似于今日雕刻家所称的"舌形工具"。由于此种工具可随时调整角度研磨,熟练的治玉者只要依不同持握方式,加上细心和耐心即可研磨出各式线纹。又因大多数线条皆非常细微,难以手眼并用,应是以指尖感觉和丰富经验协同完成。

接下来依上述雕刻艺术家对工具的理解,并依据风格理论结合其他宣王时期未完工的玉器:晋侯 M31∶24(图二,1)、晋侯 M 31∶20(图二,11)、以及晋侯 M64∶37、晋侯 M62∶93(图三十二,1、图三十二,4),以探究其他图式化工序。为了行文通晓利于说明,在此先简述后文已探究得到的完整制程,再回溯推导的过程以及图式化工序的细节和特征。

1. 西周晚期,未完工玉龙(晋侯 M64∶37),山西省考古研究院藏,笔者摄

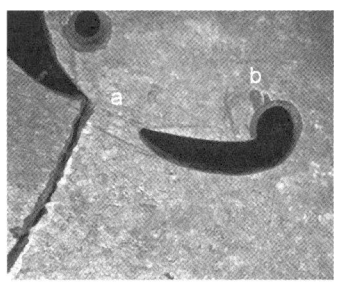

2. 小腹和尾足之间的镂空特写(晋侯M64∶37),笔者摄

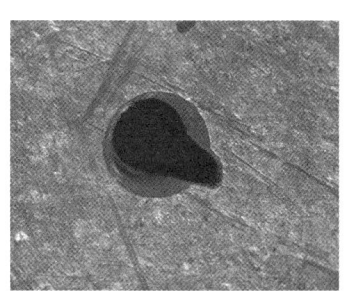

3. 胸口镂空特写(晋侯M64∶37),笔者摄

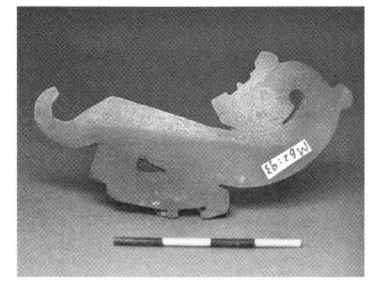

4. 西周晚期,回首玉龙(晋侯 M62∶93),山西省考古研究院藏,笔者摄

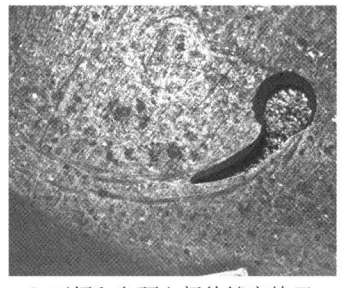

5. 下颌和身颈之间的镂空特写(晋侯M62∶93),笔者摄

6. 镂空特写(晋侯M62∶93),笔者摄

图三十二

(1)逗点镂空单元的图式化制程

逗点镂空单元的制程如下:首先,以粗略的断续线纹设定出镂空的轮廓框线;其次,在轮廓框线内缘的边侧先以桯具钻磨出镂空单元的主体圆孔,套线后再依框线的轮廓拉切出末端收尖的镂空弧线;接下来,沿着镂空边缘使用尖锥状工具(图三十一,1),以略呈圆弧放射状的细密手法,初步推磨出包围镂空的阳纹轮廓线和其外圆弧宽阴线的雏形(图三十一,2);下一步,使用舌形工具(图三十一,3),以巨细靡遗、一丝不苟的手法,将圆弧宽阴线的雏形进一步细密研磨成微微向内倾斜的圆弧宽阴线(图三十一,4,a),并且修整出清晰完成的阳纹轮廓线(图三十一,4,b);接下来,视需要沿着镂空弧线的短边边缘以砣具加琢一道横长线纹(图二十六,4,a),以此和圆弧宽阴线完全包围住镂空,而且此横长线纹必须打破圆弧宽阴线位于镂空的圆转收尖部位;最终,修整各步骤所留下的歧出纷杂的细纹,抛光完成逗点镂空单元。

接下来讨论得到此一完整工序所依据的其他未完工的玉器。观察处于制作初期的晋侯 M64∶37 西周晚期玉龙(图三十二,1),可以见到自头角至尾部有一斜长横断的片切割痕迹,是最初开剖玉料时所留下的;在眼、足、尾三处留有已贯穿的小孔,而胸部小孔已初步套线拉切,小腹和尾足之间的小孔则已完成逗点镂空的雏形(图三十二,2)。细察此镂空雏形,拉切去料是顺沿着断续的定位框线而为(图三十二,2,a),可知钻孔之前尚有一道工序,是以不齐整的短线定出框线。此外,在镂空圆孔边侧也可清楚发现桯具多次跳动错位的痕迹(图三十二,2,b),是先前图三,2,g镂空边缘留有圆洼的佐证。

在晋侯M62:93西周晚期回首玉龙(图三十二,4)中也可见到相同的规范化工序。此玉龙虽然仅具外形,也有一横长的片切割痕迹,但完成程度已较晋侯M64:37(图三十二,1)更进一步。观察下颌和身颈之间的镂空(图三十二,5),形制与图三十二,2相仿,圆形穿孔也是以桯具钻磨而成,并沿着早已定位好的断续框线去料成形。

接下来观察工序稍进一步的图二,11,b晋侯M31:20神人下颌的镂空特写(图二,13)以及图二,11,c龙下颌和身颈之间的镂空特写(图二,14),可知套线拉切出镂空雏形后,下一步是琢磨出包围镂空的阳纹轮廓线。比较晋侯M31:24(图二,8)已完工的阳纹轮廓线,可知此时制作者正在镂空边缘以略显简率、断续不齐整的重叠细纹,勾勒设定出阳纹轮廓线的宽度。

借由以上讨论,初步推测逗点镂空单元的风格化制程和可能的工具,但显然仍有许多未知的缺环有待补足。若要验证推测是否正确以及补足缺环,还是需要实验摹拟研究,当待日后继续研究。

而借由本文论述的风格理论,可以知道上述诸多工序之中,哪些是没有分期意义的基本技术和基本技巧,哪些图式化基本技巧具有分期的意义。没有分期意义者之前论证已多,此处不再赘述。而最具分期意义的图式化基本技巧有二,其一是为了初步推磨出包围镂空的阳纹轮廓线和其外圆弧宽阴线的雏形,而使用的放射状细密手法(图三十一,2);其二是为了将圆弧宽阴线的雏形研磨成微微向内倾斜的圆弧宽阴线,并修整出清晰的阳纹轮廓线所使用的巨细靡遗、一丝不苟的手法(图三十一,4)。

何以这些图式化手法所留下的制作痕迹具有分期意义,因为运用这些特殊手法的目的,是为了琢磨出均匀细致的线纹,而以这种线纹所勾勒出的各式单元和母题,具有流畅的视觉感受,恰能达到宣王时期所偏好的艺术美感。

(2)逗点镂空单元图式化制程的验证

前述逗点镂空单元的制程使用了诸多图式化技巧和工序,依照风格理论,为了创造出相同的艺术美感,在同时期其他纹样和线纹之中应当也可观察到相同的技巧或工序。一如前述,填平完整的逗点镂空单元之后即变为逗点纹样单元,所以两者的阴刻线应具有相同的图式化特征。

比较晋侯M31:60(图三,8)、晋侯M31:49(图三,1)之中对应位置的逗点纹样单元,可见未完工的晋侯M31:60(图三,8)的圆形主体轮廓外缘,正被以尖锥状工具推磨出呈放射状的层叠细纹(图三,14,a;图三,13,a);同件玉器另一圆形主体则更进一步以舌形工具细磨出圆弧宽阴线的细节并修整出锐利分明的轮廓(图三,12)。比对已完工玉器晋侯M31∶49的相对应位置(图三,7、图三,6、图三,5),可见修整完成并抛光去除细纹的逗点纹样单元,也可看见内侧长直线和圆形主体相接之处(图三,7,a;图三,5,a),特别加琢了打破圆形主体的线纹并向内延伸,以此加强圆转的效果。可知设计概念和琢磨技巧确实和逗点镂空单元的阴刻线完全相同。

同样的图式化技巧和流程在晋侯M64∶48项饰(图四,1)的逗点纹样单元中也可看到。观察比较图四,6未完工的晋侯M64∶48-x2之中处于初始阶段的逗点纹样单元(图四,8;图四,9),和基本完工尚未抛光的M64∶48-4之中的逗点纹样单元(图四,11),以及图四,2抛光完成的M64∶48-6之中的逗点纹样单元(图四,4),可见到完全相同的工序和风格化特征。

讨论完较复杂的逗点纹样单元之后,观察相同玉器之中其他较简单的线纹,例如龙舌的琢磨过程(图四,7、图四,10、图四,5),可知也是以相同的图式化技巧视设计需要所作的调整,所以呈现相同的琢磨手法。

既然不同纹饰线条皆由相同的图式化技巧调整变化而成,同理,各式镂空的程序和基本技巧应该也会呈现出相同的图式特征。

(3)逗点镂空单元的调整应用

一如已知,西周晚期的逗点镂空常使用于人龙母题的下颌和颈身之间,原因之一是镂空的轮廓恰可勾勒出人龙母题此处的造型特征;然而龙母题后足和身躯之间的轮廓多为三角形,逗点镂空的形制显然不符合此处设计所需。解决的办法也相当简易,只要将图式化工序略加调整即可。

为行文简明有序,现依工序先后排列玉器如下:晋侯M64∶37(图三十二,1)、晋侯M62∶93(图三十二,4)、晋侯M31∶20(图二,11)、晋侯M31∶24(图二,1),按此顺序观察即可知悉三角形镂空去料的工序。

首先在已定位好的轮廓框线内一侧以桯具钻出圆孔,再套线拉切(图三十二,3);套线拉切的过程皆沿着框线之内进行(图三十二,6);去料初步完成时轮廓已呈三角形,虽已略加修整,仍可在左侧看出明显的桯具钻孔痕迹(图二,15);最后修整完成,镂空面积扩大,轮廓齐整,接近一开始即规划好的三角形框线,而桯具钻孔痕已似有若无难觅原形(图二,10)。

此三角形镂空的工序显然和逗点镂空完全相同,证实了不同镂空之间共有的图式化技巧和程序,其理甚明,毋须再行论说。

九、小　　结

本文希望在考古类型学和地层学的基础上,加入风格分析的理论和方法,分析出晋侯墓地出土玉器各阶段的风格特征,并探究各阶段风格之间的关系,以及风格发生变化的原因,从而梳理出西周中晚期玉器风格序列,以作为其他出土或传世西周玉器的分期参考。

在此论述过程中,讨论了各种方法在玉器研究中的应用,文中以贡布里希教授的风格理论观点来思索问题,也比较了不同研究方法如何思索相同的问题。现以个案讨论作为本文的小结,借此说明风格理论和其他研究方法的主要差别。

下图三件玉石人(图三十三,1、图三十三,2、①图三十三,3),②大多数的人都会认为属于同一时期或是同一文化的玉器,因为母题特征极为近似:首先,皆为正面人形,双足站立在兽背或兽头上;其次,三者的发式及发饰也相近,尤其是图三十三,1 和图三十三,2 几乎相同;再者,三者的两臂和身躯之间的间隔,或是双腿之间的间隔,皆以逗点镂空单元去料成形。

1. 哥斯达黎加古文明 玉人
2. 西周晚期,石人(晋侯M63:190),山西省考古研究院藏,笔者摄
3. 西周晚期,玉人(晋侯M8:203),山西省考古研究院藏,笔者摄
4. 哥斯达黎加古文明 玉人三件

图三十三

然而图三十三,1 玉人实属公元前 300 年到公元 700 年,位于在今日中美洲哥斯达黎加的古代文明,③图三十三,2、图三十三,3 则分别为晋侯 M63:190 以及晋侯 M8:203 西周晚期的石质和玉质神人。时代和地理的差距如此之大,然而三者却又如此相似,如何解释才合理呢?

相信很多研究会认为此为文化交流或是文化扩散的证据,然而文化之间可用来比较的内容如此多元,仅此孤例就足以佐证吗?其实以两个文明的时空差距,足够说明彼此之间应该没有关联,即或真的有,其蛛丝马迹也应该表现在比玉人更明确的例证之中。

而且两文明的玉人真的相似吗?三者的逗点镂空虽然雷同,但如同本文图十九,1 至

---

① 上海博物馆:《晋国奇珍——山西晋侯墓群出土文物精品》,上海人民美术出版社,2002 年,第 183 页;深圳博物馆、山西博物院、山西省考古研究所:《晋国霸业——山西出土两周时期文物精华展图录》,文物出版社,2008 年,第 44 页。
② 北京大学考古学系、山西省考古研究所:《天马——曲村遗址北赵晋侯墓地第二次发掘》,《文物》1994 年第 1 期,图四〇:4。
③ Mark Miller Graham, *Jade in Ancient Costa Rica*, The Metropolitan Museum of Art, New York, 1998, p.11.

图十九,4所讨论,此种镂空其实是玉石制作的基本技巧,毋须时代继承或是文化交流才能习得此技,所以不足以作为相互影响的证据。但本文同时也认为,若为了设计特定母题或为了创造出特定的构图形式而使用逗点镂空,例如图二十,1至图二十,5,则此单元就具备了时代或文化的风格意义,而这观点似乎也符合目前所讨论的个案。

但又如本文图九,1至图九,3的讨论,即使相同的玉人母题也未必具有文化交流的意义,有时只是缘于人类心理的共性,因心理需要各自创造而成。如果有这么多变因需要思考,那究竟该如何讨论呢？

在进一步讨论玉人母题之前,先回头来看逗点镂空,既然此单元是基本技巧,非具有图式化的风格特征,就代表制作者在创作时有选择其他基本技巧的弹性,就如同图二,2和图二,12同对作品中,创作者可随机使用不同的基本技巧来琢制定位线；所以虽然是西周晚期成对玉人晋侯M62：31-2以及晋侯M62：31-1(图三十四,1、图三十四,2),两臂和身躯之间的镂空形式却不相同,也就无足可怪了。

1. 西周晚期,玉人拓片（晋侯M62:31-2），山西省考古研究院藏
2. 西周晚期,玉人拓片（晋侯M62:31-1），山西省考古研究院藏
3. 西周晚期,玉人（晋侯M8:184），山西博物院藏,笔者摄
4. 西周晚期,玉人（晋侯M63:173），山西省考古研究院藏,笔者摄
5. 西周晚期,玉人（晋侯M63:90-3），山西省考古研究院藏,笔者摄

图三十四

也就是说,若仅是简单观察两臂和身躯之间的镂空而没有治玉基本技巧的概念,就很可能会误判晋侯M62：31-2玉人(图三十四,1)和哥斯达黎加玉人(图三十三,1)之间的真正关系,甚至认为两者的文化属性比自身的成对作品晋侯M62：31-1(图三十四,2)更加接近。

当然有了基本技巧的概念之后就不会如此骤下判断。但即使不考虑基本技巧和基本单元的替换弹性,真正细看哥斯达黎加玉人(图三十三,1)逗点镂空的细节,也不会轻易认为两文明之间有特殊的关联。因为镂空之中直线收尖的末端和玉料平面呈倾斜角,这是以软性线具拉切去料所特有的制作特征,而且镂空周围素面无纹；相较之下,晋侯M63：190(图三十三,2)、晋侯M8：203(图三十三,3)和晋侯M62：31-2(图三十四,1)

西周晚期镂空之中直线的收尖末端和玉料平面呈现利落的垂直形制，可见是以刚性的金属线具上下垂直拉切去料而成，而且镂空周围另加饰了线纹。以上皆说明两种镂空的工序或许相似，但工具和技巧不尽相同，难以说明彼此之间必有联系。

现在已知，看似相同的逗点镂空，其风格特征显然有所不同；其实看似更加肖似的母题，两者差异也不小。若未细察，图三十三，1和图三十三，2两者极为肖似，然而细究后，可知两者形象差异颇大，图三十三，1脸颊两侧斜垂者应为头发，图三十三，2耳下者则为和头发合而为一的龙首。如何得知此一看法呢？排比同为西周晚期的人龙佩：晋侯M62∶31-2（图三十四，1）、晋侯M8∶184（图三十四，3）、①晋侯M63∶173（图三十四，4）、晋侯M63∶90-3（图三十四，5），这些人龙佩之中神人的衣着服制相同，可知是相同母题的不同作品，而头上的龙母题则和头发合一，或繁复却清晰，或简化而隐晦，但透过相互比对可知，两侧耳下的发梢皆遵循了融合互用的设计原则，即发梢多和龙舌或是龙鼻互相借用、合而为一；易言之，图三十三，2两耳下方延伸的单元，不但是直观可辨的头发，更融合了隐晦难分的龙母题，唯有与西周晚期的制作者默契与共，才能心领神会、一目了然。

若比较诸多和图三十三，1同一文明的人物造型器物（图三十三，4），可知图三十三，1两侧的头发并不具有龙母题的形象。何况相比之下即可知晓，哥斯达黎加古文明的人物（图三十三，1）显然有自属的风格特征，例如以桯具钻磨成圆形浅凹用来设计双眼、鼻孔和嘴角；鼻、嘴、额头和下巴多以三角形或梯形勾勒轮廓，形成刚强的视觉效果。由上分析可知，哥斯达黎加古文明的玉人和西周晚期玉石人虽然乍看相似，但追求的艺术美感并不相同，母题也不同，制作技巧也有差异，其实分属于不同的古代文明，彼此独立而无交流。

借此个案可知，面对相同问题，以贡布里希教授的风格理论为基础的研究方法，有时可以提出另一种迥异的观点和答案，以作为进一步学术讨论的基础，希冀本文已接近了此一目标。

附记： 本文得到李伯谦先生的悉心指导，并授权使用图片才得以完成，于此致上最深敬崇。在山西整理资料的过程中，得到吉琨璋研究员的支持协助，并对本文提出宝贵意见，特此表达感谢。同时感谢萧协泰和萧文钦两位玉器工艺师的协助，以及刘淑美和陈宜均两位艺术家的重要意见。

---

① 宝鸡青铜器博物院、山西博物院、山西省考古研究所：《秦晋之好——晋陕出土周代文物精萃》，陕西师范大学出版总社，2015年，第51页；上海博物馆：《晋国奇珍——山西晋侯墓群出土文物精品》，上海人民美术出版社，2002年，第128页；北京大学考古学系、山西省考古研究所：《天马——曲村遗址北赵晋侯墓地第二次发掘》，《文物》1994年第1期，图三四。

从墓葬等级看浙北两周社会及其变迁
——浙北平原中小型土墩墓的统计研究*

吴 桐[1] 邹冠男[2]

(1. 北京大学中国考古学研究中心 北京大学考古文博学院;
2. 香港中文大学地理与资源管理系)

浙北平原是两周时期土墩墓分布的重要地区,根据文化面貌的不同其内部又可分为杭嘉湖平原与宁绍平原两个小区。① 相关研究目前已较丰富,其中等级作为墓葬研究的重要问题也颇受重视。但现有的研究大多集中于对大型墓(即高等级墓)的讨论,② 而对面积较小(一般不超过 20 平方米)、随葬品数量较少(一般不足 40 件)的大量中小型土墩墓(即低等级墓)关注不足。事实上,对后者的研究或许更有助于揭露当时的社会图景。

目前商周时期墓葬等级的划分方法如研究者所概括,是"将墓葬按墓室面积排列,然后观察随葬品和殉葬遗存随墓室面积增减而发生的变化,找出变化较大的临界点,作为不同等级墓葬墓室面积的分界,最终确定各等级墓葬墓室面积的范围",③ 如北窑、④ 琉璃河⑤等墓地便是根据墓坑大小来划分墓葬等级。曾有研究者以此方法对两周土墩墓进行等级划分,⑥但一方面,其仅对墓室面积作简单划分,既未列出划分依据,也缺乏对随葬品数量与种类的考虑,方法不够严谨,结论也缺少验证;另一方面,两周土墩墓的具体发现情况复杂,部分墓葬如平地掩埋、石室土墩一室多墓等都缺乏明确的墓室面积,部分墓葬面积甚小而有大量随葬品或情形反之。所以不宜直接将墓室面积作为土墩墓等级划分的依据,而应结合随葬品数量、种类作系统考量。⑦ 因此,本文尝试使用定量分析的方法,以墓室面积、随葬品总数、原始瓷数量、硬陶数量、原始瓷种类、硬陶种类为主要的等级分析要素,重新判断浙北平原两周时期中小型土墩墓的等级,提出划分方案,并在此基础上对相关的区域格局、葬俗、社会关系等问题进行讨论。

---

* 本文受教育部人文社会科学重点研究基地重大项目"长江中下游青铜文化带的形成与发展"(项目编号 18JJD780001)的资助。
① 杨楠:《江南土墩遗存研究》,民族出版社,1998 年,第 39–50 页。
② 吕春华:《宁镇地区大型土墩墓的等级问题》,《江汉考古》2001 年第 2 期;莫慧旋:《略论江南地区大型土墩墓的等级标志》,《四川文物》2007 年第 3 期;张敏:《越国玉器的等级研究》,《东南文化》2011 年第 4 期。
③ 邰向平:《商系墓葬研究》,科学出版社,2011 年,第 18 页。
④ 洛阳市文物工作队:《洛阳北窑西周墓》,文物出版社,1999 年,第 11、178、256 页。
⑤ 北京市文物研究所:《琉璃河西周燕国墓地(1973–1977)》,文物出版社,1995 年,第 8–9 页。
⑥ 付琳:《江南地区两周时期墓葬研究》,吉林大学博士学位论文,2014 年,第 60 页。
⑦ 莫慧旋:《略论江南地区大型土墩墓的等级标志》,《四川文物》2007 年第 3 期。

一、墓葬等级的划分方法与结果

目前浙北平原有明确资料发表的两周土墩墓共计400余座,剔除其中的大型墓、部分土坑墓以及材料发现、发表不完全的墓葬之后,可供分析的中小型土墩墓共计200余座。[①] 考虑到浙北平原两周时期的格局变迁,可将这些墓葬分为三期以便于统计分析,其中早期为西周早中期,中期为西周晚至春秋早中期,晚期为春秋晚到战国中期(详后)。此外,由于地区差异的存在,还需要对杭嘉湖、宁绍两地的墓葬分别进行分析。

在杭嘉湖100多座墓葬中,墓室面积明确者计69座。一元方差分析的结果显示,在这69座墓葬中,不同形制的墓葬(平地掩埋-浅坑墓、石床-石框墓与石室土墩)在墓室面积、随葬品总数、原始瓷数量、硬陶数量、原始瓷种类、硬陶种类六个方面皆未表现出明显差异($P>0.05$),因此可不考虑对形制进行区分,直接作统一分析(表一)。在宁绍100多座墓葬中,墓室面积明确者计67座,不同形制墓葬在上述六个方面数据的一元方差结果与杭嘉湖相似,同样不必专门区分墓葬形制,可统一分析(表二)。

表一 杭嘉湖地区不同墓葬形制下各等级分析要素一元方差分析结果

	差异源	SS	df	MS	F	P	F crit
墓室面积	组间	205.783	3	51.446	1.744	**0.151**	2.515
随葬品总数	组间	529.066	3	132.267	1.598	**0.186**	2.515
原始瓷数量	组间	245.689	3	61.422	1.009	**0.409**	2.515
硬陶数量	组间	90.095	3	22.524	1.566	**0.194**	2.515
原始瓷种类	组间	7.981	3	1.995	0.721	**0.581**	2.515
硬陶种类	组间	11.239	3	2.810	1.583	**0.189**	2.515

表二 宁绍地区不同墓葬形制下各等级分析要素一元方差分析结果

	差异源	SS	df	MS	F	P	F crit
墓室面积	组间	667.359	3	222.453	1.798	**0.156**	2.748
随葬品总数	组间	679.569	3	226.523	1.012	**0.393**	2.748
原始瓷数量	组间	722.272	3	240.757	1.247	**0.300**	2.748
硬陶数量	组间	26.675	3	8.892	1.788	**0.158**	2.748
原始瓷种类	组间	12.149	3	4.050	2.483	**0.069**	2.748
硬陶种类	组间	6.947	3	2.316	2.217	**0.095**	2.748

---

① 笔者注:浙北平原两周中小型土墩墓所涉材料颇多,本文数据来源主要为相关的简报与报告材料,所涉数量达60余篇(部),因篇幅所限,暂不一一列出。

由于上述等级分析要素间的相关关系复杂,本文使用 K 均值聚类的方法来对这六种要素的 15 种组合关系分别进行分析,依据总距离平方和百分比对数曲线的下降率寻找各组关系的最优分组数,[①]并以 15 种最优分组的组合结果为等级划分提供线索。

以早期为例。杭嘉湖早期墓葬共 30 座,其中墓室面积明确者 22 座。根据 K 均值聚类的结果,可得出如下分类线索:(1)随葬品总数以 11 件为界分两类;(2)原始瓷数量以 5 件、20 件为界分三类;(3)硬陶数量以 5 件为界分两类;(4)原始瓷种类以 2 类为界分两类;(5)硬陶种类以 2 类为界分两类(图一)。将这些线索代入墓葬后可以发现,除墓室面积外,其余五种因素相关性较强,可共同将这 22 座墓葬分为两类:第一类,随葬品总数小于 10 件,原始瓷或硬陶数量小于 5 件,种类均小于 2 类(第 Ⅱ 等级);第二类,随葬品总数大于 10 件,原始瓷或硬陶数量在 10 件左右,种类均大于 2 类(第 Ⅰ 等级)。其余 8 座墓也符合此标准,且可将第一类中随葬品总数小于 5 件、不见原始瓷的墓葬划为又一类(第 Ⅲ 等级)。因墓室面积与等级的相关性较弱,随葬品总数又是等级划分的主要依据,所以以其余四种因素对第 Ⅰ、Ⅱ 等级墓葬,第 Ⅱ、Ⅲ 等级墓葬的划分结果分别进行 t 检验,其结

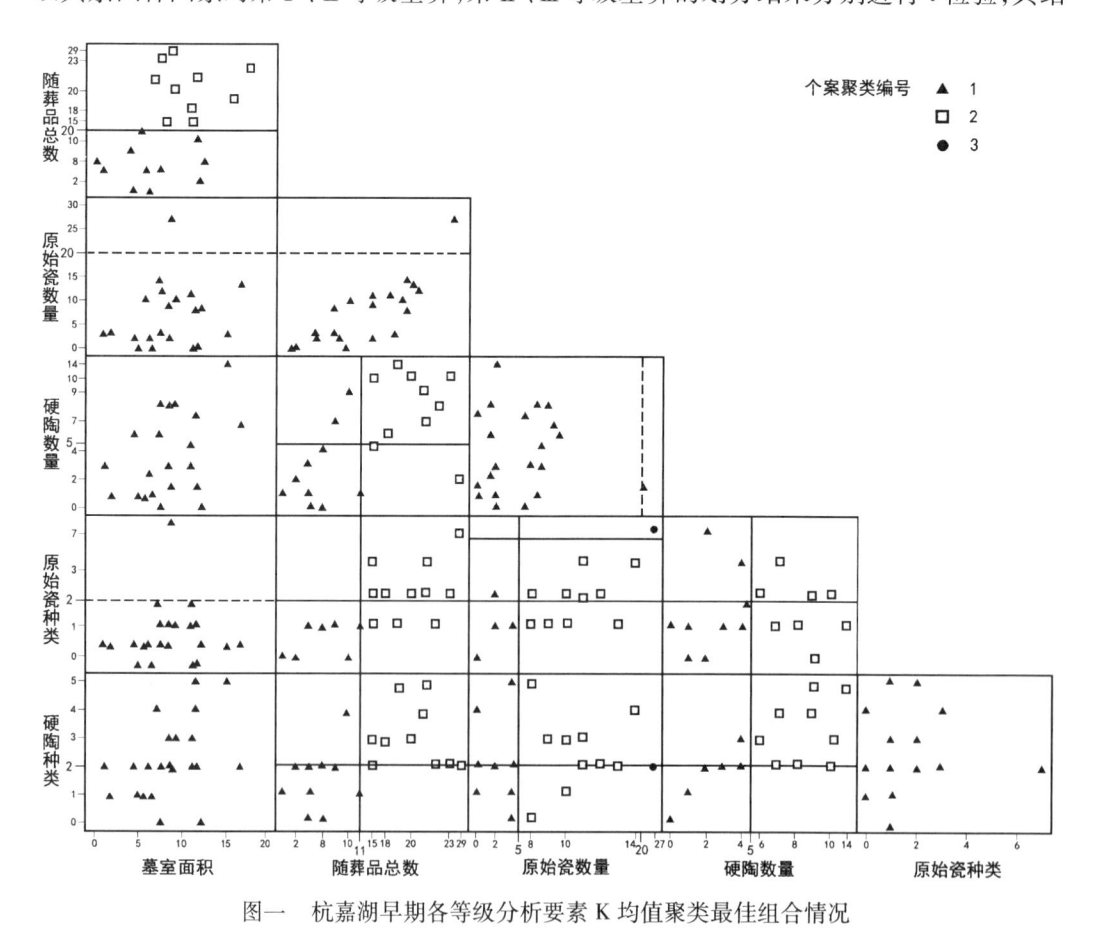

图一 杭嘉湖早期各等级分析要素 K 均值聚类最佳组合情况

[①] 张海:《GIS 与考古学空间分析》,北京大学出版社,2014 年,第 127–131 页。

果表明,上述各等级墓葬间存在明显差异(P<0.05),证明这一等级划分方法确实可行,结论也颇为可靠(表三)。

表三 杭嘉湖早期各等级墓葬间四种等级分析因素的 t 检验结果

		原始瓷数量	硬陶数量	原始瓷种类	硬陶种类
第Ⅰ、Ⅱ等级墓葬之间	t Stat	-3.779	-2.877	-2.057	-2.367
	P 单尾	0.001	0.005	0.027	0.015
	t 单尾临界	1.734	1.734	1.734	1.734
第Ⅱ、Ⅲ等级墓葬之间	t Stat	-3.837	-1.272	-4.005	-0.110
	P 单尾	0.001	**0.111**	0.001	**0.457**
	t 单尾临界	1.753	1.753	1.753	1.753

宁绍早期墓葬共 35 座,墓室面积明确者 29 座。K 均值聚类提供的线索同样表明,除墓室面积外,其余五种因素的相关性较强,可共同将这 29 座墓葬划分为三类:第一类,随葬品总数小于 5 件,原始瓷或硬陶数量小于 3 件,种类均不超过 2 类(第Ⅲ等级);第二类,随葬品总数在 5-10 件,原始瓷数量大于 5 件,硬陶数量小于 3 件,种类均不超过 2 类(第Ⅱ等级);第三类,随葬品总数大于 10 件,原始瓷数量大于 10 件,硬陶数量小于 5 件,种类均大于 2 类(第Ⅰ等级)。其余 6 座墓同样符合此标准。以除墓室面积与随葬品总数之外的其余四种因素对第Ⅰ、Ⅱ等级墓葬,第Ⅱ、Ⅲ等级墓葬的划分结果分别进行 t 检验,同样有明显差异(表四)。可以发现,两地第Ⅰ、Ⅱ等级墓葬的随葬品总数一致,其他要素的数据也较为接近,可以一一对照。至于第Ⅲ等级墓葬,两地所见的原始瓷数量虽略有差异,但可能是杭嘉湖样本较少的缘故,而且两地所见随葬品总数及其他要素数据也较一致,所以仍可将两地标号相同的级别视作同一等级。这也再次证明了这一等级划分方法与结论的可靠。

表四 宁绍早期各等级墓葬间等级分析因素的 t 检验结果

		原始瓷数量	硬陶数量	原始瓷种类	硬陶种类
第Ⅰ、Ⅱ等级墓葬之间	t Stat	-3.217	-1.550	-0.946	-1.134
	P 单尾	0.003	0.070	**0.179**	**0.136**
	t 单尾临界	1.740	1.740	1.740	1.740
第Ⅱ、Ⅲ等级墓葬之间	t Stat	-6.395	-1.846	-3.661	-1.453
	P 单尾	0.000	0.039	0.001	0.080
	t 单尾临界	1.714	1.714	1.714	1.714

中晚期的数据同样可作此处理,本文不再赘述。根据这一方法可对两地三期 200 余座中小型土墩墓进行统一的等级划分,其划分标准如下(表五):

表五　浙北平原两周中小型土墩墓等级划分标准

时期	类别	第一等级	第二等级	第三等级	第四等级	备注
早期	随葬品总数		10-30件	5-10件	1-5件	杭嘉湖-宁绍
早期	原始瓷数量		10件左右	3-8件	0-3件	杭嘉湖-宁绍
中期	随葬品总数	20-40件		10-20件	1-10件	杭嘉湖
中期	随葬品总数		10-20件	5-10件	1-5件	宁　绍
中期	原始瓷数量	15-30件	10-15件	4-8件	0-3件	杭嘉湖-宁绍
晚期	随葬品总数	20-40件		10-20件	1-10件	杭嘉湖-宁绍
晚期	原始瓷数量	15-20件		5-10件	0-5件	杭嘉湖-宁绍

二、墓葬等级与区域格局变迁

根据上述墓葬等级的划分结果,我们可以对土墩墓所涉及的其他问题进行讨论,以探讨两周时期浙北平原的社会图景。

首先,对各期墓葬等级与地域间的关联性作 χ^2 检验,发现二者仅在中期表现出明显的关联($\alpha<0.1$)(表六)。这恰可与浙北平原两周时期的格局变动相印证。

表六　各期墓葬等级与地域间关联性的 χ^2 检验结果

	χ^2	α-显著性水平	V-关联强度	n-样本量
早　期	2.229	**0.328**	0.188	64
中　期	47.878	0.000	0.692	100
晚　期	2.354	**0.308**	0.249	38

考察江南东部[①]两周时期普遍流行的原始瓷豆、碗、罐、硬陶瓿、罐、盂、坛、瓮等器类在各时段的式别分布与各式别的年代分布,可大致厘清各器类在不同时段的传播中心及其变动,并借此将浙北平原两周时期的格局变迁划分为三个阶段:

西周早中期,部分器类的传播中心逐渐由金衢、温台、环太湖向杭嘉湖、宁绍转移,两地并起、各有侧重。杭嘉湖虽然在一定程度上接续了其在商代的地缘优势,最高等级即第二等级墓葬的数量、比例略高于宁绍,但仍属中型墓的范畴,且两地均未见类似浙南的、随葬铜器的大型墓,表明此时浙北平原尚未出现明显的或单一的地域中心。

西周晚期至春秋早中期,杭嘉湖在继续作为部分器类的传播中心的同时,也表现出一定程度的地缘优势的转移,其中最重要的当属坛、罐等器类传播中心向宁绍的转移。

---

① 笔者注:具体是指长江以南、茅山-天目山-昱岭-千里岗以东至沿海地区,包括环太湖平原、杭嘉湖平原、宁绍平原、金衢盆地、温黄-温瑞平原地区,为越文化的核心区。

两地共同作为这些器物的传播中心,或可称之为优势地位的共享。墓葬方面则表现为等级与地域关联性的突显。除第一等级外,在两地随葬品总数相同的墓葬中,宁绍墓葬随葬的原始瓷数量明显多于杭嘉湖,等级也要高于后者。而且此时宁绍已经出现如柴岭山 D30M1、D31M1 等面积达 80 余平方米或随葬原始瓷超 100 件的大型墓,①而杭嘉湖所见最高等级墓葬仍不超过第一等级的范畴,表明宁绍已逐渐发展成为地域中心。

春秋晚期到战国中期,杭嘉湖与宁绍的优势地位共享扩展到更多器类,在器物传播中心方面表现为宁绍的进一步崛起。根据文献记载,此时宁绍已为越国都城之所在,而中小型墓葬等级与地域的关联性却较前一时期明显减弱,应是阶级社会迅速发展、大型墓纷纷涌现的结果。目前发现的越国大型墓多见于宁绍,杭嘉湖虽也有大型墓分布,但数量远逊于前者,表明等级与地域间的关联已经转为主要体现在大型墓内部。

三、墓葬等级与形制

关于土墩墓等级与形制的关系,有研究者曾从营造成本角度推测,认为石构墓的等级应高于平地掩埋-浅坑墓,②有一定道理。但一方面,这一推测未经论证;另一方面,未对石构墓中的石床-石框墓与石室土墩作进一步区分,二者间的关系仍不明确。

土墩墓的形制主要有平地掩埋-浅坑墓、石床-石框墓与石室土墩三种。对各期、各区墓葬等级与形制间的关联性作 χ^2 检验,发现这一关联表现出明显的年代差异:早中期时墓葬等级与形制明显关联,而晚期时这一关联性急剧降低甚至于无(表七)。

表七 各期、各区墓葬等级与形制间关联性的 χ^2 检验结果

		χ^2	α-显著性水平	V-关联强度	n-样本量
早期	杭嘉湖	6.544	0.162	0.336	30
	宁绍	7.820	0.098	0.339	34
	杭嘉湖-宁绍	8.997	0.061	0.267	64
中期	杭嘉湖	13.247	0.010	0.341	57
	宁绍	16.576	0.002	0.450	41
	杭嘉湖-宁绍	17.262	0.008	0.297	98
晚期	杭嘉湖	0.678	**0.410**	0.194	18
	宁绍	3.867	**0.424**	0.372	14
	杭嘉湖-宁绍	3.355	**0.500**	0.229	32

① 杭州市文物考古研究所、萧山博物馆:《萧山柴岭山土墩墓》,文物出版社,2013 年,第 234-264 页。
② 付琳:《江南地区两周时期墓葬研究》,吉林大学博士学位论文,2014 年,第 60 页。

这一现象当然可能与晚期中小型墓的样本量较小有关,但相近样本量的杭嘉湖早期、宁绍早期的检验结果显然与之有明显差异。所以,更大的可能应是随着晚期时浙北平原阶级社会进一步发展,大型墓葬涌现,不同等级墓葬之间的差异,更多地在大型墓与中小型墓之间以及大型墓内部得以体现,[①]而非如缺少大型墓的早中期一般,只能在占绝对多数的中小型墓葬内部得到表现。

观察早中期墓葬的等级、形制及其数量可知,上述三种墓葬形制都见于第四等级,即最低等级墓葬,而且石构墓的总数要多于平地掩埋-浅坑墓,所以不宜认为石构墓的等级要普遍高于平地掩埋-浅坑墓,且最低等级墓葬皆为后者。但随着等级提高,石构墓数量剧增,在各期最高等级墓葬中所占比例可达80%以上。所以,仍可认为石构墓更适用于等级较高的墓葬(图二)。

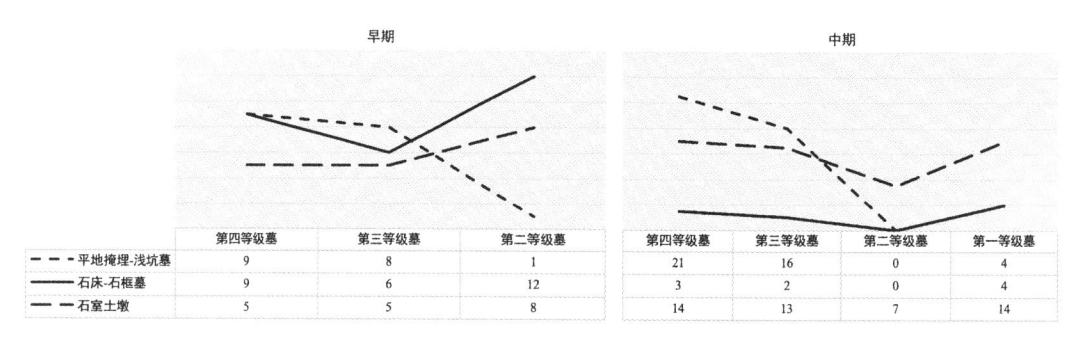

	早期			中期			
	第四等级墓	第三等级墓	第二等级墓	第四等级墓	第三等级墓	第二等级墓	第一等级墓
平地掩埋-浅坑墓	9	8	1	21	16	0	4
石床-石框墓	9	6	12	3	2	0	4
石室土墩	5	5	8	14	13	7	14

图二　浙北平原早、中期各等级、形制墓葬数量折线图

在石构墓内部,石床-石框墓与石室土墩的数量对比也在中期发生明显变化,前者数量锐减,低于后者,晚期时数量更少甚至已不见于杭嘉湖。就石床-石框墓与石室土墩作早、中期墓葬等级与形制间关联性的 χ^2 检验,发现墓葬等级与石构形制间并无明显关联,即石床-石框墓与石室土墩间并无明显的等级差异(表八)。这也在一定程度上证明,石室土墩主要由石床-石框墓发展而来的类型学研究结论[②]应有较高可信度。

表八　早、中期各区墓葬等级与石构墓间关联性的 χ^2 检验结果

		χ^2	α-显著性水平	V-关联强度	n-样本量
早期	杭嘉湖	1.162	**0.559**	0.225	23
	宁绍	3.779	**0.151**	0.293	22
	杭嘉湖-宁绍	0.244	**0.885**	0.052	45

---

① 张敏:《越国玉器的等级研究》,《东南文化》2011年第4期。
② 杨楠:《夹山商周时期土墩遗存的发掘及若干问题》,《考古学研究(八)》,科学出版社,2011年,第235-243页。

续表

		χ^2	α-显著性水平	V-关联强度	n-样本量
中期	杭嘉湖	1.771	**0.413**	0.228	34
	宁绍	2.820	**0.244**	0.248	23
	杭嘉湖-宁绍	1.985	**0.576**	0.187	57

四、墓葬等级与一墩(室)多墓

一墩(室)多墓广见于浙北平原,各墓间多有明显的年代差异。研究者据此认为墓主人间未必均存在血缘关系,这当然有一定的道理,但同样缺乏论证。[①] 而且目前对一墩(室)多墓与一墩(室)一墓的关系及差异尚讨论不充分,而这些都是土墩墓研究乃至社会研究中无法回避的重要问题。

对上述三种墓葬形制分别作各期、各区墓葬等级与一墩墓数(分一墓与多墓两种)间关联性的 χ^2 检验,发现平地掩埋-浅坑墓中此关联性的有无并未表现出明显的年代或地域差异(表九),石室土墩中墓葬等级与一墩墓数普遍无关(表十),在石床-石框墓中这种关联性则有明显的年代差异,从早期到中期,由有关到无关(表十一)。

表九　各期、各区平地掩埋-浅坑墓中墓葬等级与一墩墓数间关联性的 χ^2 检验结果

		χ^2	α-显著性水平	V-关联强度	n-样本量
早期	杭嘉湖	2.667	0.102	0.667	6
	宁绍	5.000	0.080	0.791	8
	杭嘉湖-宁绍	1.556	**0.670**	0.333	14
中期	杭嘉湖	7.456	0.024	0.557	24
	宁绍	0.023	**0.880**	0.036	18
	杭嘉湖-宁绍	2.781	**0.249**	0.257	42
晚期	杭嘉湖	0.058	**0.809**	0.091	7
	宁绍	5.000	0.025	1.000	5
	杭嘉湖-宁绍	2.333	**0.127**	0.424	12

---

① 田正标:《吴越土墩墓的形制结构及相关问题》,《百越文化研究》,厦门大学出版社,2005年,第318-336页。

表十　各期、各区石室土墩中墓葬等级与一墩墓数间关联性的 χ^2 检验结果

		χ^2	α-显著性水平	V-关联强度	n-样本量
早期	杭嘉湖	0.148	**0.928**	0.107	13
	宁绍	0.833	**0.361**	0.408	5
	杭嘉湖-宁绍	0.900	**0.638**	0.263	18
中期	杭嘉湖	1.543	**0.462**	0.227	30
	宁绍	7.634	0.022	0.651	18
	杭嘉湖-宁绍	5.547	**0.136**	0.340	48
晚期	杭嘉湖	0.032	**0.858**	0.059	9
	宁绍	0.444	**0.801**	0.236	8
	杭嘉湖-宁绍	0.847	**0.655**	0.217	17

表十一　各期、各区石床-石框墓中墓葬等级与一墩墓数间关联性的 χ^2 检验结果

		χ^2	α-显著性水平	V-关联强度	n-样本数
早期	杭嘉湖	4.950	0.084	0.671	11
	宁绍	4.686	0.096	0.484	21
	杭嘉湖-宁绍	4.856	0.088	0.390	32
中期	杭嘉湖	1.333	**0.248**	0.577	4
	宁绍	1.200	**0.273**	0.447	6
	杭嘉湖-宁绍	3.254	**0.197**	0.570	10

相较于石构墓，平地掩埋-浅坑墓中墓葬等级与一墩墓数间的关联性无明显规律，并以无关为主。这在一定程度上反映了二者间的等级差异，同时也暗示在这些较低等级的墓葬中，一墩多墓或一墩一墓可能只是一种简单的埋葬行为，并无太多的等级意味。考虑到这些墓葬间有明显的时间间隔，墓上又都有凸出地表、明显可辨的土墩，所以这些一墩多墓似乎更可以被理解为是一种主动的墓葬集聚。这一点在石室土墩中表现得更加明显。除在中期的宁绍地区外，石室土墩普遍表现为一墩墓数与等级的无关联性，而在排除等级的影响之后，石室土墩的复杂形制、高额建筑成本与开放式结构之间的矛盾，以及堆积过程中重复、多次的利用方式，很容易与墓葬的主动集聚相联系。虽然这一解释尚缺乏足够证据，但从杨家埠 D46 排列有序的西周瓮棺葬、[1]余姚老虎山 D1M11[2] 与东阳服务区 D1M2、D2M1 多具人骨出于一墓[3]等现象来看，在两周时期的江南东部，确有可能存在主

---
[1] 胡继根：《湖州市杨家埠西周至六朝及明代墓葬》，《中国考古学年鉴（2010）》，文物出版社，2011 年，第 238—239 页。
[2] 陈元甫：《余姚老虎山一号墩发掘》，《沪杭甬高速公路考古报告》，文物出版社，2002 年，第 55 页。
[3] 陈荣军、沈岳明：《浙江东阳抢救性发掘周代土墩墓》，《中国文物报》2005 年 11 月 25 日第 1 版。

动的、无关等级的墓葬集聚,可能是当时的一种葬俗。这或许也是春秋晚期以来,阶级社会发展、发达,社会分化加剧情形下,石室土墩与一墩多墓逐渐衰落,仅用于单人葬的竖穴土坑墓迅速兴起的原因之一,可能在某种程度上彰显着社会的进步。

这种埋葬习俗与二次葬略有相似,但墓主人之间是否存在血缘关系还需更多验证。需要注意的是,在血缘关系之外,一墩多墓中还可能存在其他关系。如在早期的浙北平原,石床-石框墓中墓葬等级与一墩墓数间有明显的关联性:第四等级中一墩多墓占绝对优势,第二等级中一墩多墓仍然占50%左右,第三等级中一墩多墓数量最少(图三)。一墩多墓在第四、第二等级虽有相似的表现形式但却应当有着不同的文化内涵,结合一墩一墓的数量随着墓葬等级提高而增多的现象可以推测:在第四等级中,一墩多墓或许可以被理解为是墓葬间的简单集聚;而在第二等级中,一墩多墓则可能更多地、主动或被动地与仪式行为如祭祀或陪葬有关,当然也不能排除墓葬集聚这一习俗在不同等级都有根深蒂固影响的可能。当然,这仅是一种猜想。对这一现象的性质及其背后社会关系的判别还是需要结合更广地区的更多材料,并对每一个土墩、每一个石室作具体分析。这已经超出了本文的讨论范围,而且暂时也缺少DNA等关键证据,短时间内难有明确结论,所以暂不作更多讨论。

	第四等级墓	第三等级墓	第二等级墓		第四等级墓	第三等级墓	第二等级墓
石床,一墩一墓	1	3	7		9.09%	27.27%	63.64%
石床,一墩多墓	10	4	7		47.62%	19.05%	33.33%

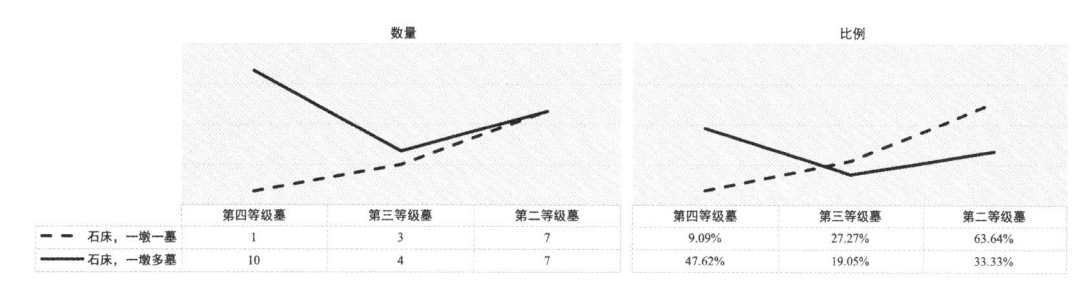

图三 浙北平原早期石床-石框墓一墩多墓与一墩一墓各等级数量、比例分布折线图

五、墓葬等级视野下的土墩墓地

目前学界对土墩墓墓地的研究尚少,仅见杨楠对夹山墓地的研究一例。其将西北-东南山脊上分布的17座土墩划分为三个墓区,自北向南发展,一墩多墓流行于北、中区,南区流行一墩一墓且多石床-石框墓,石室土墩则仅见于中区南端及南区。[①]

虽然该研究中并未考虑墓葬等级,且由于原始材料未发表也难以补充分析,但仍具有一定的启示意义。如南区在西周中期流行石床-石框一墩一墓,此时在浙北平原的石床-石框墓中,墓葬等级与一墩墓数明显关联,等级越高,一墩一墓的数量也更多(图三),因此南区可能等级较高。与之相比,北区有较多石床-石框一墩多墓,等级或许低于南区。

---

① 杨楠:《夹山商周时期土墩遗存的发掘及若干问题》,《考古学研究(八)》,科学出版社,2011年,第235-243页。

由此推测,墓区间或许存在一定的等级差异。但由于每个墓葬的具体等级划分尚不明确,故此仅为推测,还有待验证。

本文选择墓葬形制单纯且数量丰富的便山墓地①进行分析。便山东山脊共有土墩29座,已全部清理并发表材料,其中石室土墩27座。有9座难以进行年代或等级划分,但分布零散、影响较小,仍可以剩余20座土墩进行墓地布局研究。因三期划分于此问题的讨论较为笼统,所以将各期分为两段,如此可将这20座土墩包括在第一至五段中。

根据山脊起伏状况、墓地形成过程以及土墩集散程度,可将除位于主峰的D429外其余19座土墩划分为相对独立的四个墓区,自北向南编号为第1-4区(图四,左)。

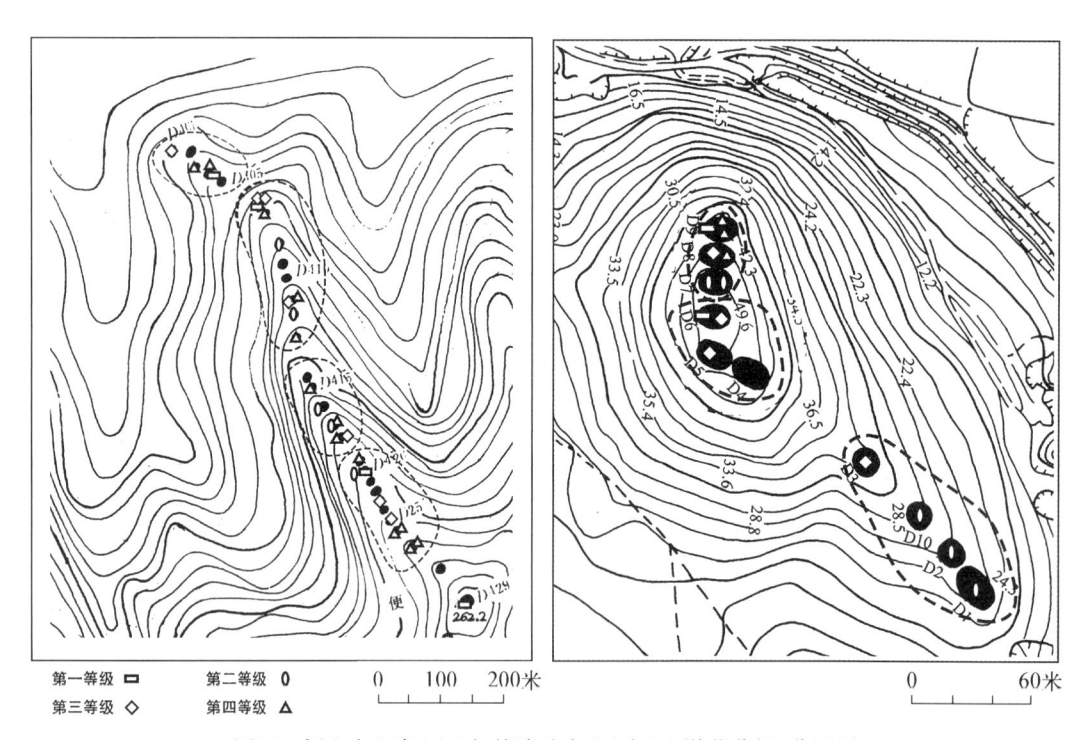

图四 便山东山脊(左)与德清独仓山(右)土墩墓分级、分区图

第一段,第1-3区出现,皆为一墩一墓,第1区仅见第四等级墓,第2、3区均为第二等级墓。第二段,第4区开始出现,墓葬始见于该区最南端,属第四等级,第2区出现第三等级墓,仍仅见一墩一墓。第三段,墓葬大量涌现,除第3区外,其余各区包括主峰均出现第一等级墓,第3区开始见有一墩多墓现象,且为第四等级墓葬与早期第二等级墓葬共处一墩(D417),上下叠压,间隔沙石。第四段,一墩多墓大量涌现,且皆属第三、四等级,第一、二等级墓不见,具体有两种形态:一种是较低等级墓葬向早期第一等级墓葬集聚(D404、D406);另一种则为较低等级间的共存(D411、D425、D426),甚至有第三等级墓葬

---

① 浙江省文物考古研究所:《浙江长兴县便山土墩墓发掘报告》,《浙江省文物考古研究所学刊——建所十周年纪念(1980-1990)》,科学出版社,1993年,第128-169页。

与早期第四等级墓葬集聚的现象（D419）。第五段，墓葬数量较少，仅有两座，且仍见有较低等级墓葬集聚于早期第一等级墓葬（D406）。

由此可知，东山脊墓地主要是自北向南、由低向高发展，除第3区最高等级墓葬属第二等级外，其余各区均有且仅有一座第一等级墓葬，墓区间未见明显等级差异，且各墓区内部墓葬等级层级较多、分布混杂、时间间隔较长的特点很难与血缘关系相联系，即很难认为这些墓区属于族墓地，而更像是一个小型社会，相应的社会关系或以地缘为主。但以第3区为界，其北侧第1、2区所见第一等级墓葬皆有晚期第三、四等级墓葬集聚，南侧第4区及主峰第一等级墓葬则均为一墩一墓，或许暗示墓区间因相对海拔高度的不同，等级也略有差异。从德清独仓山D1－D10①的分布情况来看，同样存在墓区划分现象，自低向高发展，且相对海拔较高的墓区等级明显高于相对海拔较低者，可在一定程度上与便山所见相映照（图四，右），但表现方式仍存在一定差异，尚需补充更多材料。

六、讨　论

本文从定量分析的角度对浙北地区两周时期中小型土墩墓的等级划分及相关的区域格局、葬俗、社会关系等问题进行讨论，取得了一些新的结论，验证并补充了一些旧有假设或推测，提出了一些新的研究线索和问题，也在一定程度上厘清了浙北平原两周时期的社会图景，可以春秋晚期为界，将之划分为两个阶段。

第一阶段，即西周早期至春秋早中期。这一时期，区域中心逐渐由浙南向浙北转移，宁绍地区不断发展、崛起。虽出现少量大型墓，但仍以中小型墓为主，并常见墓葬间的主动集聚。从随葬品来看，这一时期无论是大型墓与中小型墓之间，还是中小型墓内部的等级差异，主要都是体现在随葬陶器总数及原始瓷数量的多寡上，如前述柴岭山D31M1，随葬原始瓷103件，具体包括豆53件、盂23件、器盖15件、盘10件及罐2件，但与中小型墓相比，无论是器类还是质地都无明显差异，缺乏类似中原鼎簋制度的明确礼制规范。墓葬形制虽然多样，但也并未被赋予特别浓烈的等级意味，社会分化程度整体较低。这一时期的墓地多由几个墓区构成，暂时无法排除或肯定墓区与家族或社群之间的对应关系。但无论墓地还是墓区，规模一般都较小，且未见高等级墓葬的集群分布，墓地之间与墓区之间也未见有较大的或明显的等级差异，这与同一时期中原地区流行的贵族与平民分葬于公墓和邦墓的做法②相比，有明显不同。

至第二阶段，即春秋晚期以来，浙北平原的社会面貌发生了翻天覆地的变化。一墩（室）多墓逐渐衰落，墓葬间的集聚行为逐渐消亡，大型墓葬涌现，贵族内部分层高度复杂

---

① 浙江省文物考古研究所、德清县博物馆：《独仓山与南王山——土墩墓发掘报告》，科学出版社，2007年，第34~93页。
② 段清波、刘俊艳：《帝国体制下独立陵园制的发展演变》，《考古》2019年第10期。

并可能有礼制出现,①阶级社会迅速发展、发达。虽然这一时期的墓地材料较少,但从绍兴印山、安吉八墓墩等地所见的隍壕与独立的巨大封土来看,已与中原的独立陵园颇为相似,墓地间等级分化明显。高等级墓葬在继续追求随葬品数量的同时,也更加注重随葬品质量以及器类的丰富程度。窑址间的差别也已经逐渐由生产器类的不同扩大到了供应对象的差异上,部分窑址转向专门服务于高等级人群而非面向社会全体,专业化程度明显提高,显示出与前一阶段截然不同的社会图景。

这事实上代表了越国社会发展的不同阶段,其原因相当复杂,但最重要的因素应是与外界交流的变动。西周早中期时,浙南为中原原始瓷的主要来源地之一。随着西周中期以来淮夷叛周,南方与周王朝的联系就此隔断,浙南闽北的铜器墓迅速衰落,浙北与外界交流的范围也随之锐减,至春秋晚期以前主要局限于江南地区。由于供应对象的变化,浙北逐渐成为地区陶瓷器的主要流通中心,其产品多具地方特色,少见外来文化的影响。而春秋晚期以来,越国与外界联系不断增强,受中原及秦楚文化影响,高等级墓葬不断涌现,②以坡塘M306、安吉龙山D141M1为代表的墓葬中出现徐、楚等地的文化因素,原始瓷器类、形制、纹饰等受其影响发生较大变化,出现大量仿铜原始瓷礼乐器,表现出对中原礼制的极力模仿与推崇。中原盛行的厚葬之风也传播至越地,直接要求提升仿铜原始瓷礼乐器的产量,促使战国时期原始瓷生产高度发展,③表明这一时期在对外交流的范围明显扩大的同时,交流的深度也在不断深化。来自中原文明的冲击打破了原有的停滞状态,推动越国社会不断融入中原文化圈,步入新的发展阶段。

---

① 张敏:《越国玉器的等级研究》,《东南文化》2011年第4期。
② 孙华:《绍兴印山大墓的若干问题——读〈印山越王陵〉札记》,《南方文物》2008年第2期。
③ 陈元甫:《浙江地区战国原始瓷生产高度发展的原因探析》,《东南文化》2014年第6期。

论沂水纪王崮 M1 的年代和墓主

冯 峰

（中国国家博物馆）

　　山东沂水纪王崮 M1 被公认为春秋时期大墓，但对其细致年代的判断学界分歧较大，墓主之国别和身份更是众说纷纭。在墓葬资料陆续公布，尤其是《沂水纪王崮春秋墓出土文物集萃》①（以下简称《集萃》）出版后，已有足够条件对墓葬年代作出较准确推断，且有必要在断代的基础上结合历史背景对墓主的国别和身份再作审视。

一

　　纪王崮 M1 的年代目前有"公元前 620 年左右"、②"春秋中晚期之交"、③春秋晚期④和"不会早于春秋晚期或者'春战之际'"⑤等几种认识。从墓葬出土器物的特征看，其年代当在春秋中期，且下距春秋晚期尚有一定时段。⑥

　　墓葬所出华孟子鼎（M1∶874，《集萃》1）是西周中晚期流行的浅垂腹立耳蹄足鼎（如师汤父鼎、克鼎、逨鼎等）在春秋时期的延续，盖面和器身分别饰窃曲纹和变形龙纹（或归入窃曲纹）。无论从器形还是纹饰看，都不晚于春秋中期；有学者推测作器者华孟子为齐桓公之内宠、公子雍之母宋华子，⑦不无可能。

　　邛（江）伯厚之孙鬻君季恩鉴盂（M1∶53，《集萃》19）为江国之器。春秋时期淮水流域诸国各级君长多自称"某君"（如黄国国君称"黄君"，其分支君长有"㑔君""马颈君"等⑧），

---

① 山东省文物考古研究所等编著，郝导华主编：《沂水纪王崮春秋墓出土文物集萃》，文物出版社，2016 年。
② 任相宏、邱波：《山东沂水天上王城出土芈孟子鼎、鬻君季󰀁盂铭考略》，《中国文物报》2012 年 8 月 17 日第 6 版。
③ 郝导华：《沂水纪王崮春秋墓概述》，山东省文物考古研究所等编著，郝导华主编：《沂水纪王崮春秋墓出土文物集萃》，文物出版社，2016 年。
④ 山东省文物考古研究所等：《沂水县纪王崮春秋墓》，《考古》2013 年第 7 期；山东省文物考古研究所等：《沂水县纪王崮一号春秋墓及车马坑》，山东省文物考古研究所编：《海岱考古》第六辑，科学出版社，2013 年。
⑤ 张学海观点，见《山东沂水春秋古墓墓主锁定莒国国君》，《齐鲁晚报》2012 年 4 月 23 日。
⑥ 春秋、战国分界之年定在公元前 453 年最为合理，春秋早期为公元前 770 –前 665 年，春秋中期为公元前 664 –前 559 年，春秋晚期为公元前 558 –前 453（或前 454）年。见刘绪：《晋与晋文化的年代问题》，《文物季刊》1993 年第 4 期。
⑦ 以华孟子为宋华子之观点，可参看林沄：《华孟子鼎等两器部分铭文重释》，《吉林大学古籍研究所建所 30 周年纪念论文集》，上海古籍出版社，2014 年，所引网络发文情况。
⑧ 冯峰：《枣庄东江墓地出土金文人名三题》，《齐鲁文化研究》第十二辑，泰山出版社，2012 年。

"鄵君"应为"江君"之下的分支君长。① 有学者指出制器年代不晚于江灭亡之年(公元前623年)②。

附耳圈足盘(M1∶874,《集萃》21)盘壁饰正反相扣的顾首龙纹,圈足饰垂鳞纹,耳外侧有变形蝉纹,形制近似洛阳中州路 M2415 所出双首龙纹盘,所饰顾首龙纹和蝉纹见于曲阜鲁故城 M201 所出兽首耳盆。③ 中州路 M2415 和鲁故城 M201 均出土立耳外撇、三足内聚之鼎和兽首耳盆,是同一时期墓葬,李学勤将前者定为"春秋中期偏早"墓,④已基本得到公认。春秋时期附耳圈足盘之流行时代一般早于附耳三蹄足盘,如滕州薛故城春秋墓,较早的 M1 随葬附耳圈足盘,较晚的 M2、M4 随葬附耳三蹄足盘;⑤薛故城 M2、M4 时代为春秋中期晚段,或可晚至春秋中期末,⑥较早的薛故城 M1 的时代可能早至春秋中期早段。附耳三蹄足盘替代附耳圈足盘的时期大约在春秋中期早、晚段之际。

铜枳(或称"鍸",M1∶45、47、151,《集萃》11-13)均双耳,敛口较甚、腹较深。此类特征之器时代较早,形制相近者可举出中州路 M2415 所出枳。

浴缶一组 7 件(M1∶133、136、138-141、143,《集萃》20),形制、纹饰基本相同,捉手以斜线凸棱为缘,有倒"凸"字形缺口;双耳有多道小凸棱;盖缘和器身均饰蟠螭纹,夹以斜线凸棱。几乎相同的浴缶见于湖北襄阳沈岗 M1022(图一,1);⑦相同的浴缶捉手(图

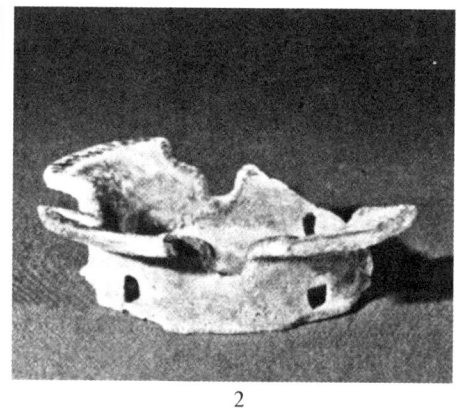

图一 沈岗 M1022 和下寺 M8 出土浴缶
1. 沈岗 M1022∶5 2. 下寺 M8∶7

---

① 江国国君称"江君",见邛(江)君妇龢壶铭文(《殷周金文集成》9639)。
② 任相宏、邱波:《山东沂水天上王城出土芈孟子鼎、鄵君季㝬盂铭考略》,《中国文物报》2012年8月17日第6版;任相宏:《沂水纪王崮施工出土的青铜汤鼎和取暖器》,山东省文物考古研究所等编:《青铜器与山东古国学术研讨会论文集》,上海古籍出版社,2017年。
③ 中国青铜器全集编辑委员会:《中国青铜器全集·第9卷东周(三)》,文物出版社,1997年,图版五三。
④ 李学勤:《东周与秦代文明》(增订本),文物出版社,1991年,第21页。
⑤ 山东省济宁市文物管理局:《薛国故城勘察和墓葬发掘报告》,《考古学报》1991年第4期。
⑥ 薛故城 M2、M4 所出 7 件一组的附耳盖鼎形制、纹饰近似枣庄徐楼 M1 所出宋公固(宋共公,公元前 588-前 576 年在位)所作鼎,后者同出之盘亦为附耳三蹄足盘,两墓时代相当。徐楼资料见枣庄市博物馆等:《山东枣庄徐楼东周墓发掘简报》,《文物》2014年第1期。
⑦ 襄阳市文物考古研究所:《湖北襄阳沈岗墓地 M1022 发掘简报》,《文物》2013年第7期。

一,2)还见于河南淅川下寺M8,①为被盗残存品。上述浴缶应是同一时代的产物。② 下寺楚墓是春秋时期蒍氏家族之墓地,男性主墓按时代早晚,依次为M8、M36、M2、M10、M11,墓主为蒍氏连续五代人。其中M2墓主是曾任楚令尹的蒍子冯(卒于公元前548年)。M36与M2,M8与M36,出土器物特征均有一定差别,时代上大概各有三十年左右的差距。③ 学者推测M8及其并穴合葬墓M7的时代"上限可早至公元前620年左右"、下限在公元前600年左右,④可从。因此7件浴缶的制作年代大致在公元前620–前600年。

需要指出的是,墓葬出土7件一组的附耳平盖鼎(M1:115、121、127–129、131、132,《集萃》3)曾被认为时代可晚至春秋晚期。但在淮水流域及邻近地区,附耳平盖出现较早。⑤ 7件鼎盖面有曲尺形钮,扁腹,蹄足较矮,耳外侧饰点状纹;同出汤鼎(M1:871,《集萃》4)足部形制近似盖鼎,附耳外侧亦有点状纹。风格相近之器多见于安徽江淮地区,⑥耳外侧饰点状纹的风格在今山东地区也较常见,⑦时代基本不晚于春秋中期。盖鼎和汤鼎三足均内聚,正是时代较早的特征。

由上可知,与纪王崮M1铜器风格近似之器物,所出墓葬年代均在春秋中期,更具体一点说,约在春秋中期早、晚段之际或稍早。纪王崮M1也应形成于此时期,公元前620–前600年是最可能的年代范围。

二

关于纪王崮M1墓主的国别(族属)和身份目前主要有三种认识:莒国国君、⑧纪国国君(纪侯)、⑨中叚氏。⑩

莒君说主要基于纪王崮M1与被认为是莒君墓的沂水刘家店子M1的比较,认为两座墓葬有着"统一的文化特征"("南北长东西宽,拥有南、北器物箱",北器物箱内发现包括两件镈于在内的大量青铜乐器,有殉人),出土器物"很相似"、"造型较为一致",证明它们"同族或同国";纪王崮M1随葬鼎、鬲显示出墓主"相当于'国君'的身份",随葬成组的乐

---

① 河南省文物研究所等:《淅川下寺春秋楚墓》,文物出版社,1991年,图版五:2。
② 纪王崮M1:128鼎鼎盖与沈岗M1022:2鼎鼎盖上的纹饰相同;下寺M8和沈岗M1022出土铜鼎形制很接近,且主纹饰均为近于波带纹的变形蟠螭纹,也是三座墓时代相当的证据。
③ 下寺M36出土一件鄀子妆戈,完全相同的器物见于枣庄徐楼M2,徐楼M2与出土宋公固鼎的徐楼M1为并穴合葬墓,时代约早于下寺M2约二三十年,可为旁证。
④ 刘彬徽:《楚系青铜器研究》,湖北教育出版社,1995年,第48–50页;刘彬徽:《江汉淮间春秋青铜器研究》,罗运环主编:《楚简楚文化与先秦历史文化国际学术研讨会论文集》,湖北教育出版社,2013年。
⑤ 山东枣庄东江墓地盗掘出土5件附耳盖鼎,时代不晚于春秋早中期之际,是附耳盖鼎之较早者。
⑥ 安徽大学等编:《安徽江淮地区商周青铜器》,文物出版社,2014年。已有学者指出纪王崮M1盖鼎和汤鼎形制近于安徽舒城河口春秋墓所出同类器,见任相宏:《沂水纪王崮施工出土的青铜汤鼎和取暖器》,山东省文物考古研究所等编:《青铜器与山东古国学术研讨会论文集》,上海古籍出版社,2017年。
⑦ 滕州薛故城M1,长清仙人台M6、M4均出有耳外侧饰点状纹的立耳鼎。
⑧ 张学海观点,未成文,可参看《山东沂水春秋古墓墓主锁定莒国国君》,《齐鲁晚报》2012年4月23日;乔显佳:《莒国国君为何葬于远方高山》,《走向世界》2012年第16期。
⑨ 任相宏:《沂水纪王崮与纪侯大去其国》,《庆祝李伯谦先生八十华诞论文集》,科学出版社,2017年。
⑩ 王恩田:《华孟子鼎考释》,《商周铜器与金文辑考》,文物出版社,2017年。

器,车马"可能原有10辆",可肯定墓主是"莒国国君级的人物";纪王崮M1也在今沂水县境内,地处齐、莒分界线以南的莒国境内,虽远离"莒国都城——现在的莒县县城"长达50公里左右,但"莒国国君的墓葬多是如此"。

纪君说基于清《沂水县志》记载的关于纪王崮的民间传说(康熙《沂水县志》中载"相传纪侯去国居此",道光《沂水县志》中载"相传纪子大去其国居此"),认为墓主是大去其国之纪侯的继任者。

中叚氏说的主要依据是华孟子鼎铭文("华孟子作中叚氏妇中子媵宝鼎"),认为"纪王崮是中叚氏的都城","是国内年代最早的、也是唯一的城堡式国家"。

上述三说中,纪君说所据文献时代太晚,参考价值有限;中叚说所据墓葬只出土3件有铭铜器,作器者互不相同,仅凭其中之一就认定墓主,证据明显不足;相较之下,莒君说最为合理,实际也最有可能,但证据需进一步完善和修正。

刘家店子M1①的确是判断纪王崮M1墓主身份的关键。该墓规模宏大,出土"莒公"之戈和"公"之簋、壶,墓主为莒君无疑。纪王崮M1和刘家店子M1在葬俗和随葬器物组合上有明显相近之处,最重要的是:墓向东偏北,有南、北两个器物箱,有殉人;随葬铜容器多有7件一组者(如刘家店子的簋、壶,纪王崮的铺、浴缶),铜乐器均包括2件镈于和1件钲,陶器只有带盖的罐;车马坑随葬鼎、鬲、盆(敦)等铜容器。这是判断纪王崮M1为莒墓的最重要证据。

纪王崮M1出土的部分青铜器,特征近似沂水刘家店子及莒县、莒南的春秋莒墓所出同类器,是其为莒墓的佐证。如铜匜(《集萃》23),三足,流上扬较甚,扇形鋬,形制近似之器见于沂水刘家店子墓,②莒县长岭M1、上茶城春秋墓。③ 铜盘(《集萃》22),素面,无沿,厚壁,两侧有耳,衔环,风格近于莒县于家沟春秋墓所出者。④ 铜敦(《集萃》9、10),呈盒形,盖顶较平,器身和器盖各有两个环形耳,此类敦还见于莒县于家沟春秋墓、⑤王家山春秋墓,是一类地域性极强的器物。⑥ 铜瓠壶(《集萃》15),素面,风格近似莒县于家沟春秋墓所出莒大叔之孝子平壶。⑦ 贯耳圆壶(《集萃》14)和附耳平盖鼎形制均近于莒县天井汪春秋墓所出者。⑧ 铜镈(《集萃》28),钮作桥形,具有地方特色,同类镈还见于沂水刘家店子M1和莒南大店M1。⑨

纪王崮位于今沂水县城西北约30公里,近沂水县与沂源县交界处,南距刘家店子大约30公里;临淄位于其正北,直线距离约100公里。春秋时期莒、齐南北对峙,其间原有

---

① 山东省文物考古研究所、沂水县文物管理站:《山东沂水刘家店子春秋墓发掘简报》,《文物》1984年第9期。
② 山东博物馆:《考古山东》,青岛出版社,2013年,第94页。该器可能出自刘家店子M2。
③ 长岭、上茶城、王家山等墓铜器曾于2015年12月在莒州博物馆展出。
④ 刘云涛编著:《莒县博物馆》,文物出版社,2015年,第136页。
⑤ 中国青铜器全集编辑委员会:《中国青铜器全集·第9卷·东周(三)》,文物出版社,1997年,图版七一。
⑥ 春秋晚期的莒南大店仍出土有盒形敦,但多出三个环钮。
⑦ 中国青铜器全集编辑委员会:《中国青铜器全集·第9卷·东周(三)》,文物出版社,1997年,图版七六。
⑧ 鲁文生主编:《山东省博物馆藏珍·青铜器卷》,山东文化音像出版社,2005年,第42页;苏兆庆等:《莒县文物志》,齐鲁书社,1993年,第202页。
⑨ 《中国音乐文物大系》总编辑部:《中国音乐文物大系·山东卷》,大象出版社,2001年,第44、45页。

一谭国(金文作"寻"),①公元前684年谭灭于齐后,两国即全面接壤了。春秋中期以后,莒的西、南方尚存在一些独立或半独立的小政权,但在北方面对齐这样的霸主和强权,此类小政权几无生存空间。纪王崮M1既位于齐南,又与刘家店M1文化特征相同,相距也不太远,其为莒墓当无疑问。位于纪王崮西北约30公里的沂源姑子坪遗址,周代文化遗存可分三期:第二期以M2为代表,时代为"西周晚期到春秋早期",具有"莒文化或土著文化特点";第三期以H1为代表,时代为"春秋中期偏晚阶段",具有典型的"齐文化"因素。② 姑子坪M2为春秋早期墓,东向,有与棺椁并列的器物箱;后来发掘的M38③有同样特征,时代已至春秋中期早段。这两座墓葬文化特征近似纪王崮M1、刘家店子M1,很可能是莒墓。可见,今沂源地区应属齐、莒拉锯之地带,距离不远的纪王崮一带,当时可能已邻近两国边境。

在规模和等级上,纪王崮M1和刘家店子M1较为接近。后者现存墓口东西长8米、南北宽12.8米,面积约102平方米;车马坑破坏严重,宽4.5米,长据推测不少于20米左右,有可能达40米。前者形制比较特殊,墓室和车马坑凿建在一个长方形岩坑中,有东、西二层台;墓室与车马坑交接处遭破坏,墓室现存口部(含二层台)据推测东西长约13米,南北宽超过10米,面积超过130平方米;车马坑部分除去二层台宽约5米,长近30米。前者有三重棺椁(发掘者称"两椁一棺");后者墓主近身有三重棺椁(发掘者称"内椁""外棺""内棺"),围绕"内椁"和器物箱还有一层长9.24米、宽5米的"外椁"。后者墓室内随葬铜容器55件(包括铜鼎16件)、铜乐器38件(镈6件、编钟20件、铃钟9件、錞于2件、钲1件);前者墓室出土铜容器50件(包括铜鼎14件)、铜乐器25件(镈4件,甬钟9件,钮钟9件,錞于2件,钲1件)。可见,在墓室规模方面,纪王崮M1不亚于刘家店子M1,甚至更宏大一些。随葬器物方面,刘家店子M1略胜一筹,但这种差距总体上看并不大。纪王崮M1墓室随葬铜容器总量仅比刘家店子M1少5件;单组"成列"铜鼎数量虽较少,却出有两组;华孟子鼎(高59.5厘米、口径55.5厘米)形体大于刘家店子M1所出最大之鼎(高48厘米、口径43厘米)。纪王崮M1出土镈和甬钟数量少于刘家店子M1,但在体量上却更为突出,镈通高达42.5-51厘米,甬钟通高32.1-58.6厘米;刘家店子M1所出较大的4件镈通高仅36.3-44.1厘米,甬钟通高24.3-46.6厘米。④ 周代同一级别墓葬在墓室规模和随葬品组合、数量方面有所差异是正常的,一方面,实际的规定(所谓"礼制")未必非常严格;另一方面,墓主生前经历、死亡状况和死后政局不同,也会对墓葬产生影响。⑤ 周文

---

① 冯峰:《"海岱朝宗"展品小记四则》,王春法主编:《海岱朝宗:山东出土古代文物菁华》,北京时代华文书局,2019年。
② 山东大学考古系等:《山东沂源县姑子坪遗址的发掘》,《考古》2003年第1期;山东大学考古系等:《山东沂源县姑子坪周代墓葬》,《考古》2003年第1期;任相宏:《山东沂源县姑子坪周代遗存相关问题探讨》,《考古》2003年第1期。
③ 崔圣宽等:《山东沂源姑子坪发掘周代墓葬》,《中国文物报》2006年3月24日第2版。
④ 《中国音乐文物大系》总编辑部:《中国音乐文物大系·山东卷》,大象出版社,2001年,第44、45页。
⑤ 如《左传》隐公五年,臧僖伯因生前劝谏鲁隐公而葬加一等。《左传》僖公四年:"凡诸侯薨于朝、会,加一等;死王事,加二等。"许穆公由此葬加二等。《左传》襄公二十五年,齐庄公遇弑,薄葬。《史记·齐世家》载齐桓公四十三年十月卒,死后齐内乱,桓公"尸在床上六十七日",次年(孝公元年)八月乃葬。葬礼势必会受很大影响。

化中心区域之外的墓葬差异可能更为明显。因此,纪王崮 M1 和刘家店子 M1 在随葬品方面的差异,不足以判断墓主为不同等级的人物。值得注意的是,春秋时期沂沭河流域(莒地及邻近地区)发现的大型墓葬均设有器物箱(或器物坑),大多只有一个,位于棺椁南侧或北侧。只有刘家店子 M1 和纪王崮 M1 有南、北两个器物箱,可能正是等级的体现。

综上,纪王崮 M1 应为春秋莒墓,等级与刘家店子 M1 接近,很可能是莒的最高统治者——莒君(莒公)之墓。那么墓主是哪一位莒君呢?结合墓葬时代和文献记载,可知莒纪公的可能性最大。

莒君在《春秋左传》中被称为"莒子",始见于《左传》隐公二年(公元前 721 年)。名号可知者最早是莒兹丕公(名期),见于《左传》僖公二十六年(公元前 634 年)、僖公二十八年(公元前 632 年)。其次是莒纪公(名庶其),仅见于《左传》文公十八年(公元前 609 年),为太子仆所弑。再次为莒渠丘公(名朱),始见于《左传》成公八年(公元前 582 年),成公十四年(公元前 577 年)记其卒。上文已经指出,纪王崮 M1 时代为春秋中期,最可能的时代范围是公元前 620 -前 600 年,莒纪公卒于公元前 609 年,时间上最为符合,他最可能是纪王崮 M1 的墓主。当然,兹丕公之卒年,纪公之即位年,兹丕公和纪公、纪公和渠丘公间是否有其他莒君,均不能确定;因此墓主不排除是兹丕公(有可能卒于公元前 620 年前后或更晚)或某一未知莒君(如季佗)的可能。①

纪王崮 M1 的南部,尚有一座已开凿但未完工的墓葬(M2),②与 M1 的早晚关系不明。它可能是 M1 墓主原定之墓圹,后因故改变计划;也可能是为埋葬其他人所开凿,但因种种原因被迫放弃。

纪王崮之得名,民间传说与纪侯避难于此有关,现在看来更可能与莒纪公葬于此有关。果真如此,那么这一名称流传至今,也是一件神奇的事。

三

纪王崮 M1 墓主为莒君之说在学界引起争议,主要在于墓葬远离公认的莒都——今莒县县城一带。反对者认为周代国君一般葬于都城内或都城附近,墓葬不可能远离都城。赞同者则认为,考古发现表明莒君墓多距都城较远(如沂水刘家店子和莒南大店之墓),不能因此否认其性质。这一问题在刘家店子 M1 发掘时即已引起困惑。发掘者一方面承认刘家店子 M1 "墓主似应是莒国国君",另一方面又认为"从地望看,莒侯死后埋葬到远离国都的边鄙,也令人很难理解",故疑其为"密邑的封君"。③ 现在看来,刘家店子 M1 是莒君(莒公)无疑,说它位于"远离国都的边鄙"则是有疑的,所谓纪王崮 M1"远离都城"也是如此。

---

① 莒纪公被太子仆所弑的主要原因是他欲废太子而立季佗,太子杀纪公后奔鲁,莒由谁即位未见记载,季佗是可能的人选,有人认为季佗就是莒渠丘公,但缺乏证据。渠丘公与纪公关系不明。
② 吕凯、尹纪亮、郝导华:《山东沂水纪王崮二号墓发掘取得重要收获》,《中国文物报》2014 年 1 月 31 日第 8 版。
③ 山东省文物考古研究所、沂水县文物管理站:《山东沂水刘家店子春秋墓发掘简报》,《文物》1984 年第 9 期。

目前无论哪种认识都有一个前提,即莒国都城在今莒县一带。但这一前提恰恰是有问题的,并不被文献记载所支持。

春秋时期,诸侯都邑通常称为"国",另有一类"有宗庙先君之主"的邑称为"都","都"的政治地位次于"国",城的规模依制也要小不少,①如鲁之"国"为鲁,"都"则有费、郈、郕等,为卿(三桓)之封邑。莒的情况似乎比较特殊。从《左传》成公九年(公元前582年)的记载看,莒至少有三"都",其中包括一直被认为是都城的莒邑:

> 冬,十一月,楚子重自陈伐莒,围渠丘。渠丘城恶,众溃,奔莒。戊申,楚入渠丘。……楚师围莒。莒城亦恶,庚申,莒溃。楚遂入郓,莒无备故也。君子曰:"……莒恃其陋,而不修城郭,浃辰之间,而楚克其三都,无备也夫!……"

可见在渠丘、莒、郓三邑中,莒邑并未显示出特殊地位,而是与其他二邑并称为"都"。这里存在两种可能:一是三邑均非"国","国"另有所在;二是莒的政制特殊,有多个称作"都"的政治中心,而不存在一个"国"。第二种可能更接近事实。

《左传》成公八年(公元前583年):

> 晋侯使申公巫臣如吴,假道于莒。与渠丘公立于池上,曰:"城已恶。"莒子曰:"辟陋在夷,其孰以我为虞?"

此段乃述楚伐莒前一年之事。对比两段记载可知,成公八年巫臣所至城邑即渠丘。这是因为,成公九年先言"围渠丘""渠丘城恶""入渠丘",正接八年"城已恶"之说;后言"围莒""莒城亦恶",则说明此邑并非莒邑。这里透露出一个重要信息,即莒渠丘公应居于渠丘,因此在渠丘会见巫臣,其称"渠丘公"正是与此有关。春秋时期莒君之称号特殊,早已引人注意。杜预说:"莒夷无谥,故有别号。"②孔颖达注意到渠丘公"以邑名为号",但"不知其故何也"。③《左传》记载的莒君先后有兹丕公、纪公、渠丘公、犁比公、著丘公、郊公、共公,除了"渠丘"外,"纪"也可确定是地名,即莒的纪邑(纪鄣),见于《左传》昭公十九年(公元前523年):

> 秋,齐高发帅师伐莒,莒子奔纪鄣。使孙书伐之。……七月丙子,齐师入纪。

由此看来莒纪公也是"以邑名为号",其他如著丘和郊从字面看也应为地名,可类推兹丕、犁比、共都是地名。

如何理解莒多"都"和莒君"以邑名为号"的现象?春秋时期楚君的一类特殊称谓"×敖"具有重要的参考价值。楚之"×敖"共五位:若敖、霄敖、堵(杜)敖、郏敖、訾敖。若敖和霄敖为楚之先公(金文称"楚公");堵敖、郏敖、訾敖都曾为楚王,但死亡均不正常(被杀

---

① 《左传》隐公元年,"先王之制,大都不过三国之一,中五之一,小九之一。"庄公二十八年,"凡邑,有宗庙先君之主曰都,无曰邑。"
② (清)阮元校刻:《十三经注疏·春秋左传正义》,中华书局,1980年,第1861页。
③ (清)阮元校刻:《十三经注疏·春秋左传正义》,中华书局,1980年,第1905页。

或自杀)。"敖"的含义不明,①"敖"前一字则为地名,具体说应是葬地。《左传》昭公元年(公元前541年)载,王子围(后来的楚灵王)杀楚王熊员后"葬王于郏,谓之'郏敖'";《左传》昭公十三年(公元前529年)载,曾为楚王的王子比(子干)被迫自杀后,楚平王"葬子干于訾,实'訾敖'"。至于若敖,杜预说他是"楚武王之祖父,葬若敖者",②已指出其名号与葬地有关。《清华简·楚居》载:

> 若嚻(敖)酓(熊)义(仪)遟(徙)居箬。至焚(蚡)冒酓(熊)陈自箬遟(徙)居焚。至宵(霄)嚻(敖)酓(熊)鹿自焚遟(徙)居宵。至武王酓(熊)髪自宵(霄)遟(徙)居免……③

可知,楚自若敖至宵敖连续三代迁居,其葬地在其居地是很合理的。莒君的情况很可能也是如此,一方面,不同的莒君生前居于不同的城邑,故莒存在多"都",而没有固定的政治中心;④另一方面,莒君死后葬于其所居之地,其名号也由此而来,因此不存在集中埋葬的兆域。这就能解释为何考古发现的莒君墓——刘家店子M1、纪王崮M1远离今莒县县城,为何它们埋葬如此分散。但需要指出的是,莒君名号涉及之地,未必一定是"都",不排除其中一些是附属于"某都"的较小的邑。

莒纪公以"纪"为号,则其葬地应在"纪",即莒的纪邑(纪鄡)。"纪"可能是众"都"之一,杜预将之与"东海赣榆县东北有纪城"联系起来,如此则其地望已进入今江苏省境,显然非齐师之所及。现在看来,纪邑的遗址可能要在纪王崮一带寻找了。

刘家店子M1鬲	 纪王崮M1:42壶
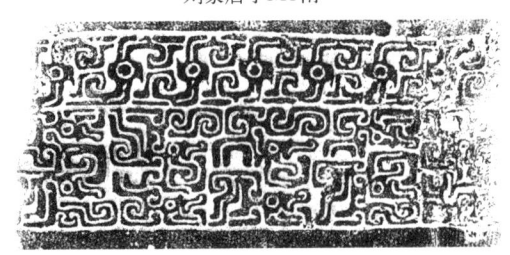 刘家店子M1:33壶	 纪王崮M1:104铺

图二 刘家店子M1和纪王崮M1纹饰的比较

---

① "敖",或以为楚语丘陵,或以为酋豪之义。参看顾颉刚:《史林杂识初编》,中华书局,1963年,第212页。
② (清)阮元校刻:《十三经注疏·春秋左传正义》,中华书局,1980年,第1824页。
③ 李学勤主编:《清华大学藏战国竹简(壹)》,中西书局,2011年,第181页。
④ 直到战国时期,楚王仍常迁徙,其所居之地均称"郢",莒之多"都"正与之相近。

有必要谈一下刘家店子 M1 的墓主。从出土铜器的特征看,墓葬时代虽也在春秋中期,但要略早于纪王崮 M1,墓主应是一位早于莒纪公的莒君(莒公)。刘家店子 M1 所出铜鼎均为立耳鼎,无附耳平盖鼎,出土有铜盆,未见盖顶较平的平底敦,应是其时代较早的表现。所出黄太子伯克盆为黄器,虽未必说明墓葬早于黄亡之年(公元前 648 年),但暗示其时代更接近公元前 7 世纪中叶。纹饰方面,刘家店子 M1 较有特点的一类纹饰是顾首、卷尾上扬的龙纹(图二),①见于山东长清仙人台 M6,②不见于纪王崮 M1;纪王崮 M1 常见一种"㠯"形龙纹(或称蟠螭纹),③这一纹饰直到春秋晚期都很流行,但未见于刘家店子 M1,两种龙纹早晚关系较明确。纪王崮 M1 出土素面器物较多,如鬲、敦、瓠壶、盘,也是其时代较晚的表现。早于莒纪公的莒君,目前只知有兹丕公,其即位年和卒年皆不详(即位年早于前 634 年,卒年晚于前 632 年)。因此只能说,刘家店子 M1 墓主可能是莒兹丕公,也可能是早于兹丕公的一代莒公。还需要提及的是莒南大店 M2,该墓以往多被定为莒君之墓,甚至有人认为墓主是兹丕公,④但从其残存器物的特征可知时代不早于春秋中期晚段,晚于刘家店子 M1 和纪王崮 M1,墓主不可能是兹丕公。大店 M2 所出编钟的器主莒叔之仲子平(即于家沟春秋墓出土瓠壶之作器者"莒大叔之孝子平")应该就是墓主,他是某位莒公之母弟,莒叔(莒大叔)之子,是莒的高等级贵族。

附记:张闻捷《山东沂水纪王崮春秋墓礼乐制度初探》(《中国国家博物馆馆刊》2021 年第 5 期)认为纪王崮 M1 是春秋中期偏晚莒国高等级贵族墓,并对其礼乐制度进行了细致的分析,值得重视。

---

① 图二刘家店子两图采自李伯谦主编:《中国出土青铜器全集·6 山东下》,科学出版社、龙门书局,2018 年,第 252、293 页。
② 李伯谦主编:《中国出土青铜器全集·6 山东下》,科学出版社、龙门书局,2018 年,第 288 页。
③ 图二纪王崮两图采自李伯谦主编:《中国出土青铜器全集·6 山东下》,科学出版社、龙门书局,2018 年,第 296 页;山东省文物考古研究所等编著,郝导华主编:《沂水纪王崮春秋墓出土文物集萃》,文物出版社,2016 年,第 79 页。
④ 山东省博物馆等:《莒南大店春秋时期莒国殉人墓》,《考古学报》1978 年第 3 期。

战国遣策与楚地墓葬所见的赗赙现象新探

谢雅妍

（香港文化博物馆）

两周时期葬礼所体现的礼制，既是当时身份等级秩序的反映，也对后世葬制产生深远影响，意义极为重要。但两周墓葬中，随葬品来源实际上十分复杂，既有墓主生前所制作或拥有之物，同时也有亲友同僚所赠送的物品。后人利用文献记录，一般将他人送葬的现象称作"赗赙"。自1953年起楚地先后出土了20批与随葬品相关的简牍，学界概称为"遣策"，大大补充了"赗赙"在传世文献中的朦胧记载。目前学界利用战国楚墓的出土资料研究文献中的赗赙现象也取得一定成果。基本的共识是，传世文献的记载与考古资料不完全相符；而考古出土随葬品与简牍所载也存在差异。然而，以往研究一直未有细究这些差异的内容。例如，实际出土的随葬品与遣策记录所载者孰多孰少？不同性质的记录存在差异的话，是否又具一定规律？传世文献由于其错综复杂的成书与编纂过程，在以往研究中一般仅被用作论述赗赙现象的楔子。而简牍材料所载异于考古出土实物，一般也被简单当作漏记失误所致。记录两周史事的传世文献多为后人追述，诚然在使用时需要经过若干处理。而丧葬本身又涉及多重礼仪环节，出土文献所载不能与考古资料完全吻合，也是情理之中。然而，在未系统梳理不同书写载体（如果考古记录也属于一种"书写载体"）记录的差异前，仅仅因传世文献或出土文献所载与考古资料不同，而轻视前两者的记录未免过于轻率。考以多方线索，也许能得出更贴近实际的历史观察。同时，赗赙又属当时丧葬礼制一环，对比不同相关材料，并考察丧家与送葬者之关系，或为了解赗赙现象、遣策和相关礼制的一个新切入点。本文拟先重新梳理文献有关赗赙现象的内容、文书和仪式的记载，继而整理及统计遣策记录和考古实物出土的随葬品种类与数量；通过比对传世文献、出土文献和出土实物三者有关赗赙现象的情况，重新认识战国时期的丧葬礼制与相关文书的面貌。

一、传世文献与出土材料中的"赗赙"

诸家和传世文献对与"赗赙"相关的名称及术语说法纷纭，梳理相关记录，也有助我们在下文中进一步结合墓葬材料考察赗赙相关的礼制。因此，在详细分析考古材料前先定义相关词汇,并介绍若干以往研究中的基本共识。

1. 释"赗赙"

以往研究中,一般以"赗赙"作为送葬行为的统称。2002年曹玮先生在《东周时期的赗赙制度》中以出土资料结合文献论述墓葬中所见的"赗赙"现象,基本为这一方面的奠基之作。① 论到"赗赙",前人研究多以《荀子·大略》作为引子:

> 货财曰赙,舆马曰赗,衣服曰禭,玩好曰赠,玉贝曰唅。赙赗所以佐生也,赠禭所以送死也。送死不及柩尸,吊生不及悲哀,非礼也。故吉行五十,奔丧百里,赗赠及事,礼之大也。②

《大略》将送葬品的种类按性质分为"赙"(货财)、"赗"(车马)、"禭"(衣服)、"赠"(玩好)、"唅(含)"(玉贝)五种。"赙"、"赗"是为了协助生者举行葬礼,"赠"、"禭"则作为对死者的最后致意。在其他传世文献中也见贵族间致送个别送葬品的叙述,③亦会组合几种送葬品作为送葬行为的统称,如"赗赙"、④"赙赗"、⑤"赗禭"、⑥"赙赠"、⑦"含禭币玉"、⑧"赗赙承(赠)含"。⑨ 唐代《通典》虽有《赗赙》一章讨论周、唐两代送葬之制,⑩唐以后也似乎并未统一称为"赗赙"。⑪ 纵观传世文献,"赗赙"一词可能并未被习用,只是上述曹文以后,学界始习用"赗赙"一称。⑫ 前人研究也曾概之以"助丧"⑬或"助葬"⑭行为,但

---

① 曹玮:《东周时期的赗赙制度》,《考古与文物》2002年第6期,第39-42页。
② 王先谦:《荀子集解》卷十九,中华书局,1988年,第492页。
③ 如隐公元年,周王使宰咺归鲁惠公、夫人仲子之赗;文公九年,秦人归鲁僖公、夫人成风之禭。见孔颖达:《春秋左传正义》卷二,阮元校刻:《十三经注疏》,艺文印书馆,1965年,第32页;卷十九上,第321页。
④ "永元四年,卒。和帝以廖先帝之舅,厚加赗赙,使者吊祭,王主会丧,谥曰安侯。"见范晔:《后汉书》卷二十四,中华书局,1965年,第855页。
⑤ "王莽少与稚兄斿同列友善,兄事斿而弟畜稚。斿之卒也,修缞麻,赙赗甚厚。"见班固:《汉书》卷一百上,中华书局,1964年,第4204页。
⑥ "咸康五年薨,时年六十四。帝举哀于朝堂三日,遣大鸿胪持节监护丧事,赗禭之礼,一依汉博陆侯及安平献王故事。"见房玄龄等:《晋书》卷六十五,中华书局,1974年,第1753页。
⑦ "明帝即位,改领秘书监,又改领晋安王师。卒,遗令不受赙赠。诏赙钱三万,布百匹。子倩启遵敕不受,诏嘉美之,从其所请。"见李延寿:《南史》卷三十六,中华书局,1975年,第943页。
⑧ "凡宾客赞裸。凡受爵之事。凡受币之事。丧荒,受其含禭币玉之事。"见贾公彦:《周礼注疏》卷三,阮元校刻:《十三经注疏》,艺文印书馆,1965年,第46页。
⑨ "宜吊不吊,宜免不免,有司罚之。至于赗赙承含,皆有正焉。"见孔颖达:《礼记注疏》卷二十,阮元校刻:《十三经注疏》,艺文印书馆,1965年,第401页。
⑩ 杜佑:《通典》卷八十六,中华书局,1988年,第2331-2333页。
⑪ 唐代以后,可能更多以"赙赠"称之。笔者曾以"赙赠"为关键词,在台湾中研院史语所创建的"汉籍电子文献资料库"中搜寻,词条结果如下:《宋史》23条、《宋会要辑稿》94条、《辽史》7条、《元史》5条、《金史》27条、《明实录》40条、《明史》8条、《清实录》3条。其余"赗赙"、"赙赗"等只有零星结果。
⑫ 如杜林渊:《东汉赗赙制度研究》,《东南文化》2007年第2期,第49-54页;张源亮:《魏晋时期赗赙制度探讨》,洛阳市第二文物工作队:《洛阳汉魏陵墓研究论文集》,文物出版社,2009年,第149-179页;魏超:《商代晚期赗赙制度初探——以铜器铭文资料为中心》,陕西师范大学硕士学位论文,2014年等。
⑬ 如曹玮:《东周时期的赗赙制度》,《考古与文物》2002年第6期,第39页;曹玮:《试论西周时期的赗赙制度》,氏著:《周原遗址与西周铜器研究》,科学出版社,2004年,第165页;魏超:《商代晚期赗赙制度初探——以铜器铭文资料为中心》,陕西师范大学硕士学位论文,2014年,第1页。
⑭ 如杨华:《禭·赗·遣——简牍所见楚地助丧礼制研究》,氏著:《新出简帛与礼制研究》,台湾古籍出版有限公司,2007年,第159-181页。

"助"似较侧重协助生者的功能,并不全面。同时,也有学者将此称为"丧归制度",①以"归"通"馈"而取"馈赠"之义,唯易与"归丧"(死后葬回原籍地)混同。因此,"赗赙"在目前而言,似乎是对不同亲友送葬行为的最好统称。

2. 传世文献中送葬品种类

前文提到《荀子·大略》按物品类型将送葬品分为五类,现结合其他传世文献和出土资料,将五类送葬品的情况简述如下。

(1)"含"

有谓"玉贝曰含",含即为置于死者口中的玉或贝器。据《左传·文公五年》何休注,口含材质按死者身份等级有别(依次为珠、玉、碧、贝)。② 但实际考古发现中,却未见口含材质与身份有相应分别。③ 从时代来看,口含物在战国墓葬中较西周墓葬少见得多;且在楚地墓葬中尤为少见,现时20座出土遣策的战国楚墓均未发现口含。④ 当然,我们不排除当时有所谓的"饭含"。但因为出土简牍的墓葬等级较高,不见玉贝一类的口含,似乎也提醒了我们,《大略》或《仪礼》等传世文献所载情况不一定能在楚地完全找到对应。因此,在下文中我们将省略口含相关的问题。

(2)"禭"

"禭"是指赠予死者的衣物,按礼须整套(上衣和下衣)送赠。⑤ 而对照《礼记·檀弓下》和《左传·襄公二十九年》楚人迫鲁襄公亲禭楚康王事,"致禭"又称为"袭"。⑥ 根据仰天湖25号墓的遣策记载,许阳公、中君、何马向墓主致送衣物,可见"禭"可以在楚地墓葬中找到对应。不过,由于纺织品属有机物,出土时几乎不存或残损严重,基本上很难将出土实物与简册记录对照。⑦

(3)"赗"与"赙"

作为送葬品的"赗"与"赙",《大略》认为是送给丧家的佐生之物。"赗"是车马;"赙"为货财,协助生者治办丧礼。然而,具体的"赗"与"赙"是否有严格区分,值得斟酌。《礼

---

① 黄凤春:《楚国丧归制度研究》,《江汉考古》1999年第2期,第64-67页。
② 徐彦:《春秋公羊谷梁传注疏》卷十三,阮元校刻:《十三经注疏》,艺文印书馆,1965年,第167页。
③ 孙庆伟先生曾指出,在两周时期,庶人或以下(按:原文为"第四等级")的墓葬也有百分之十以上使用含玉,甚至比例较士一级(按:原文为"第三等级")的墓葬为多,不过较高等级的墓葬所用的玉质较好。见孙庆伟:《周代用玉制度研究》,上海古籍出版社,2008年,第246-252页。
④ 不过部分墓葬尚未发表完整的考古报告,如严仓1号墓、江夏丁家咀1、2号墓等,就目前所能见到的相关简报均不见含。
⑤ "禭者以襡,则必有裳。"见贾公彦:《仪礼注疏》卷三十六,阮元校刻:《十三经注疏》,艺文印书馆,1965年,第428页。
⑥ 孔颖达:《礼记注疏》卷十,阮元校刻:《十三经注疏》,艺文印书馆,1965年,第190-191页;孔颖达:《春秋左传正义》卷三十九,阮元校刻:《十三经注疏》,艺文印书馆,1965年,第664-665页。
⑦ 湖北江陵马山1号墓出土一件竹笥,外系一枚写有送赠者名字和送赠衣物名称的签牌,里面的丝织品保存良好,暂时是唯一在战国楚墓出土物中找到的与送赠相应且保存良好的丝织品。见湖北省荆州地区博物馆:《江陵马山一号楚墓》,文物出版社,1985年。

记·少仪》提到"赗马入庙门。赙马与其币、大白兵车,不入庙门",①两种由他人送赠的马,在进入庙门时安排各异,分野清晰,显示当时存在两种与马有关的送赠。以马赙人亦见于《礼记·檀弓上》,②可以肯定并非手民之误。③孔颖达疏《少仪》称:"此一节论赙赗之异。"并引《礼记正义》补充:

> 赗马入庙门者,以马送死曰赗,赗副亡者之意也,既送死者,故将入庙门也……以马助生营丧曰赙马。币谓以财货赙助主人丧,并用助主人之物,故不入庙门。④

似可补正《大略》对送葬品种类"赗"和"赙"的理解。首先,"以马送死曰赗","赗"者仍与车马有关,但作用不在佐生,而是送死。在下文亦可见他人所送的车马被随葬,可证其确为送死之物。其次,"以马助生营丧曰赙马",反映当时存在致送"实物"来佐生的情况,所以才说"赙"为货财:既可以是实物,也可以是货币。目前在战国遣策中不见任何以货币钱财作赙的记录。⑤ 而由于金属铸币的流通时间较后,此前所致之赙可能是能用作支付手段的实物媒介。在文献中也多见以布为赙的记载。⑥ 而上引《礼记·少仪》的"赙马",《正义》谓用以"助生营丧"。赙以实物的性质应与丧礼治办有关。据《仪礼·既夕礼》,丧礼须用车马运送棺木和随葬品到祖庙前置祭和到墓穴入圹,⑦可能是赙以车马的作用之一。送赠车马(包括其上之车马器)亦常见于战国简牍中,大体应属"赗"和"赙"的种类。

(4)"赠"

赠为玩好之物,在《既夕礼》中又称为"就器"。郑注:"就,犹善也。赠,无常,唯玩好所有。"以"就"训"善"的"喜好"之意,以通"玩好之物";同时,"就"又有"现成"意,"就

---

① 孔颖达:《礼记注疏》卷三十五,阮元校刻:《十三经注疏》,艺文印书馆,1965年,第627页。
② 原文孔子"使子贡说骖而赙之",郑注称"说"或作"税",他活反。他活反之"税"义同"脱",可理解为解下骖马赠予丧家作赙。同时,"税"有"赠送"义,皆可理解为孔子使子贡以马作赙。见孔颖达:《礼记注疏》卷七,阮元校刻:《十三经注疏》,艺文印书馆,1965年,第129页。
③ 鲁哀公二十三年,宋景公卒,季康子使冉有以马送葬。杨伯峻先生注作"季康子赙以马"。许子滨先生以礼制斠正杨注:"按礼,赙但用财物而不用马。"谓杨先生于此处误以"赙"作"赗"。诚然杨先生或一时之误,但以马作为判断"赗"或"赙"的标准恐不准确,或赗或赙,当以随葬与否为准。见杨伯峻:《春秋左传注(修订本)》,中华书局,2009年,第1921-1922页;许子滨:《杨伯峻〈春秋左传注〉礼说斠正》,香港中华书局,2017年,第537页。
④ 孔颖达:《礼记注疏》卷三十五,阮元校刻:《十三经注疏》,艺文印书馆,1965年,第627页。
⑤ 目前所见最早的以金属铸币为赙的例子只有江苏连云港尹湾M6汉墓出土的木牍七、八《赠钱名籍》,内有以"外大母"和"季母"为由的赠钱记录。学者多认为是墓主的"外大母"和"季母"举行丧事时他人的赙钱。尹湾《赠钱名籍》的部分内容各家解读各异,但对于以"外大母"与"季母"为由的赠钱,大多同意为赙钱,相关的讨论可参黎明钊:《汉代东海郡的豪族大姓——以〈东海郡下辖长吏名籍〉及〈赠钱名籍〉为中心》,《中国文化研究所学报》2000年新第9期,第67页;蔡万进:《尹湾汉墓简牍论考》,台湾古籍出版有限公司,2002年,第117-121页;高震寰:《尹湾汉简〈赠钱名籍〉八号木牍正、反排序商榷》,《早期中国史研究》2012年第4卷第1期,第61-62页。
⑥ 文献并非直接记载某人向丧家致赙布,而是提到孟献子和子硕母亲丧后,丧家如何处理赙布之余。《诗经·卫风·氓》:"氓之蚩蚩,抱布贸丝,匪来贸丝,来即我谋。"毛传:"布,币也。"郑笺:"币者,所以贸买物也。"可见布在当时是一种实物交易媒介。上述子硕事,丧子子硕将赙布之余分予族内贫者,也可见布有一定的财产价值。孟献子事见孔颖达:《春秋左传正义》卷三十四,阮元校刻:《十三经注疏》,艺文印书馆,1965年,第584页;孔颖达:《礼记注疏》卷八,阮元校刻:《十三经注疏》,艺文印书馆,1965年,第149页。子硕事见孔颖达:《礼记注疏》卷八,檀弓上》,阮元校刻:《十三经注疏》,艺文印书馆,1965年,第142页;孔颖达:《毛诗注疏》卷三之三,阮元校刻:《十三经注疏》,艺文印书馆,1965年,第134页。
⑦ 贾公彦:《仪礼注疏》卷三十八至三十九,阮元校刻:《十三经注疏》,艺文印书馆,第451、465、486页。

器"也可理解为送赠"现成的器物"予死者。王先谦注《大略》称"玩好,谓明器琴瑟竽笙之物",①则可能是乐器或与明器性质相类的器物。这类送葬品的具体情况比较模糊,当与其类无常类有关。曾侯乙墓的楚王镈钟或可视为文献中"赠"之类别。

3.《仪礼》所见的送葬者、文书与仪式

赗赙既与丧礼有关,当可从《仪礼》着手了解。《士丧礼》和《既夕礼》两篇讲述士死后的丧葬安排,而赗赙在其中涉及多重环节。《仪礼》属后人追述,具体情况可能有差;又由于材料阙如,无从稽考当时葬礼的具体情况是否如此。且先看《仪礼》的相关记载,以下我们将从出土资料中探寻相关痕迹,再作论证。

> 兄弟,赗奠可也。所知,则赗而不奠。知死者赗,知生者赙。书赗于方,若九若七若五。书遣于策,乃代哭如初……主人之史,请读赗执算……公史自西方东面,命毋哭。主人主妇皆不哭。读遣卒。命哭。灭烛出。②

在丧礼过程中,送葬者的身份可包括"兄弟"和"所知"两种人。郑玄注"兄弟,有服亲者",当是。所谓"兄弟"包括有血亲的直系和旁系亲族,以及姻亲,如配偶的父母等。而"所知"即与死者相识之人。《仪礼》分记亲属、贵族阶层和朋友的送葬礼节。吴绂曾提出《士丧礼》为有位之士的丧礼,③是故具贵族身份的送葬者可能是死者在职事上有关系的所知,与一般朋友不同。

上述文献又提到,当时的人会将随葬品记录在简册上(书遣于策),其中应包括丧家自备的随葬品和他人的送葬品;而丧家会特别在另一份木板上(书赗于方),分行记录送葬品(包括赗、赙、含、襚、赠等诸般送葬品④)。这两种文书可以分别称为"遣策"和"赗方"。由于它们均与随葬品有关,在内容上应有一定程度的重复,但见异于(1)书写目的:遣策记随葬品内容,赗书为将送葬品从遣策中区分开来;(2)书写载体:书于简册与书于板上的分别;(3)诵读仪式:遣策由公史诵读,赗方由主人之史诵读。本文暂从《既夕礼》记载,在行文中使用"遣策"和"赗方",但在下文的讨论中,将可见两者可能并不能严格区分。

4. 出土的战国"遣策"与"赗方"

在考古出土的实物中,上述的"遣策"和"赗方"似可找到若干对应。在 1952 至 1953 年,湖南长沙五里牌 406 号墓和长沙仰天湖 25 号墓出土竹简,简上多记铜、木器、丝织品

---

① 王先谦:《荀子集解》卷十九,中华书局,1988 年,第 492 页。
② 贾公彦:《仪礼注疏》卷三十九,阮元校刻:《十三经注疏》,艺文印书馆,1965 年,第 462－463、466 页。
③ 黄以周:《礼书通故》卷十,中华书局,2007 年,第 447－449 页。
④ 杨华:《襚·赗·遣——简牍所见楚地助丧礼制研究》,氏著:《新出简帛与礼制研究》,台湾古籍出版有限公司,2007 年,第 161－162 页。

等物。迄今为止,在战国楚墓中已出土了共20批相类的简牍(见表一)。① 叶恭绰先生最早将这些简册联系到《仪礼·既夕礼》而名之为"遣策",②学界亦多从其名。

表一　1952-2016年出土遣策的战国楚墓③

发掘时间	墓葬名称（斜体表示墓葬被盗）	时　期	墓主等级(身份,/为未公布)④	遣策数量(/为未公布)
1951	湖南长沙五里牌 M406	战国晚期	低	38枚
1953	湖南长沙仰天湖 M25	战国晚期	低	42枚
1957	河南信阳长台关 M1	战国中期	高(封君)	29枚
1966	湖北江陵望山 M2	战国晚期	高	66枚
1973	湖北江陵藤店 M1	战　国	中	1枚
1978	湖北江陵天星观 M1	战国中期	高(封君)	总401枚含遣策
1978	湖北随县曾侯乙墓	战国早期	高(国君)	240枚

① 学者过去整理楚墓遣策的清单,或有包括长沙杨家湾6号墓和河南新蔡葛陵楚墓的,本文未有收录,原因如下：整理者将杨家湾6号墓的年代定为战国末年到西汉初年,然而其中无论以盒代敦还是陶鼎纹饰,都较接近西汉早期随葬品特色,因此,这座墓葬年代定为战国以后似乎更为合理,故不在本文讨论范围。而新蔡葛陵楚墓出土的1 571枚竹简,整理者认为当中除卜筮祭祷记录外,还有20多枚遣策,不过,整理者并没有明言这20多枚具体的简号。徐在国、广濑熏雄、彭浩、董珊四位先生先后撰文讨论新蔡简的"遣策",其格式虽为"人名"+"受"+"X 畐"(以畐为单位的某个数量),与赗方格式相似,但所受之物却与一般送赠的物品迥异。彭、董两位提出其性质应属支取或供应某类东西的簿记而非遣策或赗方,可从。见湖南省文物管理委员会：《长沙杨家湾M006号墓清理简报》,《文物参考资料》1954年第12期,第45-46页;徐在国：《新蔡葛陵楚简札记(二)》,"简帛研究"网站,2003年12月17日,今网页已不存,内容转引自广濑熏雄：《新蔡楚简所谓"赗书"简试析》,武汉大学简帛中心：《简帛(第一辑)》,上海古籍出版社,2006年,第211-221页;彭浩：《葛陵和包山楚简的两种簿书》,"2007中国简帛学国际论坛"论文(台湾大学中国文学系、武汉大学简帛研究中心、芝加哥大学顾立雅古文字学研究中心,2007年11月10-11日);董珊：《楚简簿记与楚国量制研究》,《考古学报》2010年第2期,第171-205页。
② 见叶恭绰：《序》,史树青：《长沙仰天湖出土楚简研究》,群联出版社,1955年,第37页。
③ 依次整理自中国科学院考古研究所：《长沙发掘报告》,科学出版社,1957年;湖南省文物管理委员会：《长沙仰天湖第25号木椁墓》,《考古学报》1957年第2期,第85-94页;河南省文物研究所：《信阳楚墓》,文物出版社,1986年;湖北省文物考古研究所：《江陵望山沙冢楚墓》,文物出版社,1996年;荆州地区博物馆：《湖北江陵藤店一号墓发掘简报》,《文物》1973年第9期,第7-17页;湖北省荆州地区博物馆：《江陵天星观1号楚墓》,《考古学报》1982年第1期,第71-116页;湖北省博物馆：《曾侯乙墓》,文物出版社,1989年;湖南省博物馆：《湖南临澧九里一号大型楚墓发掘简报》,《湖南省博物馆馆刊》2011年第8辑,第108-120页;荆沙铁路考古队：《江陵秦家咀楚墓发掘简报》,《江汉考古》1988年第2期,第36-43页;湖北省荆沙铁路考古队：《包山楚墓》,文物出版社,1991年;张绪球：《宜黄公路仙江段考古发掘工作取得重大收获》,《江汉考古》1992年第3期,第89-90、57页;襄阳市博物馆、老河口市博物馆：《老河口安岗楚墓》,科学出版社,2018年;黄冈市博物馆、黄州区博物馆：《湖北黄冈两座中型楚墓》,《考古学报》2000年第2期,第257-284页;《2010年度国家社会科学基金重大招标项目湖北出土未刊布楚简(五种)集成研究成果要报》(http://www.npopss-cn.gov.cn/n1/2016/0601/c362392-28401900.html),2016年6月1日;河南省文物考古研究所、信阳市文物工作队：《河南信阳长台关七号楚墓发掘简报》,《文物》2004年第3期,第31-41页;李永康：《丁家咀战国楚墓出土竹简》,《楚文化研究论集(第九集)》,上海古籍出版社,2011年,第73-75页;李天虹：《严仓1号墓墓主、墓葬年代考》,《历史研究》2014年第1期,第161-169页;湖北省文物考古研究所、武汉大学简帛研究中心：《湖北荆门严仓1号楚墓出土竹简》,《文物》2020年第3期,第58-62页;荆州博物馆：《湖北荆州望山桥一号楚墓发掘简报》,《文物》2017年第2期,第4-37页。以下再引用上述20座墓葬的内容时不再征引。
④ 墓主等级分类乃据张闻捷先生《由青铜粢盛器论楚国的礼制变革》一文。此文依据三组礼器组合的随葬情况(A类为箍口鼎、簠和尊缶;B类为子母口高足鼎、盏和圆壶;C类为束腰平底升鼎、簋、扁棱盙和方壶)判断战国时期兼用A、B、C三类组合者为高等级贵族;兼用A、B两类者为中级贵族,而低等级贵族则仅用A或B类组合。见张闻捷：《由青铜粢盛器论楚国的礼制变革》,《南方文物》2015年第4期,第169-178页。

续表

发掘时间	墓葬名称（斜体表示墓葬被盗）	时 期	墓主等级（身份，／为未公布）	遣策数量（／为未公布）
1980	*湖南临澧九里 M1*	战国中期	高（封君）	总100余枚含遣策
1986	湖南江陵秦家咀 M99	战国晚期	／	总16枚含遣策
1986	*湖北荆门包山 M2*	战国中期	高（左尹邵佗）	27枚、1牍
1991	湖南江陵鸡公山 M48	战 国	／	／
1992	湖北老河口安岗 M1	战国中期	低	21枚
1992	湖北老河口安岗 M2	战国中期	低（M1妻）	5枚
1993	湖北黄冈市曹家岗 M5	战国晚期	低	7枚
1995	湖北荆州红光砖瓦厂 M27	战国中期	中	3枚（？）
2002	*河南信阳长台关 M7*	战国中期	／	／
2009	*湖北武汉江夏丁家咀 M1*	战国中期	／	1枚
2009	*湖北武汉江夏丁家咀 M2*	战国中期	／（娄君）	25枚
2009	*湖北荆门严仓獾子冢 M1*	战国中期	／（大司马悼滑）	364枚
2016	*湖北荆州望山桥 M1*	战国中期	高	10枚

但这批材料中，只有9座墓葬资料完整发表（见下表二），本文即以此9座墓葬为主要研究对象。在详细分析遣策内容之前，兹先对这9座墓葬的情况和出土遣策内容作简单介绍。

表二　本文主要探讨的九批遣策

发掘年份	墓葬名称	时 期	被盗（X）	墓主等级、身份	遣策数量
1951	五里牌 M406	战国晚期	X	低	38枚
1953	仰天湖 M25	战国晚期	X	低	42枚
1957	长台关 M1	战国中期	X	高（封君）	29枚
1966	望山 M2	战国晚期	X	高（悼氏女贵族）	66枚
1978	曾侯乙墓	战国早期	X	高（国君）	240枚
1986	包山 M2	战国中期	X	高（左尹邵佗）	27枚、1牍
1992	安岗 M1	战国中期		低	21枚
1992	安岗 M2	战国中期		低（M1妻）	5枚
1993	曹家岗 M5	战国晚期		低	7枚

先略说随葬品组合的完整性。这9座墓葬中，6座墓葬曾遭盗挖，其中包山2号墓虽有盗洞，但盗洞未打穿墓室，故随葬品未被盗扰。而五里牌406号墓、仰天湖25号墓的盗

扰情况最为严重,随葬品多有不存。因此,在下文的统计中当可预知部分墓葬遣策所记之物不见于墓葬,除了本身并未随葬外,也可能是被盗去而不存。

从简牍形制来说,这9座墓葬出土的遣策,除包山2号墓另出1牍外,其余均为竹简。包山牍1以"舒寅受"为题首,记一系列由舒寅所送(受)之器。而经陈伟先生考证,包山2号墓的牍写有舒寅所赠的正车及装备,与竹简271、276、269、270记录正车内容的部分重复。① 可见别人送赠的物品被额外抄写在牍上,两者当分别为文献所记的遣策、赗方。若从文献定义,以书写载体形制为判断标准,20批出土简牍中,只有包山2号墓的牍1属名副其实的赗方,其余均为遣策。但这枚赗方也只记录了个别人士的送赠。

值得注意的是,仰天湖25号墓、望山2号墓、曾侯乙墓和包山2号墓以及未完全发表的天星观1号墓和望山桥1号墓共6批简册中,个别竹简除了记器物以外也书有人名,颇为殊异。例如仰天湖简1的"许阳公一纺衣"、②包山简277的"苛郚"所授诸器,当可理解为送葬者及其送葬品的记录。但它们被书写在竹简上,具名简与不具名简原本当被编联成册,③这就和文献"书赗于方"的说法不同。但按其书写载体,可能不能直接称为赗方。为方便论述,本文将这些与送葬相关的人、物清单暂称为"赗者记录",以区别于其余不带人名称谓的竹简。"赗者记录"也见于其他书写媒介,如金文、墨书上的送葬者标识。然而按文献理解,遣策的根本目的是记录随葬品,而不在将送葬品和送葬者从随葬品中刻意区分开来。赗方才是用来独立记录他人所赠的送葬品。正如包山2号墓的遣策和赗方,若非对照牍1,今人根本无从得知简册中部分物品为他人所赠。可见当随葬品被记录在遣策时,送葬者名字似乎不是必然被记录下来。赗者记录为我们带来了少见却重要的送葬者讯息,着意记录送葬者身份这一行为背后的动机值得深思。我们将在下文中详细讨论所见的送葬者身份。

在内容和格式上,各墓遣策略有不同。记录内容大体为葬车、铜/陶器、漆木器、竹器、革器、丝织品、食物。部分遣策会刻意标明器物材质,如长台关1号墓简以"其木器"(简2-01)、"竹器"(简2-05)为句首来记录同类材质的器物。铜器则只能据其偏旁理解,但数量不多,因此陶、铜器较难从遣策记录中分别开来。另外,长台关1号墓遣策和望山遣策零星记载玉器,如望山简50:"一双璜,一双琥,一玉钩,一环。"比较罕见。而曾侯乙墓遣策简则比较特别。此墓出土240枚简,分述车马丧葬仪仗队伍的御手安排、马匹来源、甲胄等细节。④ 遣策标明车马所属时,记为"某人之某车/马",如简184:"牧人之两

---

① 陈伟:《包山楚简初探》,武汉大学出版社,1996年,第187-190页。
② 本文的释读、编联和简号一般采刘国胜:《楚丧葬简牍集释》,科学出版社,2011年。曾侯乙墓简参陈伟:《楚地出土战国简册(十四种)》,经济科学出版社,2009年。安岗1、2号墓简参整理者意见,见刘国胜、胡雅丽:《安岗一、二号墓竹简文与考释》,襄阳市博物馆、老河口市博物馆:《老河口安岗楚墓》,科学出版社,2018年,第138-157页。下文引用时不赘。一般无大问题的释读采宽式隶定。
③ 仰天湖简、望山简和天星观简按编绳痕迹,原来当系为一册。而包山简被分开摆放在东、南、西三室,其中277简与同室的267-276简在宽度和契口位置上都比较统一,独立于其他竹简,原来也应属同一简册;曾侯乙墓的简册有可能分作两卷编联,其中带送赠者名称的简当按编绳间距与其他记录驭马的简相近,很有可能本为一册。
④ 裘锡圭:《谈谈随县曾侯乙墓的文字资料》,《文物》1979年第7期,第28-29页;萧圣中:《曾侯乙墓竹简释文补正暨车马制度研究》,科学出版社,2011年,第159-173页。

黄。鞘路。"即以牧人(估计为曾国内部管理六牲的机构)的两匹黄马配以路车。当中部分车马来自楚国系统(如楚王、楚封君等),可能就是上文提到协助丧家治办丧礼的"赗马"。部分与楚系统成员相关的车马额外被记为常,如简187:"王常一乘路车,三匹骝。"整批遣策的常车共17乘,这17乘常车除了参与丧仪外应另有处置,有学者认为"常"的意思当与"赗"、"赠"相类。① 我们姑且先将常车视为他人的送葬品。

各批简册的记录方法亦各异。有的是一简记一物,上半记器物和数量,下半作补充说明,如五里牌简4:"钘(壶)四。在边箱。"下半是对壶摆放在边箱的描述。有的则在同一简中连续书写多项记录,如上述的望山简50。更复杂的如长台关1号墓简和包山简会再将随葬品分类记录。包山简在记录时将随葬品按性质分成六类:"用车"(简267)、"大庖之器"(简265)、"囗室之金器"(简251)、"☒之金器"(简252)、"食室之食"(简255)、"相徙之器"(简259),因此同一器类的随葬品按其用途不同,可能被分记在不同类型之下。若要比较不同遣策之间记录的差异就有必要重新按器物类型梳理并作统计。

5. 遣策相关研究回顾

过去有关遣策的研究,虽有些问题众说纷纭,但大家的共识大体包括以下三项。

第一,出土丧葬文书的墓葬等级皆为大夫以上,与《仪礼》士用遣策不符。② 不过这些论文发表以后公布的安岗2号墓、红光砖瓦厂27号墓从随葬品等级来看,似属士一级墓葬,但仍是少数。然《仪礼》只记录仪式上对遣策、赗方的使用,随葬与否并无着墨。因此,墓葬即使没有出土遣策或赗方,也不能断言就没有使用相关的文书。目前来看,随葬遣策与否,或不与墓主等级礼制要求有关,恐另有原因。③ 当然,墓葬中没有出土简牍,也与有机物保存情况有关。

第二,随葬器物与丧葬文书记录多不对应,不是有随葬却没记录,就是有记录却没随葬。④ 现时前人仅对部分遣策墓葬作过对应研究。有学者曾对应过包山简和望山简与实际出土器物的情况,结果发现遣策内容仅为随葬品的一部分。⑤ 仰天湖25号墓遣策上有"已"和"句"标记于器名之后,刘国胜先生认为属埋葬时的清点记录,代表随葬与否。⑥ 遗憾的是,仰天湖25号墓盗扰严重,无法证实。唯其他战国墓葬的情况仍乏人梳理。也有

---

① 裘锡圭:《谈谈随县曾侯乙墓的文字资料》,《文物》1979年第7期,第26页。
② 彭浩:《战国时期的遣策》,李学勤:《简帛研究(第二辑)》,法律出版社,1996年,第53页;刘国胜:《楚遣策制度述略》,楚文化研究会:《楚文化研究论集(第六集)》,湖北教育出版社,2005年,第230-232页。
③ 刘国胜:《楚遣策制度述略》,楚文化研究会:《楚文化研究论集(第六集)》,湖北教育出版社,2005年,第232页。
④ 唐兰:《关于遣册》,《文物》1972年第9期,第69页;米如田:《"遣策"考辨》,《华夏考古》1991年第3期,第97-98页;郑曙斌:《遣策的考古发现与文献诠释》,《南方文物》2005年第2期,第28-34页。
⑤ 胡雅丽:《包山二号楚墓遣策初步研究》,湖北省荆沙铁路考古队:《包山楚墓》,文物出版社,1991年,第508-519页;湖北省文物考古研究所:《江陵望山沙冢楚墓》,文物出版社,1996年,第162-163页。
⑥ 刘国胜:《楚遣策制度述略》,楚文化研究会:《楚文化研究论集(第六集)》,湖北教育出版社,2005年,第236页。

学者认为丧家为了在诵读仪式中炫耀,会虚列随葬品。① 实际出土与遣策记录孰多孰少? 如属选择性记录,背后有没有规律? 动机为何仍有待耕耘。

第三,送葬物品种类与墓主和送葬者的身份有关。② 一般来说,商周时期车马及车马器(即"赗"和"赙"),应是较高级贵族才能用之以葬。送葬物品与车马相关,显示了墓主较特殊的身份,而能赠送车马者自身也有一定身份。以襚随葬或赠人以襚则较为普遍。在下面的总结中将提到,目前来看"赠者记录"中的大多为与车马有关的送赠,当中原因,似可进一步讨论。

对于传世文献、出土文献与考古实物之间的差异,前人虽有扼要归纳,却仍有论述空间。同时,简牍材料也提供了墓主与送葬者等级身份的重要信息。在下一部分,我们先对墓葬随葬品与遣策内容进行全面的归纳和整理,以了解两者之间的对应关系,及文献所见的相关环节如何在出土资料中体现。同时,楚墓的随葬品和墓葬规模形制与墓主等级仍存在一定对应情况。③ 虽然越到战国晚期,各级贵族僭越行为越明显,但整体上楚地贵族墓葬在墓葬等级上仍遵从一定礼制。④ 因此,本文亦希望借此进一步解释楚墓中与赗赙现象相关的礼制等级问题。

二、遣策内容与随葬的陶、铜、木器对比分析

上文提及各遣策的记录方式和内容略有不同。为考察遣策内容和实际出土物的对照情况,以下将统计各批遣策记录的漆木、陶、铜器类,再观察、分析两者之间的异同。选择这三种材质的器类是由于它们较容易在遣策中辨别出来。丝织物和食物属有机物,保存不易,无法进一步与实际出土物品对应;而玉器只有长台关1号墓遣策和望山遣策有零星记载,故在统计中剔除。另外,由于曾侯乙墓遣策只记录车马器,故在对应车马器以外的部分,仅以其余八座墓葬进行统计和分析。

统计时我们遵从以下标准:

> 同器类出土零散配件而无完整器,也计入完整器类,如同墓只出鼎足、鼎钮而无完整鼎,即代表墓葬原来应有鼎随葬,因此也计入"鼎"类。有完整器和配件同出则只计算一类,如车盖和车盖构件同计入"车盖"类,编钟架、编钟槌、编钟同计入"钟"类。

---

① 杨华:《襚·赗·遣——简牍所见楚地助丧礼制研究》,氏著:《新出简帛与礼制研究》,台湾古籍出版有限公司,2007 年,第 171 页。
② 米如田:《"遣策"考辨》,《华夏考古》1991 年第 3 期,第 96 页;彭浩:《战国时期的遣策》,李学勤:《简帛研究(第二辑)》,法律出版社,1996 年,第 54 - 55 页;黄凤春:《楚国丧归制度研究》,《江汉考古》1999 年第 2 期,第 64 - 67 页。
③ 郭德维:《楚系墓葬研究》,湖北教育出版社,1995 年,第 26 - 29 页。
④ 张闻捷先生就曾透过不同等级楚墓出土的粢盛器组合在春秋战国时期的转变和复杂化情况,提出其原因是楚人为了应对日渐膨胀的贵族群体而推行的礼制改革。见张闻捷:《由青铜粢盛器论楚国的礼制变革》,《南方文物》2015 年第 4 期,第 169 - 178 页。

由于楚墓中陶、铜礼器并用凑合礼制的情况普遍,加上遣策中有时只记器型而不会每项标明材质,难以清楚分辨。故此,同一器类但出不同材质合计一类,如陶鼎、铜鼎计入"鼎"类。

铜片、陶片、残木器不计。

几、案、俎合计一类。原因在于各墓整理者对几、案、俎的分类似有不同,①对应几、案、俎的释文也众说不一,②或当重新审视楚墓中三者的分类、命名,有待另文讨论。本文权将三者合计一项。

同一器类不同形态合计一项,如杯豆、豆,计入"豆"类;高足壶、壶形器、方壶,计入"壶"类。

镜、鉴合计一类。在遣策中见为"监"或"滥",数量一般与同墓所出的镜、鉴总数合。而部分与车马器同列的"监",所指应为马衔,则分开计算。

梳、篦合计一类。因在包山简中以"栉"合称梳、篦。

盾类以木盾、革盾综合计算。

1. 实际出土和遣策所见的陶、铜、木器类

首先,为解释遣策记录与实际出土的陶、铜、木器器类的对应程度,兹先将随葬的铜、陶、漆木器种类数量与遣策所见的种类数量制成表三。

表三 遣策记录与实际出土的陶、铜、木器类型

	出土随葬品种类	遣策所见种类	遣策所见种类占实际种类百分比(%)
五里牌 M406 实际出土	11	10	90.9
盗墓者忆述	22	10	45.5
仰天湖 M25	7	9	128.6(遣策所见种类较多)
长台关 M1	73	27	37.0
望山 M2	47	19	40.4
包山 M2	74	30	40.5
安岗 M1	47	22	46.8

---

① 以长台关1号墓的1:520和包山2号墓2:157为例,两者的形制、大小相若,皆为长方形案面,案面短端上部各接一立板,而足部接在案底正中;唯2:157的足部两侧各多出一块横侧板。长台关1:520被称为案,而包山2:157则被称为俎,似有问题。

② 遣策中有"大房"、"小房"、"房几"。有关"房"义,有学者认为与案面两侧立板有关,整体呈H形;也有学者认为与足部横侧板有关。"大房"、"小房"均可以联系到上注长台关1:520、包山2:157。整体呈H形的话,又与包山2号墓的2:182(立板足几)相似。另一方面,长台关1号遣策的"胫"也同时指向出土的"案"和"俎"。见刘国胜:《楚丧葬简牍集释》,科学出版社,2011年,第16、69页。

续表

	出土随葬品种类	遣策所见种类	遣策所见种类占实际种类百分比(%)
安岗 M2	22	1	4.5
曹家岗 M5	23	5	21.7
实际出土总数	304	123	40.5
盗墓者忆述总数	315	123	39.0

从上表可见,实际出土的陶、铜、漆木器类共304类,连同盗掘者的忆述,可达315类。上表的8座墓葬,半数经历不同程度的盗扰,墓葬下葬时的原有情况当然不只此数。然而,遣策记录仅见123类器物,只占实际出土的陶、铜、木器约四成(仰天湖25号墓的资料显是受盗扰影响而异于他墓)。如果此8座墓葬未被盗扰,遣策内容占随葬品种类的比例将会更低。

这样,我们可以先下一个定论:现时出土所见的遣策并不如传世文献所指为随葬品的全部清单。那么,出土的遣策性质又如何?这四成记录与随葬品又有何关联?

以下我们不妨再看看遣策登记的器物是否最终都会下葬。统计的方法是,所有遣策内有记录而实际也有出土的器类,不问数量是否对应,皆以"O"为记;遣策有记录但并无随葬的器类则记为"X";盗墓者忆述下的五里牌406号墓原随葬品,记为"(o)"。下表分为兵器、乐器、车马器及其他陶、铜、木器四大类,共47项器物类型(表四)。

表四 遣策记录所见的陶、铜、木器类型

		五里牌 M406	仰天湖 M25	长台关 M1	望山 M2	包山 M2	安岗 M1	安岗 M2	曹家岗 M5	小结
兵器	弓	o				o	o			3
	戈	(o)		o	o	o	o			5
	甲					o	o			2
	矛	o	X			o				3
	矢箙					o	o			2
	弩	o					o			2
	盾					o				1
	戟					o				1
	剑		o		o	o	o			3
	镞		X			o	o			3
乐器	竽			X			X			2
	笙			X						1

续表

		五里牌 M406	仰天湖 M25	长台关 M1	望山 M2	包山 M2	安岗 M1	安岗 M2	曹家岗 M5	小结
乐器	瑟			o	o	o	o	o		5
	鼓			o						1
	磬			X						1
	筑			X						1
	钟			o						1
车马器	车盖			o	o	o	o			4
	马衔					o				1
	马镳			o		o				2
	橛					o				1
其他陶、铜、木器	几/案/俎			o	o	o	o		o	5
	木俑			o	o		o			3
	床				o					1
	豆			o	o	o			o	4
	杯	o	o	o	o	o	o		o	7
	枕			o						1
	梳/篦		o			o				2
	刀			o						1
	匕					o	o			2
	勺	X		o	o	o				4
	匜	X	X	o	o	o	o			6
	缶			o	o	o				3
	盂		X		o					2
	盉						o			1
	盒			o		o	o			3
	敦				o	o	o			3
	壶	(o)	o	o	o	o	o		o	7
	鼎	(o)		o	o	o	o		o	6
	箕			o						1
	盘			o	o	o	o			4
	樽				o					1

续表

		五里牌M406	仰天湖M25	长台关M1	望山M2	包山M2	安岗M1	安岗M2	曹家岗M5	小结
其他陶、铜、木器	灯					o				1
	簠				o	o				2
	镜/鉴		o	o	o	o				4
	炉	(o)		o						2
	甗			X		o				2
小结		10	9	27	19	30	22	1	5	123

从上表可见，五里牌 406 号墓、仰天湖 25 号墓、长台关 1 号墓有一些记录不能在出土实物中找到相应器类，包括（以分号隔开不同简的内容）：

雕勺二；也（匜）一禺（五里牌简 13、14 - 1）

一铊（匜）；一□矛；一镐（盂）；黄郫之矢八（仰天湖简 24、26 - 28）

一肆坐栈磬，小大十又九……一壴竺；二笙、一篪等；一锹（长台关 1 号墓简 2 - 18、2 - 03）

不过，由于此三墓被盗，部分器物可能已被盗走而无法对应。但值得注意的是，仰天湖简的"黄郫之矢八"不见于墓中。一般镞很少成为盗墓者的目标，原来没有随葬的可能性更高。另外，安岗 1 号墓遣策记有"一竽"（简 5），但出土的乐器只有瑟、笙、鼓三种，而无竽，很可能也属这一类例子。不过，《周礼·笙师》郑注引郑司农语："竽，三十六簧。笙，十三簧。"① 竽、笙相类而簧数不同。安岗 1 号墓遣策的"竽"疑指出土的"笙"。除这三座墓以外，其他墓葬遣策有记录的器类，都能在实际出土物中找到。这样，似乎还是可以认为出土的遣策与随葬物有某种联系。下文我们再分析每一类随葬品数量的对应情况。

2. 遣策记录与实际出土所见的陶、铜、木器数量

接下来，我们将探讨遣策记录与实际出土数量之间的关系。下表每座墓葬下各置两栏，左栏代表该墓实际出土情况，右栏代表该墓遣策记录情况。为了让对比结果更加清晰可见，本文使用如下方式记录：合并有足够资料作对比的两栏，并置以大于（>）、小于（<）、等于（=）符号表示实际出土和遣策记录数量之间的对应关系。每个置放对应关系符号的跨栏算为一项记录。"o"置于其中一栏表示该器物仅见于出土或遣策记录中。不少遣策以"数词+名词"的方法记录器物，如望山简 54："☐簠。二合盏。一迅缶。一汤鼎。☐。"对比同简的盏、缶、汤鼎记录，可知"簠"前残断部分当为簠的数量补语。这类情况数

---

① 贾公彦：《周礼注疏》卷二十四，阮元校刻：《十三经注疏》，艺文印书馆，1965 年，第 366 页。

量存疑,记为"(o)"。"o"和"(o)"符号仅作补充,不包括在行文的"统计记录数量"内。由于鼎和车马器的情况比较特殊,非直接使用数字符号所能表达,将在下文另作个案分析,阐述遣策记录与随葬实物的复杂关系。剔去鼎和车马器后,墓葬内出土数量与遣策记录的对应情况如下(表五)。

表五 遣策记录与实际出土数量的对应情况

		五里牌M406		仰天湖M25		长台关M1		望山M2		包山M2		安岗M1		安岗M2		曹家岗M5	
		实	遣	实	遣	实	遣	实	遣	实	遣	实	遣	实	遣	实	遣
兵器	弓	=								>		>					
	戈	(o)	o					=		>		=					
	甲									=		=					
	矛	o			o					o							
	矢箙					o		=		<							
	弩	(o)	o									<					
	盾	o								>		o					
	戟									=							
	剑			=				=									
	镞			o						<		<					
乐器	竽					o						o					
	笙					o											
	瑟					=		<		=		=		=			
	鼓					=		o		o		o					
	磬					o											
	筑					o											
	钟					o											
其他陶、铜、木器	几/案/俎	o				>		>		=		=		o		=	
	木俑	o		o		>		>		o		=		o			
	床					o				=							
	豆					>		=		=		o		o		<	
	杯	(o)	o			=		>		>		>				=	
	枕					=				o							
	梳/篦			=		o				=				o			
	刀					=											

续表

		五里牌M406	仰天湖M25	长台关M1	望山M2	包山M2	安岗M1	安岗M2	曹家岗M5
其他陶、铜、木器	匕			o		>	=		
	勺		o	>	>	>			
	匜		o	o	>	>	=	=	
	缶				o	<			
	盂			o		>			
	盉			o	o	o	=		
	盒			>		>	>		
	敦	(o)	o	o	=	=	=	o	o
	壶	(o)	o	=	<	>	>	=	o	>
	箕			>	o	o	o		
	盘	(o)		=	=	>	=	o	o
	樽				=	o			
	灯				o	>			
	簋			o	o	(o)	=		
	镜/鉴		o		=	=	o		
	炉			=					
	甗				o	o	=		

上表统计了85项对应记录。① 遣策记录数量多于实际所见者共8项;实际出土数量多于遣策所见的共28项(对应部分器物类型的21项,几、案、俎之属2项,联结不上关系的5项);遣策记录与实际出土数量相当者共49项。以下将详细分述遣策数量多于、少于和等于实际出土数量的三种情况。

(1) 遣策记录数量多于实际所见者

遣策记录数量多于实际所见的8项记录出自矢箙、弩、镞、豆、缶、壶、瑟七种器类,以下将分类说明。

① 矢箙

安岗1号墓共出2件漆木矢箙。在安岗1号墓简中,除了习见的以"箕"指矢箙(简17:"一雕箕")外,整理者疑简7的"矢二繁"为盛矢的囊袋。这样,简册记录的3个盛箭的容器比出土的两件漆木矢箙多。

---

① 只计算"="、">"、"<"三种遣策与实际出土能作比较的记录数量,不包括"o"和"(o)"项。又,鼎和车马器剔除在外。

② 弩

安岗1号墓简6及简8各记"一弩"（简6者从弓从女），而实出木弩1件。

③ 镞

包山简277记苛郵所赠诸器，其中提到"一竿，豹韦之盾，二十铁……"，记一矢箙、一革盾和二十镞等物；另简260-2记"……四矢☐"。故简文所记镞数为24件，而实际出土23件：南室出一漆矢箙，内藏20支菱形镞，完美对应简277的记录；而中室出三棱镞3件，比之简260-2尚欠一件。

安岗1号墓的情况比较特殊，遣策所记的镞数可以斟酌。此墓共出69件镞，根据考古报告，其中A型36件、B型8件、C型4件、D型19件、E型2件。而遣策中对镞的记载见于简4和简7。先将意思较明白的简7转引如下："……新（新）矢十又一，竹欲，漆害。八弩都☐。"弩下字右旁不清，整理者认为右旁或为"弋"，或为"矢"，皆与弩镞有关。即此处记录了11件竹杆上漆的新矢和8件弩镞，简7的记录共19件。

简4作"……弋五十。二夹，矰卅又七……"，整理者认为"弋"、"矰"义近，都是缴射用箭。缴射是一种以无杀伤力的箭引绳缠绕鸟类颈项的捕鸟活动。① 安岗1号墓出36件A型无刃镞当与缴射有关，按其数量，很有可能对应简册的"矰"，但在数量上还差1件。缴射之箭除镞头无杀伤力外，另一特征是其上系绳。出土的11件D型镞、2件E型镞残存有丝线缠绕的镞杆，或与"弋"有关。不过，由于其余B、C二型镞镞杆不存，不能确认原杆有无丝线缠绕。然简4分开记录"弋"和"矰"且各有其数，可能的解读有二。第一种解读是弋50件，其中37件为矰，加上简7记录的19件，共69件，恰好与实际出土总数相同，但矰实际上少了1件。第二种解读是弋50件、矰37件，加上简7的19件，遣策中共记106件镞，即有37件镞最终未在墓葬中出现。在这种解读下，不仅"矰"数不对应，连镞的总数也相差甚远。无论作何解读，遣策对镞的记录仍较实际出土为多。

④ 瑟

望山简47记"二瑟"而实出瑟1件。

⑤ 豆

曹家岗简记"七豆"（简3）而实出豆4件。

⑥ 缶

望山简54记："二卵缶……一迅缶……"又，简46："☐金器……二卵缶，有盖……"共5件缶。望山2号墓出2件陶缶、1件铜缶。按包山墓出土所见，卵缶形体矮胖，弧肩；迅缶形体较高，斜肩。望山2号墓出土的铜缶当为简46所记金器二卵缶之一。唯陶缶残损较为严重，不辨其形，不能以之对照简54。无论如何，出土数量上也欠2件。

⑦ 壶

整理者认为长台关1号墓简中与壶有关的记录如下，共14件。

---

① 程刚：《缴射新证》，《考古与文物》2012年第2期，第56-59页。

二华瓢……四囩瓢……一铢。一罱。其木器：二□瓢（简 2-01、2-011 相连）
集楮之器：二□鐕（简 2-024）
一合壓（简 2-08）
一汲玶（瓶）（简 2-014）

墓中实出陶高足壶 3 件、陶方壶 2 件（前室出一件完整器，扰土出陶方壶片 3 件）、陶带盖壶 2 件、铜壶 2 件、铜高足壶 2 件、铜提梁壶 1 件、木方壶 1 件，共 13 件。而前室陶方壶、木方壶伴出陶方框、木方框各 2 件，整理者认为可能为方壶口的附件。如果推论属实，则可能原有一件木方壶而今不存，总数上与简文相合。

（2）实际出土数量多于遣策所见者

实际出土数量多于遣策所见的例子，共 28 项。在这些记录中，有 21 项记录似乎对应了某一器型类别的数量（详见表六）。①

第一种情况是只记录了个别材质的数量。长台关简 2-08 记"一铊（匜）"而实出陶匜 1 件、铜匜 1 件，"铊"从金旁，当可理解为指向墓中的青铜匜，实际数目也能对应。包山简 266 记"一盘"，实出铜盘 4 件、漆木盘 1 件，简册记录似对应漆木盘之数。包山 2 号墓出木盾 10 件、皮盾 1 件，遣策则只记录了皮盾（简 277："豹韦之盾"）。不过，在材质记录上似乎不见任何规律。

第二种情况是遣策只记录了器物中某一器形。安岗 1 号墓简 4 记"四畬杯"，实际出土耳杯共 20 件，16 件为带箭鱼形耳、平底的 A 型杯；4 件为月牙形耳、底心微凹的 B 型杯。简 4 更可能对应 4 件 B 型耳杯。而包山 2 号墓出一半月形弓、一马鞍形弓。简 260-2 记"一郑弓"应是当时用以专称某种形制的弓，不过现在暂时无从稽考。

表六 遣策记录与实际出土的陶、铜、木器亚型比较

		五里牌 M406		仰天湖 M25		长台关 M1		望山 M2		包山 M2		安岗 M1		安岗 M2		曹家岗 M5	
		实	遣	实	遣	实	遣	实	遣	实	遣	实	遣	实	遣	实	遣
弓	A 型									1	1						
	B 型									1							
戈	A 型									5							
	B 型									2							
	C 型									1	1						
盾	木									10							
	皮									1	1						

① 按：表中所分的英文字母亚型只是同墓同器型的分类，不代表不同墓出土同样亚型的器物。如包山 2 号墓所出耳杯无论 A、B 型，双耳耳面皆呈挑出之翼形，二者的分别在于器形大小或制作粗细。望山 2 号墓的耳杯均为月牙形耳，不过 A 型杯耳平而 B 型杯耳上翘。

续表

		五里牌M406	仰天湖M25	长台关M1	望山M2	包山M2	安岗M1	安岗M2	曹家岗M5
豆	杯豆			42	42				
	陶豆			24	20				
	圆盘			12					
杯	耳杯A型				16	8	16		
	耳杯B型				20	20	24	4	4
	双连杯					1			
	铜带流杯					2			
	漆带流杯					2	2	2	
	镂孔杯					2			
勺	陶			6	2				
	铜			6		6	2	1	
	漆木			2	2	4	4	2	2
匜	陶			1		2			
	铜			1	1	2	2		
缶	卵缶					2	2		
	迅缶					2	2		
	尊缶					2	1		
铜盒	A型			12	8	2	2		
	B型					1			
壶	陶				6				
	漆木					2			
	铜				4	4	6	6	4	2
箕	陶			2	2				
	铜			1					
盘	铜					4			
	漆木					1	1		
灯	A型					2	2		
	B型					2			

而表七则是实际出土的数量较遣策多,但又无法以器物亚型的数量对应遣策的器物。以长台关1号墓为例,简2-028记"八明僮",同墓共出11件木俑。11件木俑按其形制可

分为5式：Ⅰ式1件、Ⅱ式4件、Ⅲ式2件、Ⅳ式2件、Ⅴ式2件，似乎难以将简文中的"八明僮"对应报告中的木俑类型（如果考古报告的分类确实客观且代表原来不同种类的话）。又如望山简56记"一圩（盂）"，而实出陶盂4件（A型、B型陶盂各2件），遣策也许是记录了其中一种盂的一件。然而，遣策具体记了哪一种盂，则因遣策中欠缺器物描述而无法辨明。不过，总的来说，这些不能在实际出土的器形或材质中找到对应关系的记录，都是遣策记录的数量少于实际出土的数量。

表七 遣策和出土实物无法找到对应关系的器物

		五里牌M406		仰天湖M25		长台关M1		望山M2		包山M2		安岗M1		安岗M2		曹家岗M5	
		实	遣	实	遣	实	遣	实	遣	实	遣	实	遣	实	遣	实	遣
弓	木A型											2	5张弓 2曲弓				
	木B型											2					
	竹											4					
几/案/俎						64	62	26	12								
木俑	A型					1		16	8								
	B型					4											
	C型					2	8										
	D型					2											
	E型					2											
铜匕										6	1						
陶盂	A型							2	1								
	B型							2									

如果不考虑陶、铜材质的差异（如长台关1号墓实出陶炉1件、铜炉1件，在表八的实物栏中记为2件），从数量上来看则有49项遣策记录完全对应实际出土的情况。各器物的详细情况我们就不一一赘述。不过，包山2号墓和望山2号墓需要补充说明一下。

包山M2出土人甲和马甲各2件，其中1件马甲（2∶381）上有漆书"宛公"，表明马甲的送葬者。而遣策所记舒寅所赠之正车及车饰（简271、276、269-270并牍1），则包括1件马甲和2件御者之甲，正好把包山M2所出的4件甲胄囊括。这样看来，这4件甲胄应全都是赗赙所得。

望山2号墓出土的敦数比较特殊。墓中出完整的陶敦、铜敦各2件，另加2件仅存半个且互不对应的敦，或是凑合下葬。此处作出土3件铜敦计，共出陶、铜敦5件。简54和简46分别记有"二合盏"和"卵盏三"，便与实际出土数合。值得一提的是，铜剑和敦只要在遣策中有所记载，就能与实际出土数量对上。

表八　遣策记录和实际出土数量完全对应的陶、铜、木器

	五里牌 M406		仰天湖 M25		长台关 M1		望山 M2		包山 M2		安岗 M1		安岗 M2		曹家岗 M5	
	实	遣	实	遣	实	遣	实	遣	实	遣	实	遣	实	遣	实	遣
弓	2	2														
戈					4	4	1	1			3	3				
甲									4	4	1	1				
矢箙									1	1						
弩																
戟									3	3						
剑			1	1			7	7			2	2				
瑟					3	3			1	1	1	1	1	1		
鼓					2	2										
几/案/俎									14	14	1	1			1	1
木俑											3	3				
床									1	1						
豆							4	4	8	8						
杯					30	30									10	10
枕					1	1										
梳/篦			1	1					4	4						
刀					1	1										
匕											2	2				
勺																
匜									1	1	1	1				
缶																
盂																
盏											1	1				
盒											4	4				
敦							5	5	2	2	2	2				
壶			2	2							4	4				
盘							7	7	3	3	1	1				
樽									1	1						
篮									2	2						

续表

	五里牌 M406	仰天湖 M25	长台关 M1	望山 M2	包山 M2	安岗 M1	安岗 M2	曹家岗 M5
镜/鉴			6	6	2	2	2	2
炉			2	2				
甗					1	1		

（3）特殊类别

上文综合整体陶、铜、木器的情况分析遣策与实际出土物之间的对应关系。而鼎和车马器的出土情况较为复杂，当中涉及多种器型或配件。以下将详细分述各墓的鼎和车马器的情况再作分析。

① 鼎类

鼎类器物在对应上比较复杂。部分遣策对鼎的种类记录得颇为仔细，把鼎分以不同类型而各记其数。而部分楚墓会并用陶、铜鼎凑成礼制要求，混合后的对应较困难。问题更大的是，这 8 座墓葬不少被盗，而鼎，特别是铜鼎往往为盗墓者所觊觎，致使实际出土数量更有可能少于下葬原貌。加上几乎各批遣策中都有鼎数简文残缺的情况，需要对墓例逐一分述。现在先谈没有细分鼎类的遣策记录与实物的对应情况。

五里牌简 1 记"鼎八"。据盗墓者的忆述，墓中原有大陶鼎 4 件、小陶鼎 4 件。遣策记录可能与出土数目相同。

安岗 1 号墓简 3 记"□鼎"；简 12 记鼎一对（"偶鼎"）。简 3 缺乏数字信息，故简中所记的鼎数该在 2 件以上。而安岗 1 号墓共出 6 件铜子口鼎，分为二型三式：AⅠ、AⅡ型各 2 件，均为卧兽钮方耳，唯 AⅠ型较 AⅡ型形体略大；2 件 B 型鼎为卧兽钮环耳。由于三式均两两成对，故简 12 的记录可指向任何一式。此墓因数量信息残缺而对应情况不明。

曹家岗简记鼎 4 件（简 1："葬器：四鼎"），而实出 4 件铜卧牛钮子口鼎（原报告 A 型鼎）和 1 件铜小口鼎（原报告 B 型鼎，亦即其他遣策中的汤鼎）。对应简文的该是 4 件铜卧牛钮子口鼎，而小口鼎无载于简，实际出土鼎数比遣策记录多。

以下的墓例，则是在遣策中分开记录了不同类型的鼎的墓葬。目前比较确凿又能在实际出土中对应简文鼎型的，有镬鼎、汤鼎和升鼎。镬鼎指无盖附耳鼎，体型通常较大，又可细分为牛镬和豕镬鼎，出土时鼎内多伴出动物骨头。汤鼎为小口鼎，属水器，沐浴用。升鼎是束腰平底鼎。故以下的讨论均直接使用镬鼎、汤鼎、升鼎名之。即便这些器型比较明确，出土鼎数和遣策上的数目都不能直接对应。

长台关 1 号墓共出鼎 19 件，其中 5 件为铜环钮子口鼎；余下的 14 件为陶鼎，分别是陶敛口方唇圜底鼎 2 件（原报告Ⅰ式鼎）、陶残盖子口鼎 8 件（原报告Ⅱ式鼎）、陶敞口敛颈平底鼎 1 件（原报告Ⅲ式鼎）、陶汤鼎 2 件（原报告Ⅳ式鼎）、陶方形平底鼎 1 件（原报告

Ⅴ式鼎)。而长台关1号简记鼎如下:"□□□□□□鼎"(简2-025)、"二鼎"(简2-027)、"一汤鼎,屯有盖……一浍之𩟃鼎"(简2-014),鼎数记录在5件以上,和实出鼎数相差甚远。与此同时,即使简文中汤鼎在器型上能对应2件陶汤鼎实物,数量上仍与出土相差1件。因此,长台关1号墓遣策似乎没有包含所有随葬鼎。

望山2号墓实出16件鼎,其中5件铜鼎、11件陶鼎。而简文中的鼎数当在15件以上,分别记于简51至54和46:"一牛镬、一豕镬、二𦉢"、"☒𦉢、二𦉢"、"二䙠"、"一汤鼎"、"☒金器:六馈鼎,又有盖"。出土的1件陶大口深腹鼎(原报告A型陶鼎)和1件陶平口深腹鼎(原报告B型陶鼎)对应"一牛镬、一豕镬";1件陶汤鼎(WM2:T124,原报告E型陶鼎)对应"一汤鼎";2件陶升鼎(原报告D型鼎)对应"二䙠"。如果相信简46的6件有盖馈鼎原指铜鼎,实际出土的5件铜三环钮方耳子口鼎较遣策记录少一件。该墓余下的6件陶三环钮方耳子口鼎(原报告C型陶鼎)或与简51、52的"𦉢"有关。不过简52缺乏数量信息,对应情况不明。

另外,简55记"一𦉢",整理者认为读作"匜",或指墓中出土的陶或铜匜。上海博物馆藏战国早期的襄鼎(《集成》2551)自铭为"䃼𦉢";战国晚期的廿八年平安鼎自名为"石它"(《集成》2793)。"䃼𦉢"该是鼎的别名,此字从鼎,为鼎之属可能性较高。① 刘彬徽先生则认为此为箍口鼎的一种别称,②但此墓亦不出箍口鼎。遣策记录的鼎数在16件以上,实出16件鼎则实际出土数量和类型都少于遣策记录。

包山简记录的鼎数在14件以上。其中13件鼎依其编联可以归到简265的"大庖之金器"下,分别为:"一牛镬、一豕镬、二乔鼎、二𥅣荐之鼎、二馈鼎、二登(升)鼎……一汤鼎、一贯耳鼎……一𩰷鑫鼎。"另外简254记"一鼎";简253记有鼎但不知其数(☒鼎)。此墓共出19件铜鼎,明确对应简文的有2件镬鼎、2件升鼎、1件汤鼎和1件贯耳鼎。"二乔鼎"过去整理者认为是墓中的两件铁足三环钮方耳鼎(原报告铁足环钮鼎)。不过刘彬徽先生曾以楚幽王墓出土自名为"𬭩"的箍口鼎修正这个说法,"二乔鼎"该为墓中的2件铜螭钮方耳箍口鼎(原报告螭钮鼎)。③ 对比望山简的"六馈鼎",馈鼎应是一种子口鼎。从形制比较,包山2号墓出的1件铁足三环钮方耳鼎(原报告铁足环钮鼎,2:152)与望山2号墓出的子口鼎最接近,盖上同饰三环钮,器耳皆方;惜另一件铁足三环钮方耳子口鼎(2:150)的环钮形制稍有不同且体形略异。如以环钮子口作为馈鼎的依据,则此墓的"馈鼎"可能指其中2件同大的三环钮环耳子口鼎(原报告环耳环钮鼎共出3件,此处指的是2:130、173,另一件2:132形体较大)。简文"一𩰷鑫鼎"意指不明,而出土的2件卧牛钮环耳带衔环鼎(原报告环耳卧牛钮鼎)和4件卧牛钮方耳鼎(原报告方耳卧牛钮鼎)也找不到对应。因此,包山2号墓实际出土的鼎数同样较遣策记录多。

---

① 陈佩芬:《夏商周青铜器研究·东周篇》,上海古籍出版社,2004年,第295页。
② 刘彬徽:《楚系青铜器研究》,湖北教育出版社,1995年,第115页。
③ 刘彬徽:《楚系青铜器研究》,湖北教育出版社,1995年,第114-117页。

至于其他例子,仰天湖 25 号墓出陶鼎 2 件、铜鼎足 1 件;安岗 2 号墓出铜卧牛钮子口鼎 2 件,但在其遣策中均无有关鼎的记录。

逐墓分述鼎类遣策记录和实际出土的对应情况,可以看出部分形态的鼎虽较易和遣策所载对上,如升鼎、镬鼎等,但也有部分无法辨明所指,或今人无法了解简文所指。这些例子一般都是数量既对不上,遣策也缺乏对该鼎形制的描述。不过,现在只有望山简记录的数量较实际多,不能排除是盗扰所致;其余墓葬出土的鼎数都比遣策记录多(表九)。

表九 遣策与实际出土的鼎数对应情况

	出土鼎型 (括号内为原报告名称)	对应关系	遣策记录_{简号}
五里牌 M406	盗墓者忆述: 大陶鼎 4 件、小陶鼎 4 件		鼎八$_1$
	出土总数:8 件	=	遣策总数:8 件
仰天湖 M25	陶鼎 2 件、铜鼎足 1 件		
	出土总数:3 件以上	>	遣策总数:0 件
长台关 M1	部分对应: 陶小口鼎 2 件(Ⅳ式) 不能对应: 陶敛口方唇圜底鼎 2 件(Ⅰ式鼎) 陶残盖子口鼎 8 件(Ⅱ式鼎) 陶敞口敛颈平底鼎 1 件(Ⅲ式鼎) 陶方形平底鼎 1 件(Ⅴ式) 铜环钮子口鼎 5 件		部分对应: 一汤鼎,屯有盖$_{2-014}$ 不能对应: □□□□□□□鼎$_{2-025}$ 二鼎$_{2-027}$ 一浍之䣛鼎$_{2-014}$
	出土总数:19 件	>	遣策总数:4 件以上
望山 M2	陶大口深腹鼎 1 件(A 型鼎) 陶平口深腹鼎 1 件(B 型鼎) 陶升鼎 2 件(D 型鼎) 陶小口鼎 1 件(E 型鼎) 部分对应: 铜三环钮方耳子口鼎 5 件 可能对应: 陶三环钮方耳子口鼎 6 件		一牛镬$_{51}$ 一豕镬$_{51}$ 二䑧$_{53}$ 一汤鼎$_{54}$ 部分对应: □金器:六馈鼎,又有盖$_{46}$ 可能对应: 二䑧$_{51}$、□䑧、二䑧$_{52}$ 不能对应: 一䑧$_{55}$
	出土总数:16 件	<	遣策总数:16 件以上

续表

	出土鼎型 （括号内为原报告名称）	对应关系	遣策记录$_{简号}$
包山 M2	铜镬鼎 2 件 铜螭钮方耳箍口鼎 2 件（螭钮鼎） 铁足三环钮方耳鼎 2 件（铁足环钮鼎）/ 三环钮环耳子口鼎 2 件（环钮环耳鼎， 2∶130、2∶173） 铜升鼎 2 件 铜汤鼎 1 件 铜贯耳鼎 1 件 不能对应： 铁足三环钮方耳鼎 2 件（铁足环钮鼎）/ 三环钮环耳子口鼎 1 件（2∶132）或 3 件 （环耳环钮鼎） 卧牛钮环耳衔鼎 2 件（环耳卧牛钮鼎） 卧牛钮方耳鼎 4 件（方耳卧牛钮鼎）		一牛镬、一豕镬$_{265}$ 二乔鼎$_{265}$ 二馈鼎$_{265}$ 二登（升）鼎$_{265}$ 一汤鼎$_{265}$ 一贯耳鼎$_{265}$ 不能对应： 一鐈鑫鼎$_{265}$ 二显荐之鼎$_{265}$ ☐鼎$_{253}$ 一鼎$_{254}$
	出土总数：19 件	>	遣策总数：14 件以上
安岗 M1	不能对应： 铜卧兽钮方耳大鼎 2 件（AⅠ型鼎） 铜卧兽钮方耳小鼎 2 件（AⅡ型鼎） 铜卧兽钮环耳鼎 2 件（B 型）		☐鼎$_3$ 偶鼎$_{12}$
	出土总数：6 件	>	遣策总数：2 件以上
安岗 M2	铜卧牛钮子口鼎 2 件		
	出土总数：2 件	>	遣策总数：0 件
曹家岗 M5	铜卧牛钮子口鼎 4 件（A 型鼎） 不能对应： 铜小口鼎 1 件（B 型鼎）		四鼎$_1$
	出土总数：5 件	>	遣策总数：4 件

② 车马器

楚墓中少有以完整车器和殉马随葬的习俗，一般是随葬部分车马器配件以作象征。其中，成对出土的车辖或车軎，一般可视为象征随葬一乘车。这 9 座墓葬中，仅长台关 1 号墓车辖与车軎同出，其余 8 座墓葬只见车軎。以下不妨对比车軎或车辖数与遣策记录，考察车马器（或乘车）与遣策的对应情况。

五里牌简有残缺的车马器记录（简 15 - 1："☐☐车"、简 15 - 2："☐一乘"）；仰天湖简 25 记"☐☐金之钓，缨组之繸☐"，疑为车马器。但两墓中均不见任何车马器，当然，也可能因严重盗扰所致。

长台关1号墓出车軎16件、车辖10件,分别象征8乘和5乘车。而长台关1号简2-04记车5乘(一乘圆轩、一乘女乘、一乘良轿、二乘緣抗轿),与车辖代表的车数勉强相合。

望山2号墓出土8件车軎,象征4乘车。简文共记车4乘(简2的女乘一乘、简15的一抗轿、简4的軑车一乘、简5的田车一乘)。两者数量对应。

包山2号墓出11件车軎,可能是代表5乘车,但额外还多置了1件车軎。遣策记车5乘,分别是一乘轩(简267)、一乘正车(简271和牍1各有记录)、一乘韦车(简273)、一乘短毂(简274)和一乘羊车(简275),数量相合。而实际出土的车马配件颇能与遣策记录对应。①

安岗1号墓是唯一遣策记录车数多于实物出土的例子。墓葬出土6件车軎,象征随葬3乘车。而在简1和2中则记有4乘车,分别是一乘翟车、一乘甸车、一乘短毂和一乘犬车。

安岗2号墓和曹家岗5号墓各出土4件车軎,象征随葬2乘车,但在遣策中却无有关车马之记录。

曾侯乙墓的例子较为特殊。实际出土34对成对的和8件不成对的车軎,姑且把此墓的随葬车数当作38乘。前文提到遣策记录的帮车为17乘,数量不及车軎所象征的一半。曾侯乙墓出土的N.157号车軎铭文为"君广锌(軎)",意为属于某封君的广车车軎。② 曾侯乙墓简197记鄩君帮广车一乘,此车軎铭刻的封君或与鄩君有关。部分帮车可能在参与丧仪后也随曾侯乙下葬。当然,作为国君,曾侯乙墓绝对有可能另置丧家自备的车马。

从乘车数与出土车軎、车辖的比较可见,除安岗1号墓外,一半的遣策所记的车数都与实际对应。而安岗2号墓和曹家岗5号墓则有车随葬而不记于遣策中。有关安岗1号墓遣策数量多于实际情况的可能原因,将在下文讨论。

在其他车马器中,除了出土车盖和橛能与遣策记录对应外,马衔、马镳的遣策记录都和实际出土的数量相差甚远,或根本未有记录(见表十)。由于遣策对车马器记录的优先次序与侧重点不同,可能导致车马器记录与实际不对应。这6批有记录乘车马的遣策中,以包山简最详细。除车器的描述外,基本都带有对配马的描述,甚至连御者的甲胄都有记录。简272记乘轩配马使用"旧镳"和紫色的綪绳;简269记正车上的马甲胄和御者甲胄各两件等。但反观长台关1号墓简2-04:"□□藏。一良圆轩,载纺盖,絞。良戴翠镐。一良女乘。一乘良轿。二乘緣抗轿。"只有圆轩会额外记录车盖和马首配饰,其余乘车则只记车名。可见遣策对随葬品的记录有一定选择性,终无法对应实际出土器物。

---

① 李家浩先生曾将包山2号墓出土的戟和旗杆等与遣策对照,再经陈伟先生的补充,证实随葬的车马配件与遣策数量相符。见李家浩:《包山楚简中的旌旆及其他》,陈胜长:《第二届国际中国古文字学研讨会论文集(续编)》,香港中文大学中国语言及文学系,1995年,第375-392页;陈伟:《包山楚简初探》,武汉大学出版社,1996年,第187-190页。

② 释文参天虹:《曾侯乙墓出土车軎锌字补正》,《江汉考古》1991年第1期,第13页。

表十　遣策记录与实际出土的车马器情况

	五里牌 M406		仰天湖 M25		长台关 M1		望山 M2		曾侯乙墓		包山 M2		安岗 M1		安岗 M2		曹家岗 M5	
	实	遣	实	遣	实	遣	实	遣	实	遣	实	遣	实	遣	实	遣	实	遣
车軎				2	16	5	8	4	76		11	5	6	4	4		4	
车辖					10													
盖/伞					1	1	1	1			5	1	1	1				
马衔											24	2						
马镳									8	2	40	6						
橛											2	2						

（4）小结

本文统计了9座墓葬共304种实际出土的陶、铜、木器类,其中四成,共85项记录(没计算鼎和车马器)能在出土实物中找到对应器类。85项记录当中,有49项遣策记录完全对应实际出土数量,而有近三分之一的记录(28项)实际出土数多于遣策记录。在鼎和车马器记录的个案分析中亦见如此倾向。因此,这进一步印证了我们在上文中的观点:遣策似乎是按照某种方式对随葬品的选择性记录,但具体规律目前未明。如果说现时依据墓葬出土情况归纳出来的一般礼器组合确是当时的身份象征(或在安排随葬品时所特别关注的),在遣策中却并非所有礼器都有被记录,只见鼎、豆、敦等。其中,只有敦的数量能与遣策记录对应,鼎、豆出土的实物一般也异于遣策记录。反过来说,如果考古学家希望透过遣策推测墓葬被盗前的随葬品原貌,尤其是铜鼎的情况,这一愿望应该会落空,因为即使遣策有载也只是实际总数中的很少部分。当然,这并非说遣策的记录完全不准确。21项记录其实是对应了个别器形,再加上整体数量对应的49项,有超过八成遣策记录和实际随葬的陶、铜、木器数量是可以对应的(尽管仅占了出土陶、铜、木器总类的四分之一)。这对于了解遣策的撰写与性质有一定的意义。另有8项属于遣策记录多于实际出土数量,部分在下文会再作讨论,部分具体情况不明。

诚然,以上统计存在一定局限性:墓葬数量不多;能利用的,也只有陶、铜、木器,未能反映遣策记录的全貌。但由于丝织品、食物等早已不存于墓葬中,无法对应遣策记录。我们的研究,也受限于今人对战国楚文字的认识与实际所指的理解,如对丝织品的理解仍有很多空白。而陶、铜、木器一般来说是楚文字中较易辨认的。总体而言,随葬品种类与数量多于遣策所载,似乎是值得进一步讨论的现象。

三、送葬品与送葬者相关问题探讨

在遣策所载随葬品数量与实际出土情况对应分析的基础上,我们可进一步考察带有

"赗者记录"的简册与随葬品的对应关系。

1. 送葬品的组合与拼凑情况

以下先将明确为他人送葬的情况表列如下(表十一):

表十一 遣策与出土文字所见的送葬者及其送葬品

墓 葬	送 葬 者	送 葬 品
仰天湖 M25	黄郘	矢八$_{27}$
	许阳公	一纺衣,绿里$_1$
	中君	一织衣$_2$
	何马	织衣$_3$
望山 M2	奉阳公$_{63}$	
	长王孙$_{64}$	
天星观 M1①	楚王	大路
	集胆尹	一齿𫘤、齿𫘤、翠𦍎□□
	集精尹	
	宰尹	
	集尹墨	
	阳令	
	小司马𨒵	
	潘之里人	
	宋悭	
	顾侯	骨管
曾侯乙墓	楚王	三乘路车$_{187-189}$、镈钟1件
	楚太子	三乘路车$_{190}$
	坪夜君	二乘路车$_{191}$
	𨟻君	一乘路车$_{192}$
	䣄城君	三乘路车$_{193}$
	鄢君	一乘广车$_{194}$
	□䣄公	一陷车$_{198}$
	卿士	一陷车$_{199}$
	☐	一陷车$_{200}$

---

① 天星观1号墓遣策尚未完全发表,此处依据其考古简报整理出来。

续表

墓　葬	送　葬　者	送　葬　品
曾侯乙墓	鄝君	一乘车[201]
	命尹	一乘畋车[202]
	鄝君	一乘圆轩[203]
	析君	析君戟 1 件
	邡君	邡君戈 1 件
	阳	阳戈 1 件
	某楚封君	"君广䭒"车䡓
包山 M2	舒寅	一乘正车及车饰,如马甲 1 件、御者甲胄 2 件[牍1]
	苟䣄	一矢箙、一皮盾、二十矢、二马镳、二马衔和车饰[277]
	宛公	马甲
望山桥 M1	滕公	一乘轺车

通过列表,首先要注意送葬品不一定是整套赠送的,虽然上文释"禭"的部分指出按《既夕礼》的礼制规定,致禭必须上下衣连送。遣策中的"纺衣"、"织衣"今已不存于墓中,但参马山 1 号墓由他人所送的䊷衣,当时的禭似未成套送赠。即使其他类型的送葬品也不一定是成套送赠,例如包山简的苟䣄只送赠一些车马配饰,而未如舒寅送赠整乘正车。《礼记·曲礼》有谓"吊丧弗能赙,不问其所费",①对于丧家来说,吊丧可能比送葬更重要,赗赙厚薄大抵为尽心意而已。

此外,可以肯定的是,丧家在收到送葬品以后,似乎不一定会原封不动地与死者同葬。除了可能用作他用以外(也就是不埋入墓中),丧家也会将其与自备的随葬品配搭成套。最典型的例子,就是曾侯乙墓出土的楚王熊章送赠之镈钟,②本身就是刻意摘去原有编钟,并调整了编钟位置才能置放得下。从铭文来看,当时至少存在另外两件相似的镈钟(《集成》83、84),反映楚王当时应是为曾侯乙铸造了一套镈钟,但最终仅有一件镈钟随曾侯乙下葬。上文提及的仰天湖墓葬中未见的"黄邨之矢八",也有可能根本未被随葬在墓中。

配搭成套的例子还有包山墓舒寅所赠正车配不见于木牍的车马器和曾侯乙遣策所见由

---

① 孔颖达:《礼记注疏》卷三,阮元校刻:《十三经注疏》,艺文印书馆,1965 年,第 55 页。
② 对于此钟到底是因为楚王得闻曾侯乙讣告而造,还是为了让曾侯乙生前使用而造,各有说法。争议在对镈钟铭文"楚王熊章作曾侯乙宗彝"的理解:一说是作为祭祀曾侯乙的宗庙器;一说是让曾侯乙在宗庙祭祀祖先之器。"某甲作某乙宗彝"铭文在西周铜器多见,如西周早期的黄子鲁天尊(《集成》5970)、中期的豚卣(《集成》5365)、晚期的小克鼎(《集成》2796),均为某甲制来用以祭祀某乙的宗庙器,而不是为某乙生前使用(即某乙已死)。不过,这种格式除楚王镈钟外似乎少见于东周时期。本文仍参西周惯有文例理解此器为作为"祭祀曾侯乙的宗庙器"用,为楚王赠送的赗赙之物。

曾国、楚国车马配搭而成的仪仗队伍。① 这种配搭的现象,一定程度上也合乎了赗赙送赠本身希望协助丧家治丧的意义。因此,当检视其他不带文字资料的墓葬和随葬品时,即使是赗赙相关的随葬品,也很可能是将不同来源者拼凑成套。同时,两周时期墓葬中随葬品也有可能是掠夺②或所谓分器③所得。对于随葬器物的来源与置办,目前仍有很多空白之处。

2. 传世文献以外有关赗赙的记载

为了进一步梳理送葬者与送葬品的关系,我们按送葬品种类整理,得表如下(表十二):

表十二 出土资料所见的送葬品类型

墓 葬	衣 服	青铜器/兵器	车 马 器	其 他
仰天湖 M25	一纺衣,绿里	矢八		
	一织衣			
	织衣			
天星观 M1			大路	骨管 1 件
			一齿䤜、齿戴、翠翬□□	
曾侯乙墓		析君戟 1 件	路车 12 乘	
		邮君戈 1 件	广车 1 乘、"君广畫"车畫 1 件	
		阳戈 1 件	阽车 3 乘	
		镈钟 1 件	车 1 乘	
			畋车 1 乘	
			圆轩 1 乘	
包山 M2		一矢箙、一皮盾、二十矢	正车 1 乘及车饰	
			二马镳、二马衔	
			马甲 1 件	
望山桥 M1			轺车 1 乘	

---

① 陈伟:《包山楚简初探》,武汉大学出版社,1996 年,第 187—189 页;罗小华:《战国简册中的车马器物及制度研究》,武汉大学出版社,2017 年,第 277—287 页。不过,罗氏认为整套车马送赠的,乘车和配马不会被拆开重新分配。但见于包山简的正车装饰,丧家也有少量的调整。由于曾侯乙简未如包山简一般详细记录车马饰,具体情况还是以包山简为准。
② 如淅川下寺 1、2、3 号墓均见有铸有他人名字但铭文被刮掉的青铜器,这种情况则不属赗赙,该是因某种原因墓主或墓主家族得到原本属于他人的青铜器而最终以这些抢回来的铜器随葬。见河南省文物研究所、河南省丹江库区考古发掘队、淅川县博物馆:《淅川下寺春秋楚墓》,文物出版社,1991 年,第 322 页。
③ 即武王灭商后分商器以酬谢伐殷功臣,详见黄铭崇:《从考古发现看西周墓葬的"分器"现象与西周时代礼器制度的类型与阶段(上篇)》,《中研院史语所集刊》第 83 本第 4 分,2012 年,第 607—669 页;黄铭崇:《从考古发现看西周墓葬的"分器"现象与西周时代礼器制度的类型与阶段(下篇)》,《中研院史语所集刊》第 84 本第 1 分,2013 年,第 1—82 页。

正如上面所说,以往研究赗赙现象往往会引用《大略》:"货财曰赙,舆马曰赗,衣服曰襚,玩好曰赠,玉贝曰唅。赗赙所以佐生也,赠襚所以送死也。"的记载,将送葬品分成五类,赗赙为了佐生,赠襚则是用以送死。从文献的角度,送葬品种类、功能和规定似乎有着明显划分。但如上文所述,车马似乎是生死兼赠而非只作佐生之用,非《大略》所言致"赗"纯为佐生。本文讨论的诸如包山正车、曾侯乙的"君广舿"车舿亦印证了车马器会随墓主下葬,作送死之用。除了送赠车和马,也包括上面的各种装饰、甲胄,包山遣策对这些方面就记之甚详。唯其中多有丝织物装饰,今或不存,或根本没有完整下葬。而曾侯乙简则似乎是以车马赠生者的实例。

同时,依上表所示,战国遣策所记的送葬品中,又观察到如青铜兵器、乐器、骨管,加上西周时期多见的青铜礼器,①这些都超出了《大略》的范围。无可否认,《大略》是目前少有相对完整概述赗赙现象的传世文献,但过去的研究中似乎过分强调《大略》定义的重要性,如认为赗、赙、含、襚"四者不容混淆","功能(笔者按:即佐生与送死)界割分明"。②依据本文的讨论,《大略》的记载似乎并不与出土情况完全吻合,上文亦见《大略》与《礼记·少仪》在赗马、赙马上的记录相异。值得注意的是,两周相关的传世文献大多都是由口传再经多人多时编撰而成。以《荀子》为例,部分内容为荀门弟子对老师言论的集录,又于汉成帝时为刘向所校而定三十二篇,③《大略》的成书年代下限可至西汉晚期。个别典籍与典籍之间的成书背景与形成过程会否是导致记载与出土材料分歧的原因?汉景帝前元二年颁布对各级官员丧事安排的诏令,其中只有诸侯王薨才可以由皇帝遣使致赗,其余各级官员均不致赗事。杜林渊指出西汉时期已少行以车马送死的赗礼。④《大略》指车马只用作佐生或许受到当代习俗的影响。利用传世文献讨论考古材料前,其文本性质仍是不可不察。而与两周礼制相关的记载往往散落在礼书、《春秋》经传不同典籍之中,梳理散落各处的文本记载、不同文本之间的差异或许可以与考古材料互相校正。

通过对比包山记录正车的4枚简牍与木牍,更可知遣策中不具名的随葬品也有他人送赠的可能。因此,遣策所记的随葬品,也许有更多属于所谓赗赙的范围,只是文字材料的缺失令我们无从稽查。随着科技考古手段日渐成熟和相关标准体系的建立(如牛津研究体系),我们日后或许可以利用遗物风格、合金比例和微量元素等作产地分析,更能掌握一墓之内的随葬品来源情况。⑤ 对赗赙的讨论,自然也不应囿于《大略》的框架。

---

① 曹玮:《试论西周时期的赗赙制度》,氏著:《周原遗址与西周铜器研究》,科学出版社,2004年,第165–175页。
② 杨华:《襚·赗·遣——简牍所见楚地助丧礼制研究》,氏著:《新出简帛与礼制研究》,台湾古籍出版有限公司,2007年,第160页。
③ 佐藤将之:《参于天地之治:荀子礼治政治思想的起源与构造》,台大出版中心,2016年,第29–37页。
④ 杜林渊:《西汉赗赙礼俗研究》,《延安大学学报(社会科学版)》2013年第3期,第103–104页。
⑤ 相关的尝试可见 A. M. Pollard, P. Bray, R. Hommel et al, "Bronze metal circulation in China", *Antiquity*, Issue 357 (2017), pp.674–687; Zhengyao Jin, Ruiliang Liu, Jessica Rawson et al, "Revisiting lead isotope date in Shang and Western Zhou bronze", *Antiquity*, Issue 360 (2017), pp.1574–1587;陈小三:《三组西周青铜器的产地分析及相关问题》,《考古》2018年第12期,第92–101页。

3. 赗赙与现实世界身份、关系的重现

除了上文对送葬品种类的整理,本文又将墓葬出土文字资料有关送葬者名字整理成下表(表十三)。

表十三　出土文字资料所见的送葬者

墓　葬	墓主身份	带私名者	带职衔者	职衔+私名
仰天湖 M25		黄郉	许阳公	
		何马	中君	
望山 M2	悼氏女贵族		奉阳公	
			长王孙	
天星观 M1	邸阳君潘勅	潘之里人	楚王	集尹墨
		宋惶	集胿尹	小司马迅
			集精尹	
			宰尹	
			阳令	
			顾侯	
曾侯乙墓	曾侯乙	阳	楚王	析君墨启
			楚太子	
			坪夜君	
			鄀君	
			𦵮城君	
			鄢君	
			□觞公	
			卿士	
			鄩君	
			命尹	
			鄴君	
			邮君	
			某楚封君	
包山 M2	左尹邵𦤙	舒寅	宛公	
		苟䣄		
望山桥 M1	中厩尹		縢公	

从上表可见，在这批送葬者中，七成五都是以职衔或职衔加私名署名，如中君、坪夜君、集尹墨等。只有少数只署私名，部分可能为墓主的亲属，如天星观简的潘之里人，应为邸阳君潘勠之亲族或居于其族地的人。部分也可能为墓主的生前所知，如仰天湖简的何马。而职衔署名者，按其职级与墓主身份关系，其中有上级致下级的送赠，如楚王对邸阳君与曾侯乙的送赠；也有下级致上级的送赠，如天星观简的小司马；① 其余较多的是职级相近者的送赠。曾国时为楚国的附庸，但其地位或与楚国的封君相若，② 或为遣策记录中多有楚封君送葬的原因。

《既夕礼》提到送葬者可分为亲属（有服之亲）和所知。但在上表所见，除了天星观1号墓所见的潘之里人，可能算是与墓主人邸阳君潘勠有血缘关系，其余几乎不见明确由亲属致送随葬品的记录。

《荀子・大略》："礼之大凡：事生，饰欢也；送死，饰哀也。"③ 赙赗礼节除了礼制规定外，本身出于人之常情，如果因为在遣策中不见与亲属有关的人名记录便判定亲属并未出席丧礼或致送随葬品，显然不合常理。过去曹玮先生梳理西周赙赗现象，也指出大多数属于亲属赠送。④ 从另一方面来看，遣策本身在于记录随葬品情况，是否记录送葬者人名似乎并非重点，在列表中特意记录共同生活的兄弟亲友更是多此一举。相反，一旦在遣策中书写送葬者便显得格外刻意张扬其身份。或者可以说，赙赗除了"送死"与"佐生"的用途外，在战国时期可能也带有一种与死者生前关系的再确认与重现，⑤ 送葬者因与死者生前的关系（例如官职关系）而参与丧礼或致送随葬品。而在战国正逐步形成的官僚体系中，职级越高，前往送葬的同僚或下属也应越多。丧家则可能因为这一层关系，刻意将带职称的送葬者身份书写于文字材料之中，作为一种身份炫耀。当然，我们这一看法也只是一种猜测，希望随着更多相关简牍材料的公布，以上猜测能得到验证。值得一提的是，曹氏指出东周赙赗现象的渊源至少可以追至西周。⑥ 上文提到的两周对送葬者书写变化的原因何在，当可另文讨论。

4. 战国遣策性质蠡测

通过本文第二部分对遣策内容与陶、铜、木器的梳理，可以肯定现时所见的遣策，并非是撰写所有随葬品以对照实物的记录，甚至可以说，遣策也许只是实际随葬品内容的部分

---

① 或可理解为邸阳君封国内的司马。
② 方勤：《曾国历史与文化——从"左右文武"到"左右楚王"》，上海古籍出版社，2018年，第160–163页。
③ 王先谦：《荀子集解》卷十九，中华书局，1988年，第490页。
④ 曹玮：《试论西周时期的赙赗制度》，氏著：《周原遗址与西周铜器研究》，科学出版社，2004年，第165–175页。
⑤ 来国龙则从宗教意义上理解遣策的性质。他认为遣策的记录以及遣赠除了显示死者的社会地位与送葬的慷慨，也是用以宣告（declaration）和肯定（affirmation）死者与生者的关系：一方面向死者和地下世界表扬生者，包括为死者预备随葬品的丧家与送葬者；另一方面，带领生者超越时空，进入战国人所渴望和想象中的死后世界，最终以联系生者世界与地下世界为目的。见 Lai Guolong, *Excavating the afterlife: the archaeology of early Chinese religion*, Seattle and London: University of Washington Press, 2015, pp.144–146.
⑥ 曹玮：《东周时期的赙赗制度》，《考古与文物》2002年第6期，第42页。

节录。有学者曾提出,遣策是随葬物品的事先计划。① 从部分遣策为多次书写的清点记录,一如仰天湖 25 号墓简与西汉马王堆 3 号墓遣策,②似乎可证现时所见的遣策很有可能撰写于葬礼筹措阶段。但我们不禁要问,如果遣策完全是丧家对墓室空间的预先安排或是准备随葬品的待办清单,一份只记录了四成最终随葬的陶、铜、木器类型的清单(而且最终落实的只有当中的三分之二),是否能达到上述两个目的? 如果它的撰写不是全然为了计划,这些遣策内的器物和数量据什么标准被记录下来? 遣策记录与随葬实物的不对应背后又出于何因?

在 8 批遣策中,长台关 1 号墓简似乎比较特殊,遣策上记的乐器多未有随葬。我们认为,对这一现象的解释,或许能为上面的问题提供一些启示。将长台关出土和遣策所见的乐器对比同时期(战国中期)同为封君规格的天星观 1 号墓和九里 1 号墓,结果如下表(表十四)所示:

表十四　战国中期已知为封君级墓葬的乐器

	长台关 1 号墓	天星观 1 号墓	九里 1 号墓
椁室大小	长 8.95 米,宽 7.60 米,高 3.25 米	长 8.20 米,宽 7.50 米,高 3.16 米	长、宽 8.8 米,高 4.1 米
分室	7 室	7 室	墓室+4 边箱
编钟	13 件钮钟、编钟架 1 及钟槌 3	4 件钮钟、编钟架 1(梁下共 22 个方形榫槽)及撞钟棒 2	仅存编钟架,梁下共 13 个方形榫槽
编磬	"一肆坐栈磬,小大十又九"	有,但已成泥。同墓出编磬架 1 和磬槌 6	仅存编磬架
笙/竽	"二笙、一簨竽"	笙 6	竽形器 1
瑟	3	5	6
悬鼓		1	1
鼓	2	1	3

虽然天星观 1 号墓、九里 1 号墓均曾被盗,但凭借仅存的乐器配件,如架、槌等,仍可见原来随葬乐器的面貌。两座墓葬的乐器组合,也与长台关 1 号墓简的乐器记录相符。换句话说,长台关简所载的乐器组合,应该与封君身份相当。然而,长台关 1 号墓却没有出土相应的乐器。此墓虽然被盗,但笙、筑等漆木器向来不是盗墓者的首要目标;而且,即使编磬有可能被盗,墓中却不应连残存的编磬架都没有。更合理的推论是,当时出于某些

---

① 杨怡:《何为"遣册"?——以马王堆三号墓为例》,湖南省博物馆:《纪念马王堆汉墓发掘四十周年国际学术研讨会论文集》,岳麓书社,2016 年,第 329 页。
② 有关马王堆遣策的书写与形成,田天先生的讨论甚详,见其《马王堆汉墓的遣策与丧葬礼》,《文史》2020 年第 1 辑,第 33-68 页。

原因,编磬、笙、鼓等长台关简记录的乐器最终并没有下葬。

张闻捷先生曾以两周墓葬所见的编钟多有音律和来源拼凑的情况,指出葬钟并不能反映生时实际的乐悬情况,而随葬品的选择与最终置放也有一定考虑。张氏提出,其中原因或与墓葬空间所限有关,也有其他今人未知的法度。① 但比较三墓的规模,椁室面积相若,似与空间无关。同样,安岗1号墓与望山2号墓出土两份遣策均记有4乘车,但最终安岗1号墓实际只随葬3乘车。或者我们可以假设,五里牌406号墓、仰天湖25号墓、长台关1号墓、安岗1号墓等战国遣策有记录的器物种类原来当可在墓葬中出现,在某种程度上反映了与墓主人相配的一定规格,只是最终并没有全部下葬。诚如张氏所言:"葬制并不能涵盖礼制的全貌。"②

如果战国遣策不是为了记录完整的随葬品清单,只是记录与墓主人等级身份相对应的随葬品,那么,这些遣策到底是为谁而写?谁又会在意随葬品是否合乎礼制要求?《仪礼》中提到,遣策和赗方除了是一份文字记录,本身也会在棺柩入土前分别由公史和主人之史来公开宣读。也就是说,遣策会被作为国君代表的公史所检视。包山2号墓的司法简155提供了这方面的线索。简文内容为鄡吏受诘于改葬王士的案件节录,鄡吏诘辞大意为:"我从郢胥得到命令要把王士葬于符合王士身份的土地(王士之宅)。鄡地少司城为王士的丧客,也对我下达过相类命令。与此同时鄡地左司马作为另一死者(大司城)的丧客,没有知会我,便征用五连之地(当为比王士之宅规格更高的土地)埋葬王士。"陈伟先生认为丧客为临时被委派的安排处理埋葬事宜的职位。③ 尽管对此案的理解仍存有疑问,如为何作为他人丧客的左司马可以干预王士葬地,但整条简的大意诸家一般没有争议。从中,也可见到当时国君对下级贵族的葬礼过程有所干预:如果没有按照从上而下的既定安排行事便追究责任。而安岗1号墓简1也提到和包山简155相类的"列尹命执事人为之藏",执事人应如丧客与公史一样,代表国君参与下级贵族丧礼。

然而,与《既夕礼》的公史不同,包山简155的丧客和郢胥仅对鄡吏下达相关命令,似乎并没有完全参与到整个丧礼当中,至少没参与最后的下葬部分,否则他们当会阻止王士葬地变更的事情出现。换句话说,国君代表对贵族的整个丧礼过程,虽有一定参与,却不一定完全在场。如果"公史"一类临时安排的官员,确实在葬礼中宣读遣策,他们不可能没有留意到遣策与随葬实物不符,或者说"公史"并未亲眼看到随葬品的实况。如今所见的"遣策"与实物不符,中间的原因确实很多,但整合相关的背景,我们不妨假设,这类文书本有监察之用。郑玄注《既夕礼》丧礼读遣部分:"君使史来读之,成其得礼之正以终也。"杨华先生也曾提出读遣意在"公示丧家是否按照相关礼数安排了随葬"。④ 只是公史不一定完全参与整个丧葬过程。一旦文书只是为应对上层贵族监

---

① 张闻捷:《周代葬钟制度与乐悬制度》,《考古学报》2017年第1期,第49-71页。
② 张闻捷:《周代葬钟制度与乐悬制度》,《考古学报》2017年第1期,第71页。
③ 陈伟:《包山楚简初探》,武汉大学出版社,1996年,第123页。
④ 贾公彦:《仪礼注疏》卷三十九,阮元校刻:《十三经注疏》,艺文印书馆,1965年,第466页;杨华:《禭·赗·遣——简牍所见楚地助丧礼制研究》,氏著:《新出简帛与礼制研究》,台湾古籍出版有限公司,2007年,第162页。

察下葬情况而撰写,实际随葬的情况便有一定弹性。公史所宣读的遣策(或读遣时所见到之物),自然并非最终下葬物品的全部。和上面提及的送葬文书中强调官职身份一样,这也只是对"遣策"与实物不符现象的推测性解释,待更多遣策资料公布以后才能加以验证。

不过,如果我们的推测可靠的话,现时战国遣策记录下来的内容,似乎只是合乎墓主人身份规格的一套记录,至少是能够通过公史监察的规格记录。至于在遣策记录以外随葬的,可能就是逾越了墓主所能使用的规格,自然不能记录在遣策上被检视。这也包括了因特殊原因临时埋在墓内之物。所谓"逾礼",其实是一种"既定礼制"、"墓主身份"与"丧家财富"的对应关系变化。① 当然,丧家也可能根据实际情况,将原来应送葬的物品留作他用。当时虽然有一套与身份相关的礼制,实际埋葬时,丧家也许能凭自身的实力使墓主在原有身份规格上更为体面。而对于公史来说,只要在遣策账面上不超过规范便可以,上级则不一定能得知或全面控制实际的情况。

虽然上级贵族只能"被动地"了解下级贵族的丧葬礼制,但包山简155的事后追溯鄢吏不按命令葬王士之案例,也反映了国君有时候也会出手干预下层贵族治丧礼制。而曹家岗简记"七豆",但实际只出豆4件,会否也是来自公史的干预?张闻捷先生曾梳理出战国楚随葬漆豆数用偶的规律,② 比较之下,曹家岗简的7豆数似乎并不符合当时的用豆数量。不过最终随葬4件柄带三道凸棱的豆,又符合了当时的使用规律。当中原因,现在自然无法得知,但可能的解释是,曹家岗5号墓墓主的家属在上呈遣策时已被发现数量不合礼制,随葬的豆数最终只能按照当时惯用的规范而行。

至于遣策记录多于实际出土的数量,具体原因既可能与下葬时未及准备有关,也可能是丧家留作他用。包山简和安岗1号墓简有关镞的记录不符实际,观乎当时的人对随葬镞的数量还是比较随意的:曾侯乙墓出土4507枚镞或是希望以数量彰显其身份之高,但纵观其他楚墓,似乎不见镞的数量与身份等级形成严格标准。以湖北黄州国儿冲3号战国中期偏晚墓为例,一棺一椁而只出仿铜陶礼器(有盖圆腹鼎3件、敦3件、壶2件),随葬兵器剑1件、戈3件、镞24枚。从其棺椁形制与礼器组合看,仅为中小型墓;③ 然而,如以镞数比较,此墓与包山2号墓相若,但包山2号墓的兵器组合(戈8件、矛11件、戟3件、剑2件)更为丰富。当时的人似乎更看重以兵器组合而非镞的数量来对应其身份等级。④ 在楚墓中也未见镞数对应身份的严格数量,或者是镞数并不完全对应遣策数量的可能原因。

值得一提的是,过去一些学者依据文书内容的相似性,将战国到西汉的遣策甚至往后演变的衣物疏并列讨论。然而,如果仔细比较汉代的遣策与出土随葬品,会发现汉代遣策

---

① 蒲慕州:《墓葬与生死:中国古代宗教之省思》,联经出版社,1993年,第193-194页。
② 张闻捷:《略论东周用豆制度》,《考古与文物》2011年第1期,第43-52页。
③ 黄州古墓发掘队:《湖北黄州国儿冲楚墓发掘简报》,《江汉考古》1983年第3期,第13-22页。
④ 廖德志曾大规模整理战国楚墓弓和箭的出土情况,详见廖德志:《战国楚墓出土弓箭及其相关问题》,南京大学硕士学位论文,2017年。

所记之物存在虚列数量或器物种类的情况。江陵张家山二四七号汉墓遣策记"画杯七"、"伏几一"、"枚杯七"（简35－37），①实际只出2件耳杯而不见伏几；②江陵凤凰山一六七号墓亦见遣策所记耳杯多于实际随葬。③ 而长沙马王堆三号墓遣策所记的种类和数量差异更大。铃木直美曾逐一对照遣策所记与随葬品的情况：遣策所记的明僮、漆耳杯和盂等数量均多于实际出土；而土器，如土牛、豕等动物土偶、土金、土钱等完全不见于随葬品中。④ 同时，部分遣策所记之物更不以实物形式存在于墓中。马王堆三号墓出土一幅《军阵送葬图》，其上所绘的军阵与仪仗队伍与遣策卷首部分所记的人物特征、数量大致吻合。⑤ 刘晓路先生曾提出"帛画俑"的概念。⑥ 蒲慕州先生认为古埃及墓葬壁画中的祭品清单是以文字列举取代实物随葬的习俗，是"古代人思维中对于文字、图像所具有的魔力的相信，即凡是可说出、写出、绘出的事物，在一定的宗教仪式的转化下，即成为真实存在于此世或另一世界中的事物"的反映。蒲氏认为汉代的壁画亦能作如是观。⑦ 蒲氏的观点似乎亦能应用在汉代的遣策上。由此可见，汉代遣策所记之物甚至随葬品的性质，与战国时期相比，渐趋象征性。战国与汉初的遣策似乎并不能并为一谈。

四、总　　结

本文将现时已完整发表的战国遣策记录与其墓葬实际出土的陶、铜、木器数量比较，发现战国遣策内容大多只记录了部分的随葬实物。本文指出，出土实物种类与数量多于遣策所载，应为当时较常见的现象。送葬品的种类似乎也超出《大略》所载情况。在战国楚地肯定存在一套由统治者规定与身份有关的器用制度，但实际埋葬情况是否每每都能遵从，根据本文的推测，则可能视乎统治者监控手段的强弱。即使当时"礼制"对不同等级成员随葬品有所规定，在葬礼的操作层面，最终与当时社会等级之间也不一定整齐划一地对应。出土实物种类和数量与遣策不符，当中不排除是公史的监督与丧家自身经济政治实力相平衡后的结果，也许并非仅仅因简牍材料失载所致。而进一步分析送葬者身份可见，战国楚人似乎更倾向在遣策中书写带职称的送葬者，亲友之名反而少见，较之西周有所不同。现时我们虽然只能通过少数墓葬中的出土材料了解战国时期的赠赙现象，但

---

① 释文参张家山二四七号汉墓竹简整理小组：《张家山汉墓竹简（二四七号墓）：释文修订本》，文物出版社，2006年。
② 荆州地区博物馆：《江陵张家山三座汉墓出土大批竹简》，《文物》1985年第1期，第1－8页。
③ 简19、28、31记80件不同种类的耳杯。整理小组和参与发掘的吉林大学历史系考古专业均曾比对遣策与实际出土的种类与数量，两方所记的实际出土数量稍有不同。如简28记"墨杯廿枚"，整理小组称出土墨色耳杯10件，实物比遣策所记少10件；吉林大学历史系考古专业则称出土墨色耳杯6件，实物比遣策少14件。见凤凰山一六七号汉墓发掘整理小组：《江陵凤凰山一六七号汉墓发掘简报》，《文物》1976年第10期，第31－37页；吉林大学历史系考古专业赴纪南城开门办学小分队：《凤凰山一六七号汉墓遣策考释》，《文物》1976年第10期，第38－46页。
④ 铃木直美：《马王堆三号墓出土简にみる遣策作成过程と目的》，佐藤信、籾山明：《文献と遗物の境界——中国出土简牍史料の生态の研究》，六一书房，2011年，第185－222页。
⑤ 金维诺：《谈长沙马王堆三号汉墓帛画》，《文物》1974年第11期，第40－41页。
⑥ 刘晓路：《论帛画俑：马王堆3号墓东西壁帛画的性质和主题》，《考古》1995年第10期，第937－941页。
⑦ 蒲慕州：《墓葬与生死：中国古代宗教之省思》，联经出版社，1993年，第203－204页。

赗赙相关书写对送葬者身份的刻意强调,以及书写材料与实际的种种差异,也许能成为我们了解两周贵族政治的材料,并透视着两周社会结构的转变。

附记：本文根据笔者的香港中文大学历史系哲学硕士论文改写而成。写作期间蒙林师永昌悉心指导,谨致谢忱,唯一切文责由笔者自负。

西汉杜陵建筑遗址的尺度、等级和空间初探*

王书林

(北京大学中国考古学研究中心　北京大学考古文博学院)

1982－1985 年,中国社会科学院考古研究所对西汉杜陵开展了考古调查、钻探和发掘,对宣帝杜陵和孝宣王皇后陵的陵园和寝园进行了局部重点发掘,发掘建筑遗址包括宣帝杜陵陵园东门遗址(二号遗址)、北门遗址(三号遗址)、寝园寝殿遗址(一号遗址)、便殿遗址(五号遗址),孝宣皇后陵陵园东门遗址(四号遗址)、寝园寝殿遗址(六号遗址)、便殿遗址(七号遗址)等。[①]

这批建筑遗址时代单纯、格局清晰,功能明确、等级较高,是研究西汉中晚期官式建筑制度的重要材料。此外,将帝陵、后陵作为同期、同类建筑进行比较,也可为建筑等级制度的研究提供线索。

一、杜陵建筑的尺度计算体系

傅熹年先生指出,"陵园的尺度应基本为整数尺寸,一般以 10 丈、5 丈、3 丈为单位,不可能过于细碎"。他根据杜陵陵园、陵丘、寝园等尺寸测算出,当用尺尺长为 22.8 厘米时,杜陵陵园方 190 丈,陵丘底方 75 丈,寝园方 50 丈,王后陵陵园方 145 丈,陵丘方 65 丈。由此认为杜陵用尺应为 22.8 厘米。[②]

杜陵内建筑年代接近,其用尺尺长应该具有较强的一致性,既用于陵园规划、重要建筑设计,也用于附属建筑和小尺寸设计。傅熹年先生推算的 22.8 厘米尺长,虽可以推算出陵园边长和陵丘的整数尺寸,但用其他建筑尺度推算的数据则并不理想。更重要的是,根据出土西汉尺的分析,西汉尺的长度沿袭秦制,尺长约 23.1 厘米,大多在 23 厘米以上,[③]且西汉后

---

* 本文为国家社会科学基金重大项目《秦汉三辅地区建筑研究与复原》(项目批准号:18ZDA181)阶段性研究成果。

[①] 刘庆柱、李毓芳:《1982－1983 年西汉杜陵的考古工作收获》,《考古》1984 年第 10 期;刘庆柱、李毓芳:《1984－1985 年西汉宣帝杜陵的考古工作收获》,《考古》1991 年第 12 期;中国社会科学院考古研究所:《汉杜陵陵园遗址》,科学出版社,1993 年。

[②] 傅熹年:《中国古代城市规划、建筑群布局及建筑设计方法研究》,中国建筑工业出版社,2001 年,第 57－58 页。

[③] 赵晓军、关增建:《先秦两汉度量衡制度研究》,上海交通大学出版社,2017 年,第 129－133 页。

期（昭、宣以后）尺长较前期稍有增长，直至新莽时期尺长又回归至23.1厘米。① 故22.8厘米的尺长作为西汉后期官式建筑用尺似乎不太合理。1969年在西安东郊延兴门村（唐长安延兴门遗址）出土的汉宣帝甘露二年（公元前52年）所造铜方炉的尺寸，可为杜陵用尺尺长的问题提供很好的参考。其长47.5厘米、宽23.75厘米，根据炉身铭文"弘农宫铜方卢（炉），广尺，长二尺"，②可知一尺为23.75厘米。

分别以22.8厘米和23.75厘米为一尺核算杜陵建筑用尺情况，可见在门址、配廊、寝园、殿址等建筑尺度上，一尺为23.75厘米所测算出的数据更接近整尺，且在建筑或院落尺度较大时，常出现十尺的整数倍，即以"丈"为测量单位。③ 如帝陵陵园东门主阙（含门道）总长15丈，子阙（配廊）长10丈；寝园园墙南北长50丈，西门长5丈，寝园东廊宽20尺；寝殿东西24丈，南北15丈。后陵陵园主阙（含门道）总长12丈，子阙（配廊）长8丈；寝园南北长36丈，西门长4.5丈，寝园东廊宽17尺；寝殿东西18丈，南北13丈（附表一）。

若以一尺等同23.75厘米衡量陵园边长和陵丘边长，则杜陵陵园边长1823尺，封土边长724尺，王皇后陵园边长1410尺，封土边长623尺，看似不如以一尺为22.8厘米为参数时所算出的数值整。事实上，与单体建筑平面以"尺"或"丈"为单位来进行建筑设计不同，在陵区陵园这类规划尺度层面的设计和丈量中，"尺"或"丈"都难以满足设计需求，而更常用另一种测算单位——步。正如文献所记，"汉诸陵皆高十二丈，方一百二十步"，④可知"步"也是当时非常重要的长度计量单位，且常用于陵丘边长这类较大尺度的测算。

一般认为，汉承秦制，一步为六尺，⑤若一尺等同于23.75厘米，则一步等同于1.425米。因此，将陵园和陵丘边长换算为"步"，则杜陵帝陵陵园边长433米，方300步，⑥封土边长172米，方120步，与文献记载之汉陵"方一百二十步"相吻合。帝陵陵丘高度约29米，合122尺，即12丈，也可与文献呼应。如按此规律推算，则王皇后陵园方235步，陵丘

---

① 天石：《西汉度量衡略说》，《文物》1975年第12期，第79-89页。
② 秦波：《西汉皇后玉玺和甘露二年铜方炉的发现》，《文物》1973年第5期。
③ 从建筑设计角度看，外檐廊应是单体建筑本体的重要组成部分，在建筑设计之初被统一规划考虑。因此，本文所用建筑东西南北长度，皆以建筑夯土及周围外檐廊为界，不含散水宽度。表中主阙面阔、配廊长度、配廊宽度等是根据报告中数据进一步计算出来的：
帝陵主阙和门道总长＝隧+门墩×2+檐廊×2＝13.2+9.75×2+1×2＝34.7米
帝陵配廊长度＝配廊内散水长－散水宽＝24.8－0.92＝23.88米
帝陵配廊宽度＝隔墙宽度+廊道宽度×2＝3.4+3.4×2＝10.2米
后陵主阙和门道总长＝隧+门墩×2+檐廊×2＝10.68+8.5×2+0.84×2＝29.36米
后陵配廊宽度＝隔墙宽度+廊道宽度×2＝3.2+1.9×2＝7米
寝殿尺寸为寝殿夯土台加上檐廊的尺寸。
④ 《长安志》卷十四载"关中记曰：'汉诸陵皆高十二丈，方一百二十步，惟茂陵十四丈，方百四十步。'"辛德勇、郎洁点校：《长安志·长安志图》，三秦出版社，2013年，第432页。此外，在河北中山王墓兆域图中，单体建筑以尺为单位，如"王堂方两百尺"，陵园外围距离则以步为单位，如"从内宫至中宫廿五步"等，也可知"步"为规划常用单位。
⑤ 闻人军：《中国古代里亩制度概述》，《杭州大学学报（哲学社会科学版）》1989年第3期。一般认为举足两次为一步，因此古代步长大约在1.5米左右。傅熹年先生曾指出，这样巨大的陵园之尺度一般以10丈、5丈、3丈为单位。"五"、"十"之倍数比较好理解，应与古时十进制计数有关。而汉代一步恰为六尺，那么"三"之倍数则很可能与"步"有关。
⑥ 结合西汉帝陵发掘和勘探资料，可知景帝阳陵、武帝茂陵、昭帝平陵、宣帝杜陵、元帝渭陵、哀帝义陵等帝陵陵园边长在404-433米之间，应都与方三百步有关。鉴于西汉时期尺长并不稳定，且情况比较复杂，容日后另撰文细述。

方100步,高10丈。因此,若以"步"为单位核算陵园边长和陵丘边长,则一尺等同于23.75厘米更为适合。

综上,西汉杜陵营造尺长应为23.75厘米,且"尺"、"丈"、"步"均为当时非常重要的距离测量单位,规划设计时会根据需要选择合适的度量单位。

二、与建筑等级相关的建筑形制

本文将杜陵陵园东门、北门和孝宣王皇后陵园东门等门址对照研究,将杜陵寝园寝殿和孝宣王皇后寝园寝殿对照研究,可见反映等级制度的建筑要素有如下几个方面:

1. 建筑规模

根据考古发掘材料可知,陵园门址建筑形制基本一致,由门道、左右塾和左右配廊组成。① 其中,门道中置门墩,将门道分为内外对称的两部分,内外各进深两间。门塾面阔三间,进深五间,向内与门墩相连,向外与配廊相连。配廊长五间。配廊中央有隔墙,将配廊分为内外廊。从表一可见,帝陵与后陵建筑格局相似,但规模有着明显的差异。(图一)

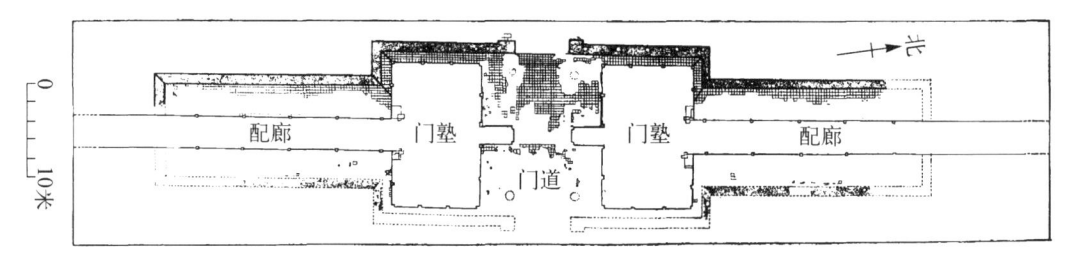

图一　杜陵东门址平面图(摘自《汉杜陵陵园遗址》考古报告)

首先比较杜陵东门和北门,这是同一座帝陵不同方向的门址。从门址各部分尺寸分析,发现两座门址的门道和门塾总尺寸非常接近,约34.7米,合15丈,即其主体建筑体量相当,只是一些局部如门墩长度、门墩间距、圆形明柱间距等尺度不一,而其中门墩间距和圆形明柱间距实际上反映了建筑中心门道的宽度。从这个尺度看,北门门道约为东门门道宽度的85%,故推测北门等级或略低于东门。从门址两侧配廊的尺度也可以得出相似的结论。两门门址配廊平均面阔均约5.2米,合22尺,北门配廊进深9.6米,内外廊各宽约3.1米,合13尺,东门配廊进深10.2米,内外廊宽约3.4米,合14尺。可见东门配廊与北门配廊开间间距相近,但进深宽度略大于北门配廊,即东门配廊廊道较北门更为宽敞。

---

① 杨武站先生曾指出,这样的门址形式当为"阙",故门塾为主阙,配廊为子阙。本文赞同这一看法,在用尺计算时,以主阙、子阙为单位考虑。但为保证相关数据与考古报告的对应关系,此处暂以考古报告中门道、左右和配廊称之。杨武站:《关于汉阳陵帝陵陵园南门遗址的几点认识》,《考古与文物》2011年第5期。

接着比较帝陵和后陵的东门遗址。整体上看,杜陵陵园东门主阙(含门道)总长15丈,子阙(配廊)长10丈,后陵陵园主阙(含门道)总长12丈,子阙(配廊)长8丈。二者主阙与子阙的长度比均为3∶2,后陵为帝陵的0.8倍等比缩小,说明这一时期门阙建筑的设计应已形成一定规制。从建筑主阙(门道和门墩)的细部尺寸看,帝陵和后陵也存在明显的比例关系(表二),约1∶0.8-0.9。而在附属建筑子阙(配廊)的部分,后陵显著变小,壁柱间距3.5米,合15尺,远低于杜陵东门的22尺,内外廊宽度仅1.9米,合8尺,远小于杜陵东门的14尺。这或许与附属建筑的等级规定有关,即后陵的附属建筑等级要远低于帝陵的附属建筑等级。

再来看两座寝园规模的对比。由于寝殿院落与便殿院落东西相连,因此,寝殿院落的东西尺寸是从寝园院落的东西长度中拆分出来,不如其南北尺寸独立可靠,故认为寝殿院落的南北长度更能反映原始格局的尺度。由两座寝殿院落的南北尺度测算,可知杜陵寝殿院落南北50丈,王皇后陵寝殿院落南北36丈。

杜陵寝园东、西两面各开一门,开门位置正对寝殿东、西门,其中西门面阔12米,合5丈,为西墙尺寸(即院落南北长度)的1/10。孝宣王皇后陵寝园西门面阔10.8米,合4.5丈,为西墙尺寸的1/8。杜陵寝园南墙北面和东墙西面均设廊道,其中东廊宽4.75米,合20尺,南廊宽2.95米,合12.5尺。孝宣王皇后陵寝园仅设东廊,宽4米,合17尺。对比以上数据可知,在院落大小、门址面阔、寝园配廊宽度等方面,王皇后陵也均小于杜陵。由此即知,此时建筑等级已形成较为成熟的规制。

综上,主体建筑规模和尺度与建筑等级密切相关,特别是建筑门道、廊道宽度等实际使用空间差异明显,可能反映了建筑的重要程度。

2. 门道数量和形制

两座寝殿皆四面开门,东西门道宽于南北门道,则东西门为寝殿主要入口,南北门为次要入口。杜陵寝殿南北均设三门道,即东、中、西三阶,其中南面三阶各面阔4米,北面东西阶阔4.25米,中阶阔4.08米,通道地面作斜坡状,而王皇后陵南向仅居中一门,面阔2.6米,北向设东西阶,面阔2.7米,通道地面作台阶,较杜陵寝殿简单很多。

两座寝殿东西门道宽度接近,但形制不同。杜陵东、西门道宽6.73米,合28尺,中央有隔墙将门道分为独立的南北通道,[①]通道各宽2.9米,合12尺,且皆以两段平道夹一段坡道;王皇后陵东西门道宽6.7-6.8米,也分南北通道,但中间不设隔墙,单通道宽3.3-3.4米,通道为外坡内平的形式(图二)。

由此可知,门道数量多寡、门道中央是否设隔墙、门道通道用斜坡还是台阶等都是对等级的反映。

---

① 与此相类,杜陵寝园西门、便殿院落西门的门道中央,也有一东西向夯土隔墙,将门道分为南、北两通道。中国社会科学院考古研究所:《汉杜陵陵园遗址》,科学出版社,1993年,第25、33页。

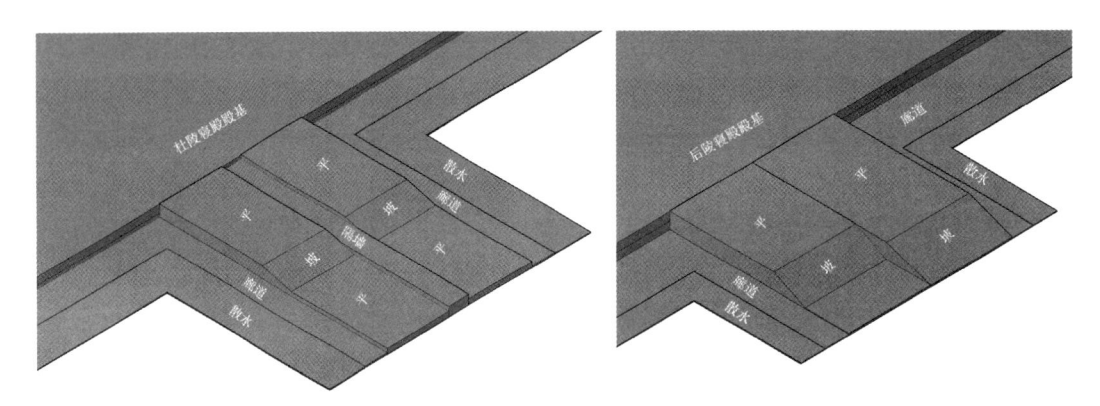

图二　寝殿门道形制示意图（根据考古报告数据和照片绘制）

3. 建筑材料（以瓦当为例）

杜陵建筑遗址出土的建筑材料中，以瓦当最具代表性。如前所述，主体建筑和附属建筑的规模尺度和形制皆有显著的差异，那么与之配套的建筑材料和构件也应按其出土区域进行归类分析。

从杜陵陵园门址出土的各类瓦当分布情况看，"长乐未央"样式的瓦当多用于门塾和隧的位置，即主阙部分（建筑主体），其他样式的瓦当则全用于子阙（配廊）。杜陵寝便殿全出长乐未央瓦当，而王皇后陵则出长乐未央、长乐无极和云纹瓦当。由此说明，不同的瓦当纹样可能用于不同的建筑位置，长乐未央瓦当较其他形制的瓦当等级更高。[①]

再观察瓦当的尺寸。瓦当的尺寸一般有两个维度，一是瓦当半径，二是瓦当厚度。以杜陵东门和北门出土的瓦当分析，用于主阙（门塾和隧）的"长乐未央"文字瓦当Ⅰ、Ⅱ型直径皆在19厘米以上，最大者达21厘米，瓦当厚度2-3.3厘米不等，用于配廊的"长乐未央"其他型瓦当（Ⅳ、Ⅴ型）及其他纹样的瓦当，则直径为12.5-19.2厘米，瓦当厚度1.6-2.6厘米不等，其中直径与瓦当厚度未见正相关关系。由此推测，瓦当直径可反映建筑等级高低，半径越大者，建筑等级越高，而瓦当厚度则似与等级无关。同样的情况也见于杜陵寝便殿遗址，这一区域出土Ⅱ型和Ⅳ型长乐未央瓦当。寝殿出土Ⅱ型瓦当比例比便殿区域高很多，极少见Ⅳ型瓦当，证明瓦当直径大小确与等级高低直接相关。

分析"长乐未央"瓦当的尺寸和分布位置，可知其不全是大直径当面的瓦当，且也被用于帝陵配廊及后陵。因此，我们可以说，"长乐未央"瓦当有着一定的等级意义，其中尺寸较大者，特别是当面直径超过19厘米者（约8分以上），常用于高等级建筑，但不能说"长乐未央"瓦当就是高等级的代表。事实上，相对于瓦当的形制和表现主题，瓦当直径才是反映瓦当等级，乃至建筑等级最重要的因素。同一样式的瓦当，当面直径越大者等级越高。

---

① 刘庆柱、李毓芳先生对杜陵建筑遗址出土瓦当进行研究，认为"汉宣帝时皇帝的陵园门阙、寝园建筑使用的瓦当，以文字瓦当为主，其中又以'长乐未央'瓦当最具代表性。属于皇后的陵园门阙、寝园建筑使用的瓦当，亦以文字瓦当为主，但以'长生无极'瓦当最具代表性。"刘庆柱、李毓芳：《汉长安城》，文物出版社，2003年，第79页。

值得注意的是，几座陵园门址的门道门墩夯土、门垫隔墙夯土、配廊中央的隔墙夯土连为一体，位于建筑中线，应是支撑坡屋顶脊部构架的关键结构。其中，门道门墩夯土宽度为1.8－1.9米，门垫隔墙夯土宽度为1.9－1.97米，配廊中央的隔墙夯土宽度为3.2－3.4米，无明显帝后之别。因此，门道门墩、门垫隔墙、配廊隔墙等作为隔断的夯土结构的宽度基本一致，应只是作为建筑结构存在，与建筑技术和工艺有关，不能反映等级差异（图三）。

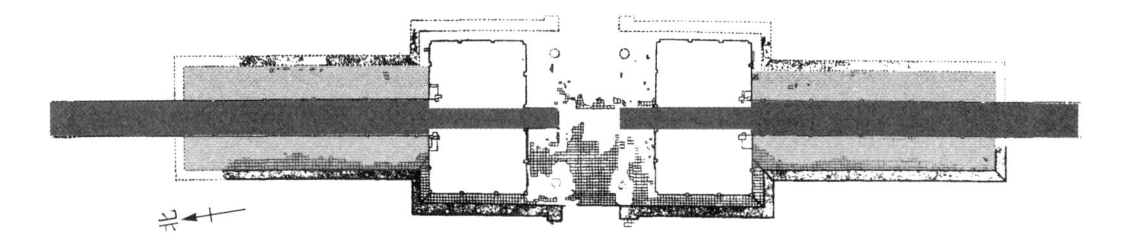

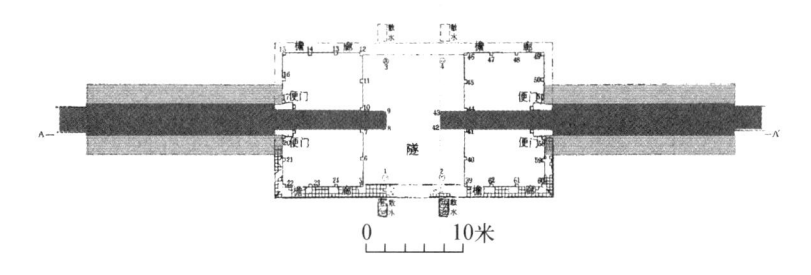

图三　杜陵和孝宣王皇后陵东门对比图

图纸说明：
深灰：屋架结构部分，无差异　　白色：形制相似，等比放缩　　浅灰：建筑空间明显差异

结合上文分析可知，建筑中夯筑的实体框架，即"有"的部分，是作为结构存在的，其尺度与建筑技术和工艺关系密切；而由隔断划分或木构架构建的供人通行的空间，即"无"的部分，更能反映建筑的等级。正如老子所言，"凿户牖以为室，当其无，有室之用。故有之以为利，无之以为用"。

三、寝殿建筑的内部空间

寝殿建筑遗址现仅存夯土基础，虽然台基破坏严重，但仍有部分壁柱遗存。从这些壁柱和四面开门的情况，我们可以推测建筑的内部空间划分。

杜陵寝殿建筑东壁现存三个壁柱，西壁现存两个，其中东西门道南北两边各存两个壁柱，由此推测，东西壁壁柱应有一一对应关系。考古报告认为，台基东、西两壁应各有壁柱六个。[①]　若壁柱间距沿东西门道对称分布，自北向南分别为4.8米、5.8米、6.8米、5.8

---

①　中国社会科学院考古研究所：《汉杜陵陵园遗址》，科学出版社，1993年，第28页。

米、4.8米,且每个壁柱宽0.33米,则台基南北长29.32米,与考古发现的台基南北长度29.3米非常接近,由此可知,殿内东西两壁中间各有壁柱四个,进深呈五间。

杜陵寝殿南壁发现四个壁柱,实是关于南门中央门道左右对称的三间,开间自西向东尺度分别为4.2米、4米、4.3米。根据东西壁柱的情况,可知,夯土壁柱柱网应避开门道,即在门道两侧布置壁柱。加之杜陵寝殿南北门道东西阶并不相对,而是错开一间,则从壁柱看,该建筑面阔方向至少分出十一间。奇怪的是,若将壁柱柱网分布绘出,则可见在考古发现的中央三间两侧与北面东西阶对应的通道之间,皆有一间面阔超过6米的开间,非常特殊,远大于其他开间约4米的尺度,这或许是发掘者认为其面阔十三间的原因。①

再看王皇后陵寝殿的情况。其东西壁发现7处壁柱痕迹,除角柱外,在东西门道两侧设置两个壁柱,另在西门道西南角以南3.43米发现一壁柱,那么,这一壁柱以南若仅一间,则南北进深达6.67米,这样的尺度从结构上是可能的,因为并不大于东西门址两边壁柱的间距6.8米,如此则进深五间,与杜陵寝殿一致。② 建筑的南北两壁并未发现壁柱遗迹,根据南北门道的位置和尺度推测,该建筑壁柱所反映的建筑面阔应为九开间(图四)。

综上可见,建筑壁柱所对应的开间数量(杜陵十一或十三间、后陵九间)是有意义的,或是反映建筑等级的要素。那么寝殿殿内空间是如何使用的呢?

《后汉书》中关于上陵情况的记载可以提供一些参考:"东都之仪,百官、四姓亲家妇女、公主、诸王大夫、外国朝者侍子、郡国计吏会陵。昼漏上水,大鸿胪设九宾,随立寝殿前。钟鸣,谒者治礼引客,群臣就位如仪。乘舆自东厢下,太常导出,西向拜,(止)[折]旋升阼阶,拜神坐。退坐东厢,西向。侍中、尚书、陛者皆神坐后。公卿群臣谒神坐,太官上食,太常乐奏食举,[舞]《文始》、《五行》之舞。(礼)乐阕,(君)[群]臣受赐食毕,郡国上计吏以次前,当神轩占其郡[国]谷价,民所疾苦,欲神知其动静。孝子事亲尽礼,敬爱之心也。周遍如礼。最后亲陵,遣计吏,赐之带佩。"③

根据文献记载,寝殿东部为非常重要的礼仪场所,"东厢"、"阼阶"都是重要的礼仪空间。那么,两座寝殿院落中皆出现宽阔的东廊就不属偶然,而应是直接服务于寝殿东部的礼仪功能。同时,便殿院落位于寝园东部,即寝殿院落以东,并通过门道连接,应也与谒陵礼仪有着密切的关系。

从遗址现场照片分析,东西门道的夯土基址与大殿夯土基址连为一体,故东西门道可直达殿内。④ 由于东部礼仪功能突出,故东侧门道使用非常频繁。考古工作正证明了这一点,王皇后陵东侧门道发现大量踩踏痕迹。⑤

---

① 刘庆柱、李毓芳:《西汉十一陵》,陕西人民出版社,1987年,第90页。
② 也存在另一种可能,两端各分为两间,约3.3米左右。若如此,则柱网分布更为均衡。但进深七间,数量上超过杜陵,可能性较低。
③ 范晔:《后汉书》,中华书局,1965年,第2301页。
④ 杨鸿勋先生曾指出,由各门道不能上殿,只是到达夯土台基一周副阶的位置。事实上,从遗址照片看,门道两侧均有檐廊与夯土台阶的副阶相连,东西门道的夯土基址是与大殿夯土基址连为一体,而非与殿基回廊连为一体。因此,东西门道可直达殿内。
⑤ 中国社会科学院考古研究所:《汉杜陵陵园遗址》,科学出版社,1993年,第69页。

刘庆柱和杨鸿勋先生都认为东厢位于殿内东侧，[①]其原因大抵是由于寝殿建筑东西并未发现对称的独立建筑，无法构成独立的"东厢"和"西厢"。从阼阶上殿、东厢入座来看，北部东阶所对应的应为殿内神坐和东厢之间的通道，同样，北部西阶所对，即神坐与西厢之间的通道。从杜陵寝殿和王皇后陵寝殿的遗址分析，可见东阶以东、西阶以西的部分，杜陵寝殿为12.25－12.65米，王皇后陵寝殿为11.85米，二者相差不大，可能均为东西厢的空间。二者差别很大的地方，在于上述遗址分析中发现的杜陵寝殿北部东阶以西和西阶以东各宽超过6米的空间，即与王皇后陵相比，杜陵在中央三间的基础上，东西各增加6米，形成更为宽敞的核心空间，作为文献中供奉"神坐"的地方。至于夯土基础上的建筑，其中心是与壁柱对应的五开间，还是如便殿一般作偶数开间，[②]在没有遗迹现象支撑的情况下很难做明确结论，但考虑到中阶的存在，殿上做奇数开间的可能性更大（图四）。

除寝殿东部为重要场所之外，由北阼阶（东阶）上殿，可知寝殿北部也是重要的方向之一，建筑遗址也反映了这一点。杜陵寝殿建筑坐南朝北，地势南高北低。北面院落更为宽敞，占寝园面积的60%，南面仅占40%。寝殿南北皆设三门，但北门较南门更大，王皇后陵寝殿北面设二门，南面仅居中一门。凡此，都体现了寝殿北面的重要性，前辈学者多有关注。[③]

但从遗址出发，还有一个不容忽视的现象，就是建筑南面也呈现出一定的特殊性。首先，杜陵寝园南面出现南廊，与东廊相接，这是西或北方向均未出现的现象。其次，如前所述，南面地狭，除了设计南廊，还建有一个向北突出的大露台，东西12丈，南北3.6丈，使得南面院落空间更为局促。此外，在王皇后陵寝园南墙中央也发现一块夯土基址，东西10丈，南北3丈。两处露台长宽比均为10∶3，这应该不是偶然的巧合，而应与建筑功能有关。

文献中未提及杜陵陵园南门的用途。从空间分析看，北面是仪式空间，但北墙即为陵园南墙，无法开设北门供人出入。寝园东门与便殿建筑群紧邻，寝园西门又与陵园南门邻近，那么南门很可能是寝园的重要入口。再看寝的功能，除了上陵祭祀外，在庙祭中需要从寝前往庙，是为"月游衣冠"。如果认为帝陵东北方向的4号建筑基址为陵庙，则由寝通向庙的道路只可能是帝后陵之间，即帝陵东侧的道路。而从寝殿前往该道路的途径，不太可能是经寝园东门穿过复杂的便殿院落，也不太可能出西门绕寝便殿院落以南再向北，比较可能的是从南部出寝园，再向东到陵园东墙而折向北，如此方更具仪式感。那么，南门若为主要出入口，则可能承载了更多祭祀功能，其形制特殊得以解释。[④]

[①] 刘庆柱、李毓芳：《西汉十一陵》，陕西人民出版社，1987年，第90、95页；杨鸿勋：《宫殿考古通论》，紫禁城出版社，2001年，第260页。
[②] 杨鸿勋先生认为壁柱是支撑夯土台基的，与室内开间并不完全对应。他根据杜陵便殿堂基址发现的偶数开间柱网，推测寝殿也为偶数开间，故复原为八开间。
[③] 刘庆柱、李毓芳：《西汉十一陵》，陕西人民出版社，1987年，第192－193页；杨鸿勋：《宫殿考古通论》，紫禁城出版社，2001年，第258－261页。
[④] 根据最新发表的杜陵考古调查勘探报告，在帝陵和后陵的寝便殿院落与其南部院落之间，皆有东西方向的长条形区域，可能包含出寝园南门前往帝陵东侧道路的东西通道。焦南峰、马永嬴、刘振东等：《汉宣帝杜陵考古调查勘探简报》，《考古与文物》2021年第1期，第44页。

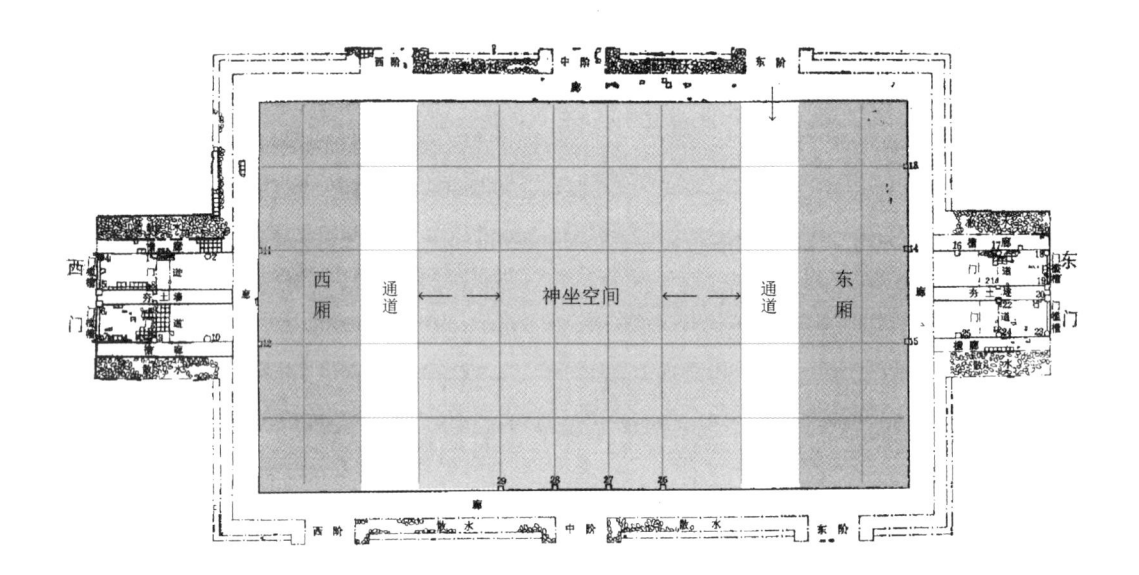

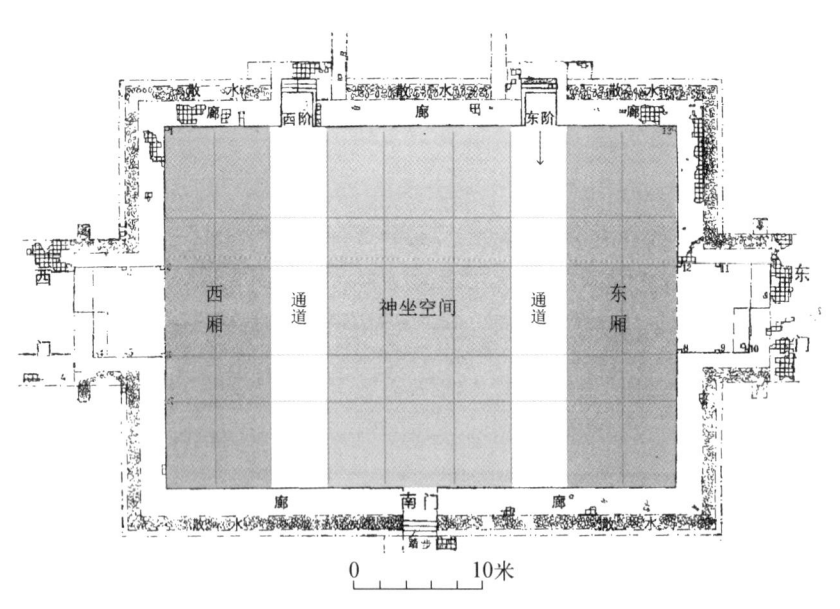

图四　杜陵和孝宣王皇后陵寝殿对比图

四、建筑群的营建特点

寝殿是研究大型单体建筑的重要材料,而便殿遗址(五号遗址)则为了解西汉时期建筑群的营建特点提供了一些线索。

1. 建筑等级层次清晰,建筑空间有着明显的引导关系

从杜陵寝殿建筑,到便殿建筑群西侧殿堂,再到便殿建筑群东院主体建筑F11、F12,以及F1、F2、F6、F15等附属建筑,其建筑等级明显下降,表现在建筑面积、建筑开间、构件大小(柱洞)、院落檐廊及殿基回廊宽度等多个方面(表三)。可见建筑群中的建筑有着清晰的等级差异,主次分明。

同时,建筑空间还有着明显的引导关系。以礼仪建筑群西院为例,进入寝园南面中门后首先是卫兵防守的院6,接着就是围绕便殿主体殿堂的中心院落院3和院5。从地基标高上看,建筑群从南向北逐渐抬升,直至最高的便殿中心殿堂基址,再往北地势又逐渐降低,由此,可凸显殿堂的主体地位(图五)。

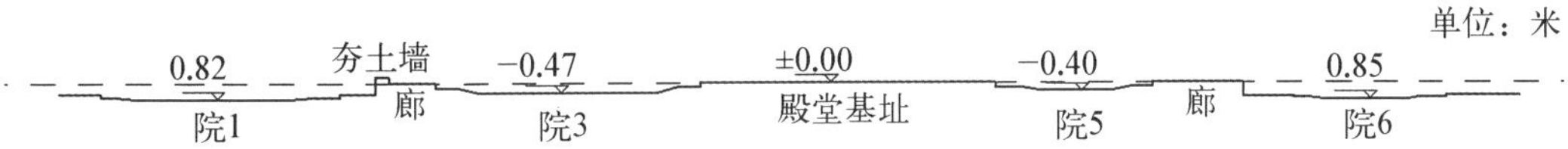

单位:米

| 院1 | 0.82 | 夯土墙 廊 | −0.47 院3 | ±0.00 殿堂基址 | −0.40 院5 | 廊 | 0.85 院6 |

图五　便殿建筑群西院高程示意图(根据考古报告绘制)

2. 建筑群有着明确的功能分区,且每个分区有独立入口

根据考古报告,五号遗址分为三个部分,西部、东部和北部,分别对应堂、室、院子。

需要指出的是,庭院Ⅲ和F1、F2应为东部建筑群的组成部分,原因有三,第一,从交通方面看,其与院6之间有夯土墙阻隔,不能通行,而通过庭院Ⅲ以南的东西通道可向东联系;第二,从标高看,院6以南的标高为−63厘米,庭院Ⅲ的标高为−38厘米,这两处建筑都是附属建筑,且庭院Ⅲ并不比院6重要,若其本相连,不应该有如此明显的高差;第三,从功能分析,堂的主要功能为祭祀,为"时祭"的场所,是便殿建筑群中的礼仪空间,而庭院Ⅲ和F1、F2为附属建筑,发掘者根据房屋附近出土物推测,"房屋的居住者或为便殿的杂役人员",故其为日常使用建筑,与东部建筑群的形制和功能更加契合。

便殿的三组建筑群有着各自独立的院落和入口,建筑形制与功能有着密切的对应关系,充分体现了建筑的实用性。寝园南面中门对应西院(堂),与寝殿院落相连,以殿堂基址为核心,有着严谨的建筑秩序,礼仪性强,为时祭(四季之祭)之用;寝园南面东门对应东院(室),以小型建筑为主,交错分布,生活气息浓厚,可能象征休息闲晏的功能;[①]寝园

[①] "既有正寝,以象平生正殿路寝也。又立便殿寝侧,以象休息闲宴之处也。"何清谷校注:《三辅黄图校注》,三秦出版社,2006年,第359页。

东门对应北院(院子),主要由三座小院构成。① 三个院落有着独立的入口和流线,其建筑形制、体量及数量皆有明显差异,应是体现了不同功能分区(图六)。

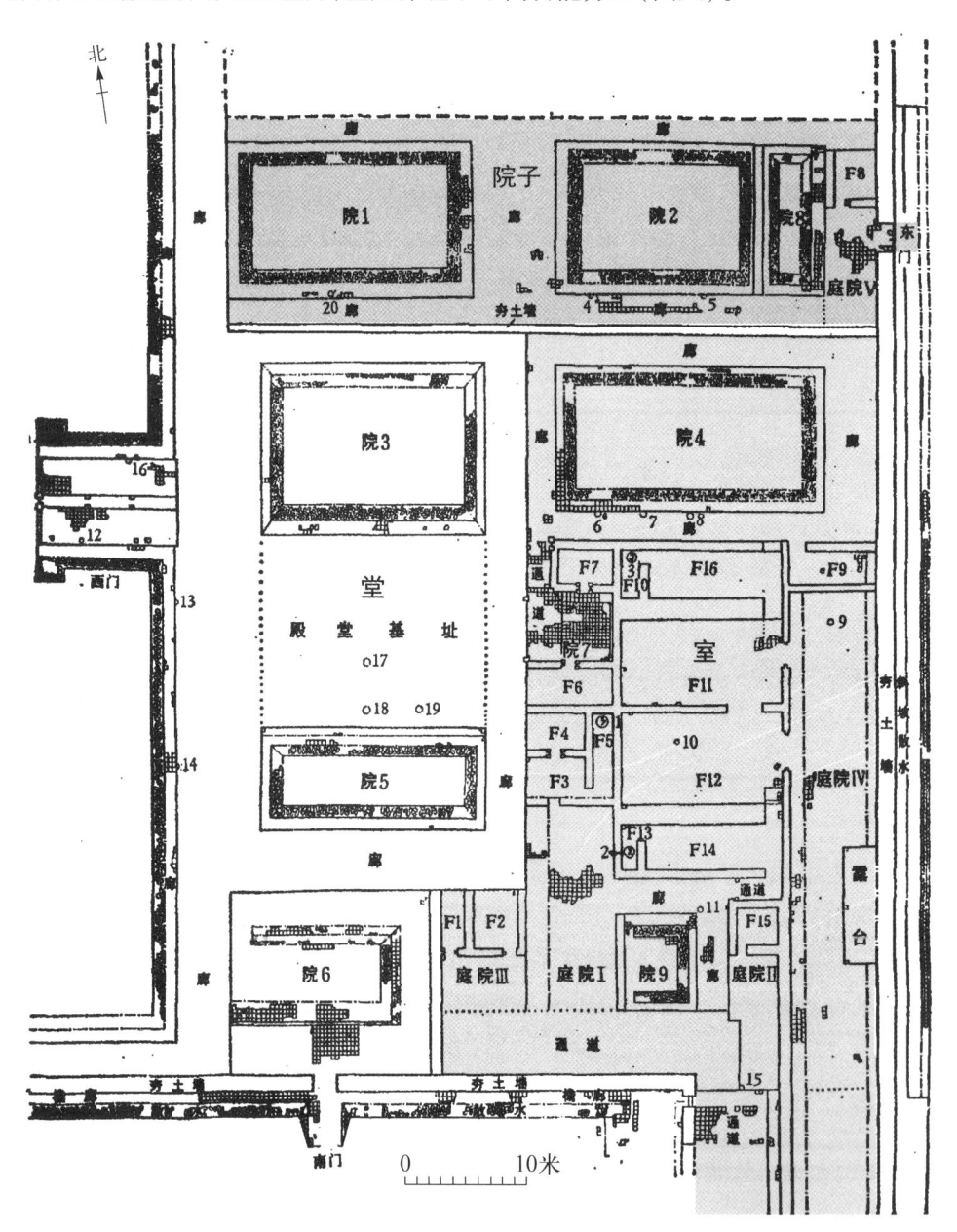

图六 便殿建筑群分区及入口示意图

3. 庭院和回廊较多

从建筑群的布置看,便殿建筑群天井和庭院很多,可能是由于建筑密集,需要通风和

---

① 根据考古报告,北侧院子以北仍有部分区域没有发掘,因此,北院是否为独立院落尚不清楚。

采光。院落中以回廊穿插,沟通建筑单体,回廊的面积比例仅次于天井庭院。

五、余 论

经陕西省考古研究院和咸阳市文物考古研究所多年的勘探和发掘工作,现已基本搞清西汉帝陵格局范围和形制要素。其中,系统发掘并全面揭露的建筑遗址适于分析单体建筑的用尺规律,如汉阳陵陵园南门[①]可与杜陵陵园东门和北门进行比较。

首先,根据考古勘探和发掘数据,测算阳陵用尺尺长,[②]应为一尺等于23.2厘米。这一尺长无论用于陵园、封土等规划尺寸测算,还是陵园南门等单体建筑的尺寸核算均可得到较为规整的数据(表四、五)。根据用尺情况分析,可见杜陵和阳陵虽然用尺尺长不同,但在规划和建筑设计方面具有较强的一致性。两座帝陵陵园均方300步,封土均方120步,阳陵封土高14丈,杜陵封土高12丈,孝景王皇后陵陵园方250步,封土方110步,孝宣王皇后陵陵园方235步,封土方100步,杜陵规模略逊于阳陵。

从建筑形制看,阳陵陵园南门和杜陵陵园东门、北门均为阙楼。但不同的是,阳陵南门使用三出阙,而杜陵仅用两出阙,因此阳陵南门的体量更为宏大,结构更加复杂。阳陵南门的中央门道、主阙(门塾)、子阙(配廊)尺度皆明显大于杜陵。从第一段子阙(配廊F5、F6)使用六间,大于杜陵子阙用五间的作法,可推测这些尺度的差异应是三出阙与两出阙的等级差异。再结合用尺核算,阳陵主阙(含门道)总面阔18丈,进深10丈,子阙面阔13丈,次子阙面阔4.5丈,杜陵主阙(含门道)总面阔15丈,进深7.2丈,子阙面阔10丈,后陵主阙(含门道)总面阔12丈,进深6.6丈,子阙面阔8丈,可知阳陵南门、杜陵东门、孝宣王皇后陵东门有着明显的尺度递减特征(表五)。

不过,即使阳陵陵园南门为三出阙,在多处建筑尺度上均超过杜陵,但也出现一些尺度小于杜陵的情况,例如门道宽度仅5米,门墩间距约六米,小于杜陵东门的6.3米,配廊廊道壁柱间距3.5－4.1米,小于杜陵的5.2米,而这些尺度,恰是反映建筑空间的尺度,根据前文分析可知,应具有较强的等级象征意义。那么为什么等级较高、规模较大的三出阙建筑竟在一些反映等级的数据上低于两出阙建筑呢? 其原因或与技术发展有关。门道宽度、配廊廊道等的尺度不全依赖于夯土台,而是木构架挑出的空间,其空间的扩大很可能体现了西汉中后期建筑技术的进步。因此杜陵陵园门址虽仅出两出阙,等级低于阳陵陵园,但在一些方面却体现出木构技术的发展与进步,具有其独特的学术价值。

综上,从宣帝杜陵建筑群所反映的西汉建筑来看,其具有很强的设计逻辑,主次分明、重点突出,等级制度完善、形制规整统一、功能分区明确。认识这些特点,将对我们理解其他同期建筑遗址有所裨益。

---

① 焦南峰、王保平、马永嬴等:《汉阳陵帝陵陵园南门遗址发掘简报》,《考古与文物》2011年第5期。
② 焦南峰、马永嬴、曹龙等:《西汉长陵、阳陵 GPS 测量简报》,《考古与文物》2006年第6期。文中以一尺等同于23.19厘米为参数,本文简化为一尺等同于23.2厘米测算。

附记：本文草就后，承蒙赵化成教授、刘瑞研究员、徐怡涛教授悉心指导，谨致谢忱。

附表：

表一 宣帝杜陵和孝宣王皇后陵陵园规划用尺数据测算[①]

杜 陵	陵园				陵园东门			
	陵园边长	陵丘底边长	陵丘顶边长	陵丘高度	主阙总面阔	配廊长度	配廊宽度	内外廊宽度
实测长度（米）	433.00	172.00	50.00	29.00	34.70	23.8	10.20	3.40
0.228 0	1 899.12	754.39	219.30	127.19	152.19	104.74	44.74	14.91
折合	316 步	125 步		13 丈	15 丈	10.5 丈	45 尺	15 尺
0.237 5	1 823.16	724.21	210.53	122.11	146.11	100.55	42.95	14.32
折合	304 步	120 步		12 丈	15 丈	10 丈	42 尺	14 尺
推测规划用尺	300 步	120 步		12 丈	15 丈	10 丈	42 尺	14 尺
后 陵	陵园边长	陵丘底边长	陵丘顶边长	陵丘高度	主阙总面阔	配廊长度	配廊宽度	内外廊宽度
实测长度（米）	335.00	148.00	45.00	24.00	29.36	19.50	7.00	1.90
0.228 0	1 469.30	649.12	197.37	105.26	128.77	85.53	30.70	8.33
折合	245 步	108 步		10.5 丈	13 丈	8.5 丈	30 尺	8 尺
0.237 5	1 410.53	623.16	189.47	101.05	123.62	82.11	29.47	8.00
折合	235 步	100 步		10 丈	12 丈	8 丈	30 尺	8 尺
推测规划用尺	240 步	100 步		10 丈	12 丈	8 丈	30 尺	8 尺

杜 陵	寝 园				
	寝园南北	寝园西门	寝园东廊	寝殿东西	寝殿南北
实测长度（米）	120.00	12.00	4.75	56.8	35.5
0.228 0	526.32	52.63	20.83	249.12	155.7
折合	52.6 丈	5.3 丈	20 尺	25 丈	15.5 丈
0.237 5	505.26	50.53	20.00	239.15	149.47
折合	50.5 丈	5 丈	20 尺	24 丈	15 丈
推测规划用尺	50 丈	5 丈	20 尺	24 丈	15 丈

---

① 考虑到考古报告经全面整理后的准确性更高，本表杜陵数值皆采自《汉杜陵陵园遗址》。但因报告中后陵东门部分数据缺失，不如简报全面，故后陵东门的数据采自《1984－1985年西汉宣帝杜陵的考古工作收获》。此外，杜陵门道深度和门塾东西长度应一致，图中数据采自考古报告，从数据分析看，17.3厘米可能更为合理。表格中画框处为误差率小于3%的数据。

续表

后　陵	寝园南北	寝园西门	寝园东廊	寝殿东西	寝殿南北
实测长度(米)	86.00	10.80	4.00	43.6	30.9
0.228 0	377.19	47.37	17.54	191.22	135.52
折合	38 丈	4.8 丈	18 尺	19 丈	13.5 丈
0.237 5	362.11	45.47	16.84	183.57	130.1
折合	36.2 丈	4.5 丈	17 尺	18 丈	13 丈
推测规划用尺	36 丈	4.5 丈	17 尺	18 丈	13 丈

表二　宣帝杜陵和孝宣王皇后陵门址建筑细部尺寸情况

	门　道						门　垫				配　廊			
	南北长度	东西深度	门墩长度	门墩间距	柱槽间距	柱槽至门墩	南北长度	东西宽度	内垫宽度	外垫宽度	南北长度	东西宽度	内外廊宽	壁柱间距
杜陵陵园东门(米)	13.20	17.40	3.45	6.30	6.72	5.64	10.75	17.30	6.75	6.55	23.88	10.20	3.40	5.20
0.237 5	55.58	73.26	14.53	26.53	28.29	23.75	45.26	72.84	28.42	27.58	100.55	42.95	14.32	21.89
折合	56 尺	72 尺	15 尺	26.5 尺	28 尺	24 尺	45 尺	72 尺	28 尺	28 尺	100 尺	43 尺	14 尺	22 尺
孝宣皇后陵东门(米)	10.68	15.71	2.50	5.60	5.60	4.50	9.34	15.69	5.84	5.84	19.50	7.00	1.90	3.50
0.237 5	44.97	66.15	10.53	23.58	23.58	18.95	39.33	66.06	24.59	24.59	82.11	29.47	8.00	14.74
折合	45 尺	66 尺	10 尺	24 尺	24 尺	18 尺	40 尺	65 尺	25 尺	25 尺	80 尺	30 尺	8 尺	15 尺
比例	0.81	0.90	0.72	0.89	0.83	0.80	0.88	0.91	0.87	0.89	0.82	0.69	0.56	0.67

表三　宣帝杜陵寝便殿建筑尺寸对比

	寝殿	堂及院3、5	中号建筑及院4		小号建筑及院9			院1、2	
		便殿殿堂	F12	F11	F15	F2	F6	F9	F8
面阔(米)	50.6	18.5	7.1	6.85	3.45	3.75	3.75	2.7	3.45
进深(米)	29.3	15.3	13.32	13.35	2.97	4.63	4.65	7.4	3.95
面积(平方米)	1 482.58	283.05	94.57	91.45	10.25	17.36	17.44	19.98	13.63
开间距离(米)	4.2－5.6	4.4							
柱洞(米)		0.7－0.75	0.465	0.48		0.48		0.42×0.21	0.48
院落檐廊或殿基回廊(米)	2.1	0.67－1.5	0.75－1.64		0.71－0.75				0.6－1.05
院落回廊(米)	2.95－4.75	2.3－4.8	2.37－4.3		2.65－2.8				2－2.1

表四 景帝阳陵与孝景王皇后陵陵园规划用尺情况

景 帝	阳 陵			孝景王皇后陵	
	陵园边长	封土边长	封土高度	陵园边长	封土边长
实测数据(米)	417.50	167.50	32.28	347.50	157.00
0.232	1 799.57 尺	721.98 尺	139.14 尺	1 497.84 尺	676.72 尺
折 合	299.93 步	120.33 步		249.64 步	112.79 步
推测规划用尺	300 步	120 步	14 丈	250 步	110 步

表五 阳陵南门、杜陵东门与孝宣王皇后东门数据对比

阳陵南门		主阙 F1-F4		子阙 F6				次子阙 F8				围墙墙基
	总面阔	进深 南北	面阔 东西	进深 南北	面阔 东西	隔墙 宽度	廊道 宽度	进深 南北	面阔 东西	隔墙 宽度	廊道 宽度	
实测(米)	42.00	23.20	18.50	14.90	30.20	8.20	3.3-3.5	8.40	10.40	4.00	2.15	4.20
0.232	181.03	100.0	79.74	64.22	130.17	35.34	14-15	36.21	44.83	17.24	9.27	18.10
折合	180 尺	100 尺	80 尺	64 尺	130 尺	35 尺	14-15 尺	36 尺	45 尺	17 尺	9.5 尺	18 尺
杜陵东门		主阙		子阙								
	总面阔	东西	南北	东西	南北	宽度	宽度					
实测(米)	34.7	17.30	10.75	10.20	23.88	3.40	3.40					3.40
0.237 5	146.11	72.84	45.26	42.95	100.55	14.32	14.32					14.32
折合	150 尺	72 尺	45 尺	40 尺	100 尺	15 尺	15 尺					15 尺
后陵东门		主阙		子阙								
	总面阔	东西	南北	东西	南北	宽度	宽度					
实测(米)	29.36	15.71	9.34	7.00	19.50	3.20	1.90					2.5 (图测)
0.237 5	123.62	66.15	39.33	29.47	82.11	13.47	8.00					10.53
折合	120 尺	66 尺	40 尺	30 尺	80 尺		8 尺					10 尺

汉代"横葬制墓"的起源与发展*

赵化成

（北京大学中国考古学研究中心　北京大学考古文博学院）

俞伟超先生在他的《汉代诸侯王与列侯墓葬的形制分析》一文中指出：商周秦汉的埋葬习俗，可以汉武帝前后为界限，分为两大阶段。前一阶段的成熟形态即通常所谓的"周制"，"汉制"是后一阶段的典型形态。"晋制"的出现，又标志着另一种新形态的最终形成。[①] 俞伟超先生关于"周制"、"汉制"、"晋制"三阶段的划分，以高屋建瓴的宏大视角，开启了中国古代埋葬习俗与制度研究的新思路。

然而，俞伟超先生的论述只涉及某些方面，诸多问题还有待于进一步的研究与深化。例如，在墓葬形制方面，"周制"与"汉制"最根本的区别是什么？导致这种不同的真正原因何在？对此，俞伟超先生并未给出回答。

一、"竖葬制墓"与"横葬制墓"的定义及问题

传统认识上，有关商周秦汉墓葬的分类，多是从开挖方式、墓圹外形以及建筑材料、装饰手法来区分的，如土坑墓、岩坑墓、木椁墓、砖椁墓、石椁墓、砖室墓、石室墓、砖石合构墓、土洞墓、崖洞墓、壁画墓、画像石墓等。这种分类，有其重要意义，并被广泛采用，但缺憾是并不能清楚区分从商周到秦汉墓葬形制究竟发生了哪些总体性、根本性的变化。而这一问题颇为重要，涉及从方国、王国向帝国转型的重大历史命题。

迄今，已经发掘的商周至秦汉时期的墓葬数量不下二十万座，如果我们将这些墓葬加以全面的、宏观的比较研究，便会发现：商周时期墓葬中"竖葬制墓"占据绝对统治地位；而汉代墓葬则以"横葬制墓"为其最大特征。"横葬制墓"在战国晚期至秦代就已经出现，但数量尚少；西汉早期已有较多发现，西汉中晚期数量大增，至东汉趋于普及，并成为尔后历朝历代墓葬形制的主流。诚然，无墓道的"竖葬制墓"在东汉乃至后代仍广泛存在，但

---

* 这是笔者"从'周制'到'汉制'——商周秦汉埋葬制度的变革与发展"系列研究之一。此文的基本观点在2001-2004年由笔者主持及学界多位先生参与的国家社科基金项目"汉唐陵墓制度研究"已形成，参见该课题结项报告；此后在北京大学研究生课程以及国内多地讲座中均有所表达；2014年在江苏徐州召开的"汉代陵墓考古与汉文化国际学术研讨会"上提交了论文初稿并作了大会发言，但一直未正式成文发表。

① 俞伟超：《汉代诸侯王与列侯墓葬的形制分析——兼论"周制"、"汉制"与"晋制"的三阶段性》，《先秦两汉考古学论集》，文物出版社，1985年。

主要是低阶层的小型墓。这种"竖葬制墓"与"横葬制墓"的不同正是"周制"与"汉制"在墓葬形制方面最重大的差别,后者也是考古学意义上汉文化的主要内涵之一。

那么,什么是"竖葬制墓"和"横葬制墓"呢?

这里所说的"竖葬制墓"和"横葬制墓"与传统意义上的"竖穴式墓"和"横穴式墓"近似但并不完全相同。传统意义上的"竖穴式墓"与"横穴式墓"多是从开挖或者建造方式来说的,而这里所说的"竖葬制墓"和"横葬制墓"主要是从"下葬方式"以及由下葬方式导致的整体墓形结构的根本性变化来区分的。本文所谓"竖葬制墓",首先包括了商周及秦汉时期中小型无墓道长方形竖穴土坑墓、竖穴岩坑墓、竖穴石椁墓、竖穴砖椁墓,以及竖井墓道土洞墓、竖井墓道岩洞墓、竖井墓道空心砖墓、竖井墓道小砖墓在内,①其特点不仅仅是竖穴开挖,而且下葬方式都是从墓口或墓道口竖向悬吊下棺;本文所说的"竖葬制墓"还包括一部分带斜坡(或阶梯)墓道的大中型土圹(或岩圹)木椁墓在内,其特点是:斜坡(或阶梯)墓道底部与椁室顶部及二层台大体齐平(或高出椁室顶部),没有墓门(或封门)、甬道的设置,也就是说最后棺柩的下葬仍然是竖向悬吊式的。这一特点,除吴越地区部分平地垒土的单葬土墩墓,②以及商系墓葬中部分王陵级别的大型墓略有特殊外,③在整个商周时期,特别是周系墓葬中具有普遍性,且汉代仍有较长时期的延续。如黄河流域商周时期的贵族大墓、长江流域春秋战国时期的大中小型楚墓等,具体如山西天马——曲村晋侯墓、甘肃礼县大堡子山及陕西雍城春秋秦公大墓、江陵天星观及雨台山楚墓、长沙马王堆汉墓等,均属于"竖葬制墓"范畴。

"横葬制墓"都有斜坡(少部分为阶梯)墓道,关键不同之处在于:墓道直通墓底,即墓道底部与墓室底部大体齐平,或略高于墓底(一般与墓底积炭、椁底板或铺地砖大体齐平),有墓门(或封门),或有甬道、前室,其下葬方式是从斜坡墓道、墓门中送入,也就是说棺柩是横向进入墓室的。这类墓包括大型"黄肠题凑"墓、大中小型斜坡(或平行)墓道崖洞墓、大中小型斜坡(或阶梯)墓道木椁墓、中小型斜坡墓道土洞(木椁或木棺)墓、大中小型斜坡(或阶梯)墓道砖室墓、大中小型斜坡墓道石室墓以及砖石合构墓等。一般来说,同规模的墓葬,"竖葬制墓"的墓道相对短而陡,"横葬制墓"的墓道较长且缓,随着时代的推移,斜坡墓道具有加长的趋势。(图一)

---

① 凡具有竖井墓道的这几类墓,墓室多为洞室,设置有墓门或封门,或可称为"半横葬制墓",但因为有竖井墓道的存在,其下葬方式仍属前者,故归类为"竖葬制墓"范畴。
② 杨楠:《江南土墩遗存研究》,民族出版社,1998年;谷建祥、林留根:《江南大型土墩墓形制之研究》,《东南文化》1998年第1期;田正标:《吴越土墩墓的形制结构及相关问题》,《百越文化研究》,厦门大学出版社,2005年;陈元甫:《越国贵族墓葬制葬俗初步研究》,《东南文化》2010年第1期。
③ 种建荣、张天宇、雷兴山:《晚商与西周时期墓葬形制初识》,《江汉考古》2018年第1期。该文对晚商至西周时期200座带墓道的大墓形制进行了系统研究,其中,将商系墓葬(晚商至西周早中期)分为A、B两型,A型又分为两亚型,Aa型主墓道直通或稍高于墓底,共16座,Ab墓道高于墓底而低于二层台,共4座;B型墓道内端底直通或稍高于二层台,共18座。并认为这种差别与墓葬规模有关,即A型多为王陵级别的特大型墓葬。该文又将西周早期至春秋早期的部分周系墓葬分为两式,I式墓道内端距离二层台甚高,共16座,年代为西周早期至西周中期偏早;II式墓道直通二层台台面,共22座,年代为西周中期偏晚至春秋早期。今按:商系王陵级别大墓中,四条墓道的亚字形以及两条墓道的中字形墓,其中有一条墓道尽头直通或稍高于墓底,其他墓道尽头则与二层台及椁室顶部齐平,至于这类大墓是否有墓门或封门,也就是说最后下葬的方式尚不清楚,暂作存疑。但商系大墓的这种做法在周系墓葬中不见,全部周系墓葬均为典型的"竖葬制墓"形态。

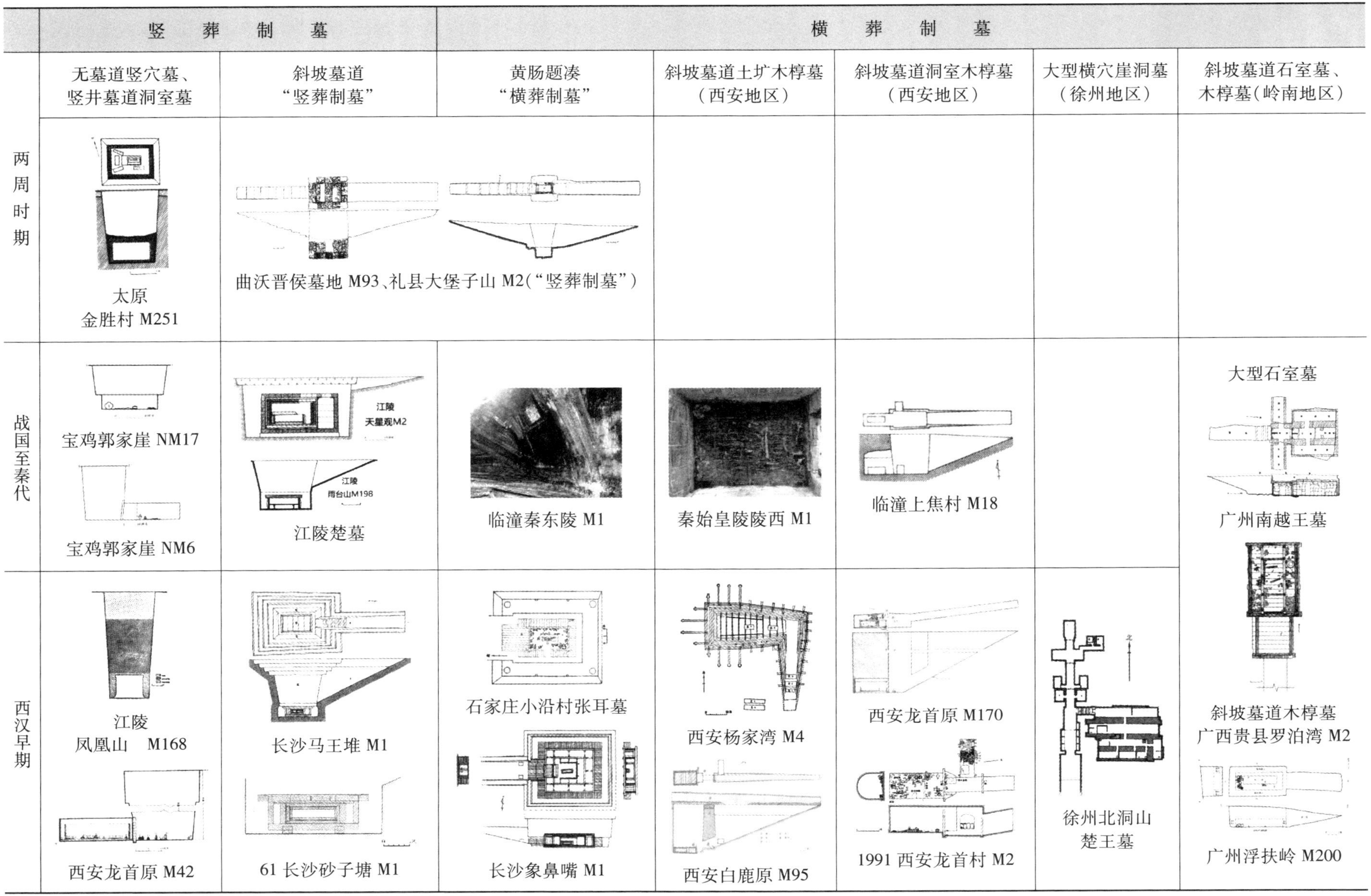
竖葬制墓
横葬制墓
无墓道竖穴墓、
竖井墓道洞室墓
斜坡墓道
“竖葬制墓”
黄肠题凑
“横葬制墓”
斜坡墓道土圹木椁墓
（西安地区）
斜坡墓道洞室木椁墓
（西安地区）
大型横穴崖洞墓
（徐州地区）
斜坡墓道石室墓、
木椁墓(岭南地区)
两周时期
太原
金胜村 M251
曲沃晋侯墓地 M93、礼县大堡子山 M2(“竖葬制墓”)
战国至秦代
宝鸡郭家崖 NM17
宝鸡郭家崖 NM6
江陵
天星观M2
江陵
雨台山M198
江陵楚墓
临潼秦东陵 M1
秦始皇陵陵西 M1
临潼上焦村 M18
大型石室墓
广州南越王墓
西汉早期
江陵
凤凰山 M168
西安龙首原 M42
长沙马王堆 M1
61 长沙砂子塘 M1
石家庄小沿村张耳墓
长沙象鼻嘴 M1
西安杨家湾 M4
西安白鹿原 M95
西安龙首原 M170
1991 西安龙首村 M2
徐州北洞山
楚王墓
斜坡墓道木椁墓
广西贵县罗泊湾 M2
广州浮扶岭 M200

图一　两周、战国秦代至西汉早期“竖葬制墓”与“横葬制墓”的类型与比较(图示比例不统一)

关于中国古代墓葬形制的这一总体变化，中国学者早年曾以"竖穴墓"与"洞室墓"加以区分。① 日本学者町田章首次提出"竖穴式坟墓"和"洞穴式坟墓"的概念，并根据文献记载指出秦始皇陵为横穴式墓。② 日本中国籍学者黄晓芬2003年出版的《汉墓的考古学研究》一书中提出先秦两汉墓葬形制经历了从"椁墓"到"室墓"的变化，③而她所说的"椁墓"和"室墓"在较早的论文中被称为"竖穴式椁墓"和"横穴式室墓"。④ 关于"椁墓"和"室墓"的定义，《汉墓的考古学研究》指出："埋葬设施的主体部分以埋葬椁为中心的称为椁墓，埋葬设施的主体部分以埋葬室为中心的称为室墓。汉代以前，传统性的墓葬形制几乎都可归属于竖穴原理的椁墓，其最突出的构造特点在于加强密封及与外界的隔绝，呈密闭型构造。与此相对，室墓形制从构造到机能都一反传统，突出表现在以横穴原理为特点，通过给地下埋葬设施内导入羡道、玄门、联络通道，开创了与外界全面开通的地下构造，同时还有意模仿地上建筑来筑造高大的死后空间。如此，密闭型的椁墓与开通型的室墓在本质和筑造方法上都呈现出根本差异。"黄晓芬关于"椁墓"与"室墓"的二分法无疑具有重大学术价值，笔者也是在此基础上展开研究的。不过，本文所说的"竖葬制墓"和"横葬制墓"虽然与黄晓芬的定义及论述部分相似，但也有诸多不同点（详下文）。笔者早年曾邀请黄晓芬在北大作讲座，对其在汉墓研究方面作出的贡献，大家给予很高的评价。然而，由于其论著成文较早，受资料所限；以及某些问题尚未梳理清楚，难免存在一些问题，主要有以下几点：

其一，用词、表达方式不够确切，妨碍了人们完整地去理解其本意。例如，近年一些学者也采用了黄晓芬的"椁墓"与"室墓"二分法来分析汉墓形制，但对"椁墓"与"室墓"的定义却存在较大的不同（详后引文）。《吕氏春秋》说"题凑之室，棺椁数袭"，既讲椁又讲室。按照学界通行的认知："椁"是围绕棺的外层木构，而墓圹之内、棺椁之间、棺内空间均构成"室"，也就是大家常说的"墓室"、"椁室"和"棺室"；"椁"为实体，"室"为空间，"椁墓"有室，"室墓"（或）有椁。2005年蒋晓春的博士学位论文《三峡地区秦汉墓研究》曾指出："黄晓芬的分法强调了墓葬的空间结构和形制特征，无疑颇具眼光，但是她忽略了一个问题，她的椁墓概念是建立在有椁的前提下的，但实际上汉代存在很多没椁只有棺的墓，那么这种仅有棺的墓和无棺无椁的土坑墓又应该如何归属？"⑤总之，以"椁墓"和"室墓"来定义商周秦汉墓葬形制的重大变化似不够全面准确。此外，以"竖穴式墓"和"横穴式墓"称之，易与传统认识混淆，笔者早年亦曾使用该名称，近年考虑再三，觉得以"竖葬制墓"和"横葬制墓"命名更为贴切。

---

① 王仲殊：《墓葬略说》，《考古通讯》1955年第1期；《中国古代墓葬概说》，《考古》1981年第5期；《汉代考古学概说》，中华书局，1984年。
② 町田章：《古代中国における下级墓葬について》，《史泉》第26、27、28卷（连载），1963年；《华北地方における汉墓の构造》，《东方学报》第49册，1997年。
③ 黄晓芬：《汉墓的考古学研究》，岳麓书社，2003年。
④ 黄晓芬：《汉墓形制的变革——试析竖穴式椁墓向横穴式室墓的演变过程》，《考古与文物》1996年第1期。
⑤ 蒋晓春：《三峡地区秦汉墓研究》，四川大学博士学位论文，2005年。

其二,定义标准不够清晰。《汉墓的考古学研究》在棺椁及墓葬结构的分析方面下了很大功夫,可圈可点,但未涉及两种墓型是因为"下葬方式"的不同,以及因下葬方式改变而引发墓型结构发生根本性变化这一关键要素。也许因为观察角度不同的缘故,她将一些符合《汉墓的考古学研究》有关"室墓"定义的墓型仍视为"椁墓"。例如,将部分汉代大型"黄肠题凑"墓定义为"题凑型椁墓"(参见该书第19页5图之6、第76页31图),将部分大中型斜坡墓道土圹木椁墓(墓道直通墓底,有墓门或封门)定义为"箱型椁墓"(参见该书第18页4图之5)或"间切型椁墓"(参见该书第74页30图)。由于定义标准不够清晰确切,致使部分墓葬定性与其初衷主旨未能保持一致。

其三,关于"横穴式室墓"的起源时间及地域问题,《汉墓的考古学研究》认为:战国时期楚式大中型木椁墓绘制门窗,由此具有真正墓门的"横穴式室墓"可能起源于楚地的大中型木椁墓。然而,考古资料表明,从战国至西汉早期,这一转变在长江流域的楚地并未发生,而该地区西汉早期以大型黄肠题凑墓为代表的"横葬制墓"是关中秦汉都城首发之地向外传播或影响后的结果。

其四,认为"椁墓"向"室墓"变化的内在原因之一是墓内祭祀空间的兴起,但这种说法不符合汉代墓内祭祀及墓型发展的实际情况,墓内祭祀空间的兴起是墓型发展的结果而不是原因。

近些年来,随着汉墓资料的大量积累,诸多学者,特别是一些高校的硕士、博士分别对不同地区的汉墓进行了全面、深入的研究,其中一些学者也采用了黄晓芬的"椁墓"与"室墓"二分法来分析汉墓形制,但由于各自的理解不同,以致在具体分类中存在较大差异。例如:宋蓉的博士学位论文《汉代郡国分制的考古学观察——以关东地区汉代墓葬为中心》将带有斜坡墓道的大型黄肠题凑墓和大型、次大型土圹木椁墓(墓道直通墓底,有墓门或封门)均归为"椁墓",而将具有竖井墓道的洞室墓(包括洞室木椁墓)归入"室墓";余静的博士学位论文《中国南方地区两汉墓葬研究》将"椁墓"的涵盖范围扩大,即使用木椁作为主体葬具者均定义为"椁墓";而将"室墓"的范围缩小,即不包括带有墓道、墓门的木椁墓在内。① 这种分类,与黄晓芬的本意已不同,也偏离了"椁墓"与"室墓"二分法的精华所在。前引蒋晓春的《三峡地区秦汉墓研究》在黄晓芬论述的基础上,提出了"密闭型"与"开通型"称谓,②这一提法更为全面,也领悟到黄晓芬二分法的主旨所在。然而,该文有关"密闭型"与"开通型"的判断标准却存在难以把握的问题,如将土(石)坑墓均归为密闭型墓,却忽视了有无墓道、墓门设置这些与开通相关的要素。实质上,所有墓葬都要回

---

① 宋蓉:《汉代郡国分制的考古学观察——以关东地区汉代墓葬为中心》,吉林大学博士学位论文,2009年;余静:《中国南方地区两汉墓葬研究》,吉林大学博士学位论文,2009年;刘剑:《山东地区汉代墓葬的考古学研究》,山东大学博士学位论文,2012年;张立秀:《汉中山国墓葬研究》,河北大学硕士学位论文,2020年。
② 蒋晓春:《三峡地区秦汉墓研究》,四川大学博士学位论文,2005年。该文有关"密闭型"墓的定义为:一是墓室内部的密闭,即用椁、青膏泥或白膏泥、填土等将死者层层包裹;二是墓室内部与外界的密闭,即墓室与外界缺乏沟通的墓门、甬道、墓道等设施。对此,余静的《中国南方地区两汉墓葬研究》一文指出:"此分法中关于墓室内部密闭的提法让人费解,他所谓的墓室内部的密闭是指用椁、青膏泥、白膏泥和填土将死者层层包围。但其实青膏泥、白膏泥和填土隔离的仍是墓内与墓外的空间,而并非墓室内部的密闭。"

填密闭,因而这一称谓也不是很合适。

笔者之所以引入"竖葬制墓"和"横葬制墓"的概念,一是可以涵盖全部墓型;二是强调"下葬方式"的不同,而"下葬方式"的不同正是导致墓型结构发生根本性变化的关键所在。关于先秦两汉墓葬"下葬方式"的不同,古文献中多有记载,高崇文、刘尊志已进行过很好的探讨,可参见;①三是与传统的"竖穴式墓"和"横穴式墓"含义歧见而有所区分。②从"竖葬制墓"到"横葬制墓"的历史性变革,与其他变革一样,总是与政治、经济、文化中心,即都城所在地密不可分。而近年来,战国晚期至秦代,以及西汉早期"横葬制墓"在秦都、汉都之地,即今西安、咸阳及其邻近地区多有发现,从而为弄清楚"横葬制墓"的起源时间及地域提供了契机。

二、西汉时期大型、次大型"横葬制墓"的类型与起源

两汉时期的"横葬制墓"可分为大型"黄肠题凑"墓、大中小型横穴式崖洞墓、大中小型斜坡(或阶梯)墓道土圹木椁墓、中小型斜坡墓道土洞室木椁墓、大中型斜坡墓道石室墓、大中型斜坡(或阶梯)墓道砖石合构墓、大中小型斜坡(或阶梯)墓道砖室墓等。其中,前四类在战国晚期、秦代或西汉早期就已经出现;后三类主要是西汉中晚期新出现的"横葬制墓"类型。

1. 大型"黄肠题凑"墓

目前已发掘的西汉时期的黄肠题凑墓有十多座,尽管都是竖穴开挖,但斜坡墓道直通墓底,即与墓底(或椁底板)大体齐平,并且设置有甬道、墓门、前室,也就是说下葬方式是横向进入墓室,因而所有黄肠题凑墓均属于"横葬制墓"范畴。大型黄肠题凑墓在西汉早期就多有发现,如石家庄小沿村赵王张耳墓、③长沙望城坡长沙王后渔阳墓、④长沙象鼻嘴某代长沙王墓、⑤长沙咸家湖长沙王后曹㜮墓、⑥长沙风盘岭某长沙王后墓、⑦江苏盱眙大

---

① 高崇文:《试论先秦两汉丧葬礼俗的演变》,《考古学报》2006年第4期;刘尊志:《西汉诸侯王墓棺椁及置椁窆棺工具浅论》,《考古与文物》2012年第2期。
② 关于"竖葬制墓"与"横葬制墓"的定义,不排除个别墓葬难以区分。如湖南地区西汉中晚期墓葬中具有斜坡墓道或阶梯墓道的木椁墓,墓道底部高度介于椁室顶部与墓底之间,或处于过渡阶段。不过,这类墓葬数量很少,视情况而大致归类。又如鲁南地区西汉晚期至东汉早期规模稍大的双室石椁墓,个别有墓道,但墓道短而陡,也不规则,可能属于方便大型石材运送临时而为,未必与下葬方式有关,因而我们将这类石椁墓均定义为"竖葬制墓"。
③ 石家庄市图书馆文物考古小组:《河北石家庄市北郊西汉墓发掘简报》,《考古》1980年第1期。《汉墓的考古学研究》将其视为"题凑型椁墓",该墓尽管墓道未发掘,但墓道一侧无题凑墙,且有前室,显然是进出的通道,该墓应为"横葬制墓"。
④ 曹砚农、宋少华:《长沙发掘西汉长沙王室墓》,《中国文物报》1993年8月22日;长沙市文物考古研究所、长沙简牍博物馆:《湖南长沙望城坡西汉渔阳墓发掘简报》,《文物》2010年第4期。
⑤ 湖南省博物馆:《长沙象鼻嘴一号西汉墓》,《考古学报》1981年第1期。
⑥ 长沙市文化局文物组:《长沙咸家湖西汉曹㜮墓》,《文物》1979年第3期;《汉墓的考古学研究》将其视为"题凑型椁墓",但该墓西墓道口仅高出墓底0.6米,靠西墓道一侧的题凑墙也只有两层,墓道下口正与两层题凑及椁底板齐平,且该墓设置有墓门及前室,为"横葬制墓"无疑。
⑦ 长沙市文物考古研究所、长沙市望城区文物管理局:《湖南长沙风盘岭汉墓发掘简报》,《文物》2013年第6期。

云山江都王刘非墓。① 属于西汉中晚期的有安徽六安双墩六安王刘庆墓、②河北定县八角廊中山怀王刘修墓、③江苏高邮天山广陵厉王刘胥墓、④长沙望城风篷岭某代刘姓长沙王后墓、⑤北京老山燕王或广阳王墓、⑥北京大葆台广阳顷王刘建墓、⑦山东定陶县灵圣湖定陶王墓⑧等。

长期以来，人们不大明白为什么自西汉早期就出现并流行这种大型黄肠题凑墓，其来源在哪里？前几年被盗掘的临潼秦东陵一号陵园一号大墓，终于揭开了这一谜底。该墓被盗后在破案过程中，专业人员从盗洞下去发现墓室保存较好，没有完全坍塌，并进行了拍照和摄像，从影像资料可以清楚地看到，该墓使用了黄肠题凑葬制，其结构与汉代黄肠题凑一致。关于该墓的墓主与年代，从盗墓者那里缴获的铭文漆豆看，一般认为属于秦始皇曾祖父秦昭襄王之陵寝，其年代为战国晚期。⑨

关于秦昭王墓用黄肠题凑还见于文献记载。《太平御览》卷五百六十引《皇览·冢墓记》记载，汉明帝朝，公卿大夫诸儒八十余人论《五经》误失，符节令宋元上言："臣闻秦昭王与吕不韦好书，皆以书葬。王至尊，不韦久贵，冢皆以黄肠题凑，处地高燥，未坏。臣愿发昭王、不韦冢，视未烧《诗》《书》。"⑩

目前，关东地区战国王陵亦有发掘，但并未发现黄肠题凑墓，如20世纪30年代被盗掘的安徽李三谷堆战国晚期楚王墓未见使用黄肠题凑。⑪ 河南新郑胡庄战国晚期韩王陵仍为传统的木椁形态，不过其椁室为两面坡的屋型，较为少见。⑫ 过去有人认为河南辉县固围村大墓使用了题凑葬制，但与汉代"木头皆内向"的黄肠题凑形态并不相同。⑬

实际上，秦国的这种黄肠题凑葬制并不限于战国秦东陵这一座墓，其他战国秦王陵以及秦始皇陵地宫很可能也使用了黄肠题凑。从司马迁的《史记·秦始皇本纪》所记载秦

---

① 淮阴市博物馆：《盱眙东阳大云山西汉墓发掘简报》，《东南文化》1993年第3期；南京博物院、盱眙县文广新局：《江苏盱眙大云山江都王陵二号墓发掘简报》，《文物》2013年第1期。
② 安徽省文物考古研究所、六安市文物局：《安徽六安双墩一号汉墓发掘简报》，《文物研究（第17辑）》，科学出版社，2010年。
③ 河北省文物研究所：《河北定县40号汉墓发掘简报》，《文物》1981年第8期。
④ 梁白泉：《高邮天山一号汉墓发掘侧记》，《文博通讯》1980年第32期；黄展岳：《汉代诸侯王墓论述》，《考古学报》1998年第1期。
⑤ 长沙市文物考古研究所、望城县文物管理局：《湖南望城风篷岭汉墓发掘简报》，《文物》2007年第12期；何旭红：《湖南望城风篷岭汉墓年代及墓主考》，《文物》2007年第12期。
⑥ 王武钰、王鑫、程利：《老山汉墓考古发掘的收获》，《首都博物馆丛刊》2001年总15期。
⑦ 大葆台汉墓发掘组：《北京大葆台汉墓》，文物出版社，1989年。
⑧ 山东省文物考古研究所、菏泽市文物管理处、定陶县文管处等：《山东定陶县灵圣湖汉墓》，《考古》2012年第7期。
⑨ 王辉、尹夏清、王宏：《八年相邦薛君、丞相殳漆豆考》，《考古与文物》2011年第2期；孙伟刚、杜应文、高海峰：《新发现秦漆器及秦东陵相关问题探讨》，《人类文化遗产保护》2012年。
⑩ 《皇览》系曹魏时期的类书，符节令宋元为东汉明帝时人，言及战国秦昭襄王冢墓之事不知所本，但结合今考古发现，其说或非无稽之谈。《皇览》是三国魏文帝时期，由桓范等人奉敕所撰，原书在隋唐后已失传。据《魏略》著录，《皇览》分40余部，每部有数十篇，共800余万字，为中国最早的类书。清人孙冯翼辑出佚文一卷，仅存《冢墓记》等80余条，不及4000字，收入《问经堂丛书》。
⑪ 郭德维：《关于寿县楚王墓椁室形制复原问题》，《江汉考古》1982年第1期。
⑫ 发掘报告尚正在整理中，笔者曾前往考察过。可参见CCTV央视网《探索·发现》之《新郑胡庄大墓（上、下集）》视频。
⑬ 中国科学院考古研究所：《辉县发掘报告》，科学出版社，1956年。

始皇陵地宫有多重墓门以及考古钻探的墓圹结构看,秦始皇陵地宫采用黄肠题凑葬制的可能性很大,对此多有学者论及,笔者也曾专文进行过探讨。① 过去大凡提到"汉承秦制",主要是从政治、经济方面着眼的,其实,西汉帝陵及陵园规制承继秦始皇陵是很明显的。西汉帝陵虽未发掘,但使用黄肠题凑葬制史书有明确记载,西汉诸侯王墓与帝陵同制,也使用黄肠题凑。由此可见,汉代帝王的黄肠题凑葬制当源于战国时期的秦王陵和秦始皇陵。

2. 大型、次大型斜坡墓道土圹木椁墓及斜坡墓道砖室墓

20世纪70年代发掘的咸阳杨家湾汉墓,因出土了大量的彩绘兵马俑而闻名于世。两座大墓均为带斜坡墓道的土圹木椁墓,可能因地形原因,斜坡墓道均形成折拐。其中M4的简报称:"墓葬的整体结构分为封土、墓道(包括墓门、中庭)、墓室(后堂)三部分。"② 这里未清楚描述斜坡墓道是否直通墓底,但因设置有墓门、中庭,应属于"横葬制墓"。咸阳杨家湾汉墓为高祖长陵的陪葬墓,可能是汉初列侯周勃夫妇之墓。

1986年在西安市东南郊新安机砖厂发掘一座大型斜坡墓道土圹积炭木椁墓,由封土、墓道、门屏、墓室四部分组成,其中长斜坡墓道的尽头与墓室底之积炭层大体齐平,在斜坡墓道与墓室之间有5米长的水平墓道,可视为甬道,椁室分割为九箱,墓内出土"利成家丞"封泥,简报认为与武帝初年的利乡侯刘婴有关。③

《白鹿原汉墓》发掘报告中,属于西汉早期的M95为次大型斜坡墓道土圹木椁墓。全墓由封土、斜坡墓道、壁龛、过洞(天井)、墓室五部分组成,全长30.15米。该墓斜坡墓道的尽头与墓室底部基本齐平,墓室内长方形外椁靠墓道一侧为竖向木板封门。该墓因被盗墓主身份不明,报告推测为关内侯级。④

2018年3月-2019年5月,西安市文物保护考古研究院为配合白鹿原水生态建设,在西安市灞桥区栗家村西发掘了2座西汉早期大型、次大型斜坡墓道土圹木椁墓,笔者应邀曾前往考察。两墓斜坡墓道的尽头与墓底椁底板大体齐平,当为"横葬制墓"。该墓尽管被盗,还是出土了丰富的随葬品,其中M1出土了2200片玉衣片以及"□却家丞"封泥,两墓的墓主当为某列侯及其夫人,是文帝霸陵的陪葬墓之一。⑤

汉景帝阳陵陪葬墓园先后钻探出数十座长斜坡墓道土圹木椁墓,其中,位于陪葬墓区中心地带的光明饮品公司征地范围内,发掘了10多座这类大型、次大型墓葬,其共同特点

---

① 赵化成《秦始皇帝陵地宫"黄肠题凑"葬制略说》一文为2018年"秦汉考古与秦汉文明国际学术研讨会"上所提交的论文及发言,待刊。关于此前一些学者论及秦始皇陵地宫为黄肠题凑葬制诸说,可参见该文相关注释。
② 陕西省文管会、博物馆,咸阳市博物馆杨家湾汉墓发掘小组:《咸阳杨家湾汉墓发掘简报》,《文物》1977年第10期。
③ 郑洪春:《陕西新安机砖厂汉初积炭墓发掘报告》,《考古与文物》1990年第4期。
④ 陕西省考古研究所:《白鹿原汉墓》,三秦出版社,2003年。
⑤ 朱连华、郭昕:《西安灞桥区栗家村汉墓》,国家文物局主编:《2019中国重要考古发现》,文物出版社,2020年。

是斜坡墓道直通墓底,有墓门或封门,均属于"横葬制墓"。这批墓葬等级较高,属于阳陵功臣列侯陪葬墓,其中的M130为郫侯或绳侯周应墓,M760为高宛制侯丙午墓。①

西安及其邻近地区西汉中晚期至新莽时期的大型、次大型斜坡墓道土圹木椁墓以及斜坡墓道砖券墓也有较多发现。

位于蓝田县的支家沟汉墓为依山而建平地起坟的大型长斜坡墓道土圹木椁墓。该墓由墓园、封土、墓道、壁龛、前室、封门、主墓室等几部分组成。墓道残长34米,坡度10度,墓道尽头与墓室底部基本齐平;主墓室平面略呈长方形,上口南北长18、东西宽20.6米,底部南北长12.22、东西宽15、墓底距地表深11米,木椁为回廊式结构,墓底柱洞及夯土台旁的凹槽中垫砖。该墓出有玉衣片、着衣陶俑等,所出封泥、铜器铭文多与皇室有关,显示其尊贵身份。该墓年代为西汉中期,墓主为一成年女性,有学者推论为汉昭帝时的鄂邑盖长公主。②

2008－2009年,西安市南郊凤栖原发掘了张安世家族墓园,位于墓园中心的M8墓主是卒于宣帝时期的富平侯张安世。该墓为大型斜坡墓道土圹砖木合构墓,斜坡墓道长达65米,墓道两侧置有3座木椁耳室。墓圹内前置砖椁室,后为砖木合构的主椁室,主椁室为夯土四壁、壁内砌砖椁、内置木椁。从葬埋过程看,当主椁室葬埋完成后,再在墓室前部增筑砖椁室,以葬埋车马。该墓主椁室被焚烧,有无墓门不清楚,看来,最初的斜坡墓道应直通主椁室墓底,在棺枢入葬后,再在主椁室前端增筑砖椁室。位于M8东南侧的M25规模稍小,为带斜坡墓道的砖券墓,为夫人墓。③

2012年5月,西安市文物保护考古研究院在西安市石家街城中村改造项目的建设中发掘了一座大型斜坡墓道土圹砖木合构墓,墓圹东西长30.4米,南北宽24米。墓葬年代为西汉中晚期,发掘者认为属于列侯级别。④

2018年6月,西安市文物保护考古研究院在西安市长安区千林郡住宅小区发掘了东西向并列的2座积沙砖券墓。M1由墓道、墓室和砖券椁室三部分组成;墓道前段为斜坡土圹,后部小砖券拱(长23.2米),亦呈斜坡状;墓室平面呈长方形,口大底小,四壁有两个二层台,开口东西长13.4、南北宽11.6米,墓室正中为长方形砖券椁室。M2由斜坡墓道、长方形墓室和墓道两侧4个耳室组成,斜坡墓道残长25.9米,直通墓底;墓室东西长12.8、南北宽12.1米,残深7.9米;砖椁为券顶结构。两墓之间有土洞连接,砖椁四周及上下皆有大量河沙堆积。据M1出土墨书砖铭文可知,这两座积沙砖券墓应为西汉晚期某代"宜春侯"夫妇异穴并葬墓。⑤

---

① 陕西省考古研究所:《汉阳陵》,重庆出版社,2001年。这批墓葬资料多未发表,承蒙发掘者焦南峰先生告知,并参见曹龙:《西汉帝陵陪葬制度初探》,西北大学硕士学位论文,2009年。
② 陕西省考古研究院:《陕西蓝田支家沟汉墓发掘简报》,《考古与文物》2013年第5期;段毅:《蓝田支家沟汉墓墓主身份蠡测》,《考古与文物》2013年第6期。
③ 陕西省考古研究院:《西安凤栖原西汉墓地田野考古发掘收获》,《考古与文物》2009年第5期。
④ 西安市文物保护考古研究院:《西安东郊石家街发现汉代列侯级别墓葬》,《中国文物报》2013年8月16日。
⑤ 朱连华、王艳朋:《西安长安区北里王汉代积沙墓》,国家文物局主编:《2019重要考古发现》,文物出版社,2020年。

除以上所列墓例外,据陕西省考古研究院、西安市文物保护考古研究院的同行告知,西安一带为配合基本建设已发掘但未发表的这类大型、次大型或中型墓还有多座。

总之,今西安及其邻近地区,西汉时期的列侯、高官、贵族普遍采用这种长斜坡墓道直通墓底的大型、次大型土圹木椁墓或砖券墓。因而,有理由相信,高祖长陵、惠帝安陵、文帝霸陵、景帝阳陵、武帝茂陵、宣帝杜陵等帝陵附近数以百计的大型、次大型陪葬墓很可能都是这种具有斜坡墓道的"横葬制墓"形态。

西安及其邻近地区西汉时期已广为流行的这种大型、次大型斜坡墓道土圹木椁墓,其来源近年也有了新的突破。2010年以来,在秦始皇陵外陵园西墙外钻探出4座中字形大墓和5座甲字形次大型墓,是秦始皇陵的陪葬墓群。近年,发掘了紧靠陵园西墙的一座中字形大墓,被称为陵西大墓(M1)。该墓发掘已基本结束,从发掘者向媒体披露的信息看,该墓平面呈中字形,由南、北墓道与墓室三部分组成。根据墓道坡度复原,全长约100米,南墓道长31米、北墓道残长34米;南墓道底部下距墓室底3.8米,北墓道几乎直通墓底,进入墓室处有竖向封门木,北墓道一部分因为土地问题而未能发掘。墓室呈长方形,口大底小,上口南北长29米、东西宽28米,距地表总深15.6米。值得注意的是,南墓道尽头高出墓室底部3.8米,应与椁室顶部大体齐平;而北墓道直通墓底,与椁底板大体齐平。① 这正体现了从传统"竖葬制墓"向"横葬制墓"的过渡,北墓道长于南墓道,为主要出入通道,因而总体上属于"横葬制墓"范畴。该墓资料尚在整理中,发掘者判断不晚于秦代。

从陵西大墓看,西安附近西汉早期就流行的大型、次大型斜坡墓道直通墓底的土圹木椁墓当来源于同地区的秦代。此外,秦始皇陵兵马俑坑以及诸多陪葬坑的斜坡通道均直通坑底。也就是说,至迟在战国晚期至秦代,包括黄肠题凑大墓在内,这种"横葬制"方式在大型墓葬中就已经发生,至西汉早期首先在西安一带大墓中流行并逐渐形成一种新的葬埋理念。

除西安地区外,西汉早期的这种大型、次大型带斜坡墓道土圹(或岩圹)木椁墓也见于关中以外地区,但发现相对零散,年代上也略晚于秦汉都城一带。

2001年在济南市西郊发掘的腊山M1,墓葬平面为折尺形,由墓道、前庭和墓室组成。墓道为斜坡状,斜度为18度,底部经过夯打,南北残长11米;墓室上宽下窄,口部东西长27.5、南北宽7.4-8.4米,底部长25.5、宽4.8-6米,可分为前室与后室两大部分,内置木椁,前有石墙封堵。发掘者认为墓主为西汉早期的某列侯夫人。②

江苏盱眙大云山江都王陵大墓有两座,其中M1为黄肠题凑墓,墓主为江都王刘非。M2与M1东西并列,是江都王刘非的王后,但未使用黄肠题凑。M2平面呈中字形,南、北墓道均为斜坡结构,北墓道口残长11米,近墓室处斜坡未至墓底;南墓道口长30米,是主墓道,墓道尽头与墓底基本齐平。墓室开口南北长15、东西宽14.4、深15米,由主室、北

---

① 秦始皇帝陵博物院:《秦始皇帝陵考古的新进展——秦始皇帝陵陵西墓葬勘探与发掘取得重要收获》,《中国文物报》2020年6月19日。本文还参考了相关网络媒体诸多报道。此外,发掘期间笔者曾多次前往考察。
② 济南市考古研究所:《济南市腊山汉墓发掘简报》,《考古》2004年第8期。

室、南室三部分组成，主室位于墓室中央，由一棺一椁构成。从墓道及墓室结构看，当为次大型带斜坡墓道横葬制岩坑木椁墓。M2 与 M1 为同茔异穴，M2 的封土叠压在 M1 的大封土之下，故 M2 的下葬时间要早于 M1，简报认为年代当在公元前 129 年至公元前 127 年或稍后。①

1999 年发掘的湖南沅陵虎溪山一号汉墓，为长斜坡墓道土圹木椁墓，墓道长 37 米，墓道尽头直通墓底；因墓圹上部被破坏，推测墓口长约 17.5、宽 14.2 米，墓圹南、北两壁均开凿有向下部延伸的人字形阶梯；墓室由主墓室和两侧的外藏椁组成，外藏椁和主墓室之间有门栅相隔，门栅由两层组成，内层为立板直立，外层为横板竖立。在内层立板上，南、北两侧的中间部位有漆书"南扇"、"北扇"字样，当为门扉之意。主椁室则由头箱、南北边箱及棺室组成。虎溪山一号汉墓墓主为长沙王吴臣之子第一代沅陵侯吴阳（高后元年受封，死于文帝后元二年，即前 162 年）。②

20 世纪 70 年代后期在广西贵县（今贵港市）罗泊湾发掘了两座属于西汉早期的次大型斜坡墓道土圹分室木椁墓，两座墓的形制相似。③ 以 M2 为例，发掘前尚存封土，墓室的南面是墓道，斜长 11.30 米，墓道下口高出墓坑底部仅 0.28 米（与椁底板齐平）；墓室南北长 12.72、东西宽 4.90－6.06 米，墓口至墓底深 3.20 米，墓室内椁室分隔成前、后两室，由顶盖、封门、东西北三壁和底板相互扣合而成一体，其中椁室口的封门是用十二根正方形或长方形的木柱并立封住的。关于墓主身份，罗泊湾二号墓中随葬"夫人"玉印，报告认为墓主有可能是赵氏王国派驻当地的相当于王侯一级官吏的配偶。而一号墓规模大于二号墓，黄展岳认为一号墓墓主应是受南越王赵佗册封的当地土著首领西瓯君，地位相当于汉代异姓诸侯王；二号墓墓主应是西瓯君夫人。④ 此外，与罗泊湾两座墓规模、形制相似的还有广西贺县金钟一号汉墓⑤等。贺县金钟一号墓为夫妇合葬墓，出土有"左夫人"玉印，简报认为属于西汉前期后段（南越王国的后期）侯王一级的人物。这几座大型墓，均为岭南地区西汉早期的"横葬制墓"。

西汉中晚期至新莽前后，这种大型、次大型斜坡墓道的土圹（或岩圹）木椁墓或砖木合构墓，以及砖室墓在全国各地也有较多发现，其身份多为列侯、高官或贵族。

山东寿光县三元孙村发掘了 150 多座汉墓，其中 M1 为次大型斜坡墓道土圹砖木合构墓，年代为西汉中期偏晚。该墓由封土、墓道、甬道、墓室四部分组成，斜坡墓道长 24.1 米，坡度 15 度，墓道后端与甬道连接；甬道系由墓道后端底部凿洞而通入墓室，长 10.6 米，底部铺有木板，甬道与墓道连接处有木质挡板，甬道与墓道间有以青灰小砖砌成的封门墙；墓室平面略呈正方形，墓口南北长 9.16、东西宽 9.25 米，周围砌筑砖椁，墓室中部沟槽（原竖有木板相隔）将其分为东、西两室，当为非同时而葬的夫妻合葬墓。因被盗严重，

---

① 南京博物院、盱眙县文广新局：《江苏盱眙大云山江都王陵二号墓发掘简报》，《文物》2013 年第 1 期。
② 湖南省文物考古研究所编著：《沅陵虎溪山一号汉墓》，文物出版社，2020 年。
③ 广西壮族自治区博物馆：《广西贵县罗泊湾汉墓》，文物出版社，1988 年。
④ 黄展岳：《关于贵县罗泊湾汉墓的墓主问题》，《南方民族考古（第二辑）》，1990 年。
⑤ 广西壮族自治区文物工作队、广西贺县文物管理所：《广西贺县金钟一号汉墓》，《考古》1986 年第 3 期。

墓主不明，报告推测为大贵族或上层官吏。①

山东阳谷县吴楼一号汉墓为一座次大型斜坡墓道回廊式砖券墓，墓葬发现时已遭盗扰，残存封土，地表发现较多"长乐未央"瓦当及汉瓦，表明原有墓园建筑。该墓由斜坡墓道（大部破坏）、甬道、两个主墓室及回廊构成，墓室南北全长12.6、东西最宽处9.56米，墓葬的年代为西汉末年。经实地踏勘，该墓附近还有四座规模接近的墓葬，简报考证吴楼一号墓及邻近的四座墓应属于西汉晚期至新莽时期"阳平侯"王禁家族墓地。②

80年代在山西朔县平朔露天煤矿第五工程区发掘了一座汉代次大型积石积炭土圹木椁墓（5M1）。墓葬由斜坡墓道、木构甬道以及墓室三部分组成。斜坡墓道（中部有不规则的七级阶梯）长13.4米，墓道尽头与甬道底部及墓室椁底板大体齐平，从甬道进入墓室设有三道封门，靠甬道一侧为立柱封门，其余为木板封门。以墓室底计，东西长约13.6、南北宽约5米，内用木材置前后两个椁室，相当于前堂后室。木构甬道顶部及前后椁室的土圹四周均填以大量的石块、瓦块。该墓年代为西汉中晚期，出土的两枚印章表明墓主人姓王名柱，字子孺，与之合葬者应为墓主人妻室，简报认为墓主是当地显宦大族。③

四川绵阳永兴双包山发掘的一号、二号墓均为斜坡墓道、前堂后寝结构的大型木椁墓，有墓门及封门石。其中一号墓年代为西汉中期，二号墓稍早于一号墓。以二号墓为例，该墓的墓圹及墓道上部被毁，现存圹口长24.2、宽6.56－11.2、深2.7－4.4米。该墓规模宏大，随葬品丰富，且出有玉衣片，墓主人身份较高。④

50年代发掘的长沙国王族"刘骄"墓（M401）为平行墓道的大型土圹木椁墓。墓道在墓室北面，长45米，因地形南高北低，墓道不作斜坡或阶梯状，而是与墓室底部在同一条水平线上。墓室全长20.34米，共三个木椁室，两个在前部，一东一西，放置随葬品；一个在后部，乃是棺柩所在的主椁室。长沙M203号墓，墓道在墓室的西面，现存阶梯式墓道长4.75米，与墓室椁底板齐平；墓室全长10.9米，宽3－4米，分为前室、中室和后室三部分。⑤

湖南永州市鹞子岭西汉晚期泉陵侯家族墓，报告推论M1的墓主为第三代泉陵侯刘庆，M2墓室规模略小于M1，为泉陵侯夫人。以M2为例，该墓平面为甲字形，墓道向西，大部分已被毁，长度不明，墓道近墓室一端残存斜坡为4度，墓道底端高出墓室底部0.62米，推测为阶梯式墓道；墓坑东西长10.3、南北宽9.2米，长方形墓坑内以双层木仿构筑外椁，椁内再分出前庭、后室，墓葬中棺、椁均已损毁。此外，1984年清理的"刘疆"墓，规模略小，亦属泉陵侯家族成员之一。⑥

---

① 山东省文物考古研究所：《山东寿光县三元孙墓地发掘报告》，《华夏考古》1996年第2期。
② 聊城市文物管理委员会：《山东阳谷县吴楼一号汉墓的发掘》，《考古》1999年第11期。
③ 山西省平朔考古队：《山西省朔县西汉木椁墓发掘简报》，《考古》1988年第5期。
④ 四川省文物考古研究院、绵阳博物馆：《绵阳双包山汉墓》，文物出版社，2006年。关于墓葬的年代，M2只出半两钱，M1出有五铢钱，报告将两墓定在武帝前后。M2不排除可以早到武帝元狩五年（前118年）以前，但已属于西汉早期偏晚。
⑤ 中国科学院考古研究所：《长沙发掘报告》，科学出版社，1957年。
⑥ 湖南省文物考古研究所、永州市芝山区文物管理所：《湖南永州市鹞子岭二号西汉墓》，《考古》2001年第4期；零陵地区文物工作队：《湖南永州市鹞子山西汉"刘疆"墓》，《考古》1990年第11期。

2007年发掘的江西省莲花县罗汉山西汉安成侯墓为一座带斜坡墓道的次大型土圹木椁墓,平面呈凸字形,由封土、墓道、墓坑和椁室四部分构成。墓道位于墓坑东侧中部,残长9.6、宽4米。墓道呈斜坡状,墓道下口距墓室底部约0.64米(略高于墓底,可能与椁底板平),墓室长10.39、宽8.9米。墓主安成侯为长沙王刘发次子刘苍,卒于武帝元鼎元年(前116年)。①

近年新发掘的江西南昌海昏侯刘贺墓是汉代考古的一次重大发现。刘贺家族墓园内,以海昏侯刘贺墓(M1)和侯夫人墓(M2)为中心,有多座祔葬墓。M1平面呈甲字形,墓道在南,长15.65－16.17米,墓道中部为斜坡,两侧为阶梯,墓道底部略高于墓底,与椁室底板基本齐平。墓室口南北长约17.2、东西宽约17.1、深约8米,椁室由甬道、回廊形藏椁和中心部位的东西主椁室构成。刘贺卒于宣帝神爵三年(前59年)。②

3. 大型横穴式崖洞墓③

横穴式崖洞墓在西汉时期主要为诸侯王级别所有,规模宏大;东汉时期则多见于西南地区,墓葬规模大小不等,墓主身份亦较复杂。西汉时期属于诸侯王级别的大型横穴式崖洞墓群已发掘的主要有江苏徐州汉代楚国王陵、河南永城梁国王陵、河北满城中山国王陵、山东曲阜九龙山鲁国王陵,这种大型横穴式崖洞墓均属于"横葬制墓"。其中,西汉早期的只见于徐州汉代楚国王陵和河南永城梁国王陵。据多位学者研究,徐州属于西汉早期的楚王墓按照早晚排序依次为楚王山汉墓、狮子山汉墓、驮篮山汉墓(2座)、北洞山汉墓、龟山汉墓。楚王山汉墓墓主可能是第一代楚元王刘交,该墓的主墓室为竖穴开挖的石坑,与横向甬道及长斜坡墓道连接;其他几座楚王墓主墓室开凿为洞室。研究者指出,徐州西汉早期楚王墓的形制演变规律是主墓室由竖穴开挖转变为横穴洞室,墓道则由斜坡墓道向水平墓道发展。④ 从徐州西汉早期楚王墓所具有的发展脉络看,这种大型横穴式崖洞墓当源自本地。河南永城梁国王陵与徐州楚王陵地理位置相近,属于西汉早期的保安山一号墓(梁孝王刘武,前168－前144年)、保安山二号墓(梁孝王之李王后,卒于前123年)、柿园汉墓(梁共王刘买,前144－前136年),年代上略晚于徐州最早的几代楚王墓,不排除受到楚王墓葬制之影响。⑤《史记·孝文本纪》载文帝遗诏曰:"霸陵山川因其

---

① 江西省文物考古研究所、萍乡市莲花县文物办:《江西莲花罗汉山西汉安成侯墓》,上海古籍出版社,2017年。
② 江西省文物考古研究所、南昌市博物馆、南昌市新建区博物馆:《南昌市西汉海昏侯墓》,《考古》2016年第7期。
③ 所谓崖洞墓,可分为两大类:一类为横穴式崖洞墓,即有斜坡或平行长墓道;而另一类规模较小,也开凿于山体岩石之上,为竖井墓道崖洞墓(墓室一侧或两侧开凿成较浅的洞墓)。这两类一般均称为"崖洞墓",为避免混淆,有学者建议称前者为"崖洞墓",称后者为"岩坑墓",笔者赞同其观点。参见周保平、刘照建:《西汉楚王陵墓形制研究》,《古代文明(第4卷)》,文物出版社,2005年。
④ 梁勇:《从西汉楚王墓的建筑结构看楚王墓的排列顺序》,《文物》2001年第10期;徐州博物馆、南京大学历史学系考古专业:《徐州北洞山西汉楚王墓》,文物出版社,2003年;周保平、刘照建:《西汉楚王陵墓形制研究》,《古代文明(第4卷)》,文物出版社,2005年;刘尊志:《徐州汉墓与汉代社会研究》,郑州大学博士学位论文,2007年。关于楚王山墓,有学者根据主墓室竖穴开挖,称之为竖式墓,该墓前置横向长墓道,尽管主墓室为竖穴开挖,但总体上仍为横穴式墓,即属于"横葬制墓"。
⑤ 河南省文物考古研究所:《永城西汉梁国王陵与寝园》,中州古籍出版社,1996年;郑清森:《芒砀山西汉梁国王陵墓葬相关问题初探》,《考古与文物》2001年第3期;河南省商丘市文物管理委员会、河南省文物考古研究所、河南省永城市文物管理委员会(阎根齐主编):《芒砀山西汉梁王墓地》,文物出版社,2001年。

故,毋有所改。"过去认为文帝霸陵为这种横穴式崖洞墓,但从最新的调查、钻探与发掘看,这种可能性已经排除,新发现的江村大墓才是汉文帝霸陵,墓葬形制与景帝阳陵一致,应为平地开挖的大型黄肠题凑墓。① 因而,徐州汉代楚王陵、河南永城梁王陵等在西汉早期就流行的大型横穴式崖洞墓与文帝霸陵无关,而是当地特殊的地理环境下的产物。这种凿山为藏的大型横穴式崖洞墓最初可能是为了防盗,横穴开凿可将整个墓室隐藏在山石中。诚然,这只是原因之一,很可能这种大型横穴式崖洞墓的出现与战国晚期至秦代以及西汉早期流行的因大型黄肠题凑墓、大型斜坡墓道土圹木椁墓而形成的"横葬制"葬埋理念有关。

4. 大型、次大型斜坡墓道石室墓或石木、砖石合构墓

大型、次大型斜坡墓道石室墓或石木、砖石合构墓是西汉中晚期出现、东汉时期颇为流行的墓葬形制,而属于西汉早期偏晚的大型石室墓仅发现一座,即广州象岗南越王墓。该墓位于象岗山顶,平面向下开挖,因使用了大量石块砌筑墓室,被称为石室墓。该墓由斜坡墓道、前室、东西耳室、后室(又分为主室、后藏室、东西侧室)组成。象岗南越王墓为西汉早期偏晚的第二代南越王赵眜(前137-前122年)之墓。② 该墓的斜坡墓道直通墓底,设置有两道墓门,符合"横葬制墓"的特点。需要说明的是,石室墓在中原地区多见于西汉中晚期及东汉时期,其形制和构筑方法与南越王墓有较大的不同。这座墓尽管为石室结构,但东、西耳室开凿成洞室,兼具崖洞墓的一些特点,若从墓室整体布局看,又与南越国大中型斜坡墓道分室木椁墓,以及与南越国毗邻的西汉长沙国具有楚式风格的大型木椁墓结构近似。③

河北鹿泉市高庄 M1 为大型斜坡墓道石木合构墓,墓主为常山王刘舜,在位 32 年,卒于汉武帝元鼎三年(前 114 年),稍晚于南越王墓。该墓平面呈中字形,东、西两条斜坡墓道及墓室全长 94.5 米,墓道直通墓底;土圹墓室上口南北长 35.3、东西宽约 33 米,墓底南北长 16.2、东西宽 19.3 米;外为回廊形,内为石构墓室,回廊内用浅红色页岩条石砌筑石墙(报告称之为石椁),平面呈长方形,墓底与墓顶皆铺有石块,石墙内原来有木质棺椁,回廊内亦置木椁,均已严重焚烧不存。④

河南永城梁国王陵区除前述大型横穴式崖洞墓外,还有多座规模较小的石室墓,如窑山一号墓、窑山二号墓、夫子山三号墓、黄土山三号墓等。这类墓均有长斜坡墓道,墓道尽头直通墓底,墓室为石块垒砌,属于次大型或中型石室墓,年代为西汉中晚期。这类石室墓尽管规模较小,但从出土的玉衣片等遗物看,等级并不低,发掘者认为这与梁国国势兴衰有关,是有道理的。⑤

---

① 杨武站、曹龙:《汉霸陵帝陵的墓葬形制探讨》,《考古》2015 年第 8 期。
② 广州市文物管理委员会、中国社会科学院考古研究所、广东省博物馆:《西汉南越王墓》,文物出版社,1991 年。
③ 高崇文:《西汉长沙王墓和南越王墓葬制初探》,《考古》1988 年第 4 期。
④ 河北省文物研究所、鹿泉市文物保管所:《高庄汉墓》,科学出版社,2006 年。
⑤ 河南省商丘市文物管理委员会、河南省文物考古研究所、河南省永城市文物管理委员会(阎根齐主编):《芒砀山西汉梁王墓地》,文物出版社,2001 年。

河南南阳地区是西汉时期石室墓或砖石合构墓最为发达的地区,所用石材多雕刻画像,一般称之为画像石墓。其中,带斜坡墓道的回廊式石室墓或砖石合构墓规模较大,属次大型或中型墓,如河南方城东关汉画像石墓、唐河县电厂汉画像石墓、南阳杨官寺画像石墓、唐河针织厂汉画像石墓、唐河汉郁平大尹冯君孺人画像石墓等。① 这类墓均有斜坡墓道,且墓道直通墓底,设置有墓门。今南阳地区西汉时为南阳郡,经济发达,这类墓的墓主或为地方高官,或为地方富户。类似的石室墓还见于山东地区,山东平阴新屯M1亦为这种带斜坡墓道的回廊式汉画像石墓,年代为西汉晚期。②(图二)

需要说明的是,西汉时期王侯级别的大型、次大型墓葬多数为斜坡墓道直通墓底的"横葬制墓",但也不尽然,少数墓葬尽管有斜坡墓道,但墓道底部与椁室顶部大体齐平,仍属于"竖葬制墓"范畴。如湖南长沙马王堆三座西汉早期软侯家族墓,斜坡墓道底部与椁室顶部大体齐平,包括棺椁及随葬品在内,整体上延续了楚文化传统。③ 山东双乳山西汉武帝末年济北王刘宽墓椁室为传统的箱式结构(二椁三棺),斜坡墓道底部高出墓底4米,应与椁室顶部大体齐平。④ 山东巨野红土山墓是一座西汉岩坑墓,先在山腰上凿出平面呈长方形的竖穴石圹,全长70、宽4.7-7.1、深6-11.9米,石圹挖成后,再在石圹内砌石墙,隔出墓道、墓室。该墓出土的随葬品丰富、等级高,年代大致为西汉中期偏早,简报认为墓主为昌邑哀王刘髆的可能性较大。⑤

三、西汉时期中小型"横葬制墓"的类型与来源

西汉时期属于王侯、高官、贵族级别的大型、次大型"横葬制墓"已广为流行,但一般官吏或普通民众的中小型"横葬制墓"在全国各地则呈现出发展的滞后性与不平衡性。中小型"横葬制墓"在西汉早期主要有斜坡墓道土圹木椁墓、斜坡墓道洞室木椁墓,这两种墓型在某些地区延续至西汉晚期至东汉早期;自西汉中晚期开始,在前述两种墓葬的基础上,因建筑材料的进步,发展出了斜坡(或阶梯)墓道砖室墓、斜坡(或阶梯)墓道石室墓,以及斜坡(或阶梯)墓道砖木、砖石合构墓。全国已发掘的汉墓数量众多,以下选取具有代表性的区域分别加以考察。

---

① 河南省文化局文物工作队:《河南南阳杨官寺汉画象石墓发掘报告》,《考古学报》1963年第1期;南阳市博物馆、方城县文化馆:《河南方城东关汉画像石墓》,《文物》1980年第3期;周到、李京华:《唐河针织厂汉画像石墓的发掘》,《文物》1973年第6期;南阳地区文物队、南阳博物馆:《唐河汉郁平大尹冯君孺人画象石墓》,《考古学报》1980年第2期。
② 济南市文化局文物处、平阴县博物馆筹建处:《山东平阴新屯汉画像石墓》,《考古》1988年第11期。
③ 湖南省博物馆、中国科学院考古研究所、文物编辑委员会:《长沙马王堆一号汉墓发掘简报》,文物出版社,1972年;湖南省博物馆、湖南省文物考古研究所:《长沙马王堆二、三号汉墓》,文物出版社,2004年;湖南省博物馆:《长沙砂子塘西汉墓发掘简报》,《文物》1963年第2期。
④ 山东大学考古系、山东省文物局、长清县文化局:《山东长清县双乳山一号汉墓发掘简报》,《考古》1997年第3期。
⑤ 山东省菏泽地区汉墓发掘小组:《巨野红土山西汉墓》,《考古学报》1983年第4期。

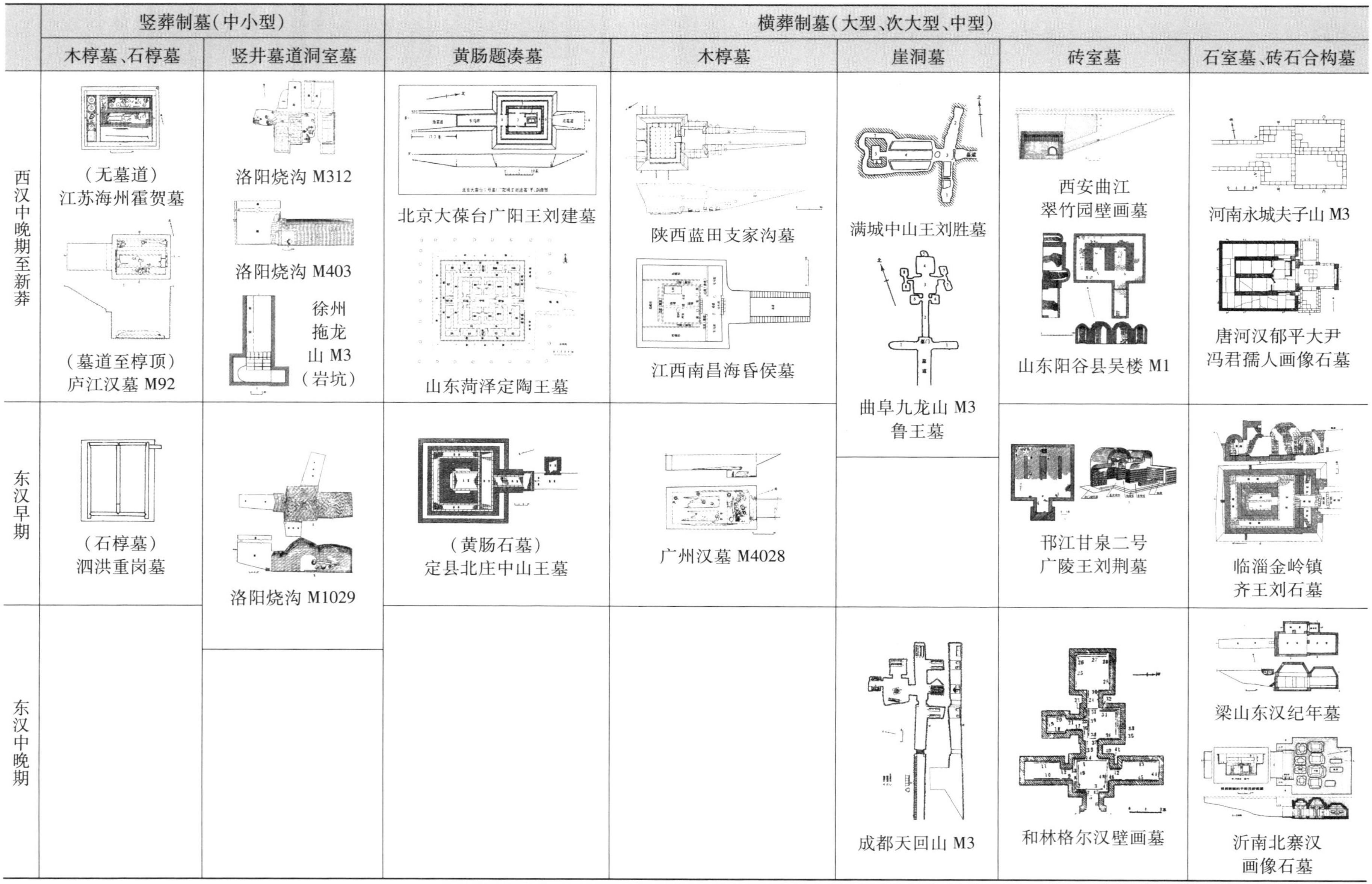

	竖葬制墓（中小型）		横葬制墓（大型、次大型、中型）				
	木椁墓、石椁墓	竖井塞道洞室墓	黄肠题凑墓	木椁墓	崖洞墓	砖室墓	石室墓、砖石合构墓
西汉中晚期至新莽	（无墓道）江苏海州霍贺墓；（墓道至椁顶）庐江汉墓M92	洛阳烧沟M312；徐州拖龙山M3（岩坑）；洛阳烧沟M403	北京大葆台广阳王刘建墓；山东淄泽定陶王墓	陕西蓝田支家沟墓；江西南昌海昏侯墓	满城中山王刘胜墓；曲阜九龙山鲁王墓	西安曲江翠竹园壁画墓；山东阳谷县吴楼M1	河南永城夫子山M3；唐河汉郁平大尹冯君孺人画像石墓
东汉早期	（石椁墓）泗洪重冈墓	洛阳烧沟M1029	（黄肠石墓）定县北庄中山王墓	广州汉墓M4028		邗江甘泉二号广陵王刘荆墓	临淄金岭镇齐王刘氏石墓
东汉中晚期					成都天回山M3	和林格尔壁画墓	梁山东汉纪年墓；沂南北寨汉画像石墓

图二　西汉中晚期至东汉"竖葬制墓"与"横葬制墓"的类型与比较
（图示比例不统一）

1. 西安地区

《西安龙首原汉墓》报告发表的42座墓均为只出半两钱的西汉早期墓,其中无墓道竖穴土圹墓4座、竖井墓道洞室木椁或单棺墓30座,是为"竖葬制墓";另斜坡墓道土圹墓3座、斜坡墓道土洞室(木椁)墓5座,斜坡墓道底部与墓室底部齐平(个别稍高或稍低于墓底),有甬道、封门,是为"横葬制墓"。以西安西北医疗设备厂M170号墓为例说明如下:该墓由斜坡墓道、天井、过洞、洞室四部分构成,有封门,为板封,一椁二棺;出土陶器24件、铜器17件、半两钱162枚、铁器1件、玉器17件(包括玉印3方),另有水晶印1方,篆刻"陈請士"三字。西安龙首原汉墓总计42座,"横葬制墓"共8座,约占总墓数的19%。

《西安北郊郑王村西汉墓》发掘报告中,第一期(西汉早期后段,即武帝前期)共17座墓。其中,竖穴土坑墓1座,占5.9%;竖井墓道土洞室墓13座,占76.5%;斜坡墓道土洞室木椁墓3座(M37、M138、M160),占17.6%。①

西安地区零星发掘的属于西汉早期的这类斜坡墓道土圹木椁墓、斜坡墓道土洞室木椁墓("横葬制墓")还有很多。如1991年发掘的龙首村西汉早期M2,②西安南郊荆寺二村西汉早期M1、M2,③西安北郊枣园M1,④西安东郊国棉五厂M5、M6,⑤西安富力赛高城市广场M14⑥等。

《长安汉墓》发掘报告是《西安龙首原汉墓》的续编,汇集了汉长安城附近西汉中期至王莽时期的汉墓共计139座,而墓葬登记表所列达670多座(少数为西汉早期)。报告将这批墓葬分为四期,年代大致从西汉中期至新莽时期前后。这批墓葬中,以竖井墓道土洞(或有棺椁)墓、竖井墓道小砖墓为主,另有少量无墓道竖穴土坑墓;带斜坡墓道的91座,包括斜坡墓道土洞墓、斜坡墓道砖室墓。前者为"竖葬制墓",后者为"横葬制墓",后者占总墓葬的比例大约为14%。也就是说,这批墓葬中"竖葬制墓"仍占绝大多数,与西汉早期的西安龙首原汉墓相比,"横葬制墓"并未明显增加。究其原因,这批墓葬中绝大多数为小型墓。

西安附近已发掘的西汉中晚期至新莽时期的中型"横葬制墓"还有许多,大体可分为三类:斜坡墓道土圹木椁墓、斜坡墓道洞室木椁墓、斜坡墓道砖券墓,墓道均直通墓底,且设置有墓门或封门。前述张安世家族墓园的东侧、北侧、西侧共有西汉中期至新莽时期的中型祔葬墓12座,均为带墓道的甲字形墓。其中,发掘了墓园东侧9座祔葬墓中的8座,为中型带斜坡墓道土圹木椁墓或小砖券顶墓,⑦这批墓均属于"横葬制墓"。1998年陕西

---

① 陕西省考古研究院:《西安北郊郑王村西汉墓》,三秦出版社,2008年。
② 中国社会科学院考古研究所西安唐城工作队:《西安北郊龙首村西汉墓发掘简报》,《考古》2002年第5期。
③ 西安市文物保护考古所:《西安南郊荆寺二村西汉墓发掘简报》,《考古与文物》2009年第4期(简报已经明确指出B型M1、M2是由A型竖穴墓道洞室墓演变而来)。
④ 西安市文物保护考古所:《西安北郊枣园大型西汉墓发掘简报》,《文物》2003年第12期。
⑤ 呼林贵、孙铁山、李恭:《西安东郊国棉五厂汉墓发掘简报》,《文博》1991年第4期。
⑥ 陕西省考古研究院:《陕西西安富力赛高城市广场汉墓发掘简报》,《考古与文物》2017年第3期。
⑦ 陕西省考古研究院:《西安凤栖原西汉墓地田野考古发掘收获》,《考古与文物》2009年第5期。

省考古研究所在西安北郊尤家庄省交通学校新校址建设的随工清理考古工作中,发掘了一座西汉中晚期的积沙墓,该墓是一座带斜坡墓道的土圹木椁墓,墓道尽头与墓室椁底板大体齐平,设置有甬道、封门,年代为西汉中晚期。① 西安南郊曲江羊头镇西汉墓 M3 为斜坡墓道土圹木椁墓,M20、M68 为斜坡墓道土圹砖券墓。② 2012 年发掘的西安北郊万达广场五号汉墓,为斜坡墓道洞室小砖券顶墓,墓道底部与墓底铺地砖齐平。③ 此外,西安发掘的几座西汉晚期壁画墓,如西安曲江池壁画墓、西安交通大学壁画墓、西安理工大学壁画墓,均为带斜坡墓道的砖券墓,墓道直通墓底,设置有耳室、封门。④ 从总体上看,西安地区已发掘的这类"横葬制墓"与同期"竖葬制墓"相比,规模较大,多属于中型墓。

早于西汉时期,属于秦代的这种带斜坡墓道土洞室木椁墓也已发现。位于秦始皇陵陵园东墙外的临潼上焦村共钻探出 17 座墓,已发掘 8 座,其中的 6 座为斜坡墓道洞室木椁墓,斜坡墓道直通墓底,有甬道、封门,属于中小型"横葬制墓"。这批墓葬被认为是秦二世上台后诛杀的诸公子、公主的墓葬,年代为秦代,属于秦始皇陵的特殊陪葬墓。⑤ 从临潼上焦村秦墓的发现看,西安地区西汉时期已较多见的这种中小型带斜坡墓道土洞室木椁墓也源于同地区的秦代。

2. 豫西、豫北及晋南地区

《洛阳邙山战国西汉墓发掘报告》报道战国西汉墓葬 210 座,其中属于西汉早期的墓葬形制大多为竖井墓道洞室墓。⑥ 50 年代出版的《洛阳烧沟汉墓》发掘报告共计 225 座墓,时代从西汉中期延续至东汉晚期(第 1、2、3 期分别为西汉中、晚、王莽前后;第 4、5、6 期分别为东汉早、中、晚)。⑦ 报告将墓葬形制分为五大型。第一型平顶墓(单棺或双棺空心砖墓及土洞墓)57 座,第二型弧顶墓(空心砖墓、小砖券顶墓及土洞墓)86 座,第一、二型均为竖井墓道洞室墓,流行于西汉中晚期至王莽前后。第三型单穹隆顶小砖墓 40 座,除有竖井墓道(三型Ⅰ式 30 座)外,新出现竖井墓道加阶梯墓道(三型Ⅱ式 10 座)。洛阳一带在整个西汉时期,中小型墓基本为竖井墓道的"竖葬制墓",而带阶梯或斜坡墓道的"横葬制墓"要晚至新莽至东汉早期才出现。

20 世纪 80 年代,山西曲沃县天马—曲村晋国墓地发掘的同时,也发掘了一批秦汉时期的小型墓葬,杨哲峰负责资料整理并完成了《曲村秦汉墓葬分期》硕士学位论文。⑧ 这批墓葬总计 94 座,主要有竖穴土坑墓和竖井墓道洞室墓两大类,年代从战国晚期延续至

---

① 陕西省考古研究所:《西安北郊汉代积沙墓发掘简报》,《考古与文物》2003 年第 5 期。
② 西安市文物保护考古研究院:《西安南郊曲江羊头镇西汉墓发掘简报》,《文博》2013 年第 6 期。
③ 西安市文物保护考古研究院:《西安北郊万达广场五号汉墓发掘简报》,《东方博物》2013 年第 1 期。
④ 徐进、张蕴:《西安南郊曲江池汉唐墓葬清理简报》,《考古与文物》1987 年第 6 期;陕西省考古研究所、西安交通大学:《西安交通大学西汉壁画墓》,西安交通大学出版社,1991 年;西安市文物保护考古所:《西安理工大学西汉壁画墓发掘简报》,《文物》2006 年第 5 期。
⑤ 秦俑考古队:《临潼上焦村秦墓清理简报》,《考古与文物》1980 年第 2 期。
⑥ 洛阳市第二文物工作队:《洛阳邙山战国西汉墓发掘报告》,《中原文物》1999 年第 1 期。
⑦ 中国科学院考古研究所:《洛阳烧沟汉墓》,科学出版社,1959 年。
⑧ 杨哲峰:《曲村秦汉墓葬分期》,《考古学研究(四)》,科学出版社,2000 年。

西汉末年。其中,第一、二、三期为战国晚期至西汉文景时期,流行竖穴土坑墓,至秦代前后则以竖井墓道洞室墓为主,第四、五期仍流行竖井墓道洞室墓。这批墓葬均属于"竖葬制墓"。

2015年朱津的博士学位论文《三河地区汉墓研究》,将汉代河南郡(大致相当于今洛阳、郑州、开封一带)、河内郡(今河南北部地区)、河东郡(今山西省西南部)的2 307座两汉墓葬分为竖穴土坑墓、土洞墓、空心砖墓、小砖墓几大类。① 据该文研究,三河地区各地有一定差别,但总体上接近,西汉早期以无墓道土坑竖穴墓、竖井墓道土洞墓为主,竖井墓道空心砖墓占有一定比例。从西汉中期开始,大量盛行带竖井墓道的土洞室墓、竖井墓道空心砖墓,新出现竖井墓道小砖墓,西汉中期的偏晚阶段,竖井墓道小砖墓的空间进一步加大,顶部结构开始出现少量的弧顶,两次造夫妇合葬墓较为普遍。西汉晚期竖井墓道土洞墓的数量急剧减少,竖井墓道空心砖墓继续流行,竖井墓道小砖券墓逐渐成为主流。

3. 南阳地区

宋蓉的《南阳地区汉代墓葬研究》一文将南阳地区汉墓分为A型墓和B型墓两大类。② Aa型墓为无墓道竖穴木椁墓,Ab型为斜坡墓道木椁墓,但斜坡墓道尽头与椁室顶部大体齐平,即A型墓均属于"竖葬制墓"类。B型墓为砖石墓(小砖墓、石室墓或砖石合构墓),可分为Ba(单室墓)、Bb(前室横置,后并列双室、三室或四室)、Bc(前室宽度小于后室,后为双室)、Bd(回廊式墓,规模较大,见前述)四亚型,B型墓均有斜坡墓道,墓道末端与墓室底部基本齐平,设置有墓门,为"横葬制墓"。西汉早期均为A型墓,并延续至西汉中晚期。西汉中期出现B型墓,但A型墓仍占有一定数量;西汉晚期至新莽时期则以B型墓为主,分别占比65%和87%以上。也就是说,南阳地区"横葬制墓"出现于西汉中期,西汉晚期至新莽时期已成为墓葬形制的主流。

南阳汉墓与洛阳汉墓相比有较大的不同,可能与该地区多用石材造墓以及墓葬规模较大有关。

4. 山东地区

今山东地区地域范围广大,各地汉墓的情况较为复杂,郑同修、杨爱国的《山东汉代墓葬形制初论》、胡赵建的《山东汉墓初步研究》、刘剑的《山东地区汉代墓葬的考古学研究》等论文对山东汉墓进行了系统研究。③ 综合他们的归纳与总结,山东汉代中小型墓葬形制主要有无墓道竖穴土(岩)坑(木椁或木棺)墓、斜坡墓道土坑(木椁或木棺)墓、无墓道石椁墓、无墓道砖椁墓、斜坡墓道砖室墓、斜坡墓道石室墓等几大类。其中,无墓道土

---

① 朱津:《三河地区汉墓研究——兼谈汉制的形成与发展》,郑州大学博士学位论文,2015年。
② 宋蓉:《南阳地区汉代墓葬研究——兼论南阳地区汉文化的形成》,《考古学报》2015年第2期。
③ 郑同修、杨爱国:《山东汉代墓葬形制初论》,《华夏考古》1996年第4期;胡赵建:《山东汉墓初步研究》,郑州大学硕士学位论文,2005年;刘剑:《山东地区汉代墓葬的考古学研究》,山东大学博士学位论文,2012年。

（岩）坑墓、无墓道石椁墓、无墓道砖椁墓、竖井墓道（岩坑）洞室墓为"竖葬制墓"；斜坡墓道土坑墓、斜坡墓道砖室墓、斜坡墓道（或平行）石室墓，属于"横葬制墓"。

无墓道土坑或岩坑（木椁或木棺）墓在山东各地均较多，西汉早期都是这种土坑墓，西汉中晚期仍为主要的墓葬形制。无墓道砖椁墓流行于鲁北地区，西汉早期出现，西汉中晚期流行，并持续到东汉前期。无墓道石椁墓流行于鲁中南地区，西汉早期出现，盛行于西汉中晚期，东汉早期仍有延续，这类石椁墓或刻有画像，是后来大中型石室墓的滥觞。石椁墓还多见于苏北、豫东、皖北，即苏鲁豫皖邻近一带。

中小型斜坡墓道土坑（岩坑）木椁墓在山东地区发现较少。五莲张家仲崮在同一墓地发现4座墓，斜坡墓道直通墓底，其中M2墓室长8.2、宽5.6米，其他三墓较小，M4出玉片，墓主刘祖曾封侯，后被免去。山东青岛市平度界山发掘了3座汉墓，M2为长斜坡墓道岩坑墓，墓道直通墓底，有石块封门，墓室呈长方形，南北长6、东西宽3米；另两座墓，M1为竖穴岩坑墓，M3被毁；从这几座墓出土的铜器铭文看，简报判断与西汉中期的平度侯家族有关。①

山东地区的斜坡墓道砖室墓、石室墓或砖石合构墓出现于西汉晚期至新莽时期，流行于东汉。鲁南地区以及邻近的苏北、豫东、皖北西汉晚期至东汉时期画像石墓发达。

总之，山东地区西汉时期除大型、次大型墓外，中小型墓以"竖葬制墓"占据统治地位，尽管中小型"横葬制墓"出现于西汉中晚期，但数量较少，且多与身份较高的列侯家族有关。

5. 京津冀地区

姜佰国的硕士学位论文《京津冀地区汉代墓葬研究》将该地区汉墓分为土坑墓、洞室墓、砖室墓等几大类。其中又将土坑墓分为A型木棺墓（小型无墓道长方形竖穴墓）、B型木椁墓（Ba大型黄肠题凑墓、Bb小型箱式木椁墓）、C型石椁（室）墓、D型砖椁墓、E型瓮棺墓、F型瓦棺墓；洞室墓分为A型竖井墓道洞室墓、B型斜坡墓道洞室墓、C型崖洞墓；砖室墓一般有斜坡墓道，又分为A型单室墓、B型双室墓、C型三室墓、D型多室墓。按照该文的分类，A型木棺墓、Bb小型箱式木椁墓、C型石椁墓、D型砖椁墓、E型瓮棺墓、A型竖井墓道洞室墓属于"竖葬制墓"类；Ba大型黄肠题凑墓、B型斜坡墓道洞室墓、C型崖洞墓、砖室墓为"横葬制墓"类。② 该文又根据随葬器物组合和墓葬形制，将这些墓葬划分为五群：A群"西汉墓幽州南部分布区"、B群"西汉墓冀州分布区"、C群"西汉墓并州东部分布区"，另D群"东汉墓幽州南部分布区"和E群"东汉墓冀州分布区"（详后）。

西汉早期（第一期）：A群（幽州南部分布区）以A型土坑墓、Bb型土坑墓、E型土坑墓为主；B群（冀州分布区）以A型土坑墓、Ba型土坑墓、Bb型土坑墓为主；C群（并州东部分布区）以A型洞室墓、B型洞室墓为主，除去Ba大型黄肠题凑墓不论，B型斜坡墓道

---

① 青岛市文物局、平度市博物馆：《山东青岛市平度界山汉墓的发掘》，《考古》2005年第6期。
② 姜佰国：《京津冀地区汉代墓葬研究》，吉林大学硕士学位论文，2007年。

洞室墓属于"横葬制墓",其余均属于"竖葬制墓"。西汉中期(第二期):A群(幽州南部分布区)以A型土坑墓、Bb型土坑墓为主,另外还有少量F型土坑墓;B群(冀州分布区)以D型土坑墓、Aa型砖室墓和崖洞墓为主;C群(并州东部分布区)以A型洞室墓为主。西汉晚期(第三期):A群(幽州南部分布区)以A型土坑墓、Ba型土坑墓为主;B群(冀州分布区)以D型土坑墓、Aa型砖室墓和Bb型土坑墓为主;C群(并州东部分布区)以A型洞室墓和C型土坑墓为主。新莽至东汉初(第四期):A群(幽州南部分布区)以A型土坑墓、Aa型砖室墓为主,另外还有少量F型土坑墓;B群(冀州分布区)以D型土坑墓、Bb型土坑墓为主;C群(并州东部分布区)以A型洞室墓和B型洞室墓为主。

京津冀地区西汉时期除去少数大型黄肠题凑墓、大型崖洞墓、大型石室墓外,中小型汉墓在西汉早中期以"竖葬制墓"为主,但已出现少量"横葬制墓";西汉晚期至东汉初期"横葬制墓"占有一定比例。

6. 宁夏北部、山西北部及内蒙古中南部地区

马云飞的硕士学位论文《宁夏汉代墓葬研究》将宁夏地区分为宁北、宁中、宁南三区域。[①] 宁北汉代墓葬分为五期,包括西汉中偏晚期、西汉晚期、新莽至东汉初期、东汉早期、东汉中晚期。墓葬形制包括无墓道竖穴土坑墓、带斜坡墓道土坑(木椁)墓、竖井墓道土洞墓、斜坡墓道砖室墓、石室墓等。其中,竖井式墓道土洞墓、斜坡墓道土洞墓出现时间是西汉中期晚段,西汉晚期至东汉早期斜坡墓道土洞墓、斜坡墓道砖室墓、斜坡墓道石室墓逐步成为墓葬形制的主流。

20世纪80年代前期,为配合平朔露天煤矿的工程建设,在山西北部的朔县境内发掘属于秦汉时期的墓葬1 200多座,简报将秦汉至东汉初期的墓分为七型:Ⅰ型无墓道竖穴土坑无椁墓、Ⅱ型无墓道竖穴土坑木椁墓、Ⅲ型竖井墓道平行式土洞室墓、Ⅳ型竖井墓道直线式土洞室墓、Ⅴ型斜坡墓道土圹木椁墓、Ⅵ型斜坡墓道洞室木椁墓、Ⅶ型斜坡墓道砖券墓。[②] 秦至汉初的墓葬有7座(部分可早至战国)、西汉前期前段有59座,均为Ⅰ、Ⅱ型无墓道的小型竖穴土坑墓。西汉前期后段192座,除Ⅰ、Ⅱ型无墓道的小型竖穴土坑墓外,新出现Ⅲ型竖井墓道平行式土洞室墓和Ⅳ型竖井墓道直线式土洞墓室。西汉中期117座,Ⅰ、Ⅱ型无墓道的小型竖穴土坑墓比例减少,竖井墓道洞室墓比例加大,新出现规模较大的Ⅴ型斜坡墓道土圹木椁墓,但数量较少。西汉晚期158座,Ⅳ型竖井墓道直线式土洞室墓及Ⅴ型斜坡墓道土圹木椁墓占多数,新出现Ⅵ型斜坡墓道洞室木椁墓。西汉末至东汉初期墓葬438座,Ⅰ、Ⅱ、Ⅲ型墓不见,Ⅳ型、Ⅴ型墓继续流行,Ⅵ型墓数量增加,新出现Ⅶ型斜坡墓道砖券墓。也就是说,朔县秦至西汉前期均为"竖葬制墓";"横葬制墓"出现于西汉中期,但数量较少;西汉晚期至东汉初期,以竖井墓道土洞式墓为代表的"竖葬制墓"仍占有一定比例,但"横葬制墓"已较为流行,其中砖室墓出现于西汉末至东汉初。

---

① 马云飞:《宁夏汉代墓葬研究》,中央民族大学硕士学位论文,2013年。
② 平朔考古队:《山西朔县秦汉墓发掘简报》,《文物》1987年第6期。

魏坚编著的《内蒙古中南部汉代墓葬》①一书汇集了该地区20多个地点千余座汉墓的资料,按照墓葬形制可分为竖穴土坑(木椁或木棺)墓、竖井墓道洞室(木椁或木棺)墓、斜坡(或阶梯)墓道洞室(木椁)墓、斜坡墓道砖室墓。前两种为"竖葬制墓";后两种墓道尽头均直通墓底,为"横葬制墓"。报告将这批墓葬分为五期。第一期(西汉中期):墓葬数量少,墓葬形制有土坑竖穴墓、竖井墓道洞室墓、土圹木椁墓、椁外砌砖木椁墓,木椁墓多带有台阶式墓道。第二期(西汉晚期):墓葬数量多,墓葬形制以土圹、椁外砌砖的木椁墓、土洞墓、小砖室土洞墓、土洞木椁墓、长方形单室砖室墓为主,这些墓葬多带有斜坡式或台阶式墓道。第三期(西汉末至东汉初):墓葬数量相对较少,除前述土洞墓、木椁墓外,新出现横前室带耳室砖室墓、大梯形砖横前室券顶墓,均以斜坡墓道为主。也就是说,内蒙古中南部"横葬制墓"出现于西汉中期,西汉晚期、新莽至东汉初已成为墓葬形制的主流。

7. 甘肃地区(含宁夏南部)

陈宗瑞的《甘肃地区汉墓研究》将甘肃汉墓分为陇东地区(包括邻近的宁夏南部)与河西地区两大区域。②

陇东地区西汉早期流行无墓道的竖穴土坑墓和竖井式土洞墓,西汉中晚期无墓道土坑墓与竖井墓道洞室墓并行发展,新出现斜坡墓道洞室墓及斜坡墓道砖室墓。陇东及宁夏南部地区在地缘上靠近西汉政权的统治中心区域长安,受同时期关中地区汉墓的影响较深。

河西地区汉式墓葬开始于汉武帝设置河西四郡以后,主要墓葬类型为土坑墓、土洞室墓和砖室墓三大类。洞室墓出现于西汉中期,整个西汉晚期至东汉时期都有流行,墓道皆为斜坡式,墓口多用石块或砖块封堵,不见陇东及关中流行的竖井式墓道。河西地区西汉中期出现砖室墓,数量逐渐上升,东汉时发展迅速,逐渐成为本区流行的一种墓葬形制。

8. 三峡及四川地区

三峡地区多为中小型墓。蒋晓春的博士学位论文《三峡地区秦汉墓研究》将三峡地区秦汉墓分为土(石)坑墓、砖(石)室墓、洞室墓、崖(洞)墓等几大类。其中,土(石)坑墓数量多,A型无墓道、B型有墓道;洞室墓很少,均有墓道;砖(石)室墓数量多,Aa型无墓道,Ab、Ac型有墓道;崖(洞)墓开凿于山体,均有墓道。③ 该文将其分为"密闭型"与"开通型"两大类,本文的分类与其有一定的差别,经调整,"竖葬制墓"包括无墓道的A型土(石)坑墓、无墓道的Aa型砖(石)室墓;"横葬制墓"包括洞室墓、Ab、Ac、B型有墓道的砖(石)室墓、崖洞墓。至于有墓道的B型土(石)坑墓则根据墓道的情况而定。

---

① 内蒙古文物考古研究所(魏坚编著):《内蒙古中南部汉代墓葬》,中国大百科全书出版社,1998年。
② 陈宗瑞:《甘肃地区汉墓研究》,山东大学硕士学位论文,2015年。
③ 蒋晓春:《三峡地区秦汉墓研究》,四川大学博士学位论文,2005年。

战国末年至汉初(第一期):54座,均为土(石)坑墓,52座无墓道,2座有斜坡墓道者墓道底部距离墓底高约1米,应与棺椁顶部大体齐平,即均属于"竖葬制墓"。西汉前期(第二期):26座,均为土(石)坑墓,24座无墓道,2座有斜坡墓道,墓道底部与墓底大体齐平,即前者为"竖葬制墓",后者为"横葬制墓"。西汉中期(第三期第一段):22座,均为土(石)坑墓,其中A型18座,B型4座,后者斜坡墓道均与墓底基本齐平。① 西汉晚期(第三期第二段):19座,A型石坑墓14座,B型土(石)坑墓和洞室墓各2座,Aa型砖石室墓1座,其中,B型土(石)坑墓和洞室墓属于"横葬制墓"类。王莽至东汉初(第三期第三段):19座,其中A型土(石)坑墓13座,B型土(石)坑墓2座,Ab型和Ac型砖(石)室墓各1座,洞室墓2座。

总之,三峡地区西汉前期个别墓为"横葬制墓",西汉中晚期有所增加,但整个西汉时期"竖葬制墓"始终占据统治地位。

何志国、李国清的《四川西汉土坑木椁墓初步研究》、陈云洪、颜劲松的《四川地区西汉土坑墓分期研究》、燕妮的《川西平原两汉墓葬研究》从不同层面对四川地区西汉墓葬进行了研究。② 《川西平原两汉墓葬研究》将四川地区汉墓分为三大类:竖穴土圹墓(甲类)、竖穴土圹砖室墓(乙类)、崖洞墓(丙类)。其中,竖穴土圹墓(甲类)除去数座大型带斜坡墓道木椁墓为"横葬制墓"外,其余的中小型墓多无墓道,为"竖葬制墓";竖穴土圹砖室墓(乙类)中,除少量小型无墓道墓为"竖葬制墓"外,大部分为带斜坡墓道直通墓底的"横葬制墓";崖洞墓(丙类)则均有斜坡或平行墓道,为"横葬制墓"。西汉早期墓葬形制延续了本地区战国晚期的特点,以无墓道的长方形土坑竖穴墓为主;西汉中期除去大型木椁墓外,墓葬形制与第一期大体相同;西汉晚期至新莽时期新出现了砖室墓;东汉时期墓葬形制发生较大变化,以砖室墓及崖洞墓为主。

9. 两湖地区

湖北地区大型墓葬较少,主要为中小型墓。据陈振裕的《湖北西汉墓初析》一文,整个西汉时期多为无墓道长方形土圹竖穴墓,西汉晚期新出现少量斜坡墓道直通墓底的土圹木椁墓。③

《长沙西郊桐梓坡汉墓》报道汉墓95座,其中90座为无墓道的长方形土坑墓,5座为带斜坡墓道的土圹木椁墓,墓道底部与椁室顶部接近。④ 这批墓葬均属小型墓,年代以西汉早期为主,少量为西汉中期。

《长沙发掘报告》报道西汉前期墓葬27座,其中,无墓道的长方形竖穴墓22座;有斜

---

① 原文误为27座,根据原文第69页及表四订正为22座。
② 何志国、李国清:《四川西汉土坑木椁墓初步研究》,《四川文物》2002年第3期;陈云洪、颜劲松:《四川地区西汉土坑墓分期研究》,《考古学报》2012年第3期;燕妮:《川西平原两汉墓葬研究》,吉林大学硕士学位论文,2006年。
③ 陈振裕:《湖北西汉墓初析》,《文博》1988年第2期。
④ 长沙市文物工作队:《长沙西郊桐梓坡汉墓》,《考古学报》1986年第1期。

坡墓道的5座,但墓道很陡,墓道底部高出墓底许多,大体与椁室顶部齐平,即均属"横葬制墓"。《长沙发掘报告》报道西汉后期墓葬38座,在其中的31座中小型墓葬中,无墓道竖穴(木椁或木棺)墓14座,阶梯墓道墓17座,后者墓葬规模一般较前者大,墓道底部一般略高于甬道及墓室底,可归为"横葬制墓"类。① 高至喜的《长沙、西安中小型西汉墓的比较研究》一文曾指出,长沙中小型西汉墓中,较大的墓一般有墓道,较早的多是斜坡墓道,较晚的多为阶梯墓道,墓道距墓底的高低,随着时间的推移,从早到晚由高向低发展。② 看来,长沙地区西汉早期墓承继战国楚墓的传统,除去黄肠题凑墓外,均为"竖葬制墓",这一特点,还见于大中型斜坡墓道土圹木椁墓。西汉中晚期"横葬制墓"则占有一定数量。

罗炯炯2009年完成的硕士学位论文《湖南西汉墓葬研究》将湖南西汉墓分为大型墓、中型墓、小型墓三大类。大型墓41座、中型墓342座、小型墓676座。从时代上看,西汉早期以无墓道的小型墓为主,列侯级别的带斜坡墓道的次大型土圹木椁墓墓道底部距墓底较高,与椁室顶部大体齐平,如马王堆三座轪侯家族墓、砂子塘M1等。③ 也就是说,湖南地区西汉早期除诸侯王级大型黄肠题凑墓外,其余的多为"竖葬制墓"。湖南地区自西汉中期开始,带斜坡墓道的墓葬"墓道下口距墓底高度由高变低,入墓方式从垂直入墓变为水平入墓。墓室内空间相互封闭变为相互连通,并与墓道有门相通;单室墓逐渐往双室墓、多室墓转变,出现前堂后室的布局,呈现出从椁墓向室墓过渡的变化趋势,为东汉时期砖室墓盛行奠定基础"。④ 需要说明的是,湖南西汉墓在不同区域有一定差别,西汉中晚期阶梯墓道主要见于长沙一带,湘南一带多为斜坡(或平底)墓道,比湘东、湘西更为普及。

10. 江西地区

刘慧中的《生死观视野下的江西汉代墓葬分析》一文,将江西汉代墓葬分为土坑墓(无椁或有椁)、砖室墓两大类。西汉早期均为无墓道长方形竖穴土坑墓,西汉中晚期仍以无墓道长方形竖穴土坑(木棺)墓为主,部分为有墓道的土坑木椁墓,墓道为台阶或斜坡墓道,墓道直通墓底。⑤ 如1964年发掘的南昌老福山西汉中晚期木椁墓为台阶墓道,最下一级略高于椁室底部,椁室长5.3、宽3.9米,为中型"横葬制墓"。⑥ 70年代南昌东郊发掘的13座西汉中期墓多为土圹竖穴墓,其中M1、M2为阶梯式墓道的中型木椁墓,墓道因未发掘,长度不明,但知道在连接墓坑的墓道底端,1号墓高出墓底0.30米,2号墓则与

---

① 中国科学院考古研究所:《长沙发掘报告》,科学出版社,1957年。
② 高至喜:《长沙、西安中小型西汉墓的比较研究》,《湖南省博物馆馆刊(第十四辑)》,岳麓书社,2018年。
③ 参见高至喜:《长沙西汉早、中期墓分类研究》,《湖南省博物馆馆刊(第十二辑)》,岳麓书社,2016年。
④ 罗炯炯:《湖南西汉墓葬研究》,湖南大学硕士学位论文,2009年。
⑤ 刘慧中:《生死观视野下的江西汉代墓葬分析》,《南方文物》2015年第3期。
⑥ 江西省文物管理委员会:《江西南昌老福山西汉木椁墓》,《考古》1965年第6期。

墓底平,为"横葬制墓"。① 前述南昌海昏侯刘贺墓园内,除刘贺及夫人的大型墓外,墓园内有中小型祔葬墓7座(M3-M9),均为甲字形墓,已发掘3座,M5为刘贺长子刘充国墓。这几座墓,墓道尽头直通墓底,为中小型"横葬制墓"。②

11. 安徽地区

李湘《安徽地区汉代墓葬研究》,余静、滕铭予《安徽淮河以南地区两汉墓葬的分期》,邱少贝《安徽江淮地区汉墓初步研究》分别对安徽汉墓进行了系统研究。③ 安徽汉墓以淮河为界,可分为南、北两大区域,墓葬形制总体上经历了从西汉早期的竖穴土坑墓向砖室墓和石室墓的演变,这个转变过程大致发生在西汉晚期前段。

2013年出版的《庐江汉墓》专本报告发表了135座汉墓资料,可作为淮河以南地区汉墓的代表。④ 这批墓葬大部分为土坑(无棺椁或有棺椁)墓,少数为砖室墓。报告以墓为单位作了详细介绍并附图,本文依据原报告的年代分期就墓葬形制作了进一步的细分。报告将年代清楚的113座墓分为4期。第一期(西汉早期)3座墓:无墓道长方形土坑竖穴墓1座,斜坡墓道土坑墓(墓道下部高出或与椁顶大体齐平)2座,即均为"竖葬制墓"。第二期(西汉中期)31座墓:无墓道长方形土坑竖穴墓12座,斜坡墓道土圹墓(墓道下部高出或与椁顶大体齐平)14座,为"竖葬制墓";斜坡墓道土圹墓(墓道下部略高于墓底或与墓底齐平)5座,为"横葬制墓"。第三期(西汉晚期)45座墓:无墓道土坑竖穴墓21座,斜坡墓道土圹墓(墓道下部高出或与椁顶大体齐平)13座,为"竖葬制墓";斜坡墓道土圹墓(墓道下部略高于墓底或与墓底齐平)10座,砖室墓1座,为"横葬制墓"。第四期(新莽至东汉早期)34座墓:无墓道土坑竖穴墓23座,斜坡墓道土圹墓(墓道下部高出或与椁顶大体齐平)5座,为"竖葬制墓";斜坡墓道土圹墓(墓道下部略高于墓底或与墓底齐平)4座,砖室墓2座,为"横葬制墓"。

安徽淮河以南地区西汉早期均为"竖葬制墓",西汉中期出现"横葬制墓",但直至新莽至东汉早期仍以"竖葬制墓"为主,"横葬制墓"则逐渐增多,砖室墓出现于西汉晚期。

12. 江苏地区

江苏汉墓可分为苏北和苏南地区,苏北以徐州汉墓、连云港汉墓为代表。

刘尊志的博士学位论文《徐州汉墓与汉代社会研究》⑤第三章中,将徐州中小型汉墓分为六大类:石(土)坑墓、石椁墓、竖井墓道洞室墓、石室墓、砖室墓、砖石混筑墓。根据

---

① 江西省博物馆:《南昌东郊西汉墓》,《考古学报》1976年第2期。
② 江西省文物考古研究所、南昌市博物馆、南昌市新建区博物馆:《南昌市西汉海昏侯墓》,《考古》2016年第7期。
③ 李湘:《安徽地区汉代墓葬研究》,安徽大学硕士学位论文,2010年;余静、滕铭予:《安徽淮河以南地区两汉墓葬的分期》,《东南文化》2008年第6期;邱少贝:《安徽江淮地区汉墓初步研究》,安徽大学硕士学位论文,2015年。
④ 安徽省文物考古研究所:《庐江汉墓》,科学出版社,2013年。
⑤ 关于徐州汉墓的研究,可参见李银德:《徐州汉墓的形制与分期》,《徐州博物馆三十年纪念文集(1960-1990)》,北京燕山出版社,1992年;刘尊志:《徐州汉墓与汉代社会研究》,郑州大学博士学位论文,2007年。

其分类,前三类为"竖葬制墓",后三类为"横葬制墓"。该文指出,西汉时期徐州地区的大型墓葬较早地完成了从竖穴墓向横穴墓的转化,而中小型汉墓,西汉时期以石(土)坑墓、石椁墓、石坑竖穴洞室墓为主,东汉时期则以石室墓、砖室墓和砖石混筑墓等横穴式墓葬占主导地位。骆琳的《连云港市的汉代墓葬形制研究》一文总结出,西汉时期是以竖穴为原理的木椁墓为主,西汉中晚期时出现了砖木混构墓,这是木椁墓向砖室墓过渡的特殊形制。西汉晚期画像石墓开始出现,这时期的画像石墓是以竖穴单室石结构墓的形制出现。进入东汉以后,以使用木材为主的木椁墓明显减少,盛行以砖石为主要构筑材料的画像石墓和砖室墓,墓室的顶部构造以券顶和穹隆顶为主。①

苏南地区以扬州汉墓为代表。扬州地区地处江淮东部,西汉时期该区先后属荆、吴、江都、广陵国,其间有数次国除归于广陵郡。刘松林的《扬州地区西汉墓葬研究》对此进行了研究。② 扬州汉墓数量多,随葬品丰富,除诸侯王级的大型、次大型墓外,中小型墓多为无墓道的土坑竖穴木椁墓或木棺墓,即均为"竖葬制墓"。

13. 岭南地区

《广州汉墓》③发掘报告中,属于西汉前期的墓葬共182座,其中,无墓道的竖穴土坑墓21座(Ⅰ型),无墓道的竖穴土坑木椁墓118座(Ⅱ型1、2、3式),带斜坡墓道的土圹木椁墓30座(Ⅱ型4、5式),而规模较大且带斜坡墓道的分室木椁墓共13座(Ⅲ型)。这种带斜坡墓道的中小型土坑(木棺)墓或属于中型的土坑分室木椁墓,其斜坡墓道尽头均稍高于墓底或与墓底齐平,墓室采用"封门"式结构,即椁室靠墓道一端作敞门式结构,门洞用若干根木柱直竖封堵,所以凡采用椁口封门结构形式的必有墓道。《广州汉墓》发掘报告中,属于西汉早期的这种带斜坡墓道"横葬制墓"总计43座,约占总墓数的23.6%。1973年发掘的广州淘金坑汉墓,属于西汉早期的20座墓中,无墓道竖穴土坑墓(或有木椁)15座,带斜坡墓道的土圹木椁墓5座,后者占总墓数的25%,④大致与《广州汉墓》报告比例接近。此外,广西贺县高寨M5、M9及贺县铺门河东金钟M1等与之相同。总之,除大型墓外,岭南地区南越国时期中小型墓葬"横葬制墓"也较多见。

《广州汉墓》报告中属于西汉中期的墓计64座,其中,无墓道的小型竖穴土坑墓8座,斜坡墓道单室墓26座(Ⅱ型5式,部分墓道被破坏),斜坡墓道双层分室木椁墓30座(Ⅲ型3式)。有斜坡墓道的木椁墓墓道尽头略高于墓底或与墓底齐平,均有墓门,也就是说,"横葬制墓"约占了总数量的87%。属于西汉中期的这批墓规模及随葬品不及西汉前期墓,属中小型墓。

《广州汉墓》报告中属于西汉后期的墓计32座,均为斜坡墓道土圹木椁墓,其中,斜坡

---

① 骆琳:《连云港市的汉代墓葬形制研究》,《湖南省博物馆馆刊(第七辑)》,岳麓书社,2011年。
② 刘松林:《扬州地区西汉墓葬研究》,安徽大学硕士学位论文,2012年。
③ 中国社会科学院考古研究所、广州市文物管理委员会、广州市博物馆:《广州汉墓》,文物出版社,1981年。
④ 广州市文物管理处:《广州淘金坑的西汉墓》,《考古学报》1974年第1期。

墓道土圹单室墓（Ⅱ型5式）12座、斜坡墓道分室木椁墓（Ⅲ型3式）17座、斜坡墓道双层横前堂墓（Ⅲ型4式）3座。

岭南地区南越国时期王侯级别的大型墓多为带斜坡墓道的"横葬制墓"，但中型墓也多为这种带斜坡墓道的土圹木椁墓。

四、东汉时期"横葬制墓"的普及与特点

与西汉墓葬各地差别较大不同，东汉墓葬总体上已较为接近，也就是说"横葬制墓"已基本普及。本文选取具有代表性的地区略述如下。

1. 西安地区

《西安东汉墓》发掘报告收录98座墓，其中91座墓为长斜坡墓道"横葬制墓"，并以斜坡墓道砖室墓为主。吉林大学杨旭的硕士学位论文《西安地区东汉时期墓葬形制研究》将截至2012年西安地区已发掘的245座东汉墓葬分为横穴洞室墓和竖穴土坑墓两大类，论文指出："竖穴土坑墓中绝大多数是规模较大的砖室墓，墓室也砌成横穴洞室的形状，除了墓室是大揭顶向下挖成竖穴后修建的以外，其他特征与砖砌的洞室墓基本相同。"[①] 然而，他所谓的竖穴土坑墓只是从开挖方式来区分的，这类墓均有长斜坡墓道，且墓道尽头与墓底大体齐平，设置有墓门、甬道，均属于"横葬制墓"。按照杨旭的分类，西安地区东汉时期的墓葬形制可分为四个大类：甲类为主室方形墓（穹隆顶墓），共有154座，占墓葬总数的62.86%；乙类为主室顺长方形墓（券顶墓），共有75座，占墓葬总数的30.61%；丙类为主室横长方形墓，共5座，占墓葬总数的2.04%；丁类为主室梯形墓，共11座，占墓葬总数的4.49%。

2. 洛阳地区

《洛阳烧沟汉墓》三型Ⅰ式墓出现于王莽前后，东汉早中期仍流行；三型Ⅱ式墓出现并流行于东汉早中期。第四型为双穹隆顶砖室与土圹抛物线顶墓，23座，有竖井墓道以及竖井墓道加阶梯墓道两种，后者5座，第四型墓出现于东汉早中期，流行于东汉中晚期。第五型为前堂横列小砖墓，7座，其中，有竖井墓道的3座，竖井墓道加阶梯墓道的1座，斜坡墓道的3座，第五型墓主要流行于东汉晚期。凡是有竖井墓道的墓葬均为"竖葬制墓"，而带阶梯或斜坡墓道的墓则属于"横葬制墓"范畴。

洛阳一带带阶梯或斜坡墓道的"横葬制墓"在新莽至东汉早期出现，东汉中晚期成为主流。新莽至东汉早期墓葬形制的显著变化是出现了前堂后室的布局，墓室顶部开始出现穹隆顶，墓内空间进一步加大。东汉中期开始，耳室逐渐退化，斜坡墓道经过新莽至东

---

① 杨旭：《西安地区东汉时期墓葬形制研究》，吉林大学硕士学位论文，2014年。

汉早期的过渡,在该时期已完全成型。一些规模较大的墓葬开始出现多室,侧室取代耳室,前堂后室的布局仍为主流,但前后室之间开始出现甬道,前室的形制开始由方形转变为横堂式。

3. 山东地区

据前引刘剑的《山东地区汉代墓葬的考古学研究》一文,[1]鲁北地区西汉末及东汉早期大型、次大型墓葬新出现了斜坡墓道的砖室墓,中小型墓葬仍多见无墓道砖椁墓,新出现了斜坡墓道单室砖室墓;东汉晚期大型墓葬多为长斜坡墓道前、中、后室的砖石墓,中小型墓葬以斜坡墓道单砖室墓和前后室、前中后室砖石墓为主。鲁中南地区西汉晚期到东汉前期大型墓出现了斜坡墓道、竖穴凿岩墓圹的横前室多后室的平顶石室墓,小型墓以长方形竖穴石椁墓为主。东汉早期斜坡墓道砖室墓逐渐增多,但石椁墓、砖椁墓数量也占相当比例。东汉晚期大中型墓以斜坡墓道砖室墓、石室墓、砖石合构墓为主要形态,石室墓、砖石合构墓中画像石发达。

4. 京津冀地区

接续前引姜佰国的《京津冀地区汉代墓葬研究》一文,该文将京津冀地区东汉墓葬分为两大群(区):D群"东汉墓幽州南部分布区"和E群"东汉墓冀州分布区"。[2]

东汉早期(第五期):D群(幽州南部分布区)以D型土坑墓、Aa型砖室墓为主;E群(冀州分布区)以Ca型砖室墓、Aa型砖室墓为主。除D型土坑墓外,余均为"横葬制墓"。东汉中期(第六期):D群(幽州南部分布区)主要有E型土坑墓、Ab型砖室墓、Ba型砖室墓;E群(冀州分布区)以Ca型砖室墓、Aa型砖室墓和Ba型砖室墓为主。除D型土坑墓外,余均属于"横葬制墓"类。东汉晚期(第七期):D群(幽州南部分布区)以Ca型砖室墓、D型砖室墓、Ba型砖室墓为主,E群(冀州分布区)以Ca型砖室墓、D型砖室墓、Aa型砖室墓为主,即均属于"横葬制墓"类。

5. 晋陕北部及内蒙古中南部地区

据《山西朔县秦汉墓发掘简报》,西汉末至东汉初期墓葬新出现Ⅶ型斜坡墓道砖室墓;东汉中晚期33座墓均为带斜坡墓道的砖室墓,可分为Ⅷ型前室穹隆顶后室券顶墓、Ⅸ型单室穹隆顶墓、Ⅹ型多室穹隆顶墓。

陕北、晋西北地区东汉时期画像石墓多见,主要有石室墓和砖石合构墓两大类,除东汉早期仍有少量竖井墓道砖券墓外,绝大部分为长斜坡墓道的"横葬制墓"。

据《内蒙古中南部汉代墓葬》,东汉前期墓葬形制有单室穹隆顶带小耳室砖室墓以及仿穹隆顶墓的土洞墓,均为长斜坡墓道。东汉后期均为带长斜坡墓道的砖室墓,有单室穹

---

[1] 刘剑:《山东地区汉代墓葬的考古学研究》,山东大学博士学位论文,2012年。
[2] 姜佰国:《京津冀地区汉代墓葬研究》,吉林大学硕士学位论文,2007年。

隆顶多耳室墓、多主室穹隆顶墓、中轴线布局穹隆顶墓等。

6. 三峡地区

据前引蒋晓春《三峡地区秦汉墓研究》一文，三峡地区东汉前期（第四期第一段）的墓葬有24座，形制明确的有16座，其中A型土（石）坑墓5座，为"竖葬制墓"；Ab、Ac、B型砖（石）室墓共10座、崖（洞）墓1座，为"横葬制墓"，占比达68%以上。东汉中期（第四期第二段）的墓葬有52座，在46座形制清楚的墓葬中，A型土（石）坑墓1座、Aa型砖（石）室墓2座，属于"竖葬制墓"；Ab、Ac、B型砖（石）室墓，崖（洞）墓及洞室墓共计43座，为"横葬制墓"，占比达93%以上。东汉晚期（第四期第三段）形制清楚的墓葬有52座，其中无墓道的Aa型砖（石）室墓2座，属"竖葬制墓"；其余的共计50座，均属于"横葬制墓"，占比达96%以上。

7. 岭南地区

《广州汉墓》发掘报告中属于东汉前期的墓葬共41座，2墓破坏严重形制不详，其余墓葬中，土圹单室木椁墓（Ⅱ型5式）4座，分室木椁墓（Ⅲ型3、4、5式）25座，直券顶砖室墓（Ⅳ型）9座，横前堂砖券墓（Ⅴ型）1座。凡保存较好者皆有斜坡墓道，墓道底部与墓底高度接近（双层木椁墓的上层）。东汉后期墓葬有90座，81座保存较好，[①]以砖室墓为主，约占十分之七。其中，带墓道分室木椁墓（Ⅲ型4、5式）13座，直券顶砖室墓（Ⅳ型）14座，横直券顶（横前堂）砖室墓（Ⅴ型）13座，前穹隆顶后券顶砖室墓（Ⅵ型）36座，双穹隆顶砖室墓（Ⅶ型）5座。需要说明的是，部分墓葬的墓道因工程关系或盗扰严重而未发掘，但从已发掘者看均为斜坡墓道。

黄秋红的《广西东汉墓的考古学研究》将广西东汉墓分为土坑墓、木椁墓、砖木合构墓、砖石合构墓、砖室墓等几大类。其中，土坑墓均为小型墓，无墓道者43座，有斜坡墓道者127座；木椁墓33座，多为中型墓，其中，无墓道者8座，有斜坡墓道的25座；砖木合构墓7座，均有斜坡墓道；砖石合构墓1座，有斜坡墓道；砖室墓100座，其中单室券顶墓42座（无墓道的4座，带墓道的38座），斜坡墓道分室直券顶墓58座；斜坡墓道穹隆顶加券顶墓26座；石室墓17座。[②] 以上各类墓，土坑墓和木椁墓流行于东汉早中期，晚期则基本被砖室墓取代，但土坑墓仍占有一定比例。砖室墓主要发现于桂南地区，又以合浦、贵港居多，年代大多数为中晚期。桂东北的阳朔、昭平等地除砖室墓外，中晚期还多见石室墓。

东汉墓葬总体上有以下几个特点：

其一，除岭南地区木椁墓延续时间较长外，全国各地均以砖室墓为主；苏鲁豫皖邻近地区、南阳地区、陕北及晋西北地区石室或砖石合构的画像石墓发达；西南地区崖洞墓盛行；壁画墓在北方地区分布较广。

---

① 报告原文为79座，今据报告中各型墓葬数量及"东汉后期墓葬形制表"改。
② 黄秋红：《广西东汉墓的考古学研究》，广西师范大学硕士学位论文，2012年。

其二，东汉时期除去部分低等级的小型墓仍为无墓道"竖葬制墓"外，大部分为带长斜坡墓道的砖室墓、石室墓、砖石合构墓、崖洞墓等，也就是说"横葬制墓"已基本普及。

其三，东汉时期，特别是东汉中晚期，由于大土地所有制的发展，地方高官豪强的墓葬规模与诸侯王、列侯不相上下。夫妇合葬从西汉武帝时的中小型汉墓扩展至东汉帝陵。同时，家庭多代合葬墓亦占有一定比例，墓葬规模也相应扩大。

五、"横葬制墓"从出现到流行的原因及意义

包括秦东陵一号陵园一号黄肠题凑大墓、秦始皇陵园西墙外一号大型斜坡墓道土圹木椁墓、临潼上焦村6座中小型斜坡墓道洞室木椁墓在内，战国晚期至秦代，秦都咸阳附近的"横葬制墓"已非孤例，而在关东六国地区尚无发现。因而，有理由认为"横葬制墓"起源时间不晚于战国晚期至秦代，起源地域为秦国都城咸阳附近。

汉承秦制，属于西汉时期的"横葬制墓"多发现于汉长安都城一带，即今西安及其邻近地区。这其中，除西汉帝陵大型黄肠题凑墓见于文献记载但尚未发掘外，列侯、高官、高等级贵族的大型、次大型斜坡墓道土圹木椁墓不仅时代多偏早，且发现的数量也多于全国其他地区。

从前面的分析看，关中以外地区西汉早期的大型、次大型"横葬制墓"主要有三类。一类为诸侯王级别的大型黄肠题凑墓，诸侯国"宫室百官，同制京师"，诸侯王级别的黄肠题凑墓与西汉帝陵相同但规模略小。从文献记载看，黄肠题凑葬制很可能需要皇家恩赐，也就是说其源头应为帝都长安。第二类为大型、次大型斜坡墓道土圹木椁墓，这类"横葬制墓"多与列侯级别有关。文献记载，西汉初年被分封的首批列侯多居于长安不就国，文帝前元二年下诏"令列侯之国"。居于长安的列侯、高官、贵族死后多陪葬帝陵，而首批就国列侯以及后来新分封的列侯则居于封地，死后葬于当地，从而将长安都城大型、次大型"横葬制墓"及葬埋理念带到了汉域各地。例如，湖南一带西汉早期包括大墓在内，多为传统的"竖葬制墓"，但虎溪山一号大墓一反传统，不仅斜坡墓道直通墓底，且墓壁人字形阶梯设置也与关中西汉早期大墓常见的做法类同。① 第三类为大型横穴式崖洞墓，西汉早期见于徐州楚国王陵、永城梁国王陵，应属于本地起源，但与诸侯王、列侯大墓多采用"横葬制墓"及葬埋理念不无关系。至于西汉中晚期新出现的斜坡墓道砖室墓、石室墓则是建筑技术进步与横葬制理念结合的产物。

前面已经提到，黄晓芬曾认为南方战国时期楚式墓在木椁上绘制或雕刻门窗，由此可能演变为具有真正墓门的横穴式墓，但考古发现并不支持这一观点。其实，长江中下游原楚文化核心区域，不仅战国晚期没有出现这种变化，直至西汉早期诸多大型、次大型或中型墓斜坡墓道底部与椁室顶部大体齐平，无墓门设置，仍为传统的"竖葬制墓"形态，如长

---

① 湖南省文物考古研究所、怀化市文物处、沅陵县博物馆：《沅陵虎溪山一号汉墓发掘简报》，《文物》2003年第1期。该墓未发表剖面图，关于墓道是否直通墓底这一情况，笔者曾咨询了发掘者郭伟民先生。

沙马王堆三座軑侯家族墓、①长沙砂子塘M1②等。南方楚式墓葬在木椁上绘制或雕刻门窗尽管战国时期就较多见，但这种门窗只具有第宅象征意义，并没有演变为具有真正墓门或封门的"横葬制墓"，而当地以黄肠题凑墓为代表的"横葬制墓"的来源应是帝都长安。

总之，"横葬制墓"起源于战国晚期至秦代的秦都咸阳一带，西汉时期首先在长安都城附近高等级大型、次大型墓葬中广为流行，随着诸侯王、列侯的分封就国而传播或影响至汉域各地。然而，与大型、次大型墓葬不同，中小型"横葬制墓"取代"竖葬制墓"则经历了一个较长的发展过程。即从战国晚期至秦代开始出现，西汉早期有所发展，西汉中晚期逐步增多，直至东汉时期才最终完成了这一变革。俞伟超先生在《考古学中的汉文化问题》一文中指出："汉初六七十年时间内的文化，其中的政治制度承自秦制，并一直维持到汉末；社会思潮的主流，则是来自楚地的黄老思想；其社会习俗，虽然各地都有自身特点，但从总体面貌看，则是六国文化的复活。"③埋葬习俗属于社会习俗的一部分，而社会习俗特别是埋葬葬俗一般来说具有保守性，新的葬俗被接受，特别是被普通民众所接受，通常需要经历较长的时段。就全国而言，西汉时期中小型"横葬制墓"替代"竖葬制墓"经历了一个漫长的过程，与大型、次大型墓葬相比，具有滞后性与发展的不平衡性，并呈现出一定的规律性。即原来六国文化发达的中心区域，如三晋两周地区的豫西、豫北、晋南地区，整个西汉时期基本沿袭了战国以来无墓道长方形竖穴墓以及竖井墓道洞室墓的传统，"竖葬制墓"始终占据统治地位；长江流域的楚文化分布区域，包括两湖、皖赣、江浙在内，除去诸侯王、列侯的大型、次大型及部分中型墓外，西汉时期大多数中小型墓仍保留了楚文化的传统，即以"竖葬制墓"为主；山东齐鲁文化区的情况亦大致相似，"横葬制墓"也是在东汉时期才占据主导地位。与上述情形相反，在原六国文化的边缘地带以及汉代新开辟的疆域，如长城沿线地区、河西走廊一带，"横葬制墓"出现较早且数量较多，西汉中晚期至新莽时期逐步占据了主流地位。这种状况，显然与移民戍边，长安都城墓葬文化向外传播有着直接关系。

这里需要特别讨论的是，岭南地区属于西汉早期的南越国这种"横葬制墓"已较为多见，不仅出现了大型石室墓，还有多座大型斜坡墓道土圹木椁墓，特别是在南越国都城"番禺"一带，即今广州地区具备"横葬制墓"特征的中型斜坡墓道土圹木椁墓所占比例相对较高。那么，其究竟是本地文化传统还是外来文化影响所致呢？我们知道，西汉早期南越国墓葬的葬俗与随葬品呈现出土著的越文化与中原汉文化相结合的特点。就墓葬形制而言，南越国时期大型墓葬普遍为墓道直通墓底的"横葬制墓"，而西汉早期中小型"横葬制墓"的比例也高于同期关中长安都城之地，西汉中期以降所占比例则更高。因而，南越国时期的"横葬制墓"可能并非受中原文化影响，而是源于当时的越文化葬俗。近期，广州

---

① 湖南省博物馆、中国科学院考古研究所、文物编辑委员会：《长沙马王堆一号汉墓发掘简报》，文物出版社，1972年；湖南省博物馆、湖南省文物考古研究所：《长沙马王堆二、三号汉墓》，文物出版社，2004年。
② 湖南省博物馆：《长沙砂子塘西汉墓发掘简报》，《文物》1963年第2期。
③ 俞伟超：《考古学中的汉文化问题》，《古史的考古学探索》，文物出版社，2002年。

陂头岭的考古新发现为探寻岭南地区"横葬制墓"的来源提供了重要线索。陂头岭位于广州市黄埔区龙湖街黄田村西北,由两个小山岗相连组成。2016年6月至2017年3月,广州市文物考古研究院为配合基本建设进行了抢救性考古发掘,清理战国墓19座、西汉早期墓2座。2020年10月起进行了第二期发掘,除发掘新石器时代墓葬、窖穴、灰坑外,还清理了战国中晚期至西汉初期墓葬39座。这批墓葬,小型墓均为长方形竖穴土坑墓,大中型墓均为带墓道的"凸"字形墓,地表封土明显,保存较好。大中型墓均被盗,劫后余存的随葬品均为陶器,以米字纹、方格纹、弦纹、水波纹以及素面的硬陶瓮、罐、瓿、盂、盒、杯为主,也有少量泥质软陶的罐和瓿,具有典型的越文化特征。值得注意的是,据发表的图片观察,并咨询曾前往考察的一些学者得知,这批大中型带墓道的墓(近20座)墓道底部均直通墓底,与墓室底部大体持平。发掘者称"陂头岭遗址发现的战国中晚期至西汉初期墓群是目前岭南地区数量最多、规模最大、封土保存最为完整的高等级越人墓地。其中,位于陂头岭北部山顶的M30,地表封土南北长约30米、东西宽约25米、残高约1.2米,是岭南地区目前所知封土保存最为完整、封土保存规模最大的战国晚期墓葬。地表有相对高大的封土、墓葬顺山体走势排列、墓穴埋深较浅、墓坑底铺石床等具有明显江浙土墩墓的遗风,反映出强烈的越文化的族属特征。而部分大中型墓葬的棺椁设置可看到岭北楚文化的影响,反映出楚越交融的态势。"①

下面讨论"横葬制墓"出现并流行的原因,综合来看主要有四点:便利化需求、宅第化趋势、合葬墓盛行、筑墓技术的进步。

首先,"横葬制墓"为何发生在秦汉都城之地的关中地区,并且首先在高等级的大型、次大型墓葬中流行呢?我们知道,从春秋早期礼县大堡子山秦公大墓、春秋晚期凤翔雍城秦景公大墓、再到战国秦王陵、秦始皇陵,其墓葬规模与同时代之列国国君大墓相比,都要大得多。这与秦国君主权力高度集中、中间等级不发达有关,也与秦人好大喜功、以大为美的传统思维不无关系。战国时期秦国国君称"王"后,拥有四条墓道,且墓葬规模显著扩大以及高大坟丘的出现需要解决墓室回填土及封土的承重问题,而黄肠题凑墓的题凑墙正可满足这种需求。从考古发现看,传统的大型木椁墓因为木椁用材及葬具结构决定了承载力有限,墓室越大越容易朽毁坍塌,而黄肠题凑葬制则因为棺椁四周垒砌的题凑木墙整体承载力及抗腐蚀性远强于一般木椁墓,因而不易塌陷。凤翔雍城春秋晚期秦景公一号大墓的木椁枋木用材四出榫头加长了数十厘米,从而向外形成一周看起来颇为特殊的框式规范,故有人称之为黄肠题凑,但这种木椁结构与真正的题凑墙"木头皆内向"本质上不同,还不能称之为黄肠题凑。然而,这种木椁用材四出榫头加长的做法客观上可能为后来题凑墙"木头皆内向"的出现提供了某种暗示。或许,这正是黄肠题凑葬制在战国时期首先在秦国国君大墓中出现的原因吧。

黄肠题凑葬制之题凑木墙一旦出现,承重问题得到解决,便可提前回填墓室填土及墓

---

① 广州市文物考古研究院官网(新闻动态):《黄埔陂头岭发现新石器时代晚期遗存和战国至南越国时期高等级越人墓地》,2021年4月13日。

上封土,并加快大型墓葬的建设进度,于是直通墓底的长斜坡墓道、墓门、甬道的设置自然同时发生。此外,大型墓葬棺柩大,随葬品多,采用传统的下葬方式多有不便,横向进入墓室则完美地解决了这些问题。也就是说,便利化需求是"横葬制墓"出现的第一要素。

至于秦国大型、次大型带斜坡墓道木椁墓以及中小型斜坡墓道土洞木椁墓采用"横葬制墓"形式,或是受到黄肠题凑墓的影响而出现。此外,秦始皇陵陵园内外的兵马俑坑、石铠甲坑、马厩坑、百戏俑坑等众多陪葬坑,均采用了斜坡坑道底部与坑底齐平的方式,这样方便出入。也就是说,包括黄肠题凑墓以及秦俑坑在内,这种构筑方法及其理念一旦形成,则对墓葬埋藏方式具有示范意义。

关于宅第化趋势。墓葬为死者的地下居室,是地上宫室、宅院建筑的象征,这在文献记载及考古发现中有很多例证可以说明。例如,为死者选择墓穴位置所进行的占卜,称为"卜宅";商系墓葬流行的腰坑实质上是地上建筑奠基坑的模拟;曾侯乙墓、天星观楚墓等在棺椁上彩绘门窗图案,显然表示棺椁为死者的室宅;楚式墓葬的椁室分箱,学者均认为体现了宫室第宅建筑的等级特征。把地下墓室建造成生前居室状,在汉代有了更充分的发展。汉代帝王生前居住在宫殿中,死后安葬之所被称为"地宫",棺柩被称为"梓宫"。满城汉墓的后室用石板材搭建成房屋形,南北耳室、中室都有瓦顶的木结构建筑。汉画像石墓中的题刻有直接称墓为"室"或"宅"的,如陕北绥德王德元墓的纪年刻铭为"永元十二年四月八日,王得元室宅";绥德郭稚文墓为"圜阳西乡榆里郭稚文万岁室宅·永元十五年三月十九日造作居";米脂官庄牛文明墓为"永初元年九月十六日牛文明千万岁室,长利子孙"等。汉代以降墓室中往往彩画、土雕、石雕或砖雕出斗拱、梁架、门窗等结构,更是逼真地表现了墓葬作为死者地下室宅的功能特征。先秦时期,由于受当时生产力发展水平和建筑技术的影响,墓葬形制多为较单一的长方形竖穴土坑墓,或是斜坡墓道与椁室顶部大体齐平的"竖葬制墓",这种方式较节省资源和人力。无论是先秦还是两汉,葬埋观念均是"事死如事生",地下墓室既然是地上居室的模仿,那么按照生前居室的原理及结构建造地下墓室迟早会发生,而地上建筑都是通过门道横向进入的,一旦技术条件成熟,具有斜坡或平行墓道及墓门的"横葬制墓"迟早会发生。这种"横葬制墓"一经出现,逐步成为墓葬形制的主流是必然的。不过,这一过程首先在大型、次大型墓葬中出现,而中小型墓葬除了受传统文化制约外,还因为"竖葬制墓"比较省时省力,因而经历了一个较长的发展过程,近现代平民阶层的小型墓仍多为无墓道的"竖葬制墓"。

关于"横葬制墓"从出现到逐步流行与筑墓技术进步的关系问题。黄肠题凑墓虽然仍是木结构墓,但题凑墙很好地解决了填土与封土的承重问题,自然也是筑墓技术的一大进步。两汉时期,铁器的广泛使用使得凿山为藏的崖洞墓成为可能,而空心大砖、各型小砖以及石材的广泛应用,对于扩大墓室空间、改变墓室结构发挥了重要作用。西汉晚期以及东汉时期筑墓材料与技术的进步促进了"横葬制墓"的发展。

此外,"横葬制墓"从产生到普及还有另一层原因。先秦时期均为"单葬墓",汉代,特别是汉武帝以后逐步流行"合葬墓"(夫妇合葬乃至家庭多代合葬)。"单葬墓"死者一次性被掩埋,不需要二次打开墓室;而"合葬墓"之"夫妇合葬"或是"家庭多代合葬",死者一般不会同时死亡,需要两次或多次打开墓室,因而具有斜坡墓道、墓门结构的"横葬制墓"显然比较方便。《广州汉墓》发掘报告曾指出:"井椁"式的结构、周壁密闭,下葬时椁板、棺具与随葬物品只能由上往下悬吊;封门式则不同,一切可从墓道运入。合葬墓可分先后二次入葬,第二次入葬只须把墓道的填土挖开,当中的封门木柱就可以逐根拆移,入葬后再行封堵。《广州汉墓》发掘报告的这一论述道出了"横葬制墓"在汉代逐步流行的动因之一。此外,墓内设奠祭祀的出现也是合葬制发展的需要。合葬墓二次或多次进入墓室会打搅死者,因而需要在墓内设奠以祭祀墓主。《汉墓的考古学研究》一书曾认为"椁墓"向"室墓"变化的内在原因之一是墓内祭祀空间的兴起,但这种说法不符合汉代墓内祭祀及墓型发展的实际情况。事实上,中国古代墓葬祭祀,最早并不在墓内进行。先秦时期祭祀祖先在宗庙进行,而宗庙在城内。自汉惠帝开始"陵旁立庙",祭祀挪至陵墓旁。至于在墓中设奠祭祀要到王莽前后才出现,即在墓内摆放杯盘案几等祭奠器。蒋若是先生在北大讲学时曾提到,洛阳汉代早期墓只能爬着进去,中期弯着腰进去,晚期可以站直了进去。也就是说,墓室空间由低矮向高大发展,王莽前后乃至东汉时期流行前室穹隆顶、后室券顶,或者前后室均为穹隆顶的砖室墓、石室墓,正是为适应合葬制与墓内设奠需要而建造的,墓内祭祀空间的兴起是墓型发展的结果而不是原因。

诚然,"横葬制墓"从出现到流行,并非与合葬墓的盛行、筑墓技术(砖石的应用)的进步保持同步发展,而是存在滞后效应。例如,合葬墓以及砖石墓出现于西汉中晚期,但中小型"横葬制墓"的流行要到西汉晚期乃至东汉时期;至于帝王级别的大型合葬墓则要晚至东汉时期才出现。也就是说,合葬墓的盛行、筑墓技术(砖石的应用)的进步只是促进了"横葬制墓"的发展,而便利化需求、宅第化趋势才是"横葬制墓"出现并流行的主要动因。

综上所述,商周至秦汉的埋葬习俗与制度,经历了从"周制"到"汉制"的重大变革,而体现在墓葬形制方面,前者为"竖葬制墓",后者则以"横葬制墓"为代表。然而,从"周制"到"汉制",墓葬形制的变化仅是一个方面,其他诸如墓地制度、合葬制度、葬品制度、祭祀制度、观念信仰等都发生了一系列变革。因此,要弄清从"周制"到"汉制"的变革,还需要从多方面入手,这篇文章只是触及了一个侧面而已。

不仅如此,埋葬习俗与制度的变革又与社会转型的时代大背景紧密联系。从商周到秦汉,国家形态从诸侯林立的方国、王国转变为中央集权的大一统帝国,以分封世袭为特征的血缘政治转变为以郡县治理为主的地缘政治,农业社会最基础的土地制度从公有制转变为私有制,这些变革无不对埋葬习俗与制度产生了重大影响。有关这方面的研究,史学界已经取得诸多成果,而考古学者从考古发现,特别是从极为丰富的墓葬资料入手,或可对古代社会转型提供考古学独特的观察视角。

2001-2014年初稿,2014年二稿
2020年5月-2021年4月修定稿

唐代墓志纹饰中的十二生肖

卢亚辉

(中国社会科学院考古研究所)

一、引 言

中古时期墓志包含着丰富的信息。相对于墓志背后蕴含的"史料分析"与"史学分析",[①]墓志作为随葬品的角色、纹饰作为墓志的有机组成部分,却极易被忽视。现有对唐代墓志纹饰的研究与利用,大多还局限于美术方面,缺乏对墓志纹饰的综合研究及探讨所蕴含的文化内涵。[②] 因墓志纹饰种类繁多,若一一列出,便流于简单介绍,故下文集中对隋唐墓志纹饰中的十二生肖图案加以讨论,十二生肖图案虽有学者研究,[③]相关学术史已由谢明良等加以详细梳理,[④]然未能将唐代墓志作为墓葬中随葬品的一部分加以考察,也未能结合四神图案,探寻十二生肖纹饰的渊源流变、地域、时代分布特征、墓主身份等相关问题。在进行具体的讨论之前,需对其进行考古类型学的研究。

二、类型学研究

已公布的墓志(详见附表一-七),根据十二生肖所饰位置的不同,将其分为两型:

A 型 十二生肖位于志文四侧。根据十二生肖头部差异,可分为两个亚型。

Aa 型 头部为兽首。根据十二生肖自身形态的演变,分为两式:

I 式 十二生肖为动物。标本有王君愕(图一,1,昭陵博物馆,2015)[61-62]、[⑤]段蔺璧(图一,2,昭陵博物馆,2015)[80-81]、牛进达(图一,3,中国文物研究所等,2000,昭陵博物馆,

---

* 本文为国家社会科学基金青年项目"北朝隋唐五代墓葬出土神煞俑的考古研究"(20CKG025)的阶段性成果。

[①] 陆扬:《从墓志的史料分析走向墓志的史学分析——以〈新出魏晋南北朝墓志疏证〉为中心》,《中华文史论丛》2006年第4期;后收入《清流文化与唐帝国》,北京大学出版社,2016年,第305-332页。

[②] 赵超:《古代墓志通论》,紫禁城出版社,2003年,第147-169页。

[③] 张蕴:《西安地区隋唐墓志纹饰中的十二生肖图案》,荣新江主编:《唐研究》(第8卷),北京大学出版社,2002年,第395-432页。

[④] 谢明良:《出土文物所见中国十二支兽的形态变迁——北朝至五代》,《故宫学术季刊》1986年第3卷第3期;后收入同作者:《六朝陶瓷论集》,三联书店,2019年,第453-500页。

[⑤] 文中讨论墓志较多,为避免脚注繁琐,涉及墓志著录情况以(昭陵博物馆,2015)[61-62]注出,括号外半角数字61-62对应书籍页码。括号内信息即昭陵博物馆编:《昭陵墓志纹饰图案》,文物出版社,2015年。缩略语对照表详见文末,余同。

图一　Aa 型 Ⅰ 式

1. 王君愕墓志　2. 段萠璧墓志　3. 牛进达墓志

2015)³⁴,⁷⁶⁻⁷⁷、长乐公主(昭陵博物馆,2015)⁵⁷、韦贵妃(昭陵博物馆,2015)¹⁵⁵,详见附表一。

牛进达墓志,志盖盖文 5 行、满行 5 字、篆书,顶周边为曲枝卷花纹,四杀为四神,间饰云、山。十二生肖动物纹位于志文四侧壸门内,间饰云、山。

Ⅱ式　十二生肖为兽首人身。标本有张去逸(中国文物研究所等,2003)¹²⁰、曹怀直(胡戟等,2012)⁵⁹⁸⁻⁵⁹⁹、郭晞暨妻长孙璀墓志(图二,西安碑林博物馆,2014)⁴¹³⁻⁴¹⁷。详见附表二。

郭晞暨妻长孙璀墓志,志盖盖题四边饰牡丹纹,志盖四杀饰四神纹,十二生肖位于志石四侧壸门内,踞坐,兽首人身,手持笏板。

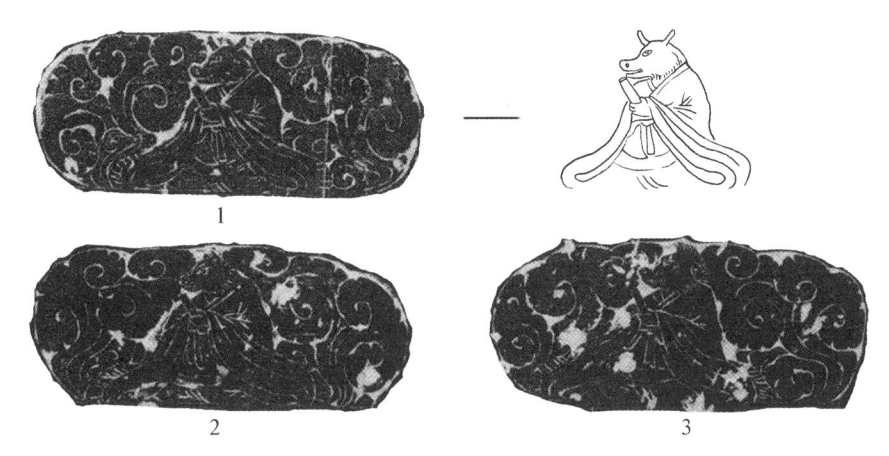

图二　Aa 型Ⅱ式
郭晞暨妻长孙璀墓志文下方生肖纹饰

Ab 型　头部为人首。根据冠部有无动物生肖,可再分为 Aba、Abb 两型。

Aba 型　十二生肖为人首人身,文官形象。标本有赵晋妻杜氏(图三,西安碑林博物馆,2014)⁵¹⁴⁻⁵¹⁶、司马俭(中国文物研究所等,2003)²³⁴等墓志。详见附表三。

赵晋妻杜氏墓志,十二生肖位于志石四侧壸门内,人首人身,手持笏板,头戴单梁冠。①

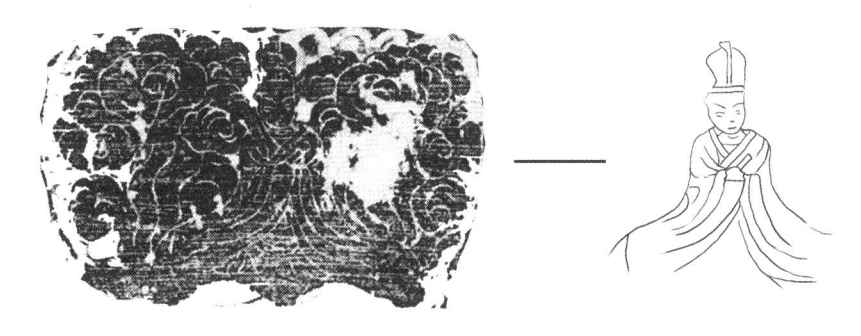

图三　Aba 型
赵晋妻杜氏墓志下方中部纹饰

---

① 作者按,此处图版较为模糊,但从文官俑形象大致推测头戴单梁冠,冠饰与西安南郊唐墓 M31 冠饰相同,参见西安市文物保护考古所:《西安南郊唐墓(M31)发掘简报》,《文物》2004 年第 1 期,第 37－38 页,第 34 页,图九。

Abb 型 十二生肖为人首人身,头冠上立一动物生肖。标本有李元简墓志(图四,1,中国文物研究所等,2002)[292]、韩恭夫人李氏墓志(图四,2,胡戟等,2012)[1048-1049]、牛存节墓志(图四,3,胡戟等,2012)[1062-1063]。详见附表四。

李元简墓志盖四杀为四神及云纹,志文四侧为十二文臣,手持笏板,头顶十二生肖,坐姿。

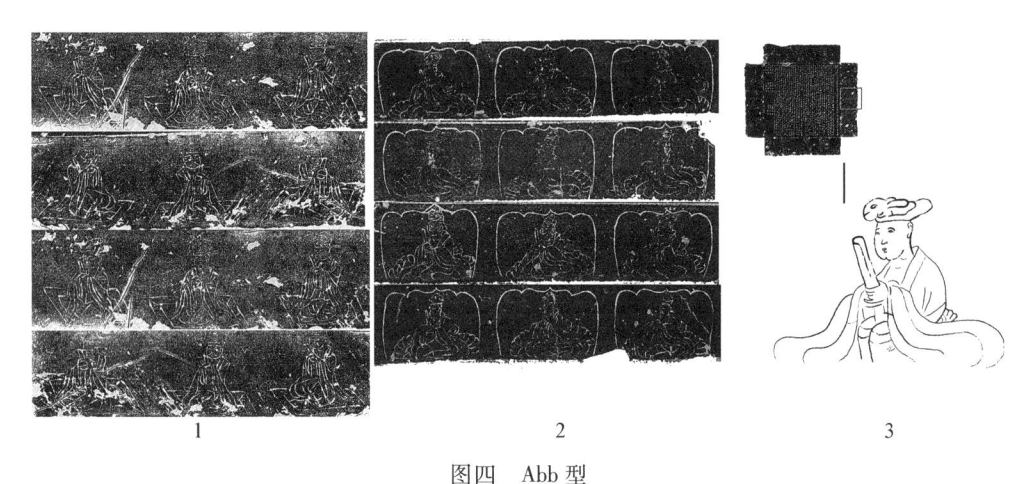

图四 Abb 型
1. 李元简墓志 2. 韩恭夫人李氏墓志 3. 牛存节墓志

B 型 十二生肖位于盖文四侧或四杀。根据十二生肖动物头部的不同,分为以下两个亚型:

Ba 型 头部为兽首。根据十二生肖自身形态的演变,分为两式:

Ⅰ式 十二生肖为动物。标本有康氏妻王氏墓志(图五,1,中国文物研究所等,2015)[26]、徐买墓志(图五,3,中国文物研究所等,2015)[28]、武徽墓志(图五,2,中国文物研究所等,2015)[29]。详见附表五。

康氏妻王氏墓志盖文2行、满行2字、篆书,周边为十二生肖动物纹,四杀及四侧为缠枝花纹。

Ⅱ式 十二生肖为兽首人身。标本有王徽墓志(图六,1,北京石刻艺术博物馆等,2003)[5]、段岩墓志(图六,2,中国文物研究所等,2004)[98]、刘公墓志(图六,3,中国文物研究所等,2004)[89]、赵悦墓志(图六,4,北京石刻艺术博物馆等,2003)[9]。详见附表六。

王徽墓志盖文2行、满行2字、篆书。志盖四杀刻十二生肖,兽身人身,站姿,双手拱于胸前。

Bb 型 头部为人首,人身,文臣形象,双手合抱生肖。标本有吴金墓志(图七,1,北京石刻艺术博物馆等,2003)[14]、蔡雄墓志(图七,2,北京石刻艺术博物馆等,2003)[16]、王时邕墓志(图七,3,北京石刻艺术博物馆等,2003;北京石刻艺术博物馆等,2012)[27,22-23]、唐刘府君墓志铭盖(图七,4,北京石刻艺术博物馆等,2003)[40]。详见附表七。

王时邕墓志,盖文2行、满行2字、篆书,四杀刻十二生肖,兽首人身,站姿,双手合抱十二生肖。

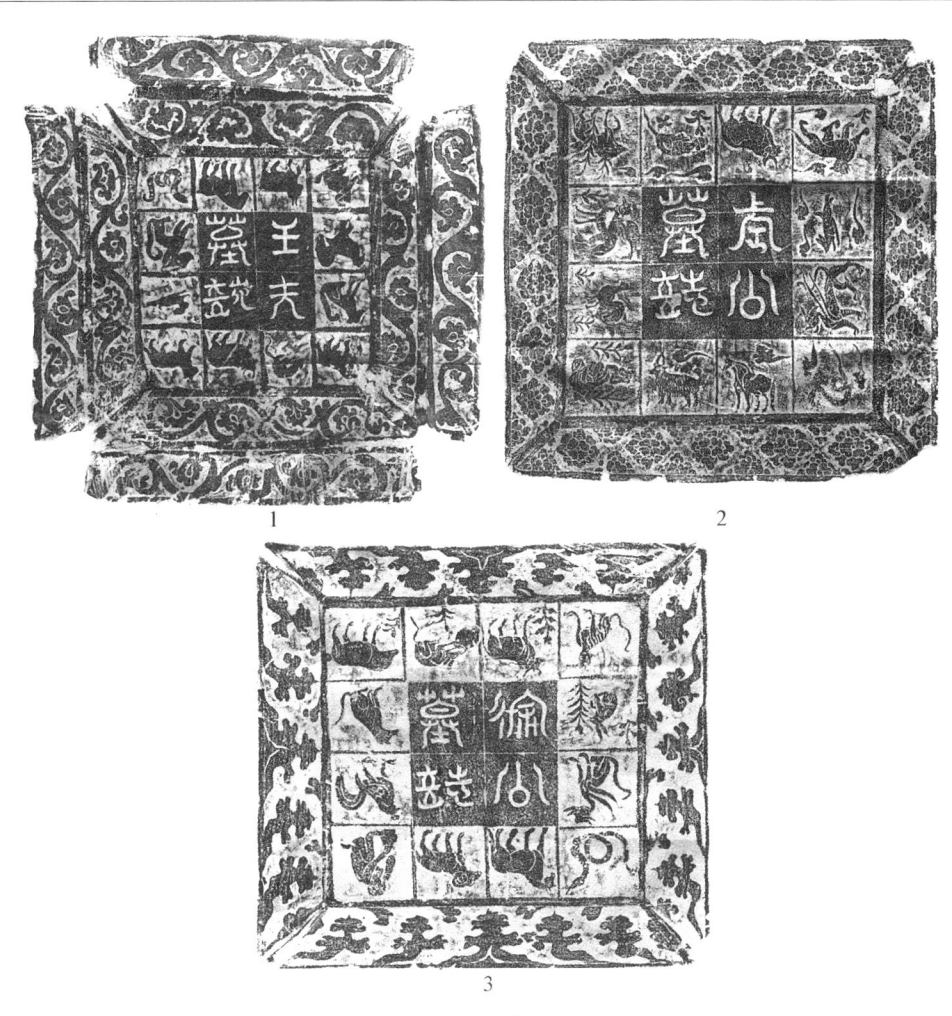

图五　Ba 型 Ⅰ 式
1. 康氏妻王氏墓志　2. 武徽墓志　3. 徐买墓志

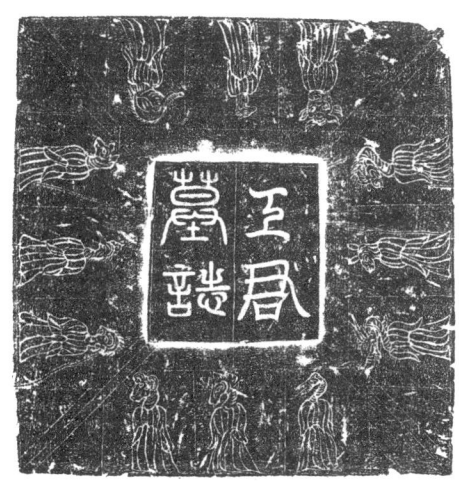

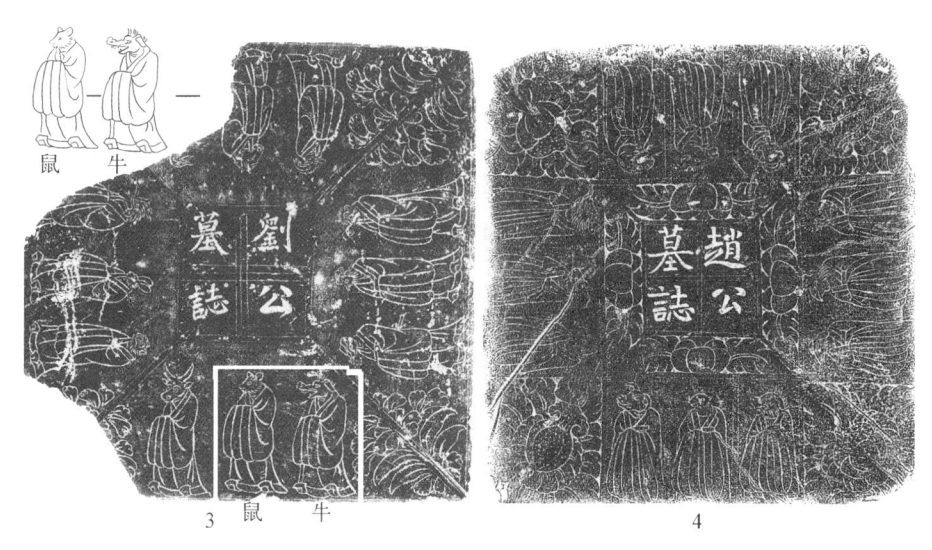

图六　Ba 型 Ⅱ 式墓志

1. 王徽墓志　2. 段岩墓志　3. 刘公墓志　4. 赵悦墓志

图七　Bb 型墓志

1. 吴金墓志　2. 蔡雄墓志　3. 王时邕墓志　4. 唐刘府君墓志铭

三、时空演变

通过以上型式的划分,结合附表中唐代墓志的出土地点、年代与墓主身份等情况,可知墓志中的十二生肖装饰早期集中出土于西安及附近地区,呈现向外扩散的趋势,武周时期及以后呈现出强烈的地域分布特征。下文将其演变过程主要划分为唐初至高宗上元年间、武周至玄宗开元以前、玄宗、唐肃宗至唐末五代四个主要时期。

第一期 唐初至高宗上元年间。饰有十二生肖墓志的类型仅见 Aa 型 I 式,生肖为动物,集中出土于陕西西安地区,部分见于礼泉、富平等帝陵陪葬墓中。墓主身份等级高,多为唐建国元从及其后裔、唐宗室及其姻亲、王府僚佐。①

属于唐建国元从及后裔者有李少檀(西安碑林博物馆,2014)[41-43]、李立言(中国文物研究所等,2003)[17]、陈叔达(西安碑林博物馆,2014)[50-52]、阴弘道(陕西省考古研究院等,2016)[52-53]、丘师(赵君平等,2012)[135-136]、胡演(胡戟等,2012)[76-79]、谢统师②(西安碑林博物馆,2014)[61-64]、王君愕(中国文物研究所等,2000)[31]、张素(西安碑林博物馆,2014)[65-68]、唐俭(中国文物研究所等,2000)[41]、唐晏(胡戟等,2012)[92-93]、贺拔亮及夫人张氏(胡戟等,2012)[86-87,98-99]、于哲(西安碑林博物馆,2014)[74-78]、达奚珑善(西安碑林博物馆,2014)[83-84]、戎瑚(西安市文物稽查队,2016)[46-47]、独孤瑛及独孤法王(西安碑林博物馆,2014,西安市文物稽查队,2016)[89-92,48-50]、③尉迟敬德及妻苏斌(中国文物研究所等,2000)[47-48]、牛进达(中国文物研究所等,2000)[34]、程知节(中国文物研究所等,2000)[57]、李震(中国文物研究所等,2000)[58]、卫胡王暨妻王氏(西安碑林博物馆,2014)[116-117]、王隆妻赵氏(西安碑林博物馆,2014)[118-120]、刘贵(西安碑林博物馆,2007)[102-103]、郑仁泰④(昭陵博物馆,2015)[136]、李楷(西安碑林博物馆,2014)[96-98]、杜楚客(西安碑林博物馆,2014)[121-125]、赵孝颙(中国文物研究所等,2000)[75]。

属于唐宗室及其姻亲者有独孤开远(中国文物研究所等,2003)[20]、独孤大惠(西安碑林博物馆,2014)[106-109]、赵王李福及妃宇文脩多罗(中国文物研究所等,2000)[71,49]、彭国太妃王氏(中国文物研究所等,2003)[30]、邠国夫人段蕑璧⑤(中国文物研究所等,2000)[35]、吴王李恪(西安市长安博物馆,2011)[62-63]、窦诞(中国文物研究所等,2000)[33]、李知本(西安碑林博物馆,2007)[93-95]。需要注意的是窦诞既是唐高祖女襄阳公主之夫,也是在隋唐变革之际最早归附于李渊父子的窦氏家族成员,兼具宗室姻亲与唐建国元从双重身份。

王府僚佐特指李世民秦王府、李治晋王府的僚佐。因唐代前期王府僚佐与府主的密

---

① 作者按,唐初建国元从及其后裔有不少均为王府僚佐,若明确可知身份为前者,则不纳入后者计。
② 《新唐书》,中华书局,1975年,第3708-3710页。
③ 张婷、谷朝旭:《新见唐〈独孤法王墓志〉考释》,《文博》2013年第2期;贺华:《唐〈杨守澹墓志〉考释》,《文博》2015年第6期。
④ 陕西省博物馆、礼泉县文教局唐墓发掘组:《唐郑仁泰墓发掘简报》,《文物》1972年第7期。
⑤ 昭陵博物馆:《唐昭陵段蕑璧墓清理简报》,《文博》1989年第6期。

切关系,①故王府僚佐的性质类似于皇帝的元从集团。属于王府僚佐者有郭嗣本、刘辟恶(胡戟等,2012)$^{122-125}$、贺若贞亮(赵君平等,2012)$^{199-200}$等。

除上述三种情况外,在第一期以十二生肖图案为装饰的其他墓志,多有原因,如郭嗣本夫人长孙四娘,是唐太宗长孙皇后的族姑,卒后高宗皇帝下敕赐缣布二百五十匹,丧事所资随须官给。②李思摩及妻统毗伽可贺敦延陁,李思摩即阿史那思摩,是突厥达拔可汗之孙,在唐灭突厥前夕,率众归附李唐(昭陵博物馆,2015)$^{68-69,72-73}$。唐君妻曹令姝,提及其子为上轻车都尉、赵王府副典军唐晏(西安碑林博物馆,2014)$^{47-49}$,从前述建国元从唐晏墓志来看,建国元从唐晏与唐君之子唐晏为同一人,曹令姝之夫为唐光。张立德身份是秦城府果毅上柱国长寿县开国子(西安碑林博物馆,2014)$^{79-82}$、张毅身份是银青光禄大夫、益州郫县令(西安碑林博物馆,2014)$^{69-71}$,根据张立德暨妻窦氏长孙氏墓志、张毅墓志、张素暨妻山阳县主李氏墓志,所制张氏家族世系表如下:

张立德家族世系表

曾祖	祖	父	子		孙
张玄	张琛	张威	张素,妻山阳县主		
			张恒	张立德,妻子窦氏、长孙氏	张崇基
			张毅,字弘远	张伯胤	

其中张毅,贞观十六年,由益州郫县令,转授辰州沅陵县令,贞观十八年终于沅陵县令任上,终年57岁,其生年在588年,张毅起家银青光禄大夫、益州郫县令,是入唐之后所授职官。张素墓志提及张素在义宁初归附李唐,随河间元王李孝恭慰抚山南,任李孝恭幕府司功参军事,后历任金州金川县令,南平州清河县令,曹州乘氏县令,转沧州景城县令等,其妻山阳县主李氏为济南王李哲第二女。张素是贞观十九年卒,春秋67岁,其生年当在579年。张恒的生卒年不详,但其子张立德贞观二十三年卒,时年49岁,张立德生于601年,张恒的生年似应早于张毅,而张恒与张素孰长孰幼,从目前材料来看还无法得知。然而毫无疑问的是,张氏家族在隋唐变革之际归附李唐,且张氏家族祖上均是高官,张立德墓志中所言及"奉牛川之驾",似指张氏先祖自拓跋珪时代起一直追随北魏、北周、隋等北朝政权,且与李唐政权关系密切。达奚淑,是上柱国黔州都督十六州诸军事黔州刺史陈密公之夫人,建国元从达奚隆之女。至于其他墓主,详见附表一,故不一一列出。

第二期 武周至玄宗开元以前(690-712年)。饰有十二生肖墓志的类型有Aa型Ⅰ式、Ba型Ⅰ式。

Aa型Ⅰ式墓志大量减少,此期仅见4例,出土地集中于洛阳、西安地区,其中樊策的

---

① 孙英刚:《隋唐王府与政治》,北京大学硕士学位论文,2003年,第21、22页。
② 张占民、倪润安:《唐郭嗣本与长孙四娘夫妇墓志考释》,《文博》2013年第4期。

墓志志盖未见四神（运城市文物局，2012）[180-181]；陈法子为周明威将军守右卫龙亭府折冲都尉（胡戟等，2012）[270-271]，是入仕唐朝的百济人。① 永泰公主墓志（中国文物研究所等，2000）[98]、上官婉儿墓志，②更有可能是唐中宗复辟后，在恢复"永淳以前故事"的旗帜之下，在志盖装饰四神，志文四侧饰十二生肖的传统，于长安地区复兴的产物，如永泰公主墓志盖四杀为四神纹，志文四侧为十二生肖纹，是向李唐贞观至上元时期制度靠近；同时也有新的变化，上官婉儿墓志将志盖四杀的四神，替换成了瑞兽图案。

Ba型Ⅰ式在武周时期出土于唐关内道北部地区（今内蒙古乌审旗、陕西靖边县地区）。墓主多具勋官身份或为军人，如王诠参与征伐南蛮战争，蒙授骁骑尉（故宫博物院等，2015）[19]。武周之后，Ba型Ⅰ式墓志逐渐向南、向东传播，影响到唐潞州、两京地区，如陕西乾县章怀太子李贤墓志（中国文物研究所等，2000）[99]、偃师李延祯墓志，③长治李度墓志。④ 可以说Ba型Ⅰ式墓志集中出土于陕西靖边县和内蒙古乌审旗等地区，两京地区未有集中出土，此传统于武周时期在陕西靖边与内蒙古乌审旗形成，之后在中宗睿宗玄宗时期影响到其他地区。

第三期 玄宗时期（712 - 756年）。饰有十二生肖墓志类型有Aa型Ⅰ式、Aa型Ⅱ式、Abb型、Ba型Ⅰ式、Ba型Ⅱ式，集中分布于陕西、山西、河南等三省地区，此期较有特色的是兽首人身、人首人身十二生肖。

Aa型Ⅰ式墓志，第二期时（即唐中宗复辟之后）在长安地区再次复兴，玄宗时期再次兴盛。此期Aa型Ⅰ式墓志集中出土于唐两京及两京之间的交通沿线地区。

此期随葬Aa型Ⅰ式墓志的墓主既有驸马都尉薛儆（运城市文物局，2012）[182-183]、玄宗元舅窦希瑊夫人王内则（胡戟等，2012）[446-447]、嗣虢王李邕、⑤嗣韩王李讷（中国文物研究所等，2003）[92]、恒山愍王李承乾（中国文物研究所等，2000）[116]、常芬公主夫张去奢（中国文物研究所等，2003）[116]、靖德太子李琮（胡戟等，2012）[582-583]等唐宗室及姻亲；王守言⑥（中国文物研究所等，2003）[106]、李忠义（中国文物研究所等，2003）[124]、屈元寿（中国文物研究所等，2003）[126]、李令问⑦（胡戟等，2012）[462-465]等元从功臣；也有内侍高力士家人冯君衡（中国文物研究所等，2003）[91]、高元珪（中国文物研究所等，2003）[138]；更多的则是高层文官与高级将领，如姚崇父姚懿（中国文物研究所等，1994）[432]、凉府都督窦怀哲妻颜氏墓志（西安市文物稽查队，2016）[118-119]、兵部尚书中书令右丞相萧嵩夫人贺睿（胡戟等，2012）[488-489]、右监门卫将军王泰（胡戟等，2012）[414-415]、右威卫大将军武威安元寿之妻翟六娘（中国文物研究

---

① 拜根兴：《入唐百济移民陈法子墓志关联问题考释》，《史学集刊》2014年第3期；陈玮：《陈法子墓志所见入唐百济遗民史事研究》，《北方文物》2017年第1期。
② 李明、耿庆刚：《〈唐昭容上官氏墓志〉笺释——兼谈唐昭容上官氏墓》，《考古与文物》2013年第6期。
③ 中国社会科学院考古研究所河南第二工作队：《河南偃师杏园村的两座唐墓》，《考古》1984年第10期。
④ 长治市博物馆：《长治市西郊唐代李度、宋嘉进墓》，《文物》1989年第6期。
⑤ 陕西省考古研究院：《唐嗣虢王李邕发掘报告》，科学出版社，2012年，第39 - 41页。
⑥ 陕西省文物保护研究院：《二十世纪五十年代陕西考古发掘资料整理研究（上册）》，三秦出版社，2015年，第287 - 290页。
⑦ 黄正建：《唐六尚长官考补——兼论李令问、井真成墓志》，中国社会科学院历史所隋唐宋辽金元史研究室编：《隋唐辽宋金元史论丛》（第2辑），上海古籍出版社，2012年，第35 - 53页。

所等,2000)[110]、左羽林军大将军臧怀亮(中国文物研究所等,2000)[113]、右金吾将军常山县开国公史氏契苾夫人(中国文物研究所等,2000)[107]、右监门卫大将军兼静边州都督拓跋寂(陕西省古籍整理办公室等,2015)[60]、忠武将军行右龙武军翊府中郎将裴智(赵君平等,2012)[673-674]。

Aa型Ⅱ式墓志,主要集中在唐玄宗天宝之后。此期仅见三例,出土于三门峡、咸阳、西安三地。墓主分别是雁门县尉摄蔚州司马兼河东道支度营田铸钱判官韩忠节①(中国文物研究所等,2002)[284]、玄宗母昭成皇后的外甥张去逸②(中国文物研究所等,2003)[120]、义阳郡长史桓执珪(陕西省考古研究院等,2016)[194-197]。

Abb类型的墓志,此期仅见一例,出土于西安,墓主郭文喜是云麾将军左龙武军将军,唐元功臣③(西安碑林博物馆,2007)[473-474]。

Aba型墓志,此期虽有山东地区出土的天宝十一载(752年)樊六姑一例(西安碑林博物馆,2014)[683-685],但考虑到此墓志非考古发掘出土,尚存疑问,需更多出土材料证实,故将Aba型墓志出现的年代定于唐文宗大和年间之后,详见附表四。

Ba型Ⅰ式墓志,除继续在靖边县有所出土外,第三期分布范围略有扩大,呈现出以靖边县为核心,向周边扩散的趋势,如甘肃宁县、北京大兴、河南孟县、陕西陇县、山西长治等地也见零星出土。墓主多具有勋官身份或是军人,如侯莫陈思义(胡戟等,2012)[376-377]、贾璥、④郭逸(中国文物研究所等,2000)[104]、任珪(中国文物研究所等,2015)[51]、马文静(中国文物研究所等,2015)[59]、席子产、陈思礼(赵君平等,2012;陕西历史博物馆,2017)[707,85-87]。另有处士程最、⑤杨洪素(中国文物研究所等,2015)[68]、侍中兼吏部尚书赠太师裴光庭、⑥陇州吴山县令赵君妻成果(西安碑林博物馆,2007)[343-345],亦使用Ba型Ⅰ式墓志。

Ba型Ⅱ式墓志,于此期开始出现,仅见4例,分布于北京、河南、广东三地。郭君墓志虽有残缺,但从残存的文字来看郭氏一族,原居太原,后迁于蓟州(今北京海淀),从义举、元从等字眼以及郭君生卒年来推算,郭君祖上参与到李唐建国之行动,后迁居到燕,郭君是唐建国元从后裔,迁居蓟州的郭氏家族"坐则甲第当衢,家僮若月,资等工孙之积,财丰猗顿之饶",⑦成为蓟地豪强(北京石刻艺术博物馆等,2003)[4],家族极其富有。董晋也是唐建国元从之后裔(中国文物研究所等,2002)[285]。张九龄是尚书右丞相赠荆州大都督始兴公。⑧ 王徽是开

---

① 三门峡市文物工作队:《三门峡市两座唐墓发掘简报》,《华夏考古》1989年第3期。
② 张岩:《张去奢、张去逸墓志考释》,西安碑林博物馆:《碑林集刊(5)》,陕西人民美术出版社,1997年,第69-72页。
③ 黄小芸:《西安新出土唐〈郭文喜墓志〉》,载西安碑林博物馆:《碑林集刊(9)》,三秦出版社,2003年,第189-190页。
④ 刘丽玲:《唐贾氏家族墓志简析》,《北京文博》2006年第2期。
⑤ 焦作市文物工作队、孟县博物馆:《河南孟县堤北头唐代程最墓发掘简报》,《中原文物》1995年第4期。
⑥ 赵振华:《唐裴光庭墓志与武氏墓志研究》,《故宫博物院院刊》2016年第1期。
⑦ 周绍良、赵超主编:《唐代墓志汇编续集》,上海古籍出版社,2001年,第538页。
⑧ 广东省文物管理委员会、华南师范学院历史系:《唐代张九龄墓发掘简报》,《文物》1961年第6期;广东省博物馆、香港中文大学文物馆:《广东出土晋至唐文物》,香港明爱印刷训练中心,1985年,第234-241页;周绍良主编:《唐代墓志汇编》,上海古籍出版社,1992年,第1517页;陕西省古籍整理办公室、吴钢主编:《全唐文补遗》(第1辑),三秦出版社,1994年,第145页。

元观道士,与唐政权联系紧密①(北京石刻艺术博物馆等,2003)⁵。从墓志出土地来看,Ba型Ⅱ式墓志最早在幽州地区出现。

第四期 唐肃宗至唐末五代。饰有十二生肖墓志类型除延续前期的Aa型Ⅰ式、Aa型Ⅱ式、Abb型、Ba型Ⅰ式、Ba型Ⅱ式外,新出现了Aba型、Bb型。最值得注意的是Aba型、Bb型在唐代河北藩镇地区集中出土。

Aa型Ⅰ式墓志,集中出土于陕西西安地区。山西长治、壶关,河北邯郸零星出土。墓主已不见唐宗室或姻亲。墓主有元从功臣及后裔,尤其多有在德宗时扈从奉天的经历或忠于皇室的举动,如第五玄昱(中国文物研究所等,2000)¹²⁷、张涣②(中国文物研究所等,2003)²⁰³、刘士准③(中国文物研究所等,2003)²⁶⁰、崔颋(西安市文物稽查队,2016)¹⁸²⁻¹⁸⁵、秦朝俭(中国文物研究所等,2003)²¹⁶、李镐(中国文物研究所等,2003)¹⁴¹、元瓘(中国文物研究所等,2003)¹⁴⁶。亦有神策军使、内侍省、殿中省等官员,如李公夫人戴氏(中国文物研究所等,2003)²³⁵、刘溁涧(中国文物研究所等,2003)²⁴⁴、高克从(中国文物研究所等,2003)²⁵²、王怡政(中国文物研究所等,2003)²⁶⁷、与宣宗关系密切的段文绚(中国文物研究所等,2003)²⁵⁴。葬于西安地区的地方行政长官,如崔伲夫萧公(胡戟等,2012)⁸²²⁻⁸²³、荆从皋(中国文物研究所等,2003)³⁰⁵、师弘礼(中国文物研究所等,2003)³²³。亦见财赋、技术官僚崔成简夫韦羽(胡戟等,2012)⁸⁰⁰⁻⁸⁰³。除上述墓主外,此期Aa型Ⅰ式墓志墓主多具有勋官身份或是军人,如郭乾(西安市文物稽查队,2016)¹⁶⁰⁻¹⁶²、畅庭诜④(西安市文物稽查队,2016)¹⁶⁸⁻¹⁶⁹、卫休晤(西安市文物稽查队,2016)¹⁷⁰⁻¹⁷¹、常氏夫张朝翼(胡戟等,2012)⁷⁷⁰⁻⁷⁷¹。亦有被低品级官员或处士所采用,如时清夫人王氏等(中国文物研究所等,2004)¹²²。

Aa型Ⅱ式墓志,集中出土于西安及周边的咸阳、彬县、泾阳地区。河南洛阳、偃师、荥阳,河北清河、大名、定县、馆陶等地亦见零星出土。墓主身份与此期使用Aa型Ⅰ式墓志的墓主有相近之处。第一类墓主是唐宗室及姻亲,如宜都公主(中国文物研究所等,2003)¹⁸⁶、嗣吴王李宙(西安碑林博物馆,2014)⁴⁷⁷⁻⁴⁷⁹、萧佩(西安碑林博物馆,2014)⁵⁰³⁻⁵⁰⁵、杜悰与唐宪宗女岐阳公主之长女(中国文物研究所等,2003;西安碑林博物馆,2007)²⁴³、⁷¹⁷⁻⁷¹⁸、纪王李言扬(西安市文物稽查队,2016)²⁰⁶⁻²⁰⁷、朗宁王之子李彦藻(赵君平等,2012,胡戟等,2012)⁹⁸⁰、⁸⁸⁶⁻⁸⁸⁷、沔王李恂(西安市文物稽查队,2016)²⁰⁸⁻²⁰⁹、茂王李愔(胡戟等,2012)⁹¹²⁻⁹¹³、庆王李沂(西安碑林博物馆,2007)⁸¹⁰⁻⁸¹²、夔王李滋(西安市文物稽查队,2016)²²⁸⁻²²⁹、代宗皇帝之孙宝应县主(胡戟等,2012)¹⁰⁰⁰⁻¹⁰⁰¹、康王李汶(中国文物研究所等,2003)³¹⁷。第二类墓主是元从功臣及后裔,如灵武扈从功臣曹怀直(胡戟等,2012)⁵⁹⁸⁻⁵⁹⁹、

---

① 马希桂:《北京市发现的几座唐墓》,《考古》1980年第6期;周绍良、赵超主编:《唐代墓志汇编续集》,第686页。
② 周绍良、赵超主编:《唐代墓志汇编续集》,第818-819页;陕西省考古保护研究院编:《二十世纪五十年代陕西考古发掘资料整理研究(上册)》,三秦出版社,第308-312页。
③ 陕西省古籍整理办公室、吴钢主编:《全唐文补遗》(第3辑),三秦出版社,1996年,第226-227页。
④ 畅庭诜墓志言终于美阳乡里之私第,安厝于柒水南原。虽未直言葬地,但从上述两地来看,当在陕西富平县一带,或为陕西富平东北金粟山南美原。

马璘、①程希诠(中国文物研究所等,2003)¹⁵³、梁昇卿、②李□倩(西安碑林博物馆,2007)⁵⁹⁶⁻⁵⁹⁷、牛名俊(胡戟等,2012)⁷⁵⁶⁻⁷⁵⁷、段氏夫闾公(西安碑林博物馆,2007)⁶³¹⁻⁶³³、张威德山夫宋公(胡戟等,2012)⁷⁶⁰⁻⁷⁶¹、武士穆(西安碑林博物馆,2007)⁶³⁴⁻⁶³⁵、田元超孙田氏(中国文物研究所等,2003)²¹⁷、祁宪直(中国文物研究所等,2003)²²⁷、建中兵变奉国玺赴行在的王希迁妻陈岫先,即尼那罗延③(西安碑林博物馆,2014)⁶¹⁸⁻⁶²⁰、李敬实(中国文物研究所等,2003)²⁷²,有功于李唐的郭子仪家族,如郭晞暨妻长孙瓘(西安碑林博物馆,2014)⁴¹³⁻⁴¹⁷、郭珮(赵君平等,2012;胡戟等,2012)⁸⁵¹⁻⁸⁵²,⁷¹⁸⁻⁷¹⁹、郭鏐及夫人韦珏等(西安碑林博物馆,2014)⁶⁶²⁻⁶⁶⁵,⁶⁶⁶⁻⁶⁶⁸。第三类墓主是内侍省官员及家庭成员,如内寺伯祁日进(中国文物研究所等,2003)¹⁵⁹、内常侍刘超义子刘忠让(胡戟等,2012)⁸⁰⁸⁻⁸⁰⁹、内给事韩国信(陕西历史博物馆,2017)¹³²⁻¹³⁴、许遂忠(中国文物研究所等,2003)²²⁵、杜英琦(西安碑林博物馆,2014)⁵¹⁷⁻⁵¹⁹、姚存古(中国文物研究所等,2003)²³²、梁守谦弟梁守志(西安碑林博物馆,2014)⁵⁴⁵⁻⁵⁴⁹、刘文遂(西安碑林博物馆,2014)⁵⁵⁶⁻⁵⁵⁸、似先义逸(中国文物研究所等,2003)²⁶¹、孟秀荣(西安碑林博物馆,2007)⁷⁶⁴⁻⁷⁶⁷、王怡政妻刘氏(中国文物研究所等,2003)²⁶⁴、宗进兴妻杨氏(赵君平等,2012)¹⁰¹³⁻¹⁰¹⁴、梁公妻王氏(中国文物研究所等,2003)²⁶⁵、朱士伦弟朱士幹(西安碑林博物馆,2014)⁵⁹⁷⁻⁶⁰⁰、宋伯康(中国文物研究所等,2003)²⁷⁴、杨居实(中国文物研究所等,2003)²⁷⁶、吴德郎妻赵氏(中国文物研究所等,2003)²⁸³、王彦真(胡戟等,2012)⁹⁶⁰⁻⁹⁶³、吴德郎(西安碑林博物馆,2007)⁸³⁴⁻⁸³⁷、魏文绍(中国文物研究所等,2003)²⁹⁶、魏公夫人韦氏(中国文物研究所等,2003)²⁹⁷、魏孝本(中国文物研究所等,2003)³⁰¹、张叔遵(中国文物研究所等,2003)³⁰⁸、郭佐思、④杨公夫人曹延美、⑤周孟瑶(中国文物研究所等,2003)³¹⁸、郭顺祐妻刘氏(中国文物研究所等,2003)³²⁵,不少内侍人员为监军使。其余多为高层文官、高级将领及其家人、地方行政军事长官,如中书侍郎同平章事赠司徒杨绾、⑥幽州卢龙节度使刘怦之子,银青光禄大夫检校工部尚书行左武卫大将军兼御史大夫东莱郡王赠洪州都督刘源(西安碑林博物馆,2014)⁴⁵³⁻⁴⁵⁶。唐中后期,方镇使府僚佐成为出仕的主要途径,此期十二生肖纹饰亦多见于任职藩镇者。财赋、技术官僚的兴起,任职司天台的李素(文贞),前后共五十余年,经历了代、德、顺、宪四朝皇帝,最终以"行司天监兼晋州。史翰林待诏"的身份,于元和十二年去世。⑦ 其余还有曾任盐铁巡官等职务的陆君(西安碑林博物馆,

---

① 王育龙:《唐马璘墓志铭述考》,《文博》1997年第6期;《陕西新出土文物选粹》,第120–121页。
② 赵平:《中国西北地区历代石刻汇编》(第4册),天津古籍出版社,2000年,第88页。
③ 李举纲、张安兴:《西安碑林新藏〈唐万善寺尼那罗延志〉考疏》,《中原文物》2009年第3期。
④ 柳秀芳:《唐〈郭佐思墓志〉考释》,西安碑林博物馆编:《碑林集刊(13)》,陕西人民美术出版社,2008年,第74–79页。
⑤ 王自力:《西安唐代曹氏墓及出土的狮形香薰》,《文物》2002年第12期;陕西省古籍整理办公室、洛阳市第二文物工作队:《全唐文补遗》(第8辑),三秦出版社,2005年,第223–224页。
⑥ 赵振华:《唐代宰相〈杨绾墓志〉跋》,杜文玉主编:《唐史论丛》(第21辑),三秦出版社,2015年,第212–219页。
⑦ 陕西省考古研究所:《西安东郊三座唐墓清理记》,《考古与文物》1981年第2期。荣新江:《一个入仕唐朝的波斯景教家族》,原载叶奕良主编:《伊朗学在中国论文集》(第2集),北京大学出版社,1998年,第82–90页;后收入《中古中国与外来文明》,三联书店,2014年,第210–228页。赖瑞和:《唐代的翰林待诏和司天台——关于〈李素墓志〉和〈卑失氏墓志〉的再考察》,荣新江主编:《唐研究》(第9卷),北京大学出版社,2003年,第315–342页。赵力光主编:《西安碑林博物馆新藏墓志汇编(下)》,线装书局,2007年,第785–786页。

2014)500-502，凤翔等道巡覆军粮史判官殿中侍御史内供奉魏式（陕西省考古研究院等，2016）252-253，诸道盐铁巡官朝议郎试大理司直兼殿中侍御史严愈妻李氏（西安碑林博物馆，2007）693-695。其他墓主多具勋官身份或为卫府军人。

Aba型墓志，共8例，仅见于第四期，年代集中在文宗大和年间以后至唐末。在唐文宗时出土于西安地区，唐武宗至唐末主要出于魏博节度使地区。墓主既有奉天定难等元从功臣司马傪、魏博节度使楚国公赠太师何弘敬等高官，也有忻州别驾赵晋妻杜氏，处士许和等。

Abb型墓志，此期共有8例，辅以五代宋初材料可知，咸通以前集中出土在西安地区，咸通以后集中出土于河南地区。墓主身份多样，既有成德军节度使尚书左仆射王承宗之季女，①观鸟隼而千里知其驯、察鸷羽而知其掌中异的御用驯鸟师张荣恩，右神策军衙前正将专知两市回易的贾温（中国文物研究所等，2003）231，也有无任何职官的墓主，如陆长真（西安碑林博物馆，2014）469-470、李元简（中国文物研究所等，2002）292等。五代至宋初，使用Abb型墓志出土于河南洛阳、偃师地区，墓主品阶较高，如参与后梁建国、检校司徒昌黎郡开国子韩恭（胡戟等，2012）1048-1049，检校户部尚书右千牛卫将军兼御史大夫上柱国申鄂（赵君平等，2012）1097，梁故天平军节度使检校太尉同中书门下平章事赠太师牛存节（胡戟等，2012）1062-1063等，详见附表四。

Ba型Ⅰ式墓志，此期逐渐式微，仅见5例，分布中心也由第三期以靖边地区为中心，向长治、北京、韩城、扬州转移，但仍集中分布在北方地区，墓主身份多元化。

Ba型Ⅱ式墓志，第三期在幽州地区出现后，第四期分布区域虽有扩大，但仍集中出土于唐幽州及河北道南部其他地区，另山西太原也见集中出土，华阴、彬县等关中地区零星出土。墓主身份类型与出土地点多有呼应，如出土于太原、华阴、彬县的墓主多是平定安史、仆固怀恩、二王四帝等乱的元从功臣及其后裔，如张奉璋（张希舜等，1991）133、张文绪（张希舜等，1991）134、张嘉庆（张希舜等，1991）138、杨賮（赵君平等，2012）796-797、舍利石铁（张希舜等，1991）143、徐超（胡戟等，2012）790-791、赵进诚（中国文物研究所等，2000）134。个别墓主如冯承宗忠于唐室，卒于李怀光之乱（中国文物研究所等，2000）129。出土于唐幽州及河北道南部其他地区多为藩镇军将，如曹朝宪、②华封舆（北京石刻艺术博物馆等，2003）29，亦见下层官吏、处士等，如孙如玉（北京石刻艺术博物馆等，2003）15、史光（北京石刻艺术博物馆等，2003）17、田公夫人阳氏（北京石刻艺术博物馆等，2003）8。Ba型Ⅱ式墓志多出土于唐河北道、河东道地区，墓主亦多当地土人。上述两地区之外发现的Ba型Ⅱ式墓志，

---

① 墓主并非王承元季女，是王承宗季女，此从《西安碑林博物馆新藏墓志汇编》的相关判断。墓志文是以王承泰的角度来叙述，墓主人为成德军节度使尚书左仆射赠侍中王承宗之季女，而被王承元抚养长大。王承宗季女，生于815年，尚有一姊为李景裕妻王循。陕西省古籍整理办公室、吴钢主编：《全唐文补遗》（第2辑），三秦出版社，1995年，第80页。王循开成元年卒，享年26，其生年当在811年，由此可知王承宗子嗣至少有二男二女，即王知感、王知信二子，王循、王季女二女。李景裕为王承宗季女撰写墓志时，其姊王循还未嫁给李景裕。结合大和三年王承宗季女墓志与开成元年李景裕妻王循墓志可知，开成四年华岳庙李景让等题名碑中的李景裕与王循之夫为同一人。
② 北京市文物研究所：《北京近年发现的几座唐墓》，《文物》1992年第9期。

墓主恐怕也与两地联系紧密,如陕西扶风出土的东方海墓志,志文揭示了东方海为厌次人(今山东惠民县,唐为河北道棣州),从东方海终于德州故里来看,其为河北道人士的可能性更大。

Bb型墓志,始见于唐德宗时期。除河北沧县刘元政夫人张氏(中国文物研究所等,2004)[136]外,其余均出土于北京地区。墓主多为幽州等藩镇的军将、刺史,如幽州节度押衙王时邕、赵从一(北京石刻艺术博物馆等,2003)[32],幽州节度判官王公淑(北京石刻艺术博物馆等,2003)[26],幽州节度衙前讨击副使温令绶(北京石刻艺术博物馆等,2003)[34],亲事兵马使充使宅将副将茹弘庆(北京石刻艺术博物馆等,2003)[37],平州刺史卢龙节度留后周璵(北京石刻艺术博物馆等,2012)[20-21],妫州刺史充清夷军营田等使刘钤,①幽州卢龙节度押奚契丹两蕃副使摄蓟州刺史张建章,②莫州刺史上柱国申国公蔡雄。亦有基层官吏,如幽州潞县丞艾演,③蓟州司仓参军李洪(北京石刻艺术博物馆等,2003)[20]。

十二生肖位于志盖四杀,几乎成为河北地区的一个符号与标志,呈现出明显的地域特色,甚至演化为本地的一种传统。此传统影响到后来的辽朝,唐末五代时期又随着河北军士的崛起而影响南唐。典型标本有南唐昇元四年杜继元墓(南京市博物馆等,2014)[45],保大四年(946年)陇西太保夫人王氏墓志(王思礼等,1991)[157],杨隆演之妻吴宣懿皇后墓铭(南京市博物馆等,2014)[48],葬事依中朝之轨式的后唐德妃伊氏墓志,④辽开泰七年陈国公主。⑤

四、相关问题研究

1."四神+十二异兽"组合

Aa型Ⅰ式,自唐太宗贞观年间至高宗初年逐渐形成唐代高等级墓志用"四神+十二生肖"的构图模式。此期,借鉴Aa型Ⅰ式(即"四神+十二生肖"组合),出现了"四神+十二异兽"的组合模式,即志盖四杀饰四神,异兽位于志文四侧壸门内。墓主有杨温(图八,1)、丘英起(赵君平等,2012)[139-140]、长乐公主(中国文物研究所等,2000)[29](图八,2)、王君愕妻张廉穆、新城长公主(昭陵博物馆,2015)[132]、郑仁泰、纪国太妃韦珪(昭陵博物馆,2015)[155](图八,3),以上墓主除丘英起外,其余均陪葬昭陵。

---

① 鲁晓帆:《唐刘钤墓志考释》,《北京文博》2012年第3辑。
② 魏存成:《渤海考古》,文物出版社,2008年,第299–300页。
③ 尚珩、金和天:《北京市通州区唐开成二年幽州潞县丞艾演墓》,《考古》2019年第2期。拓片见北京市文物局等:《北京城市副中心考古》(第一辑),科学出版社,2018年,第31页。
④ 赤峰市博物馆、巴林左旗辽上京博物馆、巴林左旗文物管理所等:《内蒙古巴林左旗盘羊沟辽代墓葬》,《考古》2016年第3期;马凤磊:《后唐德妃伊氏墓志铭释考》,《草原文物》2016年第2期。
⑤ 内蒙古自治区文物考古研究所、哲里木盟博物馆:《辽陈国公主墓》,文物出版社,1993年,第114–116页。

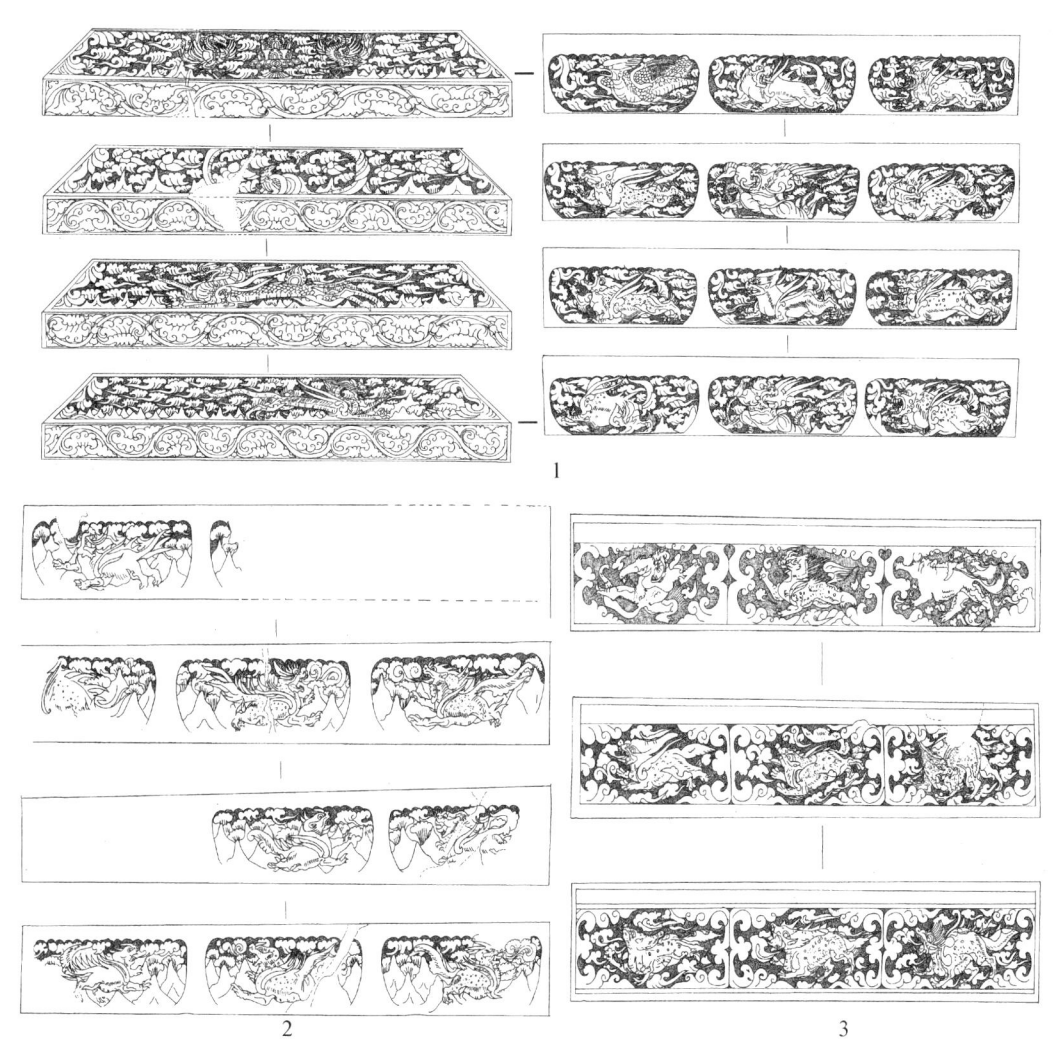

图八 杨温、长乐公主李丽质、韦贵妃墓志纹饰
1. 杨温墓志　2. 长乐公主墓志　3. 韦贵妃墓志

以上墓主可分为两类，一类是唐宗室与后妃，如长乐公主李丽质，唐太宗第五女，陪葬昭陵（中国文物研究所等，2000）[29]。新城长公主，唐太宗之女，高宗之妹，其葬事宜依后礼（昭陵博物馆，2015）[132]。韦珪是唐太宗贵妃、纪国太妃，临川长公主、纪王李慎之母（昭陵博物馆，2015）[155]。另一类是唐初建国元从功臣，如特进观国公杨温，即杨恭仁，参与平定凉州李轨、瓜州刺史贺拔威之乱，薨后有诏陪葬昭陵，其家族联姻帝室，如杨恭仁弟杨师道尚唐高祖女桂阳公主，从侄女为巢剌王李元吉妃，从侄杨思敬尚唐高祖女安平公主，甚至到杨恭仁曾孙杨慎交时，仍尚中宗长女长宁公主（中国文物研究所等，2000）[28]。幽州都督邢国公王君愕，武德之始，率众辕门，授大将军，兼领校尉，薨于驻跸山之战，陪葬昭陵（中国文物研究所等，2000）[38]。郑仁泰在义旗初奋之世，首参幕府，秦王李世民引为腹心，先

后参与平刘武周、宋金刚、王世充、窦建德等,龙朔三年薨于凉州官舍,诏赠使持节代忻朔蔚四州诸军事、代州刺史,陪葬昭陵。① 星光聚汉,乐器归周,临济公丘英起,遂谒辕门,仍充义从,后为秦王府僚佐(赵君平等,2012)¹³⁹⁻¹⁴⁰。

志盖四杀饰四神,异兽位于志文四侧壸门内,由"四神+十二异兽"组合模式的墓主身份看,显然这是一种更高规格的墓志装饰纹样。

2. 异型墓志

在对十二生肖进行类型学研究与时空演变阐述之后,一些异型墓志值得思考。异型墓志以唐河北道地区出土者最多,这与中晚唐后河北地区的特殊地位有关。

河北邢台南宫市出土李佰墓志(805年),志盖四杀为四神纹,四侧每面为两壸门,内为异兽一只,志文四侧各有三小龛,龛内为十二生肖,坐姿,双手怀抱十二生肖于胸前(中国文物研究所等,2004)[99]。李佰墓志志盖四杀饰四神,志文四侧饰十二生肖的布局见于A型墓志,具体到人首人身、文臣形象、双手合抱生肖的做法则是Bbb型墓志常见。

同时亦可见在志盖四杀书写子丑寅卯等十二地支或鼠牛虎兔等十二汉字,以取代纹饰。陕西礼泉出土大中十年晏曜墓志,志石四侧篆书十二地支,是A型的异型。晏曜任右领军长史,其父、子均为司天台司辰(西安碑林博物馆,2007)[785-786],其家族精通天文历算之学。河北雄县卢璲夫人窦氏墓志于志盖四杀书写夜半子、鸡鸣丑等三十六字(中国文物研究所等,2004)[88],河北易县尹府君刘氏墓志(中国文物研究所等,2004)[95]、孙少矩墓志,②于志盖四杀正书十二时汉字,以上三例均是B型的异型。

北京东城出土的任紫宸墓志盖四周刻十二神像,是B型的异型,其中以十一神手执十一畜,而辰神龙在肩上,寅神虎右手执剑,极为罕见,任紫宸本人则与幽州节度使关系密切,不知此神像装饰与任紫宸道门师的身份是否有关。③

西安市长安区出土的崔浩墓志(879年),志盖四杀上部为二十八宿名字,下部饰十二生肖,人首人身,手持笏板,冠上立动物生肖(西安碑林博物馆,2014)[669-672]。其中十二生肖位于志盖四侧的布局见于B型;十二生肖为人首人身,头冠上立一动物则是源自唐两京地区Abb型的做法。

山西大同出土辽乾亨四年(982年)许从赟墓志,④十二生肖位于志盖四杀的布局见于B型,圆形墓是受河北传统的影响,头冠上立生肖则是源自唐两京地区Abb的做法。

Bb型墓志尚有两例异型,即张免及妻唐氏合祔墓志(张希舜等,1991)[174]、乾符四年苏

---

① 陕西省博物馆、礼泉县文教局唐墓发掘组:《唐郑仁泰墓发掘简报》,《文物》1972年第7期;周绍良主编:《唐代墓志汇编》,上海古籍出版社,1992年,第406-407页。
② 河北省文物研究所:《河北易县北韩村唐墓》,《文物》1988年第4期;后收入张志忠、李恩玮、赵庆钢等主编:《邢窑研究》,文物出版社,2007年,第34-36页。
③ 鲁晓帆:《唐任紫宸夫妇墓志考》,《北京文博》2006年第2期。
④ 王银田、解廷琦、周雪松:《山西大同市辽代军节度使许从赟夫妇壁画墓》,《考古》2005年第8期;曹彦玲、王银田:《辽许从赟墓志略考》,《文物世界》2009年第6期。

全绍墓志,①其十二生肖均是文臣形象,人首人身,双手合拱或手持笏板。

3. 兽首人身生肖纹饰的出现

从已公布的唐代墓志材料来看,墓志纹饰中兽首人身十二生肖出现的时间在唐玄宗开元后期,即第三期中 Aa 型Ⅱ式、Ba 型Ⅱ式墓志所见。在第三期时,兽首人身十二生肖纹饰所见较少。此期 Aa 型Ⅱ式墓志仅见韩忠节、张去逸、桓执珪等 3 例;Ba 型Ⅱ式墓志仅见郭君、张九龄、王徽、董晋等 4 例,其中以郭君时代最早。唐代长安地区泥质红陶十二生肖俑,多出土于唐宗室、唐元功臣、龙武军等军队系统或内常侍墓中,②与兽首人身生肖纹饰见于唐元从功臣及其后裔郭君、董晋等墓志有相似之处。虽然公布的材料中唐代长安地区出土十二生肖陶俑的年代最早者为开元二十四年(736 年)孙承嗣与妻高氏合葬墓,③年代略晚于开元二十一年(733 年)郭君墓志上的兽首人身十二生肖纹饰,但从十二生肖纹饰的整体发展情况来看,无论是墓志纹饰中的兽首人身十二生肖,还是兽首人身十二生肖陶俑,均当起源于唐玄宗开元天宝时期的长安地区。至于两湖地区出土十二生肖的隋唐墓,如湖南长沙牛角塘墓 M1、黄土岭唐墓 56 长黄 M024、长沙咸嘉湖唐墓、湘阴陶知洪墓、湘阴唐墓、岳阳桃花山 M4、岳阳桃花山 M12、武汉东湖岳家嘴砖室墓、武昌马房山砖室墓,其年代判断有误,多在玄宗开元天宝时期,墓主多为于两湖为官的北方人士,另有专文,次不赘述。④

4. 人首人身生肖纹饰的出现

从已公布的唐代墓志材料来看,人首人身十二生肖纹饰最早见于天宝九年(750 年)郭文喜墓志,郭氏为云麾将军左龙武军将军,唐元功臣(西安碑林博物馆,2007)^473-474,但更多人首人身十二生肖纹饰则见于唐德宗、宪宗以后的墓志。

五、结　语

源于古代阴阳历术之学(如《周易·说卦》)的十二生肖,⑤汉唐以降,以墓志、陶俑与木俑、壁画、铜镜等多种类型的载体出现。在玄宗时代,受佛教影响,十二生肖形象发生重要转变,并逐渐加以制度化,具体言之:

自临淄崔氏墓群北魏晚期墓葬 M10 出土十二生肖动物俑以来,⑥北齐武平二年(571

---

① 张家口市宣化区文物保管所:《河北宣化纪年唐墓发掘简报》,《文物》2008 年第 7 期。
② 卢亚辉:《论西安西郊陕棉十厂唐壁画墓 M7 墓主身份》,《文博学刊》2018 年第 3 期。
③ 陕西省考古研究所、西安市文物保护考古所:《唐孙承嗣夫妇墓发掘简报》,《考古与文物》2005 年第 2 期。
④ 卢亚辉:《论两湖地区出土神煞俑的隋唐墓葬》,北京大学震旦古代文明研究中心:《古代文明研究通讯》总第八十六期,2020 年,第 14 - 33 页。
⑤ 林梅村:《十二生肖源流考》,原载《瞭望》1990 年第 34 和 35 期;后收入同作者:《西域文明——考古民族、语言和宗教新论》,东方出版社,1995 年,第 111 - 129 页。
⑥ 山东省文物考古研究所:《临淄北朝崔氏墓》,《考古学报》1984 年第 2 期。

年)娄睿墓壁画中的十二生肖，①隋唐时期装饰于墓志上的十二生肖动物纹的大量出现，至晚唐时出现在僖宗靖陵壁画中。② 十二生肖的载体虽有变化，但作为传统丧葬文化的因素则一以贯之，体现出丧葬文化的延续性。

在玄宗时期，当"唐代佛教撰述中十二时兽的观念也渐渐与中国传统十二支观念相结合"时，③墓志纹饰中出现了兽首人身十二生肖俑，紧随其后的是开元年间在唐代长安地区出现的泥质红陶十二生肖，出土泥质红陶十二生肖的墓主多为唐元功臣、奉天元从定难功臣等，亦见于龙武军或内侍人员使用，与该群体多崇信佛教有一定联系，④这与以十二生肖装饰墓志的墓主在身份上有共同之处。

十二生肖陶俑、纹饰在盛唐之后的泛滥使用，从上述十二生肖纹饰多见于中晚唐处士等墓志中亦可证明。因十二生肖的泛滥使用，导致李唐政府相继在宪宗元和六年、⑤武宗会昌元年，⑥颁布敕令，对官民丧葬礼仪制度进行严厉申定。

参考文献简称

北京石刻艺术博物馆等，2003　北京石刻艺术博物馆、中国文物研究所：《新中国出土墓志·北京(壹·上册)》，文物出版社，2003年。

北京石刻艺术博物馆等，2012　北京石刻艺术博物馆编：《北京石刻艺术博物馆馆藏墓志拓片精选》，北京燕山出版社，2012年。

故宫博物院等，2015　故宫博物院、陕西省古籍整理办公室编：《新中国出土墓志·

---

① 山西省考古研究所、太原市文物管理委员会：《太原市北齐娄叡墓发掘简报》，《文物》1983年第10期；山西省考古研究所、太原市文物考古研究所：《北齐东安王娄叡墓》，文物出版社，2006年。
② 《中国墓室壁画全集》编辑委员会：《中国墓室壁画全集·隋唐五代》，河北教育出版社，2011年，第131－134页。
③ 陈怀宇：《从十二时兽到十二精魅：南北朝隋唐佛教文献中的十二生肖》，荣新江主编：《唐研究》(第13卷)，北京大学出版社，2007年，第293－336页；后收入《动物与中古政治宗教秩序》，上海古籍出版社，2012年，第99－150页。
④ 卢亚辉：《论西安西郊陕棉十厂唐壁画墓M7墓主身份》，《文博学刊》2018年第3期。
⑤ 《唐会要》卷三八，第695－696页。元和六年时，规定"三品以上，明器九十事，四神十二时在内园宅，方五尺，下帐高方三尺，共置五十舁，挽三十六人。輀车用开辙车，油幰，朱丝网络，两厢画龙，幰竿首末用流苏四，披六，铎左右各八。……五品以上，明器六十事，四神十二时，在内园宅，方四尺，下帐高方二尺，共置三十舁，减志石车，幰竿减四尺，流苏减二十道，带减一重，披引铎翣各减二，挽歌十六人。……九品以上，明器四十事，四神十二时，在内园宅，方三尺，下帐高方一尺，共置二十舁，减幰车輀车，幰竿减三尺，流苏减十五道，披引铎翣各减二，带减一重，挽歌十人。……庶人明器一十五事，共置三舁，丧车用合辙车，幰竿减三尺，流苏减十道，带减一重，帷额魌头车魂车准前，挽歌铎翣四神十二时各仪，请不置"。
⑥ 《唐会要》卷三八，第697、698页。"三品以上，輀用阔辙车、方相魂车、志石车，并须合辙，油幰流苏等，任准令式。挽歌三十六人，六铎六翣明器，并用木为之，不得过一百事。数内四神，不得一尺五寸，余人物等，不得过一尺，舁止七十舁。内外官同。五品以上，輀车及方相魂车等，同三品，不得置志石车，其油幰等，任准令式。挽歌十六人。四铎四翣明器，不得过七十事。数内四神，不得过一尺二寸，余人物不得过八寸，舁止五十舁。内外官同。九品以上，輀车魂车等并同合辙车，其方相魌头，并不得用楅车及志石车。其輀车除油幰流苏等，各准令式外，不得用缯彩结络兼银器装饰。挽歌一十人。一铎二翣，明器不得过五十事。四神不得过一尺，余人物不得过七寸，舁止三十舁。内外官同。……工商百姓诸色人吏无官者、诸军人无职掌者，丧车魌头用合辙车，丧车不用油幰流苏等饰，兼不得以缯彩结络，及金银饰。挽歌铎翣，并不得置。丧车之前，不得以鞍马为仪。其明器任以瓦木为之，不得过二十五事，四神十二时，并在内，每事不得过六寸，舁十舁"。

陕西(叁·下册)》,文物出版社,2015年。

胡戟等,2012 胡戟、荣新江主编:《大唐西市博物馆藏墓志》,北京大学出版社,2012年。

南京市博物馆等,2014 南京市博物馆、故宫博物院:《新中国出土墓志·江苏2·南京》上册,文物出版社,2014年。

陕西历史博物馆,2017 陕西历史博物馆:《风引薤歌:陕西历史博物馆藏墓志萃编》,陕西师范大学出版社,2017年。

陕西省古籍整理办公室等,2015 陕西省古籍整理办公室、故宫博物院编:《新中国出土墓志·陕西(叁·上册)》,文物出版社,2015年。

陕西省考古研究院等,2016 陕西省考古研究院编(李明、刘呆运、李举纲):《长安高阳原新出土隋唐墓志》,文物出版社,2016年。

王思礼等,1991 王思礼、印志华、徐良玉等主编:《隋唐五代墓志汇编·江苏山东卷(第一册)》,天津古籍出版社,1991年。

西安碑林博物馆,2007 西安碑林博物馆(赵力光):《西安碑林博物馆新藏墓志汇编》,线装书局,2007年。

西安碑林博物馆,2014 西安碑林博物馆(赵力光):《西安碑林博物馆新藏墓志续编》,陕西师范大学出版社有限公司,2014年。

西安市长安博物馆,2011 西安市长安博物馆:《长安新出墓志》,文物出版社,2011年。

西安市文物稽查队,2016 西安市文物稽查队:《西安新获墓志集萃》,文物出版社,2016年。

叶炜等,2016 叶炜、刘秀峰主编:《墨香阁藏北朝墓志》,上海古籍出版社,2016年。

运城市文物局,2012 运城市文物局:《运城市馆藏文物精粹》,三晋出版社,2012年。

张希舜等,1991 张希舜主编:《隋唐五代墓志汇编·山西卷(第一册)》,天津古籍出版社,1991年。

赵君平等,2012 赵君平、赵文成编:《秦晋豫新出墓志搜佚》,国家图书馆出版社,2012年。

赵平,2000 赵平:《中国西北地区历代石刻汇编(第4册)》,天津古籍出版社,2000年。

昭陵博物馆,2015 昭陵博物馆编:《昭陵墓志纹饰图案》,文物出版社,2015年。

中国文物研究所等,1994 中国文物研究所、河南文物研究所:《新中国出土墓志·河南(壹·上册)》,文物出版社,1994年。

中国文物研究所等,2000 中国文物研究所、陕西省古籍整理办公室编:《新中国出土墓志·陕西(壹·上册)》,文物出版社,2000年。

中国文物研究所等,2002 中国文物研究所、河南文物考古研究所:《新中国出土墓志·河南(贰·上册)》,文物出版社,2002年。

中国文物研究所等,2003 中国文物研究所、陕西省古籍整理办公室编:《新中国出土墓志·陕西(贰·上册)》,文物出版社,2003年。

中国文物研究所等,2004 中国文物研究所、河北省文物研究所:《新中国出土墓志·河北(壹·上册)》,文物出版社,2004年。

附表一 北朝至唐Aa型I式墓志

期别	身份类型	墓葬(主)	卒、葬年	葬地	身份
		若干荣	577	陕西泾阳	少为宇文泰亲信,授都督,追赠使持节、开府仪同大将军、硖州刺史(胡戟等,2012)[18-19]。
		耿雄	590	陕西西安	使持节总管兰河廓鄯四州会宁等八镇诸军事兰州刺史(陕西省考古研究院等,2016)[28-31]。杨忠家族亲信。
		郁久闾可婆头	592	陕西西安	大将军九陇公,柔然王族(陕西省考古研究院等,2016)[32-35]。
		郭均	595	陕西西安	隋故使持节上仪同三司淅州刺史固安公郭使君(胡戟等,2012)[38-41]。
		段威	595	陕西咸阳	周故使持节骠骑大将军开府仪同三司甘河洮三州诸军事三州刺史新阳公(中国文物研究所等,2003)[8]。
		解方保	610	陕西西安	殄寇将军、奋武尉、右屯卫步兵校尉(西安碑林博物馆,2007)[52-53]。
		史射勿	611	宁夏固原	大隋正议大夫右领军骠骑将军。①
		杜祐	613	陕西西安	隋故河源县令。曾祖杜顺,都督三雍豳泾五州诸军事雍州刺史(西安碑林博物馆,2014)[32-34]。
		杨雄	614	陕西华阴	隋京兆尹司空公光禄大夫故观德王(叶炜等,2016)[238-241]。
		杨岳	614	陕西西安	杨敷之子,杨素异母兄弟(胡戟等,2012)[52-53]。
第一期	元从功臣集团(含建国元从及其后裔、王府僚佐)	李少檀	618	陕西西安	礼部尚书太子詹事上柱国新昌公李纲之子(西安碑林博物馆,2014)[41-43]。
		曹令姝	633	陕西西安	隋故车骑上大将军益昌侯唐君夫人曹氏(西安碑林博物馆,2014)[47-49];从其子唐建国元从上轻车都尉、赵王府副典军唐晏墓志可知,是敦煌大族,唐君具体名讳是唐光。
		李立言	631	陕西西安	义宁元从,大将军主客郎中蒋县男(中国文物研究所等,2003)[17]。
		陈叔达	636	陕西西安	左光禄大夫江国公,隋季归附李唐,推诚有奉,经纶帝载(西安碑林博物馆,2014)[50-52]。
		阴弘道	640	陕西西安	及大唐龙兴,公亲率义兵,归诚圣化(陕西省考古研究院等,2016)[52-53]。

---

① 罗丰:《固原南郊隋唐墓地》,文物出版社,1996年,第16页。

续表

期别	身份类型	墓葬（主）	卒、葬年	葬地	身份
第一期	元从功臣集团（含建国元从及其后裔、王府僚佐）	丘师	641	陕西西安	开国功臣丘和之子,屯兵泾渭,接引义兵,后为太宗心腹（赵君平等,2012）[135-136]。
		丘英起	643	陕西西安	丘师之子,建国元从（赵君平等,2012）[139-140]。
		胡演	646	陕西西安	义宁初归唐,拜北地郡太守。后官至银青光禄大夫、汴州刺史（胡戟等,2012）[76-79]。
		谢统师	645	陕西西安	使持节士颖归三州诸军事三州刺史亳州总管湘源郡公（西安碑林博物馆,2014）[61-64]。隋末谢师以虎贲郎将身份,与郡丞韦士政留守凉州,后被李轨擒获,被李轨任为太仆卿,后谢统师引凉州群胡排挤李轨政权用事臣僚如曹珍等,于唐灭李轨有功。①
		王君愕	645	陕西礼泉	幽州都督邢国公（中国文物研究所等,2000）[31]。
		张素	646	陕西西安	义宁初归附李唐,随李孝恭慰抚山南,妻山阳县主李氏为济南王李哲第二女（西安碑林博物馆,2014）[65-68]。
		张毅	646	陕西西安	起家银青光禄大夫、益州郫县令,辰州沅陵县令（西安碑林博物馆,2014）[69-71]。
		郭嗣本、长孙四娘	646	陕西西安	武德四年李世平讨王世充,郭嗣本归降,入天策上将府,成为秦王府僚佐,受到重用,历任静州刺史、司农卿、灵州刺史、鸿胪卿等,夫人长孙四娘是长孙皇后的族姑。死后"蒙赠绢布二百段,敕使鸿护丞监护,丧事所须并令官给"。②
		唐晏	649	陕西西安	义宁初,归附李唐,蒙授仪同（胡戟等,2012）[92-93]。
		贺拔亮	649	陕西西安	旭宕岷武渭和六州刺史判岷州总管检校兰州都督,隋末归附李唐（胡戟等,2012）[86-87]。
		于哲	650	陕西西安	曾祖于谨。隋末归附李唐,后为李恪王府僚佐（西安碑林博物馆,2014）[74-78]。
		达奚珎善	651	陕西渭南	上轻车都尉、朝议郎。达奚隆、达奚珎善在变革之际归附李渊（西安碑林博物馆,2014）[83-84]。
		张立德	651	陕西西安	张氏家族隋唐之际归附李渊父子。妻窦氏、长孙氏（西安碑林博物馆,2014）[79-82]。
		张氏	651	陕西西安	旭宕岷武渭和六州刺史判岷州总管检校兰州都督贺拔府亮夫人张氏（胡戟等,2012）[98-99]。
		牛进达	651	陕西礼泉	左骁卫大将军幽州都督琅琊公（中国文物研究所等,2000）[34]。

① 《新唐书》,第 3708－3710 页。
② 张占民、倪润安：《唐郭嗣本与长孙四娘夫妇墓志考释》,《文博》2013 年第 4 期。

续表

期别	身份类型	墓葬（主）	卒、葬年	葬地	身 份
第一期	元从功臣集团（含建国元从及其后裔、王府僚佐）	李 楷	655	陕西西安	开国元勋李靖胞弟李客师之子（西安碑林博物馆，2014）96-98。
		唐 俭	656	陕西礼泉	开府仪同三司特进户部尚书上柱国莒国公（中国文物研究所等，2000）41。
		戎 瑚	658	陕西西安	义旗之初，早归丹款，遂封君为上柱国、游击将军（西安市文物稽查队，2016）46-47。
		刘辟恶	658	陕西西安	戎州都督银青光禄大夫上柱国常平县开国男，李世民、李治王府僚佐，贞观二十三年超授壮武将军，守右武卫将军，掌管禁兵（胡戟等，2012）122-125。
		独孤瑛	659	陕西咸阳	独孤信之后裔，参与李唐建国（西安市文物稽查队，2016）48-50。
		尉迟敬德	659	陕西礼泉	故司徒并州都督上柱国鄂国忠武公（中国文物研究所等，2000）47。
		苏 斌	659	陕西礼泉	尉迟敬德之妻（中国文物研究所等，2000）48。
		卫胡王	659	陕西西安	长安募人府司兵参军。卫胡王与夫人王氏家族参与唐建国（西安碑林博物馆，2014）116-117。
		赵 氏	659	陕西西安	王隆妻赵氏，先祖奉义旗，至止京邑，授朝请大夫（西安碑林博物馆，2014）118-120。
		刘 贵	660	陕西西安	"蕴妙策于隋季，申秘书于皇初"，得授上骑都尉（西安碑林博物馆，2007）102-103。
		杜楚客	661	陕西西安	建国元从，杜如晦弟，幽州都督府长史、授魏王长史，兼雍州别驾、工部尚书，后因魏王泰事件而贬谪，任虢化令、安固令等（西安碑林博物馆，2014）121-125。
		独孤法王	663	陕西西安	唐越州都督府户曹杨守澹妻（西安碑林博物馆，2014）89-92。
		郑仁泰	664	陕西礼泉	义旗初奋，首参幕府，右武卫大将军使持节都督凉甘肃伊瓜沙等六州诸军事凉州刺史上柱国同安郡开国公（昭陵博物馆，2015）136。
		程知节	665	陕西礼泉	骠骑大将军益州大都督上柱国卢国公（中国文物研究所等，2000）57。
		李 震	665	陕西礼泉	梓州刺史赠使持节都督幽州诸军事幽州刺史，李勣之子（中国文物研究所等，2000）58。
		贺若贞亮	669	河南偃师	唐高宗心腹，奉驾大夫饶安公（赵君平等，2012）199-200。
		赵孝颙	675	陕西咸阳	雍州咸阳县延陵乡故人，义宁二年归附李唐（中国文物研究所等，2000）75。

续表

期别	身份类型	墓葬（主）	卒、葬年	葬地	身份
第一期	唐宗室及姻亲	独孤开远	642	陕西咸阳	左卫将军上开府考城县开国公,独孤信之孙(中国文物研究所等,2003)[20]。
		窦诞	648	陕西咸阳	工部尚书使持节都督荆州刺史驸马都尉上柱国莘安公(中国文物研究所等,2000)[33]。
		段蔺璧	651	陕西礼泉	邠国夫人(中国文物研究所等,2000)[35]。
		李恪	653	陕西西安	吴王李恪,优赐国公之仪葬于高阳原(西安市长安博物馆,2011)[62-63]。
		宇文脩多罗	660	陕西礼泉	赵王李福之妃(中国文物研究所等,2000)[49]。
		李知本	658	陕西西安	元皇帝之曾孙,蜀王湛之孙,渤海郡王奉慈弟二子(西安碑林博物馆,2007)[93-95]。
		独孤大惠	658	陕西咸阳	钟山县开国公万俟府君妻新城郡君独孤氏,曾祖独孤信(西安碑林博物馆,2014)[106-109]。
		彭国太妃	662	陕西富平	彭国太妃王氏(中国文物研究所等,2003)[30]。
		赵王李福	671	陕西礼泉	赠司空荆州大都督上柱国赵王(中国文物研究所等,2000)[71]。
	高层文官及将领	穆孝慜	625	陕西西安	骠骑将军行军总管穆君①(陕西省考古研究院等,2016)[46-49]。
		李思摩	647	陕西礼泉	即阿史那思摩,右武卫大将军赠兵部尚书,突厥达拔可汗孙(昭陵博物馆,2015)[68-69]。
		延陁	647	陕西礼泉	阿史那思摩妻统毗伽可贺敦延陁(昭陵博物馆,2015)[72-73]。
		达奚淑	652	未知	上柱国黔州都督十六州诸军事黔州刺史陈密公夫人达奚氏(西安碑林博物馆,2014)[85-88]。
		李氏	661	陕西西安	尚乘直长上柱国清河郡开国公杨元嗣夫人李氏(胡戟等,2012)[146-147]。
	前朝人士,唐朝迁葬	杨玄奖	631	陕西华阴	杨素之子(赵君平等,2012)[130]。
		王约	645	陕西西安	周故使持节甘宁二州史王公,子宣德郎、观州修武县令王武安(赵君平等,2012)[141-142]。
		冯恕	646	陕西户县	隋开府仪同三司平寇县开国公(西安碑林博物馆,2014)[72-73]。

---

① 穆孝慜(yìn),《长安高阳原新出土隋唐墓志》作"穆孝慜(zhēng)"。据墓志拓片可知穆孝慜当作"穆孝慜",更符合古人命名的习惯和寓意。

续表

期别	身份类型	墓葬（主）	卒、葬年	葬地	身份
第一期	前朝人士，唐朝迁葬	姜崇业	651	陕西西安	开皇末释褐汉王府功曹参军事，大业中授渤海饶安县令（胡戟等，2012）[96-97]。
		王恭	654	陕西咸阳	王恭卒于大业十三年，永徽五年与夫人合葬，并州太原人（中国文物研究所等，2000）[37]。
		尹畅	654	陕西西安	隋故戎安府鹰扬郎将正议大夫尹府君（西安市文物稽查队，2016）[40-41]。
		元氏	655	未知	隋郢县公夫人，曾祖元澄、祖元顺、父元迪（西安市文物稽查队，2016）[44-45]。
		杨岳	656	陕西西安	隋万年县令苍山县开国公（胡戟等，2012）[112-113]。
	其他	陆士季	639	陕西西安	太学博士弘文馆学士（胡戟等，2012）[70-71]。
		王宣	640	陕西西安	大唐故周岐州司户（西安碑林博物馆，2007）[68-70]。
		刘照壁	642	陕西西安	鸿胪寺兼掌蕃、太仆寺典厩署丞、东宫左虞候率府仓曹（西安碑林博物馆，2014）[59-60]。
		李毗	643	陕西西安	曾为玄都观道士（陕西省考古研究院等，2016）[54-55]。
		韦几原	647	陕西西安	象州使君第六子（中国文物研究所等，2015）[14]。
		王客卿	649	陕西西安	唐故朝议大夫赵州长史（胡戟等，2012）[88-89]。
		高昱	651	陕西礼泉	扬州大都督府兵曹参军，父高士廉（胡戟等，2012）[94-95]。
		董僧利	652	陕西西安	处士，地方豪强。①
		苏兴	653	陕西西安	登仕郎、仁勇副尉、直太史，德重官卑（中国文物研究所等，2003）[26]。
		席纶	654	河南洛阳	洛州河南县令，隆州新井县令（胡戟等，2012）[104-105]。
		杜怀让	654	陕西西安	始州阴平县令（胡戟等，2012）[108-109]。
		李玄济	654	陕西西安	纪王府主簿。曾祖、祖、父均是高官（西安碑林博物馆，2007）[78-81]。
		韩相国	655	陕西西安	弘州弘德县令韩府君（西安市文物稽查队，2016）[42-43]。
		赵瓒	657	陕西西安	廓州达化县令（西安碑林博物馆，2014）[102-105]。
		张弘	658	陕西西安	隋朝散大夫蔺二洛之妻（陕西省考古研究院等，2016）[60-61]。
		徐德	658	陕西西安	唐沂、果二州刺史徐府君（胡戟等，2012）[128-131]。
		辛谦	658	陕西西安	辛谦隋开皇十年卒，妻元氏贞观元年卒，显庆三年葬（西安碑林博物馆，2007）[88-89]。

---

① 西安市文物管理处：《董僧利墓清理简报》，《考古与文物》1991年第4期。

续表

期别	身份类型	墓葬（主）	卒、葬年	葬地	身　份
第一期	其他	柳雄亮	658	陕西西安	隋故黄门侍郎太子左庶子汝阳公（西安碑林博物馆，2014）[112-115]。
		皇甫绪	660	陕西凤翔	大随故枹罕郡主簿（西安碑林博物馆，2007）[106-108]。
		吕阿满	661	陕西西安	龙原府旅帅刘金光夫人吕氏（陕西省考古研究院等，2016）[66-67]。
第二期		陈法子	691	河南洛阳	周明威将军守右卫龙亭府折冲都尉，入仕唐朝的百济人（胡戟等，2012）[270-271]。
		樊策	692	山西永济	朝散大夫樊府君（运城市文物局，2012）[180-181]。
		李仙蕙	706	陕西乾县	永泰公主（中国文物研究所等，2000）[98]。
		上官婉儿	710	陕西咸阳	故婕妤上官氏。①
第三期	唐宗室及姻亲	薛儆	721	山西运城	银青光禄大夫驸马都尉上柱国汾阴郡开国公赠兖州都督（运城市文物局，2012）[182-183]。
		王内则	727	陕西咸阳	司空窦希瑊夫人，邠国夫人，窦希瑊是玄宗生母昭成皇后之兄弟（胡戟等，2012）[446-447]。
		李邕	727	陕西富平	赠荆州大都督嗣虢王。②
		李讷	729	陕西富平	皇堂叔祖故国子祭酒嗣韩王，李元嘉之子（中国文物研究所等，2003）[92]。
		李承乾	738	陕西礼泉	恒山愍王荆州诸军事荆州大都督（中国文物研究所等，2000）[116]。
		张去奢	747	陕西咸阳	少府监范阳县伯，妻玄宗女常芬公主（中国文物研究所等，2003）[116]。
		李琮	752	陕西西安	唐玄宗长子，赠靖德太子（胡戟等，2012）[582-583]。
	元从功臣（含建国元从及其后裔、唐元功臣）	李令问	730	陕西西安	参与先天二年政变，诛杀太平公主党羽，右散骑常侍宋国公（胡戟等，2012）[462-465]。
		申屠徵	739	山西长治	御侮副尉，曾祖申屠昇，国初以建义功，拜朝请大夫（西安碑林博物馆，2007）[419-420]。
		王守言	744	陕西西安	云麾将军左骁卫将军员外置同正员琅琊县开国公，唐元从（中国文物研究所等，2003）[106]。
		李忠义	749	陕西西安	云麾将军左龙武军将军、唐元从，死后诏葬（中国文物研究所等，2003）[124]。
		屈元寿	750	陕西西安	云麾将军右龙武军将军同正上柱国南浦县开国男，唐元从（中国文物研究所等，2003）[126]。

① 李明、耿庆刚：《〈唐昭容上官氏墓志〉笺释——兼谈唐昭容上官氏墓》，《考古与文物》2013年第6期。
② 陕西省考古研究院编著：《唐嗣虢王李邕墓发掘报告》，科学出版社，2012年，第39-41页。

续表

期别	身份类型	墓葬（主）	卒、葬年	葬地	身　份
第三期	内侍	冯君衡	729	陕西西安	其子高力士，墓志由张说撰文（中国文物研究所等，2003）[91]。
		高元珪	756	陕西西安	检校左威卫将军赠使持节陈留郡诸军事陈留郡太守上柱国（中国文物研究所等，2003）[138]。
	高层文官与将领	姚懿	715	河南陕县	唐故巂州都督赠吏部尚书姚公（中国文物研究所等，1994）[432]。
		颜氏	717	陕西咸阳	凉府都督窦府君夫人颜氏墓志，窦怀哲之妻（西安市文物稽查队，2016）[118-119]。
		王泰	723	陕西西安	乐平县开国侯，右监门卫将军（胡戟等，2012）[414-415]。
		翟六娘	727	陕西礼泉	右威卫大将军武威安安元寿妻，新息郡夫人（中国文物研究所等，2000）[110]。
		臧怀亮	730	陕西三原	冠军大将军左羽林军大将军上柱国东莞郡开国公（中国文物研究所等，2000）[113]。
		拓跋寂	737	陕西靖边	静边州都督赠灵州都督西平郡开国公（陕西省古籍整理办公室等，2015）[60]。
		贺睿	737	陕西西安	兵部尚书中书令右丞相太子太师修国史徐国公萧嵩夫人（胡戟等，2012）[488-489]。
		裴智	747	陕西西安	忠武将军行右龙武军朔府中郎将赐紫金鱼袋上柱国赠本军将军（赵君平等，2012）[673-674]。
	其他	宋度	715	三门峡	投笔陕郭，建功辽碣，制受君上护军（中国文物研究所等，2002）[1]。
		元郎	716	河南洛阳	解褐左卫长上，秩满，敕授绥州上县丞，夫人司马氏（胡戟等，2012）[382-383]。
		令狐小改	720	河南洛阳	前胜州榆关镇将、河南府河南县义新镇将（胡戟等，2012）[396-397]。
		杨贵	721	陕西西安	唐州方城县丞赠淄州司马，夫人王氏。①
		契苾夫人	721	陕西礼泉	昭陵陪葬墓，契苾何力之女（中国文物研究所等，2000）[107]。
		周严顺	728	河南洛阳	宣议郎行邵州司法参军薛府君夫人周氏（胡戟等，2012）[448-449]。
		唐聘	733	山东冠县	秦州陇城尉，青□临朐主簿（王思礼等，1991）[39]。
		司徒□臣	736	唐代潞州	志石四侧各饰2壸门，内饰十二生肖（西安碑林博物馆，2007）[406-407]。

---

① 陕西省考古研究院：《西安南郊唐代杨贵夫妇墓发掘简报》，《文物》2016年第11期。

续表

期别	身份类型	墓葬（主）	卒、葬年	葬地	身份
第三期	其他	韦通理	744	陕西西安	故朝请大夫扶风郡扶风县令韦公（陕西省考古研究院等，2016)184-187
		武夫人	747	陕西靖边	（陕西省古籍整理办公室等，2015)72
		韦英	750	陕西西安	通议大夫行仪王府司马上柱国武阳郡开国公（西安碑林博物馆，2007)475-477。
第四期	元从功臣及其后裔，多有在德宗时扈从奉天的经历或忠于皇室的举动	李镐	758	陕西西安	宁远将军守左金吾卫翊府中郎将上柱国，吐蕃入长安时战死（中国文物研究所等，2003)141。
		元璟	769	陕西西安	金紫光禄大夫颖王府司马上柱国，吐蕃攻入长安时被掳走（中国文物研究所等，2003)146。
		第五玄昱	777	陕西三原	并怀泽潞监军使元从镇军大将军行左监门卫大将军（中国文物研究所等，2000)127
		张涣	810	陕西西安	元从奉天定难功臣定远将军守左龙武军翊府中郎将（中国文物研究所等，2003)203。
		刘士准	850	陕西西安	唐兴元元从辅国大将军滕国公赠开府彭城郡刘公之子（中国文物研究所等，2003)260。
		崔颋	817	陕西西安	博陵县开国伯食邑七百户赐紫金鱼袋赠越州都督（西安市文物稽查队，2016)182-185。
		秦朝俭	817	陕西西安	开府仪同三司行左领军上将军致仕阳城郡王，赴奉天之难（中国文物研究所等，2003)216。
		姚承玼①	757	陕西西安	大燕故司农寺主簿姚府君墓志（西安市文物稽查队，2016)150-151
		牛敬福	766	山西壶关	潞州大都督府壶关县前任录事（西安碑林博物馆，2007)518-519。
		张恭②	774	山西长治	故朝散大夫，版授本县令，赐绯鱼袋（胡戟等，2012)624-625
	神策军使、内侍省、殿中省等官员	戴氏	836	陕西西安	左神策军副使太中大夫行内侍省内侍员外置同正员李公妻戴氏（中国文物研究所等，2003)235。
		刘漢俐	841	陕西西安	银青光禄大夫行内侍省内常侍上柱国彭城县开国子（中国文物研究所等，2003)244
		高克从	847	陕西西安	义昌军监军使正议大夫行内侍省掖庭局令上柱国赐绯鱼袋（中国文物研究所等，2003)252。
		段文绚	849	陕西西安	朝议郎守殿中省尚药丰御翰林供奉上柱国赐绯鱼袋（中国文物研究所等，2003)254。
		王怡政	854	陕西西安	正议大夫行内侍省宫闱局令员外置同正员（中国文物研究所等，2003)267。

---

① 据 http://dzmldcrzwqn.blog.sohu.com/241431961.html 所示图片补，2016 年 11 月 7 日 10：19 检索。
② 张恭墓志上的十二生肖位于志石四侧壸门，顺时针排列，志石下侧中部为马，此十二生肖形式明显不同于两京地区。

续表

期别	身份类型	墓葬（主）	卒、葬年	葬地	身份
第四期	财赋官僚	崔成简	819	陕西西安	剑南西川两道运粮使检校尚书户部员外郎兼侍御史韦羽夫人（胡戟等，2012）800-803。
	地方军事行政长官，或具有勋官身份，或为军人	郭乾	780	山西长治	唐故昭武校尉上柱国太原郭府君，夫人田氏（西安市文物稽查队，2016）160-162。
		畅庭诜	790	陕西富平	故游击将军上柱国京兆甘泉府折冲畅公①（西安市文物稽查队，2016）168-169。
		卫休晤	796	山西长治	宁远将军守左武卫朔府中郎将赐紫金鱼袋上柱国（西安市文物稽查队，2016）170-171。
		韦孟明	808	陕西西安	同州澄城县主簿韦府君（中国文物研究所等，2003）197。
		常氏	812	唐代潞州	左金吾卫陇洲临洧府折冲都尉员外置同正员上柱国张朝翼妻（胡戟等，2012）770-771。
		崔侹	828	陕西西安	前永州刺史萧公夫人（胡戟等，2012）822-823。
		贺从章	836	陕西西安	河阳军镇□押衙检校太子宾客贺晋之子（中国文物研究所等，2003）237。
		萧氏	852	陕西西安	长安县丞庾游方妻（陕西省古籍整理办公室等，2015）98。
		荆从皋	870	陕西西安	御史大夫充义昌军节度沧齐德等州观察处置使赠工部尚书（中国文物研究所等，2003）305。
		师弘礼	880	陕西西安	银青光禄大夫使持节资州诸军事守资州刺史兼安夷军使（中国文物研究所等，2003）323。
	处士	王氏	858	河北邯郸	时清夫人（中国文物研究所等，2004）122。

附表二　Aa 型 II 式墓志

期别	身份类型	墓葬（主）	年代	葬地	身份
第三期		韩忠节	742	三门峡	雁门县尉摄蔚州司马兼河东道支度营田铸钱判官（中国文物研究所等，2002）284。
		张去逸	748	陕西咸阳	玄宗母昭成皇后的亲外甥（中国文物研究所等，2003）120。
		桓执珪	748	陕西西安	义阳郡长史谯郡桓府君（陕西省考古研究院等，2016）194-197。
第四期	唐宗室及姻亲	宜都公主	803	陕西西安	柳昱之妻（中国文物研究所等，2003）186。
		李宙	816	陕西西安	故中大夫复州刺史嗣吴王，唐太宗五代孙（西安碑林博物馆，2014）477-479。

---

① 畅庭诜墓志言终于美阳乡里之私第，安厝于渌水南原。虽未直言葬地，但从上述两地来看，当在陕西富平县一带，或为陕西富平东北金粟山南美原。

唐代墓志纹饰中的十二生肖 · 237 ·

续表

期别	身份类型	墓葬（主）	年代	葬地	身份
第四期	唐宗室及姻亲	萧 佩	825	陕西西安	肃宗外孙，顺宗妃弟，相国萧复之子（西安碑林博物馆，2014）[503-505]。
		杜悰长女	840	陕西西安	工部尚书杜悰与唐宪宗女岐阳公主之长女（中国文物研究所等，2003）[243]。
		李言扬	841	陕西西安	唐敬宗皇帝第四子，母亲贵妃郭氏（西安市文物稽查队，2016）[206-207]。
		李彦藻	842	河南洛阳	云麾将军右骁卫将军上柱国分司东都，朗宁王子（胡戟等，2012）[886-887]。
		李 恂	844	陕西西安	宪宗皇帝第十子，母亲杜氏（西安市文物稽查队，2016）[208-209]。
		李 憺	853	陕西西安	茂王李憺，父宪宗皇帝，母赵氏（胡戟等，2012）[912-913]。
		李 沂	860	陕西西安	庆王李沂，宣宗第五子，母史氏（西安碑林博物馆，2007）[810-812]。
		李 滋	863	陕西西安	唐宣宗皇帝第四子，母亲吴氏（西安市文物稽查队，2016）[228-229]。
		宝应县主	871	陕西西安	代宗皇帝之孙，守司空循王遹之第八女（胡戟等，2012）[1000-1001]。
		李 汶	877	陕西西安	唐宣宗之子，康王（中国文物研究所等，2003）[317]。
	元从功臣及后裔（郭子仪家族、灵武扈从功臣、奉天定难元从等，参与平定安史之乱、二帝四王之乱者）	曹怀直	759	陕西西安	灵武扈从功臣，右龙武军大将军，父曹法智为唐元功臣（胡戟等，2012）[598-599]。
		程希诠	775	陕西西安	元从朝议大夫行内给事大盈库副使（中国文物研究所等，2003）[153]。
		马 璘	778	陕西西安	平定安史之乱，四镇北庭行营节度兼泾原颍郑等节度观察使、尚书左仆射、扶风郡王赠司徒。①
		梁昇卿	785	陕西西安	前左神武军使奉天定难功臣右卫大将军梁州元从兴□大将军（赵平，2000）[88]。
		郭 晞	795	陕西西安	郭子仪第三子，开府仪同三司检校工部尚书兼太子宾客上柱国赵国公赠兵部尚书（西安碑林博物馆，2014）[413-417]。
		李□倩	799	陕西西安	神策行营节度副使三军下营使兼都教练使。讨伐安禄山，德宗驻跸陕府，扈跸銮舆，后讨李怀光，身殁王事（西安碑林博物馆，2007）[596-597]。
		郭 珮	802	陕西西安	祖郭子仪，太子宾客赵国公赠兵部尚书郭晞之女（胡戟等，2012）[718-719]。

---

① 王育龙：《唐马璘墓志铭述考》，《文博》1997年第6期；王育龙、程蕊萍：《陕西西安新出唐代墓志铭五则》，荣新江主编：《唐研究》（第7卷），北京大学出版社，2001年，第445-456页；陕西省考古研究所编：《陕西新出土文物选粹》，重庆出版社，1998年，第120-121页。

续表

期别	身份类型	墓葬(主)	年代	葬地	身份
第四期	元从功臣及后裔（郭子仪家族、灵武扈从功臣、奉天定难元从等，参与平定安史之乱、二帝四王之乱者）	牛名俊	810	陕西西安	奉天定难功臣（胡戟等，2012）[756-757]。墓志十二生肖旁各有榜题。
		段 氏	811	陕西西安	元从朝请大夫守内侍省内常侍员外置同正员赠右监门卫将军阎公夫人段氏（西安碑林博物馆，2007）[631-633]。
		张威德山	811	陕西临潼	淄青节度监军使元从朝散大夫行内侍省内给事员外置同正员宋公夫人（胡戟等，2012）[760-761]。
		武士穆	812	陕西西安	左金吾卫大将军奉天定难功臣骠骑轻车都尉（西安碑林博物馆，2007）[634-635]。
		田 氏	817	陕西西安	司农寺太仓署令萧公夫人。祖田元超，陕州元从内常侍（中国文物研究所等，2003）[217]。
		祁宪直	831	陕西西安	兴元元从朝议郎行内侍省奚官局令员外置同正员（中国文物研究所等，2003）[227]。
		李敬实	860	陕西西安	军器使赠内侍，祖李唯宁，昔侍从德宗，有定难之功（中国文物研究所等，2003）[272]。
		尼那罗延	861	陕西西安	监勾当右神策军事右监门将军知内侍省事上柱国王希迁妻陈岫先，建中兵变，奉国玺赴行在（西安碑林博物馆，2014）[618-620]。
		郭 镠	877	陕西西安	郭子仪侄孙，兴州刺史（西安碑林博物馆，2014）[662-665]。
		韦 珏	877	陕西西安	兴州刺史郭镠的夫人（西安碑林博物馆，2014）[666-668]。
	内侍省官员及家族成员	祁日进	780	陕西西安	故内寺伯，充勃海使（中国文物研究所等，2003）[159]。
		刘忠让	822	陕西西安	上轻车都尉父刘超义，内侍省内常侍（胡戟等，2012）[808-809]。
		韩国信	825	陕西西安	内侍省内给事（陕西历史博物馆，2017）[132-134]。
		许遂忠	829	陕西西安	故内坊典内银青光禄大夫行内侍省内侍（中国文物研究所等，2003）[225]。
		杜英琦	830	陕西西安	鄜坊丹延等州节度监军、内侍省内给事员外置同正员（西安碑林博物馆，2014）[517-519]。
		姚存古	835	陕西西安	故功德使朝议大夫内侍省内常侍员外置同正员（中国文物研究所等，2003）[232]。
		梁守志	838	陕西西安	左神策军华原镇遏都知兵马使。梁守谦之弟（西安碑林博物馆，2014）[545-549]。
		刘文遂	841	陕西西安	内侍省掖庭局丞员外置同正员上柱国摄奚官局令（西安碑林博物馆，2014）[556-558]。
		似先义逸	850	陕西西安	内侍省内常侍员外置同正员兼掖庭局令，参与会昌伐叛（中国文物研究所等，2003）[261]。

续表

期别	身份类型	墓葬（主）	年代	葬地	身份
第四期	内侍省官员及家族成员	孟秀荣	852	陕西西安	振武麟胜等州监军使、内侍省内仆局丞员外置同正员（西安碑林博物馆，2007）[764-767]。
		刘氏	853	陕西西安	内侍省宫闱局令员外置同正员王怡政夫人刘氏（中国文物研究所等，2003）[264]。
		杨氏	853	陕西西安	内侍省内府局丞员外置同正员宗进兴妻杨氏（赵君平等，2012）[1013-1014]。
		王氏	854	陕西西安	内侍省掖庭局宫教博士员外置同正员梁公妻王氏（中国文物研究所等，2003）[265]。
		朱士幹	854	陕西西安	右武卫泾州兴教府别将上护军，兄内侍省内仆局令朱士伦（西安碑林博物馆，2014）[597-600]。
		宋伯康	861	陕西西安	内侍省掖庭局宫教博士员外置同正员上柱国赐绯鱼袋（中国文物研究所等，2003）[274]。
		杨居实	861	陕西西安	内侍省内府局丞（中国文物研究所等，2003）[276]。
		吴氏	861	陕西西安	教坊使紫服兼供奉官吕常侍妻吴氏（中国文物研究所等，2003）[279]。
		赵氏	863	陕西西安	□南监军使银青光禄大夫行内常侍吴德鄜妻（中国文物研究所等，2003）[283]。
		金氏	864	陕西西安	前知桂阳监将仕郎侍御史内供奉李璆之妻（中国文物研究所等，2003）[286]。
		王彦真	865	陕西西安	前染坊使中大夫行内侍省宫闱令上柱国赐紫金鱼袋（胡戟等，2012）[960-963]。
		吴德鄜	867	陕西西安	内侍省内常侍兼内谒者监致仕上柱国濮阳郡开国公（西安碑林博物馆，2007）[834-837]。
		魏文绍	868	陕西西安	故京西步驿使宣德郎行内侍省奚官局丞员外置同正员（中国文物研究所等，2003）[296]。
		韦氏	868	陕西西安	内侍省掖庭局宫教博士员外置同正员魏公夫人（中国文物研究所等，2003）[297]。
		魏孝本	869	陕西西安	殿前高班承务郎行内侍省内府局令员外置同正员（中国文物研究所等，2003）[301]。
		张叔遵	871	陕西西安	故朝请郎行内侍省掖庭局宫教博士上柱国（中国文物研究所等，2003）[308]。
		郭佐思	874	陕西西安	朝散郎行内侍省内府局令员外置同正员上柱国赐鱼袋。①

---

① 柳秀芳：《唐〈郭佐思墓志〉考释》，西安碑林博物馆编：《碑林集刊（13）》，陕西人民美术出版社，2008年，第74－79页。

续表

期别	身份类型	墓葬(主)	年代	葬地	身份
第四期	内侍省官员及家族成员	曹延美	876	陕西西安	振武监军使赠内侍杨公夫人谯郡曹氏。①
		周孟瑶	877	陕西西安	给事郎行内侍省掖庭局宫教博士员外置同正员(中国文物研究所等,2003)³¹⁸。
		刘　氏	901	陕西西安	宣徽鸡坊使朝散大夫行内侍省内府局令郭顺祐妻刘氏(中国文物研究所等,2003)³²⁵。
	高层文官、将领及其家人，地方行政军事长官	达奚珣	769	河南洛阳	先府君河南尹达奚公,夫人寇氏。②
		杨　绾	777	陕西西安	中书侍郎同平章事赠司徒杨府君。③
		曹惠琳	779	陕西西安	游击将军守左领军卫翊府郎将上柱国(中国文物研究所等,2003)¹⁵⁷。
		侯莫陈氏	791	陕西西安	银青光禄大夫吏部侍郎彭王傅赠太子少师会稽郡公徐浩夫人(胡戟等,2012)⁶⁸²⁻⁶⁸³。
		何邕妻李氏	797	陕西西安	故刑部郎中剑南东川租庸使庐江何邕妻(胡戟等,2012)⁷⁰²⁻⁷⁰³。
		氾慆妻张氏	798	陕西西安	蜀州别驾氾府君夫人清河郡君张氏(西安碑林博物馆,2007)⁵⁶⁷⁻⁵⁶⁹。
		孟　涉	800	陕西西安	赠扬府大都督孟府君(陕西省考古研究院等,2016)²²⁶⁻²²⁹。
		李　包	801	陕西西安	冠军大将军左武卫大将军兼御史大夫和政郡王(陕西省考古研究院等,2016)²³²⁻²³⁵。
		韦渠牟	801	陕西西安	太常卿赠刑部尚书(西安碑林博物馆,2014)⁴²⁸⁻⁴³¹。
		荆　肆	801	陕西西安	赵州林城县令张公夫人荆氏(中国文物研究所等,2003)¹⁸³。
		裴　郾	804	陕西西安	衢州刺史(胡戟等,2012)⁷²²⁻⁷²³。
		刘　源	807	陕西西安	幽州卢龙节度使刘怦之子,检校工部尚书行左武卫大将军兼御史大夫东莱郡王赠洪州都督(西安碑林博物馆,2014)⁴⁵³⁻⁴⁵⁶。
		孟　琳	808	陕西西安	大内皇城留守骠骑大将军行右威卫大将军兼御史中丞平昌郡王(胡戟等,2012)⁷⁴⁸⁻⁷⁴⁹。
		刘伯刍	817	陕西西安	通议大夫尚书刑部侍郎赐紫金鱼袋赠工部尚书(胡戟等,2012)⁷⁹²⁻⁷⁹⁵。
		卢　氏	835	陕西西安	赠工部尚书萧遇夫人赠范阳郡太君卢氏(西安碑林博物馆,2014)⁵³⁴⁻⁵³⁷。

① 王自力:《西安唐代曹氏墓及出土的狮形香薰》,《文物》2002年第12期。
② 洛阳市文物考古研究院:《洛阳唐代达奚珣夫妇墓发掘简报》,《洛阳考古》2015年第1期;赵菲菲:《唐达奚珣夫妇墓志考释》,《洛阳考古》2015年第1期。
③ 赵振华:《唐代宰相〈杨绾墓志〉跋》,杜文玉主编:《唐史论丛》(第21辑),三秦出版社,2015年,第212-219页。

续表

期别	身份类型	墓葬（主）	年代	葬地	身　　份
第四期	高层文官、将领及其家人，地方行政军事长官	杜偶	828	陕西西安	赠尚书右仆射杜缵长子,朝散大夫守殿中省尚食奉御(西安碑林博物馆,2014)[512-513]。
		李少赞	838	陕西咸阳	潮州刺史上柱国李少赞及夫人康氏(胡戟等,2012)[874-875]。
		李从易	838	陕西咸阳	广州刺史岭南节度观察处置等使袭魏郡开国公赠工部尚书(胡戟等,2012)[870-873]。
		史旻	839	陕西西安	礼部尚书左龙武军统军赠尚书左仆射杜陵史君及妻董媛(胡戟等,2012)[878-879]。
		韦楚望	851	陕西西安	潮州刺史。①
		契苾通	854	陕西咸阳	振武麟胜等军州节度观察处置蕃落兼权充度支河东振武营田等使(中国文物研究所等,2000)[133]。
		萧儹	856	陕西西安	光禄卿赠右散骑常侍(胡戟等,2012)[932-935]。
		田文雅	861	陕西西安	朝散大夫使持节昭州诸军事守昭州刺史上柱国(中国文物研究所等,2003)[273]。
		李朋	865	陕西西安	正议大夫守河南尹柱国赐紫金鱼袋赠礼部尚书(胡戟等,2012)[968-972]。
		陆逵	867	陕西西安	德州刺史(陕西省考古研究院等,2016)[274-277]。
		陈魴	870	陕西西安	前河东节度副使(胡戟等,2012)[992-993]。
		韩处章	876	陕西西安	银青光禄大夫左羽林大将军知军事兼御史中丞(胡戟等,2012)[1004-1007]。
		马国诚	876	陕西西安	左神策军崇信城镇遏都知兵马使(西安碑林博物馆,2007)[885-886]。
		左用	877	河北馆陶	左武卫大夫监察云麾将军(中国文物研究所等,2004)[138]。
		段琼	879	陕西西安	翰林供奉朝散大夫前守右千牛卫将军,医官家族(中国文物研究所等,2003)[321]。
		王季初	879	陕西西安	银青光禄大夫检校太子宾客守泾州长史兼侍御史(中国文物研究所等,2003)[322]。
		刘昭	880	陕西西安	右神策军兵马使押衙兼浙东三将判官、常州别驾(胡戟等,2012)[1014-1015]。
		郭顺	888	陕西彬县	靖难军节度都兵马兼押衙充丰义厢镇使、使持节潘州诸军事潘州刺史(中国文物研究所等,2000)[139]。

① 白艳妮:《新见〈唐潮州刺史韦楚望墓志〉考释》,《文博》2016年第6期。

续表

期别	身份类型	墓葬（主）	年代	葬地	身　份
第四期	财赋、技术官僚	魏日用	802	陕西泾阳	朝议郎行潞府仓曹参军赐绯鱼袋（西安碑林博物馆，2014）439-442。
		李　素	819	陕西西安	任职司天台，经历了代、德、顺、宪四朝皇帝（西安碑林博物馆，2007）785-786。
		陆　君	824	陕西西安	京兆府渭南县丞，高祖陆象先，曾任盐铁巡官等职务（西安碑林博物馆，2014）500-502。
		魏　式	831	陕西西安	凤翔等道巡覆军粮史判官殿中侍御史内供奉（陕西省考古研究院等，2016）252-253。
		严　愈	834	陕西西安	诸道盐铁巡官朝议郎试大理司直兼殿中侍御史严愈（西安碑林博物馆，2007）693-695。
	方镇使府僚佐	王　遂	822	陕西西安	左神策军华原镇马步都虞候儒林郎司农寺丞上柱国（胡戟等，2012）806-807。
		崔武妻温氏	830	陕西西安	泾原节度押衙兼监察御史崔公夫人温氏（西安碑林博物馆，2014）520-522。
		韦庆复	846	陕西西安	河东节度判官监察御史韦庆复及夫人裴棣（西安碑林博物馆，2014）576-579。
		马　虞	861	河北馆陶	魏博节度驱使官（中国文物研究所等，2004）126。
		李季平	865	陕西西安	左神策军蓝田镇马步都虞候朝散大夫检校太子宾客（西安市文物稽查队，2016）230-231。
		李审规	874	陕西西安	振武节度押衙（中国文物研究所等，2003）313。
		费　氏	871	陕西西安	广州都督府长史陈君妻（陕西省考古研究院等，2016）282-283。
		王幼虞	876	陕西乾县	泾原节度押衙知进奏（中国文物研究所等，2003）315。
		李　绰	888	陕西西安	前义成军节度推官、试协律郎杜光乂夫人（西安市文物稽查队，2016）247-249。
	其他	王惟诚	806	河北清河	贝州漳南县丞摄历亭县令（中国文物研究所等，2004）100。
		裴　氏	808	陕西西安	韦告成妻裴氏（胡戟等，2012）752-753。
		赵昇朝	811	不详	朝议郎试太子通事舍人上柱国（胡戟等，2012）758-759。
		张　瑜	812	陕西西安	昭武校尉守左威卫河南府郑鄩府折冲都尉左金吾卫宿卫张君（胡戟等，2012）766-767。
		马考颜	813	山西上党	（西安碑林博物馆，2007）640-641。
		王　氏	816	河北大名	刘其云妻王氏（中国文物研究所等，2004）104。
		柳　寔	818	陕西西安	杭州盐官县丞（胡戟等，2012）796-797。
		王　通	823	河北大名	王通与夫人张氏合祔墓志（中国文物研究所等，2004）106。

续表

期别	身份类型	墓葬（主）	年代	葬地	身　份
第四期	其他	班縡	825	陕西西安	国子监太学博士。户部尚书萧国公班宏之子（陕西省考古研究院等，2016）[240-243]。
		李　氏	821	陕西西安	右领军卫兵曹吴弘简妻（西安碑林博物馆，2007）[661-663]。
		第五修	826	陕西西安	游击将军守右金吾卫翊府左郎将，历事数帝，登朝累年（西安碑林博物馆，2007）[667-669]。
		王　涓	818	陕西西安	朝议郎行司农寺导官署令直殿中省尚辇局上柱国（中国文物研究所等，2003）[220]。
		崔　氏	821	陕西西安	太府寺主簿杜俀夫人崔氏（西安碑林博物馆，2014）[489-492]。
		王　氏	826	陕西西安	泗州涟水县丞郑侑妻王氏（陕西省考古研究院等，2016）[244-245]。
		崔　氏	833	陕西西安	京兆府美原县令相里弘妻崔氏（西安碑林博物馆，2014）[525-528]。
		王　柔	835	陕西西安	清源县君王柔（西安碑林博物馆，2014）[531-533]。
		史从及	842	陕西西安	朝议郎行太府寺丞上柱国，阿史那社尔六代孙（西安碑林博物馆，2014）[559-562]。
		严　愈	843	陕西西安	太子中舍人（西安碑林博物馆，2007）[725-728]。
		郭府君	843	陕西泾阳	御侮副尉、昭武校尉、温汤府折冲、永乐府折冲。窦泉府折冲（胡戟等，2012）[890-891]。
		严厚本	844		朝议大夫尚书司封郎中（西安市文物稽查队，2016）[210-213]。
		宋元质	844	陕西西安	朝散大夫守明州司马上柱国。①
		田夫人	844	陕西泾阳	正议大夫行夔州长史兼侍御史夫人（胡戟等，2012）[892-893]。
		张　渐	845	陕西西安	仗内教坊第一部供奉赐紫金鱼袋（中国文物研究所等，2003）[249]。
		吕翁归	846	陕西西安	京兆府法曹参军东平吕府君（胡戟等，2012）[894-895]。
		赵　群	849	陕西西安	正议大夫行衢王府谘议参军上柱国（中国文物研究所等，2003）[255]。
		李涣妻裴俶	849	陕西西安	朝请郎行河南府河南县丞充集贤殿校理李涣之妻（西安碑林博物馆，2014）[586-589]。
		周　涯	850	陕西西安	朝请郎前守太原府司录参军（西安碑林博物馆，2014）[590-592]。
		韩　复	851	陕西西安	通议大夫守太子左庶子上柱国（西安碑林博物馆，2014）[593-596]。

① 邰紫琳：《唐代守明州司马宋元质墓志考略》，《文博》2016年第5期。

续表

期别	身份类型	墓葬（主）	年代	葬地	身　　份
第四期	其他	崔广儿	851	陕西西安	祖崔萧公,户部尚书,赠太子太傅；父崔岩,内供奉(胡戟等,2012)⁹⁰⁸⁻⁹⁰⁹。
		傅　氏	852	河北大名	武成郡韩坚夫人傅氏(中国文物研究所等,2004)¹¹⁷。
		郑　佶	853	陕西西安	兴元府南郑县尉(陕西省考古研究院等,2016)²⁷⁰⁻²⁷¹。
		万　据	855	陕西西安	(陕西省考古研究院等,2016)²⁷²⁻²⁷³。
		李　氏	856	陕西西安	京兆蓝田尉崔(王业)夫人李氏(胡戟等,2012)⁹³⁸⁻⁹³⁹。
		韦　氏	858	陕西西安	雅王府参军李公夫人。夫人之姑为穆宗宣懿皇后韦氏(胡戟等,2012)⁹⁴⁴⁻⁹⁴⁵。
		赵夫人	858	河北定县	清河张从鏻母故赵夫人(胡戟等,2012)⁹⁴²⁻⁹⁴³。
		狄玄憝	862	陕西西安	(中国文物研究所等,2003)²⁸⁰。
		长孙仿	862	陕西西安	绵州魏城县令(胡戟等,2012)⁹⁵⁸⁻⁹⁵⁹。
		王太真	863	陕西西安	前杭州长史兼监察御史唐思礼妻(中国文物研究所等,2003)²⁸¹。
		翟庆全	865	陕西西安	故右街使押衙试金吾卫长史(中国文物研究所等,2003)²⁸⁸。
		张　婧	867	河南洛阳	检校太子宾客兼监察御史杨鋋夫人(胡戟等,2012)⁹⁸⁰⁻⁹⁸¹。
		张　氏	869	陕西西安	朝议郎前行秘书省秘书郎庚慎思母(胡戟等,2012)⁹⁹⁰⁻⁹⁹¹。
		冯　铸	869	陕西西安	调授秘书省秘书郎(胡戟等,2012)⁹⁸⁸⁻⁹⁸⁹。
		杨　氏	870	陕西西安	边諴夫人(中国文物研究所等,2003)³⁰³。
		孙师从	870	陕西西安	朝散大夫庆陵台令上柱国乐安孙府君(胡戟等,2012)⁹⁹⁴⁻⁹⁹⁵。
		公孙氏	871	河南荥阳	王府君夫人。①
		田　厚	871	陕西西安	湖州军事衙推乡贡进士田公。②
		骆　氏	871	陕西西安	故前集州衙推狄府君夫人(中国文物研究所等,2003)³⁰⁶。
		王知信	871	陕西西安	朝散大夫守卫尉卿兼御史中丞。曾祖王武俊、父王承宗(西安碑林博物馆,2014)⁶³⁵⁻⁶³⁷。
		赵　氏	871	陕西西安	前凤翔麟游县令李钦说妻赵氏(西安碑林博物馆,2014)⁶³⁸⁻⁶⁴⁰。
		裴　瑾	880	河南偃师	将仕郎前守秘书省正字夏侯淑之妻(胡戟等,2012)¹⁰¹⁶⁻¹⁰¹⁷。

① 郑州市文物考古研究院、荥阳市文物保护管理所:《荥阳后王庄唐墓发掘简报》,《中原文物》2007年第6期。
② 吴纲主编:《隋唐五代墓志汇编·陕西卷(第四册)》,天津古籍出版社,1991年,第161页。

附表三 Aba 型墓志

期别	墓葬（墓主）	卒、葬年	葬地	身　　份
	樊六姑	752	山东临清	憻修梵行（西安碑林博物馆，2014）683-685。
第四期	杜氏	829	陕西西安	忻州别驾上柱国赐紫金鱼袋赵晋妻杜氏（西安碑林博物馆，2014）514-516。
	司马俢	836	陕西西安	左羽林军通直宣威将军守右卫勋贰府中郎，元从功臣之后（中国文物研究所等，2003）234。
	许氏夫人	844	河北邯郸	（中国文物研究所等，2004）114
	元昇进①	845	陕西陇县	陇州防御同十将宁远将军守左威卫慈州平昌府左果毅都尉员外置同正员（故宫博物院等，2015）62-63。
	潘府君	849	河北邯郸	（中国文物研究所等，2004）115
	何弘敬②	865	河北大名	魏博节度开府仪同三司检校太尉兼中书令魏州大都督府长史充魏博观察处置等使上柱国楚国公食邑三千户食实封一百户赠太师（中国文物研究所等，2004）128。
	程谊成夫人	879	河北大名	（中国文物研究所等，2004）139
	许和	891	山东冠县③	（王思礼等，1991）143

附表四 Abb 型墓志

期别	墓葬（主）	卒、葬年	葬地	身　　份
第三期	郭文喜	750	陕西西安	云麾将军左龙武军将军，唐元功臣（西安碑林博物馆，2007）473-474。
第四期	陆长真	814	陕西西安	父朝议大夫行殿中省尚辇奉御（西安碑林博物馆，2014）469-470。
	王承宗季女	829	陕西岐山④	成德军节度使尚书左仆射赠侍中王承宗之季女（西安碑林博物馆，2007）675-677。
	张荣恩	835	陕西西安	观鸟隼而千里知其驯，察鸷羽而知其掌中异，皇帝的驯鸟师（中国文物研究所等，2003）230。
	贾温	835	陕西西安	右神策军衙前正将专知两市回易（中国文物研究所等，2003）231。
	李元简	837	三门峡	（中国文物研究所等，2002）292

① 元昇进墓志盖四杀为四神，志文四侧为著冠袍服持笏十二生肖，坐姿，间以汉字十二辰。
② 何弘敬墓志盖文顶面正中各为一神兽之首，四杀为四神及云纹；四杀交角处为双翼神牛天马衔硕蝠，志文四侧为十二龛，龛内为著袍服持笏状生肖。
③ 许和墓志四神形象与常见者异。志文四侧为十二生肖，人首人身，双手合抱一物。
④ 王承宗季女墓志盖饰四神，略质朴，十二生肖位于志石四侧，人首人身，头冠立动物生肖，手持笏板，坐于方形毡或毯之上。

续表

期别	墓葬（主）	卒、葬年	葬地	身份
第四期	卢懿范	867	陕西西安	承奉郎前京兆三原县主簿崔浩妻（西安碑林博物馆，2014）630-632。
	朱赡	867	河南淮阳	（中国文物研究所等，2002）107。
	裴滈	874	焦作博爱	平庐军节度副使检校国子博士兼侍御史赐绯鱼袋裴府君。①
	韩恭	913	河南洛阳	后梁朱温受禅，预神谋，佐鸿业，开平三年遂拜宿州牧，绛州刺史，沧州马步都指麾使，检校司徒昌黎郡开国子韩恭（胡戟等，2012）1048-1049。
	申鄂	937	河南偃师	晋故金紫光禄大夫检校户部尚书右千牛卫将军兼御史大夫上柱国（赵君平等，2012）1097。
	牛存节	970	河南洛阳	梁故天平军节度使郓曹齐棣等州观察处置等使检校太尉同中书门下平章事赠太师。山东青州人，但先依河阳节度使诸葛爽，后依附朱温（胡戟等，2012）1062-1063。

附表五 Ba 型 Ⅰ 式墓志

期别	墓葬（主）	卒、葬年	葬地	身份
第二期	王氏	695	陕西靖边	康氏妻王氏（故宫博物院等，2015）16-17。
	王诠	696	陕西靖边	夏州故处士骁骑尉王（故宫博物院等，2015）19。
	徐买	696	内蒙古乌审旗	上柱国徐公（故宫博物院等，2015）17-18。
	武徵	696	内蒙古乌审旗	定远将军行并州昊陵开明镇将上柱国（故宫博物院等，2015）18-19。
	张德	697	陕西靖边	大周故上柱国张公（故宫博物院等，2015）20-21。
	冯颙	697	陕西西安	大周宁远将军守右卫中郎检校甘州刺史刘玄意妻（西安市文物稽查队，2016）104-105。
	安旻	697	陕西靖边	河西凉州大族，父勋，唐上护军（故宫博物院等，2015）20。
	梁才	700	内蒙古乌审旗	祖达，隋沙州长史。父荣，随兰州金城令（故宫博物院等，2015）22-23。
	李贤	706	陕西乾县	雍王、章怀太子（中国文物研究所等，2000）99。
	辛节	708	陕西靖边	陪戎校尉辛公（故宫博物院等，2015）25-26。
	李延祯	709	河南偃师	李嗣本第四子，垂拱元年卒，709 年由其二兄李延祖迁葬。②
	权通	709	陕西靖边	唐故上骑都尉权公（故宫博物院等，2015）27。

---

① 张丽芳、杨振威、罗火金：《唐代东眷裴氏裴滈墓志考》，《中原文物》2016 年第 5 期。
② 中国社会科学院考古研究所河南第二工作队：《河南偃师杏园村的两座唐墓》，《考古》1984 年第 10 期。

续表

期别	墓葬（主）	卒、葬年	葬地	身　　份
第二期	牛　兴	710	陕西靖边	上柱国牛公（故宫博物院等，2015）[28]。
	李　度	710	山西长治	祖李政为晋阳元从，李度上柱国，授折冲府校尉。①
	王　最	712	陕西靖边	夫人田氏（故宫博物院等，2015）[29]。
第三期	侯莫陈思义	714	甘肃宁县	朝请大夫上柱国同州白水县丞（胡戟等，2012）[376-377]。
	贾　璥	715	北京大兴	奉敕本州经略军部伍，任虞候判官。②
	郭　逸	715	陕西靖边	游击将军郭公（中国文物研究所等，2000）[104]。
	程　最	717	河南孟县	处士。③
	任　珪	718	陕西靖边	河源军长史护军（中国文物研究所等，2015）[51]。
	赵君妻成果	725	陕西陇县	唐陇州吴山县令赵君故夫人（西安碑林博物馆，2007）[343-345]。
	马文静	732	陕西靖边	左卫亲卫上柱国扶风马府君（故宫博物院等，2015）[36-37]。
	裴光庭	733	山西运城	侍中兼吏部尚书赠太师裴君。④
	席子产	739	河南孟县	中州长史上柱国袭乌氏郡安定席公。此据北京大学图书馆洛阳出土九朝墓志展览。
	杨洪素	745	陕西靖边	畜养是资，以躬耕自守。乡党流誉，闾里钦风（故宫博物院等，2015）[42]。
	陈思礼	750	山西长治	建国元从、通议大夫陈表之曾孙，上柱国（赵君平等，2012）[707]。
第四期	冯昭迁	773	山西长治	昭武校尉守汾州介休府折冲都尉上柱国（张希舜等，1991）[137]。
	李　诗	775	北京房山	唐归义都督府都督李诗及夫人张氏。⑤
	韩　侹	869	江苏扬州	淮南节度讨击使银青光禄大夫检校太子宾客上柱国（王思礼等，1991）[125]。
	雷　况	896	陕西韩城	（故宫博物院等，2015）[70-71]。
	吴　元	唐	山西长治	（胡戟等，2012）[1038-1039]

---

① 长治市博物馆：《长治市西郊唐代李度、宋嘉进墓》，《文物》1989年第6期。
② 刘丽玲：《唐贾氏家族墓志简析》，《北京文博》2006年第2期。
③ 焦作市文物工作队、孟县博物馆：《河南孟县堤北头唐代程最墓发掘简报》，《中原文物》1995年第4期。
④ 赵振华：《唐裴光庭墓志与武氏墓志研究》，《故宫博物院院刊》2016年第1期。
⑤ 王策：《〈唐归义王李夫君夫人清河张氏墓志〉考》，《北京文物与考古》（第6辑），民族出版社，2004年，第167-192页。

附表六　Ba 型 II 式墓志

期别	墓葬（主）	卒、葬年	葬地	身份
第三期	郭君	733	北京海淀	唐建国元从后裔,迁居到燕,为蓟地豪强(北京石刻艺术博物馆等,2003)[4]。
	张九龄	741	广东韶关	尚书右丞相赠荆州大都督始兴公。
	王徽	754	北京海淀	开元观道士(北京石刻艺术博物馆等,2003)[5]。
	董晋	749	河南陕县	唐建国元从之后裔(中国文物研究所等,2002)[285]。
第四期	尚公	756-763	河北定县	安史集团核心人物之一(中国文物研究所等,2004)[149]。
	吕怀俊	763	山西和顺	故中大夫赵王府谘议参军(张希舜等,1991)[131]。
	阳氏	766	北京丰台	田公夫人(北京石刻艺术博物馆,2003)[8]。
	张奉璋	769	山西太原	河东节度右厢兵马使开府仪同三司试太常卿文安郡王(张希舜等,1991)[133]。
	张文绪	769	山西太原	唐守陇右西使左八监(张希舜等,1991)[134]。
	刘公	771	河北怀来	拜鸿胪卿知良乡县防捍将,兼四将都总(中国文物研究所等,2004)[89]。
	赵悦	777	北京丰台	(北京石刻艺术博物馆等,2003)[9]。
	张光祚	777	河北涿州	殿中监,勃海使,节度留后押牙(中国文物研究所等,2004)[91]。
	张嘉庆	779	山西太原	开府仪同三司试太常卿,参与对吐蕃、仆固怀恩的战争(张希舜等,1991)[138]。
	刘如泉	783	北京房山	开府仪同三司试太常卿兼左金吾卫大将军上柱国(北京石刻艺术博物馆等,2003)[12]。
	杨育①	784	陕西华阴	中散大夫试殿中大监本州镇国军防御使押衙赐紫金鱼袋上柱国(赵君平等,2012)[796-797]
	舍利石铁	790	山西太原	□□节度先锋马军兵马副使、狄道郡王(张希舜等,1991)[143]。
	冯承宗	790	陕西彬县	正议大夫行绥州别驾充本州团练蕃落等副使,死于兴元之难(中国文物研究所等,2000)[129]。
	东方海	793	陕西扶风	子左赞善大夫兼博州司马。②
	孙如玉	798	北京通州	平州卢龙府折冲都尉(北京石刻艺术博物馆,2003)[15]。
	梁守让	799	河北易县	朝散大夫淮安郡文学梁公墓志(中国文物研究所等,2004)[97]。

---

① 杨育志盖篆书"大唐故阳府君墓志铭",杨育墓志装饰的 Ba 型 II 式十二生肖,常见于幽州一地,考虑到幽州活跃着阳氏家族,不排除杨育为幽州阳氏,迁徙华阴的可能。加之志文中提及杨育在安史之乱中参与收复两京,于兴复李唐有功,后收复华州,与建国元从、奉天之从身份相似。
② 汪玉堂、张程:《唐东方海墓志考释》,西北大学文化遗产研究与保护技术教育部重点实验室等编:《西部考古》(第 13 辑),科学出版社,2017 年,第 223－229 页。

续表

期别	墓葬（主）	卒、葬年	葬地	身份
第四期	段岩	803	河北涿州	幽州节度步军将兼涿州马步都虞候（中国文物研究所等，2004）⁹⁸。
	史光	808	北京房山	累有辟命而坚辞不起（北京石刻艺术博物馆，2003）¹⁷。
	和元烈	816	北京丰台	故衙前散将游击将军守朔府中郎将（北京石刻艺术博物馆，2003）¹⁹。
	徐超	816	陕西华阴	华州镇国军防城兵马使奉天定难功臣云麾将军守左金吾卫大将军（胡戟等，2012）⁷⁹⁰⁻⁷⁹¹。
	陶氏	827	北京丰台	卢龙征马使游击将军守左武卫大将军赐紫金鱼袋曹朝宪夫人陶氏。①
	苏子矜	844	河北宣化	雄武押衙云麾将军守左金吾卫大将军。②
	华封舆	847	北京海淀	幽州节度两蕃副使（北京石刻艺术博物馆，2003）²⁹。
	赵进诚	855	陕西潼关	奉天定难功臣上柱国赵兴之子（中国文物研究所等，2004）¹³⁴
	郭君	862	山西汾阳	妻韩氏（张希舜等，1991）¹⁶⁵。
	杨少恒	870	河北宣化	故节度要籍试太常寺奉礼郎摄雄武军兵曹参军弘农郡杨公。③
	白敬宗	879	陕西韩城	山西太原人，白居易是白敬宗的父辈人（中国文物研究所等，2000）¹³⁸。

附表七　Bb型墓志

期别	墓葬（主）	卒、葬年	葬地	身份
第四期	吴金	788	北京海淀	长子为幽州永清尉、兼都麾掌记（北京石刻艺术博物馆等，2003）¹⁴。
	蔡雄	803	北京房山	银青光禄大夫行瀛州别驾莫州刺史上柱国申国公（北京石刻艺术博物馆等，2003）¹⁶。
	李洪	816	北京海淀	蓟州司仓参军，高宗皇帝之孙，邠王之少子（北京石刻艺术博物馆等，2003）²⁰。
	艾演	837	北京通州	幽州潞县丞。④
	王时邕	846	北京丰台	幽州节度押衙银青光禄大夫检校太子宾客兼监察御史（北京石刻艺术博物馆等，2003）²⁷。
	蔡氏	846	北京西城	银青光禄大夫太子宾客监察御史殿中侍御史节度押牙宋君之妻（北京石刻艺术博物馆等，2003）²⁸。

---

① 北京市文物研究所：《北京近年发现的几座唐墓》，《文物》1992年第9期。
② 张家口市宣化区文物保管所：《河北宣化纪年唐墓发掘简报》，《文物》2008年第7期。
③ 张家口市宣化区文物保管所：《河北宣化纪年唐墓发掘简报》，《文物》2008年第7期。
④ 尚珩、金和天：《北京市通州区唐开成二年幽州潞县丞艾演墓》，《考古》2019年第2期。

续表

期别	墓葬（主）	卒、葬年	葬地	身　份
第四期	王公淑	852	北京海淀	幽州节度判官兼殿中侍御史银青光禄大夫检校太子宾客卢龙节度留后营府都督柳城军使平州诸军使平妫等州刺史上柱国（北京石刻艺术博物馆等，2003）[26]。
	周璵	856	北京丰台	故平州刺史卢龙节度留后，夫人刘氏。①
	张建章	867	北京德胜门	幽州卢龙节度押奚契丹两蕃副使摄蓟州刺史。②
	张氏	868	河北沧县	义昌军后院军头□彭城刘元政夫人张氏（中国文物研究所等，2004）[136]。
	赵从一	868	北京海淀	幽州节度押衙银青光禄大夫检校太子宾客兼监察御史上柱国（北京石刻艺术博物馆等，2003）[32]。
	温令绶	874	北京海淀	幽州节度衙前讨击副使太中大夫试殿中监（北京石刻艺术博物馆等，2003）[34]。
	窦氏	879	北京海淀	高道王尚準夫人窦氏（北京石刻艺术博物馆等，2003）[36]。
	茹弘庆	880	北京海淀	……亲事兵马使充使宅将副将（北京石刻艺术博物馆等，2003）[37]。
	刘钤	888	北京丰台	妫州刺史充清夷军营田等使朝散大夫检校尚书司封郎中摄御史中丞上柱国赐紫金鱼袋。③
	张 公	唐	北京	张公之铭盖（北京石刻艺术博物馆等，2003）[39]。
	刘府君	唐	北京	刘府君合祔墓志（北京石刻艺术博物馆等，2003）[39]。
	刘府君	唐	北京海淀	刘府君墓志铭盖（北京石刻艺术博物馆等，2003）[40]。
	纪 公	唐	北京海淀	纪公墓铭盖（北京石刻艺术博物馆等，2003）[40]。
	李 公	唐	北京昌平	李公墓志盖（北京石刻艺术博物馆等，2003）[41]。
	杨 公	唐	北京房山	杨公墓志盖（北京石刻艺术博物馆等，2003）[41]。

---

① 北京石刻艺术博物馆编：《北京石刻艺术博物馆馆藏墓志拓片精选》，北京燕山出版社，2012年，第20－21页。
② 魏存成：《渤海考古》，文物出版社，2008年，第299－300页。
③ 鲁晓帆：《唐刘钤墓志考释》，《北京文博》2012年第3辑。

唐代宫廷用瓷源流考*

项坤鹏

(故宫博物院)

一、前　　言

　　唐代对瓷器的使用开始广泛起来,中晚唐李肇《国史补》卷下《货贿通用物》载:"内丘白瓷瓯,端溪紫石砚,天下无贵贱通用之。"①瓷器已经成为宫廷器用之一,越窑、定窑、邢窑等窑场的产品当时均在宫廷中出现过。由此,唐代宫廷用瓷的来源途径以及流散方式等问题,成为了值得研究的对象。刘兰华曾著有《唐宋以来宫廷用瓷的来源与烧造》一文,该文主要就唐代到明清时期宫廷用瓷的来源与烧造情况进行了讨论,认为"元代以前,国家尚无专门烧造御器的窑场,宫廷用瓷主要来源于民窑",而宫廷获取瓷器的方式有"贡奉"和"派造"两种。②另外,王光尧在《唐宋时期的贡瓷与瓷业税》一文中述及了唐代贡瓷的情况,提出了唐代进贡中央的瓷器是被地方州府购买后作为应纳赋税的一部分进贡给中央的观点。③关于唐代宫廷用瓷的来源及流散情况,均非两文讨论的重点。本文即在前人研究的基础上,就这一问题进行具体讨论。

二、唐代宫廷瓷器来源方式

　　检索相关文献和考古发掘资料可知,唐代一些瓷器自被生产出后,即通过土贡、进奉、宣索等途径进入宫廷之中。

　　土贡是唐代宫廷瓷器的来源方式之一,其起源可追溯至夏代,语出孔安国《书·禹贡》序:"禹别九州,随山浚川,任土作贡。"最初贡、赋不分,至汉代才有区别。④经过历代王朝的发展和完善,至唐、五代时,土贡制度臻于完备。《通典》载:"天下诸郡,每年常贡。"注曰:"诸郡贡献,皆取当土所出,准绢为价,不得过五十匹,并以官物充市。所贡至

---

* 本文为故宫博物院课题"唐、五代宫廷瓷器来源方式探析"(课题编号:KT2014-04)研究成果。
① (唐)李肇:《国史补》卷下《货贿通用物》,上海古籍出版社,1979年。
② 刘兰华:《唐宋以来宫廷用瓷的来源与烧造》,《中原文物》1996年第2期。
③ 王光尧:《中国古代官窑制度》,紫禁城出版社,2004年。
④ 参见尤洪辉、齐田兵:《中国古代土贡制度发展史初探》,《齐齐哈尔师范高等专科学校学报》2008年第3期。

薄,其物易贡。"①《新唐书》卷五一《食货志》云:"州府岁市土所出为贡,其价视绢之上下,无过五十匹。异物、滋味、口马、鹰犬,非有诏不献。有加配,则以代租赋。"②从制度上规定唐初进贡的物种为"当土所出",并对进贡的数额有了明确的规定。贡物的种类很多,包括丝织品、药品、日常生活用品、食品、工艺品和珍禽异兽等,③瓷器也在其中。《新唐书·地理志》载:"河南府河南郡,本洛州,开元元年为府。土贡:文绫、缯、縠、丝葛、埏埴盎缶、苟杞、黄精、美果华、酸枣。"④"虢州弘农郡……土贡……瓦砚……邢州钜鹿郡,上。本襄国郡,天宝元年更名。土贡:丝布、磁器、刀、文石。户七万一百八十九,口三十八万二千七百九十八。县八"。⑤又"越州会稽郡,中都督府。土贡:宝花、花纹等罗、白编、交梭、十样花纹等绫、轻容、生縠、花纱、吴绢、丹沙、石蜜、橘、葛粉、瓷器、纸、笔……"。⑥明确记载了河南府、邢州及越州土贡瓷器之事。此外,1977年上林湖吴家溪出土了唐光三年(887年)凌倜墓志罐,上刻"中和五年岁在乙巳,三月五日终于明州慈溪县上林乡……光启三年岁在丁未二月五日殡于当保贡窑之北山"。⑦一般来说,唐时官府收购的作为贡品的土产多是由特定的贡户生产。⑧元稹《织妇词》云:"缲丝织帛犹努力,变缉撩机苦难织。东家头白双女儿,为解挑纹嫁不得。"自注云:"予掾荆时,目击贡绫户有终老不嫁之女。"⑨这种"贡绫户"就是各州土贡纺织品的织造者,由"贡户"联想到"贡窑",再结合前文越窑土贡瓷器的文献记载,可以推测上林湖吴家溪青瓷罐形墓志上的"贡窑"极有可能与当时瓷器土贡之事有关。

  进奉是方式之二。卢兆荫在《从考古发现看唐代的金银"进奉"之风》文中指出,"进奉是指中央和地方高级官僚向皇帝的额外贡献",⑩是指"非租庸正额者"。⑪进奉与土贡有所区别,土贡一般来说限类限额,定期定量,而进奉则不然。《旧唐书》卷一〇五《王鉷传》载:"古制,天子六宫,皆有品秩高下,其俸物因有等差。唐法沿于周、隋,妃嫔宫室,位有尊卑,亦随其品而给授,以供衣服铅粉之费,以奉于宸极。玄宗在位多载,妃御承恩多赏赐,不欲频于左右藏取之。鉷探旨意,岁进钱宝百亿万,便贮于内库,以恣主恩赐赉。鉷云:'此是常年额外物,非征税物。'玄宗以为鉷有富国之术,利于王用,益厚待之。"⑫此事被视为唐朝真正意义上的进奉之始。⑬进奉的主体主要包括藩镇节度使、观察使、刺史、中央财政官员等,进奉物品主要包括丝绢布帛、钱币珠宝、金银器物、马匹药材等。考古发

---

① (唐)杜佑:《通典》卷六《食货六》,中华书局,1981年,第34页。
② 《新唐书》卷五一《食货志》,中华书局,1975年,第1344页。
③ 张仁玺:《唐代土贡考略》,《山东师大学报(社会科学版)》1992年第3期。
④ 《新唐书》卷三八《地理志》,第982页。
⑤ 《新唐书》卷三九《地理志》,第1013页。
⑥ 《新唐书》卷四一《地理志》,第1060页。
⑦ 厉祖浩编著:《越窑瓷墓志》,上海古籍出版社,2013年,第27页。
⑧ 王永兴:《唐代土贡资料系年——唐代土贡研究之一》,《北京大学学报(哲学社会科学版)》1982年第4期。
⑨ (唐)元稹撰:《元稹集》卷二三《织妇词》,中华书局,1982年,第260页。
⑩ 卢兆荫:《从考古发现看唐代的金银"进奉"之风》,《考古》1983年第2期。
⑪ 《新唐书》卷五一《食货志》(第1346页)载:"非租庸正额者,积百宝大盈库,以供天子燕私。"
⑫ 《旧唐书》卷一〇五《王鉷传》,中华书局,1975年,第3229页。
⑬ 李锦绣:《唐代财政史稿》(第五册),社会科学文献出版社,2007年,第308页。

现的金银器中不乏铭文记载进奉事者,如1958年春陕西耀县柳林背阴村出土涂金刻花五曲银碟一件,底部刻"盐铁使臣敬晦进十二"字样。① 诸如此般,黑石号沉船出水的"进奉"款白釉绿彩瓷盘,极有可能也是进奉之物。此外,张志忠等在《"进奉瓷窑院"与唐朝邢窑的瓷器进奉制度》②文中曾提及,临城县文物保管所曾征集到《唐故赵府君(希玩)夫人(刘氏)墓志铭叙》,墓志中载"季子公素,食粮进奉瓷窑院"。这则材料除了可佐证当时瓷器之"进奉"事外,还传递出一个信息,即当时还曾设专门机构负责进奉瓷器的烧制。另外,陆贽《奉天请罢琼林大盈二库状》有载:"今之琼林、大盈,自古悉无其制,传诸耆旧之说,皆云创自开元。贵臣贪权,饰巧求媚,乃言:郡邑贡赋所用,盍各区分? 税赋当委之有司,以给经用;贡献宜归乎天子,以奉私求。玄宗悦之,新是二库。"③可知进奉之钱物,多藏之琼林库、百宝大盈库。④ 目前考古发现瓷器上所刻之"盈"字款,学界多认为指的正是"百宝大盈库",⑤尤其是2001年邢台市清风楼东侧南长街出土了一批"大盈"款白瓷残片,更为这种观点提供了物证。⑥ "盈""大盈"为"百宝大盈库"之略写,而"百宝大盈库"正是当时进奉钱物所藏之地,由此看来,"盈""大盈"款瓷器极有可能是进奉之器。除了刻"盈""大盈"字款瓷器外,刻"翰林"款的瓷器亦不排除被用来进奉的可能。⑦ 1957年和1958年,在唐长安大明宫麟德殿西北考古发掘出土了大批唐代封泥,⑧封泥的朱印及墨书文字主要载明了当时"口味贡"的进贡时间、物品名称以及进贡人的官衔姓名等,其中有一则封泥上墨书"进翰林"字样,这在某种程度上佐证了前述"翰林"款瓷器的用途——进奉"翰林院"。不仅如此,在大明宫遗址还曾出土了一件"翰林""盈"字双款罐,⑨通过前文论述已知"盈"字款瓷器极有可能为进奉用,那么这件双款罐的发掘出土再次将"翰林"款瓷器与进奉联系在一起。再有,前文曾提及藩镇节度使正是进奉群体之一,尤其是肃

---

① 陕西省博物馆:《陕西县耀县柳林背阴村出土一批唐代银器》,《文物》1966年第1期。
② 张志忠等:《"进奉瓷窑院"与唐朝邢窑的瓷器进奉制度》,中国古陶瓷学会编:《越窑青瓷与邢窑白瓷研究》,故宫出版社,2013年。
③ (唐)陆贽:《陆宣公集》卷一四,浙江古籍出版社,1988年,第126-127页。
④ 尚民杰、程林泉在《唐大盈库与琼林库》文中对唐代"大盈库"与"琼林库"的有关问题进行了探讨,文中指出,就目前掌握的资料而言,可以肯定大盈库与琼林库属皇家私库的性质,二者很可能在某些时期是交叉存在的,即有时只有大盈库而没有琼林库,有时只有琼林库而没有大盈库,有时则两库并存。参见尚民杰、程林泉:《唐大盈库与琼林库》,《考古与文物》2004年第6期。
⑤ 以陆明华、吕成龙的论述最具代表性。陆明华认为,邢窑"盈"字款瓷器是以百宝大盈库之"盈"字作为标记,供天子享用的定烧器。参见陆明华:《邢窑"盈"字及定窑"易定"考》,《上海博物馆集刊》,1987年。吕成龙认为,"盈"字款白瓷与唐代宫廷设置的大盈库(百宝大盈库)有关,是唐代邢窑专门为宫廷烧造的贡品,其年代当在开元以后。参见吕成龙:《"翰林"、"盈"字款白瓷研究》,《故宫博物院院刊》2002年第5期。也有学者有不同看法。如,彭善国认为现在的考古材料尚不足以说明邢窑的"盈"字款瓷器与唐代大盈库之间存在必然联系,更难以证明"盈"字款瓷器是专门为唐代皇宫生产的。参见彭善国:《试析"盈"字款瓷器》,《考古与文物》2007年第1期。另外,张志中认为如果"盈"字款为天子用器,那么其应该较其他瓷器胜过一筹,而且也应当是批量出现的,但事实上这种器物与未刻"盈"字的同类器物并无丝毫差别,且数量较少。参见王会民、樊书海、张志中:《邢窑问题新议》,临城县文物保管所:《邢窑研究论文选》,内部资料,1999年。
⑥ 支广正:《唐代邢窑贡瓷"盈"字款研究》,《文物春秋》2006年第5期。
⑦ 刻"翰林"款瓷器,既见于馆藏,又见于出土品。如,陕西省博物馆藏有2件"翰林"款白瓷罐;邢窑遗址曾出土有1件"翰林"款白瓷罐。参见贾永禄:《河北内邱出土"翰林"款白瓷》,《考古》1991年第5期。另外,关于"翰林"款瓷器中"翰林"二字的含义,吕成龙著文论证当指"翰林院",参见前揭《"翰林"、"盈"字款白瓷研究》。
⑧ 中国科学院考古研究所:《唐长安大明宫》,科学出版社,1959年。
⑨ 前揭《唐长安大明宫》。

宗、代宗以后,进奉者多以节度使为主。关于此,文献记载不绝。如,大历元年十月代宗生日,"诸道节度使献金帛、器服、珍玩、骏马为寿,共直缗钱二十四万",①大历二年二月"汴宋节度使田神功至自汴州,献马十匹,金银器五十床,缯綵一万匹",②同年六月山南剑南副元帅杜鸿渐自成都府召回京,"献金银器五十件,锦罗十五床,麝香脐五石",③永泰二年十二月,同华二州节度使周智光"劫诸节度使进奉货物及转运米二石"④等,这几则文献虽未提及瓷器,但在藩镇节度使进奉物中应有瓷器存在,如刻"官""新官"款定窑瓷器。孟繁峰在《唐后期的定窑是藩镇义武军官窑——也谈〈唐恒岳故禅师影堂纪德之碑有关题刻〉》文中指出,这类瓷器是当时特有的藩镇义武军官窑的产品。⑤那么出现于唐代宫廷中的"官""新官"款定窑瓷器,很有可能是当时义武军藩镇(即张孝忠、张茂昭父子,王处直家族⑥)进奉的结果。

由此看来,"土贡"和"进奉"是唐代宫廷获取瓷器的两条途径,这一说法得到了文献及考古资料的直接支持。除此之外,唐代宫廷获取瓷器应该还有其他方式,比如"宣索""宫市"等。所谓"宣索",《资治通鉴》卷二三三贞元三年九月"上(德宗)谓李泌曰"条胡注:"遣中使以圣旨就有司宣取财务,谓之宣索。"⑦唐朝后期"宣索"频繁,屡见于文献所载,如元和十五年同州奉宣"采双鸡五联,各重四斤",⑧长庆四年二月"宣索浙西盏子,用银九千四百余两"⑨等。至于"宫市",《新唐书·食货二》载:"宫中取物于市,以中官为宫市使。两市置'白望'数十百人,以盐估敝衣、绢帛,尺分裂酬其直。又索进奉门户及脚价钱,有赍物入市而空归者。每中官出,沽浆卖饼之家皆彻肆塞门。"⑩可见"宣索""宫市"之物从金银器到"浆""饼"无所不包,瓷器自然也有可能通过此类途径进入宫廷。

必须指出的是,以上所谈及的,无论是"土贡""进奉",还是"宣索""宫市"等,均指瓷器脱离了生产环节之后进入宫廷的途径。而具体到生产组织环节来看,唐代宫廷所用瓷器的生产是通过某些形式被有效地组织起来的,比如官方窑场生产,又如通过"和市"等方式组织民间生产等。就前者而言,上文提及的"进奉瓷窑院"以及生产"官""新官"款定瓷的藩镇官窑正是这种形式的体现。至于后者,通过"和市"等方式组织民间生产以获取宫廷所需的瓷器,虽然未见文献中有直接记载,但是从以下材料中可以追寻到一些蛛丝马迹。《唐六典》卷三载:"凡天下十道,任土所出,而为贡赋之差。其物产,经不尽载,并具

---

① 《资治通鉴》卷二二四《唐纪四十》,中华书局,1956年,第7192页。
② 《册府元龟》卷一六九《帝王部·纳贡献》,文渊阁四库全书电子版。
③ 《册府元龟》卷一六九《帝王部·纳贡献》,文渊阁四库全书电子版。
④ 《旧唐书》卷一一四《周智光传》,第3369页。
⑤ 孟繁峰、黄信:《唐后期的定窑是藩镇义武军官窑——也谈〈唐恒岳故禅师影堂纪德之碑〉》,《故宫博物院院刊》2014年第2期。
⑥ 唐藩镇义武,起自建中二年(782年),至后唐天成四年(929年)的割据时期,前期张孝忠、张茂昭父子相继30年,后期乾符六年(879年)至天成四年(929年),王处存、王郁、王处直、王都,兄弟、父子相继50年,中间17任节度任期最长者不过九年,余者多二、三年或三、四年,处于频繁更换时期。
⑦ 《资治通鉴》卷二三三贞元三年九月"上(德宗)谓李泌曰"条胡注,第7501页。
⑧ (唐)元稹撰:《元稹集》卷三五《进双鸡等状》,中华书局,1982年,第408页。
⑨ 《册府元龟》卷五四六《谏净部直谏门》,文渊阁四库全书电子版。
⑩ 《新唐书》卷五二《食货志》,第1358页。

下注。旧额贡献,多非土物,或本处不产,而外处市供,或当土所宜,缘无额遂止。"①就记载了当时曾有"本土不产",到外地购买以充土贡的情况。又如《唐会要》卷六六"少府监"条载"每别敕索物,库内无者,即令市进",②记载了宫廷"宣索"时,有司以"和市"的方式组织民户生产。

三、唐代宫廷瓷器流散途径

从考古发掘资料可知,"盈""进献""翰林""官"款等宫廷属性明显的瓷器虽然多见于唐长安大明宫麟德殿遗址、③大明宫太液池遗址、④大明宫丹凤门遗址⑤等宫廷遗址之中,但同时也可见于一些与宫廷关系并不十分密切的遗址,如长安城新昌坊、⑥内丘县南郊唐墓⑦乃至"黑石号"沉船等,由此可知必然存在某些渠道可以使原定为宫廷所用的瓷器流散到坊间或外蕃。当时宫廷瓷器的流散途径主要有以下几种。

贡奉之余售于市场。通过上文分析可知,唐代宫廷所用瓷器的生产组织方式主要有两种:一是官方窑场生产;二是通过"和市"等方式组织民间生产。在唐代这两种方式都不具有高垄断性、排他性,也就是说,官方均未刻意地将宫廷用瓷器与坊间进行隔绝。在宋代有若干窑场参与宫廷用瓷的生产,⑧但是其中的中央直属窑场——宋官窑(如老虎洞官窑、郊坛下官窑)瓷器在贡御落选之后要被打碎集中掩埋。⑨ 而目前并未在唐代的各个瓷窑遗址中见到此种情况,也就是说,通常情况下唐代窑场所生产的瓷器在贡奉之余均可自由流散。唐徐夤诗《贡余秘色茶盏》中提及:"捩翠融青瑞色新,陶成先得贡吾君。"诗题中的"贡余"可理解为"贡奉之余",也就是说徐夤所见的秘色茶盏为贡奉之余流散于他处的秘色瓷器。诗中言道"陶成先得贡吾君",一个"先"字似乎也暗示此类瓷器贡奉之余亦可以作别种处理。⑩ 另外《景德镇陶录》记:"唐武德中,镇民陶玉者载瓷入关中,称为假玉器,且贡于朝。于是昌南镇瓷名天下。"暗指了当时景德镇瓷器既可以市场售卖,又可以贡于朝。考古材料方面,西安市北郊火烧壁窖藏曾出土有唐代"官"字款白瓷器共 32 件,质

---

① (唐)李林甫等著,[日]家熙氏考订:《唐六典》卷三,京都帝国大学文学部,日本昭和十年(1724年),第5页。
② (宋)王溥:《唐会要》卷六六"少府监"条,中华书局,1955年,第1155页。
③ 毕南海:《西北、华北五省市隋唐白瓷考察纪要(一)》,《河北陶瓷》1988年第3期。
④ 中国社会科学院考古研究所、日本独立行政法人文化财研究所奈良文化财研究所联合考古队:《西安市唐长安城大明宫太液池遗址》,《考古》2005年第7期。
⑤ 中国社会科学院考古研究所西安唐城队:《西安市唐长安城大明宫丹凤门遗址的发掘》,《考古》2006年第7期。
⑥ 尚民杰、程林泉:《西安南郊新发现的唐长安新昌坊"盈"字款瓷器及相关问题》,《文物》2003年第12期。
⑦ 贾成惠:《河北内丘出土"盈"、"翰林"款白瓷》,《考古》1991年第5期。
⑧ 项坤鹏:《宋代宫廷瓷来源探析》,《考古与文物》2015年第1期。
⑨ 杜正贤:《杭州老虎洞窑址发掘情况简介》,秦大树、杜正贤:《南宋官窑与哥窑:杭州南宋官窑老虎洞窑址国际学术研讨会论文集》,浙江大学出版社,2004年,第5—6页。
⑩ 至于南宋曾慥《高斋漫录》曾提及"今人秘色瓷器,世言钱氏有国日,越州烧进为供奉之物,臣庶不得用"。如果此则文献记载属实,说明至五代时才出现了有关秘色瓷器的禁令。

量颇精。① 值得一提的是,这批"官"款瓷器中有一件五瓣口碗存在明显的器胎变形,②这说明该批瓷器应该不太可能被作为贡品奉进皇宫,当然也就不可能作为赏赐品由宫内流入民间,很有可能就是供奉之余散落坊间的。

宫廷赏赐。宫廷赏赐包括多种情况,如赏赐臣属以及寺庙供奉等。③ 赏赐臣属是宫廷器用的一个重要流散途径。《文苑英华》卷五九四"谢赐银器及匹帛等表"条载:"中使奉宣进上(止),赐臣银器壶瓶合各一,银碗一并盖,锦帐一,锦九匹,白熟绫十匹,色罗五十匹,杂彩一百三十匹者……乞回此物,复归内府,下以备六军之宠赐,上以奉一人之宴私。"④从中可知宫中赏赐种类繁多。赏赐品中不少皆来源于进奉,这一点相关文献亦有涉及,《太平广记》卷二七五"上清"条引《异闻集》云:"德宗曰:'窦参之罪,不止养侠刺,兼亦甚有赃污,前时纳官银器至多。'上清流涕而言曰:'窦参……前后非时赏赐,当亦不知纪极。乃者彬州送所纳官银器,皆是恩赐。当部录日,妾在彬州,亲见州县希陆贽恩旨,尽刮去所进银器上刻藩镇官衔姓名,诬为赃物。'"⑤而具体到瓷器,2002年于西安南郊唐长安新昌坊遗址出土了一批带"盈"字款的瓷器,⑥据考,新昌坊中除了有青龙寺、崇真观等寺观建筑,还有像苏颋、崔群、李益、钱起、杨于陵、窦易直、牛僧孺、白居易、李绅、温造等唐代重要人物的住宅,⑦由此推测,这批瓷器很有可能是皇帝赏赐给上述大臣的。至于向寺庙供奉财物,更是唐代宫廷的常态。除了著名的"武宗灭佛"事件外,唐代大部分时间崇佛之风较盛,法门寺地宫出土的包括越窑秘色瓷在内的各类奇珍异宝,均源自唐懿宗、唐僖宗先后"恩赐"。另外,唐西安青龙寺、⑧西明寺⑨遗址出土的"盈"字款白瓷器,也有可能来自当时宫廷对寺院的供奉。

此外,相关资料中还显露出一些宫廷器用的流散途径,虽未明确涉及瓷器,但亦不应当被排除在范围之外。略举二例:其一是宫廷贸易,《旧唐书》卷一五载,元和十二年(817

---

① 王长启:《谈西安出土唐代"官"字款白瓷》,《文博》1991年第6期。
② 王长启、成生安:《西安火烧壁发现晚唐"官"字款白瓷器》,《考古与文物》1986年第4期。
③ 还包括给赐外蕃。唐时与外蕃交往频繁,《册府元龟》卷九八五载:"又伊吾之右,波斯以东,职贡不绝,商旅相继。"李锦绣《唐代财政史稿》曾提及,对外交往中,唐政府对外蕃多有给赐,从形式上来说主要包括册吊赐、贡物酬答赐、皇帝嗣位赐、信物赐及外蕃请赐等。参见李锦绣:《唐代财政史稿》第三册,社会科学文献出版社,2007年,第142-148页。但从文献罗列来看,给赐品一般多为金银、珍珠、丝绸等物,未见瓷器。目前也未见其他确实的证据可资推测唐时瓷器被用于给赐外蕃。
④ (宋)李昉等:《文苑英华》卷五九四"谢赐银器及匹帛等表"条,中华书局,1966年,第3082页。
⑤ (宋)李昉等:《太平广记》卷二七五"上清"条,中华书局,1961年,第2169页。
⑥ 尚民杰、程林泉:《西安南郊新发现的唐长安新昌坊"盈"字款瓷器及相关问题》,《文物》2003年第12期。
⑦ 李健超:《增订唐两京城坊考》,三秦出版社,2019年。
⑧ 青龙寺遗址出土了大量唐中晚期瓷片,包括"盈"字款的白瓷器残片,其中一件白瓷执壶,底部中央阴刻"盈"字,另外还墨书"大中十三年三月十三日王八送来令駆政叙"十八个字。"大中"是唐宣宗李忱的年号,"王八"应为人名,"駆政"似为居住青龙寺的主持或僧人。青龙寺为唐长安城中名寺之一,裴廷裕《东观奏记》载:"上(宣帝)至孝,动遵元和故事,以宪宗曾幸青龙寺,命复道开便门。至青龙寺佛宫,永认升眺,追感元和圣迹,怅望久之。"田廷柱点校:《明皇杂录 东观奏记》,中华书局,1994年,第109页。
⑨ 西明寺遗址出土瓷器"多为壁形底的白瓷碗残片,其中可复原的碗多达40余件。一些白瓷的质量很高,釉色白里透青,胎质洁白细腻,可以与大明宫内出土的白瓷相媲美。其中一件白瓷碗底刻有'盈'字款,当是唐代邢窑的产品"。中国社会科学院考古研究所西安唐城工作队:《唐长安西明寺遗址发掘简报》,《考古》1990年第1期。

年)九月,"出内库罗绮、犀玉、金带等物,送往度支司估算价值以供军用",①又《册府元龟》卷四八四载,元和十三年二月,"内出玳瑁梳四百只,犀带具五百副,令度支出卖进直,六月内库出绢三十万匹、钱三十万贯,付度支给军用",②从上述两则文献可知,当时内廷之物也曾屡被出售。其二是大盈库被劫掠,《新唐书》卷二二五云:"禄山未至长安,士人皆逃入山谷,东西骆驿二百里,宫嫔散匿行哭,将相第家委宝货不赀,群不逞争取之,累日不能尽。又剽左藏大盈库,百司帑藏竭,乃火其余。"③《新唐书》卷一四一《崔光远》在述及玄宗逃离长安时云:"乘舆已出,都人乱,火左藏大盈库,争辇财珍,至乘驴入宫殿者。"④安史之乱期间,唐玄宗仓皇出逃,大盈库被劫掠一空,大盈库所藏自然也就散失于坊间。

四、余　　论

综上可知,唐代瓷器通过土贡、进奉、宣索等途径进入宫廷之中,而具体到生产组织环节,则是通过某些形式被有效地组织起来,比如官方窑场生产,又如通过"和市"等方式组织民间生产等。至于宫廷瓷器的流散途径,则主要有宫廷赏赐、宫廷贸易、战乱劫掠等方式。

此外,据前文可知,考古出土带"盈""大盈"款瓷器中的"盈""大盈",指"百宝大盈库"。唐时立"琼林""大盈"二库为内库,负责贮藏进奉给皇帝的钱、物。也就是说,当时宫廷瓷器是依托"大盈库"(抑或"琼林库")来进行管理的,《奉天请罢琼林、大盈二库状》载"今之琼林、大盈,自古悉无其制,传诸耆旧之说,皆云创自开元",可知"大盈库"和"琼林库"大约创自开元年间。从《仇仕良神道碑》载其"太和七年(833年)转大盈库领染坊",《刘尊裕墓志》载其"大中五年(851年),曾任大盈库使",《旧唐书·薛存诚传》亦记有琼林库使等线索可知,此时内库已设专使管理。宋时随着瓷器在社会生活中的地位日益彰显,已单独设立瓷库行使管理之责,正如《宋会要辑稿》"食货五二"条载:"瓷器库纳诸州瓷器。"⑤唐时虽然没有独立的瓷库,但"大盈库"在一定程度上担负着宫廷瓷库的职责,在宫廷瓷器汇集、使用、流播等环节起着重要作用。

---

① 《旧唐书》卷一五《宪宗本纪下》,第460页。
② 《册府元龟》卷四八四"邦计部经费"条,文渊阁四库全书电子版。
③ 《新唐书》卷二二五《逆臣上》,第6420页。
④ 《新唐书》卷一四一《崔光远》,第4653页。
⑤ 徐松:《宋会要辑高》册一四六"食货五二之三七·瓷器库",中华书局,1957年,第5717页。

《营造法式》卷第十一"小木作制度六转轮经藏"原文释读*

俞莉娜

(北京大学中国考古学研究中心　北京大学考古文博学院)

　　转轮藏为寺院藏经建筑内部所置的旋转式书架,也是我国佛教寺院发展史中诞生的一种特殊的藏经形式。虽用作藏经的书架,但因其外观表现出对大木建筑的忠实模仿,转轮藏也作为小木作建筑的一个类别为建筑史研究界所关注。

　　《营造法式》小木作制度中,记载了六种建筑室内的像龛、藏经小木作建筑。其中,《营造法式》卷第十一小木作制度六中见有"转轮经藏"条,为全面记录我国古代转轮藏结构特征、建筑技法和设计手法的唯一史料。此外,《营造法式》中对转轮藏的记载还见于卷二十三"小木作功限四　转轮经藏"条,以及卷三十二"小木作制度图样"所载转轮经藏的正立面示意图(图一)。

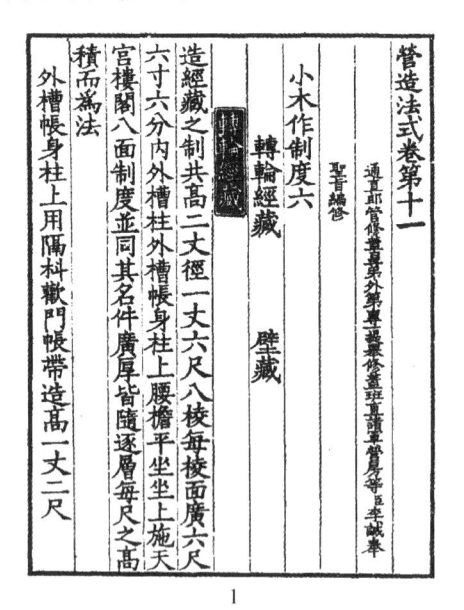

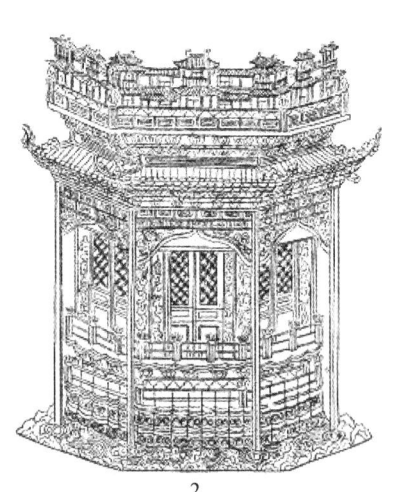

图一　《营造法式》转轮经藏
1.《营造法式》卷十一"小木作制度六转轮经藏"书影
2.《营造法式》卷三十二"小木作制度图样"转轮经藏(陶本)

---

* 本文为国家社会科学基金重大项目"两宋建筑史料编年研究"(19ZDA199)的阶段性成果。

《营造法式》卷第十一"小木作制度六转轮经藏"原文释读

竹岛卓一《营造法式の研究》①第二卷中,已对"转轮经藏"条进行全文释读,依据原文规定绘制平面、剖面复原图(图二)。此外,潘谷西、何建中《〈营造法式〉解读》②一书中也绘制了转轮经藏复原图,但并未对每处细节部分进行阐释(图三)。

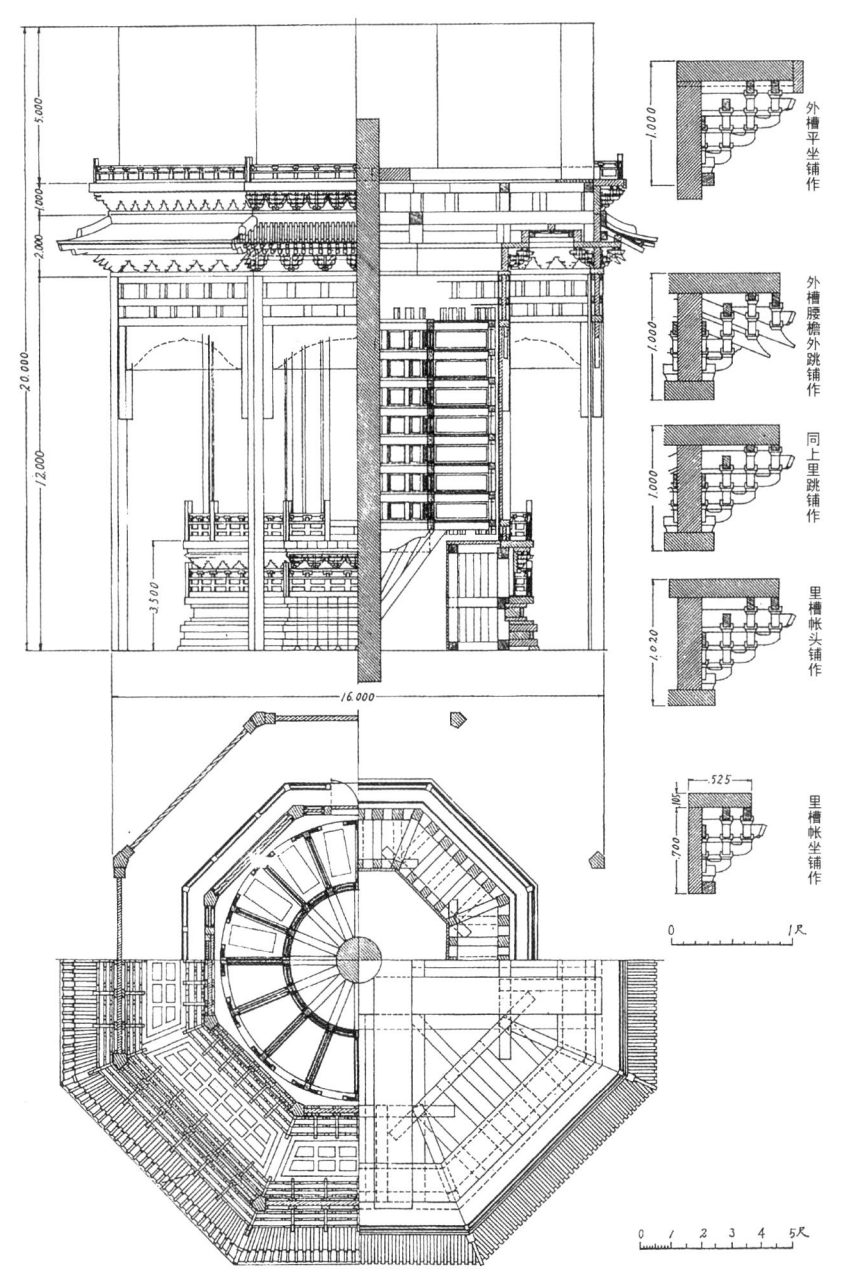

图二　竹岛卓一复原《营造法式》"转轮经藏"
(《营造法式の研究》第665页)

---

① 竹岛卓一:《营造法式の研究》,中央公论美术出版,1997年。
② 潘谷西、何建中:《〈营造法式〉解读》,东南大学出版社,2005年。

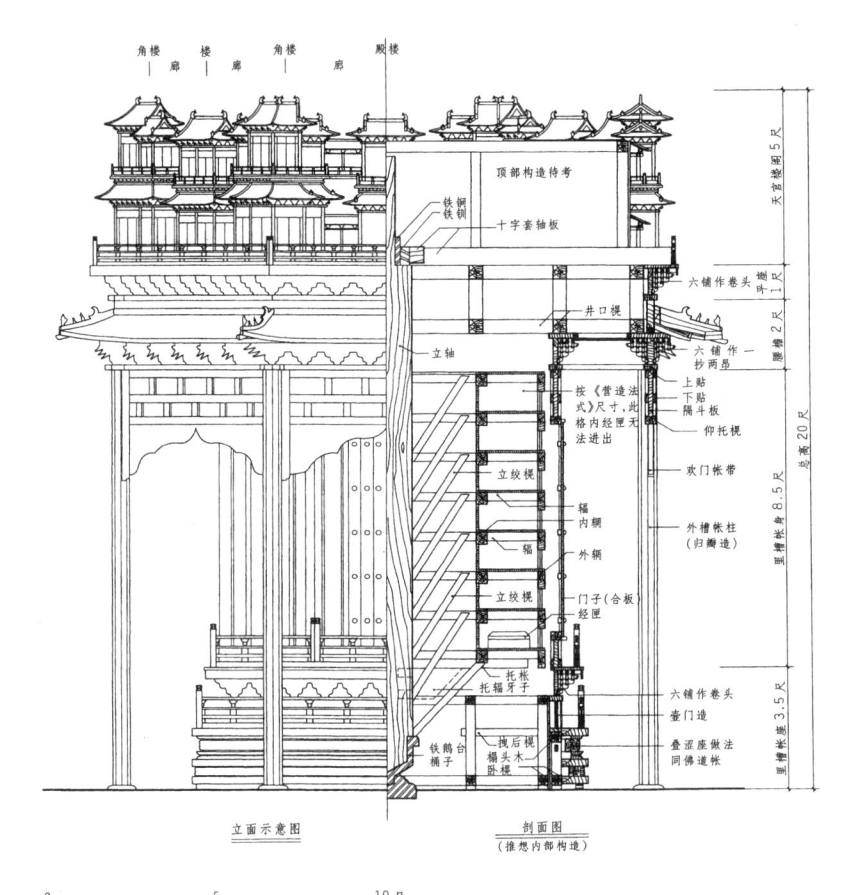

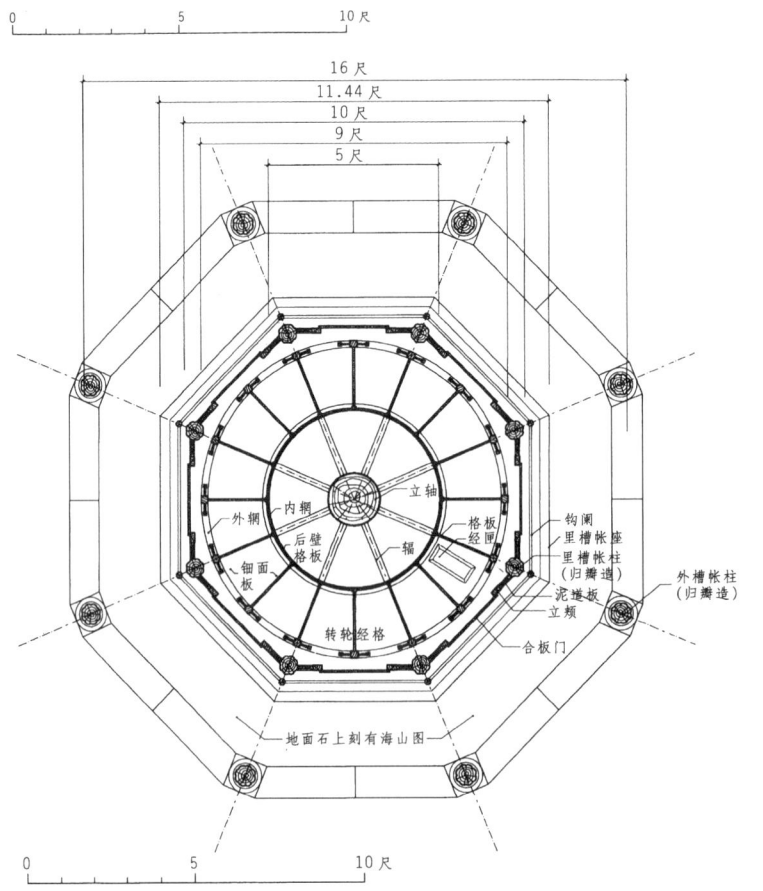

图三　潘谷西、何建中复原《营造法式》"转轮经藏"
（《〈营造法式〉解读》第 146 页）

本文将在重新判别两者释读和复原成果的基础上,通过建立《营造法式》转轮经藏的计算机三维复原模型,详细解读《营造法式》转轮经藏的结构组成、细部做法和尺寸关系。本文按照《营造法式》小木作"转轮经藏"条的顺序行文,按构件逐条对原文进行解说,并逐一说明本文释读成果与前辈学者复原方案的异同。

一、凡例及说明

《营造法式》卷十一转轮经藏制度可以根据文字的缩进关系进行段落划分。转轮经藏制度的文字可分为概述、细部规定、总结三个部分。细部规定依照转轮藏的构造单元,共分为八个段落。在每个构造单元内再对各细部构件逐条规定。本文将《营造法式》转轮经藏制度原文进行如下的层次编号定义:

A—概述:对应原文"造经藏之制……"一段

B—细部规定:

B1 外槽帐身:总述	B2 腰檐并结瓦
B1-1 帐身外槽柱	B3 平坐
B1-2 隔斗版	B4 天宫楼阁
B1-3 仰托榥	B5 里槽坐
B1-4 隔斗内外贴	B6 帐身
B1-5 内外上下柱子	B7 柱上帐头
B1-6 欢门	B8 转轮
B1-7 帐带①	B9 经匣

C—总结:对应原文"凡经藏坐芙蓉瓣"一段

本文以针对原文的逐条释读为行文的基本原则。释读内容包括:

(1)各细部构件的名词解释。即对各细部构件的位置、用途进行解读,并与前人研究的解释成果进行对比;

(2)各构造单元、细部构件的设计尺寸;

(3)各细部构件之间的构造、搭接及尺寸关系;

(4)原文规定的讹误部分。包括卷十一"转轮经藏"制度的原文讹误,及"转轮经藏"制度与卷二十三"转轮经藏"功限、卷三十二"转轮经藏"图样的规定矛盾之处;

(5)原文规定的不足部分。对于原文中阐述不明之处,本文通过原文自证及与其他小木作建筑制度互证等方法进行推断复原。若同一规定存在多种可能的解释,本文将把这些解释全部列出。

---

① B2 至 B9 各构造单元内的细部构件依照 B1 的方法进行编号。

本文将在每个构造单元之后对构造单元内的构件尺寸进行列表总结。与前人研究相异,或仍存有疑点的条目,将在"备注"一栏进行特别标注。

二、原 文 释 读

1. 概述

> A 造经藏之制:共高二丈,径一丈六尺,八棱,每棱面广六尺六寸六分。
>
> 内外槽柱;外槽帐身柱上腰檐平坐,坐上施天宫楼阁。八面制度并同。其名件广厚,皆随逐层每尺之高积而为法。

全文开篇叙述了转轮经藏的整体构造和规模尺寸。从平面来看,转轮藏整体自内而外可分为转轮、内槽和外槽三个部分,"内外槽"借用了《营造法式》大木作图样中殿阁地盘分槽的平面空间定义,"槽"即指各层柱中心线所在的位置。[①] 在《营造法式》小木作制度中,佛道帐、牙脚帐、九脊小帐、壁藏的规定中都出现了"内外槽"的用语,可见在《营造法式》小木作规定的帐藏建筑中,安置佛像和经卷的空间都安排在内槽,外侧再布置一层仿木装饰空间,以丰富空间层次(图四)。

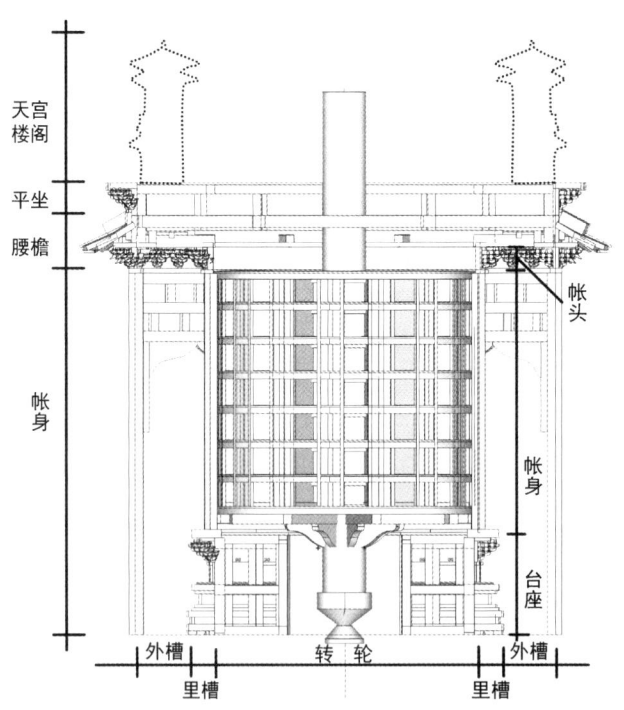

图四 《营造法式》"转轮经藏"结构图

---

① 详见何建中:《何谓〈营造法式〉之"槽"》,《古建园林技术》2003 年第 1 期,第 41-43 页。

从立面来看,转轮藏外槽自下而上可分为帐身、腰檐、平坐和天宫楼阁四部分,内槽自下而上可分为坐及帐身两部分。此处"帐身"的用语延续了转轮经藏制度规定之前对于神龛类小木作建筑"帐"的结构称谓,根据潘、何二氏的解读,"帐"的称谓应当源自唐代室内所流行的帐幔分隔。①

在规模尺寸方面,在规定转轮经藏为径一丈六尺的八面建筑之后,还补充说明了每面长六尺六寸。这与《营造法式》看详部分"八棱径六十,每面二十有五,其斜六十有五"的八角形计算方式相符,即转轮藏的内切圆直径、外接圆直径、边长构成12∶13∶5的比例关系。

开篇还说明了转轮经藏规定的计算方式——"其名件广厚,皆随逐层每尺之高积而为法"。即各条目所规定的构件尺寸,以所在构造单元的总高为基本模数进行换算。下文各条目中的构件规定"尺寸",实是相对于"一尺"的比例系数。如构件规定广"一分",则其实际尺寸=构件单元总高(尺)×0.01。以结构单元之整体高度为尺度基准进行构件规定的方式为《营造法式》小木作制度的通法,是区别于《营造法式》大木作的显著特征之一。

(1)外槽

B1 外槽帐身:柱上用隔斗、欢门、帐带造,高一丈二尺。(图五、表一)

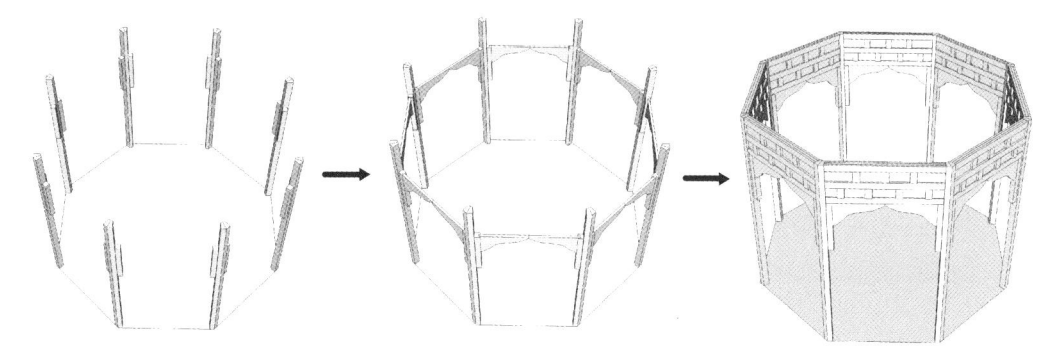

图五 转轮经藏外槽帐身分解示意图

此段开头描述外槽柱身用"隔斗、欢门、帐带造"。《营造法式》小木作制度自卷九"佛道帐"规定起开始出现了此三类构件的规定,"佛道帐"制度内明确说明了隔斗、欢门和帐带的位置:"其内外皆拢帐柱,柱下用锃脚隔斗,最上用内外侧当隔斗,四面外柱并安欢门帐带。"此处直接用"造"之说法,显示转轮藏该处做法与前文相符。

B1-1 帐身外槽柱:长视高,广四分六厘,厚四分。[归瓣造。]

此处的注释文"归瓣造"在《营造法式》全文中属于孤例,参考小木作制度中"斗八藻井"的规定,"瓣"在此应指八角形的一面,因此如竹岛的解读,"归瓣"应指原本为长方形截面的帐身柱依八角形的走势而削成五边形截面,原文规定的广厚尺寸则对应了五边形截面的长宽尺寸(图六)。

---

① 潘谷西、何建中:《〈营造法式〉解读》,东南大学出版社,2005年,第137页。

表一　转轮经藏外槽帐身部分构件规定及尺寸

部　位	构件	长(系数)	实寸(寸)	广(系数)	实寸(寸)	厚(系数)	实寸(寸)
外槽帐身（高一丈二尺。）	帐身外槽柱	—	120	0.046	5.52	0.04	4.8
	隔斗版	随柱内	60.67	0.16（0.11）	19.2（13.2）	0.12	1.44
	仰托榥	同上	60.67	0.03	3.6	0.02	2.4
	隔斗内外贴	同上	60.67	0.23	2.4	0.009	1.08
	内外上下柱子	上：0.04	4.8	0.03	3.6	0.009	1.08
		下：0.03	3.6	0.03	3.6	0.009	1.08
	欢门	同隔斗版	60.67	0.12	14.4	0.012	1.44
	帐带	0.25	30	0.026	3.12	0.026	3.12

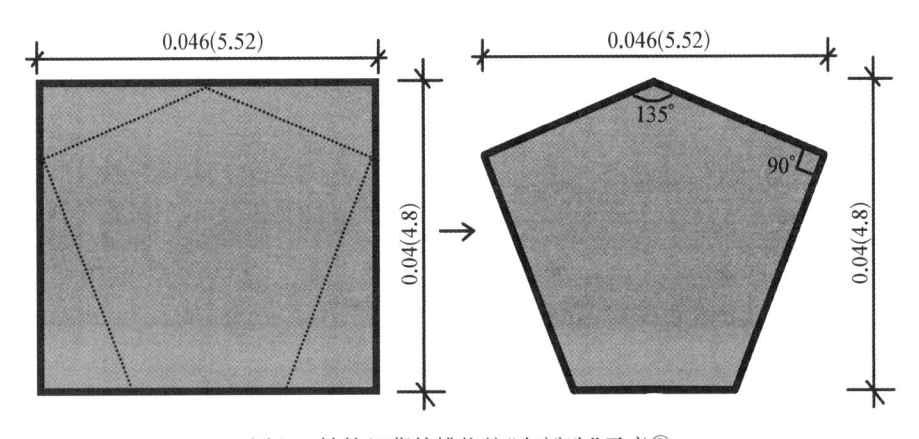

图六　转轮经藏外槽帐柱"归瓣造"示意①

B1－2 隔斗版：长随帐柱内，其广一寸六分，厚一分二厘。

B1－3 仰托榥：长同上，广三分，厚二分。

B1－4 隔斗内外贴：长同上，广二分，厚九厘。

B1－5 内外上下柱子：上柱长四分，下柱长三分，广厚同上。

B1－6 欢门：长同隔斗版，其广一寸二分，厚一分二厘。

B1－7 帐带：长二寸五分，方二分六厘。

欢门、帐带和隔斗的位置示意见图七。隔斗与欢门这类柱间装饰的组合形式在现存的小木作建筑和仿木构砖室墓遗构中并不鲜见②（图八）。

---

① 尺寸标注括号外为原文规定系数，括号内为实际尺寸，单位为寸。下文内容均依此法标注。
② 前人研究中对欢门和帐带作出了解释，欢门为"版，刻刻出外沿的曲线，表面雕刻浅浮雕式花纹，也可透空雕镂"；帐带为"用木雕刻来模仿早期室内帐幔装修中，将帐幔绑扎在帐构上的带子和系成的结"（详见赵琳：《释欢门》，《室内设计与装修》2002 年第 6 期，第 84－86 页）。

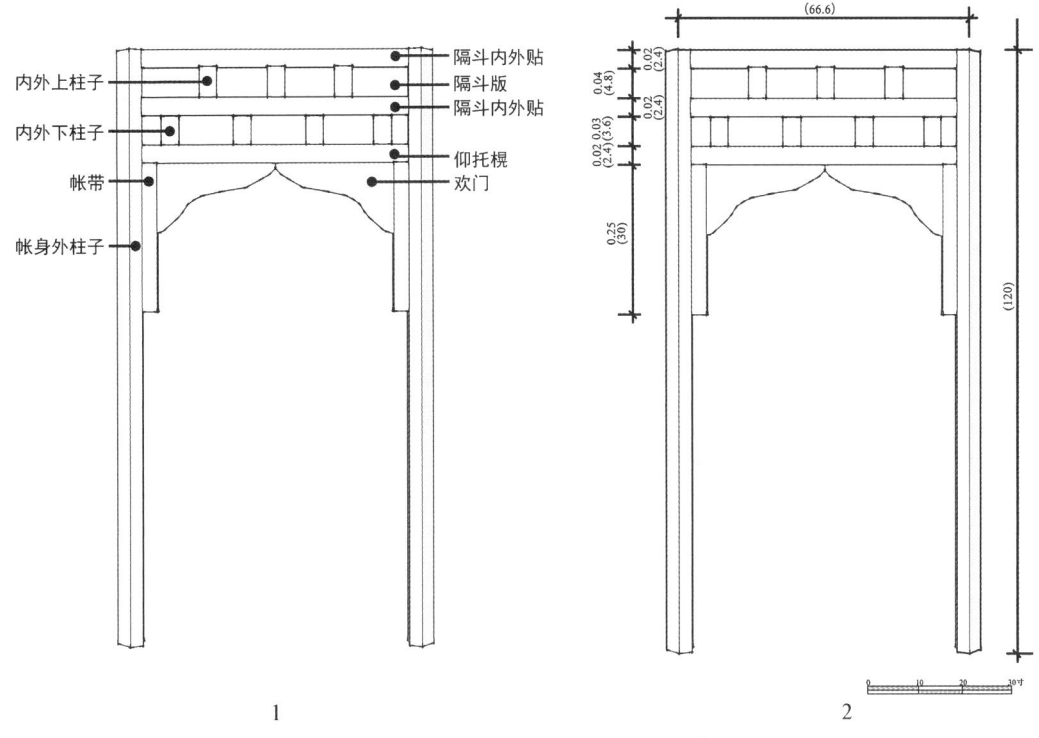

图七 转轮经藏外槽帐身单边立面示意图
1. 构件名称示意 2. 各部尺寸示意

图八 现存遗构所见柱间"隔斗"、"欢门"
1. 侯马金大安二年董氏墓东壁（现藏于侯马工作站） 2. 忻州金洞寺大殿内小木作帐龛

竹岛指出，此处隔斗版宽度规定有误。即隔斗版宽度应与隔斗内外贴、上下柱子的长度相当，但此处隔斗内外贴2.4×2+上柱子4.8+下柱子3.6=13.2寸，小于隔斗版宽19.2寸。原文的"广一寸六分"，应是"广一寸一分"之误。参考"佛道帐"制度中对相同构件的规定，隔斗版宽度确与隔斗内外贴及上下柱子的长度相当，此处可确认为一处讹误。

B2 腰檐并结瓦：共高二尺，斗槽径一丈五尺八寸四分。[斗槽及出檐在外。]内外并六铺作重栱，用一寸材，[厚六分六厘。]每瓣补间铺作五朵：外跳单杪重昂；里跳并卷头。

其柱上先用普拍方施斗栱，上用压厦版，出椽并飞子、角梁、贴生。依副阶举折结瓦。（图九、图十、表二）

此段规定了外槽腰檐部分的做法，即柱顶普拍方下皮至平坐普拍方下皮的做法。斗槽径被规定为15.84尺，较帐身外径每面缩进8分，据下文判断此径边缘应当为斗槽版外皮。

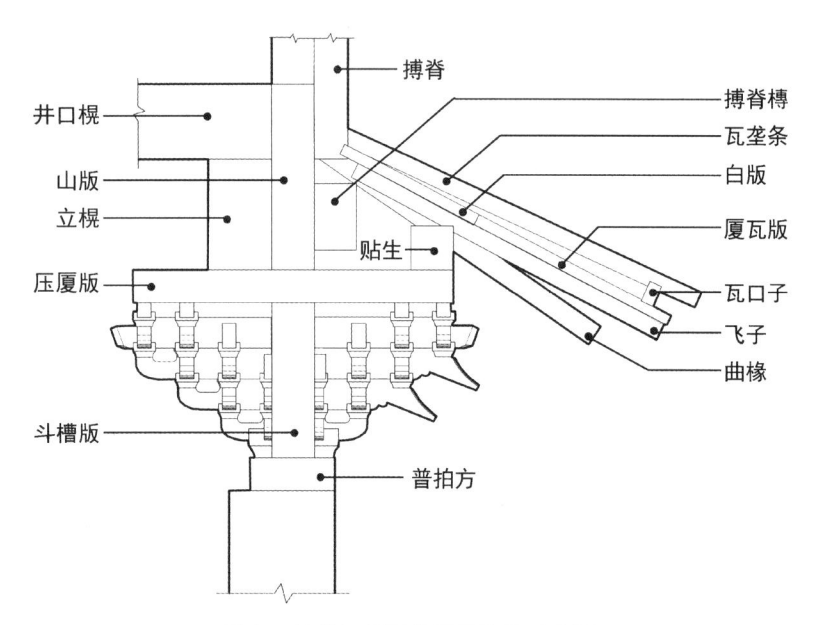

图九　转轮经藏腰檐部分构件示意图

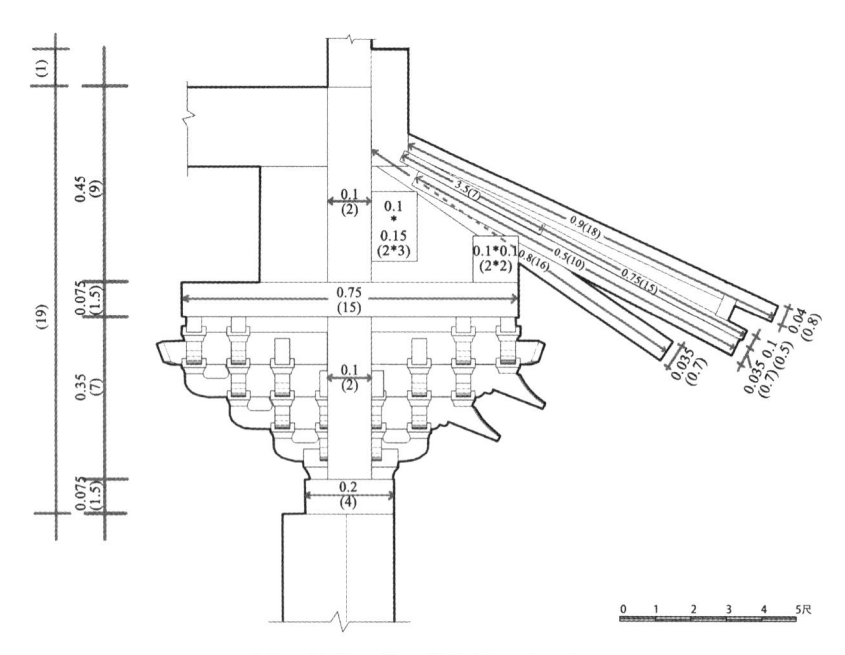

图十　转轮经藏腰檐构件尺寸示意图

表二　转轮经藏腰檐部分构件尺寸表

部位	构件	长（系数）	实寸（寸）	广（系数）	实寸（寸）	厚（系数）	实寸（寸）	备注
腰檐并结瓦（共高二尺，斗槽径一丈五尺八寸四分。）	六铺作重栱			0.1		0.66		每瓣补间铺作五朵
	普拍方	随每瓣之广		0.2	4	0.075	1.5	
	斗槽版	同上		0.35	7	0.1	2	
	压厦版	同上	（加长七寸）	0.75	15	0.075	1.5	
	山版	同上		0.45	9	0.1	2	
	贴生	同上	（加长六寸）	0.1	2	0.1	2	原文讹误
	角梁	0.8	16	0.15	3	0.1	2	原文讹误
	子角梁	0.6	12	0.15	3	0.08	1.6	
	搏脊槫	0.6	（加长一寸）	0.15	3	0.1	2	
	曲椽	0.8	16	0.1	2	0.04	0.8	每补间铺作一朵用三条
	飞子	0.5	10	0.035	0.7	0.035	0.7	
	白版	同山版	（加长一尺）	0.35	7	定法	5	
	井口榥	随径		0.2	4	0.2	4	
	立榥	视高		0.15	3	0.15	3	每瓣用三条
	马头榥			0.15	3	0.15	3	每瓣用三条
	厦瓦版	长同山版	（加长一尺）	0.5	10	定法	5	
	瓦垄条	0.9	18	0.04	0.8	0.04	0.8	
	瓦口子	同厦瓦版		0.03	0.6	0.05	1	原文讹误
	小山子版	0.4		0.2	4	0.1	2	用途不明
	搏脊	山版	（加长二寸）	0.25	5	0.08	1.6	
	角脊	0.5		0.2	4	0.1	2	

斗栱所规定的一寸材较大木作八等材更小，此用材在小木作制度中还被用于壁藏斗栱。每边用补间五朵，计算而得斗栱间距为11.1寸，约合166.6份。从晋城南村二仙庙神龛、绛县太阴寺大殿佛帐、文水则天庙神龛等现存宋金小木作建筑实例来看，小木作建筑所用斗栱为里外跳分别制作，即里跳与外跳斗栱构件分别组合后插入斗槽版内。扶壁栱也以隐刻的方式做于斗槽版之上，并非单独构件。

B2－1 普拍方：长随每瓣之广，[绞角在外。]其广二寸，厚七分五厘。

普拍方"广二寸"（实寸4寸），与帐身柱归瓣后五边形的侧边长度基本一致，符合《营造法式》大木作制度及现存实例中普拍方宽度与柱径相符的规律。

"绞角在外"指普拍方出头,此处并未规定具体尺寸,竹岛在此复原说明:"暂且以普拍方宽度的两倍为出头长度。"

B2-2 斗槽版：长同上,广三寸五分,厚一寸。

斗槽版为斗栱之背版,腰檐六铺作斗栱高96份合6.33寸,再加上令栱上方橑檐枋10份之长度,与斗槽高7寸的数值基本相合。

B2-3 压厦版：长同上,[加长七寸。]广七寸五分,厚七分五厘。

压厦版为斗栱上方的盖板。其长度扣除斗槽版,内外各为6.5寸,六铺作斗栱出跳距离为90份,加上耍头出25份共115份,合7.59寸,超出了压厦版距离,但其令栱上方橑檐枋外皮距离栱眼壁为95份,6.27寸,仍包含于压厦版的范围内。

压厦版边缘较斗槽版外出6.5寸,其边缘所在八边形边长应较斗槽版长5.6寸,此处长7寸的规定应当包含了各边压厦版连接部位的榫卯尺寸。

"加长"的表述在转轮藏制度规定中出现了多次,原因在于在八角平面的情况下,为了使相邻各面相接,置于外侧的构件长度要较内侧加长。通观全文,可知在连续多个构件规定出现"长同上[加长]"的表述时,"同上"的基准应当被追溯至此部分所示的第一个构件长度（a）。由此,加长的寸数则可由 $2x=b/\tan 67.5°×2, 2y=(b+c)/\tan 67.5°×2$ 算出（图十一）。

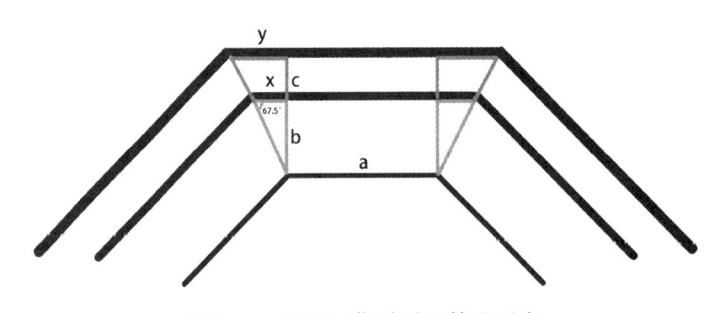

图十一 转轮经藏"加长"算法示意

B2-4 山版：长同上,广四寸五分,厚一寸。

山版为置于压厦版之上,与斗槽版处于同一轴线的垂直木板。普拍方、斗槽版、压厦版及山版的高度累加为1.5+7+1.5+9=19寸,较开头所规定的腰檐高2尺短了1寸。竹岛在其注释中已经意识到这个问题,认为腰檐山版上方的平坐斗槽版的高度较应有高度高了1寸,正好与山版1寸之缺相抵消,而腰檐搏脊在安装时顶部高度或高于山版上皮,因此腰檐2尺的规定应并非计算至山版上皮,而是计算至搏脊上皮。

B2-5 贴生：长同山版,[加长六寸。]方一分。

贴生因较山版加长六寸,推测应为置于压厦版之上外侧承托椽子的构件。此处如竹岛所示，"方一分"应当为"方一寸"。

B2-6 角梁：长八寸，广一寸五分，厚同上。子角梁：长六寸，广同上，厚八分。

各小木作建筑的大角梁与子角梁的比例尺度不尽相同。

B2-7 搏脊槫：长同上，[加长一寸。]广一寸五分，厚一寸。

搏脊槫为置于压厦版内侧之上并支撑檐椽的构件。根据搏脊槫的尺寸及与压厦版的关系，其形成的角度应对应了檐椽的斜下角度，经计算此角度恰合"三分举一分"的殿堂造建筑的举折规定。

B2-8 曲椽：长八寸，曲广一寸，厚四分。[每补间铺作一朵用三条，与从椽取匀分擘。]

曲椽即檐椽。同大木作制度采用圆形檐椽的做法不同，小木作各建筑均用长方形截面的檐椽，转轮藏檐椽截面比为5∶2，佛道帐和壁藏同此，九脊小帐则为2∶1。此处规定檐椽"每补间铺作一朵用三条"，而檐椽宽度恰合斗栱用材之30份。此处的檐椽布局可推测出两种布局方式，一种为"在每朵补间铺作的宽度范围内均匀布置3条檐椽"（图十二，1），在此

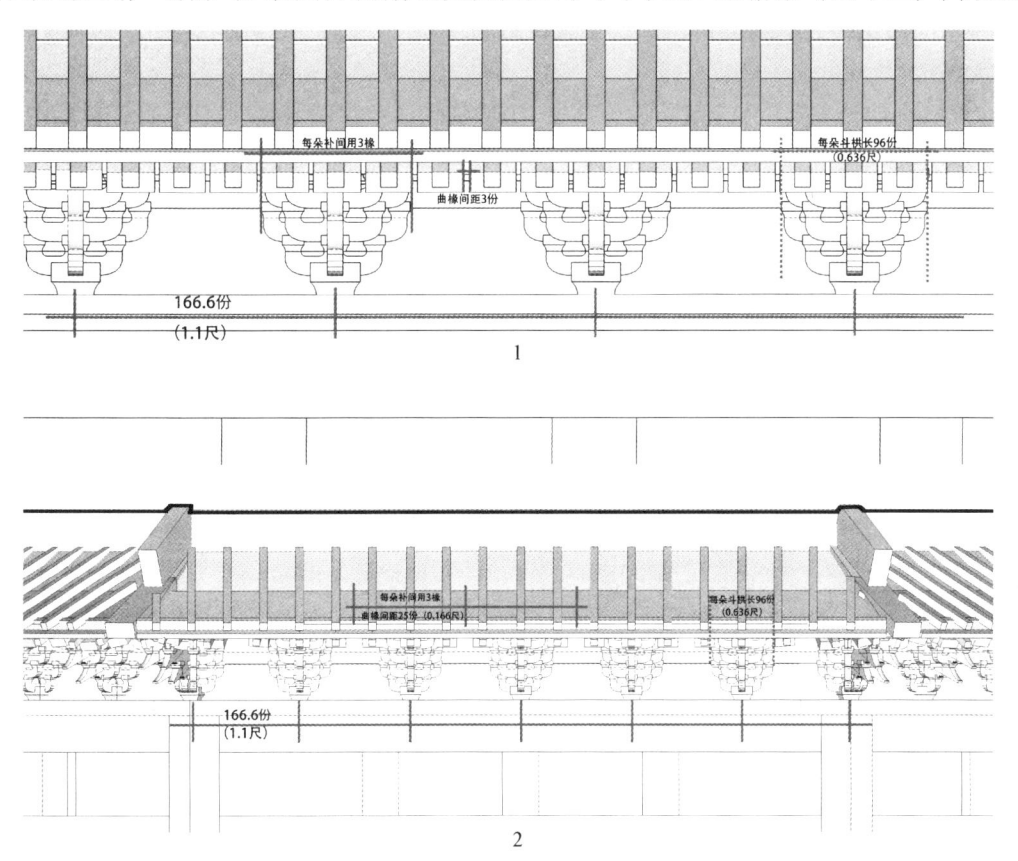

图十二 转轮经藏外槽腰檐布椽方式的两种情况
1. 第一种情况　2. 第二种情况

情况下若要同时满足斗栱内分布 3 橡,以及斗栱间的橡间距与斗栱内的相同两个条件,此处可推算得曲橡间距为 3 份。另一种为"在每橡当的宽度范围内均匀布置 3 条檐橡"(图十二,2),在这种情况下曲橡间距约为 25 份。对比来看,第一种情况橡间距过窄似不合常理,此处暂依第二种解释。

"与从橡取匀分擘"应指两侧最后补间铺作中心线以外的翼角橡随翼角走势均匀分布。

B2-9 飞子:长五寸,方三分五厘。

飞子为方形截面,置于曲橡上方。

B2-10 白版:长同山版,[加长一尺。]广三寸五分。[以厚五分为定法。]

竹岛认为白版为盖在飞子上面的板,此处规定与"厦瓦版"一同考虑的话,可知白版和厦瓦版应当为并排安置的两个构件,两者总宽度为 17 寸,恰与瓦垄条长度一致(如果将瓦垄条前端的 1 寸考虑为伸出厦瓦版的长度的话),因此可以确认白版与厦瓦版拼接垫于瓦垄条之下。白版较厦瓦版更窄,因此应当如竹岛复原所示,白版盖于飞子之上,厦瓦版则盖于飞子尾部以上的檐橡之上。

B2-11 井口榥:长随径,方二寸。
B2-12 立榥:长视高,方一寸五分。[每瓣用三条。]
B2-13 马头榥:方同上。[用数亦同上。]

此处规定了腰檐内部的构造方式。井口榥与径同长,如竹岛推测应为抵于对面山版之间的长条形方木,并复原为仅在正向四边进行支撑,由此井口榥的平面形成井字形。在这一复原方案下,马头榥为每边垂直支撑于井口榥上短方木,立榥则支撑于马头榥之下,但由于侧边不出井口榥,因此四侧边的马头榥与正边的马头榥长度不一致(图十三,1)。

另一复原方案为,腰檐每边内部均出井口榥,马头榥仅出一根(与原文出三根不符)在每边中点位置作为山版到井口榥交接点的补强构件出现,立榥则两根支撑于井口榥之下,一根支撑于马头榥之下(图十三,2)。

B2-14 厦瓦版:长同山版;[加长一尺。]广五寸。[以厚五分为定法。]
B2-15 瓦垄条:长九寸,方四分。[瓦头在内。]

厦瓦版及瓦垄条位置见前文图示(图九)。

B2-16 瓦口子:长厚同厦瓦版,曲广三寸。

瓦口子按照此处规定,其高度的实际尺寸为 6 寸之多,与实际情况显然不符,此处当为"曲广三分"。

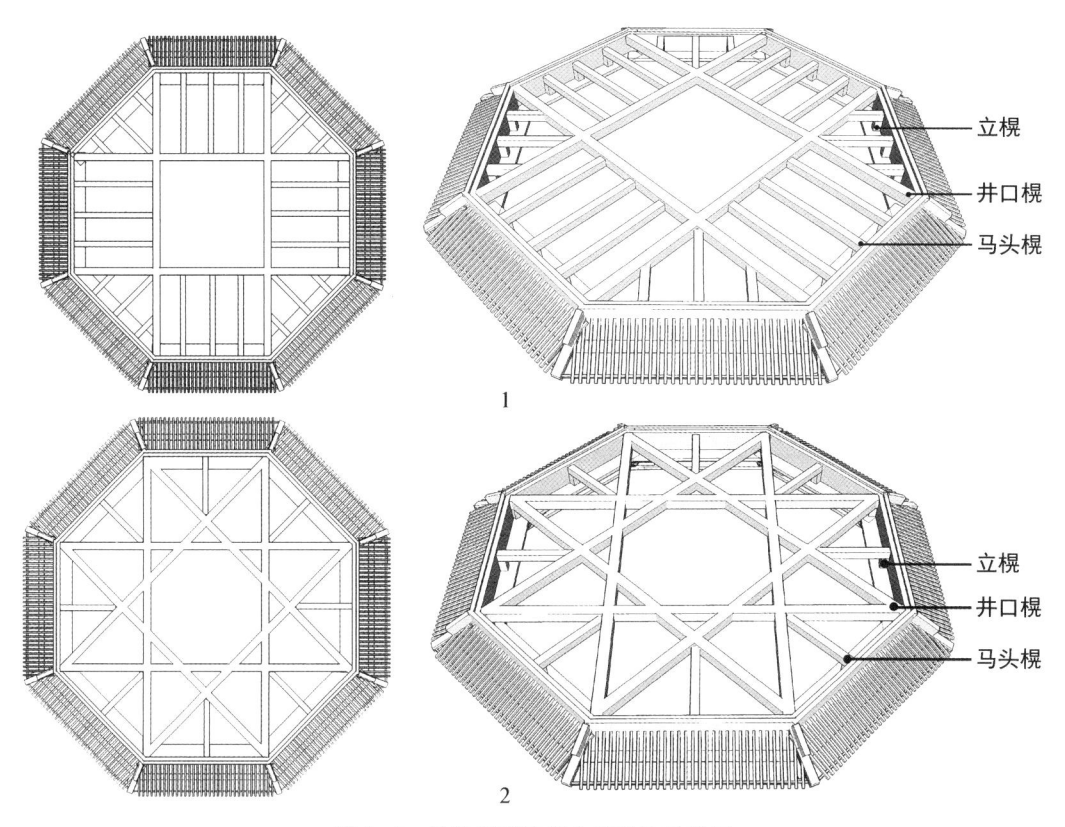

图十三　转轮经藏腰檐内部结构示意图
1. 第一种复原方案　2. 第二种复原方案

B2-17　小山子版：长广各四寸，厚一寸。

此构件用途不明。

B2-18　搏脊：长同山版，[加长二寸。]广二寸五分，厚八分。
B2-19　角脊：长五寸，广二寸，厚一寸。

搏脊，腰檐正向脊。角脊，腰檐角部脊，置于角梁之上，其长度较角梁为短（其余小木作建筑也存在同样现象），若在大木建筑中角脊应当包含大角梁及子角梁的长度，但因为小木作中屋檐部分也均用木材制作，此处角脊的长度应当为角部装饰性雕塑的长度。

B3　平坐：高一尺，斗槽径一丈五尺八寸四分。[压厦版出头在外。]六铺作，卷头重栱，用一寸材。每瓣用补间铺作九朵。上施单钩阑，高六寸。[撮项云栱造，其钩阑准佛道帐制度。]（图十四、图十五、图十六、表三）

平坐高一尺，为搏脊以上至天宫楼阁以下的部分。斗槽径与腰檐相同，可知平坐斗栱与腰檐斗栱在垂直方向处于同一直线。斗栱用材与腰檐相同，每瓣用九朵补间意味着斗栱间距约为6寸6分,恰为100份(图十七)。此斗栱布置规律与佛道帐、九脊小帐等其他小木建筑的布置方式契合。前辈学者已对此问题有所关注。①

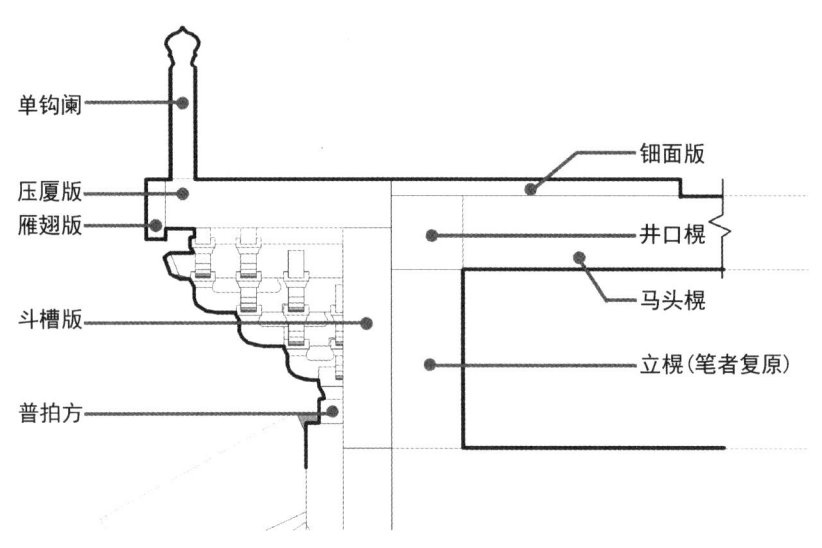

图十四 转轮经藏外槽平坐部分构件名称示意图

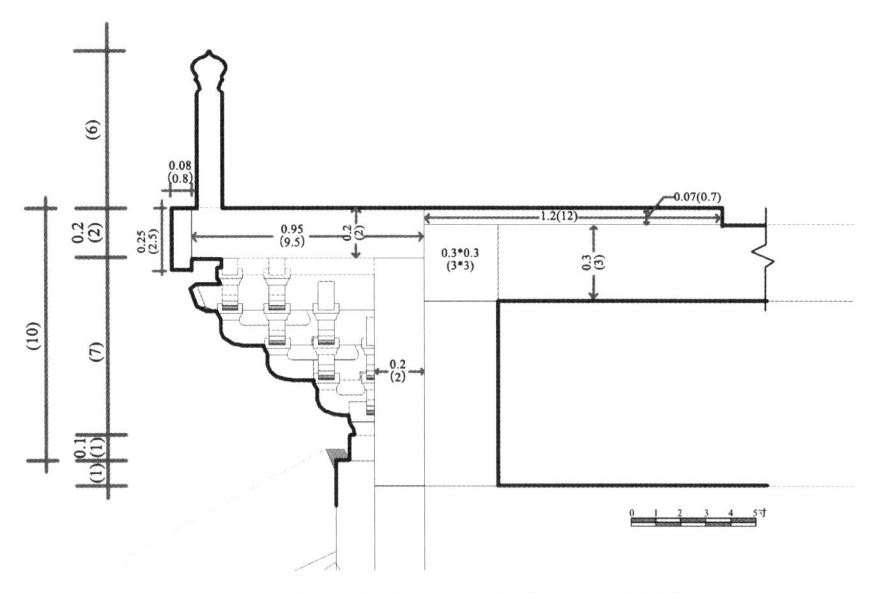

图十五 转轮经藏外槽平坐部分构件尺寸示意图

---

① 详见陈涛:《〈营造法式〉小木作帐藏制度反映的模数设计方法初探》,《中国建筑史论汇刊(第肆辑)》,清华大学出版社,2011年,第238–252页。

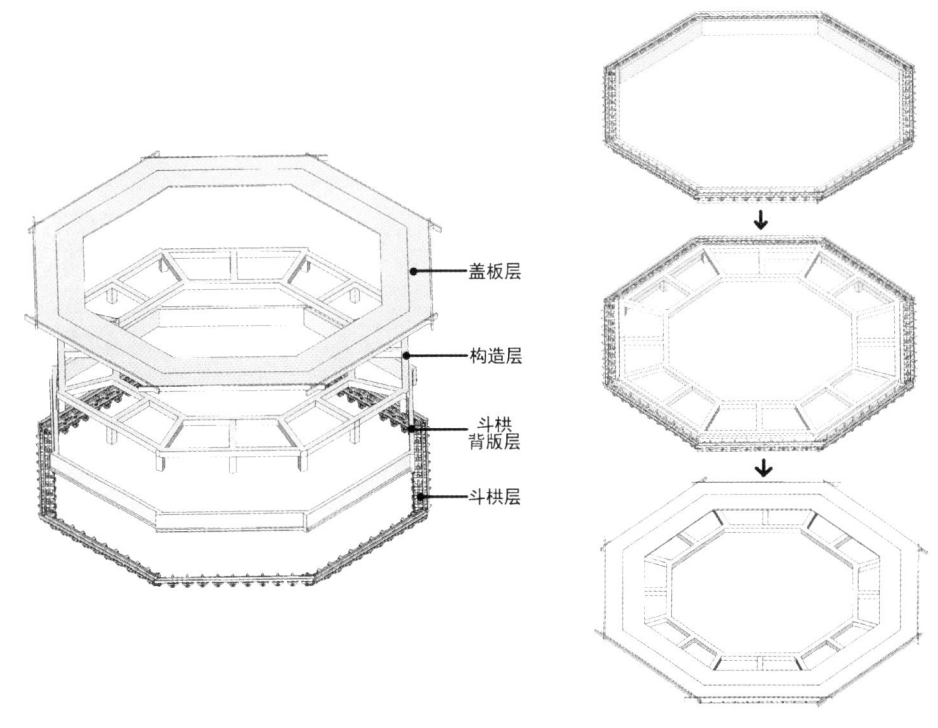

图十六　转轮经藏平坐构架分解图

表三　转轮经藏外槽平坐构件尺寸表

部位	构件	长(系数)	实寸(寸)	广(系数)	实寸(寸)	厚(系数)	实寸(寸)	备注
平坐（高一尺，斗槽径一丈五尺八寸四分。）	六铺作重栱				1		0.66	每瓣补间铺作九朵
	单钩阑		6					
	普拍方	随间广		0.1	1	0.1	1	
	斗槽版	同上		0.9	9	0.2	2	
	压厦版	同上	（加长七寸五）	0.95	9.5	0.2	2	
	雁翅版	同上	（加长八寸）	0.25	2.5	0.08	0.8	原文讹误，应为加长八寸一分六厘
	井口榥	同上		0.3	3	0.3	3	
	马头榥	每直径一寸，则长一寸五分		0.3	3	0.3	3	每瓣用三条；原文讹误
	钿面版	同井口榥	减长四寸	1.2	12	0.07	0.7	

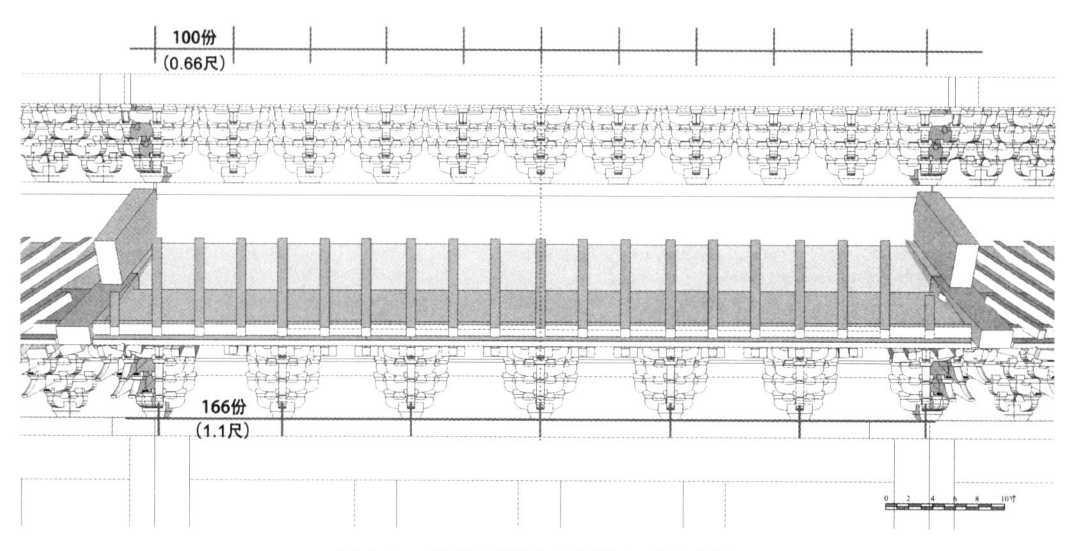

图十七　转轮经藏平坐斗栱立面示意图

B3－1　普拍方：长随每瓣之广，[绞头在外。]方一寸。

B3－2　斗槽版：长同上，其广九寸，厚二寸。

B3－3　压厦版：长同上，[加长七寸五分。]广九寸五分，厚二寸。

如上文所示，腰檐各构件的纵向高度累加计1尺9寸，较规定的2尺高度短1寸。此处斗槽版与压厦版高度累加为1尺1寸，较规定高度长1寸，恰好可补足腰檐之缺。然斗槽版9寸之广远超出六铺作斗栱之高，但除去前述1寸及普拍方的1寸之高，与腰檐斗槽版同高，可见此处并未出现规定错误。此处压厦版广度为9.5寸，扣除斗槽版的2寸宽剩余7.5寸，较腰檐宽1寸，恰合六铺作斗栱出跳长度，考虑到下文规定压厦版外侧贴付雁翅版的规定，若压厦版无法包含斗栱出跳之长，则雁翅版将与斗栱耍头相撞，推测这是平坐压厦版较腰檐压厦版更宽的原因。

B3－4　雁翅版：长同上，[加长八寸。]广二寸五分，厚八分。

根据前述的加长计算公式，此处根据雁翅版"厚八分"之规定，雁翅版较压厦版左右应当各加长3.3分（据图十公式计算），两边相加共加长6.6分，则雁翅版较斗槽版加长应达到8.16寸。原文规定加长八寸似略微不足。

B3－5　井口榥：长同上，方三寸。

B3－6　马头榥：[每直径一尺，则长一寸五分。]方三分。[每瓣用三条。]

井口榥和马头榥应当为平坐内部的骨架结构。井口榥规定"长同上"，即与每瓣边长同长，则推测井口榥是与平坐边缘平行的枋类构件，同腰檐"井口榥"不同。马头榥与井口榥垂直，连接平坐斗槽版和井口榥，其长度由直径计算而得，合实际长度2.38尺，"方三分"应当为"方三寸"之讹,与腰檐马头榥截面尺寸相同。此外,竹岛指出此处马头榥下部应当有立榥与腰檐内部的骨架构件相接。如此复原的话,各边平坐井口榥在交接处出头过长,似超出了榫口的预留允许范围。若井口榥长度缩短为4.41尺,即考虑到因马头榥而缩短的长度,使得平坐内也形成兜圈的框架结构,似乎更为合理(图十八,1)。另一种复原方案是井口榥直接抵于钿面版之下,因此与斗槽版等长,马头榥插入井口榥并向内悬挑,作为支撑钿面版的支撑构件(图十八,2)。

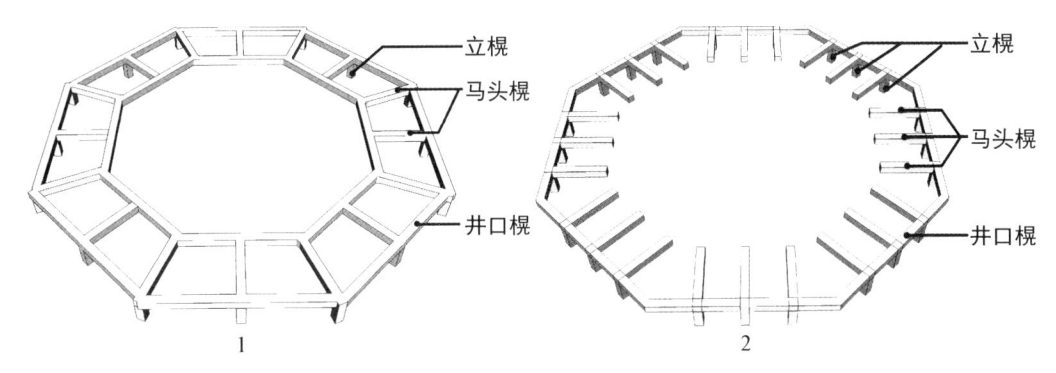

图十八 平坐内部构架的两种复原方案
1. 第一种复原方案 2. 第二种复原方案

B3-7 钿面版:长同井口榥,[减长四寸。]广一尺二寸,厚七分。

钿面版应当为压厦版之后置于马头榥之上并垫于天宫楼阁之下的面板。

(2) 天宫楼阁

B4 天宫楼阁:三层,共高五尺,深一尺。下层副阶内角楼子,长一瓣,六铺作,单杪重昂。角楼挟屋长一瓣,茶楼子长二瓣,并五铺作,单杪单昂。行廊长二瓣,[分心。]四铺作,[以上并或单栱或重栱造。]材广五分,厚三分三厘。每瓣用补间铺作两朵。其中层平坐上安单钩阑,高四寸。[斗子蜀柱造,其钩阑准佛道帐制度。]铺作并用卷头,与上层楼阁所用铺作之数并准下层之制。[其结瓦名件,准腰檐制度,量所宜减之。]

文献及实物中都见有在转轮藏顶部布置天宫楼阁的做法。《营造法式》小木作制度中,佛道帐、转轮经藏及壁藏中见有天宫楼阁的规定。

"转轮经藏"条中天宫楼阁被定义为:"三层,共高五尺,深一尺。"根据佛道帐和壁藏制度的相关条目,可知此处三层分指"副阶、平坐、腰檐"。腰檐以上为屋顶,因此参考潘谷西、何建中的复原,《营造法式》小木作制度中的天宫楼阁为外观二层出三檐的建筑形象(图十九)。

此处规定存在一处疑点,即各类天宫楼阁建筑的长度和配置问题。因转轮藏每边长6.6尺合10瓣,则每边角楼、挟屋、茶楼子、行廊应当总长10瓣(表四),根据制度规定的描述,其组合应当如图一。然而,"转轮经藏"功限条中有如下规定:"造作功:角楼子:每一坐,[广二瓣。]并挟屋行廊,[各广二瓣。]共七十二功。茶楼子:每一坐,[广同上。]并挟屋行廊,

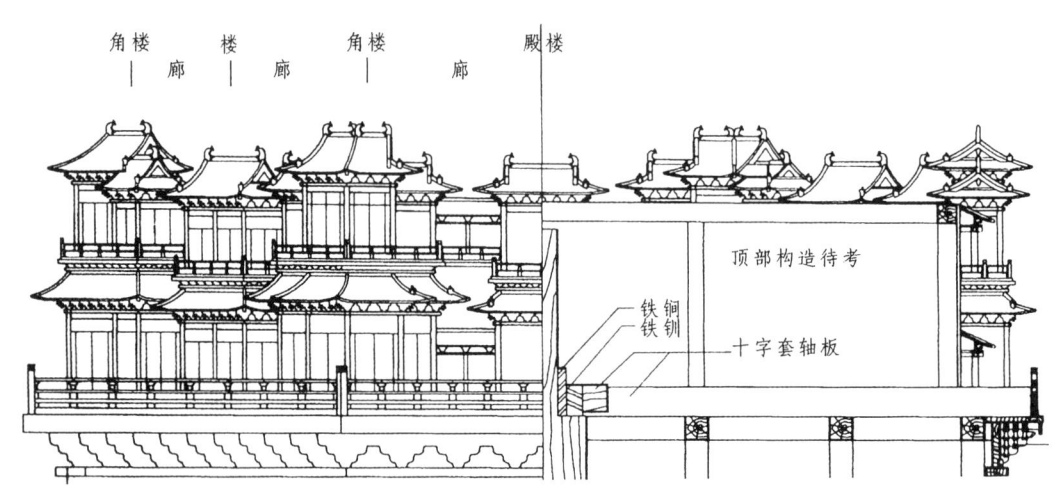

图十九　潘谷西、何建中的转轮经藏天宫楼阁复原方案(《〈营造法式〉解读》第146页)

[各广同上。]共四十五功。"总计共12瓣(表五),即功限较制度多出2瓣挟屋的长度。竹岛认为,为了保证茶楼子左右挟屋的配置,行廊应当短至1瓣长,因此制度内的规定有误。① 佛道帐和壁藏中天宫楼阁的规定,也同转轮经藏一样出现了制度与功限不相符的情况,且值得注意的是,转轮经藏茶楼子并挟屋、行廊的组合规定造作45功,小于角楼组合造作的72功,壁藏在同等情况下,角楼和茶楼子的组合均为72功(表六—表九)。可见在功限的规定中,存在前后矛盾的情况,因此此处对于转轮经藏的复原,暂且以制度内的规定内容为准(图二十)。

表四　转轮经藏制度所见天宫楼阁规定

	角楼	挟屋	行廊	茶楼子	行廊	挟屋	角楼	合计
长度(瓣)	1	1	2	2	2	1	1	10

表五　转轮经藏功限所见天宫楼阁规定

	角楼	挟屋	行廊	茶楼子	挟屋	行廊
长度(瓣)	2	2	2	2	2	2
记　功	72	45				

表六　佛道帐制度所见天宫楼阁规定

	殿身	茶楼子	角楼	殿挟	龟头屋	行廊
长度(瓣)	3	3	1.5	2	2	2

---

① 竹岛卓一:《営造法式の研究》,中央公论美术出版,1997年,第676页。

表七 佛道帐功限所见天宫楼阁规定

	殿身	挟屋	行廊	茶楼子	挟屋	行廊	角楼	挟屋	行廊	龟头
长度（瓣）	3	2	2	3	2	2	1.5	2	2	2
记 功	130			110			110			45

表八 壁藏制度所见天宫楼阁规定

	殿身	殿挟屋	龟头	茶楼子	角楼	行廊
长度（瓣）	3	1	1	2	1	2

表九 壁藏功限所见天宫楼阁规定

	殿身	挟屋	行廊	茶楼子	挟屋	行廊	角楼	挟屋	行廊	龟头	行廊
长度（瓣）	2	2	2	2	2	2	2	2	2	2	2
记 功	84			72			72			30	

天宫楼阁斗栱规定用材广 3.33 寸，为腰檐平坐用材的一半，每瓣用补间铺作两朵也契合了平坐部分每 100 份用补间铺作一朵的定式。

(3) 里槽

B5 里槽坐：高三尺五寸。[并帐身及上层楼阁，共高一丈三尺；帐身直径一丈。]面径一丈一尺四寸四分，斗槽径九尺八寸四分。下用龟脚；脚上施车槽、叠涩等。其制度并准佛道帐坐之法。内门窗上设平坐；坐上施重台钩阑，高九寸。[云栱瘿项造，其钩阑准佛道帐制度。]用六铺作卷头；其材广一寸，厚六分六厘。每瓣用补间铺作五朵，[门窗或用壸门、神龛。]并作芙蓉瓣造。（图二十一、图二十二、表十）

"里槽坐"为内槽部分的台座，其高 3.5 尺。加上帐身与斗栱（此处"楼阁"应为斗栱之误），里槽共高一丈三尺。则里外槽柱高相同，体现了与《营造法式》大木作殿阁结构的共通，进一步说明了《营造法式》小木作中的空间表现与大木作殿阁构架的相似性。同时，转轮藏之木制台座"准佛道帐坐之法"，是与石作及砖作中"须弥座"形制相似的台座做法。

台座上置平坐出斗栱，用材与外槽相同，每边规定用补间铺作五朵，以帐身直径 1 丈来计算，每边合 4.14 尺，约合 627.5 份，即铺作间距为 104.5 份，与前述平坐斗栱间距 100 份的定式相接近。若此处以铺作间距 100 份来计算，则每边长度为 3.96 尺，帐身直径应为 9.56 尺。此处规定帐身一丈，应当是将 9.56 尺取整后的结果。

结尾处"并作芙蓉瓣造"，应与佛道帐制度中"自龟脚上，每涩至上钩栏，逐层并作芙蓉瓣造"相对应，指台座龟脚上方的每层都进行莲瓣装饰（图二十三）。

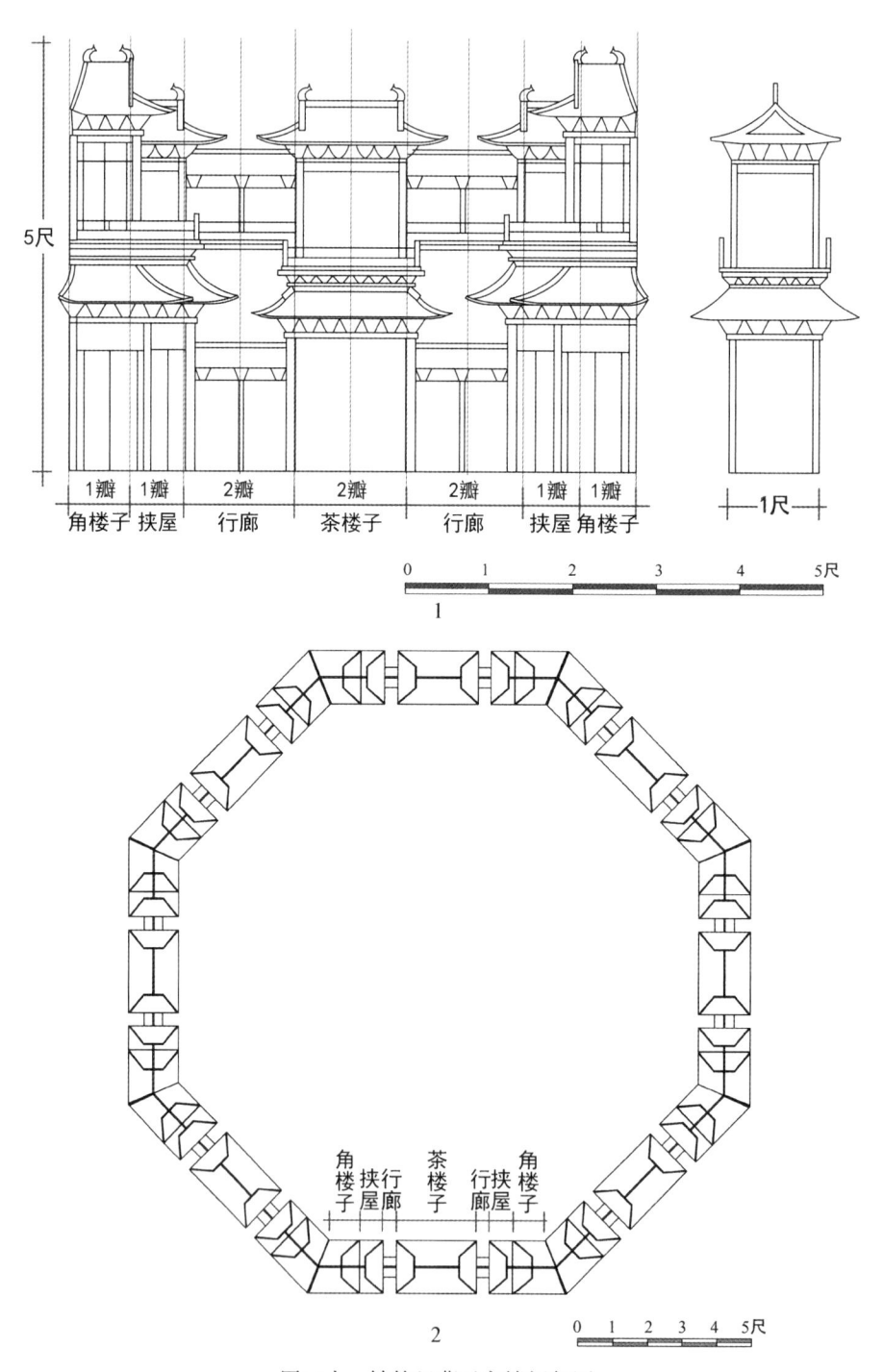

图二十　转轮经藏天宫楼阁复原
1. 单边立面图　2. 顶视平面图

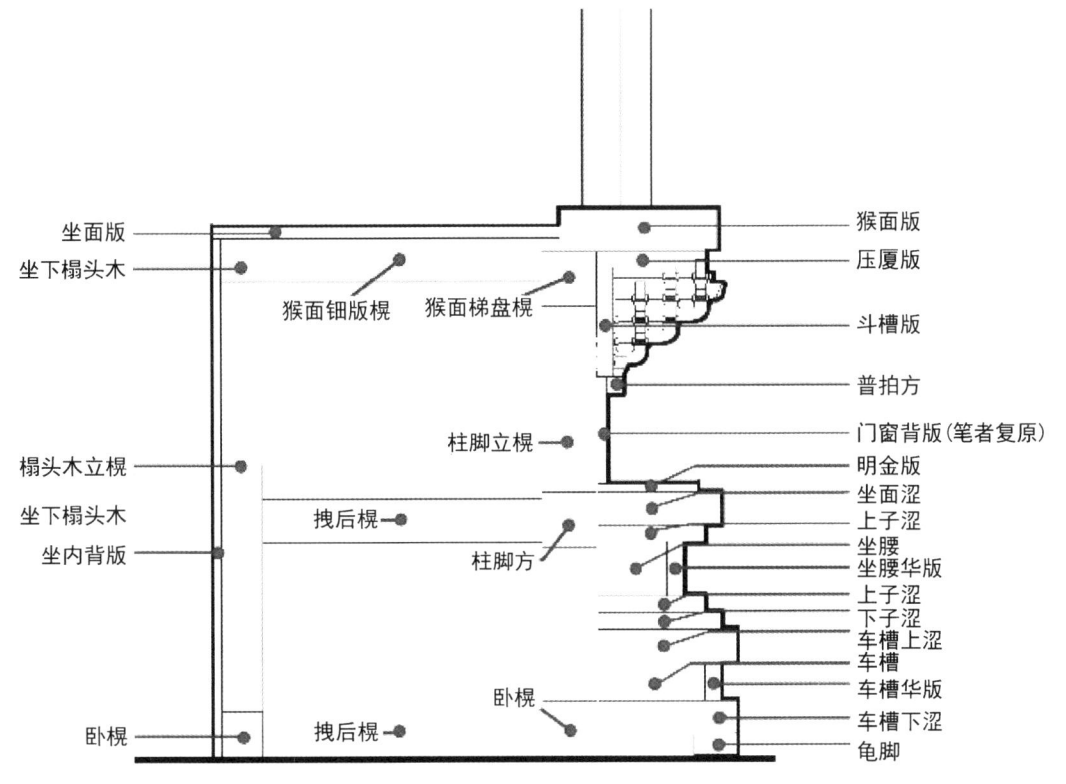

图二十一　转轮经藏里槽坐构件名称示意图

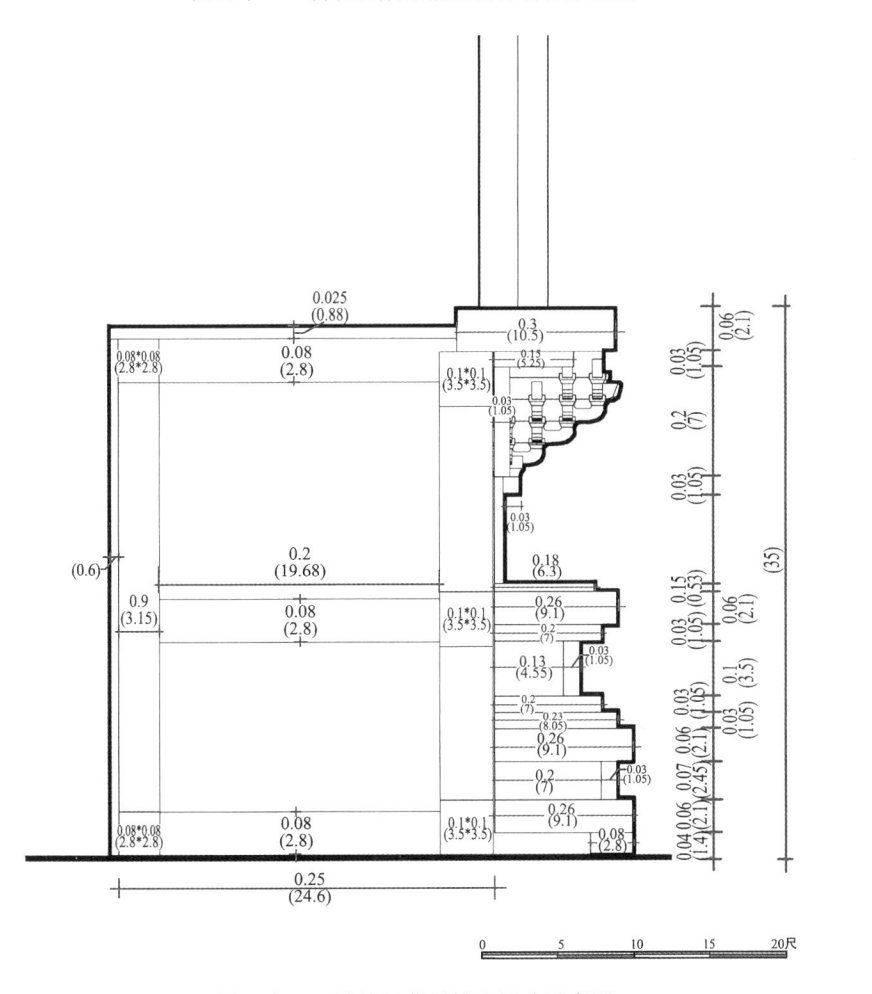

图二十二　转轮经藏里槽坐尺寸示意图

表十　转轮经藏里槽坐构件尺寸表

部位	构件	长（系数）	实寸（寸）	广（系数）	实寸（寸）	厚（系数）	实寸（寸）	用数	备注
里槽坐（高三尺五寸。面径一丈一尺四寸四分，斗槽径九尺八寸四分）	龟脚	0.2	7	0.08	2.8	0.04	1.4		
	车槽上下涩	随每瓣之广	（加长一寸）	0.26	9.1	0.06	2.1		
	车槽	同上	（减长一寸）	0.2	7	0.07	2.45		
	上子涩	同上	（减长二寸）	0.2	7	0.03	1.05		
	下子涩	同上		0.23	8.05	同上			
	坐腰	同上	（减长三寸五分）	0.13	4.55	0.1	3.5		
	坐面涩	同上		0.23	8.05	0.06	2.1		
	猴面版	同上		0.3	10.5	0.06	2.1		
	明金版	同上	（减长二寸）	0.18	6.3	0.015	0.525		
	普拍方	同上	绞头在外	0.03	1.05	0.03	1.05		
	斗槽版	同上	（减长七寸）	0.2	7	0.03	1.05		
	压厦版	同上	（减长一寸）	0.15	5.25	0.03	1.05		
	车槽华版	随车槽		0.07	2.45	0.03	1.05		
	坐腰华版	随坐腰		0.1	3.5	0.03	1.05		
	坐面版	并随猴面版内		并随猴面版内		0.025	0.875		
	坐面背版	每斗槽径一尺，长二寸五分	2.46	随坐高		定法	0.06		原文或有讹误
	猴面梯盘棍	每斗槽径一尺，长八寸	7.872	0.1	3.5	0.1	3.5		原文或有讹误
	猴面钿版棍	每斗槽径一尺，长二寸	1.968	0.08	2.8	0.08	2.8	每瓣用三条	原文或有讹误
	坐下榻头木并下卧棍	每斗槽径一尺，长八寸	7.872	0.08	2.8	0.08	2.8	随瓣用	原文或有讹误
	榻头木立棍	9	3.15	0.08	2.8	0.08	28	随瓣用	
	拽后棍	每斗槽径一尺，长二寸五分	2.46	0.08	2.8	0.08	2.8	每瓣上下用六条	
	柱脚方并下卧棍	每斗槽径一尺，长五寸	4.92	0.1	3.5	0.1	3.5	随瓣用	
	柱脚立棍	9	3.15	0.1	3.5	0.1	3.5	每瓣上下用六条	

图二十三　现存遗物所见台座莲瓣装饰
1. 稷山马村金墓 M1 北壁　2. 晋城南村二仙庙佛龛

B5-1 龟脚：长二寸，广八分，厚四分。

龟脚为台座最底部的支撑构件，由规定"长两寸"算得龟脚实长 7 寸，分配下来则每边可配置 7 件不足。若按照竹岛所指出的，龟脚应当与上部芙蓉瓣对应，则龟脚长度也规定为一瓣之 6.6 寸长更为合适，则每边恰可配置 7 个龟脚。

B5-2 车槽上下涩：长随每瓣之广，[加长一寸。]其广二寸六分，厚六分。

B5-3 车槽：长同上，[减长一寸。]广二寸，厚七分。[安华版在外。]

车槽为龟脚上部一组束腰式的构件，上下涩版规定较每瓣之广加长一寸。竹岛在此解释为车槽涩较上述规定座径 1.144 丈更为突出，涩边所围成的八角形直径达到 1.1678 丈。笔者认为此一寸可能包含了两边车槽交接处的榫卯长度，不可贸然认为台座边缘超过了前文规定，故暂且不按竹岛的提案复原。车槽所在的束腰部分，其内边与上下涩版对齐，外边沿则距离涩版外沿 2.1 寸。

B5-4 上子涩：两重，[在坐腰上下者。]长同上，[减长二寸。]广二寸，厚三分。
B5-5 下子涩：长厚同上，广二寸三分。
B5-6 坐腰：长同上，[减长三寸五分。]广一寸三分，厚一寸。[安华版在外。]
B5-7 坐面涩：长同上，广二寸三分，厚六分。

坐腰为车槽以上的一组束腰式构件，较车槽构造更为复杂，自下而上分别由下子涩、上子涩、坐腰、上子涩和坐面涩组成，形成了复杂的叠涩效果。

B5-8 猴面版：长同上，广三寸，厚六分。

猴面版这一构件在《营造法式》小木作制度中出现多次，应指小木作建筑长边方向的构件。潘、何则认为此板等同于"坐面版"。参考此处猴面版与坐面涩同厚，潘、何的复原方案中猜测猴面版应当与坐面涩并列布置。但在转轮经藏中，若将猴面版置于坐面涩之后,猴面版整体将位于台座内部的骨架构造之中,并无实际用处。竹岛则在佛道帐制度中将猴面版复原为置于压厦版上方的帐身底板,下文规定压厦版仅厚 1.5 寸,似不足以支撑上部帐身重量,因此将猴面版置于压厦版之上的复原似也能说通。本文在此处暂且使用竹岛的复原方案。

B5-9 明金版:长同上,[减长二寸。]广一寸八分,厚一分五厘。

佛道帐制度中规定"门窗背版:长随斗槽版,[减长三寸。]广自普拍方之下至明金版之上"。就此来看,明金版当是置于门窗背版下方的水平方向面版,此处将明金版复原为置于坐面涩以上的薄板。门窗背版在转轮经藏条中无规定,此处按照佛道帐制度,将此板复原为长随斗槽版,高度随斗槽版之下至明金版之上,厚 6 分。

B5-10 普拍方:长同上,[绞头在外。]方三分。
B5-11 斗槽版:长同上,[减长七寸。]广二寸,厚三分。
B5-12 压厦版:长同上,[减长一寸。]广一寸五分,厚同上。

此处为台座平坐斗栱相关构件的规定,斗槽版实广 7 寸,与外槽平坐斗槽版同高。竹岛在此认为压厦版仅宽 5.25 寸,不足六铺作斗栱的出跳长度,且斗槽版扣除普拍方的高度,将不足六铺作斗栱之高,认为此处"六铺作"应为"五铺作"之误。本文认为,既然内外槽平坐斗槽版与斗栱用材规定都相同,且压厦版上方置有猴面版,斗栱出跳仍包含在猴面版的范围内,则此处不能认为六铺作斗栱规定有误。

B5-13 车槽华版:长随车槽,广七分,厚同上。
B5-14 坐腰华版:长随坐腰,广一寸,厚同上。

车槽华版和坐腰华版为贴络于车槽和坐腰之外的装饰板。

B5-15 坐面版:长、广并随猴面版内,厚二分五厘。

此处坐面版应当与坐面涩无关,为置于猴面版之内、覆盖于台座里侧骨架材之上的面版。虽规定有长广随猴面版内,但如竹岛所指出,因需要让出中心转轮的位置,坐面版的宽度当在台座内侧边缘与背版之间。

B5-16 坐内背版:[每斗槽径一尺,则长二寸五分;广随坐高。以厚六分为定法。]

坐内背版为贴于台座骨架材内侧的背版,将台座与内部转轮隔离开。

B5-17 猴面梯盘棍:[每斗槽径一尺,则长八寸。]方一寸。
B5-18 猴面钿版棍:[每斗槽径一尺,则长二寸。]方八分。[每瓣用三条。]
B5-19 坐下榻头木并下卧棍:[每斗槽径一尺,则长八寸。]方同上。[随瓣用。]
B5-20 榻头木立棍:长九寸,方同上。[随瓣用。]

B5-21 拽后桯：［每斗槽径一尺，则长二寸五分。］方同上。［每瓣上下用六条。］

B5-22 柱脚方并下卧桯：［每斗槽径一尺，则长五寸。］方一寸。［随瓣用。］

B5-23 柱脚立桯：长九寸，方同上。［每瓣上下用六条。］

此处的各类桯件为台座内部的骨架材，其高度规定遵循了水平向构件以直径为准、垂直向构件以高度为准的规律。此处根据规定长度，可知猴面梯盘桯和坐下榻头木及下卧桯处于同一垂直线，而柱脚方及下卧桯处于同一垂直线。猴面钿版桯及拽后桯则为前述两组构件间的前后连接构件，立桯则为构件组内的上下连接构件。然后再来考虑这两组水平向构件的连接关系。如果按照原文以斗槽径，也就是 9.84 尺作为基准进行计算，两组水平构件的长度均超过了台座的每边边长，则只能复原成猴面梯盘桯及榻头木组在内、柱脚桯在外的形式，猴面梯盘桯与榻头木因长于边长会出现交角出头，只得暂且将此视为误差。台座整体骨架构件分布在轮藏四正面，形成十字。此种情况下坐面背版应当与坐面版同宽，较规定长度更长（图二十四，1）。

第二种情况如竹岛所述，"每斗槽径一尺"当为"每面斗槽版一尺"，在此情况下则每间骨架材平面形成倒梯形，为猴面梯盘桯及榻头木组在外、柱脚桯在内的形式。在这种情况下，转轮藏每边台座内部均出骨架材，坐面背版如仍按照斗槽径计算则长度与内侧骨架材长度相近。但参考构件名词及佛道帐的台座骨架材制度，柱脚桯应当与上部内槽帐柱对应，而榻头木是位于内侧的构件，如此则与前述的位置关系相反。本文在此处将两种复原方案都列出，以待今后的进一步讨论（图二十四，2）。

图二十四 转轮经藏里槽坐结构复原方案
1. 第一种复原方案 2. 第二种复原方案

B6 帐身：高八尺五寸，径一丈，帐柱下用鋜脚，上用隔斗，四面并安欢门、帐带，前后用门。柱内两边皆施立颊、泥道版造。（图二十五、表十一）

帐身为自里槽台座猴面版以上至里槽柱头柱顶。如前文所述，帐身高 8.5 尺与台座的 3.5 尺累加合 12 尺，与外槽帐身高度一致。"径一丈"之规定如竹岛所推测，应当指里槽柱外径。

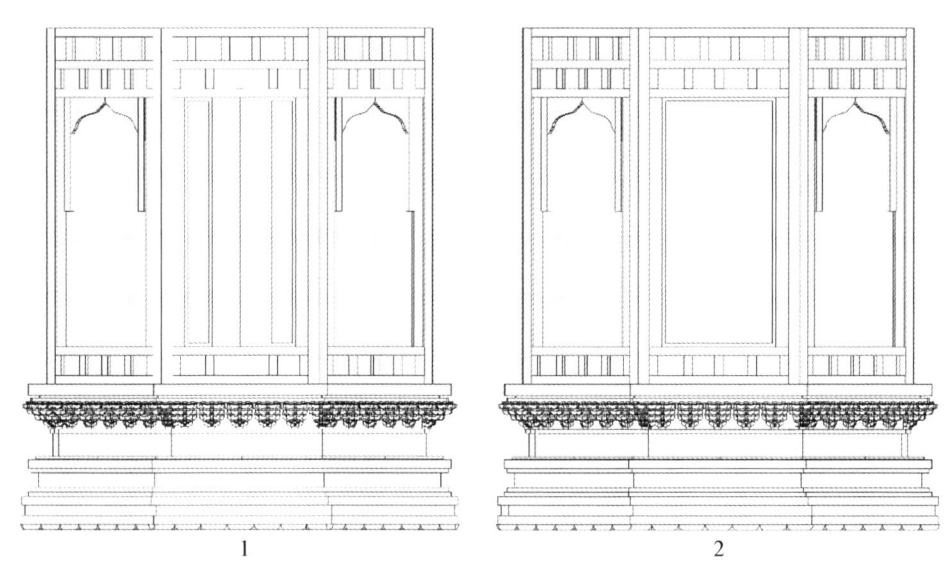

图二十五　转轮经藏内槽帐身立面图
1. 正、背立面　2. 侧立面

表十一　转轮经藏里槽帐身构件尺寸表

部位	构件	长（系数）	实寸（寸）	广（系数）	实寸（寸）	厚（系数）	实寸（寸）
帐身（高八尺五寸，径一丈。）	帐柱	长视高	85	0.06	5.1	0.05	4.25
	下锃脚上隔斗版	随帐柱内		0.08	6.8	0.024	2.04
	内上隔斗版					0.017	1.445
	下锃脚上隔斗仰托榥	同上		0.036	3.06	0.024	2.04
	下锃脚上隔斗内外贴	同上		0.024	2.04	0.011	0.935
	下锃脚及上隔斗上内外柱子	0.066	5.61	0.024	2.04	0.011	0.935
	上隔斗内外下柱子	0.056	4.76	0.024	2.04	0.011	0.935
	立颊	上下仰托榥		0.036	3.06	0.024	2.04
	泥道版	同上		0.08	6.8	0.01	0.85
	难子	同上		0.01	0.85	0.01	0.85
	欢门	随两立颊内		0.12	10.2	0.01	0.85
	帐带	0.32	27.2	0.024	2.04	0.024	2.04
	门子	视立颊		随立颊内		0.08	定法
	帐身版	同上		随帐柱内		0.012	1.02
	帐身版上下及两侧内外难子	同上		0.012	1.02	0.012	1.02

与外槽帐柱不同的是,内槽帐柱柱头及柱脚之间分别置板。里外槽柱的这种装饰形式在《营造法式》小木作制度的佛道帐、牙脚帐、九脊小帐、壁帐、壁藏等小木建筑中均得见。

此处值得注意的是里槽各面的立面装饰形式。"四面并安欢门、帐带"显示八角轮藏仅在四面柱间装饰欢门和帐带,而后又规定"前后用门"。竹岛在此处指出,若是开门一面同时使用欢门和帐带,柱间门扇则无法向外开,然而内开则会与转轮相撞。因此,欢门、帐带当设置于轮藏的斜边四面。结合后文的规定,"柱内两边皆施立颊、泥道版造"中的"皆施"也不甚准确,根据门子"广随立颊内"、帐身版"广随帐柱内"及泥道版的相关规定,可以推测转轮藏内槽柱间可以分为三种不同的立面形式:一为轮藏正面及背面,帐柱间立立颊,立颊内安置门扇两扇;二为轮藏斜边四面,帐柱间置帐身版,其外贴络欢门、帐带;三为轮藏两侧面柱间置帐身版,不安置欢门、帐带(图二十六、图二十七)。然而,《营造法式》卷三十二转轮经藏图样中,里槽被绘成各面均开门的形式,但若门扇上方还安置隔斗版的话,就会如潘谷西、何建中的复原案中所指出的一样,转轮最上一层的经匣无法取出。①

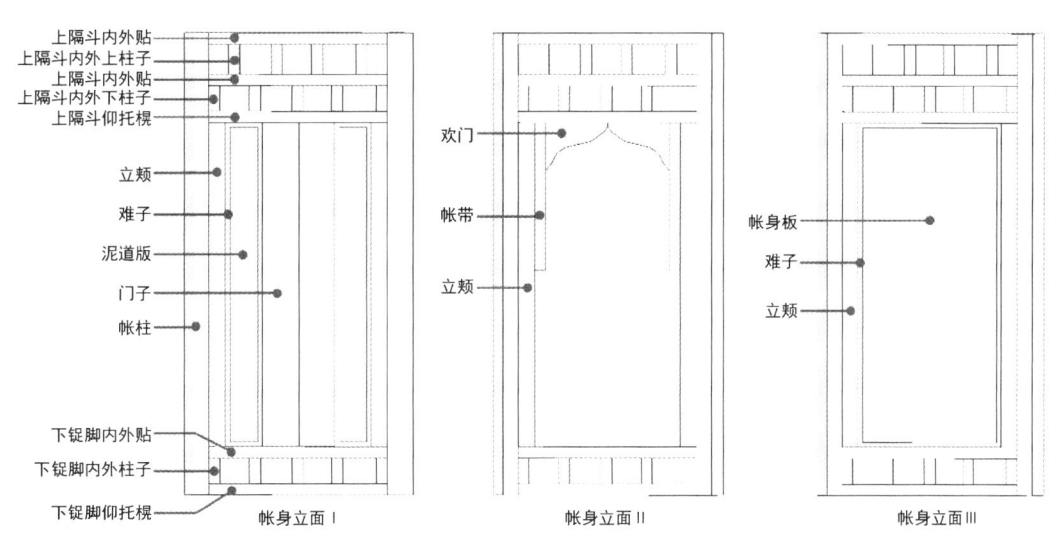

图二十六　转轮经藏里槽帐身的三种立面及构件名称示意图

B6-1 帐柱:长视高,其广六分,厚五分。

内槽帐柱虽未规定为"归瓣造",但推测应当与外槽相同,也为五边形平面。帐柱实际尺寸较外槽略小。

B6-2 下锃脚上隔斗版:各长随帐柱内,广八分,厚二分四厘。

B6-3 内上隔斗版:广一寸七分。

B6-4 下锃脚上隔斗仰托榥:各长同上,广三分六厘,厚二分四厘。

---

① 详见潘谷西、何建中:《〈营造法式〉解读》,东南大学出版社,2005年,第146页。

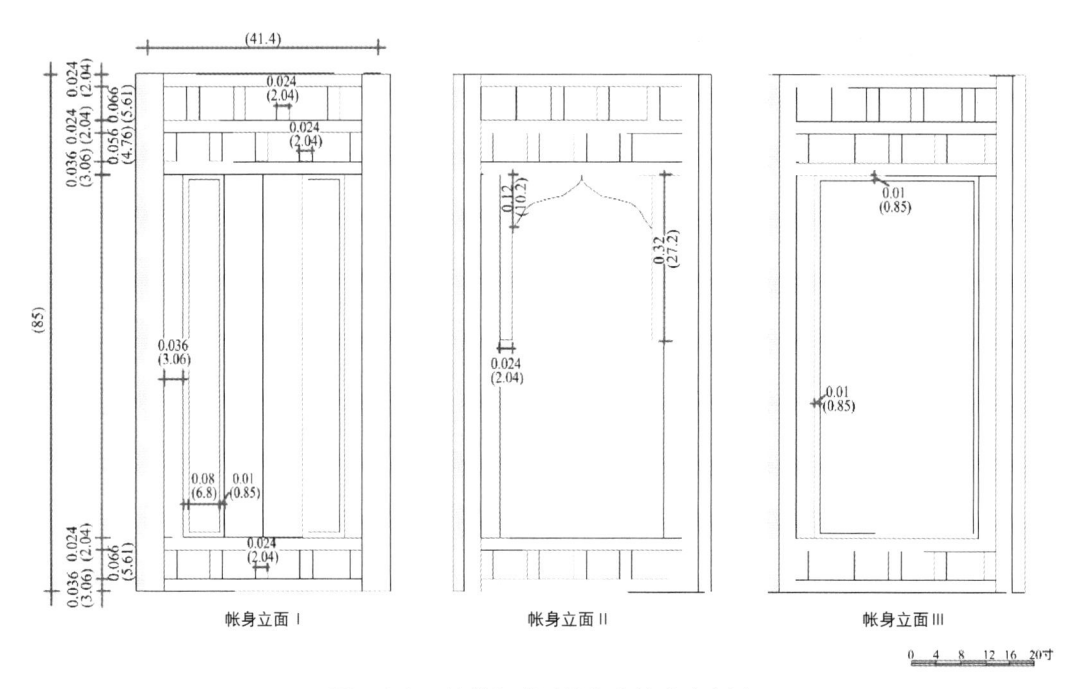

图二十七　转轮经藏里槽帐身尺寸示意图

B6-5 下锟脚上隔斗内外贴：各长同上，广二分四厘，厚一分一厘。

B6-6 下锟脚及上隔斗上内外柱子：各长六分六厘。

B6-7 上隔斗内外下柱子：长五分六厘，广厚同上。

此处规定了帐柱间上下装置的各类构件尺寸。值得注意的是，此处下锟脚仅施一重柱子，而上隔斗则如外槽一样使用两重柱子。通过计算可知，下锟脚上皮距离地面为4.38尺，以宋尺31.4厘米来算距离地面约1.376米，约合一身高1.7米的人肩部的高度，对于开门转轮和取出经匣的动作来说高度恰好合适，可知转轮经藏在规定时也充分考虑了此小木建筑使用时的人体尺度。

B6-8 立颊：长视上下仰托榥内，广厚同仰托榥。

B6-9 泥道版：长同上，广八分，厚一分。难子：长同上，方一分。

B6-10 欢门：长随两立颊内，广一寸二分。厚一分。

B6-11 帐带：长三寸二分，方二分四厘。

B6-12 门子：长视立颊，长随两立颊内。[合版令足两扇之数。以厚八分为定法。]

B6-13 帐身版：长同上，广随帐柱内，厚一分二厘。帐身版上下及两侧内外难子：长同上，方一分二厘。

B7 柱上帐头：共高一尺，径九尺八寸四分。[檐及出跳在外。]六铺作，卷头重栱造；其材广一寸，厚六分六厘。每瓣用补间铺作五朵，上施平棊。（图二十八、图二十九、图三十、表十二）

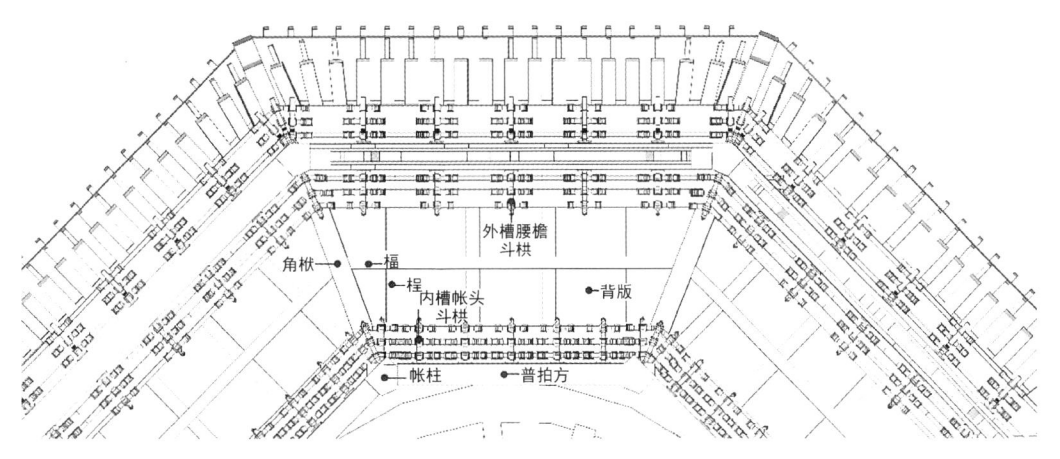

图二十八　转轮经藏里外槽仰视图

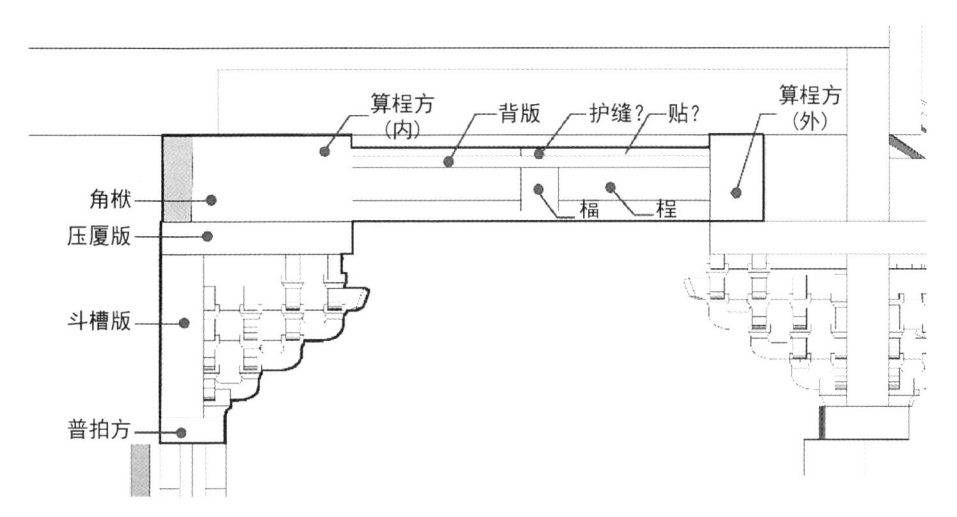

图二十九　转轮经藏里槽帐头构件名称示意图

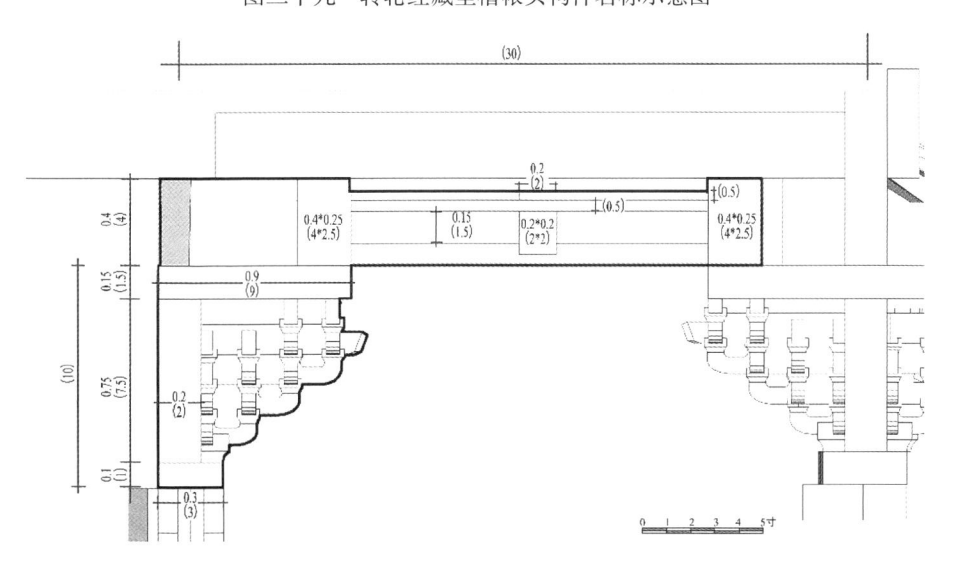

图三十　转轮经藏里槽帐头构件尺寸示意图

表十二 转轮经藏里槽帐头构件尺寸表

部位	构件	长(系数)	实寸(寸)	广(系数)	实寸(寸)	厚(系数)	实寸(寸)	备注
帐头（高一尺，径九尺八寸四分。）	普拍方	随每瓣之广	绞头在外	0.3	3	0.1	1	原文讹误
	斗槽版	同上		0.75	7.5	0.2	2	
	压厦版	同上	（加长七寸）	0.9	9	0.15	1.5	
	角栿	每径一尺，则长三寸	2.952	0.4	4	0.3	3	
	算桯方（外）	每径一尺，长六寸二分	6.10	0.4	4	0.25	2.5	
	算桯方（内）	每径一尺，长四寸八分	4.72					
	桯	随内外算桯方及算桯方心		0.2	2	0.02	1.28	
	背版	随桯四周之内		随桯四周之内		定法	0.5	
	福	每径一尺，则长五寸七分		0.2	2	0.2	2	
	护缝	同背版		0.2	2	定法	0.5	
	贴	随桯内广		0.12	1.2	定法	0.5	
	难子并贴络华					定法	0.5	

柱上帐头为自内槽帐柱顶至压厦版顶部的距离，同时包括了内外槽间平棊天花的规定。帐头直径规定与内槽台座斗槽版直径相同，可知上下斗栱处于同一垂直线。斗栱形式与用材也与下部台座相同。补间用数也与台座相同。

B7-1 普拍方：长随每瓣之广，[绞头在外。]广三寸，厚一寸二分。

B7-2 斗槽版：长同上，广七寸五分，厚二寸。

B7-3 压厦版：长同上，[加长七寸。]广九寸，厚一寸五分。

此处斗槽版与外槽腰檐及平坐斗槽版同厚，但高度较台座及外槽平坐斗槽版 7 尺之高度高出 5 分，可知帐头斗栱所承橑檐枋较台座更高。然而，普拍方、斗槽版及压厦版叠加高 1.02 尺，较此前规定的一尺高度略高 2 分。对此，竹岛认为此处斗槽版规定过高，应当调整为 7.3 寸更为合适，或者将里槽斗槽版高度和普拍方高度分别调整为 7 寸及 1.5 寸，使之与外槽腰檐完全对齐。本文认为，内外槽斗栱部位出现的这种高度差确实不甚合理，暂且将普拍方高度还原为 1 寸，与竹岛的复原案略有差异。

B7-4 角枨：[每径一尺，则长三寸。]广四寸，厚三寸。

角枨为置于内外槽间的角梁构件。从安置位置上看，其应当置于内外槽压厦版的上方。与平棊内外算程方相交，以作为内外槽平棊的侧边框。此处若按照内槽径1丈来计算，角枨长度为3尺，则其垂直方向长2.77尺，较内外槽间距3尺略短，约合内外槽斗槽版的间距。

B7-5 算程方：广四寸，厚二寸五分。[长用两等：一，每径一尺长六寸二分；一，每径一尺长四寸八分。]

算程方为置于内外槽压厦版之上的平棊内外侧边框，高度与角枨一致。并规定内外算程方长度分别为4.8尺及6.2尺。由此计算，算程方外径为14.96尺，外斗槽版内径为15.44尺，若扣除算程方本身2.5寸的厚度，则直径为14.94尺，与前文计算而得的直径几乎相等。然而，按照此处规定的内算程方长度，内算程方将超出里槽帐头压厦版的边缘，似不合理，若是贴于压厦版边缘，则内算程方长4.65尺就已足够，超出长度或许为榫卯之长。另外，竹岛在此处指出，内算程方也应当同外算程方一样与角枨边缘齐平，如果这样计算的话，内算程方长度应当为4.28尺。

B7-6 平棊：[贴络华文等，并准殿内平棊制度。]
B7-7 桯：长随内外算程方及算程方心，广二寸，厚一分五厘。
B7-8 背版：长广随桯四周之内。[以厚五分为定法。]
B7-9 福：[每径一尺，则长五寸七分。]方二寸。
B7-10 护缝：长同背版，广二寸。[以厚五分为定法。]
B7-11 贴：长随桯内，广一寸二分。厚同上。
B7-12 难子并贴络华：[厚同贴。]每方一尺，用华子二十五枚或十六枚。

此处关于平棊的构件规定与《营造法式》卷八小木作制度三"平棊"条可以对应。关于桯、背版、福、护缝和贴的位置，梁思成在《营造法式注释》中已作出了多种方案的推测（图三十一）。此处可以明确的是，桯是每边平棊四周的边框，背版则为平棊板。福和护缝根据其长度，以及平棊制度中所述"其背版后皆施护缝及福"的规定，可知两者分别为横向和纵向的置于背版后部的平棊的补强构件。贴规定长随桯内，推测应当为平棊每块难子的边框。

B8 转轮：高八尺，径九尺，当心用立轴，长一丈八尺，径一尺五寸，上用铁铜钏，下用铁鹅台桶子。[如造地藏，其辐量所用增之。]其轮七格，上下各札辐挂辋，每格用八辋，安十六辐，盛经匣十六枚。（图三十二、图三十三、表十三）

转轮为转轮藏核心的藏书部分，与此前所规定的里外槽帐在构造上完全分离。其高8尺径9尺的体量恰好可以放入高8.5尺径1丈的里槽帐身之内。立轴长1.8丈，则其顶

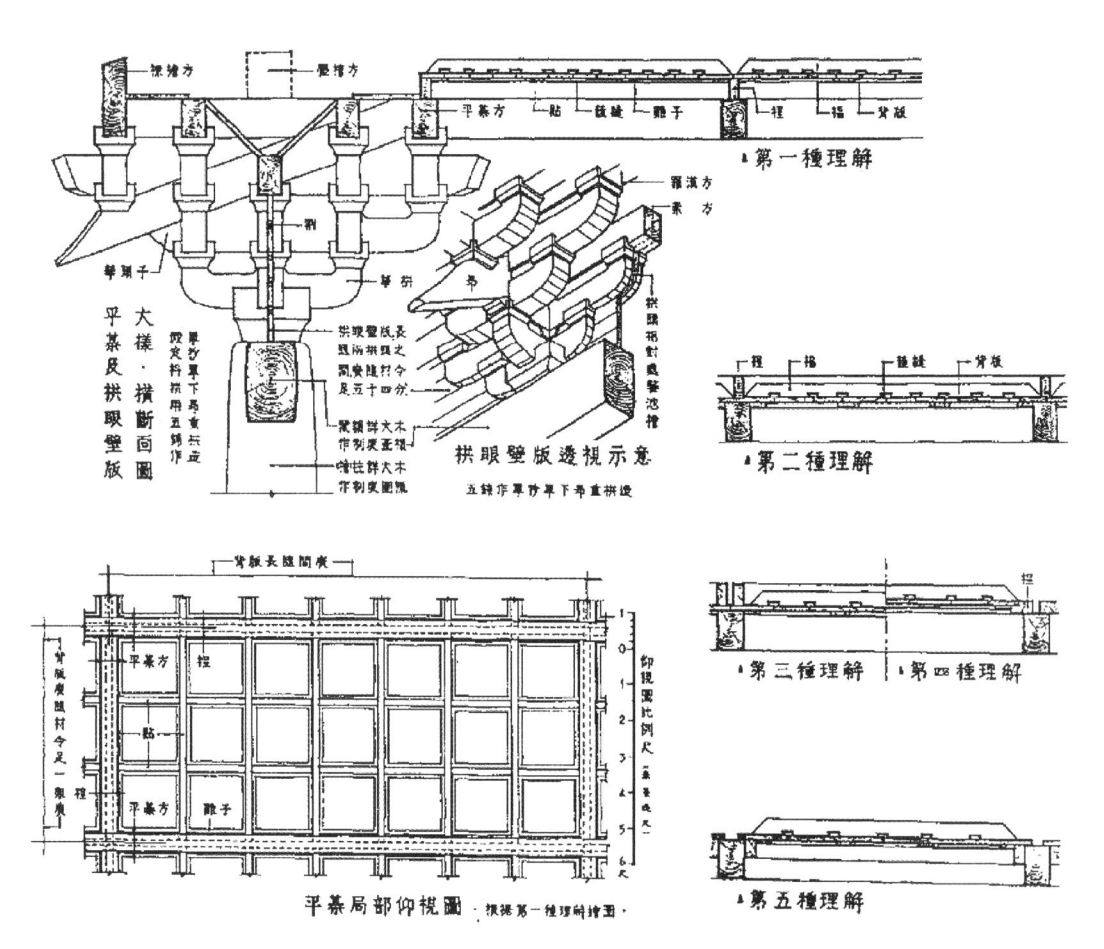

图三十一 《营造法式注释》中对于平棊构件的五种理解
(图片来源:《梁思成全集(第七卷)》)

部不高过天宫楼阁顶部,因此立轴在外观上并不得见。此处规定立轴"上用铁铜钏,下用铁鹅台桶子",这两种金属构件也见于《营造法式》小木作制度一"版门"条内,如《营造法式注释》所解释,"铜"为套于肘版转轴顶部的金属构件,"钏"为贴于鸡栖木开口周围的铁环,而"铁鹅台"为安在石门砧上、上有碗形圆凹坑以承受下金纂铁靴臼的铁块。① 由此来看,在转轮藏立轴的情况下,"铁铜钏"是套于立轴顶部,与"十字套轴版"连接的构件(图三十四);而"铁鹅台"为地面上支撑立轴的金属台;"桶子"则为套于立轴底部以减少旋转摩擦的筒形金属构件(图三十五)。《营造法式》中所规定的转轮藏立轴上下的金属构件,均可以在现存实例中找到例证。

---

① 详见梁思成:《梁思成全集(第七卷)》,中国建筑工业出版社,2001年,第167-168页。

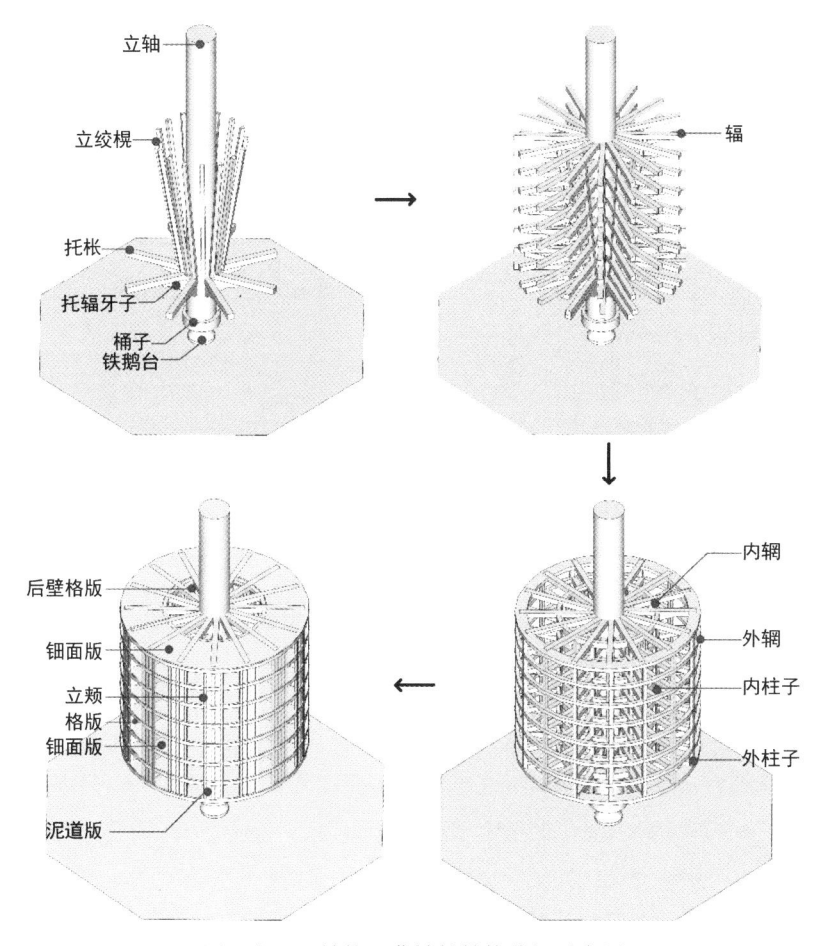

《营造法式》卷第十一"小木作制度六转轮经藏"原文释读

图三十二 转轮经藏转轮结构分解示意图

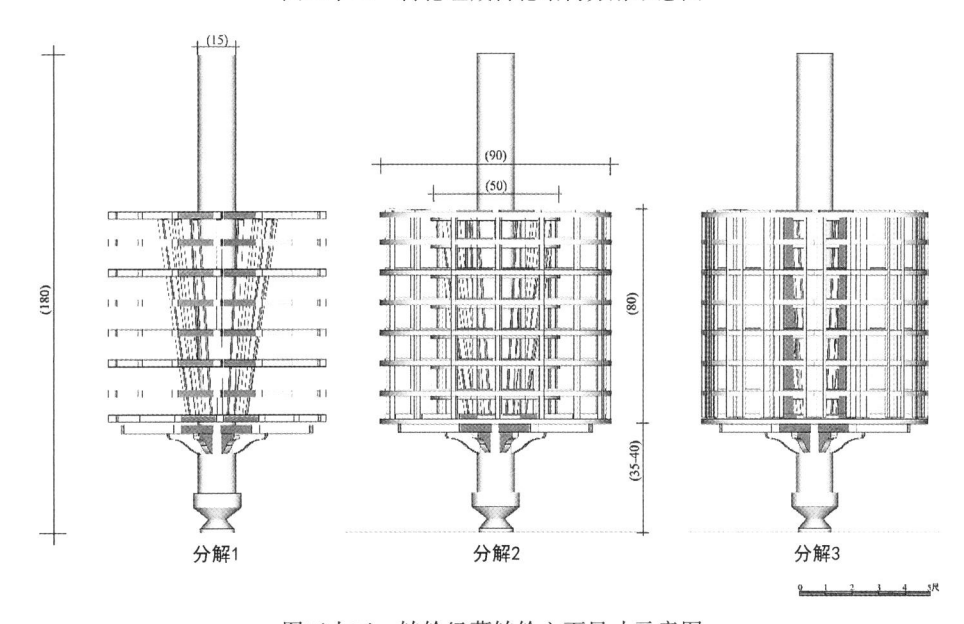

图三十三 转轮经藏转轮立面尺寸示意图

表十三　转轮经藏转轮部分构件尺寸表

部位	构件	长（系数）	实寸（寸）	广（系数）	实寸（寸）	厚（系数）	实寸（寸）	备注
转轮（高八尺，径九尺。）	外辋径九尺	0.48	43.2	0.07	5.6	0.025	2	
	内辋径五尺	0.38	19	0.5	40	0.4	32	
	外柱子	视高	80	0.025	2	0.025	2	
	内柱子	0.15	12	0.025	2	0.025	2	
	立颊	同外柱子	80	0.015	1.2	0.015	1.2	
	钿面版	0.25	20	外广 0.22	17.6	定法	0.6	
				内广 0.12	9.6			
	格版	0.25	20	0.12	9.6	定法	0.6	
	后壁格版	0.12	9.6	0.12	9.6	定法	0.6	
	难子	随格版，后壁版四周		0.008	0.64	0.008	0.64	
	托辐牙子	0.2	16	0.1	8	0.03	2.4	
	托棍	0.4	32	0.04	3.2	0.04	3.2	
	立绞榥	视高		0.025	2	0.025	2	
	十字套轴版	随外平坐上外径		0.15	12	0.05	4	实际应较平坐外径略短
	泥道版	0.11	8.8	0.032	2.56	定法	0.6	
	泥道难子	随泥道版四周		0.003	0.24	0.003	0.24	

"如造地藏，其辐量所用增之"一句，竹岛将"地藏"解释为立轴陷入地表以下的做法，如正定隆兴寺转轮藏及日本的一些转轮藏遗构确实采用了这种处理方式。此外，竹岛还认为，此处"辐"当为"轴"之误，即如立轴陷入地下的话立轴的长度应当增加。然而，此处将"地藏"解释为立轴陷入地下的做法似有不妥，且"辐量所用增之"一句明显是表示数量增长而非长度增加。若考虑到佛塔常见的地宫装置，以及日本木塔心柱以下的舍利埋藏空间，或许此处所指当是设置于轮藏立轴下方的安置佛宝的装置。辐量增加的规定或许是起到了对于轮藏的结构补强作用。

其轮七格，上下各札辐挂辋，每格用八辋，安十六辐，盛经匣十六枚。

此句规定了转轮中经格的配置。将转轮垂直方向分为7层，每层水平分为16格，即转轮经藏全体有经格112个。

B8－1 辐：[每径一尺，则长四寸五分。]方三分。

B8－2 外辋：径九尺，[每径一尺，则长四寸八分。]曲广七分，厚二分五厘。

《营造法式》卷第十一"小木作制度六转轮经藏"原文释读 ・293・

图三十四 现存转轮藏遗构立轴底部金属构件实例
1. 江油云岩寺转轮藏　2. 合川净果寺转轮藏①

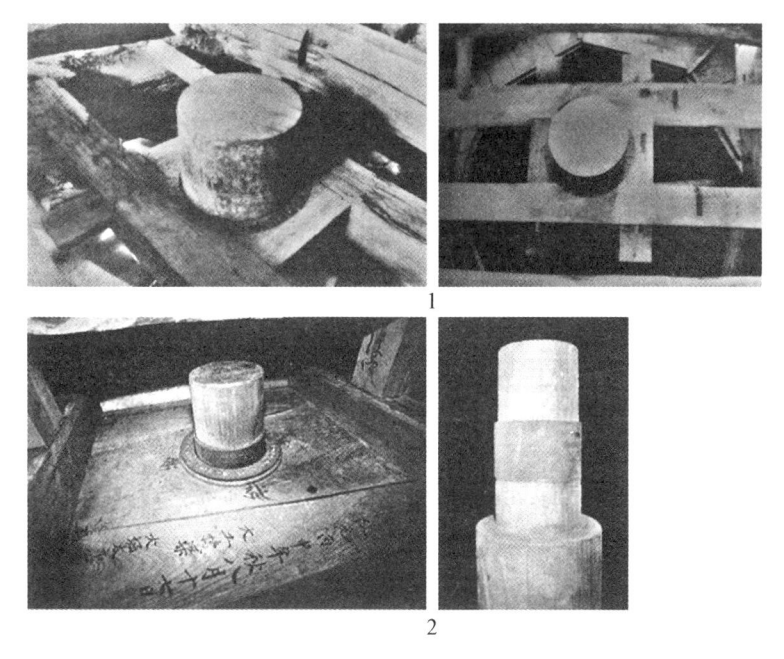

图三十五 现存转轮藏有立轴顶部金属构架实例
1. 日本滋贺县长寿院转轮藏②　2. 日本福岛县会津若松自在院转轮藏③

---

① 图片来源：龚廷万：《合川净果寺南宋转轮经藏》，《四川文物》2017年第2期，第83—84页。
② 图片来源：滋贺县教育委员会：《重要文化财・县指定有形文化财长寿院伽蓝5栋修理工事报告书：重文弁才天堂、县指定阿弥陀堂、楼门、经藏、宝藏》，滋贺县教育委员会出版，1985年，图版第180。
③ 图片来源：阿住义彦：《自在院一切经堂・轮藏保存工事报告书：附全国的轮藏》，真言宗豊山派自在院，2007年，第29页。

B8－3 内辋：径五尺，[每径一尺，则长三寸八分。]曲广五分，厚四分。

辐、外辋及内辋构成了转轮部分的结构骨架，辐为转轮各层插入立轴的水平木条，外辋及内辋插于辐条之内，其构成的环状空间则为经匣安置之所。

辐实长 4.05 尺，然扣除立轴的直径，辐条长度只需 3.75 尺即足够，此处超出的 3 寸长度或许包含了辐条插入立轴的凸榫的长度。

外辋与内辋分别以每层 8 根弧形木条拼合成圆周。根据圆周的计算公式，此处每根构件的长度应当为 $1/8 \times \pi \times D$（直径），外辋径与转轮外径相同，则此处的比例系数当为 $1/8 \times \pi \times 1 = 0.393$，合实寸 3.53 尺，远小于规定中的 4.8 系数，此处若扣除辐的宽度，则外辋每根长 3.4 尺就已足够。内辋径为 5 尺，则此处的比例系数当为 $1/8 \times \pi \times 5/9 = 0.218$，合实寸 1.96 尺，也远小于规定的 3.8 系数。对此竹岛指出，外辋的系数当为明显的讹误，然而内辋如按照内辋直径（5 尺）作为基准单位，则内辋的系数也当为 $1/8 \times \pi \times 1 = 0.393$，考虑到辐宽度则缩短为 0.38 的系数，此处或许是对基准单位的灵活使用，也并非是规定讹误。

B8－4 外柱子：长视高，方二分五厘。
B8－5 内柱子：长一寸五分，方同上。
B8－6 立颊：长同外柱子，方一分五厘。

外柱子为外辋各层上下的连接构件，与转轮等高。内柱子则穿插于各层内辋之间，与转轮各层高度等高，其比例系数应当为 $1/7 = 0.143$，合实寸 1.14 尺，此处规定比例系数为 0.15，似略长。立颊为置于外辋位置贯穿各层上下的构件，根据后文的规定，立颊与外柱子之间当另有一层泥道版。由此各经格的开口则缩小为 8 寸。

B8－7 钿面版：长二寸五分，外广二寸二分，内广一寸二分。[以厚六分为定法。]
B8－8 格版：长二寸五分，广一寸二分。[厚同上。]
B8－9 后壁格版：长、广一寸二分。[厚同上。]
B8－10 难子：长随格版后壁版四周，方八厘。

钿面版为置于各层外辋和内辋之上的面板，即经格的底板。格版垂直立于辐之上，为各经格的侧面板。后壁格版则垂直立于内辋之上，为经格的后面板。此处规定长度与实际长度略有出入，表十三列出了实际长度及其比例系数。

B8－11 托辐牙子：长二寸，广一寸，厚三分。[隔间用。]
B8－12 托枨：[每径一尺，则长四寸。]方四分。

托辐牙子和托枨应当为转轮底部的支撑构件。对于这两个构件的位置，竹岛认为，托辐牙子为支撑于转轮最下一层辐条之下的垫块，而托枨则为立轴下方所出的支撑于转轮底部的斜撑。潘、何认为托枨是置于托辐牙子上方的水平构件。本文在此处暂且使用潘、何的复原方案。

B8-13 立绞榥：长视高，方二分五厘。［随辐用。］

有关立绞榥的位置，前人研究中的两例复原方案并不相同。竹岛认为此构件为置于内辋和立轴之间的贯通上下的垂直构件，并提出《营造法式》静嘉堂本此处作"随轴用"，若立绞榥为贯通上下的垂直构件，此处原文作"随轴用"同"长视高"的规定更为相符。而潘、何的复原中，在重视"随辐用"的规定之上，将此构件复原为穿插于每层辐之间的斜向构件，如此立绞榥的高度则与"长视高"的规定不符。参考现存实例，虽然绝大部分轮藏遗构的骨架构件多以水平及垂直方向为主，但如正定隆兴寺转轮藏在水平的辐条之间插入了贯穿上下辐条间的斜向木骨，日本金刚峰寺转轮藏则以斜向木骨作为主要的骨架构件。因此推测此处的立绞榥或许也为贯穿于上下辐之间的斜向木骨，起到结构补强作用。

B8-14 十字套轴版：长随外平坐上外径，广一寸五分，厚五分。

前人复原方案均认为十字套轴版是立轴与外部小木作建筑的连接构件。潘、何认为："中心立轴通过十字套轴版而支在外槽、里槽上，可使整个轮藏不必依靠建筑物的木构架而独立。"同时举正定隆兴寺转轮藏为例说明十字套轴版与立轴的位置关系。文末规定，"套轴版安于外槽平坐之上"，考虑到"长随外平坐上外径"的长度规定，可知十字套轴版当置于外槽平坐之上，前端与平坐边缘对齐。然而此处与天宫楼阁的配置出现了矛盾。竹岛已经指出，十字套轴版的存在是为了固定立轴以防止转轮倾覆，但这样的大材和楼阁的位置关系却没有规定；并认为，立轴下端已经固定的基础上，十字套轴版并非是必要构件，因此此处若不置套轴版也并不影响构造强度。

本文认为，《营造法式》十字套轴版的形制应当如前人研究中指出的那样，同正定隆兴寺转轮藏相似，对于转轮藏立轴起到固定的作用，但正定隆兴寺转轮藏套轴版与藏殿构架相连，在结构强度上高于《营造法式》，因此不能认为《营造法式》的这种不依赖外部构架的规定是结构优势的表现。考虑到套轴版规定长度会影响轮藏本身的立面美观，本文在复原时暂且将套轴版的端头置于天宫楼阁外皮以内，较原文规定为短（图三十六）。

B8-15 泥道版：长一寸一分，广三分二厘。［以厚六分为定法。］

B8-16 泥道难子：长随泥道版四周，方三厘。

如前文所述，泥道版置于外柱与立颊之间，泥道难子则为泥道版的包框。

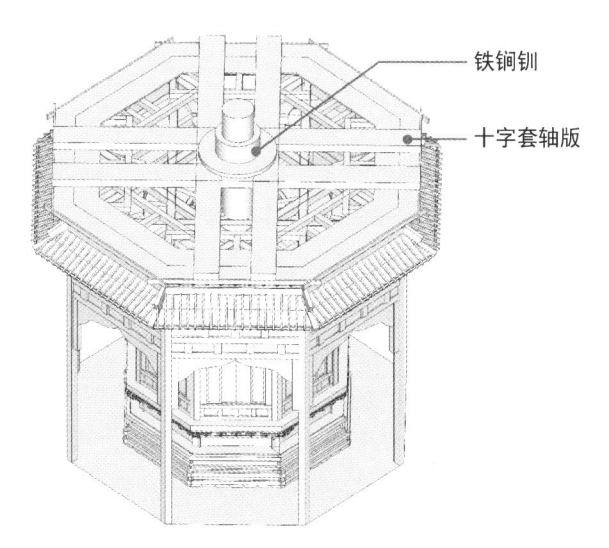

图三十六 转轮经藏立轴顶部构造示意图

B9 经匣：长一尺五寸，广六寸五分，高六寸。[盝顶在内。]上用趓尘盝顶，陷顶开带，四角打卯，下陷底。每高一寸，以二分为盝顶斜高；以一分三厘为开带。四壁版长随匣之长、广。每匣高一寸，则广八分，厚八厘。顶版、底版每匣长一尺，则长九寸五分；每匣广一寸，则广八分八厘，每匣高一寸，则厚八厘。子口版长随匣四周之内。每高一寸，则广二分，厚五厘。（图三十七）

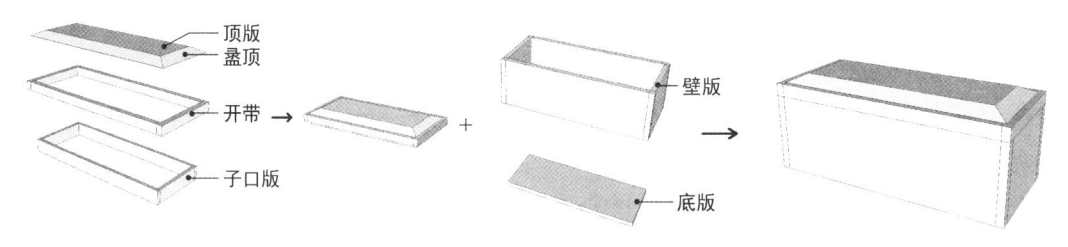

图三十七　转轮经藏经匣部件分解示意图

此处为对于经匣尺寸的规定。经匣的具体细部构件组合及做法已由竹岛进行准确复原，本文则不再详述。此处值得注意的是，经匣的总体尺度为 1.5×0.65×0.6（尺），考虑到每个经格的倒梯形空间内，扣除柱子、版、里面立颊和泥道版的尺度，恰好可以放入一个经匣。经匣上部采用的"趓尘盝顶"的形制，也是宋元时期流行的做法，在图像史料中可以得到印证（图三十八）。

图三十八　图像史料所见经匣形象
1. 五百罗汉图—藏经堂（南宋，日本京都大德寺藏）　2. 宣化张世卿墓壁画（辽）[①]

"陷顶"当指经匣壁版嵌入顶版之内。"开带"应当为盝顶斜面下方的垂直部分。"四角打卯"当指在开带上开卯以嵌入顶版。"下陷底"指底版嵌入壁版之内。

根据原文描述，经匣由顶版、开带版、底版、壁版、子口版组成。顶版、开带版、子口版

---

① 河北省文物研究所：《宣化辽墓：1974－1993年考古发掘报告》，文物出版社，2001年。

组成了经匣的顶盖部分,而壁版和底版为经匣的盒子部分。此处对每块版的尺寸都作了详细的规定,且仍以总高、宽的尺寸为基准进行比例计算。从高度比例来看,经匣下部盒子部分占总高的80%,盖子部分占20%,其中开带占13%。各版类部件除子口版外,均厚0.48寸。子口版嵌入开带之内,用于扣住下部盒子,防止顶盖滑落。此外,部件的尺寸规定还考虑到了部件之间的接口长度。如壁版四周之内长14.04寸、宽5.54寸,而底版的尺寸为长14.25寸、宽5.72寸,较壁版四周之内尺寸稍大(图三十九、表十四)。

图三十九 转轮经藏经匣部件尺寸图

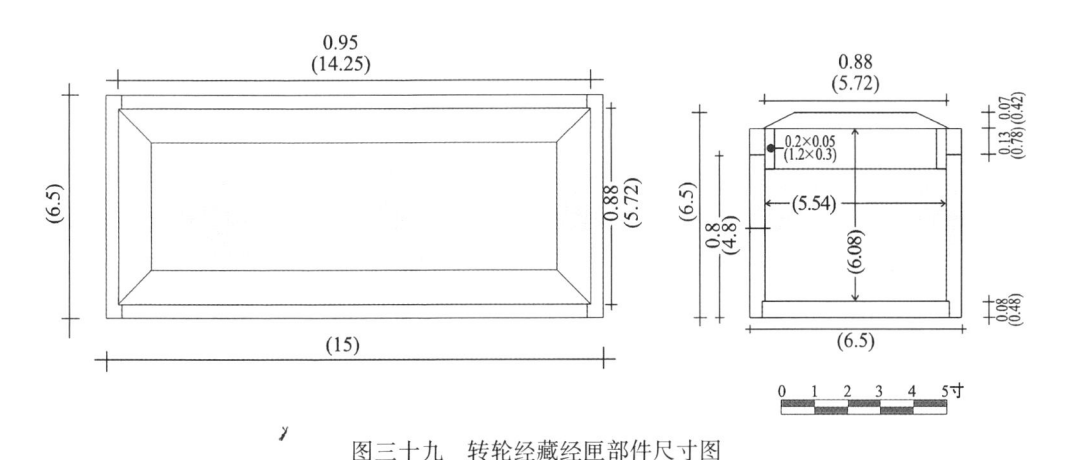

表十四 转轮经藏经匣部件尺寸表

部 位	构 件	长(系数)	实寸(寸)	广(系数)	实寸(寸)	厚(系数)	实寸(寸)
经匣(长一尺五寸,广六寸五分,高六寸。)	顶 版	0.95	14.25	0.88	5.72	0.08	0.48
	底 版	0.95	14.25	0.88	5.72	0.08	0.48
	壁 版	随经匣长宽		0.8	4.8	0.08	0.48
	开 带	随壁版		0.13	0.78	0.08	0.48
	子口版	随壁版四周之内		0.2	1.2	0.05	0.3

2. 总结

C 凡经藏坐芙蓉瓣,长六寸六分,下施龟脚。[上对铺作。]套轴版安于外槽平坐之上。其结瓦垄条之类并准佛道帐制度。举折等亦如之。(图四十)

总结部分为对转轮藏前文规定的补充说明。此处最需要注意的是前文规定中多次提到的"瓣"的规定。根据前文,"瓣"的实体为里槽台座上的莲瓣装饰,其6.6寸的规定恰合100份,与龟脚和铺作的上下对应体现出了《营造法式》规定中对于立面整合性的强调。最后说明转轮经藏的屋檐瓦作及举折等做法,依照佛道帐制度的规定,强调了佛道帐制度在《营造法式》小木作制度中的基准地位,体现出了《营造法式》各类小木作建筑规定的一贯性。

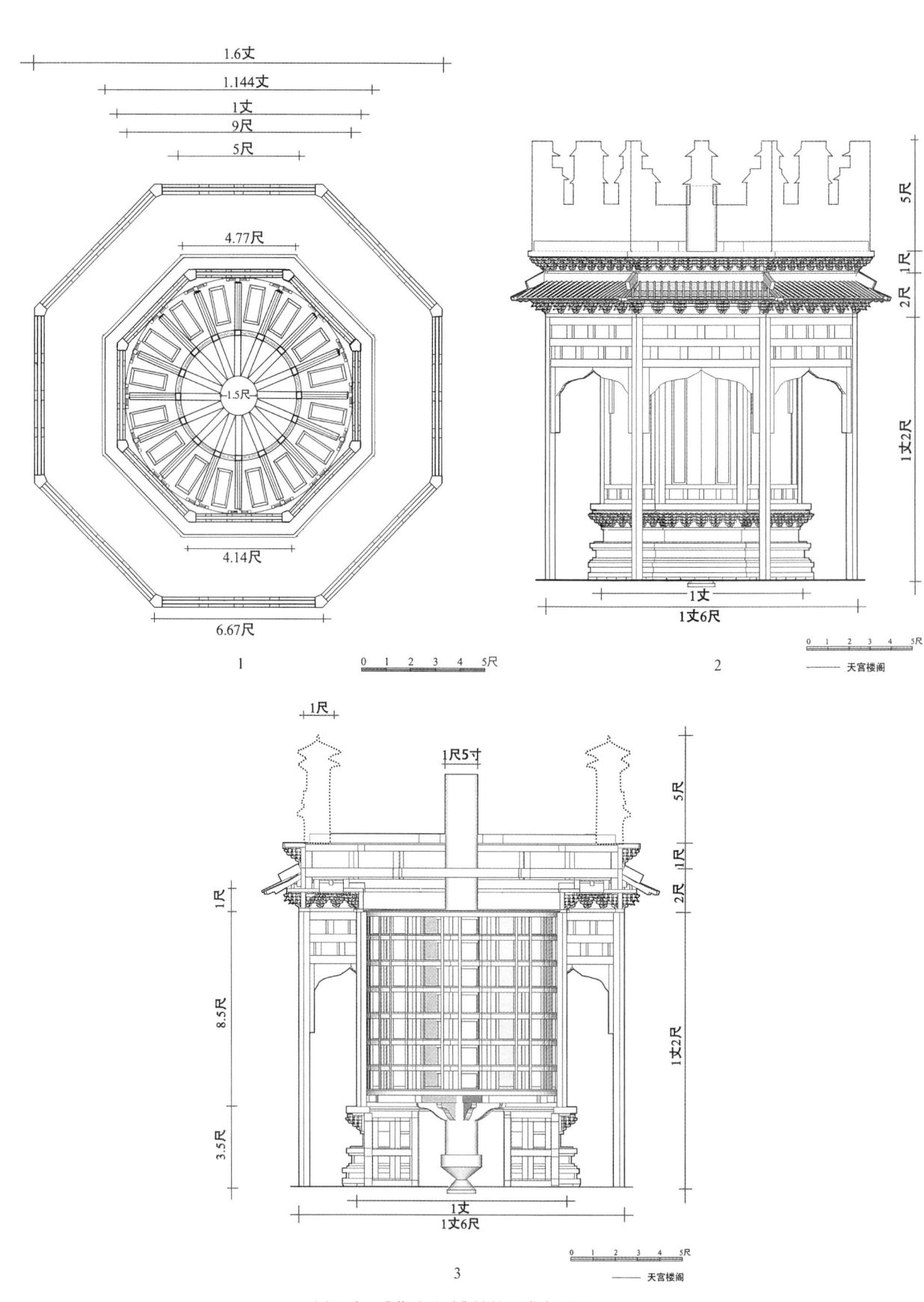

图四十 《营造法式》转轮经藏复原图
1. 平面图　2. 立面图　3. 剖面图

南宋至元代中国青白瓷外销情况管窥*

丁 雨

（北京大学考古文博学院 北京大学中国考古学研究中心）

南宋至明初，当龙泉青瓷及其仿制品在海外市场大放异彩时，[①]青白瓷等南方白瓷似乎只是配角。但如果从宏观视角审视 8－15 世纪初中国外销瓷市场的变化，则会发现青白瓷处境微妙。比如，北方产品在 9－10 世纪外销高峰[②]中为"四组合"之一，但之后市场份额开始不断下降，北方地区质量最好的产品之一定窑的外销情况便是典型例子。[③] 而造成这一局面的重大原因之一，或许是 10 世纪之后南方窑场在模仿北方白瓷的过程中发明了青白瓷。又比如，宋元时期，龙泉青瓷的强势促使福建地区窑场生产了大量仿制品，但与此同时，福建地区还有另一批窑场长期仿制景德镇青白瓷，并用于外销。从这些现象来看，在中国古代外销瓷贸易的动态变化中，青白瓷等南方白瓷虽不如龙泉青瓷和后来的青花瓷耀眼，但其地位和作用或同样值得深思。

本文所讨论的"青白瓷"，并非仅指景德镇窑的青白瓷，而是宋元时期陶瓷外销中的诸多南方白瓷产品。如此界定有两方面考虑：首先，已有学者从文献、科技检测等多角度论证，青白瓷即南方白瓷，[④]从宋元时期南方白瓷的生产格局来看，青白瓷为当时南方白瓷的核心、代表和主流；其次，海内外研究者对南方白瓷的认知与界定参差不齐，所刊资料详略程度、术语使用均有差异，而本文的研究目标又不在于细化外销瓷的产地研究，故均称之为"青白瓷"，或可省却一些麻烦。当然，在涉及卵白釉瓷等特殊产品时，会予以说明。综合参考前人的青白瓷研究，本文将观察时段大体定为南宋至元代（12 世纪初至 14 世纪早中期）。

---

* 本研究为国家社会科学基金重大项目"非洲出土中国古代外销瓷与海上丝绸之路研究"（项目号：15ZDB057）成果之一。

① 秦大树：《梅青水碧美艳青瓷——龙泉窑的历史与成就》，首都博物馆编：《温温玉色照瓷瓯：龙泉窑青瓷艺术》，北京燕山出版社，2012 年，第 1－29 页；王光尧、沈琼华：《天下龙泉——龙泉青瓷与全球化》，《故宫博物院院刊》2019 年第 7 期，第 4－12 页。

② 秦大树：《中国古代陶瓷外销的第一个高峰——9－10 世纪陶瓷外销的规模和特点》，《故宫博物院院刊》2013 年第 5 期，第 32－49 页；项坤鹏：《管窥 9－10 世纪我国陶瓷贸易的域外中转港现象——以东南亚为焦点》，《东南文化》2018 年第 6 期，第 76－84 页。

③ 高美京：《定窑研究》，北京大学博士学位论文，2015 年。

④ 李家治：《中国科学技术史·陶瓷卷》，科学出版社，1998 年，第 313－363 页；周丽丽：《关于南方青白瓷即白瓷的探讨》，上海博物馆编：《中国古代白瓷国际学术研讨会论文集》，上海书画出版社，2005 年，第 118－127 页；黄义军：《宋代青白瓷历史地理研究》，文物出版社，2010 年，第 1、127－140 页；李颖翀：《景德镇早期窑业研究——以湘湖地区 9－11 世纪窑业遗存为中心》，北京大学硕士学位论文，2015 年，第 150－157 页。

在方法上，中国外销瓷研究以关注文化面貌和产地的定性分析为主流，其发展状况与国内陶瓷考古的进展同步。随着国内各产地瓷器面貌日渐清晰，部分研究者开始关注中国外销瓷的具体数量，尝试统计中国各类外销瓷在海外消费市场所占的比例，并利用数据来分析中国外销瓷组合的变化。① 尽管存在资料披露不均衡的困难，但对已有数据进行组织，仍能给人启发。本文即拟重点关注青白瓷外销的数据情况，力图丰富以往的认识。

一、沉船及海外遗址出土的青白瓷

南宋至元代中国瓷器的主要海外市场可分为东亚、东南亚、南亚、西亚北非、东非等几个地区。除南亚地区资料较少，难以深入探究外，其他各区均有相关资料披露，但状况不一。另外，福建近岸海域出水沉船及水下遗址点的出水陶瓷，一般被认为与面向东亚、东南亚的瓷器外销有关，因此将其单列于东亚、东南亚地区部分之后进行论述，以便比对。本研究将主要选取数据相对充分的典型遗存进行剖析，以期利用抽样结果，管窥这一时期青白瓷的外销情况。

1. 东亚地区

近年来，金允贞、宋东林对韩国高丽时代（918－1392年）遗址出土的宋元时期青白瓷情况进行了整理，其研究重点在于勾勒青白瓷的分布情况和文化面貌。在其搜集的诸多材料中，存在一些统计数据，大致整理如表一。②

表一 韩国高丽时代出土瓷器情况不完全统计

| 遗 址 | 遗址年代 | 高丽青瓷 | 高丽白瓷 | 其他不明 | 中国白瓷 | | 中国青瓷 | 中国黑釉瓷 | 中国绞胎器 | 中国绿釉瓷 | 中国其他瓷器 | 中国瓷片总计 | 总计 |
					南方白瓷	北方白瓷							
坡州惠阴院址	创建于1122年	1040	94	55	111③		7	0	7	3		128	1317
骊州高达寺址	—	—	—	—	19	4	7					30	—

---

① 秦大树团队是使用此方法的代表，其最新成果参见秦大树：《从海外出土元代瓷器看龙泉窑外销的地位及相关问题讨论》，故宫博物院等编：《天下龙泉——龙泉青瓷与全球化·卷三·风行天下》，故宫出版社，2019年，第266－291页。
② 金允贞：《韩国出土宋代青白瓷的现状与特征》，沈琼华主编：《2012'海上丝绸之路——中国古代瓷器输出及文化影响国际学术研讨会论文集》，浙江人民美术出版社，2013年，第279－293页；宋东林：《景德镇窑五代宋元时期青白釉瓷器研究》，北京大学博士学位论文，2014年，第262－287页；金英美：《韩国国立中央博物馆藏高丽遗址出土中国瓷器》，《文物》2010年第4期，第77－95页。此表仅有坡州惠阴院址是较为完整的统计，其他大多数遗址均未能获得遗址出土当地陶瓷的数据。表中较为特殊的材料是韩国国立中央博物馆的馆藏。据金英美、金允贞介绍，韩国国立中央博物馆收藏的高丽遗址出土的中国瓷器，大部分是日本侵略时期原高丽首都开城地区高丽古坟出土的盗掘品。尽管这些材料并非来自科学发掘，从出土到收藏过程中可能亦有佚失，但由于其来源大体清楚，亦可被视为较为粗糙的抽样结果进行参考。表中遗址年代据金允贞、宋东林论文介绍整合。
③ 据宋东林介绍，111件青白瓷数量不明，不过在61件白瓷盘中，可分辨出40件定瓷和20件景德镇青白瓷，作为参考数据。

续表

遗 址	遗址年代	高丽青瓷	高丽白瓷	其他不明	中国白瓷 南方白瓷	中国白瓷 北方白瓷	中国青瓷	中国黑釉瓷	中国绞胎器	中国绿釉瓷	中国其他瓷器	中国瓷片总计	总计
庆州佛国寺遗址	—	—	—	—	114		6	5	0	0		125	—
实相寺遗址	—	—	—	—	11	8	16					35	
熙川市西门洞窖藏	1252年左右	196			47	—	—	—	—	—	—		
龙仁麻北里寺址					2							7	
原州法泉寺址	宋				11							26	
庆州佛国寺址	—				15							38	
韩国国立中央博物馆藏高丽遗址出土中国瓷器	宋—元	—	—	—	约300	约100	约90(耀州窑60,越窑10)	约120	约10	—	约50	—	—

金允贞在综合分析韩国出土青白瓷后指出,12世纪以后,中国白瓷大量输入高丽,其中青白瓷占据最大比重。北宋青白瓷主要出土于开城一带的墓葬,传入时间为11世纪和12世纪前1/4时期。南宋青白瓷则大量出土于窖藏和寺址中,传入时间主要集中于13世纪左右。他认为青白瓷在朝鲜半岛的流行时间为12世纪后半叶至13世纪。① 宋东林指出,景德镇青白瓷在朝鲜半岛地区出土数量较多,品种丰富且分布范围较广。其将韩国出土宋元时期景德镇青白瓷的时代分为北宋早中期、北宋晚期、南宋时期和元代四个时期,其盛期为北宋晚期和南宋时期。不过,两期青白瓷质量、种类及面貌有所不同,韩国出土的南宋时期青白瓷数量、质量已开始下降。②

尽管表中材料数据的情况并不均衡,但仍透露出一定信息。坡州惠阴院址数据最为全面,大体可以反映出,在12世纪中期左右,包括青白瓷在内的中国外销瓷在朝鲜半岛居址中所占比例并不高。在13世纪中后期的窖藏遗址中,中国外销瓷的比例仍远低于当地的高丽青瓷。大多数遗址披露的数据反映出,在韩国出土的中国陶瓷中,青白瓷占据了较高的比例。不过,结合韩国学者的描述,这反映的可能主要是12-13世纪的情况。至14世纪,从申浚、范佳楠收集的资料来看,朝鲜半岛出土的龙泉青瓷似乎数量相当有限。③ 而青白瓷在韩国的分布也呈收缩趋势。中国两大外销瓷品类在朝鲜半岛全面收缩,与当时中国海外贸易的繁荣形成了鲜明对比。这或许与12世纪之后高丽瓷业全面兴盛关系密切。

---

① 金允贞:《韩国出土宋代青白瓷的现状与特征》,沈琼华主编:《2012'海上丝绸之路——中国古代瓷器输出及文化影响国际学术研讨会论文集》,浙江人民美术出版社,2013年,第279-293页。
② 宋东林:《景德镇窑五代宋元时期青白釉瓷器研究》,北京大学博士学位论文,2014年,第262-287页。
③ 申浚:《元明时期龙泉窑研究》,北京大学博士学位论文,2014年,第175-177页;范佳楠:《新安沉船与东亚海上贸易》,北京大学博士学位论文,2018年,第235-239页。

在谈及韩国出土的中国瓷器时,新安沉船往往是重要的分析案例。新安沉船于1975年发现于韩国新安郡曾岛面防筑里海域,出水瓷器总数达2万多件,其中青瓷占比60%,数量为12300余件。青瓷中高丽青瓷7件,官窑类型18件,其余均为龙泉青瓷;青白瓷和白瓷占比26%,为5300余件,除一件定瓷(或仿定瓷)是否来自北方存有疑义外,其余均被认为是南方白瓷产品。① 新安沉船反映的中国瓷器外销情况与朝鲜半岛的情况很不相同,这或与其目的地是日本②有关。

据宋东林统计,日本出土景德镇青白瓷的遗址达55处,除北海道外,其他三岛均有分布。③ 这一情况,从空间维度反映了青白瓷在日本的影响力。博多是古代中日贸易中的重要港口,选择其作为考察日本出土中国外销瓷情况的代表性地点,具有典型意义。日本考古工作者在博多进行了持续数十年的工作,发掘地点超过200处,出土遗存众多。田中克子曾对博多遗址群出土的贸易陶瓷进行分阶段讨论(表二),④其分期虽然并非以数据为支撑,但作为一线工作人员对博多出土中国陶瓷的整体印象值得参考。茂岚曾披露部分博多出土中国瓷片数据(表三)。⑤ 森达也则曾列举过九州地区及奄美大岛附近遗址发现的中国陶瓷数据(表四)。⑥ 这些数据可被视为抽样结果,补充田中克子的描述。

表二 田中克子分期总结

时 代	特 色	博多出土中国陶瓷情况
11世纪后半期至12世纪中期	"白瓷时代"	白瓷为主,白瓷几乎均来自福建、广东等华南地区,亦有景德镇青白瓷、北方白瓷,还有少量青瓷
12世纪后半期	"青瓷时代"	龙泉窑和福建同安窑系青瓷最多,有一口井出土的陶瓷器全部都是这两类青瓷;白瓷较以前变少,但景德镇青白瓷比例提升
13世纪前半期		青瓷以龙泉莲瓣纹碗为主,同安窑系青瓷碗粗糙;仍有白瓷
13世纪后半期		青瓷、白瓷皆有
14世纪前半期		以龙泉窑青瓷和景德镇窑的枢府系白瓷(卵白釉)为主
14世纪后半期		龙泉窑青瓷为主,仍有白瓷

① 新安船报告本身前后文数据不统一,高美京、范佳楠、秦大树等学者据报告所整理数据亦有细微差异。不过这些误差不影响比例判断,因此此处仅取约数。参见韩国文化公报部文化财管理局:《新安海底遗物(综合篇)》,首尔高丽书籍株式会社,1988年;高美京:《新安船出水陶瓷器研究述论》,《故宫博物院院刊》2013年第5期,第57-68页;范佳楠:《新安沉船与东亚海上贸易》,北京大学博士学位论文,2018年,第122-127页;秦大树:《从海外出土元代瓷器看龙泉窑外销的地位及相关问题讨论》,故宫博物院等编:《天下龙泉——龙泉青瓷与全球化·卷三·风行天下》,故宫出版社,2019年,第266-291页。
② 东京国立博物馆、中日新闻社:《新安海底引扬げ文物》,东京中日新闻社。
③ 宋东林:《景德镇窑五代宋元时期青白釉瓷器研究》,北京大学博士学位论文,2014年,第288-300页。
④ 田中克子:《日本博多遗址群出土的贸易陶瓷器及其历史背景——九世纪至十七世纪早期》,栗建安主编:《考古学视野中的闽商》,中华书局,2010年,第151-172页;田中克子:《"博多"にもたらされた中国陶磁器》,薮敏裕、森达也、野留大辅:《贸易陶瓷器东とアジアの物流》,东京高志书院,2019年,第51-79页。
⑤ 茂岚:《7-14世纪中日文化交流的考古学研究》,中国社会科学出版社,2001年,第72、91页。茂岚的表述与田中克子类似,他指出,11世纪中叶至12世纪中叶,南方白瓷占贸易陶瓷的60%以上,12世纪后期龙泉窑和同安窑的青瓷产品超过白瓷,13世纪前后,龙泉刻划莲瓣纹碗数量可占50%。
⑥ 森达也:《宋元外销瓷的窑口与输出港口》,《考古与文物》2016年第6期,第56-64页。

表三　据茛岚所列数据整理

遗　址	时　代	青瓷	白瓷	青白瓷	其他	总计
大宰府条60SE220水井	11世纪后期至12世纪中期	1	25	0	0	26
博多遗址筑港线1次调查SE21水井	11世纪后期至12世纪初	0	95	3	15	113
大宰府条19SD001灰沟	12世纪后期至13世纪	105①	161	10	91	367

表四　据森达也所列数据整理

遗　址	时　代	龙泉窑青瓷	福建仿龙泉青瓷	福建白瓷	景德镇青白瓷	福建黑釉瓷	总计
仓木崎海底遗址	12世纪末13世纪初	1173	210	189	20	1	1593②
福冈博德遗址出入口1号灰坑	12世纪末13世纪初	192	91	3	13	3	302
鹿儿岛持体松遗址Ⅱ期	12世纪中至12世纪后半期	129	52	14			195

尽管田中克子对各期青瓷、白瓷出土比例状况描述相对模糊，但结合茛岚、森达也等学者整理的数据可以看出，在日本对中贸易的门户——九州地区的陶瓷市场中，中国南方青瓷和南方白瓷市场份额发生变化的时间大体应在12世纪后半期。从沉没于14世纪20年代的新安沉船情况来看，青白瓷数量大体为龙泉青瓷的一半，这或许能说明，即便是进入龙泉青瓷全盛时代的14世纪早中期，日本市场中青白瓷仍能占据相当大的份额。而单就青白瓷来说，尽管在12世纪中叶之后，其在九州地区的整体市场份额有所下降，但质量较好的景德镇青白瓷在青白瓷整体市场中的份额似乎有所提升。新安沉船中的5300余件青白瓷中，至少有4000余件③为景德镇产品，也证明了这一情况。

至14世纪后半期，明朝海禁政策的实施，影响了博多直接与中国进行贸易。在海禁-朝贡一体的对外交流政策下，朝贡国家琉球成为中日贸易的中转地，琉球或由此成为14世纪后半叶中日交流过程中更具敏感性的地区。

琉球地区出土的最早的中国外销瓷年代为11世纪末至12世纪初。金武正纪曾对冲

---

① 龙泉青瓷74件，福建产青瓷31件。
② 森达也指出，另有730件产地不明陶瓷，考古报告将其归为福建产品，因此仓木崎海底遗迹实际出土量应为2323件。
③ 范佳楠从新安船报附录中追踪到景德镇产品4182件，参见范佳楠：《新安沉船与东亚海上贸易》，北京大学博士学位论文，2018年，第122－127页。

绳33处遗址出土的556件12－13世纪中国陶瓷进行过统计(表五)。① 由数据可知,冲绳地区与博多类似,也是在12世纪后半期青瓷数量、比例开始提升。这可能与当时琉球输入的中国陶瓷为九州地区转运而来有关。② 不过,进入13世纪后又有回落,迟至14世纪前半期,其青瓷数量仍比白瓷少。至14世纪后半期,琉球出土青瓷的数量、比例明显上升。彭盈真据考古发掘报告对14世纪后半期至15世纪前半期的今归仁城志庆真门郭遗址③和胜连城中心部区域④出土陶瓷情况进行过统计⑤(表六),统计及研究结果表明,此期段以龙泉青瓷为代表的中国南方青瓷在外销瓷品类中已占据优势,但白瓷仍有一定份额。

表五　据金武正纪统计整理

	青瓷	白瓷
11世纪至12世纪前半期	0	18
12世纪后半期	0	65
12世纪末至13世纪期	147	0
13世纪后半期至14世纪前半期	0	67
13世纪末至14世纪前半期	81	174
年代未细分	0	4
总　　计	228	328

表六　据彭盈真统计整理

遗址	项目	中国青瓷	中国白瓷	中国青花	中国其他	高丽青瓷,其他	泰国铁绘	褐釉陶器	当地土器等	须惠器	总计
志庆真门郭遗址	数量	7571	2037	1726	71	41	0	0	201	0	11647
	百分比	65.00%	17.49%	14.82%	0.61%	0.35%	0	0	1.73%	0	100.00%
胜连城中心部区域	数量	2811	156	172	15		18	2860	1659	58	7749
	百分比	36.28%	2.01%	2.22%	0.19%		0.23%	36.91%	21.41%	0.75%	100.00%

---

① 金武正纪:《冲绳における12・13世纪の中国产陶磁器》,《冲绳县立博物馆纪要》第15号,1989年,第1－22页。
② 龟井明德:《日本贸易陶磁史の研究》,京都同朋舍,1986年。
③ 今归仁村教育委员会:《今归仁城迹发掘调查报告书Ⅰ》,今归仁村教育委员会,1983年。
④ 铃木重治:《冲绳出土の中国产输入陶磁——胜连城を中心とするグス出ク土资料》,《贸易陶磁研究》(第1辑),1981年,第9－16页。
⑤ 彭盈真:《琉球出土中国陶瓷:十五世纪陶瓷消费地之个案研究》,台湾大学硕士学位论文,2005年,第26页。

总体而言,在东亚地区,日本和朝鲜半岛两地情况不尽相同。在12世纪至14世纪后期的朝鲜半岛,进口陶瓷所占比重不高。在进口陶瓷中,青白瓷可能长时间居于重要地位,这样的情况或与朝鲜半岛自身制瓷业较为发达有关。而从琉球地区的情况来看,中国瓷器在当地陶瓷中所占比例较高。在博多、琉球两地,12世纪中叶前以青白瓷为最重要的输入品种,大致于12世纪后半期开始发生输入品种的变化。龙泉青瓷及其仿制品等青瓷产品地位开始上升,青瓷、白瓷两者地位的彻底转换应发生在12世纪后半期至14世纪之间,但各遗址情况存在差别,博多、琉球两地外销瓷种类变化时间并不完全一致。不过,即便是在龙泉青瓷已成为两地最重要进口陶瓷品种的时段,青白瓷仍占有一定的市场份额。

2. 东南亚

各类研究表明,青白瓷在东南亚地区有广泛分布。在这一地区,沉船等水下遗址是研究外销瓷的主要资料来源之一,目前中国东南沿海及东南亚海域所知宋元时期沉船资料已超过30处,前人的综合研究对这些沉船的空间位置和基本状况已有较充分的展示。[①] 本文拟在前人基础上,选取各时段数据相对充分的沉船资料,展现东南亚区域青白瓷的出水情况;此外,还将选取柬埔寨、印尼、新加坡等地的遗址材料,尝试观察东南亚海域西岸、南岸的情况。

鳄鱼岛沉船(Pulau Buaya Wreck)于1989年被发现于印度尼西亚鳄鱼岛附近,出水瓷器数量不少于31302件。发掘者据沉船出水瓷器,判断此船沉没于12世纪至13世纪早期。[②] 戴柔星、[③]胡舒扬[④]等先后对此船出水瓷器与国内纪年材料进行比对研究。二者所用比对材料有所区别,但均认为此船沉没时间应早至11世纪末至12世纪初。鳄鱼岛沉船出水瓷器以广东瓷器为主,并有少量福建、江西产品,种类包括青白瓷、青瓷、酱釉瓷等。报告未披露各类瓷器的具体数目,不过据描述,有一种釉色灰白的唇口碗,是鳄鱼岛沉船出水数量最多的瓷器。这或许反映了白瓷在此沉船船货中占据了相当的比例。

华光礁一号沉船位于南海西沙群岛西侧永乐群岛的华光礁北部礁盘内侧。1996年被发现后,华光礁一号沉船经历多次发掘,出水瓷器总数近万件,其中闽清义窑所占比例

[①] Roxanna Maude Brown, *The Ming Gap and Shipwreck Ceramics in Southeast Asia*, The Siam Socity, 2009;戴柔星:《东南亚发现的宋元时期沉船出水陶瓷研究》,北京大学博士学位论文,2012年;童歆:《9-14世纪南海及周边海域沉船的发现与研究》,国家文物局水下文化遗产保护中心编:《水下考古学研究》(第二辑),科学出版社,2016年,第45-101页;刘未:《中国东南沿海及东南亚地区沉船所见宋元贸易陶瓷》,《考古与文物》2016年第6期,第65-75页;孟原召:《40年来中国古外销陶瓷的发现与研究综述》,《海交史研究》2019年第4期,第16-52页。

[②] Abu Ridho & E. Edwards McKinnon, *the Pulau Buaya Wreck: Finds from the Song Dynasty*, Ceramic Society of Indonesia, 1998, p.V, p.6.

[③] 戴柔星:《东南亚发现的宋元时期沉船出水陶瓷研究》,北京大学博士学位论文,2012年,第82-87页。

[④] 胡舒扬:《宋代中国与东南亚的陶瓷贸易——以鳄鱼岛沉船资料为中心》,上海中国航海博物馆等编:《人海相依——中国人的海洋世界》,上海古籍出版社,2014年,第48-67页。

最大，①1998－1999年的试掘结果有相关数据刊布（表七）。② 从这一抽样结果来看，青白瓷所占比例高达80％。华光礁一号出水有一件刻有"壬午载潘三郎造"字样的青灰釉碗，结合出水瓷器整体特征，研究者一般推断"壬午年"为1162年。华光礁一号沉船年代应距此不远，或许可以把它作为12世纪中晚期中国经南海外运瓷器情况的重要参考。

表七 华光礁一号出水瓷器数据表

	中国朝代	沉船年代	调查发掘时间	沉船位置	青白瓷	青瓷	酱褐釉	总计
华光礁一号	南宋早期	12世纪中后期	1996年试掘	中国南海西沙群岛附近	678	159	8	845

南海一号沉船位于广东省台山川山群岛海域，自1987年发现以来，经历了多次调查发掘，2007年整体打捞出水，至今发掘整理工作尚未完全结束。发掘者以出水景德镇窑青白釉婴戏纹碗与江西出土南宋嘉泰元年（1201年）纪年器相同为依据，推断南海一号沉船年代为南宋中晚期。孟原召认为此船应比华光礁一号略晚。在目前刊布的资料中，《南海Ⅰ号沉船考古报告之一》（下称《报告一》）对1989－2004年考古工作所获的部分陶瓷数据③有较详细的披露（表八）。从表中可以看出，各类青白瓷产品比例总和约71％，青瓷约占27％。不过，这一数据或当谨慎对待。《报告一》所列遗物应主要来自2002年的水下试掘，2002年共出水陶瓷器4565件，此次试掘的主要工作区域02NH01T2019和T2020两个探方出水遗物多达3000多件。结合探方分布图和《南海Ⅰ号沉船考古报告之二》（下称报告二）刊发的船体平面来看，2002年的两个探方囿于一隅，无法涵盖全部船舱，且其与船体具体位置对应情况不明，从后来的发掘情况看，各舱贮存的船货在种类上存在一定分别。④ 因此《报告一》的统计数据并不能被视作随机抽样的结果。《报告二》未对2014－2015年发掘出水瓷器进行统计，但对各舱出水器物情况及器物分布情况有所描述。从《报告二》的定性描述来看，景德镇青白瓷、德化窑青白瓷和龙泉窑青瓷在船体分布大致均匀，闽清义窑产品和磁灶窑产品则存在集中分布的情况。也就是说，如果排除掉《报告一》中闽清义窑的数据，在船体相对均匀分布的其他窑场产品的数据比例大体应是可信的。排除掉闽清义窑后，尚余1490件器物，其中青白瓷占比68％，青瓷占比27.5％，与原青瓷、青白瓷比例差别不大。而身为仿制窑场的闽清义窑青白瓷和青瓷的比例，与此数据亦大体接近。以此而观，这些比例数据或具备一定参考价值。

---

① 孟原召：《华光礁一号沉船与宋代南海贸易》，《博物院》2018年第2期，第11－26页。
② 中国国家博物馆水下考古研究中心等编著：《西沙水下考古1998－1999》，科学出版社，2006年，第66－137页。
③ 这一阶段工作所获瓷器分别由中国国家博物馆和广东海上丝绸之路博物馆收藏，《报告一》统计的是收藏在国博的陶瓷数量，参见国家文物局水下文化遗产保护中心等：《南海Ⅰ号沉船考古报告之一——1989－2004年调查》，文物出版社，2017年。
④ 国家文物局水下文化遗产保护中心等：《南海Ⅰ号沉船考古报告之二——2014－2015年发掘》，文物出版社，2018年。

表八 南海一号沉船出水陶瓷数据表

	中国朝代	沉船年代	调查发掘时间	沉船位置	景德镇窑青白瓷	德化窑青白瓷	闽清义窑青白瓷	闽清义窑青瓷	龙泉窑青瓷	磁灶窑瓷器	其他	总计
南海一号	南宋中晚期	12世纪后期至13世纪初	1989-2004年	广东省台山川山群岛附近	233	783	1143	409	410	62	2	3042
					7.66%	25.74%	37.57%	13.45%	13.48%	2.04%	0.07%	100.00%
			2014-2015年		"一定数量"	"数量众多"	"数量众多"		"比重较大"			
					各个船舱均有分布	各个船舱均有分布	集中分布在C11左右两小舱、C12右小舱、C13左中右小舱	在船舱前、中、后均有分布	主要分布在沉船中前部,后部第11舱以后很少见到			

爪哇海沉船(Java Sea Wreck)位于爪哇岛和苏门答腊岛之间的爪哇海域,被发现于20世纪80年代晚期。1996年,迈克尔·弗雷克(Michael Flecker)主持了对此沉船的发掘工作。此沉船出水瓷器约12000件,发掘者估计原始船货中装运的陶瓷器数量可达10万件。① 此船部分出水器物带有干支年款"丙子年""丙辰年"等,其年代大体在12-13世纪,但具体年代争论较大。② 戴柔星对此船出水陶瓷数量进行过详尽统计,③此船出水福建青瓷占比79%,而德化窑青白瓷和景德镇青白瓷占比12.83%。

表九 爪哇海沉船出水陶瓷数据表

爪哇海沉船	时代	发掘时间	沉船位置	青瓷	白瓷	陶	褐釉	其他	总计
	12-13世纪	1996年	爪哇海域	7891	1268	372	221	134	9886

进入14世纪之后,东南亚沉船中出水的青瓷比例明显提升,如图里昂沉船、④玉龙号沉船⑤等,出水陶瓷器主要是龙泉青瓷或其海内外的仿制品。有两处14世纪左右的沉船遗址略显特殊。一艘是印度尼西亚马都拉岛海域的枢府沉船,此沉船未经考古工作,遭渔民盗捞,故有大量出水瓷器流入文物市场。此沉船出水瓷器全部为景德镇质量较差的卵

---

① William M. Mathers and Michael Flecker, eds., *Archaeological Recovery of the Java Sea Wreck*, Annapolis, MD: Pacific Sea Resources, 1997.
② 戴柔星认为此船年代可能为13世纪晚期至14世纪早期,刘未认为与华光礁一号年代相近,皆在12世纪中后期,秦大树认为此船应为13世纪,分别参见戴柔星:《东南亚发现的宋元时期沉船出水陶瓷研究》,北京大学博士学位论文,2012年,第91-94页;刘未:《中国东南沿海及东南亚地区沉船所见宋元贸易陶瓷》,《考古与文物》2016年第6期,第65-75页;秦大树:《从海外出土元代瓷器看龙泉窑外销的地位及相关问题讨论》,故宫博物院等编:《天下龙泉——龙泉青瓷与全球化·卷三·风行天下》,故宫出版社,2019年,第266-291页。
③ 戴柔星:《东南亚发现的宋元时期沉船出水陶瓷研究》,北京大学博士学位论文,2012年,第91-94页。
④ 项坤鹏:《浅析东南亚地区出土(水)的龙泉青瓷》,《东南文化》2012年第2期,第85-95页。
⑤ Michael Flecker, "The Jade Dragon Wreck: Sabah, East Malaysia", *The Mariner's Mirror* 98: 1 (Feb., 2012), pp.9-29.

白釉瓷。① 另一处是位于西沙群岛永乐环礁东部石屿礁盘内侧的石屿二号沉船遗址。在调查工作中,此遗址出水瓷器 405 件(表十),②白瓷产品占比 54.32%,远超青瓷 9.38%。

表十 石屿二号沉船出水陶瓷数据表

石屿二号沉船	中国朝代	沉船年代	调查发掘时间	沉船位置	景德镇青花瓷	卵白釉瓷	德化窑白釉瓷	福建青灰釉瓷	磁灶窑酱釉瓷	总计
	元代晚期	14世纪早中期	2010年	西沙群岛	133	50	170	38	14	405

沉船遗存有其独特的优势,能够较好地体现货品流通环节的切面。但沉船亦有其局限性:一是近海沉船的目标市场有时不甚明确,比如历史上福建沿海各港口是同时面向东亚和东南亚的,因此,其近海地区大量沉船的目的地究竟是东亚还是东南亚,便是不易厘清的问题;二是沉船出水资料往往无法反映所载货品在目标集散地或消费市场的真实地位。因此,在此利用柬埔寨吴哥地区、印尼、新加坡等几处陆上遗址材料对以上沉船资料所展示的情况略作补充。

吴哥地区位于柬埔寨西北部。在柬埔寨历史上,吴哥王朝曾于 9–15 世纪兴盛一时。1992 年,吴哥进入世界文化遗产名录后,很多国家参与到吴哥古迹的考古工作和文化遗产保护工作中来。在这一过程中,有大量中国陶瓷出土。悉尼大学吴哥计划陶瓷组组长艾丁·克雷明对吴哥地区一些遗址点出土陶瓷情况进行了统计(表十一),从统计结果来看,中国陶瓷在吴哥地区各遗址点所占比例不尽相同。③ 在出土陶瓷总数量低于 100 片的两次工作中,中国陶瓷所占比例分别为 12% 和 26%,偏差很大,但在出土陶瓷数量较多的遗址,中国陶瓷所占比例一般低于 10%。中国文化遗产研究院在周萨神庙的工作也印证了这一情况。④

表十一 克雷明对吴哥多个遗址出土陶瓷统计数据

遗址	发掘时间	高棉无釉陶瓷	高棉施釉陶瓷	中国陶瓷	总计
Bayon, North "Library"	1995–1999	822	274	60	1156
Chau Say Tevoda	1998–1999	17	3	7	27
Preah Khan	1989–1999	31	34	9	74
Royal Palace	1995–1998			5425	约50000
Trapeang Thlok, Zone 2	2004	90.00%	8.80%	0.30%	总数为8765
Tumnup Barang	2001–2005	5715	575	190	6480

---

① Roberto Gardellin, "Shipwrecks around Indonesia", *The Oriental Ceramic Society Newsletter*, No. 21, 2013, pp.15–19.
② 中国国家博物馆水下考古中心、海南省文物局:《西沙群岛石屿二号沉船遗址调查简报》,《中国国家博物馆馆刊》2011年第11期,第26–46页。
③ Aedeen Cremin, "Chinese Ceramics at Angkor", *Indo-Pacific Prehistory Association Bulletin* 26, 2006, pp.121–123.
④ 中国文物研究所等:《吴哥遗迹周萨神庙考古报告》,《考古学报》2003年第3期,第427–458页。

黄慧怡在介绍吴哥地区出土福建宋元陶瓷情况时,对各遗址出土中国陶瓷的详细情况进行了分阶段的定性研究。① 从其归纳的情况来看,在 12–14 世纪,福建产青白瓷在吴哥地区普遍出现,非常流行;龙泉青瓷大致在 12 世纪后半期开始出现于吴哥地区,13–14 世纪较为流行;景德镇青白瓷产品亦有发现,不过不如福建与浙江的产品普遍。

郑和下西洋研究小组对柬埔寨吴哥城的十二生肖塔(Prasat Suor Prat②)遗址出土的中国瓷片进行了数量统计,这或可作为黄慧怡所描述吴哥地区整体情况的局部说明。郑培凯等共统计了十二生肖塔遗址出土的 207 片中国瓷片,根据这些瓷片的出土单位将之分为三组,对各组出土不同种类的中国陶瓷数量进行了统计(表十二),指明其年代范围为 12 世纪后半叶至 14 世纪末,并指出,出土于第Ⅲ层的瓷碗碎片表明第三阶段的平台建筑年代不早于 14 世纪第二个 25 年,③这可能也暗示了第二组和第三组瓷片的分期界线。从统计结果来看,在这一时期的第一阶段,青白瓷和白瓷所占比例较高,至第二阶段,青白瓷、白瓷类与青瓷类产品数量基本持平,第三阶段,青瓷数量明显占优。尽管三阶段的分界时间不明,但大体可以看到从 12 世纪后半叶至 14 世纪消费地产品构成的变化。

表十二　十二生肖塔遗址出土中国瓷片数据表

	第三组 (Layer Ⅱ)	第二组 (layer Ⅲ)	第一组 (Layers Ⅳ & Ⅴ)	总　计
青瓷(Celadon)	43	53	23	119
青白瓷(Qingbai)	13	24	27	64
白瓷(White Porcelain)	4	17	3	24
总　计	60	94	53	207

印度尼西亚东爪哇省惹班市的德罗乌兰遗址,被很多学者认为是满者伯夷首都的所在地。1976–1990 年,印尼国立考古研究中心在德罗乌兰进行了长期的考古工作,出土大量陶瓷,有学者对遗址出土的 13 世纪晚期至 16 世纪的中国陶瓷数量进行了统计。据辛光灿介绍,在 12684 片陶瓷片中,中国陶瓷约占 81%。在中国陶瓷中,福建青瓷占比 33%,龙泉青瓷 29%,大罐和小口瓶占比 27%,另有 1% 的其他产品。④ 还有德化窑的白瓷和景

---

① 黄慧怡:《简介柬埔寨吴哥地区出土的福建宋元陶瓷》,栗建安主编:《考古学视野中的闽南》,中华书局,2010 年,第 128–150 页。
② 国内一般称此处为"十二生肖塔",亦有称其"十二审判塔"者。郑培凯等指出,Prasat Suor Prat 意译为英文为"Towers of the cord dancers",因此,国内亦有将之译为"钢索塔"者。
③ Pei-ka Cheng, Maggie C K Wan, Guo Li and Wai Yee Wong, "A Case Study of Chinese Ceramics Excavated from Prasat Suor Prat, Cambodia",郑培凯主编:《十二至十五世纪中国外销瓷与海外贸易国际研讨会论文集》,中华书局(香港)有限公司,2005 年,第 2–23 页。
④ 辛光灿:《浅谈满者伯夷与德罗乌兰遗址发现的中国陶瓷》,《考古与文物》2006 年第 6 期,第 100–109 页。

德镇的青白瓷、青花、釉里红等产品,不过未言明其比例。从这些数据来看,德化窑和景德镇产品比例应不高于10%,而其中宋元时期的青白瓷比例应当更低。虽然这些数据无更细致分期,但数据统计者指出,14世纪及15世纪大部分时间里,德罗乌兰进口中国陶瓷数量猛增。这表明这批材料大部分的时代应在14-15世纪。14-15世纪为龙泉青瓷及其仿制品的外销兴盛期,此后青花瓷兴起,因此青白瓷应当不会比目前所知的情况占比更高。

新加坡福康宁遗址出土的中国陶瓷或能更集中地说明13世纪后半叶至14世纪前半的情况。据秦大树引述福康宁遗址发掘者密西(John Miksic)1989年公布的统计情况,福康宁遗址出土中国陶瓷8756片,其中5862件为龙泉青瓷,占比66.95%。除此之外,还出土有景德镇青白瓷等产品。① 这意味着青白瓷类的比例不可能超过33%。

综合东南亚部分出水沉船和陆上遗址出土中国陶瓷的情况,大体可以看出,在12世纪大部分时间里,青白瓷类产品在瓷器外销中的地位可能比青瓷更为重要,至12世纪晚期,青瓷地位开始上升。13世纪至14世纪初是青瓷和青白瓷地位发生反转的时期,但从以上资料,我们还无法精准判断具体发生变化的时间。进入14世纪早中期后,龙泉青瓷及其仿制品明显已经居于优势地位,但青白瓷及后继出现的南方白瓷产品,其地位仍不容小觑,在一些遗址中,其数量能达到青瓷的二分之一,而从枢府沉船、石屿二号沉船出水器物来看,其在船货中的真实数量可能比青瓷要多。这表明,在东南亚市场,即便在龙泉青瓷及其仿制品最鼎盛的时期,青白瓷及其他南方白瓷产品也并未被完全击溃,仍保有对外销售的活力。

3. 福建海域沉船

福建海域有较多宋元时期沉船出水。从既往研究来看,福建沿海港口既可以北上通航日本及朝鲜半岛,也可以南下通航东南亚地区,还可以相互通航交流,因此这些沉船的目的地不易判断,故难以直接归入东亚或东南亚分区讨论。但这些沉船遗址出水遗物对于观察中国沿海贸易仍有价值。此处选取部分年代相对清楚,且对出水陶瓷数量情况有明确表述的资料,列表如下(表十三)。②

---

① 秦大树:《从海外出土元代瓷器看龙泉窑外销的地位及相关问题讨论》,故宫博物院等编:《天下龙泉——龙泉青瓷与全球化·卷三·风行天下》,故宫出版社,2019年,第266-291页。
② 表格所列资料据以下文献整理:福建沿海水下考古调查队:《2008年莆田沿海水下考古调查简报》,《福建文博》2009年第2期,第4-6页;栗建安:《我国沉船遗址出水的龙泉窑瓷器》,中国古陶瓷学会主编《龙泉窑研究》,故宫出版社,2011年,第418-434页;栗建安:《闽海钩沉——福建水下考古发现与研究二十年》,中国国家博物馆水下考古研究中心:《水下考古研究》第一卷,科学出版社,2012年,第57-92页;福建沿海水下考古调查队:《福建沿海水下考古调查》,《文物》2014年第2期,第28-40页;中国国家博物馆水下考古研究中心等编著:《福建平潭大练岛元代沉船遗址》,科学出版社,2014年;福建博物院、漳浦县博物馆:《漳浦县菜屿列岛沉船遗址出水文物整理简报》,《福建文博》2013年第3期,第2-8页;羊泽林:《漳浦圣杯屿元代沉船遗址调查收获》,《东方博物》,第56辑,浙江大学出版社,2015年,第69-78页;国家文物局水下文化遗产保护中心:《福建沿海水下考古调查报告(1989-2010)》,文物出版社,2017年。

表十三 部分福建海域出水沉船及水下遗址点出水陶瓷情况

序号	沉船名称	海域大致位置	时代1	时代2	出水陶瓷情况
1	北土龟礁一号沉船	福州泉州之间	南宋早期	12世纪前半叶	陶瓷器共计61件，59件青瓷，青瓷为龙泉窑或福建北部地区产品，1件青白瓷，1件陶缸片。
2	大练岛西南屿水下文物点	福州泉州之间	南宋早期	12世纪中后期	采集11件，皆为闽北窑场仿龙泉青瓷。
3	半洋礁一号沉船	泉州以南	南宋末至元代早期	13世纪晚期至14世纪初	共出水173件陶瓷器，黑釉碗135件，青白瓷37件，主要为福建产品，陶器8件。
4	北日岩一号水下文物点	福州泉州之间	南宋时期	13世纪	采集12件标本，均为青白瓷，发掘者认为是南宋时期景德镇窑产品，刘未认为是浦城大口窑等福建北部窑场产品。
5	白礁一号沉船	福州以北	元代早期	13世纪晚期至14世纪初	瓷器总计2676件，主要为福建产品，青白瓷、白瓷总计419件，青瓷片3件，黑釉盏2251件，青花瓷4件。
6	文甲大屿水下文物点	福州泉州之间	元代早期	13世纪晚期至14世纪初	青白瓷88件，酱釉瓷1件，青花瓷5件，陶器14件，青白瓷为元代福建产品和景德镇产品。青花瓷为清代晚期至民国产品。
7	北土龟礁二号沉船	福州泉州之间	元代早期	13世纪晚期至14世纪初	采集28件标本，均为福建窑场生产青白瓷。
8	沙洲岛沉船	泉州以南	元代中晚期	14世纪早中期	8件青瓷，28件青白瓷，青白瓷分两类分别为景德镇产品和福建产品，青瓷、酱釉器为晋江磁灶窑产品。
9	圣杯屿沉船	泉州以南	元代晚期	14世纪早中期	均为龙泉青瓷。
10	菜屿列岛沉船	泉州以南	元代晚期	14世纪早中期	出水青瓷和陶器，青瓷全部为龙泉青瓷。
11	大练岛一号沉船	福州泉州之间	元代晚期	14世纪早中期	出水陶瓷607件，其中603件为龙泉青瓷，4件为陶器。

这些出水沉船资料年代相对连续，或可反映某种趋势的变化。但有趣的是，福建沿海沉船出水陶瓷呈现出的数量情况，与东亚、东南亚等地均有出入，如两艘南宋早期沉船，主要产品皆为青瓷，而13世纪至14世纪初，在福建沿海贸易中，青白瓷等产品数量仍然占优，直至14世纪早中期，龙泉青瓷等产品才彻底扭转局面。福建出水陶瓷呈现的情况，或能够提示我们宋元时期瓷器贸易情况的复杂性。不过，福建海域不少沉船或水下遗址点目前出水陶瓷数量相对较少，这限制了其作为证据的有力程度。对福建海域沉船更进一步的分析参见后文。

4. 南亚

南亚地区相关资料较少。当地学者进行的很多考古发掘中均有中国陶瓷出土，但相关资料流传度不高。三上次男、①三杉隆敏、②辛岛昇、约翰·卡斯威尔（John Casrwell）③在各自的研究中都曾涉及南亚地区，并提及印度、斯里兰卡等地诸多遗址出土有龙泉青瓷、青白瓷、青花瓷等产品，大部分描述相对笼统。其中辛岛昇曾提到印度帕里雅八丹遗址出土13-14世纪中国陶瓷的数据。1987年印度学者对此遗址进行了发掘，共出土中国陶瓷器1000余件，其中青瓷占60%（龙泉青瓷35%，福建青瓷25%），白瓷占15%（德化白瓷10%，景德镇白瓷5%），景德镇青花瓷占10%，褐釉瓷占10%，其他陶瓷为5%。④ 这样的组合比例，与同时期东南亚地区情况有相似之处。另外，故宫博物院曾组织对印度奎隆港口的调查，在2014年印度当地工作者对奎隆港口的发掘中，共出土陶瓷器标本1万余件，其中中国瓷片标本约500件，包括了唐五代至元代的标本。在这批标本中，广东、福建的褐釉及素烧器占比最高。⑤ 这一数据大体可反映中国陶瓷在印度陶瓷消费中所占的比例。

5. 西亚北非

西亚北非地区地处欧亚非三大洲交汇区域，是古代人群跨地域交流的海陆咽喉，滋润了诸多重要古代文明的生长，长期以来受到各国考古工作者的重视。在以往的考古工作中，西亚北非地区的很多遗址都出土有中国陶瓷，其中包括了12世纪初至14世纪末的产品。通过对西亚北非多个遗址的观察和整理，可知阿联酋的库什遗址、也门的舍尔迈遗址、埃及福斯塔特遗址有较详尽的数据披露，近期威廉姆森藏品整理工作的成果亦可为认识西亚北非出土青白瓷的情况提供参考。

"威廉姆森藏品"是指英国考古学家威廉姆森于20世纪60-70年代在伊朗南部调查所获的遗物，其中包含有相当数量的中国陶瓷。近年来，中外学者联合对威廉姆森藏品中的全部中国瓷片进行了整理。这批瓷片总数为3386片，占威廉姆森调查所获遗物总数的20%。威廉姆森调查遗址的年代范围为9-18世纪，其中一半为13-15世纪。⑥ 由于整理者首篇整理报告的关注重点在于中国陶瓷的空间分布情况及其在当地众多陶瓷产品中的比例，因此，并未披露各类陶瓷的比例。但其对位于霍尔木兹甘省东部K区域K103地

---

① 三上次男：《13-14世纪中国陶瓷的贸易圈》，《东南文化》1990年第3期，第216-225页。
② 三杉隆敏：《探索海上丝绸之路的中国瓷器》，《南京博物院集刊》1982年第5期，第126-140页。
③ John Carswell, *Blue and White: Chinese Porcelain around the World*, British Museum Press, 2000, pp.108-110, p.174.
④ 辛岛昇：《13-14世纪南印度与中国的贸易关系》，转引自刘迎胜：《海路与陆路——中古时代东西交流研究》，北京大学出版社，2011年，第54页。
⑤ 冀洛源：《印度出土龙泉青瓷遗址的调查与思考》，故宫博物院等编：《天下龙泉·卷三·风行天下》，故宫博物院，2019年，第300-306页。
⑥ 故宫博物院考古研究所、英国杜伦大学考古系：《英藏威廉姆森波斯湾北岸调查所获的中国古代瓷片》，《文物》2019年第5期，第53-81页。

点和西部AE区域两地情况的描述值得重视,整理报告指出,K103地点调查所获中国陶瓷多达549件,占此地点总陶瓷数的81.3%,其中宋代瓷片主要是景德镇青白瓷和德化窑青白瓷、白瓷产品,元代瓷片主要是龙泉窑产品,还发现有景德镇卵白釉高足杯;AE区域八处调查点共获中国陶瓷286片,占此区域陶瓷标本总数的69.2%,宋代瓷片有景德镇窑青白瓷,元代瓷片为大宗,其中龙泉青瓷占据了大多数,为74%,景德镇窑则有卵白釉瓷和青白瓷。① 从其描述可知,青白瓷和青瓷分别是宋、元两个时代的主流品种,但在龙泉青瓷较为流行的元代,仍有景德镇窑的卵白釉和青白瓷产品出现。威廉姆森在调查过程中采集标本的标准不甚明确,因此中国陶瓷在陶瓷标本总量中所占的比例数据,或当审慎利用。

英国学者普利斯曼曾选取波斯湾及西印度洋沿岸多个考古遗址,对其出土的陶瓷残片进行数量分析,以探究400-1275年间西印度洋沿岸各地的商品交流情况。其研究涉及8处波斯湾遗址,其中阿联酋的库什(Kush)遗址出土有4世纪至17世纪早期的材料。其出土中国陶瓷数量为91片(表十四),在其出土陶瓷总量中占比0.3%。② 从中可知,白瓷类产品从11世纪晚期至14世纪初比例均高于青瓷。不过库什遗址标本量略少,其对真实情况的反映或有偏差。

表十四 库什遗址出土中国陶瓷情况

	达顺罐(Dusun)	德化白瓷(DEH)	白瓷(WW)	刻划白瓷(CWW)	龙泉青瓷(LQC)	青白瓷(QING)	青花瓷(CBW)	总计
11世纪晚期至12世纪早期			8	3		2		13
12世纪晚期至13世纪	1		11			1		13
13世纪至14世纪初		9	14	1	4	3		31
16世纪晚期至17世纪早期		6	8	5	8	3	4	34
总 计	1	15	41	9	12	9	4	91

表十五 舍尔迈遗址出土中国陶瓷情况

种类	青白瓷	乳白瓷	青瓷	灰青釉瓷	釉下彩绘瓷	酱黑釉瓷	绿铅釉瓷	素胎瓷	瓷罐	总计
数量	800-	100+	194	90	44	38	8	3	250	1592

---

① 故宫博物院考古研究所、英国杜伦大学考古系:《英藏威廉姆森波斯湾北岸调查所获的中国古代瓷片》,《文物》2019年第5期,第53-81页。
② 据普利斯曼披露资料计算,参见 S. Priestman, "A Quantitative Archaeological Analysis of Ceramic Exchange in the Persian Gulf and Western Indian Ocean, AD c.400-1275", Unpublished Thesis of Ph.D, University of Southampton, 2013, p.257, pp.271-272.

续表

产地	江西	北方窑场	越窑系	广东	长沙窑	广东西村窑	江西吉州窑	广东潮州窑	广东潮州窑
	广东	繁昌窑	龙泉窑系	福建		广东西村窑	广东石湾窑	福建磁灶窑	广东石湾窑
	福建	福建霞洋窑	耀州窑系			广东南海窑	福建建阳窑		广东遂溪窑
				广东			广东潮州窑		
				福建			江西赣州窑		

舍尔迈（Sharmah）遗址①是也门哈达拉毛（Hadramawt）省沿海地区的重要港口遗址。法国考古学家曾对这一遗址进行调查和发掘。此遗址的遗迹可被归为2－4世纪、10－12世纪、18－19世纪三个时段。在2001、2002、2004和2005年的发掘工作中，舍尔迈遗址共出土中国瓷片1592片（表十五），占出土陶瓷片总数的3.36%。青白瓷以北宋中后期和南宋初中期的江西产品为主，亦有广东、福建产品。青瓷产品包括越窑系、龙泉窑系、耀州窑系及广东福建青瓷。仅从数量来看，青白瓷及白瓷产品为最大宗。赵冰将这些瓷片分为五期，分别为晚唐至五代（9－10世纪）、北宋早期（980－1050年）、北宋中期（1050－1100年）、北宋晚期至南宋早期（1100－1150年）、南宋晚期至元朝时期（1250年－14世纪？）。赵冰未披露各期段瓷片的数据，不过在论述第二期（北宋早期）和第三期（北宋中期）时特别指出，青白瓷为大宗。就其对中国陶瓷的文化面貌观察来看，除第一期外，其他各期均是青白瓷文化面貌最为丰富。其中第二期，江西、广东似在文化类型上平分秋色，而第三期、第四期江西景德镇青白瓷类型则较其他地区更丰富。赵冰特别指出除几块极为细碎的典型龙泉青瓷外，舍尔迈遗址未见其他地区龙泉青瓷。实际上，舍尔迈遗址之所以少见龙泉青瓷，可能与此遗址目前仅有10－12世纪的文化堆积有关。其出土的众多青白瓷，或能表明10－12世纪青白瓷在当地市场中的地位。

福斯塔特遗址位于开罗以南南郊。福斯塔特建于公元641年，图伦王朝（868－905年）统治埃及期间曾以福斯塔特为首都。后虽不再为都，但仍是埃及的工商业中心。第二次十字军东征时，法蒂玛王朝恐作为重要经济城市的福斯塔特落入敌手，于1168年将其焚毁。后由于瘟疫流行、尼罗河改道等原因，14世纪中叶福斯塔特被彻底废弃。福斯塔特的考古工作已历经百年，出土有大量中国陶瓷，估计数量超过2万片。② 弓场纪知经调

---

① 赵冰：《中世纪时期贸易中转港——也门舍尔迈遗址出土的中国瓷片》，陈星灿、米盖拉主编：《法国汉学（第十一辑）：考古发掘与历史复原》，中华书局，2006年，第79－116页。
② 20世纪60年代小山富士夫和三上次男从百余万片拣选出近万片中国陶瓷，开罗美国大学的斯坎伦主持发掘出土中国瓷片5000片左右，日本樱井清彦、川床睦夫等人于1978－1985年的发掘出土中国瓷片868片，除此之外，还有一些发掘工作出土中国瓷片数量未见诸报道，因此预计总数应超过2万件。

查指出,东亚陶瓷占福斯塔特出土陶瓷总量的3%左右。弓场纪知等在1998-2001年对60年代小山富士夫等人检视的瓷片进行了复核(表十六)。秦大树对日本学者1978-1985年出土中国陶瓷的数量重新进行了统计(表十七)。① 这些数据印证了13-14世纪龙泉青瓷在中国陶瓷外销中的重要地位。但白瓷的数据情况值得反思。

表十六 弓场纪知重新整理60年代小山富士夫等检视瓷片所获数据

越窑青瓷	邢窑白瓷	龙泉窑青瓷	长沙窑青瓷	耀州窑青瓷	白釉绿彩陶器	磁州窑陶器
941	2069	2394	8	25	5	6
元青花瓷	明青花瓷	明五彩瓷	清代瓷	越南、泰国陶瓷	日本瓷	总 计
298	1419	36	5408	91	5	12705

表十七 秦大树重新整理1978-1985年出土中国陶瓷数据列表

中 国 朝 代	时 代	白瓷	青白瓷	青 瓷	元青花	总 计
五代至北宋早期	10世纪	16		11		27
北宋中期至南宋中期	11-12世纪	47	37	41		125
南宋晚期至明早期	13-14世纪	85		610	2	697
总 计		148	37	662	2	849

1978-1985年的发掘中,11-12世纪遗物不多,这一情况可能有多方面的原因。首先,此次发掘未能找到12世纪的文化堆积,②而之所以未能找到12世纪的文化堆积,可能与福斯塔特于12世纪中期的衰败有关。由于消费地的衰落会对贸易形成影响,因此,想要评估11-12世纪中国陶瓷在福斯塔特的消费情况,或许还需要这一期段出土陶瓷的总体数据。不过仅从现有数据来看,在11-12世纪,白瓷与青白瓷在中国陶瓷中占比达到了67.2%,其地位超过青瓷。

弓场纪知所列数据未列举宋元时期青白瓷及白瓷的情况,但其后文却提到北宋时期的出土物有年代始于12世纪的景德镇青白瓷300片,还有70片施以拉斯特彩的广东白瓷产品。③ 南宋时期的出土物有12世纪晚期至13世纪的龙泉青瓷和景德镇青白瓷。这些情况亦反映了青白瓷的情况。

以往学界对西亚北非出土中国陶瓷的情况表明,④在13-15世纪初,龙泉青瓷在这一地区诸多遗址普遍分布,影响范围广,出土数量多,应是这一时期中国陶瓷外销至此地的主流产品。从威廉姆森藏品、库什遗址、舍尔迈遗址和福斯塔特遗址的情况来看,在龙泉青瓷

---

① 秦大树:《从海外出土元代瓷器看龙泉窑外销的地位及相关问题讨论》,故宫博物院等编:《天下龙泉——龙泉青瓷与全球化·卷三·风行天下》,故宫出版社,2019年,第266-291页。
② 弓场纪知:《福斯塔特遗址出土的中国陶瓷》,《故宫博物院院刊》2016年第1期,第120-132页。
③ 弓场纪知:《福斯塔特遗址出土的中国陶瓷》,《故宫博物院院刊》2016年第1期,第120-132页。
④ 如申浚:《浅谈西亚与南亚地区发现的元明龙泉窑瓷器》,《故宫博物院院刊》2013年第6期,第68-77页。

流行之前,青白瓷等白瓷产品或曾于 11－12 世纪流行一时。白瓷、青瓷产品地位的转换年代,目前虽尚缺少充分的数据细化,但来自以上遗址的证据皆表明,其大体应发生在 12 世纪晚期至 13 世纪。这一情况与森达也对波斯湾三个港口的实地考察结果①大致相符。

6. 东非

东非地区是撒哈拉以南非洲中国古代陶瓷出土最多最密集的区域。北京大学于 2010－2013 年在肯尼亚进行了长期的考古发掘与瓷器调研工作,目前已刊布有格迪、②乌瓜纳、③曼布鲁伊、马林迪、④上加⑤等多个遗址出土中国陶瓷的数据,并据此对东非地区出土中国陶瓷的阶段性有较为充分的总结。⑥ 总体而言,东非各遗址出土青白瓷产品不多,总体比例未见显著优势。如上加遗址 8 世纪中期至 14 世纪早期文化堆积中出土的 389 片中国陶瓷中,青白瓷与模制白瓷总量为 46 片,占比 11.8%,越窑青瓷 34 片,占比 8.7%,龙泉青瓷 230 片,占比 59.1%。不过,若是分阶段观察,在 1075－1250 年这一阶段,中国陶瓷总量为 44 片,青白瓷和模制白瓷的数量为 22 片,占比 50%,定瓷为 2 片,越窑青瓷为 15 片,龙泉青瓷为 2 片。这表明,这一时期青白瓷在上加取得了优势。马林迪、曼布鲁伊、乌瓜纳等地出土的南宋至元代瓷片中,以龙泉青瓷为多,与上加不尽相同。这或与东非聚落的地位变化及兴衰时段有关。

根据东非各遗址的发掘结果,可知 10－11 世纪是东非聚落发展的动荡转型期,如奔巴、桑给巴尔、上加等很多聚落均出现了停滞或短暂废弃的现象,而乌瓜纳、马林迪地区在 12 世纪之前尚未成长为真正重要的地点,⑦消费市场地的兴衰无疑对陶瓷国际贸易与交流存在着重大影响。以上诸多聚落在此时段前后对中国陶瓷的输入明显处于颓势,这对于我们探究当时中国陶瓷在东非的外销有较大影响。但上加遗址的情况或提示我们在未来的工作中关注 11－13 世纪中叶青白瓷的出土数量。

二、相关问题讨论——区域性、阶段性、瓷业格局

黄义军指出,北宋中晚期至南宋早期,南方地区青白瓷生产区域扩大,至南宋中晚期,

---

① 森达也:《伊朗波斯湾北岸几个海港遗址发现的中国瓷器》,中国古陶瓷学会主编:《中国古陶瓷研究》,紫禁城出版社,2008 年,第 414－429 页。
② 刘岩等:《肯尼亚滨海省格迪古城遗址出土中国瓷器》,《文物》2012 年第 11 期,第 37－60 页。
③ 丁雨等:《肯尼亚乌瓜纳遗址出土的中国瓷器》,《考古与文物》2016 年第 6 期,第 26－46 页。
④ 丁雨:《肯尼亚沿海出土中国陶瓷的初步相关比较研究》,《考古学研究》第十一卷,科学出版社,2020 年,第 417－433 页。
⑤ M.Horton, *Shanga: The archaeology of a Muslim trading community on the coast of East Africa*. London：The British Insititute in East Africa, pp.272－273.
⑥ 秦大树:《肯尼亚出土中国瓷器的初步观察》,秦大树、袁健主编:《2011 古丝绸之路——亚洲跨文化交流与文化遗产国际学术研讨会论文集》,新加坡八方文化创作室,第 61－82 页;丁雨:《肯尼亚沿海出土中国陶瓷的初步相关比较研究》,《考古学研究》第十一卷,科学出版社,2020 年,第 417－433 页。
⑦ 丁雨:《16 世纪前东非海岸中的马林迪》,陈晓露主编:《芳林新叶——历史考古青年论集》,上海古籍出版社,2019 年,第 254－266 页。

发生了青白瓷窑场的新旧迭代。而从国内青白瓷的出土情况来看,北宋晚期为青白瓷的销售巅峰,南宋早期青白瓷分布范围收缩,南宋中晚期再次兴旺。① 宋东林认为,景德镇青白瓷的生产在11世纪中晚期至12世纪早期(北宋晚期)进入鼎盛阶段,12世纪早中期至13世纪初(南宋前期)数量与种类大大减少,至13世纪(南宋后期)青白瓷生产再度兴盛,13世纪晚期至14世纪初(元代前期),仍以青白瓷为主流,卵白釉开始出现,14世纪早中期(元代后期)原有的青白瓷产品数量与类型减少,卵白釉、青花、釉里红等产品增加。② 孟原召曾总结闽南地区瓷业发展情况,他指出,闽南地区瓷业于北宋晚期至南宋早期发展迅速,各窑场规模扩大,尤以生产青白瓷的南坑窑和德化窑为突出,至南宋中晚期,闽南地区的青白瓷窑场仍然繁荣,至元代,闽南地区产品以青白瓷居多。③ 以上分期成果表明,尽管作为青白瓷生产中心的景德镇在生产历程上有一定起伏,但总体上,中国青白瓷的"货源"在南宋至元代始终相对充足。景德镇生产状态的起伏,或正为福建、广东等诸多沿海仿制窑场提供了占领市场的良机。

海外各个地区出土南宋至元代中国陶瓷的情况呈现出不同的特征。在东亚地区,朝鲜半岛和日本的情况便有很大差别。朝鲜半岛地区有较成熟的陶瓷手工业,并能够生产高质量的陶瓷产品,其对于中国白瓷与青瓷的选择,可能与其本身的生产能力密切相关。高丽青瓷的兴盛,似乎使得其对中国白瓷(无论南北)的兴趣胜过青瓷,因此在12-13世纪,中国青白瓷在高丽一直居于主要地位。也因其制瓷水平较高,其在进口过程中似乎更愿意进口景德镇青白瓷,这与东南亚地区呈现出一定差别。而至14世纪,中国外销瓷在朝鲜半岛似乎全面收缩。

本研究所选取的日本地区代表性遗址,分别是新安沉船、博多及九州地区和琉球地区。由于新安沉船的目的地可能就是九州地区,二者或可划为一组。九州地区多项数据表明,12世纪下半叶,中国青瓷类产品异军突起,但青白瓷并未完全衰落。同时,质量较高的景德镇青白瓷在白瓷中的份额增加了。直至14世纪早期青白瓷在新安沉船上仍能有四分之一左右的份额,且这些青白瓷主要是景德镇青白瓷,这或反映了自12世纪后半叶开始日本市场对白瓷类产品的甄别、选择和需求。虽然不少遗址的证据表明自12世纪后半叶开始青瓷的比例便超过了青白瓷,但12世纪后半叶至14世纪初的青瓷与青白瓷比例变化的具体情况仍有待于进一步的证据予以厘清。

琉球地区地位特殊,存在着东北亚、东南亚两个中转方向,因此似不应当将其视为单纯的日本市场,亦不宜将之归入东南亚市场。在金武正纪的统计中,12世纪末至13世纪、13世纪末至14世纪初两个时段的情况耐人寻味,在前一时段青瓷数量突增,在后一时段又骤降。这或表明在13世纪的琉球地区,两种瓷器似呈拉锯之势。琉球与九州地区关系密切,不知这一情况是否也暗示了九州地区13世纪的情况?诸多证据表明,至元代

---

① 黄义军:《宋代青白瓷历史地理研究》,文物出版社,2010年,第94-106、127-140页。
② 宋东林:《景德镇窑五代宋元时期青白釉瓷器研究》,北京大学博士学位论文,2014年,第147-172页。
③ 孟原召:《闽南地区宋至清代制瓷手工业遗存研究》,文物出版社,2017年,第40-174页。

中晚期，龙泉青瓷及其仿制品已在琉球取得优势地位。

东南亚地区情况复杂，目前的问题在于，标本充足的材料多集中在12世纪和14世纪，13世纪的材料较少。如能明确爪哇海沉船的年代，或能为东南亚地区青瓷、白瓷地位转换的时间提供重要证据。沉船和遗址的材料都表明，12世纪青白瓷居于优势，至14世纪龙泉青瓷及其仿制品更为重要。西亚北非的困境与东南亚地区相同，相较而言，在西亚北非地区，福建产品相对较少，景德镇青白瓷、龙泉青瓷等高质量瓷器较多。南亚、东非的青白瓷资料不多，前文已有介绍和分析，此不赘述。

从海外各地青白瓷出土、出水数量的总体情况来看，尽管各区情况不尽相同，但在阶段性上呈现出一定规律。12世纪早中期和14世纪早中期情况相对清楚。在12世纪早中期（北宋末至南宋早中期），青白瓷似居于主流地位。由现有材料看，在此时段大多数进口中国陶瓷的地点中，青白瓷等白瓷产品数量占比较高。至14世纪早中期（元代中晚期），龙泉青瓷在较多个案（特别是陆地遗址）中已经占据较明显的优势，但从枢府沉船、石屿二号沉船的情况来看，海外市场可能仍保持着对青白瓷、卵白釉瓷等南方白瓷的需求，其贸易情况似乎不应当过分低估。情况较不明朗的时段是12世纪末至14世纪初，从田中克子、森达也的研究，以及北土礁一号沉船、大练岛西南屿水下文物点来看，13世纪时龙泉青瓷及其仿制品在相关个案中比例已然占优，呈崛起之势；但从福建海域沉船、琉球12-13世纪出土瓷器情况来看，青白瓷的强势地位或可延续至14世纪初。

由于海外资料的统计相对不均衡，福建沿海沉船出水福建陶瓷的情况或值得反复推敲。按照栗建安的分类，宋元时期福建地区窑场的产品大体分为仿龙泉窑的青瓷、仿景德镇的青白瓷、以建窑为生产中心的黑釉瓷三类，有不少窑场多种瓷器兼烧。① 同时，从各类窑址位置来看，生产青白瓷与白瓷的窑场交错分布。② 从某种角度来说，仿制与兼烧表明了众多福建窑场对市场的观望，亦表明了其对市场的敏感。福建窑场的仿制行为，可能体现了龙泉青瓷与景德镇青白瓷的竞争局面，可被视为目标市场中青白瓷和青瓷占有率的风向标。从操作层面来讲，我们其实很难通过生产地（无论是"原创型"窑场还是"仿制型"窑场）的考古工作，来充分比较南宋至元代青瓷和青白瓷两大生产体系究竟谁更受到市场的欢迎。与之相比，福建沉船的出水资料能够相对集中地证明部分市场的取向。但现有材料的问题在于出水陶瓷数量偏少，其是否具有充分的代表性，令人踌躇。尽管如此，考虑到福建青白瓷窑址的兴盛状态，诸多13世纪福建海域水下遗址点出水青白瓷的情况仍能给予我们某种提示：在13世纪乃至14世纪初，至少在这些沉船的目的地市场（虽然并不明确），还保持着对青白瓷的需求。

"仿制"是观察青白瓷及其外销的有趣视角。青白瓷产生于对北方白瓷窑口的仿制，

---

① 栗建安：《从山林到海洋——贸易全球化中的福建陶瓷生产与外销》，栗建安：《考古学视野中的闽南》，中华书局，2010年，第1-67页。
② 德留大辅：《龙泉窑对福建地区的影响初探》，沈琼华主编：《2012'海上丝绸之路——中国古代瓷器输出及文化影响国际学术研讨会论文集》，浙江人民美术出版社，2013年，第362-376页。

在品质日臻完善后,开始挤占北方白瓷的市场。但海外市场并未被最顶尖的产品完全占领,青白瓷的仿制品又表现出强大的生命力。在9世纪至10世纪的海洋贸易中,似乎更流行"原创性"中国陶瓷,而在12世纪至14世纪中晚期的海洋贸易中,仿制品占据了较大的市场份额。这在某种程度上,反映出中国古代陶瓷产业多方面的变化。在生产方面,明显出现了窑场的层次——在原料质优量大且技术积累丰厚的地区形成了原创性陶瓷生产基地,在靠近海外市场的地区形成了市场导向的仿制性生产基地。景德镇窑和龙泉青瓷窑成长为两大原创中心,福建、广东则发展出面向海外的仿制窑场集群。福建地区对青白瓷和龙泉青瓷的仿烧均始于北宋中晚期,[①]当时南方青白瓷兴起不足百年,龙泉青瓷甚至尚未形成自己的风格,这实际上意味着在陶瓷产业的庞大体系中,文化面貌(胎釉)传播速率提升,南方各地瓷业的生产水平普遍提高,具备了迅速仿制乃至高仿的生产实力。

从市场角度来看,仿制品比原创品更早占领一些海外市场的情况表明,在市场敏感度与销售布局方面,仿制窑场的区位优势使其快人一步。在海外市场对中国陶瓷生产有较为充分了解之后,仿制品仍能在市场中有一席之地,说明海外市场的层次也已经形成。日本博多地区、舍尔迈遗址的变化非常典型。最先占领博多的白瓷产品是福建、广东的白瓷,而非景德镇的青白瓷产品;舍尔迈开始批量进口中国陶瓷时,广东白瓷占据相当一部分白瓷份额。景德镇是后期凭借更好的品质打入海外市场或占据更高份额的。博多的情况或反映了地缘位置在市场信息方面的优势,而舍尔迈的情况或体现了高端产品远距离销售获利更高的商业规律。这些情况,都反映出市场竞争的逐渐升温。而至14世纪早期,新安沉船中龙泉青瓷、景德镇青白瓷等原创性产品的大量出水,某种程度上表明了东亚海外市场的成熟。或许,也正是因为各地区市场日渐成熟,但商业信息、交通成本又不均衡,由此衍生出丰富的市场层级,使得原创品、仿制品均有机会参与到海外贸易过程中,最终形成了如今我们看到的错综繁复的遗存现象。

值得说明的是,尽管本文尽可能地搜集了海外各地区数据披露较多的遗址,但以宏观的视角看,这些遗址仍只是广袤西太平洋及印度洋沿岸的零落散点。因此,本研究所能贡献的只是提示研究者关注青白瓷在12世纪至14世纪末这一阶段所扮演的角色。未来如有更多的材料出现,应能更好地修正本研究的偏颇、补充本研究的不足。

---

① 羊泽林:《福建古代青白瓷的生产与外销》,沈琼华主编:《2012'海上丝绸之路——中国古代瓷器输出及文化影响国际学术研讨会论文集》,浙江人民美术出版社,2013年,第334-345页;刘净贤:《福建仿龙泉青瓷及其外销状况初探》,《故宫博物院院刊》2013年第5期,第50-56页。

赵居信《族葬图》考*

刘 未

(北京大学中国考古学研究中心　北京大学考古文博学院)

族葬之说始于《周礼》,以昭穆为核心理念,不过在周代前期周人墓地中并未表现出昭穆规划原则。① 根据考古学观察,直至北宋,儒学家对《周礼》昭穆葬制的文本解读才得以付诸丧葬实践。而元明以降,家族墓地布局采用昭穆葬法蔚然成风,作为丧葬礼仪传播的重要媒介则是族葬图。因此,从文献角度考辨族葬图的源流,就成为结合考古实例探讨近古时期昭穆葬现象的必要前提。本文将围绕赵居信《族葬图》,对相关问题展开讨论。不过,若想厘清赵居信其人其图,还需先从元末明初的一位江南儒士谢应芳谈起。

一、谢应芳与《族葬图》

元末常州武进儒士谢应芳辑成一书,名为《辨惑编》。② 至正八年(1348年)镇江俞希鲁在序言中转述谢氏之语称:"吾嫉夫异端邪说之诬民而难以口舌辩也,于是哀圣贤之格言,征古今之明鉴,为是编有年矣。"俞氏评论道:"至于后世,老佛之说盛,则虽高明宏博之士,犹或甘而溺之。以洛建诸儒,力排痛抵,而狂澜之倒亦不能尽障而回之也。……使其得是编而观之,庶几其少瘳乎?"可见谢氏主旨在于尊崇程朱理学,贬斥老庄仙佛。

此书凡四卷,分为死生、疫疠、神鬼、祭祀、淫祀、妖怪、巫觋、卜筮、治丧、择葬、相法、禄命、方位、时日、异端诸篇。其中卷二择葬篇引述有"赵忠愍公昞《族葬图说》",其文曰:

> 凡为葬(五)〔九〕③世之茔,当以祖墓分心,南北空四十五步,使可容昭穆之位;分心空五十四步,可容男女之殇位。东西不必预分,临时量所葬人数裁酌。又曰:宗法之坏久矣,人之族属,散无统纪。虽奉先之祀,仅伸于四亲,而袒免以还,不复相录,能知同享其所自出者寡矣。幸而周礼不泯,族葬之类,犹有一二存者。如祖茔拜扫,疏

---

* 北京大学人才启动项目"考古学视野下的晋东南宋元村落"资助。
① 孙华:《周代前期的周人墓地》,《远望集:陕西省考古研究所华诞四十周年纪念文集》,陕西人民美术出版社,1998年,第265-289页。
② 谢应芳:《辨惑编》,上海图书馆藏明成化五年刻本,中国国家图书馆藏明万历二年益藩活字本。
③ 《族葬图说》及《族葬图》文字均据《居家必用》壬集校补,版本信息详后文。

远咸集，馂福胙，相劳苦，序间阔，尚可见同宗之意也。但葬者惑于流俗，困于拘忌，冢墓丛杂，昭穆淆乱，使不可辨识。又或子孙丰显，耻葬下列，别建兆域，以远其祖，是皆可恨也。今取墓大夫家人之义，参酌时宜，为之图说，藏于祠室，以遗宗人。俾凡有丧，按图下葬，无事纷纷之说焉。盖家之祭，止于高曾祖考，亲亲也。墓之葬，则以造茔者为始祖，子不别嫡庶，孙不敢即其父，皆以齿列昭穆，尊尊也。曾玄而下左右祔，以其班也。昭与昭并，穆与穆并，百世可行也。昭尚左，穆尚右，贵近尊也。北首，诣幽冥也。妻、继室无所出，合祔其夫，崇正体也。妾从祔，母以子贵也。降女君，明贵贱也。与夫同封，示系一人也。其黜与嫁，虽宗子之母不合葬，义绝也。男子长殇居成人之位，十有六为父之道也。中下之殇处祖后，示未成人也。序不以齿，不期夭也。男女异位，法阴阳也。而昭穆必以班班，不可乱也。祖北不冢，避其正也。葬后者皆南首，恶其趾之向尊也。嫁女还家以殇处之，如在室也。妾无子犹陪葬，以恩终也。族葬者，所以尊远祖，辨昭穆，亲逖属，宗法之遗意也。为子孙而葬其亲，苟非贫乏涂远不祔于祖，与祔而不以其伦，则视死者为不物矣。其如楚尸沉骨、委之乌鸢，孰不可忍也。尚何望其能事祖与宗人哉？呜呼！去顺效逆，葬不以礼，绳以春秋，诛心之法，其亦难乎免矣。

文后附有《族葬图》一幅（图一），上北下南左西右东，祖墓居中，其东南为昭位，西南为穆位。"祖及昭穆皆北首，神道东西阔五步"，"凡葬昭者，以西为上，其正妻、继室及有子妾各祔其墓之东，妾比女君稍南，仍皆与夫同封"，"凡葬穆者，以东为上，其正妻、继室及有子之妾各祔其墓之西，妾比女君稍南，仍皆与夫同封"。东南昭位第一排："诸子不论嫡庶贵贱，皆序齿列葬于此。"西南穆位第一排："诸孙不分何房所出（女）〔及〕嫡庶贵贱皆序齿列葬。〔曾〕孙以下并同。"①东南昭位第二排："曾孙序齿列葬。"西南穆位第二排："玄孙序齿列葬。"祖墓东北为殇子位，西北为殇女位及妾陪葬位。"凡葬祖后者，皆南首，祖正北东西空三步"，"男子长殇虽未娶亦居昭穆；中殇已娶者亦然，其未娶者与〔下〕殇皆葬于此。先葬居西，后葬者次其（中）〔东〕，②不以齿为序"，"女之三殇列葬于此，弃女还家亦祔焉。先葬者居东，后葬者皆次其西，不以齿为序"，"凡陪葬居东，后葬者次其西，不以齿为序"。东北殇子位第一排"子之殇"，第二排"孙之殇"，第三排"曾孙之殇"，第四排"玄孙之殇"。西北殇女位第一排"女之殇"，第二排"孙女之殇"，第三排"曾孙女之殇"，第四排"玄孙女之殇"。妾陪葬位第一排"子之妾"，第二排"孙之妾"，第三排"曾孙之妾"，第四排"玄孙之妾"。祖墓以南及各排之间空九步，以北及各排之间空六步。墓地东北有后土坛。

谢应芳文集《龟巢稿》中收录有《跋〈族葬图〉》，③略作解题：

---

① "孙以下并同"原图误排于"诸孙不分何房所出……"之前。
② "后葬者次其中"，诸本并同，据文意改。
③ 谢应芳：《跋〈族葬图〉》，《龟巢稿》卷一八，《四部丛刊》三编影印傅氏双鉴楼藏钞本，第六至七页。

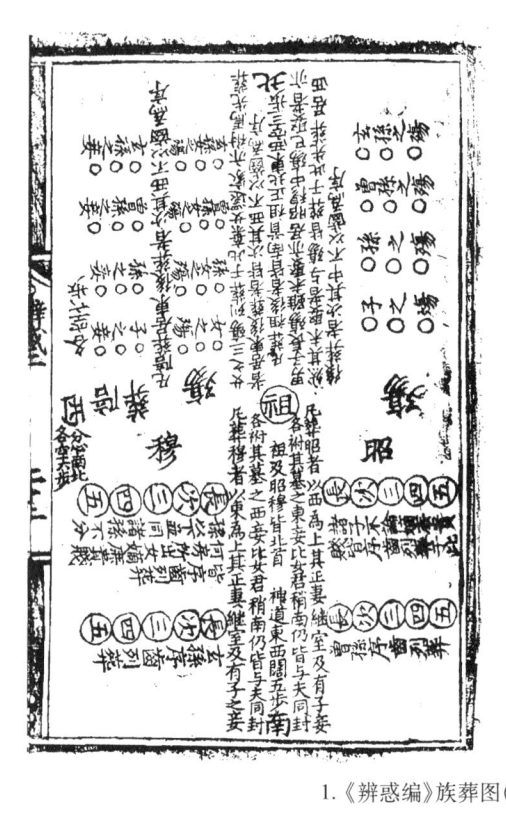

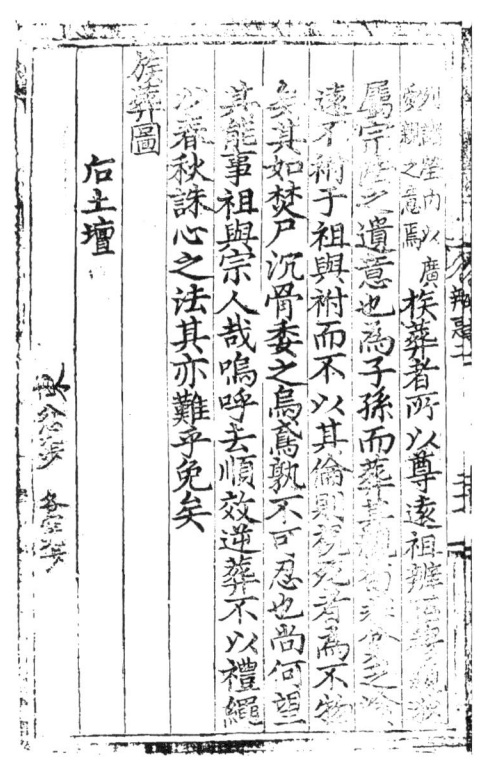

1.《辨惑编》族葬图（明成化五年刻本）

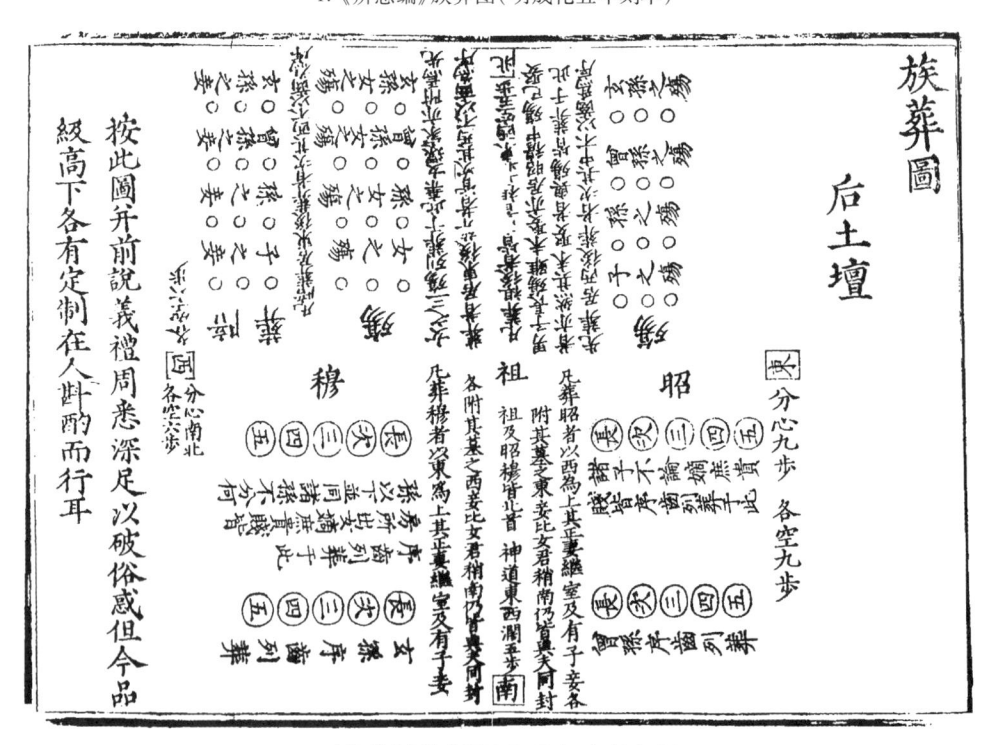

2.《辨惑编》族葬图（明万历二年活字本）

图一

> 河南保定赵先生所著《族葬图》，其说本于《周官》，参诸众论，尊卑昭穆，灿然有伦。使观之者心生孝悌，亦犹观老泉苏氏族谱也。如是以葬其亲，以去其风水之惑，于名教岂小补哉！先生讳炳，字季明，其经学德望，为中州时宗。至元、大德间，七聘方起，官至翰林承旨学士。平居多著述，若《四书选注》等书，皆有功斯文。愚恐东南之人有未知程伯淳者，故粗述于《图说》之后，镂版而传之。详见《元史》。

谢氏另有《与陈德广书》，①可以补充其编印赵氏《族葬图》的相关信息：

> 某早岁失怙，衰经中蒙豸官品题，光生腐草，俛焉就学，觊有少进。奈驽钝，卒无所成，无补于世。于是掇拾古圣贤遗训，缀《辨惑》一编。曩幸公为邑丞，俾工板刻。今增前元赵学士晒所著《葬图》。其说本乎《周官》，义理昭著，良可为法。但欠知本官封谥，乃有缺文，欲得《元史》考究。三、四年来，尝于江阴、无锡、丹阳三县学干借，俱云无之。干诸士大夫相识者亦然。愚恐溘先朝露，贻误后人，用敢再渎，望于宜兴县藏书之家，特为转借赵公本传一抄。明说老夫好古之痴，如嗜土炭，人所不堪，自以为乐。有能使之厌饫，其为欣幸，死而不忘。即日雨凉，惟琴书自娱，坐享清福。临书驰系，不宣。

陈德广，其名见于谢应芳《代董知县送同僚尹主簿序》：②

> 洪武四年（1371年）冬，余备员为武进令，与县丞陈德广相继而至，时山东尹公明善为簿数月。同寅之初，尝相与言曰：吾三人之为是邑也，其犹同舟共济乎？

查万历《常州府志》职官志令佐题名表洪武四年栏，③武进县令董尚、县丞陈泳（德广）、主簿尹克昌（明善）。可知《辨惑编》虽然初刻于洪武四年，但补入《族葬图》又在数年之后。

谢氏号称据《元史》考究作者赵炳④本官封谥，或称赵忠愍公，或称赵学士。然而核检《元史》传记，⑤赵炳，字彦明，惠州滦阳人。弱冠以勋阀之子侍世祖于潜邸，累官至安西王相兼陕西五路西蜀四川课程屯田事。至元十七年（1280年）为运使郭琮毒杀，赠中书左丞，谥忠愍。其墓在河北迁西大河山村，葬于至元二十二年（1285年）。⑥ 如此经历显然与谢氏所谓"先生讳炳，字季明，其经学德望，为中州时宗。至元、大德间，七聘方起，官至翰林承旨学士"相矛盾。

---

① 谢应芳：《与陈德广书》，《龟巢稿》卷一二，《四部丛刊》三编影印傅氏双鉴楼藏钞本，第六二至六三页。
② 谢应芳：《代董知县送同僚尹主簿序》，《龟巢稿》卷一四，《四部丛刊》三编影印傅氏双鉴楼藏钞本，第二六页。
③ 唐鹤征修纂：〔万历〕《重修常州府志》卷九下《职官》二，明万历刻本，第二三页。
④ 《辨惑编》记其名为赵晒，《元朝名臣事略》同，见苏天爵：《元朝名臣事略》卷一一《参政商文定公》，中华书局，1996年，第222-223页。
⑤ 宋濂：《元史》卷一六三《赵炳传》，中华书局，1976年，第3835-3838页。
⑥ 王书珍：《迁西石刻》，百花文艺出版社，2007年，第255-257页。墓中出土小碑，题作："故中奉大夫安西王相兼京兆路总管府尹诸军奥鲁总管总领营缮使兼管陕西等路西蜀四川诸□课程屯田事赵炳赠资善大夫中书左丞谥曰忠愍公。"

那么,《族葬图》作者究竟为谁？在回答这个问题之前,需要先来考察一下《族葬图》的版本。

二、《族葬图》的版本

在谢应芳《辨惑编》之外,《族葬图》另一较为常见的来源是日用类书《居家必用事类全集》乙集,题为《季明赵氏族葬图》,前图后说。此书有安徽博物馆藏元刻本,可惜仅存甲、己、庚三集,[①]故乙集现今可见最早版本实为明内府刻本[②]（图二）。

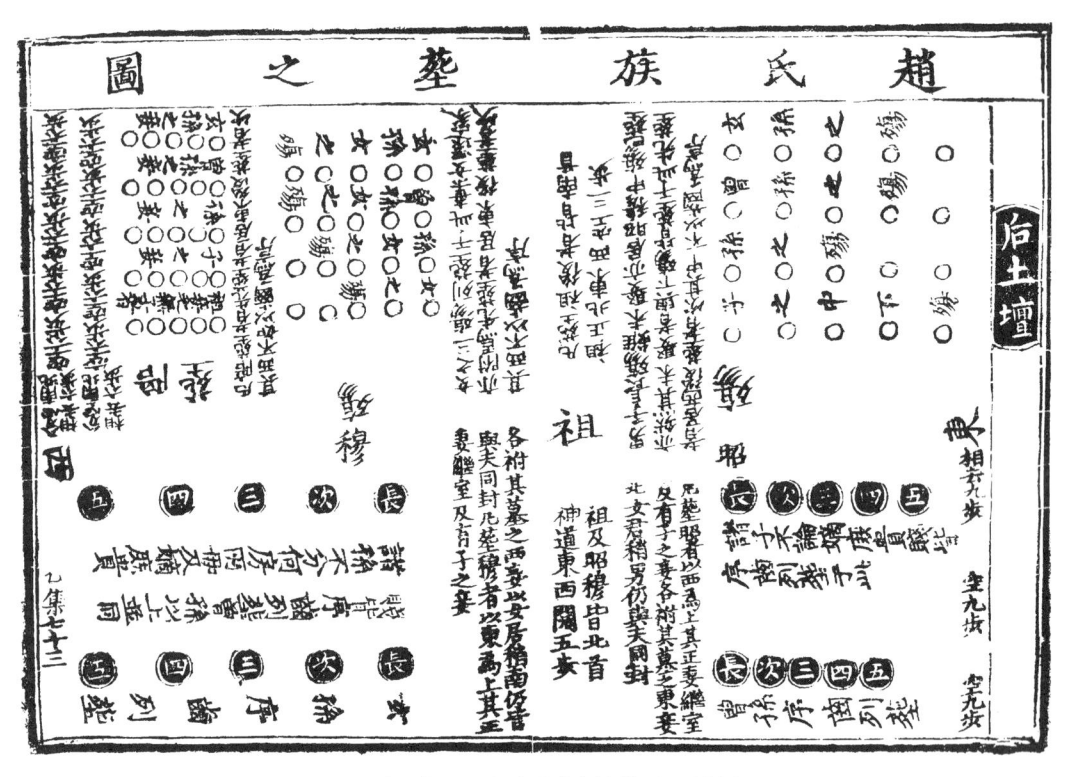

图二 《居家必用事类全集》族葬图（明刻本）

与《居家必用事类全集》相似的日用类书还有《居家必用》。此书中国国家图书馆藏残本存甲、乙二集,据目录可知于壬集收录《族葬图说》。目录后有刻书牌记"至元己卯孟夏友于书堂印行",各集目录下又有"椿庄书院新刊"字样。而台北故宫博物院另藏残本

---

① 《新增居家必用事类全集》,中国古籍总目编纂委员会：《中国古籍总目·子部》,上海古籍出版社,2010年,第1908页。
② 《北京图书馆古籍珍本丛刊》影印明刻本,第61册,书目文献出版社,1988年,第82—85页；《原国立北平图书馆甲库善本丛书》影印明刻本,第559册,国家图书馆出版社,2013年；《四库全书存目丛书》影印清华大学图书馆藏明刻本,子部第117册,齐鲁书社,1995年,第109页。各本版式行款一致,字体微异。平图本王重民推测为嘉靖间司礼监所刻,王重民：《中国善本书提要》,上海古籍出版社,1983年,第347页。

存壬、癸二集,①内容恰好与前者目录相合,壬集之末季明赵先生《族葬图说》赫然在目(图三)。两残本均为十三行二十二字、黑口、黑鱼尾,国图本四周双边、台北本左右双边,版式大同小异。国图本大约是后至元五年(1339年)友于书堂据椿庄书院本新刻者,台北本二集首叶均已缺失,是否有重刊牌记不得而知,无法确认为椿庄书院原版。

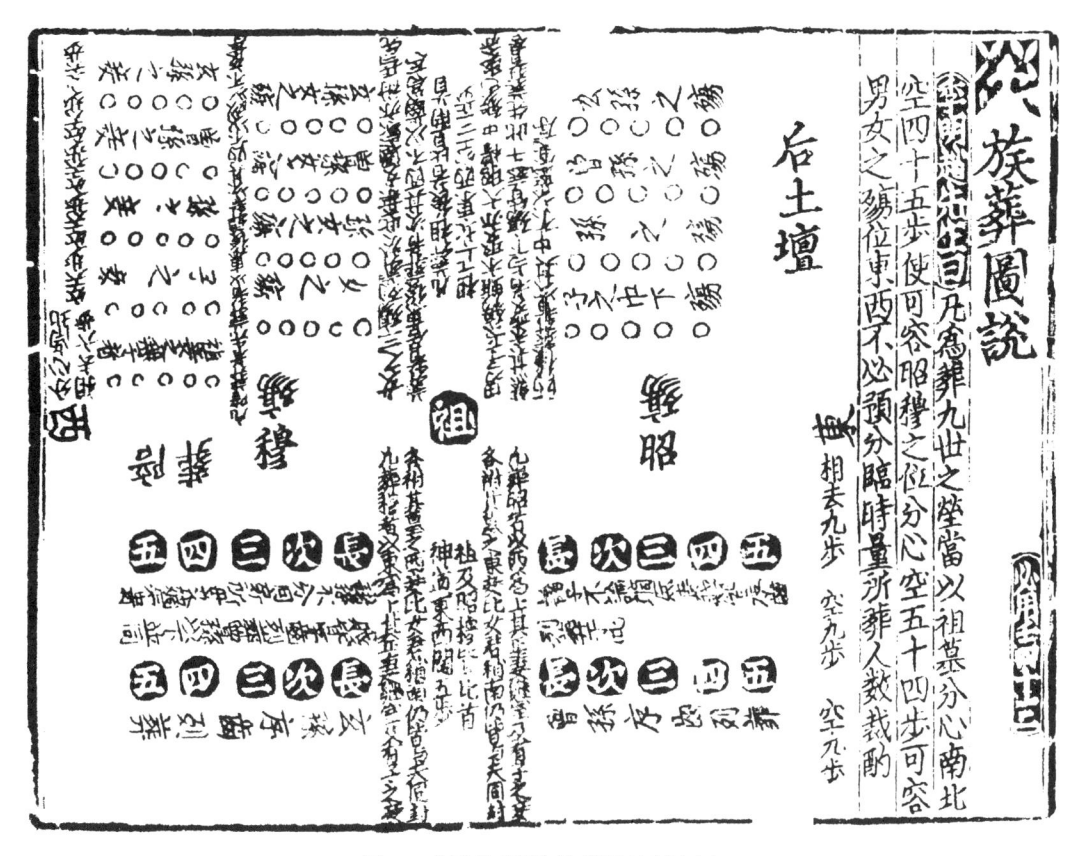

图三 《居家必用》族葬图(元刻本)

《居家必用事类全集》与《居家必用》两书②虽然均以天干为序编作十集,但篇目大不相同,后书内容均散见于前书各集,内容既不完整,编次也混乱,很可能是以前书为蓝本缩略改编而成。两书均收录大德五年(1301年)徐元瑞自序的《吏学指南》,由此可见成书年代不早于此,大约都是元代中期建阳书坊出品。

明宣德末锡山冯善所编《家礼集说》③也收录有《族葬图》(图四),但注记已经简化,所

---

① 此本为杨守敬自日本购回,原为宝素堂所藏,著录于涩江全善、森立之:《经籍访古志》卷四,《日本藏汉籍善本书志书目集成》影印清光绪十一年徐承祖聚珍本,第1册,北京图书馆出版社,2003年,第275页。
② 前人或将《居家必用》与《居家必用事类全集》混同为一书,如顾歆艺:《〈居家必备〉、〈居家必用〉及古文献的另一种价值》,《海峡两岸古典文献学术研讨会论文集》,上海古籍出版社,2002年,第246页。
③ 冯善:《家礼集说》,中国国家图书馆藏明刻本,第六三页。台北图书馆藏明成化十五年刻本,第一○一至一○二页。

附《赵季明族葬说》也仅为摘录。景泰初金陵汤铎所编《文公家礼会通》①"广采先儒所著及今王氏、冯氏《家礼易览》《集说》诸书，会而辑之"，于卷六择葬条下列有《季明赵先生族葬图》一目，其《国民族葬图》形式与冯书相同，《族葬图说》文字与谢书相同，但于此前另外列有《周礼先王及昭穆诸王兆域图》《周礼诸王兆域庶子以下从葬图》及《礼经葬制》，图文组合为他书所不见（图五）。

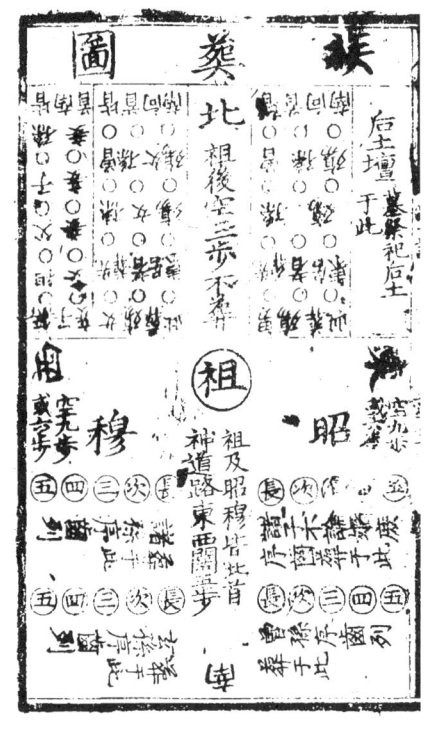

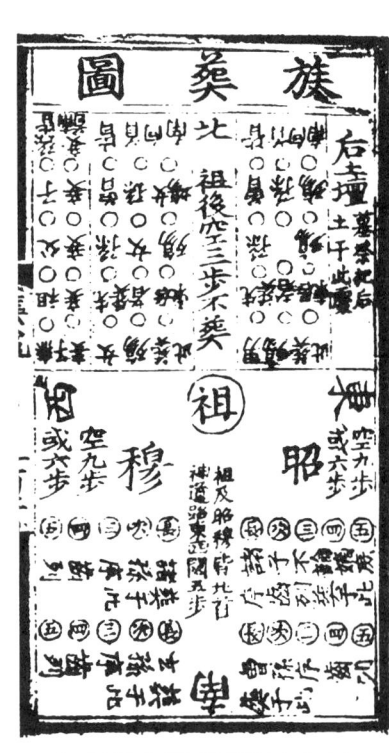

1.《家礼集说》族葬图（国图本）　　2.《家礼集说》族葬图（台北本）

图四

以上各版本《族葬图》可以分为两个系统。

系统 A：日用类书。见于《居家必用事类全集》和《居家必用》，由《族葬图说》及《族葬图》构成。图前有文字一段："凡为葬九世之茔……量所葬人数裁酌。"其余说明均插入图中，图面较为繁复。《辨惑编》将图前文字置于图说之首，图中殇子、殇女、妾位每排由五穴省为三穴，但说明文字与前两书仍有承袭关系，②可知是以前书为本，略作简省而成。

系统 B：家礼补编。见于《家礼集说》和《文公家礼会通》，后者内容较为齐全，以《礼经葬制》、《族葬图说》二文配《周礼先王及昭穆诸王兆域图》、《周礼诸王兆域庶子以下从葬图》、《国民族葬图》三图。其中《族葬图》图面较为简洁，大部分说明文字（有阙）与"凡为葬（五）〔九〕世之茔……量所葬人数裁酌"一段另附于《族葬图说》之后。

---

① 汤铎：《文公家礼会通》卷六，中国国家图书馆藏明景泰刻本，第一八至二五页。
② "男子长殇虽未娶亦居昭穆；中殇已娶者亦然，其未娶者与〔下〕殇皆葬于此。先葬居西，后葬者次其（中）〔东〕，不以齿为序。"《居家必用事类全集》与《居家必用》此句"东"均误作"中"，《辨惑编》亦然。

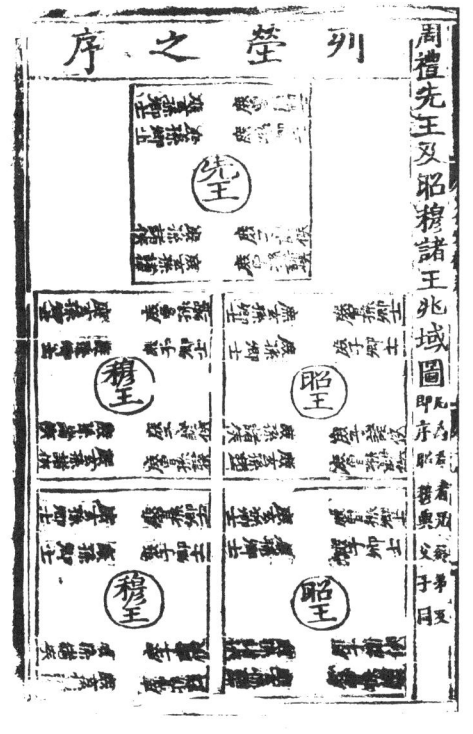

1.《文公家礼会通》兆域图 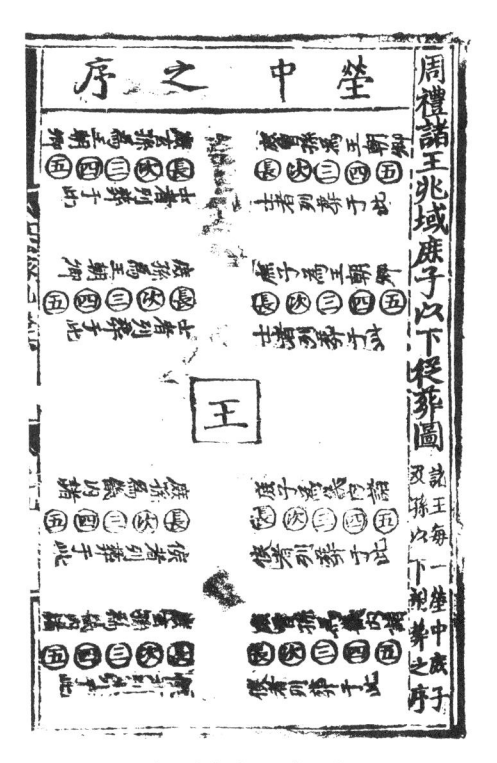　　　　2.《文公家礼会通》从葬图

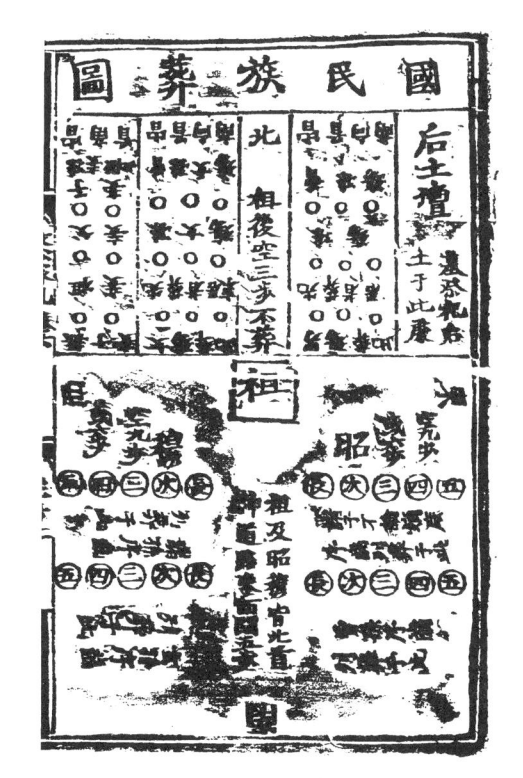

3.《文公家礼会通》族葬图

4.《文公家礼会通》礼经葬制　　　　　　　5.《文公家礼会通》族葬图说

图五

系统 A 文献刻印年代虽然较早,但系统 B 文献内容自成体系,更需要给予重视。《兆域图》以先王居中,各代诸王依昭穆为左右。《从葬图》诸王茔中庶子为畿内诸侯、王朝卿士者分列南北,子孙分居左右。《族葬图》设计思路显然与这两幅图一以贯之,此外《礼经葬制》的题名也给这套文献的具体来源提供了关键线索。

三、赵居信事辑

元明诸本《族葬图》均题其作者为赵季明,《文公家礼会通》又将《礼经葬制》与《族葬图》并举。循此线索,从嘉靖《许州志》①中检得其人:

> 赵居信,字季明,许州人,号东溪先生。颖悟过人,日记万言,不拘今古。官至翰林大学士,追封梁国公,谥(立)〔文〕简。平生着有《经说》、《史评》、《燕谈》、《家训》、《蜀汉本末》、《理学正宗》、《礼经葬制》、《追远录》、《四道辩》等书。

方志所载赵居信著作尚有信息可考者如下:

---

① 张良知纂修:〔嘉靖〕《许州志》卷六,《天一阁藏明代方志选刊》影印明嘉靖刻本,第一八至一九页。

《礼经葬制》曾有单行本，《文渊阁书目》①《千顷堂书目》②均有著录，《汲古阁珍藏秘本书目》③更记有元板精抄《礼经葬制》《追远录》合一本。推测其内容可能如《文公家礼会通》所引图文组合那样，包括《礼经葬制》《族葬图说》两篇文字，及《兆域图》《从葬图》《族葬图》三幅插图。

《理学正宗》，《文渊阁书目》未记作者，《内阁藏书目录》则称其为"元至元间，赵居信采集诸大儒各书院记，并附《北溪宗旨》"。④

《蜀汉本末》，今存元至正十一年（1351年）建宁路建安书院刻本。⑤ 赵居信跋文称：

> 至元戊子（1288年）之秋，亡友嵩东何从政彦达始示以子朱子《通鉴纲目》，且谓大义数十，炳如日星……居信从而读之，不胜叹服，遂述《蜀汉本末论》，以见钦赞之意。岁辛卯（1291年），集诸儒精议于栢林书院，欲缀鄙论于纸尾，竟以原稿不存而止。延祐甲寅（1314年），乡丈人竹轩先生曹彦谦子和之子琛，出是编于厥家，乃其父手书者……今再序编摩之始，复得合而成之。……上元日信都赵居信谨识。

又有建宁路建安书院山长黄君复跋文称：

> 汉始于高帝，中兴于光武……东溪先生《蜀汉本末》之编，而公论愈明，是则《本末》当与《纲目》并行于世。岁己丑（1349年），先生之嗣子总管赵公来守建郡，出是书以示学者，可谓善继志矣。君复伏读敬叹，因请寿诸梓，以广其传，使后之览者知正统之有在，其于世道岂小补哉！时至正辛卯（1351年）上月，晚学黄君复再拜谨书。

两篇文字可为赵氏生活时段提供佐证。

在嘉靖《许州志》之外，又可从嘉靖《襄城县志》中查得赵居信部分事迹：

> 赵居信，字季明，许昌人，号东溪先生。由国子祭酒至翰林大学士，封梁国公，谥文简。寓襄开讲，士多亲炙，林从善辈，皆其高弟。⑥

> 林从善，邑人。许昌祭酒大儒赵公来寓襄城，从善撰杖履亲炙焉，遂为赵门高第。尝师县学，大夫之于庠序欲有所为，辄左右之用，是栋宇完，租食充，师生之资咸具。⑦

> 县之庙……起役于延祐四年（1317年）秋八月甲午，讫工于六年（1319年）春二月戊子。既落之矣，其乡先生林从善父以诸生温迪罕绍基走书京师属记……（襄城）故隶汝州，今许属县也。许昌祭酒大儒赵公，以道义化服其乡，襄城则杖履所及，亲炙

---

① 杨士奇：《文渊阁书目》卷一，《景印文渊阁四库全书》史部第675册，台湾商务印书馆，1986年，第130页。
② 黄虞稷撰，瞿凤起、潘景郑整理：《千顷堂书目》卷二，上海古籍出版社，2001年，第54页。
③ 毛扆：《汲古阁珍藏秘本书目》，《续修四库全书》影印清嘉庆五年黄氏士礼居刻本，第920册，上海古籍出版社，2002年，第564页。
④ 孙能传、张萱等：《内阁藏书目录》卷五，民国乌程张氏刻《适园丛书》本，第一六页。
⑤ 赵居信：《蜀汉本末》，《中华再造善本》影印中国国家图书馆藏元至正十一年建宁路建安书院刻本。
⑥ 林鸾纂修：〔嘉靖〕《襄城县志》卷八《杂录志》寓迹，《天一阁藏明代方志选刊》影印明嘉靖刻本，第二、三页。
⑦ 林鸾纂修：〔嘉靖〕《襄城县志》卷四《人物志》下《文学》，《天一阁藏明代方志选刊》影印明嘉靖刻本，第二三页。

> 之士尤彬彬焉。林君,其高弟也。尝师县学,县大夫之于庠序欲有所为,辄佐佑之。顷岁以来,栋宇完于学,租石丰于田,师生之资可谓具矣。①

由此可知赵居信主要活动于元代前期,进而追查相关文献记载如下。《元史·世祖本纪》:②

> (至元二十九年[1292年]三月)壬寅,御史大夫月儿鲁等奏:"比监察御史商琥举昔任词垣风宪,时望所属而在外者,如胡祗遹、姚燧、王恽、雷膺、陈天祥、杨恭懿、高道〔凝〕、程文海、陈俨、赵居信十人,宜召置翰林,备顾问。"帝曰:"朕未深知,俟召至以闻。"

《元史·程钜夫传》:③

> (至元)二十九年(1292年),又召钜夫与胡祗遹、姚燧、王恽、雷膺、陈天祥、杨恭懿、高凝、陈俨、赵居信等十人,赴阙赐对。

胡祗遹《送赵季明赴召北上》、④滕安上《司业赵季明南归索诗为赋》⑤均当因此而作。苏天爵《元故集贤学士国子祭酒太子右谕德萧贞敏公墓志铭》:⑥

> (至大)四年(1311年)正月,尚书省臣皆以罪废,政务复归中书,而大臣请曰:今政事大坏,当从新治之。中外廉洁老臣及事世祖、成庙两朝有若李谦、尚文、赵居信、刘敏中、萧𣂏、程钜夫、郝天挺、韩从益、刘正、程鹏飞、董士选、陈天祥、王思廉等,可急遣使召之,共议新政。仁皇从之。公以疾辞,不起。

《元史·英宗纪》:⑦

> (至治三年[1323年]正月壬寅)授前枢密院副使吴元珪、王约集贤大学士,翰林侍讲学士韩从益昭文馆大学士,并商议中书省事。拜珠言:"前集贤侍讲学士赵居信、直学士吴澄,皆有德老儒,请征用之。"帝喜曰:"卿言适副朕心,更当搜访山林隐逸之士。"遂以居信为翰林学士承旨,澄为学士。

吴澄《题〈东溪耕乐图〉后》:⑧

---

① 李术鲁翀:《襄城县学记》,林鸾纂修:〔嘉靖〕《襄城县志》卷七《词翰志》,《天一阁藏明代方志选刊》影印明嘉靖刻本,第二页。
② 宋濂:《元史》卷一七《世祖纪》一四,中华书局,1976年,第361页。
③ 宋濂:《元史》卷一七二《程钜夫传》,中华书局,1976年,第4017页。
④ 胡祗遹:《送赵季明赴召北上》,《紫山大全集》卷三,《景印文渊阁四库全书》第1196册,台湾商务印书馆,1986年,第48页。
⑤ 滕安上:《司业赵季明南归索诗为赋》,《东庵集》卷三,《景印文渊阁四库全书》第1199册,台湾商务印书馆,1986年,第512页。
⑥ 苏天爵:《元故集贤学士国子祭酒太子右谕德萧贞敏公墓志铭》,《滋溪文稿》卷八,中华书局,1997年,第117页。
⑦ 宋濂:《元史》卷二八《英宗纪》二,中华书局,1976年,第627页。
⑧ 吴澄:《题〈东溪耕乐图〉后》,《吴文正公集》卷三一,《元人文集珍本丛刊》影印明成化二十年刻本,第3册,新文丰出版公司,1985年,第529－530页。

至治癸亥(1323年)，赵公季明偕予待命翰苑。其年四月，季明至官。迨秋，遄以疾去。六月，予始至官。越三年泰定乙丑(1325年)秋，亦以疾去。予家于野，农夫晨夕杂处。丙寅(1326年)之春留邑，偶值连日雨，喜膏泽沾足，土脉愤兴，思欲归视畎亩挈锄之事，阻泥泞未行。有客来自许昌，携示《东溪耕乐图》，图后系以季明诗赋四篇。玩诵之余，悠然有契于心。……

张登《大元汴梁路扶沟县重修庙学之记》：①

至正戊子(1348年)秋，今监侯纽台大举来为是邑，下车之初，诸事未遑而首询庙学。迨谒拜之日，达观前后左右，病殿庑讲舍之不壮丽……慨欲撤□□□。许昌张光祖景先适为文学掾，合谋佥允。……文学张君，赵文简公之里生也，□膺道义之训久矣。……

以上所载似乎均属赵居信晚年事迹，其早年活动可于以下文献略知一二。宫珪《长社县尹袁公去思碑》：②

公名英，字杰甫，自幼以儒术缘饰吏事……调为长社尹，下车首以农桑、学校为务。……金末，刑台进士王仲元避兵许昌，我元承旨梁国赵文简公曾游于门，为示祠于县学之坤隅。公一日诣学，慨然有感于同僚曰：文简，当世名儒元老，实当配享。于是立祠于刑台王公之侧。……明年乙酉(1345年)公到任……

虞集《王先生祠堂记》：③

许人有祠其乡先生于学宫之傍，曰王先生。讳德元，字仲元，邢台人。金大安中举经童第二人，既受官，又从常山周晦之先生学。岁壬辰(1232年)，避兵来许。许人以为师，出其门者前后数十百人。……至元甲戌(1274年)，先生年八十而卒。明年，其配钱夫人卒，无后。门人刘世安、张居礼、郝守宁等葬诸姚范之村，而私以时祀之。

值得注意的是，赵居信从学于避兵许昌的邢台儒士王德元，而其于《蜀汉本末》书后自署信都赵居信，信都实为邢台古称，则居信与德元渊源更深。

综合以上文献，可以推断赵居信生活时段应该在13世纪中期至14世纪早期左右。至于赵居信作《族葬图》的时间，又有如下两条线索。

其一：《永乐大典》卷七三九〇中抄录了与《文公家礼会通》内容完全一致的《周礼先王及昭穆左右图》及《周礼诸王兆域庶子以下从葬图》④(图六)，显然源自赵居信《礼经葬

---

① 郝万章：《扶沟石刻》，中国广播电视出版社，2011年，第24-25页。
② 宫珪：《长社县尹袁公去思碑》，王秀文等修，张庭馥等纂：〔民国〕《许昌县志》卷一六《金石》，《中国方志丛书》影印民国十二年石印本，成文出版社，1968年，第1289-1290页。
③ 虞集《王先生祠堂记》，《道园类稿》卷二五，《元人文集珍本丛刊》影印明初覆刻本，第5册，新文丰出版公司，1985年，第634页。
④ 解缙等：《永乐大典》卷七三九〇《丧礼》五〇《国恤》，英国大英图书馆藏明嘉靖内府重写本，第七、八页。

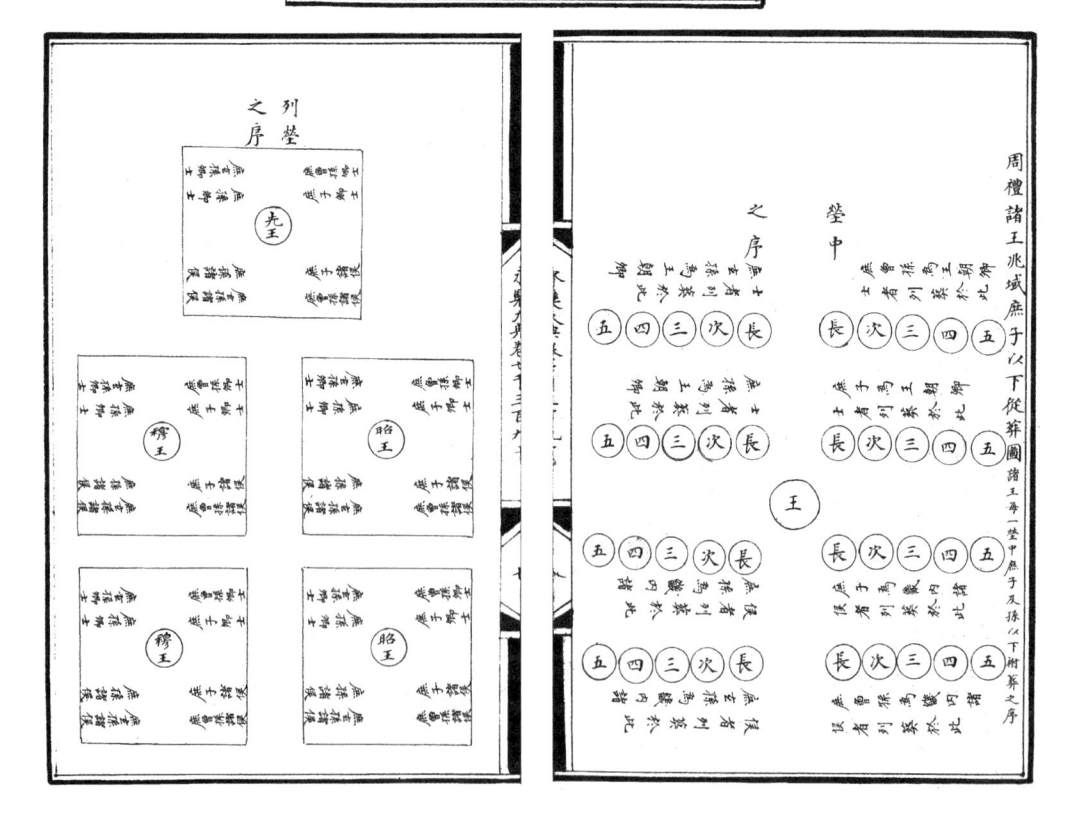

图六 《丧礼会纪》引《葬祭会要图》

制》。但《大典》标记出处则为《丧礼会纪》引《葬祭会要图》。据虞集《跋叶振卿丧礼会纪后》：①

> 永嘉叶起振卿之来京师，出所为《丧礼会纪》以示余。其言曰：昔服亲之丧也，或有不得于心，则疑于理，有所未尽。求诸《家礼》，则又见其足以少正于今，而疑其未备合于古。乃博考经传，以为此书，垂十五年而后成。

可以推知该书成于元代后期，而《葬祭会要》时代则早于此。《内阁藏书目录》②载："《葬祭会要》，一册全。元大德间（1297－1307年）曹南张才卿刻，即朱文公《家礼》也。"《两浙金石志》所收泰定元年（1324年）《西湖书院重整书目碑》中也列有该书。③ 可以推测，《葬祭会要》以《礼经葬制》墓地昭穆图补《家礼》此项之缺，又因《丧礼会纪》引用而辗转录入《大典》。

其二：河南孟津出土元统二年（1334年）曹福墓志一方，④全文曰：

> 元故寿卿曹公讳福，提领济之季子也，□世居洛。公崇俭克家，礼儒训子。终于大德丙午（1306年），龄五十有九。曾考润巳上祖祢葬七里东夹道间，耕耘凌践，五患尤忌。公孟仲兄佑、禄穴非定次，公难其列。抑斯之故，于元统二年二月八吉日，葬邙山之阳，坟方贰亩。公中为祖，午开神路，子孙叙以昭穆，殁后如之，遵经制也。公有子三焉：敬祖、孝纯、秉彝；孙亦三焉：宗善、宗儒、宗古；曾孙一焉：典童；女一人，适杨希颜。敬祖、宗善父子继亡，陪厝左右，显妣高氏、李氏，同祔其穴，礼也。呜呼！子之葬亲，爱敬终始，天理当然。尚恐高岸为谷，深谷为陵，痛铭悲愬，心推洁矩，从而掩之德，宁不厚者乎？哀子秉彝志。

志文称曹福礼儒训子，葬遵经制，而所描述墓地布局又与赵居信《族葬图》若合符契，似非偶然。检查方志可知，曹福三子秉彝于至正中曾任嵩州学正。⑤ 嵩洛去许昌不远，曹氏所行昭穆葬法很可能源自赵氏设计。

如此，可以间接推测赵居信作《族葬图》的时间应该就在大德之前的元代早期，元代中期即被引用、刻印，从而广为流传，乃至影响遵儒之家的丧葬实践。

四、族葬图溯源

由于儒家族葬理念本源自《周礼》，所以文献中族葬图的出现便以《三礼图》为早。后

---

① 虞集：《跋叶振卿丧礼会纪后》，《道园学古录》卷一一，《四部丛刊》初编影印明景泰翻元小字本，第一二、一三页。
② 孙能传、张萱等：《内阁藏书目录》卷一，民国乌程张氏刻《适园丛书》本，第一五页。
③ 阮元：《两浙金石志》卷一五《西湖书院重整书目记》，《石刻史料新编》影印清光绪十六年浙江书局刻本，第1辑第14册，新文丰出版公司，1977年，第10572页。
④ 赵文成、赵君平编：《秦晋豫新出墓志搜佚续编》第5册，国家图书馆出版社，2015年，第1428页。
⑤ 康基渊修纂：〔乾隆〕《嵩县志》卷二《职官表》，清乾隆三十二年刻本，第四页。

周显德中,周世宗命国子司业、兼太常博士聂崇义讨论郊庙祭器祭玉制度,崇义于是博采三礼旧图六种,考正同异,别为《新定三礼图》二十卷,北宋建隆二年(961年)成书,通行于世。①

《周礼·春官》所论族葬分为公墓与邦墓两类。"冢人,掌公墓之地,辨其兆域而为之图。先王之葬居中,以昭穆为左右。凡诸侯居左右以前,卿、大夫、士居后,各以其族。凡死于兵者,不入兆域。凡有功者,居前。以爵等为丘封之度与其树数","墓大夫,掌凡邦墓之地域,为之图。令国民族葬,而掌其禁令。正其位,掌其度数,使皆有私地域"。②《新定三礼图》中附有一幅兆域图③(图七),但只是以封树高下不等的八座墓葬对公墓布局予以简单示意。

图七 《新定三礼图》兆域图

到了北宋中期,缘于对儒家礼仪的尊崇及对风水地理的贬斥,理学家设计出了新的族葬图式。程颐《葬法决疑》④称:

> 后代阴阳家流,竞为诡诞之说,《葬书》一术,遂至百二十家。为害之大,妄谬之甚,在分五姓。……自唐而来,五姓葬法行于世已数世,……而今之葬者,谓风水随姓而异,此尤大害也。愚者执信,将求其吉,反获其凶矣。至于卜选时日,亦多乖谬。……下穴之位,不分昭穆,易乱尊卑。死者如有知,居之其安乎?如此背谬者多矣,不欲尽斥,但当弃而勿用,自从正法耳。

同时于《葬说》中提出了一套昭穆葬法"葬之穴,尊者居中,左昭右穆,而次后则或东或西,亦左右相对而启穴也",⑤并附《下穴昭穆图》⑥(图八)。图式作九九八十一方格,以八干四维十二支组成的二十四向标识四周方位。正中为券台,正北居中为第一穴,北偏东为第二穴(左昭),北偏西为第三穴(右穆),正东为第四穴(左昭),正西为第五穴(右穆),南偏

---

① 司马光:《资治通鉴》卷二九三,中华书局,1956年,第9563页;李焘:《续资治通鉴长编》卷二,中华书局,2004年,第44-45页;脱脱等:《宋史》卷四三一《聂崇义传》,中华书局,1977年,第12793-12797页;聂崇义:《新定三礼图序》,《新定三礼图》卷首,《中华再造善本》影印中国国家图书馆藏宋淳熙二年镇江府学刻本,第一页。
② 郑玄注、贾公彦疏:《周礼注疏》卷二四,上海古籍出版社,2010年,第817-819、823-824页。
③ 聂崇义:《新定三礼图》卷一九《丧器图》下,《中华再造善本》影印中国国家图书馆藏宋淳熙二年镇江府学刻本,第三页。
④ 程颐:《葬法决疑》,《河南程氏文集》卷一〇,程颢、程颐:《二程集》,中华书局,1981年,第624-625页。
⑤ 程颐:《葬说》,《河南程氏文集》卷一〇,程颢、程颐:《二程集》,中华书局,1981年,第623页。
⑥ 程颐、程颢:《二程集》,中华书局,1981年,第623页。此据《河南程氏文集》卷一〇,中国国家图书馆藏明刻本,第四页。

东为第六穴(左昭),南偏西为第七穴(右穆)。另外,东偏北寅艮之间注记"第四穴或此下",意指昭穆排列未必由北而南,也可以东西平列。程氏自家墓地,便依据此法布置。《伊川杂录》①自述其事称:

> 世间术数多,惟地理之书最无义理。祖父葬时,亦用地理人,尊长皆信,惟先兄与某不然。后来只用昭穆法。或问:凭何文字择地?曰:只昭穆,便是书也。但风顺地厚处足矣。某用昭穆法葬一穴,既而尊长召地理人到葬处,曰:此是商音绝处,何故如此下穴?某应之曰:固知是绝处,且试看如何。某家至今,人已数倍之矣。

图八 《葬说》下穴昭穆图

程氏所选穴位地理人称之为"商音绝处",这是根据当时中原北方地区流行的五音姓利说做出的判断。按照五姓葬法:"商音宜用人分,中壬穴为尊,丙穴为次,庚穴为卑,又次穴在辛、在丁,绝穴在甲。"②程为商音,在地理人看来,墓园中位次排列应第一穴葬北偏西(壬),第二穴葬南偏东(丙),第三穴葬西偏南(庚),第四穴葬西偏北(辛),第五穴葬南偏东(丁),而最为不利的绝穴在东偏北(甲)。程氏所选穴位之所以有意安排在东偏北所谓"商音绝处",固然是有意与五音葬法相对抗,更因为该处正是程氏所设计昭穆法下穴的昭位。

程颐《下穴昭穆图》除了随程氏文集刊刻之外,③还曾以《伊川先生葬图》为名收录于元代编纂的日用类书《事林广记》④中,借此流传更为普遍。

金元之际,中原北方地区儒学复兴,在丧葬实践中多以司马光《书仪》、朱熹《家礼》为指导,尤其是后者,影响范围日趋广泛。据蒲道源《顺斋先生闲居丛稿》所描述陕南事迹

---

① 唐棣编:《伊川杂录》,程颢、程颐:《二程集》,中华书局,1981年,第290页。
② 杨惟德(旧题):《茔原总录》卷四《座穴次序篇》,中国国家图书馆藏元刻本,第一三页。案:《重校正地理新书》卷一三步地取吉穴条称:"凡葬有八法,步地亦有八焉。……八曰昭穆,亦名贯鱼。入先茔内葬者,即左昭右穆,如贯鱼之形。"《续修四库全书》影印北京大学图书馆藏金元刻本,第1054册,上海古籍出版社,2002年,第97页。这里只是挪用昭穆一词以描述墓园内三座墓葬下穴位置关系,埋葬人员亲属关系并无儒家昭穆葬那样的特别要求。该卷又有昭穆葬图,下为尊穴,左上列昭穴,右上列穆穴,批注云:"昭穆亦名贯鱼者,谓左穴在前,右穴在后,斜而次之,如条穿鱼之状也。又《礼》曰:冢人奉图,先君之葬,君居其中,昭穆居左右也。"是书北宋嘉祐元年(1056年)王洙奉敕撰成,今所见金元刻本经金大定二十四年(1184年)毕履道图解校正、明昌三年(1192年)张谦校正补完,昭穆葬图与前叶五姓昭穆贯鱼葬图均注明为乔道人添,可知这部分内容实为后人所补,其解释虽援引《礼经》,实则望文生义,葬法仍属五音地理术范畴,当与儒家昭穆葬区别看待。关于五音昭穆贯鱼葬,参:刘未:《宋代皇陵布局与五音姓利说》,《浙江大学艺术与考古研究》(第3辑),浙江大学出版社,2018年,第165-190页;《宋元时期的五音墓地》,待刊。
③ 《河南程氏文集》刊刻情况参:祝尚书:《宋人别集叙录》(增订本),中华书局,2020年,第366-371页。
④ 陈元靓:《新编群书类要事林广记》壬集卷三《伊川先生葬图》,影印日本元禄十二年翻刻元泰定二年刻本,中华书局,1999年,第498页。

可知。寓居汉中的西轩先生王得舆曾于蒙古宪宗六年(1256年)经过长安,听闻鲁斋先生许衡倡鸣理学,于是"聚周、程、张、朱氏书而探讨之,得其义理之精微,尤以践履躬行为实务"。至元十二年(1275年)改葬先人,"遂一遵文公《家礼》而合葬焉"。① 及至元二十九年(1292年)得舆卒,长子无疾"自初丧至葬祭,一遵文公《家礼》。虽期功之丧,亦必自尽而不苟。亲党及乡里有丧者,必就正而取法焉"。② 友人任元善,"择葬亲,构忌阴阳者皆言年月不利。答以司马温公论葬一节,力主行之"。③ "冠婚丧祭,一遵文公《家礼》"。④ 其子輗从学西轩之门,及大德九年(1305年)元善卒,"輗一以朱文公《家礼》行事"。⑤ 关中在许衡之外,又有杨恭懿(谥文康)"家世为儒,冠昏丧祭,一遵礼书"。吕端善曾从许衡游,其"治丧稽司马氏《书仪》、朱子《家礼》,及杨文康公已行故实,使古人送终之正,复见于世。故关中丧葬多合乎礼者,由公等一二儒家为之倡也"。⑥ 以及大儒萧㪍,"治丧不用佛老,棺椁衣衾悉遵礼制。盖自杨文康公倡于其始,公复推明于后,至今长安士大夫家亦多化之"。⑦

虽然有理学复兴作为思想基础,但是《书仪》《家礼》之中都缺乏家族墓地设计方面的内容,程颐之说作为补充虽然有所流行,而图文内容却均较简略,为后来儒学家进一步引申发挥留下了较大空间。赵居信《族葬图》就是在这样的历史背景下产生的。

---

① 蒲道源:《西轩王先生行实》,《顺斋先生闲居丛稿》卷二六,《中华再造善本》影印上海图书馆藏元至正十年刻本,第二至三页。
② 蒲道源:《青渠王先生墓志铭》,《顺斋先生闲居丛稿》卷二四,《中华再造善本》影印上海图书馆藏元至正十年刻本,第三页。
③ 蒲道源:《讷庵处士任君行状》,《顺斋先生闲居丛稿》卷二六,《中华再造善本》影印上海图书馆藏元至正十年刻本,第一八页。
④ 蒲道源:《孺人邓氏墓志铭》,《顺斋先生闲居丛稿》卷二四,《中华再造善本》影印上海图书馆藏元至正十年刻本,第八页。
⑤ 蒲道源:《讷庵处士任君行状》,《顺斋先生闲居丛稿》卷二六,《中华再造善本》影印上海图书馆藏元至正十年刻本,第廿五页。
⑥ 苏天爵:《元故翰林侍读学士赠陕西行省参知政事吕文穆公神道碑铭》,《滋溪文稿》卷七,中华书局,1997年,第95-96页。
⑦ 苏天爵:《元故集贤学士国子祭酒太子右谕德萧贞敏公墓志铭》,《滋溪文稿》卷八,中华书局,1997年,第117-118页。

《金字塔铭文》与古埃及人的"洁净"观和"洁净"仪式

马智博

(北京大学历史学系)

"洁净"的观念在几乎所有的宗教中都有其相关的神学信条、象征表达以及仪式,这在当代宗教如基督教、伊斯兰教中都有完整的体现。而在早期宗教的观念中,洁净被赋予了远超世俗的神圣内涵,用于隔离和避免相对于神圣的混乱、污染之物。古埃及宗教中的"洁净"不仅有着类似的效用,也与古埃及人的复活理念密切相关。而在古埃及宗教中却不曾出现诸如《旧约·利未记》或者《古兰经》这些不同宗教经典中对于"洁净"的清晰分类和律法禁令,古埃及人也未能清晰地划出明确的界限和给予解释,只是遗留了大量关于洁净的铭文与图像表达。

最早出现的古埃及人的洁净观念以及相关仪式,可以上溯到早王朝时期,在第三王朝贵族瓦布海蒙的墓葬浮雕中就已经有了洁净的相关表达。在稍晚一些的古王国时期,洁净观念与洁净仪式逐渐体系化,并在国王与贵族的丧葬仪式、神庙日常仪式当中具有特定的功能与象征含义。在成文于第五王朝时期的《金字塔铭文》中,洁净观念与洁净仪式被凝练成高度象征化的语言,与铭文中其他的意象共同构成了埃及人的宇宙观念与对来生的想象。其表现的内涵对埃及人的宗教理念和社会规范的影响不容忽视。

本文旨在从古王国时期的《金字塔铭文》入手,结合铭文材料与古埃及人的神话理念,对洁净仪式进行整理和分析,试图阐释洁净仪式与古埃及的复活理念、王权观念之间的密切关联,并以此为基础探寻洁净观念对埃及人规范的影响。

一、"洁净"的概念与学术界研究概况

"洁净"一词在古埃及语中写作 wʿb,本意为动词"清洗,洁净",该词汇解释亦有"成为清白,无罪"的含义。[①] 此外,wʿb 也指代特定的神庙祭司。从文字的角度就可知 wʿb 在埃及并非类似现代社会概念里的"干净,卫生",而是具有宗教内涵和象征含义的词汇。也有学者认为动词 dsr"成为圣洁"与不定式 sdsr"使……神圣"是 wʿb 的同义词,都表明自

---

① E. A. Wallis Budge, *Egyptian Hieroglyphic Dictionary*, London: John Murray, Albemarle Street, 1920, p.155.

身所指代的客体是洁净的。①

必须注意的是,"仪式"一词在埃及语中并没有专门词汇,仅有近似表达 jr-ḫt "办事"或者 nt-ꜥ "惯例,例行,职责"的词,②洛特里格认为这些词汇便指代了仪式。③ 但"洁净仪式"在埃及语中并无相关的词汇,古埃及人使用 wꜥbw "倒水,清洁的礼仪"来表达这一仪式,并且也会使用 qbḥ "倒水"一词来表达仪式中主要的倒水动作。④ 现代埃及学界通常用"洁净仪式"(purity ritual)一词来表达这一仪式动作环节,大体上可以涵盖大多数仪式中的洁净内容。但在庞大的埃及文化以及繁琐仪式的历史环境下,大部分埃及学者由于其来自西方甚至阿拉伯世界的背景,难免会对古埃及文明中"洁净"的理解产生误区,故使用"洁净仪式"这一称谓是否完全准确值得考量。在古埃及宗教崇拜活动中,关于洁净的内容无论在王室庆典或者一般由祭司主持的日常礼拜仪式中都较为常见,其内容以仪式展演形式表现,并且在这两种庆典⑤中占据了一定的分量。严格来讲,"洁净仪式"并非一个单独展演的仪式剧,而是配合其他仪式,形成一整套仪式程序,用以展演埃及人思维中的宇宙观与神话理念。

关于古埃及"洁净"的研究,埃及学家早有涉及,早期埃及学家布列斯特德(James Henry Breasted)和布莱克曼(Aylward M. Blackman)二人在深入研究埃及宗教的同时,亦通过铭文材料在一定程度上还原了埃及人的宗教仪式,其中布莱克曼对洁净相关的仪式以及仪式相关的人物和物件做了大量工作,尤其是通过对古王国时期常见的"晨之屋"(pr-dwꜣt)及其相关头衔和内容的梳理以及历史背景的讨论,整理了洁净仪式大致的顺序过程,奠定了埃及学界对"洁净"话题的讨论基调。⑥ 此外伽德纳尔(Alan Gardiner)从对国王进行"洗礼"(Baptism)的角度出发,整理了从新王国时期到托勒密埃及时期神庙中关于洁净的壁画,一方面批评了布莱克曼对于仪式解释未能加以细分的行为,另一方面从强调洁净仪式图像的"背景"入手,结合宗教文献尤其是传统的荷鲁斯赛特神话对壁画形象的影响,解释了仪式场景中国王与神之间的相互关系。⑦ 埃及学家霍夫梅尔(James K. Hoffmeier)则从古王国时期贵族葬仪进行尸身清洁的场所入手,结合考古证据与宗教文本,厘清了葬仪中两种洁净帐篷即赛赫帐篷(sḥ-nṯr)与伊布帐篷(jbw)之间的关系,并依据《金字塔铭文》考证了这些仪式建筑的起源、功能以及象征含义。⑧ 布罗夫斯基(Edward Brovarski)对埃

---

① John Laurence Gee, *The Requirements of Ritual Purity in Ancient Egypt*, Yale University, 1998, p.7.
② R. O. Faulkner, *A Concise Dictionary of Middle Egyptian*, Griffith Institute Ashmolean Museum, Oxford, 1988, p.55.
③ Carolyn Diane Routledge, *Ancient Egyptian Ritual Practice*, University of Toronto, 2001, p.7.
④ E. A. Wallis Budge, *Egyptian Hieroglyphic Dictionary*, London: John Murray, Albemarle Street, 1920, p.768.
⑤ 学界通常将古埃及人的宗教崇拜活动分为两类:日常仪式(Daily Temple Ritual)以及节庆(annual Festival),这两种庆典在本质上极为相似。见 Filip Coppens, "Temple Festivals of the Ptolemaic and Roman Periods", *UCLA Encyclopedia of Egyptology*, 1(1), 2009, p.1.
⑥ Aylward M. Blackman, "The House of the Morning", *The Journal of Egyptian Archaeology*, Vol. 5, No.3(Jul., 1918), pp.148-165.
⑦ Alan Gardiner, "The Baptism of Pharaoh", *The Journal of Egyptian Archaeology*, Vol. 36, pp.3-12.
⑧ James K. Hoffmeier, "The Possible Origins of The Tent of Purification in The Egyptian Funerary Cult", *Studien zur Altägzptischen Kultur*, Bd. 9 (1981), pp.167-177.

及人宗教中的"天国之门"做了进一步的研究,将洁净帐篷与埃及人宗教想象中的天国之门联系在一起,赋予了洁净帐篷"使死者入圣,并转化进入天国"的深远宗教内涵。①

在洁净观念方面,专事研究古埃及宗教的布里克(C. J. Bleeker)曾在他发表的论文《古埃及的罪恶与洁净》中,从古埃及文化对"罪恶"的认识这一角度,通过对《亡灵书》125节忏悔的分析,认为埃及人的正义与洁净建立在正确的伦理道德与和谐神圣的生命秩序之上,他认为洁净与罪恶在文献记载中并不相关,但洁净拥有宗教崇拜的含义,依然需要从埃及人的宗教入手探寻洁净观念。② 遗憾的是布里克的观点仅是浅尝辄止,未能深入,但他的观点至今尚未过时,对于洁净观念的研究依然需要从埃及人的宗教观念与仪式中入手。近年,夸克(Joachim Friedrich Quack)也通过文本材料,着重对洁净的概念进行分析,试图从"洁净"在仪式、死者、国王乃至精英阶层中的表现着手,重构古埃及的洁净概念,并阐释了"洁净"与其本身的限制以及和埃及人道德观之间的关系。③

古埃及现有大量关于洁净的材料,同时这些材料也比较繁杂。原始材料包括图像、铭文、宗教文献,也有考古发掘材料。这些材料在时间与空间的分布上较为分散,故有关洁净的研究从一开始就体现在对原始材料的分类辨析上颇具难度。本文主要从宗教文献《金字塔铭文》中出现的大量关于洁净的内容入手,使用英国学者福克纳所整理的版本。关于洁净仪式的图像,纳尔森与加德纳尔整理出了法老时期将近33处出现在神庙墙壁上的表达。④ 这些图像内容部分被认定为在国王的加冕礼上,也有一些被认定为塞得节的组成部分,更多的则是国王在日常神庙仪式的演出。⑤ 这些图像是新王国时期的,但它们与古王国时期《金字塔铭文》所记载洁净仪式的内容高度相似。

古王国的吉萨贵族墓葬中也有一些表现贵族使用洁净用具的圣书字,如用盥洗盆、水瓶来表达自己的贵族身份,⑥还有贵族墓中表现贵族接受侍从为其盥洗场面的壁画,此外他们的墓葬马斯塔巴中也会放置奢侈昂贵的铜制盥洗器皿,⑦这些葬仪中的行为皆体现出他们所遵从的礼法(decorum)。⑧ 在新王国时期,洁净仪式的表达逐渐系统化,这些洁净仪式的内容不仅出现在王室庆典中,也出现在底比斯贵族墓葬中,并一直沿用到埃及晚期时期。

---

① Edward Brovarski, "The Doors of Heaven", *Orientalia*, pp.107 – 115.
② C. J. Bleeker, "Guilt and Purification in Ancient Egypt", *Numen*, Vol. 13, Fasc. 2(Aug., 1966), pp.81 – 87.
③ Joachim Friedrich Quack, "Conceptions of Purity in Egyptian Religion", im Christian Frevel, Christophe Nihan (Hg.), *Purity and the forming of religious traditions in the ancient Mediterranean world and ancient Judaism* (Dynamics in the history of religion 3), Leiden; Boston, 2013, pp.115 – 158.
④ Alan Gardiner, "The Baptism of Pharaoh", p1; Nelson, *Key Plans showing locations of Theban Temple Decorations*, Chicago: The University of Chicago Press, 1941, pp.25 – 32.
⑤ Alan Gardiner, "The Baptism of Pharaoh", p.6.
⑥ 维普姆诺弗瑞(Wepemnofret)的墓葬壁画,存于吉萨,编号:1201;奈弗尔提阿贝特的墓葬壁画,现存于卢浮宫,编号:E15591;奈弗尔的墓葬壁画,现存于吉萨,编号:1207。
⑦ 马斯塔巴(Mastaba)是起源于早王朝时期的一种埃及墓葬,其形状呈平顶、长方形,外部呈斜坡面,墓室内部用泥砖或石头建造,通常是南北朝向,并且在马斯塔巴中还会有假门与地窖这类与丧葬仪式有关的功能结构。该词来源于阿拉伯语,意为"长凳",阿拉伯人认为这种墓葬与长凳形状相似。古王国时期吉萨的贵族墓葬大多会使用马斯塔巴,第一中间期之后,马斯塔巴的数量急剧减少,逐渐退出历史。
⑧ John Baines, *High Culture and Experience in Ancient Egypt*, Equinox Publishing Ltd. 2013, p.14.

记载仪式的文字资料非常零散,由于王室铭文的记载往往对仪式细节语焉不详,并且时间与金字塔铭文时期相隔甚远。① 故探讨整个仪式细节还需要从《金字塔铭文》这类宗教文献入手,借鉴对比一些晚期埃及的祭司手册内容,以期大致可以还原和探讨其中蕴含的宗教观念与象征。

二、《金字塔铭文》中的洁净仪式与复活理念

《金字塔铭文》成书于古王国后期,主要由第五、第六王朝的国王与王后金字塔陵寝内的铭文组成。其内容主要是死去的国王与奥赛里斯神、拉神,以及与其他神明之间的互动,核心的部分则是国王的复活、转化以及永生。关于洁净的概念及用以仪式的"洁净",可能在埃及文明形成之初就有雏形,而成体系的洁净仪式相关王室铭文与壁画出现较晚,直到新王国时期才有系统化的表达。

在古王国时期用以王室墓葬的《金字塔铭文》中系统地罗列了关于洁净仪式的大量文字内容,这些内容包括仪式操作、魔法咒文与神话,具有高度象征化的语言表达,以及保证作为铭文主角的国王得以复活的功能和内涵。在经文中关于死后世界的意象有,准备开口仪式、国王进行太阳船旅行、加冕、供奉、与神的对答、复活与转化、登上天空成为星辰等内容,用以洁净的物品则有水瓶、熏香、泡碱、水(也可以说是生命之水)以及供奉。戴维斯(Whitey Davis)认为,国王的净化是国王升天的先决条件。② 国王在这些流程中进行洁净仪式,众神也参与其中,并使国王保持洁净的状态,以洁净的状态完成其升天之旅,以期成功转化得到永生。洁净的内容首先出现在国王的"开口仪式"当中:

> 哦,奥赛里斯,带走所有憎恨国王以及对国王之名讲出罪恶话语的人。哦,图特,快带离这些对奥赛里斯有害的人,对付这些对国王之名讲邪恶言语的人,把他放在你的手上。重复四遍:不要放开他! 小心以避免放开他! ——倒水。③
>
> 哦,国王,我给你带来了荷鲁斯的眼睛。你张开面部,它将洁净你,香气会缠绕你的身躯。荷鲁斯眼的香气会缠绕在国王的身上,它清除了你流出的液体,从赛特手中的流出的液体中保护了你。④
>
> 乳脂、乳脂,分开你的口! ……荷鲁斯吐出的是乳脂、赛特吐出的是乳脂,调停了两位神的是乳脂。重复四遍,你将被上埃及涅克海布(Nekheb)的5个泡碱所净化,

---

① 记载洁净仪式的王室铭文主要有第十八王朝的图特摩斯记梦碑,第十九王朝塞提一世颁布的纳乌瑞敕令,以及较晚的第二十五王朝的皮安赫记功碑,国外埃及学家对这些铭文进行了释读与整理出版。铭文的内容可以参见皮安赫记功碑:Brestead, *Ancient Record of Egypt*, Vol. 4, The University of Chicago Press, 1906, p.436;纳乌瑞敕令:Griffith, "The Abydos Decree of Seti I at Nauri", *The Journal of Egyptian Archaeology*, Vol. 13, No. 3, (Nov., 1927), pp.193-208;图特摩斯记梦碑:Brestead, Ancient Record of Egypt, Vol. 2, pp.320-324.
② Whitey Davis, "The Ascension-Myth in the Pyramid Texts", *Journal of Near Eastern Studies*, Vol. 36, 1977, pp.163-166.
③ R. O. Faulkner, *The Ancient Egyptian Pyramid Texts*, Oxford University Press, 1969, p.4.
④ R. O. Faulkner, *The Ancient Egyptian Pyramid Texts*, p.6.

你将被荷鲁斯的追随者所净化。

你的洁净是荷鲁斯的洁净,你的洁净是赛特的洁净,你的洁净是图特的洁净,你的洁净是德温-昂威的洁净,你的洁净也在他们身上,你的嘴是初生小牛的嘴——下埃及塞特派特(St-pt)的5个泡碱。

你的洁净是荷鲁斯的洁净,你的洁净是赛特的洁净,你的洁净是图特的洁净,你的洁净是德温-昂威的洁净,你的洁净是你的卡的洁净,你的洁净是你的洁净的洁净,你的洁净也在你的众神的兄弟上。你的洁净在你的嘴巴上,你将洁净你的骨头,与你相关的也将会被净化。哦,奥赛里斯,我给你荷鲁斯之眼,你的脸可以接受它,它正在弥漫——熏香1个。①

这几节经文是"开口仪式"之前准备阶段诵经祭司念诵的。在这里,洁净包含了倒水、熏香、为死者口中含入泡碱一系列动作,倒水首先能够使国王避免不善之物的侵扰,同时象征着复活和治愈的荷鲁斯之眼可以对死去的国王进行加护,熏香和泡碱是为死去国王清洗尸体专门使用的清洁物品,古埃及的贵族阶层偏好在丧葬中使用熏香,在底比斯贵族墓葬中也可以见到大量有关供奉熏香给死者的图像场景。中王国时期开始流传的故事《一个人和巴的辩论》,对于熏香和死者的关系有一段动人的描述:"今日死亡降临在我身上,如同病人痊愈,监禁之人得到自由;今日死亡降临在我身上,如同没药的芳香,如同在起风之日顺风而航;今日死亡降临我身,如同莲花的清香,如同酒醉坐在岸边……"②

无论在宗教文本,抑或在仪式中,熏香的作用不仅仅是简单的营造氛围,熏香在死者的复活中是不可或缺的,或许这与体现埃及宗教创世观念的"神的生命呼吸"(t^3w)有密切的联系,这种呼吸和气息是维持神的创造的基本要素。③ 此外熏香产生的烟雾不仅仅是为了清洁国王,更可能也是一种介质,以便让国王的卡与洁净仪式中所念诵的神明的卡形成一种联系,④从而进行生命力或神圣力量的传承。相连的经文分别在最后提到了来自上下埃及的泡碱,以及使荷鲁斯与赛特和解的"乳脂",泡碱不仅仅用以洁净死者,经文中提到了四位神明:荷鲁斯、赛特、图特、德温-昂威,很明显与荷鲁斯和赛特争斗的神话有关联(荷鲁斯被赛特打瞎了代表月亮的左眼,随后在满月时分被图特神所修复)。经文中提及的泡碱出自这些神的手,对死者的洁净更暗含了一层修复与治愈的含义。通过这些琐碎但内涵丰富的仪式物品,场景之中的清洁仪式得以大致完成,国王的复活升天也得到了"保证"。

在国王的升天道路上,需要经历蛇、火焰等重重障碍才能到达天空成为星星。尽管这些经文较为晦涩难懂,但并不妨碍我们理解文献中提及的"洁净"的内涵——其不仅代表

---

① R. O. Faulkner, *The Ancient Egyptian Pyramid Texts*, pp.7-8.
② Lichtheim, M. *Ancient Egyptian Literature*: Vol.1, Berkeley, Los Angeles & London: The University of California Press, 1976, p.168.
③ Erik Hornung, *Conceptions of God in Ancient Egypt: The One and The Many*, Trans by John Baines, Cornell University Press, 1982, pp.197-199.
④ Aylward M. Blackman, "The House of the Morning", p.157.

着复活,也有保护生者或死者远离邪恶之物妨害的功能:

> 愿你的力量在你的身体里,以使你没有妨害;你生来就是荷鲁斯,你为了赛特而生。在西边的诺姆接受洁净,在赫利奥波利斯诺姆与你的父亲阿蒙,接受你的净化……①

> 你有毒的尖牙在大地,你的肋骨在洞里!在两个猛禽站立的地方倒水;你的嘴巴被惩戒的用具所合上,玛弗戴特(Mafdet)用了惩戒的器具让你的嘴合上……②

水在洁净的仪式之中是不可或缺的,而金字塔铭文中也有专门用以清洁的经文,水在其中拥有更深层次的内涵:

> 哦,国王,收下你的凉水,"他从凉水中大量的涌出"的名号使你从荷鲁斯那里感受到凉爽。接受你将成为神明的泡碱,你的"神"之名的名号,使努特让你成为你的敌人的神。接受从你这里流出的溢出物,荷鲁斯让众神聚集在你所走的地方。接受从你这里流出的溢出物,荷鲁斯让他的孩子们为你在你所淹没的地方集结。哈-热匹认识你,你将在你"新鲜的水"之名下变得年轻。荷鲁斯是个灵魂,他因你,以"国王灵魂的荷鲁斯"的名号认识了他的父亲。③

> 哦,国王,接受从艾勒方坦流溢给你的洁净的水吧,你的水来自艾勒方坦,你的泡碱来自伊如,你的泡碱来自奥克西林库斯诺姆,你的熏香来自努比亚……哦,国王,你的冷水是流向你的伟大的洪水……④

> 向你欢呼,你的水是从舒举起的两个源头所带来的,盖伯清洗了他的肢体。当我出生在天空出现之前,大地存在之前,坚固之物出现之前,混乱之物出现之前,令人敬畏的荷鲁斯之眼出现之前的原初之水中时,我的内心充满了恐慌,充满了惧怕……如果我沉入了水中,奥赛里斯将会举起我,九神将会支持我,拉神将会把手放在我这里如同众神那样;如果我进入了地面,盖伯将会举起我,九神将会支持我,拉神将会把手放在我这里如同众神那样。⑤

在现实中,用以洁净的水可以肯定来自埃及神庙的圣湖之中(sacred lake),金字塔铭文中也有"在……湖中清洁"的字眼。⑥ 埃及神庙遗址内的圣湖在今日早已干涸,但参照保存完好的遗址和神庙原有的背景,我们可以想象一个法老时代每天会有神庙祭司专门打理的圣湖,平静的水面会倒映出我们存在的真实世界,或许这在一定程度上为埃及人对来世的想象提供了参考,由此成为了来生的象征。

---

① R. O. Faulkner, *The Ancient Egyptian Pyramid Texts*, p.49.
② R. O. Faulkner, *The Ancient Egyptian Pyramid Texts*, pp.54-55.
③ R. O. Faulkner, *The Ancient Egyptian Pyramid Texts*, p.140.
④ R. O. Faulkner, *The Ancient Egyptian Pyramid Texts*, pp.153-154.
⑤ R. O. Faulkner, *The Ancient Egyptian Pyramid Texts*, p.173.
⑥ 《金字塔铭文》中关于"湖"的表达多样,象征意味浓厚。不仅有单纯的"湖",也有"芦苇湖""豺狼之湖""冥界之湖""鹅湖"等等。

在圣湖中用以洁净的水也被当作是努恩(Nun)的水,努恩在埃及传统的赫摩坡里斯神论"八神会"(Ogdoad)之中是"原初混沌之水",通常也代表着从上游的象岛开始泛滥而下的尼罗河水,尼罗河水泛滥与退却的循环往复,在埃及人的观念之中也象征了创造与生长——死亡-重生的循环观念,水的洗涤净化因而带有使生者或者死者更新的内涵,感受到水的凉爽也就感受到了逐渐变得年轻的生命,因为早于天空与大地、王权与秩序的原初之水正是创造的源泉。这对埃及人而言是不停循环往复更新(nḥḥ)以达到永恒(dt)的时间概念。

此外,起源自古王国,在第二十五王朝时期正式成文的《孟菲斯神论》中也记载道,奥赛里斯被淹死在上下埃及的分界孟菲斯,坠入水中之时被伊西斯与奈芙缇丝拉出水面,而后奥赛里斯进入隐秘的入口,升上地平线,进入拉神所在之地,实现了复活。① 用以洁净的水就在这种从淹没-抬升-转化-复活的仪式过程中实现自身的功能。正如伊利亚德所言:"作为一切无形潜在事物的原则、每一种宇宙现象的基础、一切种子的容器,水象征着第一实体,各种形式起源于它,也要以复归或者大劫难的方式回到它那里。它自太初就存在,到每一个宇宙或者历史循环的终点它又要回来。"②

在仪式中倒出的水被埃及人认定为是奥赛里斯神渗出的脊液,蕴含了更加神秘的色彩:"你拥有你的水,你拥有你的洪水,液体从神那里流溢而出,分泌物从奥赛里斯那里渗出。你的手被洗净,你的耳朵被打开。这巨大的东西造出了对他的灵魂有益之物。清洗你自己以便你的卡可以清洗他自己并坐下与你一起一直不间断地吃面包。奥赛里斯的继承者是你的,你面朝前方,对你的崇拜在你的面前,香气使你的鼻子感到愉悦,当他们走出你节日场所的时候,你的脚感到愉悦,当你的松饼被咬开时,你的牙齿和指尖变得愉悦……"③布莱克曼认为,死去的国王接受这种液体,心脏不再静止而开始跳动,与这种液体等同的水洒向在世的国王本人或者去世的国王雕像,或许正是一种连接身体避免缺失的方式,以便让举行仪式的生者,以及与之相关联的死者和众神都能完整无缺。④

奥赛里斯的死亡和复生一直是埃及宗教中最大的"神秘"。⑤ 对于奥赛里斯受难的场景在法老时代的记载中几乎没有任何表达,甚至古典作家希罗多德在他的著作中也带着奇怪的口吻言道:"埃及人在夜里便在这个湖上表演那位神受难的故事,而埃及人称这种仪式为秘仪。关于这些事情,我是知道他们全部内容的,故而本来可以讲得更确切些,但是我不准备谈了。"⑥时至今日我们大概了解到有关奥赛里斯的节日是荷阿克节,这个节日的主要内容是奥赛里斯受难以及荷鲁斯成功复仇的仪式剧演出,以及通过"谷神木乃

---

① Lichtheim, M. *Ancient Egyptian Literature*: Vol.1, p.55.
② 米尔恰·伊利亚德:《神圣的存在:比较宗教的范型》,晏可佳、姚蓓琴译,广西师范大学出版社,2008年,第178-179页。
③ R. O. Faulkner, The Ancient Egyptian Pyramid Texts, p.143.
④ Aylward M. Blackman, "The House of the Morning", p.164.
⑤ 颜海英:《〈来世之书〉中的复活仪式》,《外国问题研究》2016年第2期,第57页。
⑥ 希罗多德:《历史》,王以铸译,商务印书馆,2017年,第217页。

伊"再现奥赛里斯的葬仪与死而复生。①

　　秘仪的大概内容已为今人所知，但对于水在秘仪中的作用依然需要补充。奥赛里斯神话中的很多要素的确出现在《金字塔铭文》有关国王葬仪、清洁仪式与供奉礼当中，死去的国王接受象征奥赛里斯脊液的水实现转化，这种接受也就意味着国王与奥赛里斯结合，成为了奥赛里斯。

　　倒水洗涤净化，主要目的在于解除死者在等待转化过程中的恐惧和无助。死者沉浸在水中得以"解渴"，②感觉到了清爽和年轻，在水中解体，并在水中获得新生，从而可以死而复生。随后奥赛里斯接受供奉物和崇拜，再次获得生命力，并在节日的氛围中变得愉悦，完成自我的更新。在这种洗涤下实现的结合，很有可能和奥赛里斯复活祭仪的相关环节有关。

三、"洁净"仪式与王权理念

　　通过图像与铭文的遗存可以看出，无论是在节日庆典抑或是死者的葬仪中，洁净仪式并非独立连贯的仪式，而是一整套仪式中的重要环节。

　　洁净仪式也在彰显和稳固国王的王权方面起到重要作用。上文提及的《金字塔铭文》中通过洁净实现的复活与更新，实则与古埃及的王权观念联系紧密。这种复活更新不仅意味着国王本身的"复生"，更意味着埃及人固有观念中由国王所维持的宇宙秩序的更新。它们通过铭文象征化的叙述模式以及现实仪式展演的配合，实现国王世俗权威与神圣力量的结合，从而使得王权得以彰显，合法性得以再次确认。

　　在此处读者可能难免会有疑问。严格来讲，金字塔铭文是用于国王的墓葬之中，用以保证国王升天复活的丧葬类文献，而铭文和图像表达中，日常操作的仪式或在节日庆典中关于洁净仪式的部分，则是生者的仪式，二者之间是否存在明显的差异而不能相提并论？回答这个问题，需要理解墓庙合一的背景——埃及人用房屋（ḥwt），或者神的宅邸（ḥwt-nṯr）来指代所有种类的神庙，并且埃及国王被认为会在来世成为神，所以神圣与丧葬之间的任何区分在理论与实践上必然是模糊的，神庙拥有祭典的意义，祭庙也通常会与神圣空间相连接。③

　　这种区分的模糊性同样体现在洁净仪式的载体上，总而言之，洁净仪式的场所只能在神庙或者墓室的区域，更进一步讲是在构建好的神圣空间中进行。而《金字塔铭文》最初的功能也是对仪式、文本以及金字塔陵墓建筑的内部仪式空间进行结合，建构神圣的时

---

① 对于"谷神奥赛里斯"的节日，19世纪的人类学家弗雷泽曾有过专门的论述，详见弗雷泽：《金枝》，汪培基、徐育新、张泽石译，商务印书馆，2019年，第592－598页。此外埃及学界提特尔也专门对奥赛里斯节日进行过论述，详见 Emily Teeter: *Religion and Ritual in Ancient Egypt*, Cambridge University Press, 2011, pp.58－66.
② 米尔恰·伊利亚德：《神圣的存在：比较宗教的范型》，晏可佳，姚蓓琴译，广西师范大学出版社，2008年，第188页。
③ Richard H. Wilkinson, *The Complete Temples of Ancient Egypt*, Thames & Hudson, 2000, p.25.

空。死去的国王借助仪式实现了自身的"复活",活着的国王或神像也借助仪式实现了自身的再生与更新,它们都履行了自身在埃及人世界中的职责,即宇宙秩序的更新与回溯。

多次出现在《金字塔铭文》中,用以洁净死者的场所"赛赫帐篷"(sḥ-nṯr),其最早可能与"伊布帐篷"(jbw)同时用于丧葬中对尸身的清洁,①但随着时间推移,jbw 一词逐渐在历史中消失,而 sḥ-nṯr 则大量出现在《金字塔铭文》的洁净仪式当中,并且与文中关于国王在芦苇地里进行洁净全身的场景密切相关,而芦苇地的洁净又与太阳崇拜息息相关。②该意象从现实层面从用以王室丧葬洁净的建筑,逐渐转变成为了《金字塔铭文》中具有神圣含义和崇拜功能的建筑,阿尔滕穆勒也认为赛赫帐篷并非单纯的洁净帐篷,而是与拉神的净化以及阿努比斯神崇拜密切相关的一种圣所。③ 用以洁净的赛赫帐篷在葬仪与神祇崇拜中模糊的界限,似乎也从侧面证明了埃及人墓庙不分的文化背景。所以无论是金字塔铭文还是神庙壁画,它们正是由于这种模糊也可以说是包容的理论实践,才可以同步展现埃及人的神圣时空观念,以供现代研究者相互参考印证。

进行洁净的对象,通常会是参加重要节日庆典如赛德节或加冕礼的国王本人,或者是在日常仪式中接受国王或祭司们供奉祭祀的神像。主持洁净仪式的一般会是较为高阶的赫姆祭司(ḥm-nṯr),并且有数个瓦布祭司(wˁb-ˁˁ)协助整个仪式的进行。④ 主持日常仪式的祭司通常也会对自身加以清洁,以防止仪式不洁。

清洁仪式通常会出现在整个王室庆典的最开头。在清晨,国王开始主持庆典,本人与整支队伍朝着神庙行进。诵经祭司会在队伍中,重复念诵献给神明的颂诗,用以阻挡针对国王的敌意或者恶事。到达神庙区域之后,国王会进入专门用来洁净的房间"晨之屋"进行洁净。

大量的神庙壁画描述了对国王进行洁净的场景——荷鲁斯与赛特或荷鲁斯与图特,站在国王的两边,双手高举 ḥbs 水瓶,从国王的头顶倒水给国王清洁(见图一至图三)。⑤一些壁画表现的荷鲁斯对面并非赛特,而是图特,加德纳认为在清洁的场景之中,无论是

---

① Griffith 描述 sḥ 的象形符号为"一个由芦苇搭建的棚屋或帐篷,屋顶是拱形而中间有一根柱子支撑"。现代埃及学家认为 sḥ 拥有的含义非常多,无法用现代词汇形容,故用词繁多,也可以由此看出赛赫帐篷的特征较为模糊与晦涩。如 pavillion:"亭台,阁楼"、booth:"隔间,棚"、shrine:"圣所"、arbour:"凉亭" 等。

② 《金字塔铭文》中叙述,"乌纳斯的 sḥ 是芦苇编成"(Pyr. 130a);"哦,国王,荷鲁斯为你编制了 sḥ,赛特张开了你的帐篷。我的父亲被 sḥ-nṯr 所遮蔽,以便你被送到你的宝座之上"(Pyr. 2000)。因此 sḥ 可能是由荷鲁斯与赛特编织芦苇而成的。此外,Blackman 认为这一时期的洁净仪式与太阳神学有关,如 275 段的叙述:

　　拉神在芦苇地中洗澡……
　　国王在芦苇地中洗澡,
　　国王的手在拉神的手中。

同时,拉神与国王在芦苇地中洁净的内容也出现在金字塔铭文当中(Pyr. 519a),荷鲁斯与奥赛里斯也在芦苇地中有洁净的内容(Pyr. 886–889)。

③ Altenmüller, H., "Die Bedeutung der 'Gotteshalle des Anubis' im Begräbnisritual", JEOL 22, p.307.

④ Aylward M. Blackman, "Worship(Egyptian)", in Alan B. Lloyd (ed.) Gods, Priests and Men: Studies in the Religion of Pharaonic Egypt by Aylward M. Blackman, Kegan Paul International Limits, 1998, p.171.

⑤ 尽管有大量新王国时期的场景甚至托勒密埃及时期的场景留存至今,但由于篇幅所限,只能简单列出保存较好并且有代表性的场景,如新王国时期塞提一世祭庙与麦迪奈特·哈布神庙之中的场景。

赛特神还是图特神，他们显现的作用都是增益。① 此外图特神还拥有治愈和更新的力量，他在奥赛里斯的复活和荷鲁斯的复原当中都有举足轻重的地位，从这个角度可以解释为什么有的壁画当中显示的是图特神。有些壁画中水瓶倒出的并不是水，而是用象征着生命的符号"昂柯"来表达，这正印证了金字塔铭文中倒水所具有的复活的含义。

图一　在孔苏神庙的圣船祭室东墙壁上，拉美西斯四世接受荷鲁斯与图特"洁净"的场景

图二　在阿拜多斯的塞特一世神庙，祭祀塞特一世的小神堂入口处，塞特一世接受图特"洁净"的场景

---

① Alan Gardiner, "The Baptism of Pharaoh", p.9.

倒水洗涤的场景会伴随固定的经文："你的洁净是荷鲁斯的洁净，你的洁净是赛特的洁净，你的洁净是图特的洁净，你的洁净是德温-昂威的洁净。"有时候也可能只用两句提及荷鲁斯与图特或者是赛特。① 而这种固定的套语表达最早出现在《金字塔铭文》之中，② 荷鲁斯、赛特与图特的作用在上文已经有所阐述，而德温-昂威神（dwn-ᶜn-wj）是埃及第18诺姆的地方神，威金森认为它的形象可能来源于猫科动物，最为人所熟知的形象则是类似荷鲁斯的隼，这是由于德温-昂威神和同是隼鹰形状的神聂姆提（nmtj）进行了结合，由于其所在的诺姆与阿拜多斯相邻，故在文明晚期，该尊神祇以荷鲁斯-阿努比斯结合的形象出现。③ 德温昂威没有相关的神话，但其与荷鲁斯形象相似，可

图三 在麦迪奈特·哈布神庙的第二庭院北墙处，拉美西斯三世接受荷鲁斯与赛特的"洁净"

能在某种程度上代表着王权，与阿拜多斯相邻很有可能被赋予了传递王权和复活的内涵。

此外，在第十八王朝时期开始，尽管"晨之屋"的头衔不再，但在洁净仪式中使用这种相同或者类似的套语的情况非常多。从古王国的金字塔铭文到新王国时期展现的仪式场景，洁净仪式的表达体现的高度一致性也表明古埃及祭司对仪式文本的稳定继承，祭司将金字塔铭文中的仪式内容用到新王国的神庙铭文中，以传承这种以国王为核心，更新宇宙秩序的文化记忆。④

通常，清洗过后，祭司们会给国王穿上礼服，为国王涂油，穿戴饰品，给予国王权杖和王冠，整个过程会伴以熏香。洁净仪式的流程完成之后，国王才会进入神庙的内部继续进行其他仪式。来自努比亚库什二十五王朝的国王皮安赫（公元前744－前714年），在他的统治时期曾率领军队顺流而上短暂统一了埃及，他的记功碑上有这样的话语："……陛下在伊悌的西边扎下了营，举行了洁净仪式，他清洁了科白赫的池塘，他将他的脸放入了努

---

① The Epigraphic survey, *Medinet Habu Vol.4 Festival scenes of Ramses Ⅲ*. Chicago: The University of Chicago Press, 1940, Plate 234. 图片内容，见图三。
② R. O. Faulkner, *The Ancient Egyptian Pyramid Texts*, p.7.
③ Richard H. Wilkinson, *The Complete Gods and Goddesses of Ancient Egypt*, Thames & Hudson Ltd, London, 2003, p.200.
④ 黄庆娇、颜海英：《〈金字塔铭文〉与古埃及复活仪式》，《古代文明》2016年10月第10卷第4期，第8页。

恩之水中洗涤,如同拉神清洗了他的脸那样,陛下行进到了赫利奥波利斯的沙丘上,在沙丘上他给升起的拉神献祭,包括公牛、牛奶、没药、熏香以及所有美味的食物。陛下来了,他行进到了拉神之屋,进入神庙向神祈祷,仪式的大祭司向神祈祷,使陛下驱逐反叛者。他进入了晨之屋,穿上了塞得拜礼装;他用熏香和冷水净化了自己,献给小金字塔的花环戴在了他的头上,给他献上了鲜花……"①皮安赫进行净化仪式的地方是在进入赫利奥波利斯之前,按照碑文所载,这时的皮安赫顺流而下,已经连续征服了沿途的重镇。毫无疑问这种拜谒的行为是为了震慑残余的敌人,最重要的是彰显自己作为统一上下埃及统治者的王权。皮安赫在进入神庙拜谒阿蒙神之前,首先进行了净化仪式,一方面通过努恩之水的净化更新作为统治者的自身状态,另一方面与太阳神拉神达成交流和互动,很明显国王通过洁净仪式获得一种更新过的状态,这种状态对于自身权威的提升有相当的助益作用。如提特所言:"不同于其他文化的洁净仪式是一种获得知识或者冥想下的精神状态,埃及的洁净主要通过身体的洗涤而获得短暂的状态。"②同样在哈特谢普苏特女王的神圣诞生故事以及图特摩斯三世的加冕礼碑铭中,都可以看到这种进行典礼之际首先净化的场景。净化不仅能祛除不善之物的妨害,更兼具使洁净者带有更新状态的内涵在其中,国王通过整套仪式前的洁净突出自己神与人中介的地位,并通过之后的供奉仪式及一些秘密仪式,与神明进行更亲密的互动,彰显了其在人与神之间的地位。

此外,在《金字塔铭文》有关国王升天之旅前进行加冕的经文中,同样有相关的洁净仪式:"当拉神显现,伟大的九神发出光亮,翁布斯的他高居秘仪的上首,国王清洗了他自己。他为自己接受了像翼一样的高贵,他从九神那里拿到了乌瑞瑞特王冠。伊西斯照料他,奈芙缇丝喂养他,荷鲁斯将他收在近侧,他在豺狼湖中净化了国王,他在冥界的湖中清洁了国王的卡,他擦干净了地平线上的拉神肩上的国王的卡的身体,他接受到了当两片土地再次发光时所清洁的众神的视线。他制作了这个国王的卡和为他而建的大建筑,红冠为他(国王)而编织,国王引导了永不毁灭的星辰。他渡过了芦苇地,地平线承载了他,苍穹运送了他。国王是全能者,他的手臂不会失败,国王是杰出的……"③众神对国王进行了清洗与加持,使得国王成功加冕,并且渡过了芦苇地直达天空,可能就是国王在更新王权仪式中内部秘仪的一部分。塞得节中国王以奥赛里斯形象出现在神庙最深处,④结合奥赛里斯渗出液体的洗礼,大胆推测清洁仪式可能并非仅是在国王进入神庙前对其的清洁,在整套仪式核心部分的权力更新仪式上依然可能有倒水的环节,国王借此获得新生,权威得以更新,同时王权亦得到稳固,国王维持的宇宙秩序的稳固亦再次被确认。清洁仪式结合其他的仪式连续展演,神圣秩序与国王在世俗之中的权威在仪式中逐渐结合为一体,埃及人对于国王统治的认同感也在这些仪式表演中得以加深。

---

① Brestead, *Ancient Record of Egypt*, Vol. 4, p.436.
② Emily Teeter, *Religion and Ritual in Ancient Egypt*, Cambridge University Press, 2011, p.32.
③ R. O. Faulkner, *The Ancient Egyptian Pyramid Texts*, p.76.
④ Samuel A. B. Mercer, *The Religion of Ancient Egypt*, London, Luzac & Co. Ltd. 1949, p.122.

四、"洁净"与规范

古典作家希罗多德曾提及了埃及人的洁净观念:"他们用青铜杯饮水,这青铜杯每天都要磨洗干净,不是部分的人这样做,而是没人能够例外。他们穿麻布的衣服,这种衣服他们经常注意洗得干干净净。他们行割礼是为了干净,他们认为干净比体面重要。祭司们每隔两天就要把全身剃一遍,而当他们执行奉祀诸神的任务时,他们不允许虱子或其他不洁净之物沾到他们身上。祭司们的亚麻布是麻制成的,他们的凉鞋是纸草做的,他们不允许穿其他材料制成的衣服和鞋子。他们每天在冷水里沐浴两次,每夜两次。"① 在生活中喝水穿衣必须洁净的观念可能来源于世俗卫生的考虑,这在埃及社会中仅占很少部分。结合埃及人崇拜神祇时进行的洁净仪式,以及他们对不洁之物的隔离,可以看出希罗多德总体上对于埃及人洁净观念的记载是大致准确的。

世俗生活中对洁净的追求远远不是埃及人洁净观念的主要来源,也不是埃及人形成一系列禁忌观念以及社会规范的主因。在古埃及文化的背景下,绝大部分关于洁净的表达都离不开各种仪式和神庙建筑。无论是观念、仪式还是宗教文本中记载的高度象征的内容,它们在数千年的历史中牢牢地依靠神庙这个承载着埃及文化的"小宇宙",在埃及历史发展的进程中被祭司群体不断传承,才会逐渐形成精英阶层甚至普罗大众所遵循的规范。

一方面洁净以增益形成规范,如在死者的洗涤和供奉中,通过洁净之物不断确认好的状态,上文对此已进行阐述,故不再赘述。再比如,埃及人日常向家中的亡者进行供奉和敬拜时,通常会献祭食物供品或言语上供奉,在献祭语言中要强调这些供品是"一切又好又洁净的东西(ḫt nbt nfrt wʿbt)"。② 这种固定的语法结构表达在埃及的供奉碑文中随处可见,结合上文中关于洁净与复活的关系,不难看出这种套语的主要作用就是通过贡品增益死者,维持死者的更新状态。这种认知不断固化与沉淀,加之埃及人稳定继承的日常仪式操作,随时日推移逐渐扩散形成社会群体的规范和共识,这一点在埃及人的丧葬习俗中非常明显。

另一方面,洁净以隔离的效力形成规范。埃及的祭司和非祭司之间最明显的区别在于是否有洁净的状态在身。③ 在神庙中,刚入门的初级祭司会被称作瓦布祭司(wʿb-ʿʿ),他们无法进入神庙内部核心区域,只能负责搬运仪式用品以及抬巡行的圣船。④ 尽管如此,瓦布的头衔仍表明洁净作为一种状态,隔开了大众与神庙祭司阶层。洁净的隔离不仅体现在神庙中,也体现在墓葬中,如古王国时期萨卡拉地区的贵族肯提卡(Khentika)的墓

---

① 希罗多德:《历史》,王以铸译,第147页。
② Mark Collier and Bill Manley, *How to Read Egyptian*, British Museum Press, 1998, p.39.
③ Emily Teeter, *Religion and Ritual in Ancient Egypt*, p.32.
④ Emily Teeter, *Religion and Ritual in Ancient Egypt*, p.20.

葬铭文中:"所有人,若进入我的墓室时他是不洁的,他将吞咽憎恶……不要在没有规范的洁净下进入神的庙宇……"①

神庙自身作为一个完整的世界也有其洁净的规范。无论是国王还是祭司,要进入神庙必须保持洁净的状态。神庙被视为平衡过去与现在、不确定的将来以及稳定秩序与原初玛阿特的支点。在埃及人的观点当中,神庙被视作避免"破坏"的一种器具,在其中举行的仪式、象征、节日内容都需要小心地引导使用,以防止神庙力量带来的危险。② 此外神庙最内部的一些区域,被视为具有危险的区域,如祭拜奥赛里斯的神殿,奥赛里斯也同样被视作危险的神明。③ 这些危险的区域往往进行着王权更新仪式最为重要的秘仪,而通向内部区域还需要再次净化,以规避仪式操作中可能存在的"危险"。这类在仪式中的操作也成为了埃及祭司的传统秘传知识流传到了晚期,并且被编纂成册刻写在神庙墙壁或者保存在神庙图书馆之中。扬·阿斯曼认为晚期埃及的祭司们用了新的方法来保存传统,即将仪式镌刻在神庙墙壁之上,使得整个神庙变为神庙专题的图书馆,变成了安放记忆的容器,这些含有宇宙论、地理志、神话、图像乃至祭司阶层伦理规范的内容也早已超越了仪式本身。④

艾杜福神庙中的"晨之屋"处于神庙外侧多柱厅的后身,这一区域也存在刻有藏书清单的书之屋。二十六王朝有铭文提及了"晨之屋的秘密掌握者"这一头衔,证明了这类建筑现实的功用。⑤ 此外,古典作家亚历山大的克莱蒙曾在其作品中提及了42本祭司必备的知识书籍,内容包含占星术、献祭与仪式、圣书字掌握、地理知识、训练书吏、医学以及"国王的生活准则"。⑥ 这些书籍和考古学家在塔布图尼斯神庙所发现的将近110份僧侣体的宗教纸草手稿内容基本上可以相互印证。但对于"国王的生活准则",瑞霍尔特(Kim Ryholt)认为这篇与在塔布图尼斯神庙发现的文献内容难以对应,可能是祭司在跟随国王进行祭典时所要掌握的对神的颂歌,以及作为国王助手对国王进行洁净仪式的保护和操作流程。⑦ 结合塔布图尼斯所处的时代正是埃及人的王权意识逐渐消亡的晚期,这种"国王的准则"有可能在更早的法老时期就有所传承。艾杜福神庙的"神庙藏书清单"上,也记载了"我带给你……保护身体之书,保护宫殿内国王之书,防止邪恶之眼的咒文……",⑧那么这类准则很有可能就是在法老时代的洁净仪式用来进行指导和保护国王的操作流程。这些执行核心仪式的祭司们在履行日常的流程之余,同样承担着传承神秘知识的使命,加

---

① Nigel C. Strudwick, *Texts from the Pyramid Age*, Society of Biblical Literature, 2005, p.289.
② Richard H. Wilkinson, *The complete Temples of Ancient Egypt*, Thames & Hudson Ltd, 2000, p.79.
③ Joachim Friedrich Quack, "Conceptions of Purity in Egyptian Religion", p.119.
④ Jan Assmann, "Library world with reference to ancient Egypt", *Building for Books: Traditions and Visions*, 2001, p.63.
⑤ Aylward M. Blackman, "The House of the Morning", p.148.
⑥ Jan Assmann, "Library world with reference to ancient Egypt", p.60.
⑦ Kim Ryholt, "On the Contents and Nature of the Tebtunis Temple Library: A Status Report", im Sandra Lippert und Maren Schentuleit (Hg.), *Tebtynis und Soknopaiu Nesos Leben: im römeryeitlichen Fajum*, Harrassowitz Verlag, Wiebaden, 2005, p.160.
⑧ S. Sauneron, *The Priests of Ancient Egypt*, translated by A Morrissett, New York: Grove Press, 1960, p.138.

之清洁仪式又与复活祭仪密切相关,故清洁的观念和具体的仪式操作可能也是祭司阶层所持有的一部分"神秘知识"的内容。

承载埃及文化传承的神庙,在埃及人眼中的确是一个不折不扣的小宇宙——神庙的天花板代表着天空,地板代表太初的湿地,神庙立柱代表着湿地中的植物,外墙的一环与一环代表水纹,可以说神庙就是奠基在原初之水(Abyss)的一座孤岛。① 《金字塔铭文》中有经文言道,死去的国王在大地未显现之时的原初之水中"心中充满了恐惧",直到被众神所举起。② 可见神庙被埃及人视作创世神话的产物和维持世界动力的源头,是一个整体的并且拥有秩序的世界,神庙之外的世界一定程度上会被视作混沌。国王通过洁净进入神庙主持王室庆典,神庙祭司通过洁净规范日常操作,众神的神像通过洁净实现更新,这都是对神庙维持宇宙运转力量的保证和更新。

而在晚期埃及,神庙处在"安全与威胁、内部与外部、神圣与世俗之间的协调之中",③一道道围墙和大门隔开神庙的内部区域,很显然是为了隔离外部世界对神庙的污染或者危害。在这种状态下,洁净的观念与仪式可以成功地帮助埃及祭司进一步隔离,以保证神庙抑或是整个埃及人的世界如同他们的循环时间观念那样保持创世阶段的纯洁。神庙祭司在晚期埃及也形成了如"神庙手册"中所记载的行为守则,这些文本最早来源于新王国时期逐渐成书的《亡灵书》第125节的反向忏悔内容,不光是正文部分囊括了死者在冥界审判时所申诉的未曾在伦理道德、世俗行为准则、洁净自身方面犯下的错误,文本的附录同时也指出了"当此人是纯洁和干净之人,当此人穿上了他的衣装,穿上了白色的拖鞋,用没药涂抹了自己之时,让此人吟诵这段经文,并且用小牛、家禽、熏香面包啤酒与蔬菜来供奉他。瞧,为他的文字已经用努比亚颜料写在了干净的纸上,并为它涂上没有狮子踩过的泥土……"。④ 在晚期,这种带有道德观念的文字逐渐成为行为守则,并且网罗了从世俗行为规范到日常仪式的林林总总,而维持洁净这种观念也融入这些世俗伦理的准则之中,成为晚期神庙祭司的"规范"。这也能看出晚期的传统埃及祭司为了文化存续,不让承载传统文化的神庙免受外界"污染"而做的努力。

五、结 论

埃及人的"洁净"仪式包括对生者如国王、祭司的清洁,也包括对死者的清洁。该仪式包含一系列的仪式道具如水罐、熏香、泡碱、供奉物等,在古埃及墓庙合一的文化背景之下,它与其他仪式按照顺序在神庙日常仪式以及节日庆典中展现,也在国王及贵族的葬仪

---

① Richard H. Wilkinson, *The complete Temples of Ancient Egypt*, p.76.
② R. O. Faulkner, *The Ancient Egyptian Pyramid Texts*, p.173.
③ Jan Assmann, *Cultural Memory and Early Civilization: Writing, Remembrance, and Political Imagination*, Cambridge university press, 2011, p.159.
④ Thomas George Allen, *The Book of the Dead Going Forth by Day*, Chicago: the University of Chicago press, 1974, pp.100 – 101.

中进行，高度象征化的《金字塔铭文》通过对这些仪式与理念的叙述，将具体的洁净仪式融入墓庙合一的神圣空间之中。借助仪式的进行，神话理念在秘仪中由此展现，死者得到复活与转化，生者尤其是维持宇宙的国王得以更新，使神圣宇宙的秩序得以再次确认。此外，法老时代的国王基本上扮演着人神中介的角色，国王通过主持神庙仪式、宣布自己的神性来提升自身的权威，洁净仪式正是国王提升权威和王权，实现自身权力继承的重要环节。这种期待复生、更新王权的理念和晚期为了保持传统文化与神庙"洁净"的努力，二者同样体现了一种对时间循环的观念——即对原初创造及对由国王统一上下埃及秩序的追溯和向往。尽管如夸克所言，洁净仪式带有限制性，但是洁净的观念不仅在王权理念稳固的法老时期盛行，也在宗教逐渐"个人化"和魔法盛行的时代普遍存在，且洁净借助仪式和规范成为了建构埃及人社会共识与群体认同的一种手段。

阿拜多斯的朝圣

郝仁娜

(北京大学历史学系)

一、朝圣的纪念碑:阿拜多斯礼拜堂

1. 阿拜多斯的朝圣

自古以来,人们到某些具有特殊意义的地点旅行和参拜的行为通常被称为朝圣,以寻求在自我、他人、世界和神祇认知上的拓展和更新,最终在朝圣活动之后能够获得某种转变,从广义来讲,朝圣的地点和具体目的的产生是基于某种族群认知,而宗教信仰就是其中之一,因此朝圣常见于宗教中。① 宗教朝圣不仅在基督教、伊斯兰教、印度教等宗教中很常见,实际上在古埃及文化中也常有践行,埃及人通常抱有与神亲近、举行崇拜仪式等的目的,去到埃及各个神的崇拜圣地进行朝圣活动,其中对阿拜多斯地区的朝圣是埃及朝圣活动中最为繁荣和长久的一类。

阿拜多斯(Abydos,𓍋𓃀𓂧𓍯)②是埃及最重要的宗教中心之一,位于上埃及的第八诺姆提尼斯③(Thinite),尼罗河的西岸。在埃及历史上,阿拜多斯作为奥赛里斯(Osiris)的祭祀中心,有着超然的地位。此处有来自各个王朝的大型宗教建筑和墓葬,也有不少当地人和朝圣者留下的墓葬和礼拜堂。在早王国期间(Early Dynasty,约公元前3150-前2700年),阿拜多斯主要角色是作为提尼斯诺姆首都的墓地,随后成为了第一和第二王朝国王的王室墓葬地,在古王国(Old Kingdom,约公元前2700-前2190年)和中王国期间(Middle Kingdom,约公元前2040-前1674年)阿拜多斯的重要性不断增加,最终发展为埃及数一数二的宗教重地。④ 阿拜多斯的重要地位与奥赛里斯紧紧捆绑在一起,奥赛里斯是埃及十

---

① Coleman, Simon, and John Eade, *Reframing pilgrimage: cultures in motion*, London: Routledge, 2004, pp.13-16.
② "阿拜多斯", Adolf Erman, *Wörterbuch der ägyptischen Sprache 1*, Berlin: Akademie-Verl, 1992, p.9.
③ 上、下埃及(upper & lower Egypt)是古埃及的地理和文化分区,上埃及所指为古埃及的南方疆土,而下埃及为北方疆土;诺姆(Nome)为埃及的行政区划。
④ Donald B, Redford, *The Oxford Encyclopedia of Ancient Egypt*, Vol, I, New York: Oxford University Press, Incorporated, 2001, p.7.

分重要的神,也是创世九神(the Enneads),掌管冥府,与每一个埃及人的命运息息相关。①

古埃及人对阿拜多斯的朝圣活动至少在早王国时期就已经开始,在埃及历史中几经变化,存在多种不同形式的宗教实践。本文旨在对阿拜多斯地区的贵族祭祀和礼拜活动进行分析和分类,深入了解埃及人对阿拜多斯地区朝圣活动的动机,以及过程中不同宗教活动之间的区别和发展,具体剖析奥赛里斯崇拜随历史发展的变化、阿拜多斯地区的王室关注以及其他因素如何影响阿拜多斯朝圣的进行和表现。

2. 礼拜堂的结构与社会阶层

阿拜多斯北部墓葬区集中了中王国时期的"私人礼拜堂",礼拜堂结构保留至今的甚少,但具有纪念意义的石碑则发现了百余个。这些祠堂和石碑大多先后经过数次发掘、转卖和研究,现如今约有200以上的石碑分散在开罗和欧洲各大博物馆。从1970年代开始,很多学者,例如辛普森(William Kelly Simpson)、利希泰姆(Miriam Lichtheim)和欧康纳(David O'Connor),对这些石碑的铭文进行了翻译和研究。②

辛普森专著中所编号的 ANOC 石碑大多早已离开原本的发掘地点,几经转手到全球各大博物馆,而宾大-耶鲁联合考古队所发现的礼拜堂,其实际的建筑结构并没有保留下来,只留下了带有文字和图像的石碑暗示此处原本可能树立着一个小型礼拜堂。因此根据少有的几个保存较为完整的礼拜堂来看,礼拜堂结构一般较为简单,为单一房间的泥砖建筑,内部通常会放置纪念性石碑,也就是辛普森等人研究的主要对象:ANOC 石碑,石碑上保存了礼拜堂的所有者信息、建造工程的主要过程、目的和愿望。③

在阿拜多斯,最豪华的礼拜堂包括一个独立的房间、前厅和树坑,很多在19世纪被交易到各大博物馆中制作最为精良的石碑很可能原本都属于这样的礼拜堂,这些石碑往往有着复杂的文本,礼拜堂主人头衔显贵。礼拜堂周围聚集着一些来自社会中层的小型礼拜堂,更多的是一些由石块碎片制作而成,刻着散乱文字和简单供奉列表的"石碑",它们散落在各处,小石碑的主人往往没有头衔,可能是来自当地的平民们。这向后人展示了当时阿拜多斯朝圣的辐射范围之广,渗透程度之深。④

中王国时期,在阿拜多斯参与朝圣和树立纪念碑的人在社会阶层和经济水平上极为

---

① Richard H. Wilkinson, *The complete gods and goddesses of ancient Egypt*, New York: Thames & Hudson, 2003, pp.118 – 123.
② William Kelly Simpson, *The terrace of the Great God at Abydos: the offering chapels of dynasties 12 and 13*, New Haven, Conn: The Peabody Museum of Natural History of Yale University, 1974; David O'Connor, "The 'Cenotaphs' of the Middle Kingdom at Abydos," In *Mélanges Gamal Eddin Mokhtar*, edited by Paule Posener-Kriéger, II: 161 – 178, *Bibliothèque d'Étude* 97, 2, Cairo: Institut Français d'Archéologie Orientale du Caire, 1985; Miriam Lichtheim, *Ancient Egyptian Autobiographies Chiefly of the Middle Kingdom: A Study and an Anthology*, Freiburg, Switzerland/Göttingen, Germany: Universitätsverlag / Vandenhoeck Ruprecht, 1988.
③ Josef M. Wegner, *The mortuary complex of Senwosret III: a study of Middle Kingdom state activity and the cult of Osiris at Abydos*, Ann Arbor, MI: UM, 2004, pp.148 – 150.
④ Janet E. Richards, *Society and death in ancient Egypt: mortuary landscapes of the Middle Kingdom*, New York: Cambridge University Press, 2009, pp.40 – 41.

分散,从石碑铭文来看,这些来到阿拜多斯建立石碑的人既有来自远方的高级官吏,也有本地的官员和祭司,甚至不乏一些手工匠人。利希泰姆将这些石碑简单地分为了三类:阿拜多斯本地和附近地区的人、受公务派遣的官员、朝圣者。①

3. 礼拜堂的图像与铭文

在埃及文化中,图像和文字一样都具有神秘力量,鉴于中王国时期阿拜多斯的识字率不高于1%,②相较于文字,图像形式的表达和交流更为直接,因此阿拜多斯的石碑上多数图文兼备,文字和图像相互补充。阿拜多斯石碑的铭文大多选择的是有模板的文本公式,例如供奉列表、"阿拜多斯公式"、"向生者恳请"和"崇拜文本"等等,这些文本大多文字固定,只替换石碑主人的名字,少数石碑上会刻有石碑主人的自传,但能够提供给今人的信息仍旧比较少。图像所传达的信息虽然没有文字表达直接复杂,却在另一方面为我们揭示了一些隐藏的信息。

整体来讲,阿拜多斯供奉石碑上的图像基本为人像,以站像和在供奉桌前的坐像为主。从人员关系上可分为单人、夫妻、家庭和群像四种,其中单人像(例如 BM 581, BM 567, CG20040, CG 20738, Munich GL, WAF 35 等)和夫妻像(例如 Louvre C 35, BM 569)比较常见,引人注意的是家庭像和群像这两种。

所谓"家庭像"可以分为狭义和广义两种,狭义上的家庭像只包含石碑主人的直接家庭,例如父母(BM 574, Louvre C 3)、曾父母和姐妹(BM 573)和子辈(BM559)。而广义上的家庭像则包括家庭的仆人,例如第十二王朝克布之子艾美尼的三个石碑中,有两个石碑上分别刻着他的第二任妻子和一位仆人(CG 20546),以及他的第三任妻子和一位仆人(BM 162),而杰阿阿石碑上还加入了他的奶妈(BM 573)。"群像"中出现的角色与石碑主人的关系更为间接,出现人物如同僚(Louvre C 19)、客人(Louvre C 3)以及神(Louvre C 11 - 12)。

从根本上来看,大部分埃及纪念性质的建筑和墓葬都有一个基础功能,即保存和展示其主人的身份地位和关系网。就单人像而言,中王国时期阿拜多斯石碑上的男性形象多缺少个性,这一点可能部分是无意造成,但也存在刻意的成分,无意体现在石碑可能由工匠批量生产,因此缺乏个人特征;刻意体现在,这样模糊个人特征可能是为了彰显无时间性和普适性,通过无特征的图像模糊石碑本身的时间刻印,使其可以融入所有时间段内,以符合并进一步强调石质建筑的不朽。③

而多人像,包括夫妻、家庭和群像,则更强调关系,一方面是向后世展示他的成就和地位,因此会出现自传和罗列头衔的内容,另一方面则是希望将活着时候的亲缘和社会关系

---

① Lichtheim, *Ancient Egyptian Autobiographies Chiefly of the Middle Kingdom ancient Egypt*, pp.65 - 129.
② Kei Yamamoto, "The Art of the Stela", in *Ancient Egypt transformed: the Middle Kingdom*, by Oppenheim, Adela, Dorothea Arnold, Dieter Arnold, and Kei Yamamoto, New York: The Metropolitan Museum of Art, 2005, pp.33 - 36.
③ Kei Yamamoto, "The Art of the Stela", pp.33 - 36.

通过石质纪念碑形式延续到死后,包括与亲属、朋友和同事之间的关系。同时,属于石碑主人"关系网"中的成员也能够通过这样的关系受到荫庇,尤其是对于家庭成员中的弱势群体,例如仆人和保姆等,他们本身没有财力为自己在阿拜多斯建立石碑,但通过被主人刻画在石碑上,也由此纳入了受保护和被延续的主体之中,从而能在阿拜多斯和死后永享奥赛里斯的荫庇。

ANOC 碑铭除了在时间和地点上呈现出聚集的特征之外,使用的铭文公式上也呈现出一定的相似性和一致性。除了常见的供奉列表(offering formula)外,这些石碑上还出现了三类较为特殊的铭文,即表达对神的敬爱的"崇拜文本"(Adoration Text)、向生神呼求供奉和祝祷的"向生者恳请文本"(Appeal to the Living),以及列举来世愿望的"阿拜多斯公式"(Abydos Formula)。①

通过这些文本,当时的埃及人向神表达了对来世的需求和渴望,使得学者们能够由这些文字,更进一步还原和体验当时埃及人的物质生活与精神需求之间的联系和互动。

(1)"崇拜文本"

所谓"崇拜文本",是一类对神表达崇敬和爱戴的铭文。比较早的"崇拜文本"多发现于底比斯的墓葬中,其中较为特殊的是安特佛科墓(Antefoker)的"崇拜文本",安特佛科墓的墓葬结构包括一条长走廊,在长走廊的南侧墙壁上,描绘了安特佛科到阿拜多斯的朝圣之旅和奥赛里斯的祭仪,在安特佛科的朝圣之旅场景上刻着"崇拜文本"。② 可见在第十二王朝的开始,"崇拜文本"的使用就与阿拜多斯和奥赛里斯的祭仪直接相关,紧密相连。

第十二王朝时期因特夫(Intef, son of Sent)的碑铭中可见(因特夫石碑,BM 562, ANOC 5.3):"亲吻某某神脚下的土地,见证某某神的美丽。"③这是"崇拜文本"中比较常见的表达(另见 ANOC 5.3,6.1,13.2,29.3 - 29.4,42.2,43.1)。除此之外,有少数碑铭会采用不同的措辞,例如第十二王朝时期的尼布普森乌赛特石碑(Nebipusenwosret)。④

基本上,"崇拜文本"的表达方式包含两段,第一段"sn t3 n … m33 nfrw"(⬇🏺……🦅🐦📿……),是通过表述一种崇拜行为来表达对神祇的敬爱,第二段则更为直接,使用动词句"dw3/iw3 xx"(⭐🏺/⭐🦅🐦),直接表达对神的崇拜(另见 ANOC 2.1, 13.2, 58.1)。"崇拜文本"通常出现在石碑铭文首段作为开头,或出现在最末端作为结尾。"崇拜文本"中的措辞最早可追溯到古王国时期,实际上"sn t3 n xx"这样的

---

① 分类来源:Miriam Lichtheim, *Ancient Egyptian Autobiographies Chiefly of the Middle Kingdom: A Study and an Anthology*, Freiburg, Switzerland/Göttingen, Germany: Universitätsverlag/Vandenhoeck Ruprecht, 1988.

② Norman de Garis Davies, Alan H, Gardiner, and Nina de Garis Davies, *The tomb of Antefoker: vizier of Sesostris I, and of this wife, Senet (no. 60)*, London: G, Allen & Unwin, 1929, pl.18.

③ Miriam Lichtheim Antonio Loprieno, Hans-W, Fischer-Elfert, and Joseph Gilbert Manning, *Ancient Egyptian literature: a book of readings*, Berkeley [etc.]: University of California Press, 2006, p.121.

④ A. M. Blackman, "The Stela of Nebipusenwosret: British Museum No, 101," *The Journal of Egyptian Archaeology* 21, no. 1(1935): 1 - 9.

表达在埃及文本中十分常见,但直到第十一王朝起,这样的表达才开始集中出现,以固定的模板与肯塔门提乌-奥赛里斯建立联系。

"崇拜文本"就像埃及其他的供奉文本一样,存在所谓的"完整版"和"简写版",因特夫石碑所呈现的"崇拜文本"可以算作某种程度上的简写版,除了表达对神的崇拜之外,并没有提供这种崇拜的情景和信息。但在尼布普森乌赛特的石碑中可以看到,较为完整的"崇拜文本"是存在一定的发生背景的,即在节日和游行中崇拜神祇。需要注意的是,在尼布普森乌赛特石碑的这两句对仗的铭文中,奥赛里斯的美丽节日使用的是复数(⿰⿱),①而美丽的游行则是阴性的单数(⿰⿱),②说明这两个活动有着一定的区别。在"崇拜文本"中,游行一词通常与维普瓦维特一起出现,其中,BM 567 上所刻的"伟大的游行"(⿰⿱)③与前文所提到的伊荷诺弗瑞特石碑中描述阿拜多斯的奥赛里斯游行时用到的"伟大的游行"(⿰⿱)④是基本相同的,结合维普瓦维特作为奥赛里斯节日"开路者"的角色以及神话剧中"胜利的荷鲁斯"的象征,⑤基本可以断定,奥赛里斯的节日是"崇拜文本"的发生场景之一。

"奥赛里斯的美丽节日"相对更加复杂,原文本所使用的复数形式说明了这个"节日"可能并不专指泛滥季最后一个月举行的奥赛里斯节日。这里存在两种解释:第一,泛滥季最后一个月的奥赛里斯节日上,还包含着另一个节日,即哈克节,以及哈克节上的晚宴,ḥbw 的复数可能将哈克节包含在内;第二,艾美尼克布之子的石碑(Ameny, son of Kebu)铭文中提到了另一个节日——瓦格节。⑥ 这个节日在新王国(New Kingdom,约公元前1552—前1069年)时被称为"奥赛里斯的赛得节"(sed-festival of Osiris, BoD 169),⑦顾名思义,也是为了庆祝奥赛里斯的重生和更新,但实际上是死者的家人或专业祭司对死者进行的一种供奉和庆祝仪式。

正如奈肯科特的铭文中所提到的,瓦格节和图特节都是供奉奥赛里斯的节日,下文中的"阿拜多斯公式"提供了更详细的供奉奥赛里斯的节日列表。⑧ 因此对于 ḥbw 的第二种理解是,"崇拜文本"上所指的节日实际上指代了"所有为伟神所举办的宴会",包括这里明确指出的瓦格节、图特节(festival of Thoth)、拉姆节(Rame-feast)和新年宴会(New Year

---

① "节日", Adolf Erman, *Wörterbuch der ägyptischen Sprache* Ⅲ, Berlin: Akademie-Verl, 1992, p.57.
② "游行", *WB* Ⅱ, p.525.
③ 见大英博物馆官网,左下竖列铭文的第一列最下: https://research.britishmuseum.org/research/collection_online/collection_object_details.aspx? objectId=111397&partId=1.
④ Naomi L Gunnels, "The Ikrenofret Stela as Theatre: A Cross-cultural Comparison", *Studia Antiqua* 2, no. 2 (2003), pl.1.
⑤ Jan Assmann, and David Lorton, *Death and salvation in ancient Egypt*, Ithaca: Cornell University Press, 2014, pp.227-228.
⑥ Lichtheim, *Ancient Egyptian Autobiographies Chiefly of the Middle Kingdom ancient Egypt*, p.118.
⑦ Faulkner, Raymond O, and Ogden Goelet, *The Egyptian book of the dead: the book of going forth by day*, San Francisco: Chronicle Books, 2015, pp.166-167.
⑧ Lichtheim, *Ancient Egyptian Autobiographies Chiefly of the Middle Kingdom ancient Egypt*, p.115.

Feast）。这说明，"崇拜文本"的发生场景可能不止局限在某个奥赛里斯节日上，石碑的主人希望能在所有的奥赛里斯节日上，目睹神的风采，为它献上自己的祝祷和供奉。

（2）"向生者恳请"文本

"向生者恳请"文本最早可见于第五和第六王朝，形成了较为固定的模板，在第十二到第十三王朝开始大量出现和使用，并一直沿用到新王国，是埃及最为常见的供奉和墓葬文本之一。此类文本通常包含三个部分：呼唤生者-表述动机-要求供奉物品或口头上的祈祷。从文本本身出发来看，这是一种和供奉列表类似的索求死后供奉的文本，具有较强的丧葬背景和功能，因此，在"向生者恳请"文本出现在阿拜多斯的私人供奉石碑上之前，其曾用于古王国时期的墓葬中。例如第六王朝卡尔墓（Qar）的假门上，发现了两段"向生者恳请"，也是此类文本最早使用的例子之一。第一段刻于假门的顶柱过梁上，接在两段供奉列表和一段自传之后，①另一段刻在假门左侧外侧柱上，共4列铭文，前文列举墓主人头衔，后跟一段"向生者恳请"文本。②

从这两段对仗的铭文中可以看到"向生者恳请"文本的基本公式：

① 呼唤：以 i ꜥnḫw tpiw tꜣ 作为固定开头，呼唤路过墓主人坟墓（iz pn）③的活人；

② 动机：通过描述献上供奉对活人能获得的好处，或者说，路过的活人献上供奉的动机，例如希望通过此举获得国王的爱戴，希望获得神的赞美等，表明为他人献上供奉是受到国王和神认可的良善之举；

③ 供奉：列举希望收到的供奉，基本上与供奉列表中列举的物品一致。④

第一中间期和中王国时期，阿拜多斯和底比斯的私人供奉石碑中，也开始频繁出现"向生者恳请"文本，但在内容上出现明显的变化。以第十一王朝底比斯美茹石碑（Meru）为例。⑤ 对比第六王朝卡尔墓中的文本和第十一王朝美茹石碑上的文本能够看到一种演变趋势：在保留原有三段结构的前提下，"向生者恳请"的场景和"动机"出现了变化。在卡尔的文本中，通过"这座墓"（iz pn）一词以及铭文所在位置，可以确定这段铭文是在一个墓葬的环境里向生者呼唤。但在美茹石碑中，iz pn 一词不再提及，出现的则是肯塔门提乌和维普瓦维特的名字，这一点也与第一中间期奥赛里斯-肯塔门提乌崇拜的兴起相互印证。同时，生者动机也从原本获得国王和神的青睐这一比较泛泛和模糊的出发点，缩小到了获得奥赛里斯（Wsir）的荣光这一非常明确的目的上，iz pn 也被 msḥst⑥ 代替。⑦ 中王国时期，阿拜多斯的私人供奉石碑延续了第一中间期的变化，例如在第12王朝时期雕

---

① Mahmoud El-Khadragy, "The Edfu Offering Niche of Qar in the Cairo Museum," *Studien Zur Altägyptischen Kultur* 30(2002): 203–228.
② Mahmoud El-Khadragy, "The Edfu Offering Niche of Qar in the Cairo Museum", pp.203–228.
③ "墓葬", *WB* Ⅱ, p.126.
④ Miriam Lichtheim, *Maat in Egyptian autobiographies and related studies*, Freiburg (Schweiz): Universitätsverl, 1992, p.156.
⑤ Lichtheim, *Maat in Egyptian autobiographies and related studies*, p.162.
⑥ "墓葬"、"空墓穴", *WB* Ⅱ, p.49.
⑦ Lichtheim, *Maat in Egyptian autobiographies and related studies*, p.171.

刻师申瑟提（Shensetji）的石碑上，基本沿用了美茹石碑上的"向生者恳请"模板。①

在美茹石碑上出现了"维普瓦维特的旅行"这样的描述更进一步指明"向生者恳请"文本背景的转变。此处与前一小节"崇拜文本"中的"伟大的游行"应都在描述奥赛里斯节日时由维普瓦维特开路的奥赛里斯游行，为此类文本划定了一个更明确的作用时间和场景。另外，在第12王朝时期得都-索贝克（Dedu-Sobek）的铭文中，更进一步明确了呼唤对象的身份。②

无论是更加常见的供奉列表还是"向生者恳请"文本最早都用在古王国的墓葬中，从文本对 iz pn 和 mꜣḥꜣt 的使用选择上可以看出，根据不同的使用环境，铭文本身也进行了措辞上的调整。石碑和石碑所属的私人礼拜堂更多偏向一种"还愿物"和纪念碑。因此，脱离了原本的墓葬环境后，"向生者恳请"文本也从原本简单的索求死后供奉向更加复杂和特定的意义发生转变：

	古王国	第一中间期-中王国
呼唤对象	随机，所有路过的生者———	阿拜多斯的奥赛里斯神庙的祭司们
发生场景	随机，没有具体范围———	奥赛里斯的节日和游行过程中
动　　机	获得国王和神的赞扬———	在奥赛里斯面前获得荣光

结合"维普瓦维特的旅行"、奥赛里斯祭司作为被呼唤生者的对象以及阿拜多斯私人供奉石碑建立的位置（游行大道的两侧），基本上可以还原在中王国时期"向生者恳请"文本的场景，这样的场景不再像古王国时期一样，对象是随机的、所有可能路过墓葬的生者，时间上也没有明确范围限定；中王国时期的"向生者恳请"文本明确地将自己放在了阿拜多斯的奥赛里斯节日背景下，它所呼唤的对象是阿拜多斯的祭司，生者祝祷的目的是"为了加入维普瓦维特的旅行"，即"为了加入奥赛里斯的游行"，并最终获得奥赛里斯的青睐。

（3）"阿拜多斯公式"

"阿拜多斯公式"是笔者所考察的48个石碑中，出现最为频繁的一类文本结构。"阿拜多斯公式"顾名思义是一类具有明显阿拜多斯地区象征和集体性的文本结构，多出现在第十二王朝早期的铭文中，由一系列与奥赛里斯有关的来世愿望（afterlife wishes）组成。在第十二王朝时期，阿拜多斯公式已经被标准化为20个祈愿，并存在固定排列顺序，也存在和流行着更简短的版本，但同样保留标准化顺序。③ 阿拜多斯公式的使用并不局限在第十二王朝，根据利希泰姆的研究，阿拜多斯公式在第十一王朝时期就已经出现在底比斯墓葬中，新王国时期的墓葬中，也保留着一些有明显阿拜多斯公式影子的来世祈愿铭文。

第十一王朝时期底比斯石碑中此类铭文被利希泰姆称为"旧阿拜多斯公式"（old Abydos Formula），在这一时期的阿拜多斯公式中，既存在古王国时期来世愿望的延续，也越

---

① R. O. Faulkner, "The Stela of the Master-Sculptor Shen," *The Journal of Egyptian Archaeology* 38 (1952): 3–5.
② Lichtheim, *Maat in Egyptian autobiographies and related studies*, p.164.
③ Wegner, *The mortuary complex of Senwosret III*, pp.60–72.

来越多地与奥赛里斯联系在一起,例如第十一王朝时期赫涅奴石碑(Henenu/Khenenu)。①

赫涅奴铭文中增加了奥赛里斯崇拜的内容,第十一王朝的阿拜多斯公式被认为是古王国之后奥赛里斯祭仪扩张的重要证据。② 第4和第8-17个愿望基本都围绕着奥赛里斯进行,中间穿插拉神的日夜船说明此时奥赛里斯的地位显著提升——天空不仅是拉神也同时是奥赛里斯的驻地,而神船被拉神和奥赛里斯共同使用。整体来看,赫涅奴的阿拜多斯公式表达了他渴望去到西方之地、在日夜船的旅行中加入众神的队伍,以及成为奥赛里斯追随者的愿望。

第十二王朝是阿拜多斯公式出现的高峰时期,第十一王朝到第十二王朝早期,阿拜多斯公式处于一些尚未揭秘的印象和发展过程中,第12王朝阿拜多斯地区的阿拜多斯公式呈现出高度标准化的特征——20个愿望成固定顺序进行排列,措辞也大多一致。除了文本结构上的发展,第十二王朝时期的阿拜多斯公式中奥赛里斯之名基本贯穿始终。这20个愿望最直接地反映了中王国时期来到阿拜多斯参加奥赛里斯祭仪的人们,以及在阿拜多斯建立纪念碑的人们最深层的动机和渴望。第十二王朝时期保存最为完整的一段阿拜多斯公式,来自塞索斯特里斯一世时期的美瑞石碑(Mery),现藏于卢浮宫。③

美瑞石碑的第3、第5到8和第12条愿望与第十一王朝时期赫涅奴的阿拜多斯公式基本一致:

赫涅奴石碑 Moscow 4071

④ sḏꜣ,f r ꜣḫt pt imntt n wt ꜣbdwt im wnn,f
愿他在西方光明之地穿行,去到奥赛里斯所在之地

⑦ wp.f wꜣwt mrrt,f m ḥtp m ḥtp
愿他在平静中开路

⑬ diṯw n,f ꜥwy m nšmt ḥr wꜣwt imnt
愿在西方之路上,奈沙麦特船欢迎他登船

⑭ ḏd,tw n,f m ḥtp in wrw nw ꜣbdw
愿阿拜多斯对他说"欢迎来到平静之地"

⑮ dsr,f ḥpwt m msktt
愿他划着夜船的桨

⑯ smꜣ,f m mꜥnḏt
愿他登上日船

美瑞石碑 Louvre C 3

⑫ dndn,f wꜣwt nfrwt pgꜣw ꜣḫt imntt r wsrt rdit ḥtpt ꜥryt ꜥꜣt hmhmt
愿他行走在西方光明之地的路上,去到获取敬献供奉之地,名望之门之前

③ wp.f wꜣwt mrrt,f m ḥtp m ḥtp
愿他在平静中开路

⑤ diṯw n,f ꜥwy m nšmt ḥr wꜣwt imnt
愿在西方之路上,奈沙麦特船欢迎他登船

⑧ ḏd,tw n,f m ḥtp in wrw nw ꜣbdw
愿阿拜多斯的伟神对他说"欢迎来到平静之地"

⑥ dsr,f ḥpwt m msktt
愿他划着夜船的桨

⑦ sḳd,f m mꜥnḏyt
愿他在日船中航行

从这几条被保留下来的愿望可以看出,第十一王朝所延续的古王国时期的元素在第十二王朝标准化的阿拜多斯公式中,只保留了有关日夜船旅行的部分,很可能是因为奥赛

---

① James P. Allen, *Ancient Egyptian Pyramid Texts*, Atlanta: SBL Press, 2015, p.228.
② Wegner, *The mortuary complex of Senwosret III*, pp.60-72.
③ Lichtheim, *Ancient Egyptian Autobiographies Chiefly of the Middle Kingdom ancient Egypt*, pp.86-87.

里斯的祭仪中本身也保留了船的意象和使用,例如奥赛里斯节日游行中使用的奈沙麦特船龛。

"阿拜多斯公式"中对奥赛里斯节日有着明显的指向,例如第9条愿望描述的就是奥赛里斯游行后来到帕克准备入葬,以及第11条愿望中提到的奥赛里斯节日后的哈克节。这些信息都表明,"阿拜多斯公式"如同"崇拜文本"和"向生者恳请"文本一样,虽然原本可能诞生在墓葬或其他环境下,但在中王国时期的私人供奉公式石碑中,都针对奥赛里斯节日这一特定背景进行了调整。其目的一方面在于表明自己对参与奥赛里斯节日的渴望,另一方面寻求建立与奥赛里斯永恒的联系,并在死后参与到神相关的祭仪上。

可以看出,"阿拜多斯公式"中所揭示的不仅仅是文字的结构,更是所有到阿拜多斯参与祭仪和建立纪念碑的埃及民众的逻辑链条。他们希望通过来到阿拜多斯参与奥赛里斯的节日,参与神的游行和神话剧,在死后也参与神的游行,并在神圣的争斗中护卫奥赛里斯,如此能在死后成为奥赛里斯的追随者,并以这样的身份,永享奥赛里斯的供奉。在整个过程中,有一个节点尤为关键,即哈克节。

哈克节在奥赛里斯节日的当晚举行,如同现如今的亡灵节,中王国时期的哈克节很可能是作为一种生者与亡者世界的临界点和通道,通过这个节日,人们希望获得一种进入永恒的资格。在这个节日上,已经死亡的人会最终得到永恒或处以最终的死刑,而活着的人希望通过参加奥赛里斯的节日,为自己争取未来的永恒。①

在"阿拜多斯公式"中,还有一点值得注意,即第16条愿望。这条愿望提到了很多为奥赛里斯举办的节日,并不局限于泛滥季第一个月所举行的奥赛里斯节。这一点不仅在阿拜多斯公式中出现了,前文所提到的"崇拜文本"(ḥbw)、"向生者恳请"文本中也曾出现过。②

可以推测的是,这些在阿拜多斯为自己和家人树立石碑的人们对石碑的功能抱有不小的期待。除了在阿拜多斯参加奥赛里斯的祭仪外,他们所希望的是通过参加一个奥赛里斯的祭仪,投射到所有奥赛里斯祭仪中,从一个奥赛里斯的节日投射到所有节日(𓎛𓃀𓅱)中。如此,在阿拜多斯这个奥赛里斯祭仪的中心建立私人祠堂,就能够与奥赛里斯建立长久的联系,且这种联系是更密切、全覆盖式的亲密关系。

"崇拜文本"、"向生者恳请"文本和"阿拜多斯公式"三者并不能覆盖阿拜多斯私人供奉石碑上的所有文本类型,除这三者之外常出现的还有供奉列表、自传和"奉献公式"(consecration formula)等。但是这三者的独特性在于所寻求的终极目的,都与奥赛里斯联系,获取死后成为奥赛里斯追随者的资格,从而获得永恒。在某种意义上来说,这三者在表达目的的内容和方式上有所重叠,但更多地表现出一种递增的幅度。阿拜多斯文本从长度和信息表达的丰富度上都远超越前两种文本,"崇拜文本"最为精简,

---

① Lichtheim, *Ancient Egyptian Autobiographies Chiefly of the Middle Kingdom ancient Egypt*, p.118.
② R. O. Faulkner "The Stela of the Master-Sculptor Shen", pp.3 – 5.

通过表达对神的敬爱和赞美，彰显自己在神/奥赛里斯面前的存在，出现在神的面前，追随神脚步背后的目的则被有意无意地隐藏起来。"向生者恳请"更进一步表达了这一目的，将落脚点放在了获得供奉，尤其是奥赛里斯的供奉上，通过"供奉"这一媒介暗指出最终目的。只有"阿拜多斯公式"，直接表明了目的，并罗列清楚达成目的的过程和途径。

如上文所示，阿拜多斯礼拜堂内的石碑铭文大多是简单而固定化的文本表达，但这些固定化的表达很多并不是原生于阿拜多斯礼拜堂这个环境下的，上文分析的3种文本都有早于第十二王朝且不在阿拜多斯的使用例子，"向生者恳请"文本更是可以追溯到古王国时期。但这三者在进入阿拜多斯礼拜堂后，都根据阿拜多斯和奥赛里斯崇拜的背景调整了文本的内容和措辞，最为明显的就是"向生者恳请"文本，成为了"阿拜多斯专用"的祭祀铭文。

在这三种铭文背后，阿拜多斯供奉石碑乃至礼拜堂实际上希望达成和表达的本质与卡祠堂是类似的，强调通过物理上接近神的崇拜中心以获得神的庇护。不同的是，卡祠堂希望获得的庇护更加直接和物质，例如宗教地产的捐赠和祭司主持的供奉。但阿拜多斯礼拜堂希望获得的庇护更多关注于死后，这可能与奥赛里斯的宗教角色有关。

人们对阿拜多斯礼拜堂的期待是多重的，其一在于他们所渴望的不仅是给卡的供奉，更是得到一种"资格"——能够在死后通过审判，成为"受祝福的灵魂"和奥赛里斯的追随者。阿拜多斯礼拜堂更深入地干涉埃及人的宇宙轮回中，像一个石质的通关凭证矗立在神位于人世居所的旁边。其二在于，阿拜多斯礼拜堂呈现出地域上的聚集性，但它的辐射范围实际上超越了阿拜多斯这一地区和奥赛里斯节这一时间。在礼拜堂的语境下，阿拜多斯和奥赛里斯节其实只是一个代表，通过这一个奥赛里斯的供奉地和节日辐射到所有奥赛里斯的供奉和仪式中，可谓一劳永逸。

二、朝圣的图像：墓室壁画中的"朝圣之旅"

阿拜多斯礼拜堂的建造在第十三王朝之后逐渐减少，到第二中间期（The Second Intermediate Period）和新王国时期已经鲜少见到。但是同一时期与阿拜多斯礼拜堂一起出现的"朝圣之旅"壁画却在新王国时期得到了延续和发展。

古埃及对朝圣旅程的艺术表现最早可以追溯到第一王朝，在古王国时期以纸草仪式为代表，朝圣目的地主要位于三角地地区，也就是女神哈托尔的崇拜地。随着古王国末期奥赛里斯崇拜的上升，阿拜多斯作为奥赛里斯的主要崇拜地开始成为朝圣旅程的主要目的地之一，布西里斯则是另一个奥赛里斯朝圣的目的地。在第十一王朝的底比斯墓葬中，开始出现对阿拜多斯和布西里斯朝圣的场景刻画，整个中王国期间朝圣之旅壁画数量较少，在新王国的第十八和第十九王朝阿拜多斯和布里西斯朝圣的场景开始增多，并呈现出标准化的模板,学者因此将这类壁画统称为"朝圣之旅"壁画。①

笔者在现今所有已编号的底比斯墓葬中进行搜索和统计,②查找出这两段时期内,在近400座已经发掘和编号的底比斯墓葬中,共有59座墓葬出现了朝圣之旅主题的壁画,其中2座为中王国时期墓葬(TT 103、TT 60)。第十八和第十九王朝时期的最多,其中第十一王朝1个和第十二王朝1个,第十八王朝36个,第十九王朝17个,第二十五和第二十六王朝一共有4个,其中图特摩斯三世和图特摩斯四世(Thutmose Ⅲ,Ⅳ)两位国王在位期间出现朝圣之旅墓葬的数量最多。这些墓葬通常在享殿、墓室或者走廊的墙壁上绘有到阿拜多斯朝圣的去程和回程,有两座墓中还涉及了去布塞里斯的朝圣之旅(TT50, TT147)。除了底比斯地区之外,中王国时期在贝尼·哈桑(Beni Hassan)地区的两座墓葬也出现了朝圣之旅壁画,底比斯和利斯特地区(Lisht)的两座墓葬中还出土了朝圣之旅所使用的船只模型。

尽管奥赛里斯祭仪在古王国末期已经有所发展,但是描绘到阿拜多斯进行"朝圣之旅"的墓室壁画主要从中王国时期开始大量出现,并且出现一定标准化的趋势。

笔者在属于第十八和第十九王朝的45座底比斯墓葬中,详细查看了其中的18座墓,编号为TT69、③TT82、④TT96、⑤TT139⑥和TT175⑦的5座底比斯墓葬中的壁画保存最为完好,将朝圣之旅表现得最为完整。

(1) 船只的摆放与装饰

在新王国时期,朝圣之旅壁画在图像表达上呈现出一种标准化的模式,表现了墓室主人及家属乘船往返阿拜多斯的旅程。在朝圣之旅壁画中,通常会刻画去程和回程两个部分,其中去程是从底比斯到阿拜多斯,为顺流逆风旅程,因此船只通常表现为有桨无帆,而回程则是逆流顺风的旅程,因此船只通常会扬帆。朝圣之旅的船只一般成组出现,去程为一组,回程为一组,每组包含2-3只船,其中一只为墓主人所在的主船,另1-2只为拖拽用的船。主船和拖船在形制上也会有所不同,墓主人的船通常为两头向内弯折,船头为纸草花的纸草船,或者是船头竖直折叠的纸草型船,拖船一般表现为普通的弧形木船,扬帆也通常只画在拖船上。少数情况下,去程和回程只出现一只主船,不出现拖船(例如TT51、TT176),此时扬帆才会被画在主船上。

---

① Bertha Porter, *Topographical Bibliography of Ancient Egyptian Hieroglyphic Texts, Reliefs, and Paintings Vol*, 3, Oxford: Oxford University Press, 1927.
② Bertha Porter, *Topographical Bibliography of Ancient Egyptian Hieroglyphic Texts, Reliefs, and Paintings Vol*, 3, Oxford: Oxford University Press, 1927.
③ Colin Campbell, *Two Theban Princes, Kha-em-Uast & Amen-khepeshf, Sons of Rameses Ⅲ, Menna, a Land-steward, And Their Tombs*, Edinburgh: Oliver and Boyd, 1910.
④ Nina M. Davies, and Alan Henderson Gardiner, *The tomb of Amenemhet (no. 82)*, London: Egypt Exploration Fund, and Kegan Paul, Trench, Truebner, 1915.
⑤ http://carrington-arts.com/SennefrScroll.html.
⑥ M. C. O'Neill, "the Decorative Program of the Eighteenth-Dynasty Tomb of Pairy (TT139)", thesis, Georgia State University, 2015.
⑦ http://www.Osirisnet.net/tombes/nobles/anonyme175/anonyme175_01.htm/.

在摆放上,朝圣之旅的两组船只或并列放置(TT69、TT139、TT175),或上下并列放置(TT60、TT82、TT96),无论是并列还是并排,两组船只的船头都会成相反方向。就并排放置的情况可见 TT69 墓中,去程一组两只船队放置在画面的右侧,船头也向右,拖船在前,主船在后,回程两只船队则在去程船队的左侧,船头向左,同样是拖船在前,主船在后,成背对背放置。就并列放置的情况,可见 TT100 墓中,朝圣之旅场景共占两层,去程时两只船在下层,船头向右,回程时两只船在上层,船头向左。

船的左右朝向多数情况下取决于朝圣之旅壁画在墓葬中的位置。在埃及墓葬装饰中,图像的摆放会受到宗教象征的指导,例如假门作为通向西方冥界的入口,一般会放在西墙上,①一般情况下朝圣之旅壁画在墓葬中的位置也会受到同样的指导。因此可以看到,画在北墙上的朝圣之旅去程时船头会向左(TT39、TT51、TT175),朝向代表西方冥府入口的阿拜多斯,同理画在南墙上去程时的船头会向右(TT82)。但是这种指向西方的安排只是一般性的规则,并不是强制性的,工匠在绘制墓葬装饰时也存在很大程度的随意性,也会出现不符合这种方式的排布,尤其是对规模较小、装饰比较简单的墓葬。

(2)图像中的人物与角色

在朝圣之旅场景中,会出现三种类型的人物,第一种是墓主人及其家人,第二种是在主船上出现的祭司和船员,最后一种是在拖船上出现的船员。

主船上的主角墓主人或与他们的妻子同时出现,或单独出现,均为坐在椅子上,有时会手持拂尘,多数情况下则将一手放在胸前,另一手手掌向下悬放在膝盖上,这在埃及的图像表达中有着固定的含义,即代表"接受供奉",②常见于墓葬中的供奉场景。而妻子手中常出现的莲花则代表着复活和生命,也是埃及墓葬中常见的元素。

除了莲花之外,在底比斯(Theban Tombs,后文缩写为 TT)39、69 和 82 号墓中,墓主人手中还拿着连枷(flail,),连枷在埃及的艺术中通常与王权相联系,包括国王和奥赛里斯。在底比斯的墓葬中,墓主人手持连枷可以看作是一种将自己与奥赛里斯等同的尝试。③

朝圣之旅壁画中墓主人的形象相对固定,但是主船上出现的其他人物身份和姿态都比较多样。可以大致将这些人物分为两类,一类是祭司类人物,一类是非祭司类,后者基本上是指出现在船尾的船员,这种船员一般在尺寸上很小,并不是有重要意义的角色,祭司类的人物从尺寸上往往与墓主人等同,有些情况下甚至会比墓主人还大(TT39)。而在 TT39 号墓中,有一个人物的形象尤其之大,这个人物站在船头,手持长

---

① Harold M. Hays, "Funerary Rituals (Pharaonic Period)", In Jacco Dieleman, Willeke Wendrich (eds,), *UCLA Encyclopedia of Egyptology*, Los Angeles, 2010, p.2, fig.1.
② Melinda K. Hartwig, *A companion to ancient Egyptian art*, Chichester: Wiley-Blackwell, 2015, p.367, fig.19.4.
③ R. H. Wilkinson, *Reading Egyptian Art: A Hieroglyphic Guide to Ancient Egyptian Painting and Sculpture*, London: Thames and Hudson, 1992, p.65.

物,通常被称为"船头人"(reis),①在报告中,戴维斯将船头人手中所持之物认作是连枷,但结合其他墓中的图像(TT175),笔者认为其手持物品更像是布料,因此人物本身可能是防腐官(embalmer)。

防腐官和丧葬祭司在主船上的出现暗示朝圣之旅在整个丧葬仪式中的位置和角色发生了改变。从墓主人的姿态可以看出,新王国时期朝圣之旅壁画的主人在图像上已是死后的状态,只有死后才会索要供奉,而船上也一般会放置相应的供奉桌和供奉。而在新王国时期,朝圣之旅也已经作为丧葬仪式的一个环节被刻画在墓中,且其通常发生在防腐仪式后。②

(3) 场景的上下文关系

在规格较大、装饰比较复杂完整的新王国墓葬中,朝圣之旅主题壁画通常与入葬仪式、供奉、开口仪式和审判等场景放在一起,多出现在墓葬的前厅、通道和内室中。在TT96号墓的内室中,从入葬仪式到最后觐见奥赛里斯的场景自东入口处的墙壁开始绘制,以顺时针的方向前进,依次是墓主人夫妇的葬礼队伍、祭司为墓主人夫妇献上供奉、朝圣之旅、觐见奥赛里斯和阿努比斯、《亡灵书》片段以及再一次的供奉。③ TT100号墓中的安排则更加细致,整个入葬仪式位于通向假门的通道南北两侧的墙壁上,南墙上是入葬队伍、防腐、朝圣之旅和入葬,北墙上是开口仪式和其他的丧葬仪式,例如净化和日常的供奉。④

通过TT100号墓的安排可以看出,在仪式中朝圣之旅是在防腐之后、开口仪式之前。TT69号墓与TT100号墓是相同的布局,都在通向假门的通道两侧绘制丧葬仪式,但TT69号墓中有一个细节需要注意:在去程拖船上,可以看到棺木、棺木上的仪式用床和工具,但在回程的拖船上只剩棺木,没有看到工具。这当然有可能是因为艺术布局上的要求,回程的拖船需要画船帆,就会没有地方在棺木上画仪式床和工具。但结合整面墙的叙事逻辑来看,在朝圣之旅场景的下方就是开口仪式,那么也存在一种可能,即开口仪式会在朝圣之旅的过程中完成。

在中王国出现朝圣之旅壁画的4座墓葬中(Daga, Antefoker, Amenemhat, Khnemhotep Ⅲ),朝圣之旅并没有与供奉、开口仪式等丧葬仪式同时出现。在这4座墓葬中,只有在安特佛科墓的朝圣之旅壁画附近出现了入葬的场景,⑤在达伽墓和贝尼·哈桑的两座墓中,朝圣之旅壁画附近多是"日常生活场景"(daily life scene),例如赫努姆霍特普二世墓中的

---

① Norman de Garis Davies, Nina M. Davies, and H. R. Hopgood, *The tomb of Puyemre at Thebes*, New York: The Metropolitan Museum of Art, 1923, p.8.
② Hays, Harold M., "Funerary Rituals (Pharaonic Period)", In Jacco Dieleman, Willeke Wendrich (eds.), *UCLA Encyclopedia of Egyptology*, Los Angeles, 2010, p.6.
③ Porter and Moss, *Topographical Bibliography of Ancient Egyptian Hieroglyphic Texts, Reliefs and Paintings*, I, The Theban Necropolis, pp.19 – 203.
④ Hays, "Funerary Rituals (Pharaonic Period)", pp.2 – 4, fig.1.
⑤ Porter and Moss, *Topographical Bibliography of Ancient Egyptian Hieroglyphic Texts, Reliefs and Paintings*, I, The Theban Necropolis, p.121.

朝圣之旅场景墙面上是建造、丰收、畜牧、采摘果树和渔猎的场景,①阿蒙涅姆赫特墓中朝圣之旅的墙面上是攻城场景,对墙上则是制造、酿酒、耕种、丰收和渔猎场景。② 而安特佛科墓中的朝圣之旅场景边上也出现了类似的"日常生活场景"。③ 这一点与新王国的朝圣之旅场景有所不同。

三、延续与变化

虽然本文受限于材料,只观察了中王国时期4座墓葬中的朝圣之旅场景,但不可否认的是,从场景的排布和船只的细节上来看,中王国和新王国时期对朝圣之旅的表达有着一定程度的相似。只比较目前这4座墓葬,新王国时期的朝圣之旅场景细节更丰富、场景更完整,这并不必然是由于墓主人的财富和阶层上的区别。中王国时期贝尼·哈桑的赫努姆霍特普是第十二王朝第十六诺姆的地方长官,④而新王国时期朝圣之旅最为细致精美的墓葬 TT96 号墓的主人位列"南方城市的管理者"(Mayor of Southern City),⑤从头衔上来看不相上下。从上文看,更明显的区别在于,新王国时期对朝圣之旅的表现更加标准化和固定化,并且被纳入整个丧葬仪式的流程中,但是从中王国的4座墓葬中并没有看到这样的倾向,后者展现出的朝圣之旅的语境更贴合墓葬中所谓的"日常生活"。因此笔者倾向于认为,中王国和新王国在朝圣之旅场景上的区别来自不同时代赋予这个活动的寓意以及其在宗教实践和表达上的变化。

(1)"日常生活":中王国的朝圣之旅

所谓的"日常生活"场景指的是埃及墓葬中对生活场景的表现,例如上文提到的播种与丰收、渔猎、战争和制造等等。这种日常生活场景最早出现在第四王朝的墓葬中,⑥之后在古王国墓葬频繁出现。埃及墓葬中的日常生活场景从来不是为了展现埃及人日常生活而存在的,可以说埃及墓葬中所有的装饰都是为了保护和维护死者在死后的生活而存在,⑦有学者认为古王国时期的日常生活场景是为了展现和维护世界的秩序,通过展现日常生活场景,保证这些场景在死者死后的世界中也能够进行,从而维护世界秩序的正常运转,也展现了埃及人眼中理想的世界和生活。⑧

---

① Newberry and Fraser, *Beni Hasan*, Part I, London, K, Paul, Trench, Trübner and Co, 1893, p.69, pl.xxix.
② Newberry and Fraser, *Beni Hasan*, Part I, p.31, pl.xiii.
③ Porter and Moss, *Topographical Bibliography of Ancient Egyptian Hieroglyphic Texts, Reliefs and Paintings*, I, The Theban Necropolis, p.121.
④ Newberry and Fraser, *Beni Hasan*, Part I, pp.41–42.
⑤ Porter and Moss, *Topographical Bibliography of Ancient Egyptian Hieroglyphic Texts, Reliefs and Paintings*, I, The Theban Necropolis, p.197.
⑥ Melinda K. Hartwig, *A companion to ancient Egyptian art*, Chichester: Wiley-Blackwell, 2015, pp.331–333.
⑦ Hartwig, *A companion to ancient Egyptian art*, p.352.
⑧ Hartwig, *A companion to ancient Egyptian art*, pp.331–333.

表一 赫努姆霍特普墓中朝圣之旅所在墙面的场景主题

行　数	场　景　主　题
1	清洗布匹、建造雕像、储存粮食
2	制作陶器、制造船只、丰收与打谷
3	犁地与播种
4	朝圣之旅
5	烘焙、酿酒、织布、种植和采摘果树
6	建造墓葬、①捕鱼

在中王国时期的墓葬中,对阿拜多斯朝圣之旅的刻画也出现在这些日常生活场景中,尤其是在贝尼·哈桑的两座墓葬中,朝圣之旅壁画被完全置于日常生活场景之中。在赫努姆霍特普的墓中,朝圣之旅壁画所在的墙面展示了一个相对完整且细致的日常生活场景,包括了雕像、船只、和陶器的制作,烘焙和酿酒,织布以及一系列农业活动。在往陶罐中倒酒的场景上有一行文字写着"为了卡而填满(酒罐)",②可以看出,这一系列活动实际上都在为死者的入葬做准备,例如准备死者的供奉(制作陶器、酿酒、丰收和烘焙),准备死者接受供奉的媒介(制作雕像),以及准备入葬仪式所用到的工具(织布和造船),朝圣之旅场景也被放置在这些场景之中。在赫努姆霍特普墓中的朝圣之旅场景上方有一行铭文,在考古报告中,纽贝里(Newberry)将这句话翻译为:

"顺流而上,去阿拜多斯**参加典礼**,世袭的王子、伯爵、东方沙漠的管理者,赫努姆霍特普,涅赫拉之子。"③

而后卡姆林(Janice Kamrin)纠正为:

"顺流而上,去阿拜多斯**学习要求**,世袭的王子、伯爵、东方沙漠的管理者,赫努姆霍特普,涅赫拉之子。"④

两种翻译的分歧实际上在于ḫrt(𓐍𓂋𓏏𓏥)⑤一词上,这一词本意表达的是"状态"和"条件",纽贝里的翻译可能是结合了阿拜多斯朝圣的情景,而后者的翻译则更直白地反映了原文。结合图像,赫努姆霍特普的朝圣之旅场景中,主船上的墓主人被表现为木乃伊状,旁边站着身着兽皮裙的丧葬祭司,正在为死者举行仪式,因此卡姆林认为此处的"条

---

① 不确定场景主题。
② Janice Kamrin, "Monument and microcosm: The 12th Dynasty tomb chapel of Khnumhotep II at Beni Hasan", PhD dissertation: University of Pennsylvania, 1992, p.95.
③ Newberry and Fraser, *Beni Hasan*, Part I, pl.xxix.
④ Kamrin, "Monument and microcosm: The 12th Dynasty tomb chapel of Khnumhotep II at Beni Hasan", p.116.
⑤ "状态、条件", *WB* III, pp.318-319.

件"指的是在朝圣之旅过程中,死者向阿赫完成了转化与复活,并且与奥赛里斯等同。①

但是从阿拜多斯礼拜堂的铭文中可以看到,在朝圣之旅过程中人们希望获得的并不是在这个过程中完成向阿赫的转化,而是希望通过参加奥赛里斯的节日,获得转化的资格,从而能够在死后成为受祝福的魂灵,成为奥赛里斯的追随者。因此笔者认为,此处的"条件"指的是通过朝圣之旅获得转化的资格,而不是在这个过程中完成转化。尤其结合整个墙面的语境来看,朝圣之旅所在的墙面表现的日常生活场景实际上表现的是为死后做物质和精神准备的场景,其中也包括朝圣之旅这个活动。整个墙面一共被分为6行,朝圣之旅场景位于第4行,从叙事的角度来看,朝圣之旅的位置并不存在特殊意义,也不与其他场景构成因果关系,既然其他场景是在为死亡作准备活动,那么朝圣之旅的场景并不应该展现的是死后的转化。因此合理的推测是,朝圣之旅的完成也是一种死亡的准备活动,去了解死后转化需要的知识和完成所需的条件,而不是在这个过程中完成死后的转化。

朝圣之旅与日常生活场景共同出现所能提供的信息不止于此,这更说明了一个事实,即在中王国时期朝圣之旅被看作是一种日常活动。墓葬中的日常生活场景虽然不是为了展现埃及的日常生活,但却也无意中向后人展示了埃及人的真实生活。如同本小节开头所述,在某种程度上这些日常生活场景是一种理想化的表现,但归根结底是托生于生活实际,同理可说明在中王国出现朝圣之旅的墓葬中,墓主人虽然并不必然在生前进行过真实的阿拜多斯朝圣,但作为理想化生活的一部分,墓中出现的朝圣之旅场景,必定托生于真实执行过的阿拜多斯朝圣。

阿拜多斯的朝圣与礼拜堂的建造在中王国时期有多大比例是由当时的人们亲自完成,又有多大比例是由工匠等机构远程代工的,其实并不是问题的关键,问题关键在于无论多少,这样的朝圣的确进行过,并被当时的人们认为是一种日常生活中可以进行的活动,而同时因为阿拜多斯朝圣与奥赛里斯的关联,中王国的人们会将朝圣之旅当作是理想化生活中必备的一环,从而将其纳入中王国时期的日常生活场景中,成为为死者提供的死后必需品之一。

(2)"个人虔敬":新王国时期的延续与改变

在朝圣之旅场景的使用中,也可以窥见一丝未变——无论是中王国时期树立的礼拜堂还是新王国时期墓中的朝圣之旅,其背后所渴望传达的都是人与神之间直接的互动与接触。

对直接接触的渴望和表达在第一中间期时期就已经开始出现,学界一度称为"信仰民主化",②实则是人们开始希望绕开统治者这个中介,直接与神进行对话。阿斯曼将宗教节日看作是一种个人虔敬(personal piety)的来源,他举的例子是美丽河谷节(The Beautiful Festival of Valley),在这个节日过程中,阿蒙神会从尼罗河的东岸游行到西岸,也为普通民

---

① Kamrin, "Monument and microcosm: The 12th Dynasty tomb chapel of Khnumhotep Ⅱ at Beni Hasan", p.121.
② Ian Shaw, *Oxford History of Ancient Egypt*, Oxford: Oxford University Press, 2014, p.168.

众提供了一个见到神和直接与神接触的机会。① 这与阿拜多斯的奥赛里斯节日是相同的,正如前文所论述,阿拜多斯朝圣的主要目的是亲身参与到奥赛里斯的节日中,或通过建立纪念性建筑象征性地参与到节日中,而节日本身是为民众提供一个直接与神互动的场合和机会,在这个过程中,人们会直接向奥赛里斯祈求死后的保护和祝福,不经由任何中介直接上达天听。这或许也可以解释,为什么在阿拜多斯的礼拜堂石碑中,法老的形象极少出现,反而是石碑主人和他在现世的血缘和人脉占图像的绝大部分,因为石碑起到的作用正是构建图像和文字中人物个人直接与神长久联系。

在中王国和新王国的朝圣之旅图像中,虽然它们所属的语境有所变化,但笔者认为通过这种朝圣来与神建立直接联系的愿望是贯穿始终的。所谓"个人虔敬"在学界久经讨论,个人虔敬的表达高峰期在第十九王朝的拉美西斯时代,这一时期直接表达人对神虔敬与敬爱的文学和碑铭增加,基于此有学者认为个人虔敬是这一时期一种新的宗教现象,② 然而这种说法后来一定程度上被推翻。学者们认为所谓的个人虔敬其实是一个长期发展的趋势,拉美西斯时代相关文字材料的大量出现可能是因为之前表达个人虔敬的文字保存下来的较少,或者是因为在拉美西斯时代之后,公开表现和展现个人虔敬的需求变高,③ 而不能认为在拉美西斯时代之前,个人虔敬并不存在,或者说并无发展。

对个人虔敬的表达从根本上来讲是一种"在神面前对宗教参与的表达",④ 强调的并非个人的虔诚,而是个人直接参与到对神的崇拜和宗教活动中,并建立与神直接的联系,这一点实际上与阿拜多斯朝圣的落脚点是一致的。而此类公开表达的增加在第十八王朝中期就已经可窥,只是在第十九和第二十王朝初期变得更加极端和赤裸。

在拉美西斯时代之前,个人虔敬的表达被阿玛尔纳时代的极端君主忠诚所打断,通过垄断与新神阿吞(Aten)之间的交流途径并打压对其他神的祭祀和崇拜,埃赫那吞(Akhenaten,约公元前1352—前1336年)篡夺了埃及民众个人虔敬的对象,个人虔敬在这样的情况下变成了对埃赫那吞本身的绝对忠诚。⑤ 在强行中断后,第十九王朝的个人虔敬走向了更极端和功利的方向,在第十九和第二十王朝的墓中,墓葬装饰基本专注于与神联系的宗教场景,日常生活场景这类并不与神直接联系的场景逐渐消失在墓中。⑥ 如此偏执的表现可以说某种程度上是中断后的反弹和恐慌。直通神的通道一朝被切断,恢复后人们更加需要在墓中保护和展现自己与神的联系,进一步护卫自己来世的永恒。

朝圣之旅场景在新王国时期的使用是否受到个人虔敬发展的影响,仅从第十八王朝的角度来看可能尚不明显,由第十九王朝的墓中仍存在一定数量的朝圣之旅壁画来看,答

---

① Jan Assmann, *The mind of Egypt*, New York: Henry Holt, 2002, p.231.
② Ian Shaw, *Oxford History of Ancient Egypt*, Oxford: Oxford University Press, 2014, p.169.
③ E. A. Frood and J Baines, "Piety, Change and Display in the New Kingdom," In *Ramesside Studies in Honour of K. A. Kitchen*, edited by M Collier and SR Snape Rutherford Pr Ltd, 2011, pp.1-17.
④ E. A. Frood and J Baines, "Piety, Change and Display in the New Kingdom," pp.1-17.
⑤ Shaw, *The Oxford History of Ancient Egypt*, p.276.
⑥ E. A. Frood and J Baines, "Piety, Change and Display in the New Kingdom," pp.1-17.

案是毋庸置疑的。从表二的统计中可以看到,朝圣之旅场景在阿玛尔纳时期没有在底比斯墓葬中出现。第十八王朝末到第十九王朝初期开始逐渐恢复,少量出现,拉美西斯时代再次较多地出现在底比斯墓葬中。

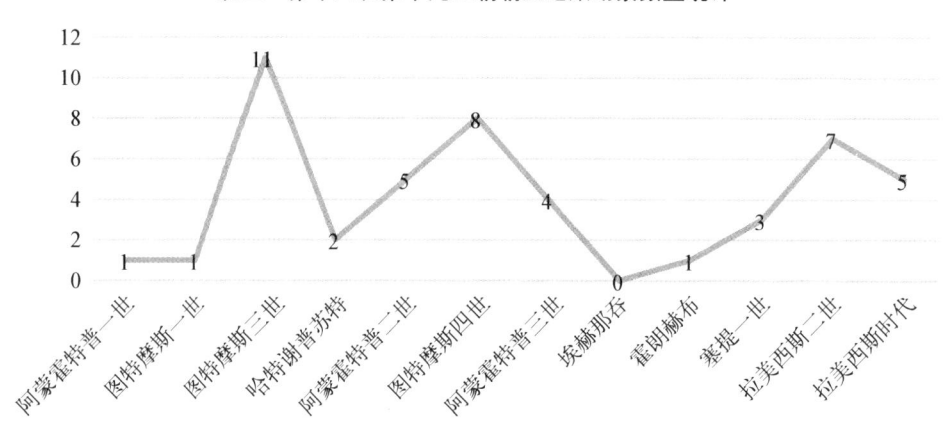

表二 第十八和第十九王朝朝圣之旅场景数量统计

图表数据:阿蒙霍特普一世 1、图特摩斯一世 1、图特摩斯三世 11、哈特谢普苏特 2、阿蒙霍特普二世 5、图特摩斯四世 8、阿蒙霍特普三世 4、埃赫那吞 0、霍朗赫布 1、塞提一世 3、拉美西斯二世 7、拉美西斯时代 5。

这里所做的数量统计受限于材料,并不能算是准确的数据,因样本量本身过小,数据中展现出来的波动极大可能会受到材料挖掘状况的影响,但仍旧能够提供一定程度的指导。从波动上来看,在第十八王朝朝圣之旅场景出现频率较高的时段为图特摩斯三世(Thutmose Ⅲ,约公元前 1479－前 1425 年)到阿蒙霍特普三世(Amenhotep Ⅲ,约公元前 1390－前 1352 年)。朝圣之旅的特殊性在于它虽然在新王国被纳入丧葬仪式中,但并不像丧葬仪式中的开口仪式、入葬仪式和末日审判等有比较强的宗教和仪式性目的,与丧葬文本《亡灵书》的联系也较弱,可以说朝圣之旅在墓中的出现更多表现为一种选择,而不是必备的,更可能不是首选。

这样的选择会受到多方面因素的影响,例如个人和国家整体的经济状况,图特摩斯三世时期远征西亚,形成了空前的埃及帝国,国力强盛。除此之外还有上文多次提到的君主在阿拜多斯的建造活动,图特摩斯三世期间朝圣之旅场景激增很有可能与这位君主在阿拜多斯北部的建造活动直接相关,正如中王国时期国王在阿拜多斯的建造活动影响了当时的阿拜多斯朝圣一样。虽然第十八王朝的前几位国王也在阿拜多斯建造了纪念性建筑,例如阿赫摩斯(Ahmose I,约公元前 1550－前 1525 年)和阿蒙霍特普一世(Amenhotep I,约公元前 1525－前 1504 年),但是其规模远不及图特摩斯三世的神庙建筑。拉美西斯时代朝圣之旅壁画数量的增多也可能与拉美西斯二世(Ramesses Ⅱ,约公元前 1279－前 1213 年)在阿拜多斯建造神庙直接相关。从第十八王朝整体的宗教氛围来看,奥赛里斯崇拜在国家宗教中的位置逐渐下降,以阿蒙神为首的太阳崇拜逐渐上升,统治者们的建造活动多集中在卡纳克(Karnak)和卢克索(Luxor)地区。[1] 如上一节所言,新王国时期民众

---

[1] William Stevenson Smith, William Kelly Simpson, and Cinamon Gerald, *The art and architecture of ancient Egypt*, New York: Penguin Books, 1981, pp.126–170.

对奥赛里斯的崇拜聚焦在来世的幸福和永恒上,甚至更进一步聚焦在通过来世审判这点上。因此君主对阿拜多斯的关注更容易唤起贵族对奥赛里斯的关注以及与奥赛里斯相关仪式的使用。

无论是财力还是国王的示范作用,在朝圣之旅场景的使用选择上起到的都是影响性作用,真正起到决定性作用的还是墓主人或者说修建墓的人希望表达的信息及其背后蕴含的宗教性作用。这里就又回到了个人虔敬的问题上,第十九王朝墓葬装饰更专注于表达个人虔敬,也更专注于保护墓主人在死后的安稳,同时经过了埃赫那吞时期朝圣之旅场景使用的中断,朝圣之旅场景能够再次出现在底比斯的贵族墓中,并且并不是零星几个,而是具有一定规模的出现,说明至少在这一时期,朝圣之旅场景被认为是能够展现个人虔敬,也就是说人与神直接联系的宗教活动。

在第十九王朝,所谓的"日常生活场景"几乎消失在了底比斯墓葬中,这类场景因与来世的幸福和永恒直接关联不大而被排除在墓葬装饰之外。中王国时期朝圣之旅场景原本也属于"日常生活场景",但至少在第十八王朝中开始逐渐脱离出这个范畴,向丧葬仪式靠拢,而到第十九王朝拉美西斯时代,朝圣之旅场景在墓中的出现就已经表明该场景不再与日常生活有什么关系。而究竟是为什么朝圣之旅场景能够摆脱日常生活的特征,被象征化和仪式化,归根结底是因为阿拜多斯朝圣这个活动所寻求的是一种参与和互动。

正如拉美西斯时代个人虔敬文学和纪念碑数量的增加是一个长期的累积和爆发,朝圣之旅从日常转向仪式也并不是在拉美西斯时代突然完成的,这样的趋势从第十八王朝初期就初见端倪,并与个人虔敬表达的发展相契合。阿拜多斯朝圣以及朝圣之旅壁画归根结底是一个与奥赛里斯紧密相连的宗教活动,其变化从本质上来讲是奥赛里斯崇拜和整个国家的宗教崇拜、宗教表达的变化所引起的。同样需要强调的是,新王国时期朝圣之旅场景在数量上的增加并不意味着朝圣之旅场景以及阿拜多斯朝圣在这一时期的重要性得到了提升,也不是因为新王国朝圣之旅场景替代了现实生活中的阿拜多斯朝圣。如同拉美西斯时代增加的个人虔敬文学一样,新王国朝圣之旅场景远多于中王国时期是一种表达和展现需求的增强。从考古证据来看,现实生活中的阿拜多斯朝圣以及阿拜多斯礼拜堂的建造在新王国时期仍旧延续了下去,阿拜多斯朝圣的举行与朝圣之旅场景在墓中的使用是并行不悖的,并不必然存在相互替代的关系。而新王国时期朝圣之旅数量增加则可能是源自人们表现和展示与神互动场景的需求。

因此结合上一节的论述,朝圣之旅场景在第十八王朝的表现与中王国时期发生变化的原因,一方面可能是新王国时期奥赛里斯角色产生变化,另一方面也可能是个人虔敬表达在整体上的发展,而后者之所以会影响到朝圣之旅场景,是因为朝圣之旅场景本身的主旨从第十一王朝开始到新王国都是与奥赛里斯进行直接的互动与交流。